周远廉教授近照

周远廉，1930年生，四川省资中县人，1955年毕业于四川大学历史系。中国社会科学院历史研究所研究员，1992年享受国务院"政府特殊津贴"。清史专家。出版学术专著：

《清太祖传》（独著），人民出版社，2004。

《清摄政王多尔衮全传》（与赵世瑜合著，1993年获吉林省长白山优秀图书二等奖），吉林文史出版社，1986；陕西人民出版社，2008（再版）。

《顺治帝》（独著，1993年获吉林省长白山优秀图书二等奖），吉林文史出版社，1993（初版），2004（再版）；陕西人民出版社，2008（再版）。

《康熙新传》（独著），故宫出版社，2013。

《乾隆皇帝大传》（独著，获"中南五省市优秀图书奖"和"全国畅销图书优秀奖"），河南人民出版社，1990；台湾大行出版社，1993；陕西人民出版社，2008（再版）。

《清高宗弘历》（独著），台湾万卷楼图书公司，2000。

《乾隆画像》（独著），中华书局，2005。

《清朝开国史研究》（独著），辽宁人民出版社，1981；故宫出版社收入《明清史学术文库》，2013（再版）。本书获辽宁出版局1981年优秀图书一等奖。

《清朝兴起史》（独著），吉林文史出版社，1986；广西师范大学出版社，2006（再版）。

《清代八旗王公贵族兴衰史》（与杨学琛合著，1986年获"第一届北方十五省市自治区哲学社会科学优秀图书一等奖"），辽宁人民出版社，1986；故宫出版社（收入《明清史学术文库》），2013（再版）。

《清代租佃制研究》（与谢肇华合著），辽宁人民出版社，1986。

《中国通史》（白寿彝总主编）之17卷、18卷《清》分卷（主编），上海人民出版社，1996。

《清朝通史》之《乾隆朝》分卷（独著），紫禁城出版社，2003。

《中国封建王朝兴亡史》（总主编，1998年获第十一届"中国图书奖"），广西人民出版社，1996。

《金川风云》（独著），中国电影出版社，2013。

《岳钟琪传》（独著），中国电影出版社，2013。

另出版长篇历史小说《香妃入宫》（独著，华艺出版社，1993）、《乾隆皇帝下江南》（独著，北京燕山出版社，1996）、《天下第一清官：清代廉臣张伯行》（独著，河南人民出版社，1999）、《宁远大将军岳钟琪》（独著，中国电影出版社，2013）。

周远廉◎主编

清朝兴亡史

【第二卷 | 入主中原】

周远廉　著

北京燕山出版社

图书在版编目（CIP）数据

清朝兴亡史/周远廉主编. — 北京：北京燕山出版社，2016.3
ISBN 978-7-5402-4103-2

Ⅰ．①清… Ⅱ．①周… Ⅲ．①中国历史－研究－清代 Ⅳ．①
K249.07

中国版本图书馆CIP数据核字（2016）第056637号

清朝兴亡史

周远廉　主编

第二卷《入主中原》

周远廉　著

责任编辑：满　懿
封面设计：一言文化传媒
责任校对：赵　媛　扈二军
出版发行：北京燕山出版社
社　　址：北京市丰台区东铁营苇子坑路138号C座
电　　话：010-65240430
邮　　编：100054
印　　刷：成都鑫成发印务有限公司
开　　本：889mm×1194mm　1/32
字　　数：438千字（第二卷）
印　　张：14.25（第二卷）
版　　次：2016年3月第1版
印　　次：2019年11月第2次印刷
定　　价：860.00元（全套）

目 录
contents

第二编 少年天子痴情君

第一编 皇父摄政王端坐武英殿

一、四军鼎立 谁主中国

（一）官军虽多 明国气数已尽

明朝末年，特别是明崇祯十三年到十七年（1640—1644年），在大明王朝辖治的1543府州县，东西万余里，南北万里的辽阔地区，存在着四股军事力量。

第一股军事力量是明朝官军。虽然明军与清军在交战中多次失利，特别是一败于萨尔浒，再败于沈阳、辽阳，复败于松山、锦州，三次惨败，丧失官军二十多万，又被李自成、张献忠部农民军大败十余次，前后损失士卒数十万，基本上丢掉了四川、陕西、湖南、湖北、河南以及江西部分州县。但是，百足之虫，死而不僵，财赋重地江苏、浙江，以及河北、山西、江西、安徽、山东、福建、云南、贵州、广东、广西等省，或全部，或大部分州县，仍为明帝所辖，因此，能够在很短的时间内，招募组建了一二百万官兵，在兵士和大炮枪铳的数量上多于其他三股军事力量，更在辖地广阔上大大超过他们。本来明朝应该可以分别击败大清、大顺、大西政权，退一步至少也能固守封疆，自主其国，延续宗祚。然而，由于君昏臣贪，横征暴敛，明王朝朱氏江山气数已尽，即将灭亡了。

《明史》卷21，《神宗本纪》评论说："故论者谓明之亡，实亡于神宗。"此论有其可取之处。在治政上，明万历皇帝怠于政事，"宴处深宫"，二十多年不上朝，使得"纲纪废弛"，"贤奸杂用，溃败决裂，不可振救"。在财政上，他更致命地摧毁了明王朝统治的基础。一是极尽奢华，挥霍浪费。同母之弟潞王的婚礼花费白银8万多两，长公主12万两，儿子福王朱常洵的婚礼费更增加到30余万两。他还大兴土木，仅为自己修的寿宫（定陵），费用竟高达800万两。二是"好货成癖"，疯狂聚敛金银。除了多次谕取户部太仓库银装入内承运库外，还于万历二十四年（1596年）起，派遣太监充当矿监、税使，在全国各地开矿收税，敛取银两，输入内库。矿监、税使，僭称千岁，草菅人命，横征暴敛，无恶不作。"矿不必穴，而税不必商，民间丘陇阡陌皆矿也，官吏农工皆入税之人也"。矿监、税使以开矿榷税之名，行勒索民财之实。矿监所到之处，"富者编为矿头，贫者驱之垦采，绎骚凋敝，若草菅然"。①甚而至于公开敲诈勒索，"富家巨族，则诬以盗矿；良田美宅则以为下有矿脉，率役围捕，辱及妇女，甚至断人手足投之于江"。②"征榷之使急于星火，搜括之令密如牛毛"，③"天津有店租，广州有珠榷，两淮有余盐，京口有供用，浙江有市舶，成都有盐茶，重庆有名木，湖口长江有船税，荆州有店税，又有门摊、商税、油布杂税，莫不设珰分职，横肆诛求。有司得罪，立系槛车，百姓奉行，若驱驼马"。④他们甚至丧尽天良，刀剖孕妇，溺死婴儿，"掘人冢，坏人庐，淫人室，荡人产，劫人财"，⑤使得整个国家"如沸鼎同煎，无一片安乐之地，贫富尽倾，农商交困，流离迁徙，卖子抛妻，哭泣道途，萧条巷陌"。⑥从而也引发了严重的社会政治危机，武昌、临清、云南、苏州、辽东、广东、广西、陕西、江西等地相继爆发了成千上万人参加的兵变民变，迫使爱财如命的贪婪皇帝朱翊钧于万历三十三年（1605年）十二月下诏停止开矿，撤回矿监，税务由地方政府管理。

危害更为严重的是强征"辽饷"。万历四十六年（1618年）三月，金国汗努尔哈赤攻下抚顺、清河，令京师震动，"骤增辽饷三百万"。这时，"内帑充积"，万历皇帝"靳不肯发"，户部尚书李尚华奏准，每亩加增赋银三厘五毫，"天下之赋增二百万有奇"。"明年复加三厘

①《明史纪事本末》卷65，《矿税之弊》。

②《明史》卷81，《食货五》。

③《天下郡国利病书》原编第十二册，《扬州府》。

④《明史纪事本末》卷65，《矿税之弊》。

⑤《明神宗实录》卷370。

⑥《明神宗实录》卷376。

五毫。后年，以兵工二部请，复加二厘，连前共九厘，增赋五百二十万，遂为岁额"。①这就是恶名昭著的"辽饷"。

明神宗开了恶例，其孙儿便皆仿效，且有过之而无不及，征赋更重。孙儿明熹宗朱由校，因清军八次攻明，增兵御敌，又增加了"辽饷"。万历时，辽饷只加派于田赋，而天启年间新添了加征杂项银（包括督抚军饷、巡按公费等名目）、关税、盐课等办法。万历时每年加派辽饷总额是白银五百二十万两有奇，天启年间则几乎年年超过这个数字，其中元年六百二十四万有奇，二年五百六十二万有奇，三年七百二十三万有奇，四年七百五十七万有奇，五年七百七十一万有奇。

神宗的另一个孙子，自命天纵英武不是亡国之君的崇祯帝朱由检，比起祖父、兄长，胆子更大，增赋更狠，人们称他为"重征"（崇祯之谐音）。崇祯年间加重的赋税剥削主要有三大项：一为辽饷之续增。崇祯三年（1630年）九月，因"兵食不足"，兵部尚书梁廷栋请再增田赋，户部尚书毕自严阿其意，于原来的辽饷每亩银九厘外，再增银三厘，于是共增银一百六十五万有奇。这一续增始于崇祯四年，于是该年辽饷的田赋部分总数达到了银六百六十七万九千二百零八两；再加上该年的辽饷的杂项、盐课、关税等项银两，该年辽饷总数高至一千零二十九万九千六百零二两。第二大项为剿饷之开征。这是崇祯十年（1637年）兵部尚书杨嗣昌为镇压日益发展的农民起义而建议开征的。其总数为银二百八十万两，筹措的办法有四："曰因粮，曰溢地，曰事例，曰驿递。因粮者，因旧额之粮，量为加派，亩输粮六合，石折银八钱，伤地不与，岁得银九百一十二万九千有奇。溢地者，民间土田溢原额者，核实输赋，岁得银四十万六千有奇。事例者，富民输资为监生，一岁而止。驿递者，前此邮驿裁省之银，以二十万充饷。"崇祯帝在批准这一新增军饷开征时，下令改"因粮"之名为"均输"，并宣布剿饷只征一次，"暂累吾民一年"。但实际上第一次征来的"剿饷"用尽之后，起义仍在继续，他又下令再征。第三大项为练饷之开征。此饷开征于崇祯十二年（1639年）六月，总数为银七百三十万两，其规定用途，为抽练各镇边兵及各地民兵。其征收对象，主要是土地，另外也包括量增关税、裁减站银及节省公费等项目。②

"三饷"之征，人神共愤。御史卫周胤痛斥主征剿饷、练饷的大学

①《明史》卷7。

②《明史》卷78。

士、督师杨嗣昌："嗣昌流毒天下，剿练之饷多至七百万，民怨何极。"①

御史郝晋更痛言三饷之祸国："万历末年，合九边饷止二百八十万。今加派辽饷至九百万，剿饷三百三十万，业已停罢，旋加练饷七百三十余万。自古有一年而括二千万以输京师，又括京师二千万以输边乎。"②

官贪吏酷，赋重役烦，私派盛行，竭泽而渔，敲骨吸髓，人神共愤，农民大起义蓬勃发展，即将出现水要覆舟的局面，明朝快亡了。

这样的形势，被远在燕京以外三千里的盛京（沈阳）大清国皇帝皇太极，看得非常清楚。清崇德八年（1643年，明崇祯十六年）三月初三，他谕告朝鲜国王说，明国必亡，敕文说：

"以朕度之，明有必亡之兆。何以言之？披流寇内讧，土贼蜂起，或百万，或三四十万，攻城略地，莫可止遏。明所恃者，唯祖大寿之兵，并锦州松山之兵，及洪承畴所领各省援兵耳，今皆败亡已尽，即有招募新兵，亦仅可充数，安能拒战。明之将卒，岂但不能敌我，及自行剽掠，自残人民，行贿朝臣，诈为己功。朝臣专尚奸谗，蔽主耳目，私纳贿赂，罚及无罪，赏及无功，以此观之，明之必亡昭然矣。"③

（二）大顺盛极　隐患堪忧

第二股军事力量是李自成部农民军。李自成，陕西米脂县人，生于明万历三十四年（1606年）八月二十一日，乳名黄来儿，初名鸿基，祖辈世代务农，与兄长鸿名之子李过同岁。小时曾因家贫被舍入寺庙当小和尚，名黄来僧，后为地主牧羊度日，父母双亡后，二十一岁时当驿卒，因无力还债，被债主文举人戴上枷锁，严刑拷打，愤而杀死文举人，逃往甘肃当边兵。崇祯二年（1629年），李自成随部队向京师前进勤王，途中，兵变，杀死领队的参将。李自成说服士兵，投奔高迎祥农民军，因为膂力过人，武功好，善骑射，有勇有谋，得到闯王高迎祥的信任，当上"闯将"。

①《明史》卷78。
②《明史》卷78。
③《清太宗实录》卷64，第15页。

崇祯七年（1634年），陕晋豫楚川五省总督陈奇瑜檄调陕西巡抚练国事、郧阳巡抚卢象异、河南巡抚元默、湖广巡抚唐晖分别领兵，驻扎东、西、南、北，合围义军。高迎祥、张献忠等部首领率兵十余万，误入陕西兴安县车厢峡。此峡四面山峰陡立，"中长四十里，易入难出"，"山上居民下石击，或投以炬火，山口垒石塞，路绝，无所得食。又大雨二旬，弓矢尽脱，马乏刍，死者过半"。此时，"官军蹙之，可尽歼"。各部义军首领惶恐无策，李自成"用其党顾君恩谋"，建议诈降。众人同意，遂"以重赏贿奇瑜左右及诸将帅，伪请降"。陈奇瑜中计，允降，放义军出峡，义军得以安全离峡，转危为安，攻掠各州县，"自成名始著"。

洪承畴代陈奇瑜为五省总督，檄调五省官兵合围义军。崇祯八年正月，义军于河南荥阳召开大会，老回回、曹操、革里眼、左金王、改世王、射塌天、横天王、混十万、过天星、九条龙、顺天王、高迎祥、张献忠等"十三家七十二营"，商议拒敌之策。众说纷纭，莫衷一是。在义军安危存亡的紧急关头，乎自成力言，"一夫犹奋，况十万众乎，官兵无能为也。宜分兵定所向，利钝听之天"。"皆曰善"。"自成建议，革里眼、左金王当川、湖兵，横天王、混十万当陕兵，曹操、过天星扼河上，迎祥、献忠及自成等略东方，老回回、九条龙往来策应。陕兵锐，益以射塌天、改世王，所破城邑，子女玉帛惟均"。"众如自成言"，高迎祥、张献忠东下，连下固始、霍邱、颍州，陷凤阳，"焚皇陵"，崇祯闻信痛哭流涕，"素服避殿，亲祭告太庙"。

崇祯九年（1636年）七月，高迎祥战败被俘处死，众推李自成为闯王。崇祯十一年春，五省总督洪承畴与陕西巡抚孙传庭合击李自成于潼关原，大败义军，"自成尽亡其卒，独与刘宗敏、田见秀等十八骑溃围，窜伏商、洛山中"。不久，洪承畴改任蓟辽总督，孙传庭改任保定总督，"自成稍得安"。

崇祯十三年（1640年）十一月，李自成"出商、洛，入豫"，此时"河南大旱，斛谷万钱，饥民从自成者数万"。此时李自成困久而安，得到了贵人相助，更为声势大振。这个贵人不是王公相帅巨富豪商，而是一位因好施尚义蒙冤下狱而被逼上梁山的举人李岩。李岩在被穷民劫狱救出后，率众投了李自成。[①]

计六奇叙述了李岩向李自成献计及采取措施的情形：

---

① 计六奇：《明季北略》《李岩归自成》《李岩说自成假行仁义》。

李自成既定伪官，即命谷大成、祖有光等，率众十万攻取河南。李岩进曰："欲图大事，必先尊贤礼士，除暴恤民。今虽朝廷失政，然先世恩泽在民已久，近缘岁饥赋重，官贪吏猾，是以百姓如陷汤火，所在思乱。我等欲收民心，须托仁义，扬言'大兵到处，开门纳降者，秋毫无犯，在任好官仍前任事，若酷虐人民者，即行斩首。一应钱粮，比原额止征一半'。则百姓自乐归矣。"自成悉纵之。岩密遣当作商贾，四出传言"闯王仁义之师，不杀不掠"。又编口号，使小儿歌曰："吃他娘，穿他娘，开了大门迎闯王，闯王来时不纳粮。"又云："朝求升，暮求合，近来贫汉虽存活，早早开门拜闯王，管教大小都欢悦。"①

李岩又教人宣称"贵贱均田"，"均田免粮"，"时比年岁旱，官府复严刑厚敛，一闻童谣，咸望李公子至矣。第愚民认李公子即闯王，而不知闯王乃自成也。李岩曾举孝廉，其父某，尚书也，故人呼岩为李公子"。②

因此，归者日众，义军队伍迅速扩大。刘金星、宋献策等人，也先后投奔李自成。③

崇祯十四年（1641年）正月，李自成攻下洛阳，活捉福王朱常洵，将其处死，并对民众说："王侯贵人，剥穷民，祝其冻馁，吾故杀之，以为汝曹。"④又以王府的数万石米、数千万钱赈济灾民。"远近饥民荷旗而往，应之者如流，日夜不绝，一呼百万，而其势燎原不可扑"。⑤拥众二十万的"土寇"道领袁时中和部众数十万的曹操（罗汝方）归附李自成。一年以后，"革左五营"归附李自成。

崇祯十五年七月，明兵部尚书、督陕西、湖广、河南、四川、山西、江南诸军的督师丁启睿，偕保定总督杨文岳，调集平贼将军左良王等总兵，号称四十五万，会于河南朱仙镇，与"贼众百万"的李自成部义军交战。李自成大破官兵，追杀四百里，歼敌十余万。同年九月，李自成于郏县大败陕西总督孙传庭，十二月下襄阳，连克枣阳、宜城、光化、谷城、夷陵（宜昌）、荆门（江陵）、荆州，火焚承天府的显陵

---

①② 计六奇：《明季北略》《李岩归自成》《李岩说自成假行仁义》。

③《明史》卷309，《李自成传》。

④《绥寇纪略》卷8。

⑤《豫变纪略》卷4。

（明世宗之父陵墓）。

崇祯十六年（1643年）正月，李自成建立了农民政权，将襄阳改名襄京，自称"奉天倡义文武大元帅"。以罗汝才为"代天抚民德威大将军"，其权位仅次于李自成。在大元帅之下设立军事和行政机构，并任命了各级官员，改变了过去"陷城克邑多不守"的局面。

三月，李自成被推举为"新顺王"，设官建制，建立起中央和地方两级政权机构。中央又分文职和武职，文职设有太师、上相国、左辅、右弼等官，建吏、户、礼、兵、刑、工六部，委任侍郎、郎中、从事等官。地方设有府、州、县三级。府设尹，州为牧，县设令。在河南、湖广等地的六个府、十个州、六十七个县，委任了地方官吏。另外，在一些重要的城镇，设立防御使一职；在形势要冲之地，设立卫，派兵驻守。

在军事上，随着形势的发展，兵员的增多，农民军设立标、前、后、左、右五营。其中标营领兵百队，其他四营各领三十队。步兵每队百人，骑兵每队五十人。中央最高的武职是领兵将官权将军，由田见秀、刘宗敏二将担任。各营的首领称制将军，分别由李岩、刘芳亮、刘希尧、袁宗第、李过充任。此外，还有果毅将军、威武将军等九个品级。

作战的主力称为"精兵"，各有一定的人员负责"司牧、司柴、司庖、司器械"。

崇祯十六年九月，明兵部尚书、陕西总督、督河南、山西、四川、湖广、贵州、江南北军务的督师孙传庭，统领马兵、步兵10万及3万辆火车（载运火炮甲仗），进入河南，攻打李自成。李自成于南阳大败官兵，"一日夜，官兵狂奔四百里"，"死者四万余，失亡兵器辎重十余万"。[①]李自成乘胜进军，十月下潼关，占西安，击毙孙传庭。

李自成于崇祯十七年正月初一，在西安建国称君，国号大顺，年号永昌，改西安为西京，设官封爵，分全国为十二个州，任节度使。《明史》卷309，《流贼传》载称："设天佑殿大学士，以牛金星为之。增置六政府尚书，设弘文馆、文谕院、谏议、直指使、从政、统会、尚契司、验马寺、知政使、书写房等官。以乾州宋企郊为吏政尚书，平湖陆之祺为户政尚书，真宁巩焴为礼政尚书，归安张嶙然为兵政尚书。复五等爵，大封功臣，侯刘宗敏以下九人，伯刘体纯以下七十二人，子三十人，男五十五人。定军制，有一马僵，行列者斩多，马腾入田苗者斩

①《明史》卷262，《孙传庭传》。

之。籍步兵四十万，马兵六十万。""命弘文馆学士李化麟等草檄驰谕
远近，指斥乘舆。"

其指斥明朝的檄文说：

> "君非甚暗，孤立而炀蔽恒多，臣尽营私，比党而公忠绝少。甚至
> 贿通官府，朝廷之威福日移，利入戚绅，阃左之脂膏尽竭。又云：公侯
> 皆食肉纨绔，而倚为腹心，宦官悉龁糠犬豕，而借其耳目。狱囚累累，
> 士无报礼之心，征敛重重，民有偕亡之恨。"①

从崇祯十一年惨败于洪承畴、孙传庭，只剩下十八匹马，拼命逃
跑，隐于商洛山中，到十三年出山，连收饥民，拥兵百万，建都西安，
称孤道寡，群臣朝拜，并且即将东征，入据燕京，代明称帝，大顺政权
与李自成，可说是极盛之时了。然而盛极之下，犯了大错，隐患不小。
一是不务正业，忙于称王封官，却不及时制定革除明朝弊端的新的利国
利民政策。李自成、刘宗敏、田见秀等英雄好汉，是因遭受明王朝祸国
殃民弊政和贪婪残暴官将的欺凌压迫而被逼上梁山的，他们深受其害，
应该知道清除什么，需要什么；李岩等举人、生员，有识之士，也应知
悉民之所苦、所想、所望，所以才有了"贵贱均田""均田免粮"的
口号和"不当差，不纳粮"的歌谣。应该说，这些口号、歌谣，是找准
了广大民众受苦之根和治病之方。当然，此时难以实行"贵贱均田"，
也不可能做到"不当差，不纳粮"，但是可以实行轻徭薄赋政策，可以
严惩贪官污吏，这也就可以使百姓安居乐业，救民于水深火热之中了。
然而，李自成、刘宗敏却没有这样做。

二是忽略清军，漏掉主要对手。明王朝虽是义军攻击的目标，义军必
须摧毁官军，捉住或杀掉崇祯帝，攻占或降服各省府州县，才能建立起新
的政权，统治全国，但是他们却忽略了清军的存在和强大，不知道清军才
是大顺军争夺江山的主要对手。李自成、刘宗敏应该知道，曾把他们打得
丢盔卸甲，落荒而逃，全军覆没的督师卢象异，早就败死于清军刀下；统
领官兵13万的总督洪承畴也已被俘，成了阶下囚，清军难道不会入关争夺
江山吗？那时，怎能抵挡，怎样对付？大顺军对此没有采取任何措施。

三是嫉妒多疑，一山不容二虎，消灭威胁宝座之人。崇祯十四年

---

① 计六奇：《明季北略》（下），《李自成伪檄》。

（1641年），张献忠惨败于左良玉、王允成，"众道散且尽，从骑止数十"。张献忠投李自成，"自成欲杀之"，罗汝才"阴与献忠五百骑，使遁去"。李自成曾与罗汝才（绰号曹操）并肩征战，崇祯十六年攻陷承天后，"自成自号奉天倡义文武大元帅，号罗汝才代天抚民德威大将军"。"汝才众数十万，用山西举人，吉圭为谋主。自成善攻，汝才善战，两人相须若左右手。自成下宛叶，克梁、宋，兵强士附，有专制心，顾独忌汝才。乃召汝才所善贺一龙宴，缚之，晨以二十骑斩汝才于帐中，悉兼其众"。李自成又袭杀"革左五营"的乱世王蔺养成，夺老回回马守应之兵，斩拥众二十万的土寇首领袁时中。"于是河南、湖广、江北诸贼莫不听命"。[①]三忠并存，种下祸根。

（三）大西守蜀　图保难安

第三股军事力量是张献忠部农民军。

张献忠（1606—1647年），字秉吾，号敬轩，延安肤施（今陕西定边东）人。与李自成同岁。出身贫苦家庭。小时跟着父亲做小生意，贩卖红枣。他当过捕快，后又来到延绥镇当一名边兵，因被人陷害，犯了"法"当斩，"主将陈洪范奇其状貌，为请于总兵官王威释之"，最后以"鞭一百免"。革役后他逃回老家。

崇祯三年（1630年），张献忠在家乡聚集十八寨农民也组织了一支队伍响应王嘉胤、王自用等起义。他自号"八大王"。由于他"身长瘦而面微黄，须一尺六寸，骁劲果侠"，军中称为"黄虎"。这一队伍初属王自用，后自成一军，成为当时以王自用为盟主的三十六营中最强劲的一个营，很快发展到几万人，成为以高迎祥为盟主的十三家之一。荥阳大会后，张献忠东下，全歼凤阳两万官兵，把胜利品和府库里的粮食，分给当地的贫苦农民，又叫农民和四乡百姓，砍光皇陵的几十万株松柏，还拆除了周围的建筑物和朱元璋出家的龙兴寺（又名皇觉寺），然后放火烧了皇帝的祖坟。

崇祯十年（1637年）起，兵部尚书杨嗣昌实行四正六隅十面网的围剿计划，各路义军或被消灭，或投降。李自成兵败，只剩十八骑遁入商洛山中，张献忠也连战连败，只好于十一年十一月伪降，屯据谷城。农

①《明史》卷309，《流贼传》。

民军元气大伤，明廷认为"贼扑灭殆尽"。①

崇祯十二年（1639年）五月，张献忠宣布再次起义，罗汝才与其响应，李自成亦东山再起，义军重又蓬勃发展。十四年二月，张献忠攻克襄阳，以所获饷银，分十万两赈济饥民，并将襄王朱翊铭和贵阳王朱常法等处死。至此，张献忠完全粉碎了杨嗣昌的"四正六隅"计划，彻底摧毁了他所谓的"十面网"。杨嗣昌自知死罪难逃，绝食忧惧而死。八月，张献忠兵败信阳，负伤出商城，又被王允成击败，"众道散且尽，从骑止数十"。在此之前，罗汝才与张献忠不和，投奔了闯王李自成。信阳败后，张献忠也往投李自成。李自成"以部曲遇之，不从，自成欲杀之"，为罗汝才阻止。罗汝才私赠五百骑，张献忠自河南经安徽东下。年底，张献忠乘机陷亳州，入英、霍山区，与"革左五营"相见，声势复振。

崇祯十六年（1643年）正月，张献忠率部乘夜攻下郸州。三月，义军连下郸水、黄州、麻城。在麻城，张献忠招募得数万人。五月，义军西取汉阳，从鸭蛋洲渡过长江，迅速攻占武昌府城。张献忠处死楚王后，"尽取宫中金银各百万，辇载数百车不尽"，发银六百余万两，赈济武昌、汉阳、六安等地饥民。

在武昌，张献忠自称"大西王"，建立了大西农民政权。设六部和五军都督府，委派地方官吏。"改武昌曰天授府，江夏曰上江县"，并开科取士，招揽人才，共录取进士三十名，廪膳生四十八名，都授以州县官职。这时，李自成也在襄阳建号称王，并对张献忠占据武昌十分不满。李自成使人贺曰："老回回已降，曹革左皆死，行及汝矣。"此时，左良玉兵复西上，大西政权官吏多被擒杀。"献忠惧，谋去之"。此时两境相接之处形成的并立的两大农民军势力中，张献忠力弱，无法与李自成对抗。八月，张献忠率部南下湖南，以二十万重兵攻占岳州。随后进攻长沙，明总兵尹先民、何一德投降。

张献忠占据长沙后，宣布免征三年税粮。接着，又攻取衡州及其所属州县，所到之处，义军纪律严明。清人刘献廷记载说："余闻张献忠来衡州，不戮一人，以问娄圣公，则果然也。"②

九月，义军攻占永州，兵威所震，使广东南雄、韶州属县的官兵

---

①《明史》卷309，《流贼传》。

②刘献廷：《广阳杂记》卷2。

"逋窜一空"。明分巡南韶副使王孙兰吓得自缢而死。[①]十月，义军占领杨嗣昌老家常德府武陵县，对杨嗣昌父子及其家族仗势作恶的罪行进行了清算。张献忠发的令牌曰："照得朱（诛）贼杨某，昔年曾调天下兵马，敢抗天兵，某幸早死于吾忍（刃）矣。今过武陵，乃彼房屋土田，坟墓在此。只不归顺足矣，为何拴同乡绅士庶，到处立团。合将九族尽诛，坟墓尽掘，房屋尽行烧毁；霸占土田，查还小民。有捉杨姓一人者，赏银十两；捉其子孙兄弟者，赏狂喜金。为此牌仰该府。"[②]这说明义军对官绅恶霸的无比憎恨。到十六年底，张献忠控制了湖南全部，及湖北南境，广东、广西北部的广大地区。

这时，李自成已相继杀了曹操罗汝才、乱世王蔺养成、土寇首领袁时中，降服老回回马守应，遂在张献忠夺据武昌后，遣使威胁张献忠说："老回回已降，曹操辈诛死，行及汝矣。""献忠大惧"。为了避免李自成的袭击，张献忠决定进军四川。

崇祯十七年（1644年）正月，大西军出发，连克夔州、万县、梁山、忠州、涪州、泸州，六月取重庆，八月下成都。十一月十六日，张献忠在成都称帝，建国号"大西"，改元"大顺"，以成都为西京。大西政权建立后，设置左右丞相，六部尚书等文武官员。命"汪兆麟为左丞相，严锡命为右丞相"。以王国麟、江鼎镇、龚完敬等为尚书。大西政权颁行《通天历》，设钱局铸"大顺通宝"行用。开科取士，选拔三十人为进士，任为郡县各官。大西政权宣布，对西南各族百姓"蠲免边境三年租赋"。且张献忠号令森严，不许"擅自招兵"，"擅受民词"，"擅取本土妇女为妻"，违者正法。张献忠封四个养子为王，孙可望为平东王，刘文秀为抚南王，李定国为安西王，艾能奇为定北王。

在军事上，大西政权设五军都督府，中军王尚礼，前军王定国，后军冯双礼，左军马元利，右军张化龙。分兵一百二十营，有"虎威、豹韬、龙韬、鹰扬为宿卫"，设都督领之。城外设大营十，小营十二，中置老营，名为御营，张献忠居之。又命孙可望为平东将军，监十九营；李定国为安西将军，监十六营；刘文秀为抚献将军，监十五营；艾能奇为定北将军，监二十营。分兵四出，"遂据有全蜀"。

张献忠本想避开李自成兵锋，退守天府之国，求得安宁，但一味退

---

① 《明史》卷294，《王孙兰传》。

② 杨山松：《孤儿吁天录》卷16。

缩，不求革弊整饬，富国强兵，是换不来平安的。

（四）清军最少最强　有望问鼎神州

第四支军事力量是清军。这支军队，人数最少，但军力最强。

清军兵士最少，入关前夕，满洲八旗有三百一十个牛录，蒙古八旗一百一十八个牛录，汉军八旗一百六十四个牛录，按当时规定一牛录大致为二百丁来推算，满洲八旗有男丁六万二千丁，蒙古二万三千六百丁，汉军三万二千八百丁，总共约为十一万八千四百。[①]

顺治元年（1644年）四月初九，多尔衮统军伐明时，率领"满洲蒙古兵三分之二，及汉军、恭顺等三王，续顺公兵"。[②]满洲蒙古有428个佐领85600丁，"三之二"为兵57066名，汉军全部是164个佐领，兵32800名。三者相加，满蒙汉军共有兵89866名。

恭顺王孔有德有兵3700名，怀顺王耿仲明有兵2500名，智顺王尚可喜有兵2300名，续顺公沈志祥有兵1500名，三王一公共有兵9400名。八旗兵、三王一公共有兵99266，即约有十万名。

天聪三年（1629年）三月初一，清太宗皇太极规定，"若征明国，每旗大贝勒各一员，台吉各二员，以精兵百人从征"。[③]

因此，随多尔衮出征的外藩蒙古，有3000名左右蒙古兵。

总加起来，即使满洲八旗、蒙古八旗的男丁尽皆披甲当兵，清军也才有128400名，另有外藩蒙古兵3000名，而多尔衮统军伐明的兵士，则只有10万名。比起明国官兵，大顺政权义军100万，大西政权义军60万，差得太远了，更不用说在大炮、枪铳上远远少于明军。

尽管清军人数最少，但清军军力却是最强。明军是清军刀下败兵，遇逢清军，不是战败溃逃，就是交锋必降，或者被斩被俘。

清军虽然还没有与大顺、大西军交过手，就此而言，不能说清军比大顺、大西军强，但是从另一方面，从农民军与明朝官兵的交战历史看，完全可以得出清军远远强于大顺、大西军的结论。

崇祯八年（1635年）正月，老回回、革里眼、左金王、改世王、射塌天、横天王、混十万、过天星、九条龙、顺天王、闯王（高迎祥）、八大

---

① 光绪《大清会典事例》卷1111、1113。

②《清世祖实录》卷4，第3页。

③《清太宗实录》卷5，第11页。

王（张献忠）等十三家，七十二营，于河南荥阳开会，议定分军征战。高迎祥、李自成等攻汝州，"部众三十余万，连营百里，势甚盛"。明督办江北、河南、山东、湖广、四川、山西、陕西军务的卢象昇，击败高迎祥、李自成于确山。第二年，卢象昇又大败义军于徐州，义军"连营俱溃"，官军"逐北五十里，朱龙桥至关山，积尸填沟委堑，滁水为之不流"。十一年春，官军又败义军于梓潼，"自成奔白水，食尽。承畴、传庭合击于潼关原，大破之，自成尽亡其卒，独与刘宗敏、田见秀等十八骑溃围，窜伏商、洛山中"。

辽东边将曹变蛟、祖大弼、祖大乐等俱曾多次击败李自成、张献忠等部义军。

然而，清崇德三年（1638年），兵部尚书、督天下援兵的卢象昇，与清军交战于巨鹿，兵败战死。崇德六年、七年，蓟辽总督洪承畴，率曹变蛟、吴三桂等八总兵，领兵十三万，往援锦州松山祖大寿，大败于清军。洪承畴、曹变蛟被俘。祖大乐、祖大寿亦先后降清。两相比较，可见清军远远强于大顺、大西军。

更重要的是，相比明朝、大顺、大西三个政权，此时清朝满族正处在蓬勃发展的上行阶段，八旗汗、贝勒、大臣、将官士卒，大都是勇于进取，力创伟业，剽悍善战，领导层团结有力，善于征战，审时度势，能够制定正确政策，适应新的局面。

皇太极虽然洞悉明朝气数已尽，必然灭亡，但也认为明朝太大，不能轻易取胜。崇德七年（1642年）五月初五，固山额真墨尔根侍卫李国翰、佟国赖、祖泽润，梅勒章京祖可法、张存仁，以松锦大胜，明朝危急，奏请进取燕京说：

"今天意归于皇上，大统攸属，锦州松山杏山塔山，一时俱为我有，明国人心摇动，燕京震骇，唯当因天时，顺人事，大兵前行，爽快火继后，直抵燕京而攻破之，是皇上万世鸿基，自此而定，四方贡篚，自此而输，上下无不同享其利矣，倘迟延时日，窃虑天时不可长恃，机会不可坐失，况山东之行，燕京一带空虚，我兵所到，无不收服，若再缓行，其地已为流贼劫掠殆尽，地方残毁，所关岂浅鲜哉，臣等以为不如率大军直取燕京，控扼山海，大业克成，而我兵之饶裕，不待言矣。"[1]

---

① 《清太宗实录》卷62，第14页。

皇太极拒绝其议，说："众等建议直取燕京，朕意以为不可。取燕京如伐大树，须先从两旁斫削，则大树自仆。朕合不取关外四城，岂能即克山海。今明国精兵已尽，我兵四围纵略，彼国势日衰，我兵力日强，以此燕京可得矣。"①

正当皇太极欲乘松锦大捷之机，再展宏图，准备问鼎中原之时，不料死神突然降临在他头上，于崇德八年（明崇祯十六年，1643年）八月初九玄时，中风逝世，享年五十二岁。顿时清廷气氛万分紧张。

八旗王公大臣在哀悼先皇号啕痛哭的同时，都会情不自禁地想着一个关系重大的迫切问题：先皇未留遗诏指定子嗣，谁来继位为君？这样一来，新帝要由王贝勒大臣议立了。

此时有亲王、郡王、贝勒九人，即礼亲王代善、郑亲王济尔哈朗、睿亲王多尔衮、肃亲王豪格、英郡王阿济格、豫郡王多铎、郡王阿达礼、贝勒阿巴泰、贝勒罗洛宏。以旗主而论，正黄、镶黄、正蓝三旗原系太宗自领，此时当由其子继承，太宗皇太极有子十一人，除早殇外，此时年在十五岁以上的只有长子肃亲王豪格一人，属于清宁、关雎、麟趾、衍庆、永福五宫后妃所生之子仅有皇九子六岁的福临、皇十一子两岁的博穆果尔，因此自然由豪格代表诸皇子。正红旗旗主是代善，镶红旗旗主是代善之孙罗洛宏。多尔衮主正白旗，多铎主镶白旗，济尔哈朗为镶蓝旗旗主。

因此，有力量竞争皇位的人选有三个，一是豪格，他有皇父所遗之三旗。二是代善，他有两个红旗，子、孙、亲侄孙硕托、瓦克达、满达海、罗洛宏、阿达礼、勒克德浑等，皆已长大成人，统军厮杀。三是多尔衮，他与弟多铎有两个白旗，兄长阿济格勇猛善战，且其他旗中也有倾向多尔衮的大臣。

代善在十七年前本可稳坐汗位，但自动放弃，现在年事已高，又迭遭贬辱，灰心丧气，不愿主政，从而就剩下豪格与多尔衮这两位叔侄相争了。

两黄旗图尔格、索尼、图赖、锡翰、巩阿岱、鳌拜、谭泰、塔瞻八大臣聚会于豪格府中，密谋良久，议定肃亲王豪格为君。阿济格、多铎劝多尔衮继位，多尔衮也有此想法。因此八月十四日在议立新帝时，白黄四旗激烈相争。

这天早上，多尔衮赶到宫中的三宫庙，询问黄旗智多星索尼怎样处理继位之事，试探两旗大臣的态度。索尼直言告称："先帝有皇子在，必立其一，他非所知也。"

多尔衮碰了一个钉子，很不高兴地进入崇政殿。索尼等两黄旗大臣于大清门立誓，必立皇子，然后派两黄旗护军将殿团团围住，索尼、鳌拜等手扶剑柄，闯入殿内，诸王大臣会议刚开，索尼、鳌拜首言宜立皇子。多尔衮见势不妙，立即借口诸王尚未发言，臣子们没有资格说话，将他们喝了出去。阿济格、多铎劝多尔衮继位，多尔衮见两黄旗大臣剑拔弩张，犹豫不决。多铎迫不及待地说：如你不同意，该立我为帝，我的名字已列于太祖遗诏上。多尔衮反驳说，肃亲王名字也在太祖遗诏中提到过。意即二人都不能以此作为继位的条件。

多铎说：不立我，也可以，要立年长之人，当立礼亲王代善。代善一直未发一言，此时见已点到自己头上，不得不说了几句两头讨好两不得罪的话：睿王若允，是国之福，不然，豪格是帝之长子，当承继大统。我年老体衰，难于胜任。

豪格见多铎咄咄逼人，多尔衮拒绝立己为帝，代善在耍滑头，不倾向于己的白旗三王有意自立，郑亲王不发一言，感到不便立即应允，就以退为进，假惺惺地说：我福小德薄，哪能担当此任。言毕辞去。果然，两黄旗大臣见主子退席，纷纷离座，"佩剑而前"，齐声说道："吾等属食于帝，衣于帝，养育之恩，与天同大，若不立帝之子，则宁死从帝于地下而已。"代善一见不妙，大有火并之势，不愿招惹是非，忙说：我虽是帝之兄，但因年老，当时朝政便未参与，怎能参与此议。离席而去。阿济格也跟着退出，多铎沉默不语。[1]

此时，殿中气氛异常紧张，黄旗大臣就要动手，拼死夺位了。本欲继位为帝的多尔衮，一见此情，不由紧张思考，要坚持争位，必与黄旗大臣血战一场。两个黄旗八大臣中有四位是三大开国元勋的子侄，图尔格是弘毅公额亦都第八子，又娶和硕公主；图赖是直义公费英东第七子；鳌拜是费英东亲侄；塔瞻是追封武勋王杨古利之次子，袭超品公；谭泰是杨古利之从弟，这意味着八旗勋旧大臣的大部分主张立太宗之子为帝，此事不可低估。况且，两白旗尚无对此的应急准备，而大殿又处于两黄旗精兵控制之下，黄旗大臣步步进逼，弄不好，真会血溅兵刃，走不出崇政殿。但是，在这样形势下被迫拥立豪格，也不甘心，太软弱

---

① 《沈馆录》卷6；《清史稿》卷235，《图赖传》《索尼传》。

可欺了，今后怎么参与政局，飞快思索之后，开口说道：你们之话不错，既然肃亲王谦让退出，没有继承大统之意，就立先帝之子福临吧。但他还幼稚，由我与郑亲王左右辅政，分掌八旗事务，待福临长大，立即归政。①

这一建议极其出人意料。代善等王也回到会场，思考此议。这个安排，满足了两黄旗大臣必立皇子的要求，镶蓝旗主郑亲王获益甚多，当上了辅政王。代善本无野心，仅求平安无事，多尔衮未能称帝，但辅佐幼主，也算有得有失。唯一受损者是豪格，可是他既自谦让，也不便出尔反尔，再来抢位，只好是有苦难言。而这样处理的最大好处是避免了火并，保持了统治集团的团结，为清国的前进和入主中原奠定了政治基础。因此，王贝勒大臣议定拥立六龄童福临为帝。

崇德八年（1643年）八月十四日，诸王贝勒议定之后，礼亲王代善会集王、贝勒、贝子、公及文武群臣，宣布决议，拥戴皇九子福临继承帝位。

诸王贝勒公议，以郑、睿二王辅理国政。

多尔衮胸怀大志，积极准备进取中原。此时，明朝政治腐败，军队疲弱，大顺、大西农民军猛烈冲击腐朽王朝，明国气数已尽，为清军入关提供了很好的机会。

清军训练有素，骑射娴熟，长年征战，屡败明兵，是一支威力强大的劲旅，要想问鼎中原，是可以试一试的。但是，能否夺取天下，君临四海，仍很难说，满洲贵族面临着许多不易逾越的严重障碍，主要弱点是满洲人丁太少了。以五六万满洲男丁，要想进据燕京，统一全国，未免太少了。

此时李自成领导的大顺农民军，有步兵四十万、马兵六十万，刘宗敏、袁宗第、李锦、李岩、高一功、刘体纯、郝摇旗等上百人，皆系久经征战屡败官军的勇将。张献忠领导的大西农民军，有兵五六十万，孙可望、李定国、刘文秀、艾能奇等也是南北转战克敌破城的猛将。明朝虽已腐朽垂亡，但毕竟还有百万官兵。这三个政权的军队，多达二百余万，四五十倍于满洲男丁。而且，就算是能够打败敌军，这五六万满丁又怎能统治全国一千多个州县上亿人民！真是难而又难。然而，多尔衮确系罕有的智勇双全且怀雄心壮志之聪睿大帅，他不惧艰险，继承先帝遗志，向着君临全国的目标奋勇迈进。

①《沈馆录》卷6。

二、勇战群雄 六龄幼帝入居紫禁城

（一）甲申剧变 崇祯帝魂断煤山

李自成早在明崇祯十六年（1649年）春，就在襄阳召开会议，商讨下一步用兵战略。左辅刘金星主张攻占河北，直取京师（北京）。礼政府侍郎杨永裕主张先占领金陵（南京），断其粮道，再出兵北伐。兵政府从事顾君恩建策先取关中，他认为"金陵居下流，事虽济，失之缓。直走京师，不胜，退安所归？失之急。关中，大王桑梓邦也，百二山河，得天下三分之二，宜先取之，建立基业。然后旁略三边，资其兵力，攻取山西，后向京师，庶几进战退守，万全无失"。六月，李自成采纳顾君恩的建议。崇祯十七年二月，李自成亲率精兵两万，经韩城禹门口渡过黄河，迅速占领太原。在太原，李自成发布了声讨明皇朝的檄文，并移檄山西、河南各地。文云："君非甚暗，孤立而炀蔽恒多，臣尽营私，比党而公忠绝少。甚至贿通官府，朝廷之威福日移，利入戚绅，闾左之脂膏尽竭。"又云："公侯皆食肉纨绔，而倚为腹心，宦官悉龀糠，犬豕，而借其耳目。狱囚累累，士无报礼之心，征敛重重，民有偕亡之恨。"①揭露了明皇朝的黑暗统治。大顺军在进军途中，还张贴反对明朝"加派"、宣布农民政权"不征粮"的文告，并派人广泛宣传大顺军"不杀人，不爱财，不奸淫，不抢掠，平买平卖，蠲免钱粮，且将富家银钱分赈穷民"的军纪和措施。②

二月初八，大顺军从太原分两路出发，一路由李自成亲自统率，取道忻州、代州、大同、宣化，经居庸关向南攻取北京；另一路由左营大将刘芳亮率领，东出固关，经真定、保定，向北攻取北京。三月初二，大顺军进占大同，总兵姜瓖投降，活捉代王朱传齐。初八，至阳和。十一日，大顺军开进宣府，宣布"均田赦赈"。③"举城哗然皆喜，结彩焚香以迎"④。宣化总兵王承胤投降，巡抚朱之冯自杀。十五日，大军

---

① 《明季北略》卷22；《甲申传信录》卷6；《怀陵流寇始终录》卷17等。

② 《明季北略》卷20；冯梦龙：《甲申纪事·北事补遗》。

③ 冯梦龙：《甲申纪事·北事补遗》。

④ 《明史》卷263，《朱之冯传》。

越过柳沟天堑，到达居庸关，守将总兵唐通降。

三月十七日，李自成起义军大队人马开到北京城下，明朝驻扎在城外的京营士兵立刻溃散。三月十八日，起义军架飞梯猛攻西直、平则（今阜成）、彰义（今广安）三门。下午，彰义门被起义军攻下，起义军进入外城，当晚又开始攻入内城。崇祯帝见状不妙，在宫中先逼皇后周氏自杀，又让人把太子朱慈烺及另外两个儿子送到皇宫之外躲藏起来。然后以剑砍死六岁的女儿昭仁公主，砍伤十五岁的女儿长平公主。崇祯帝这些举动，反映出他对守住北京城已彻底绝望。但这还不意味着他已承认自己在与起义军较量中的最后失败，因为他仍旧想与起义军继续拼下去。此后，他与提督内外京城司礼监太监王承恩相对饮了几杯酒，接着手提三眼枪，带领太监数十人，每人骑着一匹马，手持斧头，离开皇宫，其目标是趁着黑夜，冲出城外，突出重围。在起义军到来前酝酿南迁时，他还出于虚荣心，不肯公开表露自己打算丢下宗庙、陵寝而逃命的隐秘，现在事态紧急了，他只好逃命第一，卸下了决心"国君死社稷"的伪装。然而，为时已晚，他与随行的太监折腾了好长时间也没出得城去。他们行至齐化门（今朝阳门），守城者夜间辨不清来者何人，"以矢石相向"，使之无法出城；再"走安定门，又不得启"。这时天已将亮，失去夜幕的掩护，他与随行太监即使出得城去，也不可能突出起义军的包围圈。至此，崇祯帝不得不承认自己已经彻底失败，于是，他重新回到皇宫，与王承恩一起无可奈何地自缢于万岁山，此山俗称煤山，即今天的景山公园中的山丘。这时，已是三月十九日早晨了。当天中午，李自成在市民的热情欢迎之下，进入了北京城。崇祯帝的自杀和李自成的进入北京，标志着统治了中国二百多年的明朝政权，从此彻底覆灭。

三月十九日清晨，市民们张灯结彩，设案焚香，欢迎大顺军的到来。李自成命令大军整队入城，不得杀掠。刘宗敏首先率领义军从宣武门进入内城，队伍整齐，军纪肃然。中午时分，李自成头戴毡笠，身穿青布箭衣，骑着杂色黑马，在数百骑精兵的簇拥下进入北京城。农民起义军在李自成的领导下，经过十五年百折不挠的浴血奋战，终于推翻了明朝的封建统治，取得了胜利。

当时，大顺农民政权的区域包括今陕西、山西、河南、河北、山东五省，以及甘肃、青海、宁夏、江苏、安徽、湖北、湖南等省的部分地区。进北京后，首先是加强大顺政权的建设，其中主要措施有：任命官员，开科取士，选拔知识分子，政府官员一律受权将军节制；立即释放明锦衣卫狱中的犯人。严厉镇压作恶多端的明朝皇族和达官贵人。史称农民军"满街捉士大夫，拘系枷锁，相望于道"，一时"向来厂卫知名者，咸从束缚；要津猾胥，先倾其家而杀之"。在大顺军的打击下，地主官宦"混稠人中，低头下气，唯人觉"，"赤体狂奔，四散逃"。那些投降的明朝官吏，也是丑态百出。每天在午门外，他们身着青衣小帽，"匍匐听点。平日老成、儇巧者，负文名、才名者，哓哓利口者，昂昂负气者，至是皆俯首低眉，直立如木偶，任兵卒侮虐，不敢出声。亦有削发成僧，帕首作病"者，真是"种种丑态，笔不尽绘"，他们过去的那些淫威，在大顺军面前一扫无余。大顺军逮捕并处决了五百余名罪大恶极者。同时，宣布免除贫民赋税，成立"比饷镇抚司"，勒令明朝大官僚交出赃银，叫作"输银助饷"，由刘宗敏、李过等主持，共得银七千万两。

然而，夺取京师的胜利，使李自成和义军的部分将领犯了骄傲自大的错误，产生了麻痹思想，失去了应有的警惕。面对吴三桂和江南的五十余万明朝军队，以及关外的清军队，大顺政权没有采取相应的、妥当的有力措施。刘宗敏等将领腐化堕落，敛索金银，奸淫妇女，刘宗敏还夺抢明总兵吴三桂爱妾陈圆圆。士卒也松懈厌战，掠夺金银。计六奇的《明季北略》载称："贼将各据巨室，籍没子女为乐，而士兵充塞巷陌，以搜马搜铜为名，沿门淫掠。""贼兵入城者四十余万，各肆掳掠，自成或禁之，辄哗云：皇帝让汝做，金银妇女不让我辈耶。"四月二十二日大顺军之所以惨败于山海关，是因为"时闯兵入都，恣意淫掠，身各怀重赏，无有斗志，故而大败，尸横八十余里"。[①]计六奇是明季秀才，对农民军难免有阶级偏见，所述当有诽谤、诬蔑、仇视、不实之处，但他又是一位颇有成就的历史学家，记述了很多珍贵史料。并且，考虑到李自成部农民军，骁将众多，兵精勇猛，山海关之战，农民军人数倍于清军，吴三桂又曾是松锦大战之时狼狈窜逃的败将，为什么这次山海关之战，清王多尔衮令吴三桂先与农民军交锋时，"三桂军人人血战，冲荡数十合，呼声震海峤"，与农民军鏖战多时，不分胜负。清军此时才以二万劲卒冲出迎战，大顺军见是满兵，大惊，"陈遂动，

① 计六奇：《明季北略》《奸淫》《四月三十日自成西奔》《吴三桂请兵始末》。

自成麾盖先走，贼众望之，遂士崩"。①昔日英勇冲杀，所向披靡之威，到哪去了，这难道与计六奇所述闯兵"恣意淫掠，身怀重宝"，"贼将各据巨室，籍没子女为乐"，完全无关吗？

（二）山海关一战定天下

清顺治元年（1644年）四月初四，此时，崇祯帝已于16天前吊死于煤山，李自成已高踞太和殿，然而清国尚不知晓。

这一天，大学士范文程奏上摄政王多尔衮启文，建议伐明，入主中原。启文说：

"乃者有明，流寇蹂于西土，水陆诸寇，环于南服，兵民煽乱于北陲，我师燮伐其东鄙，四面受敌，其君若臣，安能相保耶。顾虽天数使然，良由我先皇帝尤勤启造，诸王大臣，祗承先帝成业，夹辅冲主，忠孝格于苍穹，上帝潜为启佐，此正欲摄政诸王，建功立业之会也。窃惟沉丕业以垂休万禩者此时，失机会而贻悔，将来者亦此时。何以言之，中原百姓寒罹丧乱，荼苦已极，黔首无依，思择令主，以图乐业，虽间有一二婴城负固者，不过自为身家计，非为君效死也，是则明之受病种种，已不可治，河北一带，定属他人。其土地人民，不患不得，患得而不为我有耳。盖明之劲敌，唯在我国，而流寇复蹂躏中原，正如秦失其鹿，楚汉逐之。我国虽与明争天下，实与流寇角也。为今日计，我当任贤以抚众，使近悦远来，蠢兹流孽，亦将进而臣属于我，披明之君，知我规模非复往昔，言归于好，亦未可知。当不此之务，是徒劳我国之力，反为流寇驱民也，夫举已成之局而置之，后乃与流寇争非长策矣，曩者弃遵化，屠永平，两经深入而返披地官民，必以我为无大志，纵来归附，未必抚恤，因怀搞贰，盖有之矣，然而有已服者，有未服宜抚者，是当申严纪律，秋毫勿犯，复宣谕以昔日不守内地之由，及今进取中原之意，而官仍其职，民复其业，录其贤能，恤其无告，将见密迩者绥辑，遐听者风声，自翕然而向顺矣。夫如是，则大河以北，可传檄而定也。河北一定，可令各城官吏，移其妻子，避患于我军，因以为质，又拔其德举素著者，置之班行，俾各朝夕献纳，以资辅翼，王于众论中，择善酌行，则闻见可广，而政事有时措之宜矣，此行或直趋燕京，

---

① 魏源：《圣武记》卷1。

或相机攻取，要当于入边之后，山海长城以西，择一坚城，屯兵而守，以为门户，我师往来，斯为甚便，唯摄政诸王察之。"①

范文程的启文，主要讲了三个问题。第一，明朝内忧外患，病入膏肓，"已不可治"，必须抓住这一千载难逢之良机，进兵中原，否则天下将为他人所得。第二，清之主要对手，已非明朝政府，而是农民军，"我国虽与明争天下，实与流寇角也"。第三，改变以往克城不守的袭掠作风，宣谕"今取中原之意"，基本政策是"官仍其职，民复其业，录其贤能，恤其无告"，定能争取远近归顺，"大河以北，可传檄而定也"。这道奏疏，为清取天下提供了政治决策和基本政策，起了很大作用。

摄政王多尔衮等王贝勒采纳了范文程的建议，紧张准备，于四月初八出兵伐明。这一天，被授为奉命大将军的摄政王多尔衮，同豫郡王多铎、多罗武英郡王阿济格、恭顺王孔有德、怀顺王耿仲明、智顺王尚可喜多罗贝勒罗洛宏、固山贝子尼堪、博洛、辅国公满达海、吞齐喀、溥和旗、和旗、续顺公沈志祥、朝鲜世子暨八旗固山额真、梅勒章京，诣堂子，奏乐，行礼，又陈列八纛，向天行礼毕，统领满洲蒙古兵，及汉军，恭顺等三王，续顺公兵，启行。

四月十三日，大军在辽河地方驻营。多尔衮以用兵之事，征询洪承畴的意见。此时清军已经知道崇祯自缢，李自成进了京城。洪承畴长期与农民军交战，熟谙敌情，多次获胜，还曾大败闯王于潼关原，义军全军覆没，只剩下李自成等十八骑逃匿山中。此时，他反复思考，精心分析，奏上启文，论述了必胜李自成的用兵之法：

"我兵之强，天下无敌，将帅同心，步伍整肃，流寇可一战而除，宇内可计日而定矣。今宜先遣官宣布王令，示以此行。特扫除乱逆，期于减贼。有抗拒者，必加诛戮，不屠人民，不焚庐舍，不掠财物之意，仍布告各府州县，有开门归降者，官则加升，军民秋毫无犯，若抗拒不服者，城下之日，官吏诛，百姓仍予安全，有首倡内应，立大功者，则破格封赏，法在必行。贼今得京城，财足志骄，已无固志，一旦闻我军至，必焚其宫殿府库，遁而西行。贼之骡马不下三十余万，昼夜兼程，

①《清太宗实录》卷4，第5-7页。

可二三百里，及我兵抵京，贼已远去，财物悉空，逆恶不得除，士卒无所获，亦大可惜也。今宜计道里，限时日。辎重在后，精兵在前，出其不意，从蓟州密云近京处，疾行而前，贼走，则即行追剿，倘仍坐据京城以拒我。则伐之更易，如此庶逆贼扑灭，而神人之怒可回。更收其财畜，以赏士卒，殊有益也。初明之守边者，兵弱马疲，犹可轻入，今恐贼遣精锐，伏于山谷狭处，以步兵扼路，我国骑兵不能履险，宜于骑兵内选作步兵，从高处观其埋伏，俾步兵在前，骑兵在后，比及入边，则步兵皆骑兵也，孰能御之。若沿边仍复空虚，则接踵而进，不劳余力，抵京之日，我兵连营城外，侦探勿绝。庶可断陕西宣府大同真保诸路，以备来攻，则马首所至，计日程功矣。流寇十余年来用兵已久，虽不能与大军相拒，亦未可以昔日汉兵轻视之也。"①

　　这对多尔衮制定正确的战胜闯王的用兵之法，起了很好的作用。

　　多尔衮采纳了洪承畴之建议，统兵继续前行。忽然，明副总兵杨坤、游击郭云龙于十五日求见，向多尔衮交了吴三桂的求援书，使他大吃一惊。

　　原来，三月初明宁远总兵、平西伯吴三桂奉崇祯帝入关勤王谕旨，统兵五万，携宁远等城兵民数十万人尽徙入关。然而，此时崇祯帝已自缢于煤山，李自成派降将原明总兵唐通前来招降，许以封侯，并赐银两犒劳三军。而吴三桂之父吴襄也已在京归顺大顺军，吴三桂之爱妾陈圆圆及全家老少皆在京城，因此，吴三桂决定受降，将山海关交与唐通接管，领兵五万进京朝见新君李自成。三月二十六日，吴三桂行抵玉田县时得知，大顺军在北京将父"吴襄夹打要银"，陈圆圆被刘宗敏夺走，立即大怒，转回山海关，赶走唐通，据关自守。李自成获悉，统军来征，故吴三桂遣使持书向清求援，书中写到："先帝不幸，九庙灰烬"，乞王发兵，"兴灭继绝"，则可获"取威定霸大功"，尽得大顺军之无数金帛子女，功成之后，"则我朝之报北朝者，岂唯财帛，将裂地以爵"。②

　　这真是天赐良机，如若此书所言为真，则不仅可以轻易通过鏖战数十年未能攻取的山海雄关，直奔燕京，而且可以驱使数万归降精兵前导，自必顺利入主中原，弥补了兵力不足的严重缺陷。但是，多尔衮也有些怀疑，为什么过去多次拒绝清之高官厚金招降而坚守关宁的吴三

①《清世祖实录》卷4，第11-13页。

②《清世祖实录》卷4，第13、14页。

桂，会如此轻易地敞开大门，并且吴又不言归降，让清军另道入边，不赴山海关，是否有诈？他对阿济格、多铎说：莫非三桂知我南来，故意引我上钩？且我军三次围困明都，不能立克，自成一举破之，其智勇肯定过人，如今率大军而来，志不在小，是否想乘胜攻辽？①

盘算再三，多尔衮等人最后决定，机不可失，但要小心提防。他立派使者前往锦州，谕汉军运红衣大炮向山海关进发，以便吴三桂诈降时用炮猛攻，并下令大军向山海关前进。四月十六日到达西拉塔拉，遣人送与吴三桂复信。信中讲道：已闻"流寇攻陷京师，明主惨亡，不胜发指"，故统兵前来，"期必灭贼，出民水火"。"今伯若率众来归，必封以故土，晋为藩王，一则国仇得报，一则身家可保，世世子孙，长享富贵，如河山之永也"。②他明确地谕令吴三桂投降，拒绝了吴之求援。

吴三桂听说李自成军将到山海关，便派人紧急送与清国第二封信，请求清军"直入山海，首尾夹攻，逆贼可擒，京东西可传檄而定也"。多尔衮即"星夜进发"，二十一日抵达山海关外十里地方，天色已经灰黑，下令安营。半夜又移往山海关以东的欢喜岭驻扎。多尔衮亲驻岭上的威远台。

这一日白天，李自成统率大军猛攻山海关，几次差点攻克环卫山海县城的东罗城、西罗城、北翼城。吴三桂招架不住，眼看就要失城覆灭了。李自成已知悉清军来到，更连续进攻。

吴三桂见势危急，于二十二日黎明强冒矢林弹雨，率数骑亲赴欢喜岭谒多尔衮，谈定条件。多尔衮十分高兴，与吴对天盟誓，叫吴之士卒系白布于肩，以免误杀。然后，吴急驰回关，清军随即三路入关，赶赴石河西。

魏源的《圣武记》卷1记述了这次大战情形：

"流贼李自成自将精锐二十万东击三桂……（四月二十二日），贼众自北山横亘至海，我两军对贼而阵。三桂军其右，我军其左，尚不及贼阵之半。王以流寇劲敌不可轻，乃命三桂军先战，衡其中坚，而我军蓄锐以待。是日，自成挟明太子诸王于西山，我摄政王率英、豫二王于东山，各立马观战，洪承畴、祖大寿、孔有德、尚可喜毕从，贼张两翼，围三桂数重。三桂军人人血战，衡荡数十合，呼声震海峤。及午，尘沙山起，怒若雷鸣，兵贼不辨，我军大呼者三，风止，英、豫二王率铁骑二万，横跃入

---

① 计六奇：《吴三桂请兵始末》。

② 《清世祖实录》卷4，第15页。

阵，所向洞札摧陷。俄，尘开，贼见甲而辫发者，惊曰：满洲兵也。阵遂动，自成麾盖先走，贼众望之，遂土崩。逐北四十里，斩贼数万，下令关内兵民皆削发，命吴三桂以步骑二万前驱追贼。自成奔至永平，使降臣王则尧、张若麒诣三桂军议和，伪还太子，非真也。三桂益进兵。自成走京师，屠三桂家，尸明诸王于市，焚宫殿，载辎重西遁。摄政王檄三桂及英、豫二王兼程追贼，勿入京。五月朔，渡芦沟，次日及贼庆都。贼尽其辎重先行，以精兵拒战，誓死决胜负。复狂风籁沙晦天地，贼旌旗皆折，人马倒退。我军乘风奋击，复大败之，贼走山西，班师。"

以上所述，表明了四个问题。一是大顺军倍于清军，两军对面布阵，清军不及义军阵营之半。二是清军知悉敌方军情，而李自成却毫不知彼，以为只是与吴三桂作战。三是昔日大顺军勇败明军所向披靡的无敌军威，已经消失。两年多前，吴三桂随洪承畴参加松锦大战时，吴三桂惧敌，首先弃帅而逃，可见其军力不强。现在交战，吴三桂是个总兵，领兵不过万名左右，义军二十倍于彼，必能歼敌。所以大顺军是"张两翼，围三桂数重"。本来以为是可以轻易取胜，不料吴三桂军"人人血战"，打了一个多时辰直到中午，还只是个平手，可见大顺军的战斗力已经不强了。四是畏惧清军，未战即溃。当英王阿济格、豫王多铎"率铁骑二万，横跃入阵，所向洞札摧陷"时，大顺将士"见甲而辫发者，惊回，满洲兵也"，"阵遂动，自成麾盖先走，贼众望之，遂土崩"。

多尔衮就这样抓住了天赐良机，充分利用了吴三桂的降清，出李自成的意料之外，突然猛袭，大败农民军，一战定天下。

李自成返京之后，迅速撤回陕甘，多尔衮遣军追击，连连得胜。五月初二多尔衮进入北京，故明官员于朝阳门接驾，乘辇入武英殿升座，接受明臣及宦官七八千人的朝拜。至此，清太宗皇太极多年来梦寐以求入主中原之目标，终于由摄政王多尔衮率领八旗王公将士浴血奋战而实现了。

（三）九宫山闯王归天

顺治元年（1644年）五月初一，摄政王多尔衮率军进入北京，就座武英殿，接受群臣朝拜，十月由沈阳迁都北京，第二次举行幼帝福临登基大典，颁诏天下，象征清帝成为天朝中国大皇帝的开始。但是，进入北京只是开始，离真正君临天下这一美妙宏伟的目标，还有十万八千里。所谓代明而兴之万岁爷福临，此时只不过是辽东和北京一个城市及附近几个县的区域之主而已，河北不少州县仍未归降，山东、河南的州县，或仍由大顺军辖治，或为明臣割据，或被"义军"、土寇所据。陕甘山西等省隶属大顺，张献忠大西军称霸四川。南明福王朱由崧即帝位于南京，辖领江苏、安徽及浙江部分地区，鲁王朱以海据浙东，唐王辖福建、广东、湖南、江西、云南、湖北等地，各王有军队一二百万。特别是李自成大顺农民政权更是清朝的心腹大患。所以，摄政王多尔衮决定两面出击，派英亲王阿济格为靖远大将军，进攻李自成，派豫亲王多铎为定国大将军，出征江南福王。

大顺军入京师前，有马兵60万、步兵40万，山海关战败之后，起码还剩下八九十万，人数远远超过清军。何况此时仍占有京师、河北、山西、河南、湖广、陕西、甘肃等省亦系大顺政权所辖，比起清帝仅是辽东及河北部分州县的皇帝，疆域大多了，完全可以整军再战。然而李自成、大顺军此时已经患下三大绝症。一是士气低落，畏敌如虎。回想当年发奋创业之时，"一兵卒马三四匹"，"所过崇冈峻坂，腾马直上"，"临阵列马三万，名三堵墙，前者反顾，后者杀之。战久不胜，马兵佯败诱官兵，步卒长枪三万，击刺若飞，马兵回击，无不大胜"，"自成兵所至风靡"。[1]而自从山海关大败后，畏惧清军，怯战思逃，连战连败。二是民心未附。昔日以"均田免粮"，"不当差，不纳粮"，吃穿有闯王的宣传，收服了百姓，使李自成从败兵十八骑，迅速发展到拥兵百万。然而，几年过去了，有的当大王、当皇帝，有的当大将军、将军，有的当大学士、尚书、州县官员，可是却未见有真正利于民众的仁政德政，百姓仍是百姓，照旧衣食无着，挨饥受寒，人心焉得不散。三是自伐栋梁。李自成是遇见了贵人李岩，听从其言，才发达起来的。然而，功大震主，才高胁君。大顺军入京后，刘宗敏等人胡作非为，京民愤怒，李岩特向李自成上疏，力谏四事，一是针对抢掠追赃，奏称，"文官追赃，除死难归降外，宜分三等：有贪污者，发刑官严追，佃产八官；抗命不降者，刑官追赃既完，仍定其罪；其清廉者，免刑，听其自输助饷。"一为，"各营兵马，仍令退居城外守寨，听候调遣出征"。"一切军兵不宜借住民房，恐失民望"。对于这样切中时弊关系义军安危的正确意见，李自成不仅不从其请，还很恼怒，"不甚喜，即披疏

<hr />

① 《明史》卷309，《流贼传》。

后：知道了"。①

更加令人愤恨和惋惜的是，李自成竟听信牛金星谗言，杀了李岩。计六奇记述此事说：

"自成四月三十日西奔，焚五凤楼，九门放火，火光烛天，号哭之声闻数十里。闻唐通为冯有威杀。五月初二，三桂兵追至定州清水河下岸，斩贼将谷大成，左光先堕马折足，自成屡北。五月五日，率诸将直逼吴营大战，自辰至酉，互有杀伤。忽狂风起，贼阵旗帜悉仆，自成中箭落马，还营。自此，且战且走，三桂亦不急追。牛金星见势渐失，有他志，忌李岩、李牟得军民心，欲去之。会报河南归德府同知陈奇、商丘令贾士俊、定陵令许承阴、鹿邑令孙澄、考城令范隽、柘城令郭经邦及尚国俊七人，俱被兵部尚书丁启睿命参将丁启光擒缚往南京。李岩请率兵恢复，自成许之。金星曰：李岩此去必不返，叛形已露，不如诛之。自成信其言，令金星设酒，诱而杀之。宋献策素善李岩，遂往见刘宗敏，以辞激之。宗敏怒曰：彼无一箭功，敢擅杀两大将，须诛之！由是自成将相离心，献策他往，宗敏率众赴河南。"②

《明史》卷309也记述了李岩被李自成冤杀的情形：

"李岩者，故劝自成以不杀收人心者也。及陷京师，保获懿安皇后令自尽，又独于士大夫无所拷掠，金星等大忌之。定州之败，河南州县多反正，自成召诸将议，岩请率兵往。金星阴告自成曰：岩雄武有大略，非能久下人者，河南，岩故乡，假以大兵，必不可制。十八子之谶，得非岩乎？因谮其欲反。自成令金星与岩饮，杀之，贼众俱解体。"

三症并发，焉得不亡。四月二十二日，兵败山海关，李自成返京，二十六日，"尽括金银布帛，载发长安"。二十七日，杀吴三桂全家三十余口，悬首城上示众。二十九日，李自成于武英殿即位称帝，追尊七代皆为帝后，封妻高氏为皇后。当天晚上，"焚宫殿及九门城楼"，第二天早晨，"挟太子、二王西走"，欲回陕西。因东西太多，"负重不能驰"，行进缓慢，迫不得已，"尽弃辎重妇女，自卢沟桥至固安，盎

① 计六奇：《明季北略》卷23，《李岩谏自成四事》。
② 计六奇：《明季北略》卷23，《李自成死罗公山》。

甲衣服盈路"。英亲王阿济格、吴三桂率军追击，先后战于无极、真定，义军失利，清军"大获其辎重"。五月十二日，英王领兵回京师。

李自成于五月初十到达太原，义军主力退入山西、陕西，随即考虑恢复失地。据清国子监司业臣薛所蕴于顺治元年七月十八日的《为泣陈臣乡苦情，仰乞睿鉴，速发救兵以出斯民于汤火事》称：

六月间"贼尚盘踞河朔，残虐地方，无所不至。始而驱迫百姓运粮，担负之苦，既已惨堪，又每地一亩派银五分，追比急如星火；又按亩征解阔布，花缺布贵，敲扑就毙，人相枕藉；又科派雕羽以充箭翎，臣乡此鸟最少，仍至死鸥一只，费银十两有余；又派打造盔甲，种种诛求，总欲置民死地。而大小乡绅举贡，则尽并其家属押解陕西，号哭之声盈耳酸心……"①抛开其中的诬蔑之词，可以看出李自成已从六月份开始进行物资上的准备，以反攻清军。

果然，六月中旬，李自成便赴晋南的平阳（今临汾），重新部署兵力。他以陈永福、韩文铨镇守太原，李过守府谷、保德，马科直逼汉中，并在平阳商讨军机，作为反攻的大本营。七月初，农民军就开始分兵反攻。据大顺政权永昌元年七月初七发出的行牌上称："今报长安二府田，绥德、汉中高、赵从西河驿过河，统领夷汉番回马步兵丁三十万；权将军刘统兵十万过河，从平阳北上；又报皇上统领大兵三百五十万，七月初二日从长安起马，三路行兵，指日前来。先恢剿宁武、代州、大同、宣府等处，后赴北京、山海剿除辽左，至叛逆官兵，尽行平洗，顺我百姓，无得惊遁等语。"②虽然兵数有所夸张，但却大体表明了反攻的规划。于是，从七月初始，河北、河南各地飞章告急，或说"传来西贼伪牌一面，上云权将军刘亲自领兵十万，由彰德、磁州一带，指日攻取大名"；或说农民军哨马二百余骑，已到武安县驻扎；或说又到临关，涉县也有二千人驻扎，离顺德府已非常逼近。加上农民军到临关的前锋放出话来："二十日发兵八十万，一路上固关，三十万；一路上宣大，三十万；一路上顺德，二十万。"吓得地方官赶紧上报清廷，"急发兵堵剿，如救汤火"。③

多尔衮于顺治元年六月初二，遣固山额真叶山率兵进攻山西，七月又

①顺治元年七月十八日国子监司业臣薛所蕴谨启《为泣陈臣乡苦情，仰乞睿鉴，速发救兵以出斯民于汤火事》。原件藏第一历史档案馆。
②《明清史料》甲编第1本，第73页，《征西前将军大同总兵姜环塘报》。
③《明清史料》丙编第5本，第410页，《真顺广大总兵王口塘报》。

派固山额真觉罗巴哈纳、石廷柱率兵增援，到十一月，占据了山西全境。

顺治元年十月初九，多尔衮授英亲王阿济格为靖远大将军，统军进攻大顺军，十五日授豫亲王多铎为定国大将军，统兵征讨南明福王。

这时，李自成正筹划大举反攻，先于十月派兵二万，渡过黄河，进攻怀庆，李自成在韩城居中策应。大顺军击毙清军总兵金王和。

大顺军兵分三路出潼关，三营直奔与鲁、苏皖交界的归德，一营南下到南阳府的裕州，二营驻扎在豫中的郏县，[①]显然是准备以河南全省为基地，再图进举。而怀庆之役胜利后，李自成又亲赴山陕交界的韩城，准备催兵渡河，复攻山西。而山西绛州、稷山一带，“炮声不绝，灰尘蔽天”，大顺军大队骑兵马驰骋道上，使清朝官员十分恐慌。[②]但就在这时，李自成得到清兵主力行将进攻陕北的消息，便停止对山西的攻势，将主力北调。这年十二月，李自成也亲自由同州（前述韩城即属同州）过白水，企图赴延安御敌。[③]但这时又传来清军自河南向潼关进发的消息，搞得农民军一时进退失据，不知该向何方增援。

原来，多尔衮闻悉大顺军进攻怀庆后，立即谕令豫王停往江南，改攻大顺，与英王南北夹击。《清史列传》卷2，《多铎传》记述了其大败李自成的战情：

“十二月，至孟津，遣护军统领图赖先渡河，走贼守将黄士欣等，沿河十五寨堡望风归附。睢州明总兵许定国、玉寨首领李际遇降。至陕州，贼将张有曾壁灵宝县城外，拔之。进距潼关二十里，贼据山列营，前锋统领努山、鄂硕等攻破之，图赖复率骑掩杀甚众。伪汝侯刘宗敏遁。二年正月，贼将刘方亮犯我营。自成亲率步骑迎战，大军进击，歼其步卒，贼骑奔，夜屡来犯，皆败还。贼垒重壕，立坚壁，大军发巨爽快进攻。更迭战，方酣，贼骑三百横衝我师，贝勒尼堪、贝子尚善等策马夹击，贼败衄。都统恩格图等蹑之，斩获甚众。诸军连破贼营，尸满壕堑，委军械、甲胄弥野。自成精锐略尽，遁还西安。伪吴山伯马世尧率所部七千余众降。大军入关，获世尧所遣致书自成者三人，并世尧斩以徇。越二日，师至西安，自成已先五日毁室庐，挈子女、辎重出蓝田口，窜商州，南走湖广。”

① 计六奇：《明季南略》卷2，《李自成杂志》。

② 顺治元年十二月十三日，宣大山西总督吴孳昌启《为塘报紧急贼情事》。原件藏第一历史档案馆。

③《白水县志》卷上，《述要》。转引自顾诚《明末农民战争史》第295页。

多尔衮知道清军占据西安后，立即谕令多铎往征江南，命令阿济格急攻大顺军。

阿济格在榆林、延安一线遭到李过、高一功部的坚决抵抗。大顺军坚守了二十天，直到弹尽粮绝，听说李自成已撤出西安，这才从延安突围，向汉中转移。

阿济格遵命，急速追击李自成。

李自成于二月初进入河南，在内乡歇马十余天。这时，李自成仍有兵马13万，还有湖广襄阳、承天、荆州、德安等城守兵7万，声言欲取南京，水陆齐下。

阿济格率吴三桂、孔有德、耿仲明、尚可喜，统兵猛追，先后在邓州、承天、德昌、富池口、桑家口、九江，大败义军，斩李自成的两位叔父和刘宗敏，俘宋献策及左光先等人。

顺治二年（1645年）五月初，李自成途经湖北通山县城内的九宫山。他先率二三十人前去观察地形，不料遭到当地地主程九伯的武装乡团袭击，由于大队遥远，救援不及，因此全部殉难。李自成牺牲的消息传到后面的大队人马中时，全体将士痛哭失声，然后对通山的这股敌人实行了大规模的报复。这之后，大顺军略事休整，分道进入湖南，不仅与从延安撤下来的李过、高一功部会师，而且与南明何腾蛟部结成抗清联军，继续进行着轰轰烈烈的抗清斗争。

一些学者认为，李自成并未死于九宫山，而是削发为僧，法号奉天玉和尚，潜隐于湖南石门县夹山寺，后圆寂于此。

乾隆四十一年（1776年）的澧州知州何璘，著有《书李自成传后》一文，论述李自成隐于石门县为僧之事：

"余以澧志不备，周咨遗事，有孙教授为余言：李自成实窜澧州。因旁询故老，闻自成由公安奔澧。其下多叛亡，至清化驿，随十余骑走牯牛坝，在今安福县境，复弃骑去，独窜石门之夹山寺为僧，今其坟尚在云。余讶之，后至夹山，见寺旁有石塔，覆以瓦屋，塔面大书奉天玉和尚。前立一碑，乃其徒野拂所撰，文载和尚不知何氏子。夫奉天岂和尚所称？曰玉、曰何氏子，盖寓言之，亦讳言之也。遍问寺僧，对不甚详。内有一老僧，年七十余，尚能记夹山旧事，云和尚顺治初年入寺，是律门，不言来自何处，其声似西人。后数年，复有一僧来，云是其徒，乃宗门，自号野拂，系江南人，事和尚甚谨。和尚卒于康熙甲寅岁三月，约年七十。和尚临终有遗言于野拂，彼时幼，不与闻。奉天和尚为其自号，野拂即以名其塔。寺尚藏有遗像，命取视之，则高颧深额，鸱目鹞鼻，状貌狰狞，与《明史》所载相同，其为自成无疑。自成之构乱也，初僭号奉天倡义大元帅，后复僭号新顺王。其曰奉天玉和尚，盖以奉天王自寓，加点以讳之，而玉又玺质，天子之所宝，殆讫死不去僭号。与泰山贼王同一行径，可叹也。而野拂以宗门为律弟子，事之甚谨，又题称不知何氏子，寓尊奉于讳言，岂其旧日谋臣，相与为左右者欤？"　①

章太炎等学者也撰文，论述李自成败死九宫山之说"无信"。

（四）八大王凤凰山战死

顺治元年（1644年）八月初九，张献忠率大西军攻克成都后，分兵四出，十月底，基本上占据了全川。张献忠曾经到过梓潼县供奉道教文昌帝君的祖庙七曲山大庙。此庙始修于晋朝，是川人为纪念晋代人张亚子而修的。传说张亚子是文曲星，被玉皇大帝钦封掌管文昌府和人间禄籍，元初被朝廷封为文昌帝君。庙里有10尊明代铁铸的像，最大的是文昌帝君像，高4.7米，重30吨，8尊障像高6尺，各重万斤。据说张献忠见庙内供奉张亚子的像，就说："你姓张，咱也姓张，就与你联了宗吧！"因而把文昌庙改为太庙。"大""太"相通，以后就叫大庙了。

顺治二年正月，张献忠说："三国以来，汉中原属四川，今吾定都于川，不取汉中，难免他人得陇望蜀？"闻听闯王派马圹守汉中，马圹乃庸才，张献忠早取汉中，以免更换能人，难以攻取。遂派平东、虎威二将军及都督张广才，领军往攻，不料李自成已派骁将贺珍代替马圹守汉中，将大西军三万兵马击败。

顺治二年十一月十九日，平南大将军贝勒勒克德浑奏报，大败南明福王军于杭州。第二天，多尔衮命驻防西安的内大臣何洛会为定西大将军，征剿四川叛逆。同日，下诏招抚张献忠等，同时颁谕四川城堡营衡文武各官，及兵民人等，诏曰，明祚衰微，臣奸政舛，人心瓦解，国祚沦亡，今天下一统，率土臣民，皆朕赤子，张献忠前此扰乱，皆明朝之事。因远在一隅，未闻朕抚绥招来之旨，是以归顺稽迟，朕洞见此情，故于遣发大军之前，特先遣官齐诏招谕。方今有志之士，皆欲争先归顺，建立功业，张献忠如审度天时，率众来归，自当优加擢叙，世世子孙，永享富贵，所部将领头目兵丁人等，各照次第升赏，倘迟延观望不早迎降，大军既至，悔之无及，特兹诏谕，想宜知悉。又谕曰，近见尔等遭兹寇难，坐卧靡宁，是以命将行师，扫除祸乱，拯民水火之中，又安天下，非好兵而乐战也，尔等但备办刍粮，齐送军前。此外秋毫不扰，城市村庄人民，俱各照常安居贸易。毋得惊避，凡文武官员兵民人等，不论原属流贼，或为流贼逼勒投降者，若能归服我朝，仍准录用，倘抗拒不服，置之重典，妻子为奴，开诚投顺者，加升一级，恩及子孙，有能擒献贼渠将佐者，论功优升，永同带砺，朕今抚御宁宇，求贤若渴，凡有长才伟略，怀瑾握瑜之士，亟宜奋起，共立功名，迟疑失时，噬脐无及。①

张献忠对清朝招抚诏书以富贵相诱和征剿威胁嗤之以鼻，决定亲率大军抗敌。

多尔衮见张献忠不为所动，抗拒招抚，于顺治三年正月二十一日，谕命肃亲王豪格领军征剿张献忠。授豪格为靖远大将军。《清世祖实录》卷23，第9、10页载称：

"命和硕肃亲王豪格为靖远大将军，同多罗衍禧郡王罗洛宏，多罗贝勒尼堪固山贝子吞齐喀、满达海、镇国公喀尔楚浑、岳乐努赛等官兵征四川。锡之敕曰，兹以张献忠等贼，肆虐巴蜀，生灵涂炭，罪恶贯盈，天人共愤，特命尔和硕肃亲王，行靖远大将军事，统兵前征。凡事必与诸将同心协谋而行，毋谓自知，不听人言，毋谓兵强轻视逆寇，仍严侦探，毋致疏虞，抗拒不顺者歼之，倾心归顺者抚之，总以安民为首务。须严禁兵将，申明纪律，凡系归顺地方军民，不得肆行抢掠，备体朕以仁义定天下之意。贼若由四川逃往别省可追及，则追之，如贼去已远，毋得穷追，但宜抚定巴蜀斟酌善地以屯大兵。军中一切事情，速行飞报，前征消息，候旨遵行，其行间将领功罪查实纪明汇奏。如系小过，当即处分，至于护军校，骁骑校以下，无论大小罪过俱与诸将商酌，径行处分，王受兹重任，宜益殚忠猷，用张挞伐，立奏荡平钦哉，铸四川巡抚以下官员印记，关防三百四颗，给付靖远大将军肃亲王。"

---

① 《清世祖实录》卷21，第18、19页。

　　此次大西军与清军的交战，按双方兵力及其各自所处的地理条件来说，大西军的胜算，应该远远大于清军。论兵士，张献忠拥军60万，清军的具体人数，官方文献未载明，但不会太多。顺治元年征明前夕，满洲八旗有310个佐领，蒙古八旗有118个佐领，汉军八旗有164个佐领，总共592个佐领，按官方规定每个佐领200丁，共为118400丁。人人皆兵，也不过12万名兵士。经过两年征战，有不少伤亡，外藩蒙古兵已经返回内蒙古。现在，清军已经占据了大半个中国，八旗军要"拱卫宸极"，保卫紫禁城，还要驻戍畿辅（河北）、奉天、江南、陕西等地，不会派出太多的兵士出征四川。兼之，摄政王多尔衮一直把豪格视为心腹大患，曾在顺治元年四月初一，将豪格废为庶人。十月福临登基，大赦天下，大封宗室为王、公，多尔衮才不得不复封豪格为亲王。因此，多尔衮不会给豪格太多人马。在兵力对比上，大西军几倍甚至十几倍于清军。

　　在地理条件上，大西军是守，以逸待劳，北有秦岭天险，朝天关、剑阁关等关，一夫当关，万夫莫敌。张献忠得知清军派肃亲王豪格领兵来攻的消息后，毫不畏惧，誓死抗敌。顺治三年七月，张献忠令四位养子，即平东王、平东将军孙可望，安西王、安西将军李定国，抚南王、抚南将军刘文秀，定北王、定北将军艾能奇，各自统兵十万，驻扎前线。自己亲领一支部队于九月离开成都，北上抗敌，十一月驻营于西充凤凰山。

　　张献忠决定誓死抗清，但此时他也敏锐地认识到，可能抵挡不住清军的进攻。因此，一方面，他"尽杀其妻妾，一子尚幼，亦扑杀之"；另一方面，定下了战败之后，联明抗清的方针。他立孙可望为世子，为继位之人，对孙可望说："我亦一英雄，不可留幼子为人所擒，汝终为世子矣。明朝三百年正统，未必遽绝，亦天意也。我死，多急归明，毋为不义。"①

　　张献忠将大营扎在西充凤凰山，本来是选中了佳地。凤凰山，位于西充县境内的多扶镇，海拔414米，蜿蜒数十里，形若凤凰，故名。山上东、南、西三面筑有石寨门，周围悬崖峭壁，易守难攻。山顶为平地，为"营房地"，是张献忠大营处。顶峰名"插旗山"，是大西军挂军旗处。东面山岭，被人们称为"带箭岭"，张献忠大营驻于凤凰山，四位养子各自统兵10万分驻到北前线，命骁将成都提督刘进守防守天险朝天关。朝天关在今四川广元市朝天区，是川、陕、甘三省交界处，素称"川北门户"

----

① 王源鲁：《小腆纪叙》。

"军事重镇""秦蜀锁钥"，易守难攻，何况张献忠还统领大军驻扎凤凰山，沿途还有军营，随时可以接应。清军从北京出发，长途奔波数千里，人困马乏，到了陕西，进入四川，又人生路不熟，水土不服，进攻一二十倍于己的大西军，哪能战胜。

然而，清军却打败了大西军。《清史列传》等书，对这次交战做了叙述。

《清史列传》卷2，《豪格传》记：

"十一月，入蜀至南部，侦贼张献忠据西充县，令护军统领鳌拜先发，大军夜继进，诘旦抵西充，献忠悉众来拒，大破之，斩献忠于阵，分兵克贼营百三十余、斩数万级。"

《清世祖实录》卷29，第8、9页载：

"顺治三年十二月十二日，靖远大将国和硕肃亲王豪格等奏报，臣帅帅于十一月二十六日至南部，侦得逆贼张献忠，列营西充县境，随令护军统领鳌拜巴图鲁等，分领八旗护军先发，臣统大军，星夜兼程继进。次日黎明，抵西充。献忠尽率马步贼兵拒师，鳌拜等奋击，大破之，斩献忠于阵，臣至，复分兵四出，破贼营一百三十余处，斩首数万级，获马嬴一万二千二百余匹，捷闻，得旨，豪格指授方略，克奏肤功，献忠伏诛，四川平定，深可嘉悦，有功官兵，察明议叙，仍择吉祭告，诏赦天下。"

李馥荣的《滟滪囊》卷3、李天根《爝火录》卷16、王源鲁《小腆纪叙》《蜀纪》《蜀破镜》《荒书》《纪事略》等书载：

"刘进忠逃往汉中，至沙河驿，遇到肃王豪格，降清，并主动向肃王豪格献策，对在西充的张献忠大本营进行突然袭击，并表示愿意担任向导。豪格询问张献忠现在何处，"（刘进忠）对云：'今在顺庆西充县金山铺。'又问：'速行几日可到？'进忠云：'一千四百里，倘疾驰，五昼夜可到矣！'王谕进忠俟发兵日导引入川。进忠俯伏对曰：'救民水火之师，宜速不宜缓，祈千岁早临蜀地一日，多救生灵无限。'

"不久，清军在刘进忠的引导和保宁诸生罗长允、杨芳名、郑大伦、张思彦、李春选等人分别在槐树驿、烟烽楼、土地关等地的配合下，向西充县冒险深入，对张献忠所驻凤凰山指挥部进行了突然袭击。

"顺治三年（1646年）十二月十一日清晨，大雾迷漫。清军骑兵利用大雾的掩护急行至西充。侦察部队虽相继向张献忠报告敌情，但他都'殊不为意'。'自谓天下无敌，谁敢到此送死？''清兵岂能飞来耶？''我老爷统天兵在此，谁敢来捋虎须耶？'张献忠的这种轻敌麻痹思想使他丧失了对敌人的警惕。他无论如何也未想到，就在这天清晨，清军突然出现在他的面前。

"张献忠得到清军已近抵凤凰山的报告时，正一边进早餐，一边与马元利研究处理刘进忠的问题。他来不及穿戴盔甲，随带三支箭，口里还含着饭就匆匆上马冲下凤凰山。当他立于太阳溪边，发现对岸敌人，正举箭射去时，在对岸的刘进忠已认出他了，即指着张献忠对他身边的射手蒙古人雅布兰。'在彼者，八大王张献忠也。'雅布兰应声一箭，正中张献忠左胸。张献忠随身大将马元利、提督王尚礼、指挥窦民望、千户胡守贵见他中箭，飞快上前将他扶住。但张献忠已鲜血满胸，为抗击清军而英勇牺牲了。"

从以上这些史料，可以看出五个问题。一是刘进忠在汉中降清时说，张献忠在金山浦，距此有"一千四百里，倘疾驰，五昼夜可到"。此说有误。因为张献忠驻营西充县凤凰山，西充离汉中只有760余里，没有1500里。二系豪格不是在汉中，在沙河驿，急行军五昼夜，赶到凤凰山，击杀张献忠，而是在南部县于夜里急驰，第二天早晨赶到凤凰山，与张献忠交战。南部县离西充只有120余里。三是张献忠直到十一月二十七日战死时，还不知道刘进忠已经投降清军，还在考虑如何处理刘进忠之事，可见其用人失察的严重程度。四是张献忠太疏于防范了。肃亲王豪格率军于顺治三年三月二十六日到达西安，随即分兵袭击闯王部将贺珍等人，连战三月，攻下汉中、庆阳、延安、兴安等陕西大部州县，不久必然入川征剿，怎能不遣派哨卒，侦探川陕交界清军动静。朝天关离凤凰山400余里，大西军四五十万人分驻州北，为什么不在朝天关到凤凰山之间沿途布设兵营，接应、防御？南部离凤凰山只有120余里，为什么豪格大军来到南部，张献忠却未发觉？虽然《蜀纪》《蜀破镜》说有侦探报告清军消息，张献忠不相信，不做防御应变准备，但是，如果侦探报告的消息，非常具体，非常明晰，根据充分，张献忠自会相信。何况张献忠本人用兵之法就是多派哨卒，侦探敌情，然后乘机远道疾驰，突袭取胜。崇祯十三年，明朝大学士、兵部尚书，督师杨嗣昌实行"十面张网"，献忠屡败，退居四川开县。十四年正月，乘机出开县，"率轻骑，一日夜驰三百埯"攻下襄阳，逼得杨嗣昌忧惧而死。为什么这次张献忠如此疏于防范？五是献忠之死，根本因素有三，一系过分自信，疏于防范；二是用人失察，未能及时发现叛徒，果断处理；三是叛将祸害大西，导敌射杀献忠。一位年富力强、身经百战、屡败敌军的"八大王"，竟于42岁时，在凤凰山中箭而死。

（五）昏淫福王亡国被俘

顺治元年（1644年）三月，明崇祯帝朱由检的死讯传到南方以后，四月初一，南京兵部尚书史可法、户部尚书高弘图、兵部右侍郎吕大器、翰林院掌院詹事姜曰广等官员数十人发布檄文，号召天下勤王。这时，中原潞王、周王、鲁王、福王、惠王、桂王等也纷纷逃来，诸臣怀着各自的目的，纷纷迎立推戴。经过一番矛盾冲突和让步，马士英、刘孔昭、刘泽清、徐弘基等文臣武将迎立小福王朱由崧为帝。据说四月底群臣到船上去朝见福王，只见他"角巾葛衣坐寝榻上，旧枕敝衾，孑影空囊"，一副失魂落魄的惨相。[①]

五月十五日辰时，朱由崧在南京诸臣的拥戴之下，即帝位于武英殿，以次年为弘光元年，发布诏书，详列二十五条施政内容。又经过一番明争暗斗，以史可法、高弘图、马士英为区阁大学士，又安插好六部尚书、侍郎、通政使，新的明朝政权就算诞生了。由于它只僻处一隅，割据半壁，所以只是个偏安政权，历史上往往称为"南明"。

南明弘光政权一建立，就立刻露出灭亡的迹象。迷信的人说，弘光帝一入南都，天上就有两颗黄星夹着太阳走，这两黄星一是金星，一是辰星。而在新主登基时，太白昼见，难道是吉祥之兆吗？用今人的眼光看，朱由崧无德无才不说，而且昏庸透顶。他"深居禁中，唯以演杂剧，饮火酒，淫幼女为乐"，民间将他戏称为"老神仙"。他几番选淑女、造宫殿、行大婚礼，花费极大，引起民间恐慌。过节时，朱由崧

---

① 计六奇《明季南略》卷1，《南京诸臣议立福藩》。

坐在兴宁宫中闷闷不乐，太监以为他是在思念故去的老福王，请他节哀，不料他却说："唉，戏班子里面的好角儿太少啦。"[1]

皇帝昏庸，大权就落到马士英手中。马士英，字瑶草，人称他"人长智短，耳软眼瞎"。[2]

他把史可法挤出南京，赴江北督师，罢免了吕大器、张慎言、姜曰广等，结交阉党阮大铖，引起清流的不满。由此，各派相互攻讦，闹得朝中乌烟瘴气。而武将刘泽清、刘良佐、高杰、黄得功、左良玉等各自拥兵，不听调遣，只是争夺地盘，割据自保，毫无进取之心。这样，虽然南明政权拥有富庶的财武之地，数十万人马，但实际上只是个徒有其表的空架子，一击即溃。特别是当吴三桂勾结清兵入关的消息传到南京后，绝大多数汉族官僚仍意识不到满汉民族矛盾已逐渐上升为社会主要矛盾，还希望"两家一家，同心杀灭逆贼，共享太平"。[3]甚至满朝文武都知道吴三桂已投降清朝，无意南明，一些勋贵还主张对他"益加殊礼"。[4]

这种对农民军刻骨的仇恨，对清军退兵的幻想，使清统治者在制定战略之时大占便宜，多尔衮便可暂时腾出手来，主要对付农民军。

虽然从一开始多尔衮就是双管齐下，但对付明朝残余势力的"攻势"，在这年十月中旬以前，并不完全是武力镇压，大多采取了怀柔、招抚、谈判的手段，一方面尽量争取以和平方式统一中国南方，另一方面则可通过把矛头指向农民军麻痹汉族地主阶级，使他们对日后可能出现的清军南下采取忽视的态度、丧失警惕性。这时候，我们不禁想起了皇太极天聪年间屡向明求和的前前后后，其用心巧妙、收效之大，在多尔衮这儿是决不逊于其兄的。[5]

还在刚进北京的次日，多尔衮就谕兵部："如今本朝定鼎燕京，天下受难军民都是我的赤子，所以要保全他们的性命。各处城堡应派人持檄文前去招抚，檄文一到，削发归顺的地方官各升一级，军民免迁

①《鹿樵纪闻》卷上，《福王上》。

②计六奇：《明季南略》卷1。

③《明清史料》丙编第1本，第94页，《马绍愉致吴三桂书》。

④《国榷》卷102，崇祯十七年七月乙卯。

⑤《清世祖实录》卷5，顺治元年五月戌。

徒。"①其后，故明文臣武将纷纷来降，多尔衮也都分别赐予蟒衣、缎衣、财物，等等，以示优宠。六月壬申，明朝旧官唐虞时上书多尔衮，认为"南京是形胜之地，闽、浙、江、广各地都看它是否降顺来决定它们的态度，如今应乘他们害怕不安的时候，颁布旨和赏格，让我带到南京去宣谕官民，江南之地可传檄而下。另外，原来的总兵陈洪范可以招抚，我的儿子唐起龙是陈的女婿，又曾做史可法的参将，南方的将领，他大多认识，希望派他前去招降，这样统一的大功就能成功"。②多尔衮认为此论可用，后亲自致书陈洪范，希望他归顺。并且对"河北、河南、江淮诸勋旧大臣、节钺将使及布衣豪杰之怀忠慕义者"等发布诏谕，表示对他们"不吝封爵，特号旌扬"。如果有"不忘明室，辅立贤藩，戮力同心，共保江左者"理所当然，并不禁止，表明多尔衮对统一南方，心中无底，特采取试探的态度，并可招买人心。但是，多尔衮又马上表示，"若国无成主，人怀二心，或假立愚弱，实肆跋扈之邪谋；或阳附本朝，阴行草窃之奸宄，斯背民之蟊贼，国之寇仇。俟予克定三秦，即移师南讨，殄彼鲸鲵，必无遗种"，设下借口，以备以后进兵时利用。③实际上，还是企图争取时间，避免在清军消灭农民军之前出现南明与农民军联合抗清、"首鼠两端"的不利形势。

六月癸未，多尔衮派冯铨祭祀明朝诸帝，表面上是笼络汉族地主阶级的举动，但祭文中却大谈什么"历数转移，如四时递嬗，非独有明为然，乃天地之定数也"。④次日，多尔衮下令将明太祖神牌从太庙中移出，送到历代帝王庙中，表明明朝已成为历史。在不断招抚明朝旧臣的同时，多尔衮亦对南明暗示：清朝统一天下将是必然之事。

七月十二日，被清廷派到山东一带进行招抚工作的王鳌永向多尔衮报告，说南京已在五月十六日立福王，改元"洪光"，史可法为内阁，各镇总兵都在江北驻扎等情况，认为"江北为必争之地，徐淮属城皆跨河南北，尤宜早图"，并请"亟补镇臣移驻曹单，乘顺流之势，控扼徐淮"。⑤

①《清世祖实录》卷5，第2页。

②《清世祖实录》卷5，顺治元年六月壬申。

③《国榷》卷120，崇祯十七年六月辛未。

④ 王先廉：《东华录》，顺治三年。

⑤《明清史料》丙编第5本，第405页，"山东河南等处招抚王鳌永启本"。

多尔衮了解到这一情况之后，知道简单地派人到南方去招抚，不能达到"传檄而下"的结果，必须对南明弘光政权加以试探，看看是否能够不费一兵一卒而下江南，同时继续了解南方的军备状况、政治状况，自己则派军队深入鲁南、苏北，以窥南明动静。于是，七月二十六日，多尔衮先派"南来副将韩拱薇、参将陈万春等"向史可法递交书信，信是这样写的：

"清摄政王致书于史老先生文几：予向在沈阳，即知燕京物望，咸推司马。及入关破贼，与都人士相接，识介弟于清班，曾托其手勒平安，权致衷绪，未审何时得达。比闻道路纷纷，多谓金陵有自立者。夫君父之仇，不共戴天。春秋之义，有贼不讨，则故君不得书葬，新君不得书即位，所以防乱臣贼子，法自严也。闯贼李自成，称兵犯阙，手毒君亲，中国臣民，不闻加遗一矢。平西王吴三桂，介在东陲，独效包胥之哭。朝廷感其忠义，念累世之宿好，弃近日之小嫌，爰整貔貅，驱除狗鼠。入京之日，首崇怀宗帝后谥号，卜葬山陵，悉如典礼。亲、郡王、将军以下，一仍故封，不加改削。勋戚文武诸臣，咸在朝列，恩礼有加。耕市不惊，秋毫无扰。方拟秋高气爽，遗将西征，传檄江南，联兵河朔，陈师鞠旅，戮力同心，报乃君国之仇，彰我朝廷之德，岂意南州诸君子，苟安旦夕，弗审事机，聊慕虚名，顿忘实害，予甚惑之。国家之抚定燕都，乃得之于闯贼，非取之于明朝也。贼毁明朝之庙主，辱及先人，我国家不惮征缮之劳，悉索敝赋，代为雪耻，孝子仁人，当如何感恩图报！兹乘逆贼稽诛，王师暂息，遂欲雄踞江南，坐享渔人之利，揆诸情理，岂可谓平？交以为天堑不能飞渡，投鞭不足断流耶？夫闯贼但为明朝崇耳，未尝得罪于我国家也。徒以薄海同仇，特伸大义。今若拥号称尊，便是天有二日，俨为敌国。予将简西行之锐卒，转旆东征，且拟释彼重诛，命为前导。夫以中华全力，受困溃池，而欲以江左一隅，兼支大国，胜负之数，无待蓍龟矣。予闻君子之爱人也以德，细人则以姑息。诸君子果识时知命，笃念故主，厚爱贤王，宜劝令削号归藩，永绥福禄。朝廷当待以虞宾，统承礼物，带砺山河，位在诸王侯上，庶不负朝廷伸义讨贼、兴灭继绝之初心。至南州君彦，翩然来仪，则尔公尔侯，列爵分土，有平西之典例在，惟执事实图利之。挽近士大夫好高树名义，而不顾国家之急，每有大事，辄同筑舍。昔宋人议论未定，兵已渡河，可为殷鉴。先生领袖名流，主持至计，必能深维终始，宁忍随俗浮沉？取舍从违，应早审定。兵行在即，可西可东，南国安危，在此一举。愿诸君子同以讨贼为心，毋贪一身瞬息之荣，而重故国无穷之祸，为乱臣贼子所笑，予实有厚望焉。记有之：'惟善人能受尽言'。敬布腹心，伫闻明教。江天在望，延跂为劳。书不宣意。"①

多尔衮这封书信，传说是江南名士李雯的手笔。②李雯，字舒章，松江府表浦县人，清初以诸生被推荐为内阁中书舍人，"一时诏诰书檄，多出其手"，特别是招抚地方要员，多尔衮常常借助于他，多尔衮致唐通及致马科的书信，也出自他手。龚鼎孳曾把他称为"文妙当世，学追古人之李雯"。③因此，多尔衮这封书信写得十分"漂亮"，明明是夺取天下统治权，占领他人的地盘，却振振有词，有理有据，其间威胁利诱，无所不至。无论如何，从信中看，多尔衮虽希望招抚江南，和平统一，但此时也已做好了武力征服的准备，甚至威胁要联合农民军一起来攻打南明。明末清初尖锐的阶级矛盾为多尔衮提供了可乘之机，而多尔衮也巧妙地利用了汉族各阶级间的矛盾冲突。史可法接到信后忧心忡忡："近见北示，和议固断然难成，一旦南侵，即使寇势尚张，足以相拒，两者必转而组合，先向东南。宗社安危，决于此日。"④

这还有一段小插曲。这年六月初，弘光政权得知北方消息后，马士英和史可法商量派人去北京议和，并请朝臣迅速定计，"会集廷臣，即定应遣之官，某文某武，或径通其主，或先通九酋，应用敕书是何称谓，速行核议，应用银币，速行置办，并随行官役若干、各项应给若干靡费，一并料理完备，克期起行"，史可法认为消灭农民军"端在此举"。⑤于是，马士英迅即请求朝廷同意，于七月初决定派左懋第、陈洪范、马绍愉、祖泽溥组成使团，携带酬谢清军助兵的礼物"金一千两，银十万两，蟒缎五百匹"以及给吴三桂的礼物一份。还有刘泽清致冯铨、洪承畴、金之俊、吴三桂的书信，马绍愉、陈洪范给吴三桂的书

①《史可法集》第89页，上海古籍出版社；蒋良骐：《东华录》卷4。
②昭梿：《啸亭续录》卷3，第464页。
③邓之诚：《清诗纪事初编》卷4，《李雯》。
④《史可法集》，《请讨贼御敌以图恢复疏》。
⑤《史可法集》，《请遣北使疏》。

信等。①

亲自赴京"修好"。南明此举,实在是一次蠢举,是在汉族大地主阶级对农民阶级无比仇恨的偏狭心理的基础上做出的,从一开始就绝不会收到好的结果。代表团主要成员中除左懋第是个有骨气的正臣外,马绍愉乃是崇祯朝主持和议的代表,在清人面前一贯奴颜媚骨;陈洪范是清方招降的对象,心中早有降清的打算;祖泽溥的亲朋好友也大都在清廷效力,派这样一批人前去议和,只能体现出弘光政权的软弱,增强多尔衮统一全国的信心,而不会答应弘光方面借清军剿"寇",然后撤军的请求。

多尔衮根本没有认真对待此事的意思。左懋第九月初到德州时就听说他曾下令,"使臣所过,有司不必敬他,来京朝见"。②后骆养性报告使团情况,被内院批示"陈洪范等远来进贡……"云云,只是被视为区区贡使。③到通县以后,左懋第等又派人送信给多尔衮,要他们以礼相待,"不以礼接御书,必不入城"。但多尔衮只派个礼部官员来迎,并且"径索御书,欲先拆看",说是"凡各国进贡文书,必由礼部看过方入"。弘光政权好歹把清廷看成是对等的,带来的称作"国书",而清廷则把弘光政权贬低一等,把"御书"呼为"进贡文书"。后来刚林率人到鸿胪寺使团下榻处,让左懋第等席地而坐,而且因为他们称弘光帝书信为"御书"为理由而拒不接受。④实际上,多尔衮就根本不想看什么"御书",从史可法九月十五日给他的复信中,他就完全理解了弘光君臣的如意算盘:不想投降而继续保持明朝之统,希望清军镇压农民军,但事毕后须撤退返师,仍为两国。⑤但是,"卧榻之侧,岂容他人酣睡"!因此,对左懋第等常常威胁要以兵戎相加,最后一面将他们软禁,一面仍发大兵进攻南京。十月二十七日,清方在既不接受"御书",又未答应他们谒思陵的请求,只是在把所带财务收去的情况下,派兵把他们驱逐回去。但副使陈洪范秘密降清,自己回到南方去做内应,为怕左懋第等回去后泄露真情,就密奏多尔衮拘留左懋第和马绍愉,使左等于十一月初四在沧州以南被截住去路。押解回京,独放陈洪

①《明清史料》丙编第1本,第95页,《天津总督骆养性塘报》。
②④《左忠贞公剩稿》卷1,《家塾藏稿》,《恭述微臣奉使不屈疏》。
③《明清史料》丙编第1本,第95页,《天津总督骆养性塘报》。
⑤史可法复多尔衮书亦见《史可法集》及蒋良骐《东华录》。

范南还。可悲的是，左懋第不仅无法完成使命，甚至在壮烈就义时都不知道，由于他的副使叛变投敌，才把他送上断头台的！

左懋第使团北行的悲剧，实际上正是弘光政权的悲剧，它的失败也预示着弘光政权的失败。多尔衮在派叶臣等攻打农民军的同时，不失时机地派军队进击山东，以逼江北。是年八月，清军攻克临清，"合兵南下"。九月，下济宁。河道总督杨方兴在彼对济宁道朱国柱说："不得江南，则漕运阻矣，将何以成天下？"①于是继续发兵南下，进入苏北。在十月上旬以前，清兵已占据黄淮一带的宿迁、沐阳、邳州、海州，与史可法的军队（驻白洋河）沿河相峙。杨方兴认为宿迁连接桃源、清河、徐州与邳州，"地居要冲"，应设道员驻扎，以备万一，并设重兵防守，多尔衮即派启心郎赵福星为宿迁兵备道，令兵部讨论增兵事宜。②

多尔衮准备下决心了。这年十月之时，形势似乎越来越好，除了九月底山东反了赵应元，拥立明衡王，杀了王鳌永，随即便被清军平定之外，③清军在山东、山西各地都颇有进展。特别是福临在北京坐殿登基之后，也应该有所举措，为改朝换代的仪式增加些实际的内容。于是，在多尔衮看来，全面进攻农民军和南明弘光政权的时机已经成熟。

十月癸酉，他命英王阿济格为靖远大将军，统率军队攻打农民军。赐他的敕文说：

"朕以流寇李自成诸贼肆虐，生灵涂炭，陕西居民，久罹荼毒，天人共愤。今命王充靖远大将军，率兵前征，一切机宜，必与诸将同心协谋而行。毋谓自知，不听人言；毋谓兵强，轻视逆寇；仍严侦探，毋致疏虞。如有抗拒不顺者戮之，倾心归顺者抚之。严禁兵将，凡系归顺地方军民，不得肆行抢掠，备使人知朕以仁义定天下之意。其行间将领功罪，查实纪明汇奏，如系小过，当即处分；至于护军校、拔什库以下，无论大小罪过，俱与诸将参酌，径行处分。王受兹重任，宜益殚忠勤，用张挞伐，立奏荡平。钦哉。"

---

① 《国榷》卷120，顺治元年九月己亥。

② 《清世祖实录》卷8，顺治元年九月辛卯。

③ 详细经过参见《明清史料》丙编第5本，第一历史档案馆所藏题本"叛逆类"。

与此同时，又命令豫亲王多铎于六日后，即十月己卯充定国大将军，率军征江南，赐其敕文曰：

"朕以福王及南方文武诸臣当明国崇祯皇帝遭流贼之难，陵阙焚毁，宗社覆亡，不遗一兵，不发一矢，如鼠藏穴，其罪一也；及我兵进剿，流贼西奔，南方诸臣，不行请命，擅立福王，其罪二也；不思灭贼复仇，而诸将各自拥兵，扰害良民，自生反侧，以启兵端，其罪三也。唯此三罪，天人共愤，因命王充定国大将军，统帅声罪，征讨江南。王今承命，一切机宜，当与诸将同心协谋而行，毋谓自知，不听人言……钦哉。" ①

值得注意的是，两篇敕文后半部完全相同之外，后者多提出了福王政权的三大罪。多尔衮的意思是很清楚的。当初入关就是打着消灭农民军的旗号，汉族士绅当然能够理解，因此此次大规模"剿寇"也不必多费唇舌。但是，攻打南明政权，这在入关之初是没有也不能言明的，因此为了师出有名，当然要摆出几条理由，而且一定要装出一副替天行道，为民伐罪的面孔来，不说是为了争取支持，至少也为了减少阻碍。

总而言之，多尔衮这次是名副其实的双管齐下了，当然，都是用的武力征服方式！

三月初七，多铎的兵马乘胜前进。清军分兵三路：一路由多铎自己统率，从虎牢关出；一路由固山额真拜尹图指挥，从龙门关出；一路由尚书韩岱统领，走南阳。三路殊途同归，直指归德。本月二十二日，清军克归德，南明的河南巡按凌骊被俘，不屈自缢而死。河南、开封、归德三府也为多铎分别安插官员，以示抚绥。多铎在归德期间，清军已进入安徽，占领了颍州、太和。四月初五，多铎军经过十数天休整，再度出发南进，经亳州、泗州，直抵淮河，南明将领烧断淮河桥后逃走，清军则夜渡淮河。十七日，清军一迫近扬州，搜罗了三百多条船，准备渡江。十八日，大军兵临城下，南明弘光政权已经危在旦夕了。

在清军铁蹄踏踏、矛头直指南京之际，弘光政权虽然开始恐慌，但并未有所举措。由于三月份有个自称崇祯太子的人来到南京，使各个党派为了自己的利益又跳出来争斗。远在武昌的左良玉也接连上疏，为

①《清世祖实录》卷10，顺治元年十月癸酉、己卯。

"太子"争地位,甚至打出"清君侧"的旗号,率军顺江而下。兵至九江时,左良玉病死,其子左梦庚统领队伍继续东来。这时清军已入安徽境内,史可法飞章告急,请求增援,文武臣僚大多请求弘光派兵防御淮扬一线。但马士英却指着这些官员大骂:"你们这伙东林党,想借防江纵左军进犯!清兵到了还可以议和,左逆到了,你们是高官,我君臣却得死!我们宁可死在清兵手里,也不死在左兵手中。"抽调黄得功、刘良佐部抵御左军,而守江北之史可法实际上是个光杆司令。①

史可法,字宪之,号道邻,崇祯元年进士。他身材矮小,皮肤黧黑,精力过人。崇祯末年,他一直在安徽一带与农民军作战,是明朝统治者的忠臣。弘光政权建立后,他以南京兵部尚书的身份入阁,但不久就被排挤出朝,到扬州去督师。这时候,黄得功、刘良佐被马士英支去抵挡左梦庚,高杰已被叛将许定国在睢州杀掉,刘泽清在清兵渡淮之前,也已率兵鼠窜,实际上在扬州的只有高杰的残部,以及少数增援兵马,总共不过一万几千人,而他将要面对的是七八倍于他的清军。

多铎在泗州渡淮之后,从天长、六合一线逼近扬州西北,他对史可法先行招诱,但遭拒绝,于是在围困了一星期之后,于四月二十五日开始攻城,扬州军民虽拼死抵抗,但终因寡不敌众,清军冲入城内。史可法自刎不成,被俘牺牲,其他文武官吏壮烈殉难者在两百人以上,扬州人民死难的更是不计其数。但是,清军亦为攻破此城付出了死数千人的代价!多铎为了报复,下令屠城十天,数以万计的百姓死在清兵野蛮的屠刀之下!时人有诗曰:

"……杀戮不分老与少,城中流血进城外,十家不得一家在,到此萧条人转稀,家家骨肉都狼狈,乱骨纷纷弃草根,黄云白日昼俱昏,仿佛精灵来此日。……"②

五月初,清军至瓜州,与弘光政权隔江相峙。南京城内人心惶惶,镇江、丹阳、常州、无锡等地百姓也纷纷外逃避难。初七,马士英召集百官议事,大家或窃窃私语,或默无一言,直到散会,才有人说,"顾

---

① 《鹿樵纪闻》卷上。

② 《明史》卷2;转引自邓之诚《清诗纪事初编》。

不得那么多了，只好投降。"初八夜，多铎放草船点火，吸引南岸的炮火，初九晨战船过江，守江的郑鸿逵、郑彩水师拉起帆篷东逃。次日，弘光帝与宦官四五十人仓皇出走到太平府去投奔黄得功。马士英则保太后逃往杭州。十四日，多铎兵到石头城外，忻城伯、赵之龙等首先迎降，南京不战而克。就在两三天后，叛将刘良佐率清军追至芜湖，擒弘光帝。二十五日，将其押往南京，成为多铎的阶下囚。

弘光政权的兴亡，恰恰也是一年整。其主昏臣奸，比崇祯一朝有过之而无不及，其灭亡之速，亦在情理之中。难怪清军初入南京时，百姓反抗者并不多，而弘光帝被清俘虏、押解回宁时，竟遭到百姓的夹道唾骂！

三、既沿明朝官制兵制　又增满洲新章

（一）国内形势

摄政王多尔衮虽然实现了兄长皇太极多年梦寐以求入主中原的愿望，进了北京，端坐金銮宝殿，频降圣谕，可是处境并不妙，甚至可以说是荆棘遍地，危机四伏，宝座时有倾覆之可能。

首先，是反清兵将二三百万，势力相当强大。此时，清政府只辖有辽宁、吉林、黑龙江及河北部分州县，其他六分之五以上的国土分属大顺、大西和南明诸王。李自成退居陕西，辖有陕、甘、晋、豫诸省与河北一些州县，张献忠主宰天府之国，南明福王朱由崧建都江宁，其江北四镇有兵数十万，湖广左良玉水陆士卒八十万，浙、闽、粤、桂、鲁、赣、皖等省仍奉明朝正朔，各地反清武装风起云涌。他们曾不止一次地给予清朝重大打击。

清帝用于对付这二三百万敌方势力的满洲人员，却少得可怜。经过几年激烈征战，满洲八旗男丁不仅没有随着岁月的推移而增加，反而不断减少。入关前夕，还有六万余丁，顺治五年只剩下五万五千三百三十丁，少了十分之一。即使加上蒙古八旗、汉军八旗四万余丁，也只有十万丁左右，就算是全部男丁均披甲为兵，也很难战胜二三十倍于己的反清士卒。而且，即使马上得了天下，全国有一千八百余府厅州县，直径万余里，这十万军队分驻各地，每县不足百人，怎能坚持统治下去，清

王朝怎能长治久安？

其次，民贫国穷，动荡不稳。明末清初的长期战乱和封建统治阶级对人民的残酷盘剥，以及灾害频仍，严重地破坏了生产力。社会混乱，田园荒芜，百业凋敝，人口大量死亡流移，直到顺治八年（1651年），官方簿册所载全国户口才一千零六十三万余丁，田地山荡二百九十万余顷，比七十三年前明万历六年的田地，减少了四百多万顷。与此相应的是，政府财政极其困难。清军多路出击，甲胄弓箭刀枪马匹和粮草，花费很大，而人丁田地减少，使田赋丁锐商税收入剧减。顺治八、九年，每岁仅收赋税一千四百八十余万两，各路兵饷却岁需一千三百余万两，加上八旗王公和文武官员俸禄二百余万，每年缺银八十七万余两。清廷确实陷入入不敷出、财源枯竭、民贫国穷、司农乏策的深渊。

尽管面临万分险恶的局势，摄政王多尔衮及其亲近王公大臣，却毫不畏惧，知难而进，想尽办法，以五万左右满洲兵丁为核心，加上蒙古汉军八旗与外藩蒙古，充分利用较早归降的平西王吴三桂等汉兵，总共约有二十万人，先后消灭大顺、大西、南明二百多万军队。

（二）"满洲根本"

入关之前，天聪汗、宽温仁圣皇帝皇太极已仿照明制，设内三院和六部，顺治元年（1644年）五月摄政王多尔衮进京后，基本上继承了明朝的政治、经济、文化、外交等方面的制度。中央机构是三院八衙门，即内国史院、内秘书院、内弘文院和吏、户、礼、兵、刑、工六部与都察院、理藩院，顺治十五年改内三院为内阁。地方机构亦袭明制，但总督、巡抚由明朝的临时性质改为常设官职，省之下有府、州、县，分设知府、知州、知县，另外还有分巡道、守道。

多尔衮在基本沿袭明朝官制的同时，为了巩固满洲王公遗族的最高统治地位和对全国的统治，确立了"首崇满洲"或称"满洲根本"的基本国策。这主要表现在以下三个方面：其一，议政王大臣会议，权力很大，地位很高。议政王大臣会议的成员，主要是满洲王公大臣，也有少数蒙古人员，汉官不能当议政大臣，除范文程、宁完我系经帝特授外，汉军旗人也不能担任议政大臣。宗室亲王和多数郡王是议政王，一些贝勒、贝子、公也奉旨参与议政，满洲、蒙古八旗开国元勋及其子弟，如弘毅公额亦都之子三等公、和硕额驸图尔格、其弟二等伯伊尔登，直义公费英东之子一等公图赖，栋鄂额驸、三等公何和礼之子二等伯都类、武勋王扬古利之子超品公塔瞻、孙一等公爱星阿，恩格德尔额驸之子一等公额尔克戴青，多罗额驸、二等公英俄尔岱等人，或系固山额真、尚书，或任议政大臣，皆是议政王大臣会议成员。清初军国大政，系在摄政王和后来的顺治帝福临的主持下，让议政王召集参与议政的贝勒、贝子、宗室公及议政大臣商议，报摄政王、顺治帝审批，多系依议而行。议政王大臣会议之权力和地位，远逾于内三院或内阁。

其二，八旗军是清皇朝的主要军事支柱。多尔衮虽然设立了绿营兵，人数超过了八旗军，但八旗军仍是清军的核心力量，得到了很大的加强。顺治年间定制，北京八旗设骁骑营（入关前的阿礼哈超哈营，即马兵营）、前锋营（原之噶布什贤超哈营）、护军营（过去的巴牙喇营）、步兵营，从八旗各佐领下正丁中金选骁骑、护军、前锋、亲军、步兵，分别总隶于都统、护军统领、前锋统领及步军统领，都统等官以下又分设参领、佐领等职。另设领侍卫府，由领侍卫内大臣等官统辖侍卫、亲军两千余人。各地重要城市，则遣八旗将士驻戍，称驻防八旗，官兵数万，分别屯驻奉天、畿辅、豫、江、浙、陕、甘、鲁、晋等省，后增驻闽、粤等地。八旗军队的总的职责是"环拱宸极，绥靖疆域"。北京八旗军约十万人，除奉命出征外，主要是"宿卫扈从"，即保卫皇宫，保卫京师，随侍和保卫皇上出巡。遇有重大征战，摄政王、顺治帝派遣满洲王公大臣统领北京八旗兵出讨，如靖远大将军英亲王阿济格、肃亲王豪格，定国大将军豫亲王多铎，定远大将军郑亲王济尔哈朗，敬谨亲王尼堪，世子济度，安远大将军信郡王多尼，平南大将军贝勒勒克德浑，征南大将军贝勒博洛、一等公谭泰，宁南靖寇大将军贝子洛托、一等子陈泰，定西大将军内大臣固山额真何洛会，皆曾领兵分征，为统一全国立下了功劳。故《清史稿》在诸王列传中赞诸王开国之功说："国初开创，栉风沐雨，以百战定天下，系诸王是庸。"清帝福临也嘉慰满洲将士建国之功勋和亲劳，说："嗟尔将士等，披坚执锐，露宿风餐，汗马血战，出百死一生，以开拓天下。"

其三，诸王管理部院，满官权大。皇太极于天聪五年（1631年）设六部时，即让诸贝勒分管各部。崇德八年（1643年）十二月摄政王多尔衮曾罢王公管理部院之制，后又命端重亲王博洛、巽亲王满达海、敬谨亲王尼堪同理六部事务，顺治八年正月福旷亲政后又恢复诸王管部旧制，一年以后才废除。吏、户、礼、兵、刑、工六部开始只有满尚书，顺治五年七月始设汉尚书，且部印俱由满尚书掌握。管理蒙古等民族事务的理藩院，尚书、侍郎皆是满洲蒙古人员，汉官不能担任。八旗王公大臣成为清朝的核心统治集团。

然而，亲王、郡王、贝勒、贝子、公虽然拥有很大权势，地位崇高，但是，还有比他们更高并且是至调我上之人。这个人，并不是皇帝，此时的皇帝是福临，是个八九岁十来岁的少主，名为帝君，实系傀儡，真正的无名有实的皇帝是睿亲王、摄政王多尔衮。多尔衮排斥了摄政郑亲王济尔哈朗，革除其摄政王头衔，废了肃亲王豪格爵位，将其幽禁至死，独掌清国军政大权，并一晋叔摄政王，再晋皇叔父摄政王，到顺治五年，干脆登上皇父摄政王宝座，他才是八旗王公大臣和全国臣民的主子。

（三）"满汉一家"

摄政王多尔衮、顺治帝福临虽然尽力维护满洲贵族特权，"首崇满洲"，但只凭区区一两千名八旗王公大臣和五六万满洲男丁，无论如何也不能消灭二三百万名抗清将士和统治上亿汉民，必须实行"以汉治汉"政策，因而多次宣称"满汉一家"。早在顺治元年（1644年）四月初清军征明前夕。内秘书院大学士范文程上书摄政王陈述夺天下安江山之计时，便着重强调要实行"官仍其职，民复其业，录其贤能，恤其无告"的根本性政策。多尔衮采纳了这一至关重要的建议，予以付诸实施。

所谓"满汉一家"，最主要体现在争取汉人官员绅衿上，即极力笼络争取汉族上层人员为清帝效劳。顺治元年五月初二多尔衮乘辇于武英殿升座，第二日即连下两道谕旨，宣布：招抚檄文到日剃发归顺者"地方官各升一级"，"各衙门官员，俱照旧录用"，"隐居山林者，亦俱以闻，仍以原官录用"。不久又谕令"在京内阁六部都察院等衙门官员，俱以原官，同满官一体办事"，遣人以书证召故明大学士冯铨，授其以大学士原衔入内院佐理机务。明顺天巡抚宋权，降后初任原职，顺治三年升任国史院大学士。兵部侍郎金之俊降后仍为故官，顺治五年擢工部尚书，后连任八年大学士。王永吉、胡世安、党崇雅分别以总督、侍郎、少詹事擢授尚书、大学士。

多尔衮还超级提升一批原来明朝中等官员和文人，授以尚书、大学士等职。原明户部郎中卫周祚、编修高尔俨、庶吉士张端、庶吉士成克巩、都给事中陈名夏、中允陈之遴、编修刘正宗、进士杜立德等，皆陆续分任尚书、侍郎等要职，最后均擢任大学士。

多尔衮特别重视入清以来考中进士的汉族士子，予以破格提升。顺治元年即宣布继续审行科举制，考试文人。顺治三年状元傅以渐、四年状元吕宫及进士冯溥、王熙，皆任至大学士，王熙还特受清帝宠信，命其撰写遗诏。

多尔衮又规定，内阁六部均设满缺汉缺，任满洲、汉人、汉军旗人为尚书、侍郎、大学士。地方总督、巡抚及其以下官员，亦是满汉兼用，但清初以汉官为多。

"满汉一家"之另一重要体现是绿营兵的设立。区区满洲数万男丁，难以肩负"拱卫宸极，绥靖疆域"之重任，必须"以汉治汉"，即用汉将汉兵协助，尤其是平时辖治地方之责，更是依靠汉兵来完成，兼之，安插降清之上百万将士，亦需有其用武之地。从顺治元年起，清政府便陆续在各省设立绿营官兵，将士主要是汉人，也有少数满、蒙古、回族人员。各省皆有绿营兵，其统帅是该省或一二三省合在一起的总督及无总督之省的巡抚。他们算是文官编制。至于日常操练、管辖和防戍，则由武职官员负责。绿营武官中官阶最高的将领是提督，官阶从一品，或专设，或由巡抚兼任，后来各行省共有十四员提督。其下是总兵官，官阶正二品，为一镇之主，共六十六员。再下则是副将、参将、游击、都司、守备、千总、把总等官，六千余员。顺治年间，各省绿营兵有六七十万名，后减少至五六十万。

多尔衮多次宣谕"满汉一家"之事，要求"满汉一家，同享升平"。他还为使满汉官民"各相亲睦"，下谕允许满汉官员互通婚姻。他谕告礼部："方今天下一家，满汉官民，皆朕臣子，欲其各相亲睦，莫若使之缔结婚姻，自后满汉官民，有欲联姻好者听之。"①

通过"满汉一家"政策，吸收了大批汉官、汉士、汉将、汉兵，他们遵循帝旨国法，治理京内外各级衙门事务，辖束人民，征赋敛役，从征厮杀，为统一全国，安定九州，巩固清朝统治，起了很大作用。

---

① 《清世祖实录》卷40，第11页。

四、革明弊政　建立新制

（一）六道恩诏

六道恩诏是：顺治元年（1644年）十月初一日顺治帝福临在燕京皇宫举行登基大典后，于十月初十，御皇极门，颁即位诏于天下；顺治二年四月十五日，以平定陕西颁的恩诏；顺治二年六月二十八日，以南京平定，颁赦于河南、江北、江南等处的恩诏；顺治四年二月初二日，以浙东、福建平定，颁诏天下的恩诏；顺治四年七月二十五日平定广东恩诏；顺治五年十一月十一日，以奉太祖配天及追尊毅祖考妣帝后尊号礼成，颁诏大赦天下的恩诏。

第一道即位恩诏非常重要，特把其各项内容全文引录于下：

"一、亲王佐命开国，济世安民，有大勋劳者，宜加殊礼，以笃亲贤，应行典仪，部院大臣集议具奏。一、亲郡王子孙弟侄，应得封爵，该部通察往例，损益折中具奏。一、满洲开国诸臣，或运筹帷幄，决胜庙堂，或汗马著功，开疆垦土，俱应加封公侯伯世爵，赐之诰券，与国咸休，永世无穷。一、开国以来，满洲将领等官，应得叙荫，该部通察往例，奏请施行。一、大兵入关以来，文武官绅，倡先慕义，杀贼有功，以城池归顺者，该部通行察叙具奏。一、自顺治元年十月初一昧爽以前，官吏军民人等罪犯，除谋反、叛逆、子孙谋杀祖父母父母、妻妾杀夫、奴婢杀家长、杀一家非死罪三人、采生折割人、谋杀、故杀真正人命、蛊毒魇魅毒药杀人、强盗、妖，发觉，已结正，未结正，罪无大小，咸赦除之有以赦前事相告讦者，以其罪罪之，其隐匿在官及民间财物人口牲畜者，许自首免罪。如被人告发，不在赦例。一、朝廷高爵厚禄，优养臣僚，原欲其尽忠为国，国之安危，全系官僚之贪廉，官若忠廉，则贤才向用，功绩获彰，庶务皆得其理，天下何患不治，官若奸贪，则贿赂肆行，庸恶幸进，无功冒赏，巨慝得以漏纲，良善必至蒙冤，吏胥舞文，小民被害，政之紊乱，实由于此，自本年五月初一以后，凡在京大小衙门，及在外抚、按、司、道，各府、州、县、镇、协、营、路、军卫等官，并书吏、班皂、通事、拨什库粮长、十季、夜不收等役，但有贪贿枉法，剥削小民者，照常治罪，不在赦例。一、凡弁兵于行军之际，隐匿无主财物因而犯罪者，尽行赦免。一、出征兵丁，多历劳苦，其家口，着该部厚加存恤。一、地亩钱粮，俱照前朝会计录原额，自顺治元年五月初一起，按亩征解，凡加派辽饷、新饷、练饷、召买等项，悉行蠲免，其大兵经过地方，仍免征粮一半，归顺地方，不系大兵经过者，免三分之一，就今年一年正额通算。一、各直省起存拖欠本折钱粮，如金花夏税、秋粮、马草、人丁、监钞、民屯、牧地、灶课富户、门摊、商税、鱼课、马价、柴直、束株钞贯、果品及内供颜料、蜡、茶、芝麻、棉花、绢布、丝锦等项念小民困苦已极，自顺治元年五月初一，以前，凡未经征收者，尽行蠲免。一、京都兵民，分城居住，原取两便，实不得已，其东中西三城官民，已经迁徙者，所有田地，应纳租赋，不拘坐落何处，概准蠲免三年，以顺治三年十二月终为止，其南北二城，虽未迁徙而房屋被人分居者，所有田地，应纳租赋，不拘坐落何处，准免一年，以顺治元年十二月终为止。一、丁银原有定额，年来生齿凋耗，版籍日削，孤贫老幼，尽苦追征，殊可悯恻，自今以后，各抚按官严行有司，细加察覆，凡幼未成丁，老残未豁者悉与豁免。一、军民年七十以上者，许一丁待养，免其杂泛差役，八十以上者，给予绢一匹，棉一斤，米一石，肉十斤，九十以上者，倍之，有德行著闻，为乡里所敬服者，给冠带荣身，穷民鳏寡孤独，笃废残疾，不能自存者，在京许两县申文户部，告给养济，在外听该府州县申详抚按，劝支预备仓粮给养，务使人沾实惠，昭朝廷恤民至意。一、所在孝子、顺孙、义夫、节妇、有司细加谘访，确具事实，申该巡按御史，详核奏闻，以凭建坊旌表。一、所在神祈坛庙，不系淫祠者，有司务竭诚敬，毋致亵慢，明国诸陵，仍用内员及陵户看守，拨给香火地土，仍春秋致祭，各处帝王陵寝及名臣贤士坟墓，被人毁发者，即与修理，禁止樵牧。一、在京文官一品至九品，在外方面各官及知府府佐、州县正官俱给予应得诰敕，凡京官署职试职俱准实授，仍给予应得敕命，文官三品以上荫一子入监读书，京官八品以下，准给本身敕命，愿移封移赠者听。一、院部及各衙门办事满洲官员，年劳深久，该部通行察叙。一、山林隐逸之士，有怀才抱德堪为时用，及武略出众，胆力过人者，抚按据实举荐，该部复核，征聘来京，以便擢用。一、前朝建言降谪诸臣，果系持论公平，有裨治理者，吏部具奏召用，其各衙门官，有横被诬害，公论称冤，曾经荐举，不系贪酷犯贼者，拜与昭雪叙用。一、应为民者准复冠带，闲往者准致仕。一、会试，定于辰戌丑未年，各直省乡试，定于子午卯酉年，凡举人不系行止黜革者，仍准会试，各处府州县儒学食廪生员，仍准给廪，增附生员，仍准在学肄业，俱照例优免。一、武举会试，定于辰戌丑未年，各直省武乡试，定于子午卯酉年，俱照旧例。一、京卫武学官生，遇子午卯酉乡试年仍准开科，一体会试。一、京府拜直省各府州县学廪生贡额年份不等，今正贡准改恩贡，次贡准改正贡，每处贡二名，止行一年，后不为例，有才华出众孝悌著闻者，不拘廪增附学，俱许提学官特荐试用。一、前朝文武进士，文武举人，仍听该部复用。一、品官有三母、三妻，照前朝覃恩事例，俱准封赠。一、品官妻已受封，其次室亦准用本品冠帔束带礼服。一、直省各学贫生，听地方官复实申文该提学官于所在学田内，支钱米，酌量赈给。一、国子监积分监生，已经考定者即与选授，拨出历事监生，免历二个月，其各衙门办事官吏，自大军入京以来，效有勋劳者，听该堂上官分别具奏，应上卯者，准与上卯，应冠带者，量给冠带。一、前朝宗室首倡投诚，先来归顺，赴京朝见者，仍给禄养，以昭朝廷兴继至意。一、在京在外武职官员，应给封诰者，照例给予，三品以上，仍准撰文。一、前朝勋臣及子弟，有倡先投顺仍立功绩者，与本朝诸臣一体叙禄，应给封诰照例颁给，其见有官职，已经来朝者，仍准授原职。一、在京锦衣等卫所，及在外卫所官员，已经归顺者，俱准照旧供职，其带领兵丁，献纳地土，倡先投诚者，加一级，归顺后立有功绩者，另行优叙。一、在外营路、将领等官，有乘寇乱扰扰，私带在官兵丁马匹，自护回家者，准将原兵原马，照数交官，前事免其追论。一、北直河南山东节裁银，及山西太原、平阳二府新裁银，应解兵部者，前朝已经免解，其太原、平阳二府旧裁及各府新旧节裁银两，在本年五月初一以前者，俱免解，以后仍照见行事例，分别蠲免。一、会同馆马站、驴站、馆夫及递运所车站、夫价等银，除本年五月初一以前免解外，以后仍照例分别蠲免。一、有司征收钱粮，止取正数，凡分外侵渔、秤头、火耗、重料加罚，巧取民财者，严加禁约，违者从重参处。一、京师行商车户等役，一遇金派，顿致流离，近年已经停报，嗣后永行除豁以舒民困。一、各运司盐法，向来递年加增，有新饷、练饷及杂项加派等银，深为厉商，今尽行蠲免，止照旧额按引征收，本年仍免三分之一。一、关津抽税，原为查察，非欲困商，顺治元年，准通免一年，自二年正月初一以后，方照故明初额起税，凡末年一切加增，尽行蠲免，其直省州县，零星抽取落地税银名色，概行严禁。一、各处州县，有曾经兵燹寇乱残破地方，其应纳钱粮，已经前朝全免者，户部察明汇题，仍与全免，不在免半免一之例。一、柴炭钱粮，向来派顺天、保定、山西六十八卫所掌印官，于军饷内扣除，解兵部，给发商人承办，今卫军额饷久停，前项银两，户部即于应发军饷内除出，径自招商办买，以供内廷烟爨，各卫官不得朦胧私派。一、直省额解工部四司，料银匠价银、砖料银、苘麻银、车价银、苇夫银、苇课银、渔课银、野味银、翎毛银、活鹿银、大鹿银小鹿银、羊皮银弓箭撒袋折银、扣剩水租银、匠班银、缸坛银、焦炭银、麻铁银、斑竹银、白猪鬃银、闸夫银、栀子银、蓝靛银、河夫银、椿草籽粒银、状元袍服银、衣粮银、砍柴夫银、搬运木柴银、抬柴夫银、芦课等折色银、盔甲、腰刀、弓箭、弦条、胖袄、裤鞋、狐麂兔狸皮、山羊毛课、铁、黄栌椰、桑、胭脂、花梨、南枣、紫榆、杉条等木、椴木、桐木、板枋、米窖物料、楸楷、芦席、蒲草、榜纸、瓷坛、槐花、乌梅、栀子、笔管、芒帚、竹扫席、席草、粗细铜丝、铁线、镀白铜丝、铁条、针条、碌子、青花绵、松香、光叶书籍纸、严漆、罩漆、桐油、毛笙、紫、水斑等竹、实心竹、棕毛、白图藤、翠毛石磨、川二珠、生漆、沙弃、广胶、焰硝、螺壳等本色钱粮，自顺治元年五月初一以前，逋欠在民者，尽予蠲免，以苏民困，自五月初一以后，仍照见行事例，分别蠲免。一、直省解屯田司助工银一项，原系加派钱粮，准予蠲免。一、各直省运粮官役，有因漂流挂欠拜侵没者，自本年五月初一以前，尽予免追释放。一、地直省解官解户，领解钱粮，被贼寇劫失，在顺治元年五月初一以前者，咸予蠲免。一、山陕等处军民人等，有昔被流寇要挟，今悔过自新，倾心归化，于所在衙门，投有降表，及有甘结文案可据者，概从赦宥。一、直省各州县土寇，有贼首已经就擒，胁从归农复业，及胁从共擒贼首，赴所在官司，连名自首者，前罪并赦勿论。一、凡讹言妖术，煽惑平民，烧香聚众，伪造符契，拥集兵仗，传头会首，已经辑获正法，其胁从人等，果改邪归正者，前罪免论。一、向来势家土豪，重利放债折准房地，以致小民倾家荡产，深可痛恨，今后有司不许听受贿嘱，代为追比，犯者以违制重论。一、越诉、诬告、败俗伤财，已经严禁，而有司奉行不力，习风未止，自今大赦以后，凡户婚小事，俱就有司归结，倘奸棍讼师，诱陷愚民，入京越诉者，定加等反坐，如刑部官不由通政，滥受民词，许科道纠参，请旨究处。一、赎锾之设，原开罪人自新之路，向来有以追比罚赎，反致伤生，或以罚赎不完，板引代纳，甚为民害，嗣后一切禁止，有力不能纳者，速与免追归结。一、向来巡按官，以访拿为名，听衙蠹开送，诬害良民，科取贼赎，最为敝政，今后悉行禁革，如地方大奸大恶，贼窝盗穴，及包揽词讼，诈财害众者，许访察的确，一面密奏，一面严击，务尽除奸宄，以安良善。一、人命至重，历朝皆有三复奏之条，而失出之罚，轻于失入，以后凡问刑官员，毋执己见，毋徇贿嘱，务在得情，仍须劻敏速结，毋致拖延苦累，以干天和。"①

第二道恩诏是顺治二年四月十五日平定陕西恩诏，与即位诏基本相同，现将关系到国家安危、民生邦本的两个根本性问题，即征赋和吏治的关键性规定摘录于下：

"官吏贪赃，最为民害。自本年二月初一以后，该省抚、按、司、道，各府、州、县、镇、协、营、路、军卫等官并书吏、班皂、通事、拨什库、粮长、十季、夜不收等役，但有贪赃枉法剥削小民者，俱治以死罪。陕西通省地亩钱粮，自顺治二年正月为始，止征正额，凡加派辽饷、新饷、练饷、召买等项，悉行蠲免。各运司向来加增新饷、练饷及杂项加派等银，前次恩诏，已尽行蠲免，止照旧额按引征收，本省盐法事宜，准一体遵行，本年额课，仍三分免二。该省落地税银，照例禁止。一、有司征收钱粮，止取正数，不许分外侵渔秤头火耗。违者治以重罪。衙蠹向为民害，乘此寇乱之后，更易为奸，抚按严行所属，不许有司偏听积猾蒙蔽，致百姓汤火之后，复被残害，如本官不行禁饬致有前项不法者，抚按访出，官役一并治罪。抚按旧习，迎送往来，交际馈遗，实为可恨。以后除文移会稿外，不许交相馈送。况纸赎既革，俸禄之外，使是贪贼，抚按为朝廷法吏，当先为倡率勿自遗戚。"②

第三道恩诏是顺治二年六月二十八日平定江南恩诏，与前两道基本相同，但却宣布逼令众人剃发，现摘录征赋、惩贪有关规定于下：

①《清世祖实录》卷9，第11-21页。
②《清世祖实录》卷15，第15-25页。

"河南、江北、江南等处，人丁地亩钱粮，及关津税银，各运司盐课，自顺治二年六月初一起，俱照前朝会计录原额征解，官吏加耗重收，或分外科敛者，治以重罪。凡加派辽饷、剿饷、练饷、召买等项，永行蠲免，即正额钱粮，以前拖欠在民者亦尽行蠲免。东南虽号沃壤，但年来加派叠征，诛求无艺，民力殚竭，深可悯念，凡近日一切额外加派，准照三饷等例，悉与豁免。民间贸易资本，虽在赦前，应还应取者，照旧还取。明季军兴缺乏，行一切苟且之政，立借富纠贪等项名色，巧取财物，最为弊政，除已征在官外，其余拖欠未完者，悉与豁免。官吏贪赃，最为民害，自本年六月初一以后，各抚、按、司、道，及府、州、县、镇、协、营、路、军卫等官，并书吏、班皂、通事、拨什库粮长、十季、夜不收等役，但有枉法受赃，及逼取民财者，俱计赃论罪，重者处死。新附地方，以恤民为第一义，有司有滥准词状，纵容蠹衙，苦害穷民，抚按官参提究处。其从前各直省巡按，委理刑官察盘，委府州县访捕，皆是科索纸赎，榨取赃罚，名为除害，实以害民，今一切禁绝。州县仓库钱粮，只许道府时时亲核，衙蠹豪恶，只许告发重治，巡按官必不容循习陋规，查盘访捕，假公济私，朘民肥己，有负朝廷惠养元元至意。抚按旧习，交际馈遗，实长贪赎，以后除文移会稿外，不许交相馈送，其各院承差人役，止许用二十名，以备赍奏，除紧要重大文移外，不得擅差，扰累驿号，违者重处。"[1]

第四道恩诏是顺治四年二月初二平定浙东、福建之诏，对"人丁地亩钱粮并卫所屯粮"依照明朝哪一年的则例征收，较前三道恩诏做了重大修改，现摘录重要项目于下：

"浙江、福建人丁地亩，本折钱粮，并卫所屯粮，除浙江杭、嘉、湖三府，业经该总督题准，照平南恩诏开征，今浙东八府并福建全省，俱自顺治四年正月初一起，俱照前朝万历四十八年则例征收，天启崇祯时加派尽行蠲免，其唐鲁二藩，僭号窃据，叠派横征，地方尤称苦累，一切悉行停止，以苏民困。有司借名私派，加耗虐民者，事发治以重罪。新定地方征收各项钱粮，自顺治四年正月初一以前，已征在官者起解充饷，拖欠在民者，悉行蠲免。浙江起解户、礼、兵、工四部金花、果品、芦笋、黄白

---

[1]《清世祖实录》卷17，第15—23页。

蜡，富户派剩米、绵、绢、盐钞、草束、协济昌平黄蜡、料价、雕填漆匠、罗匠、斑竹、白猪鬃、绝炉铁课、槐花、栀子、乌梅、渔课、麻、铁、鱼胶等料、课铁、马站、并新改折盉、申、腰刀、胖袄、箭弦等项，福建起解户、礼、工三部金花、料价、厨料、果品牲口、军办、盐钞、赈桑夏税绢价翎、鳔拜新旧改折胖礼、军器、箭弦、江南盐钞、狐皮、麻铁、协济昌平马价等项各折色钱粮，浙江漕白粮米、绵绢、黄蜡、茶叶颜料、黄麻、栗果、药材、金银箔、荐新芽茶、弓折牛角、笔管、兔皮、香狸皮、山羊毛、粗细铜丝、铁丝、铁条、针条、镀白铜丝、青棉花、碌子、猫竹、紫竹、白硝、麂皮、狐皮、槐花、栀子、乌梅、松香、广胶、书籍纸、桐木、黄白榜纸、岁造缎、罩潘严漆、桐油等项，福建京库颜料、黄白蜡、芽茶、香料、樟脑、药味、缎匹、课铁、建铁、螺壳、翠毛、鹿皮等项各本色钱粮，并铺垫水脚，俱照前朝万历年间赋役全书征收，自顺治四年正月初一以前，已征在官者，起解充饷，拖欠在民者，悉行蠲免。浙江起解江南各衙门折色、永福仓米、折绢、折绵、折历日、直部把门皂隶、狱卒、草折、漕折、山羊、折桐油、折饷丝易银并本色漕白粮米、绢匹、合罗丝、荒丝、药材、金银箔、芽茶、甘蔗等项，俱照前朝万历年间赋役全书征收，解赴户部交纳，自顺治四年正月初一以前，已征在官者，起解充饷拖欠在民者，悉行蠲免。浙闽运司盐课，前代天启崇祯年间，加派名色甚多，深为商厉，今尽行蠲免，止照万历年间旧额，按引征课，关津抽税，原寓讥察，非欲困商，明末叠增数倍，原额已经户部题定，照万历年间原额，及天启崇祯递增额数一半征收。杭州南北二关，先已差官，其余自顺治四年正月初一日以后，俱照此例，一体抽征，其州县零星抽取落地税银名色，及闽省势官、土豪、不肖有司，向来津头牙店擅科私税，概行严禁，违者重治。丁银虽有定额，但生齿凋耗之后，年老残疾，尽苦追征，甚至包纳逃亡，贻累户族，殊堪悯恻，自今以后，各抚按官严行有司，细加编审，凡年老残疾，并逃亡故绝者，悉与豁免。新附地方，以恤民为第一义，有司滥准词状，纵役扰民者，该抚按参提究处，巡按官委理刑察盘州县，访恶科索纸赎，搜取赃罚，害民尤甚，及抚按等官交际馈遗，实长贪黩，并照平南诏例，一体严禁，有故违者事发重治。"①

----

① 《清世祖实录》卷30，第13—21页。

　　第五道恩诏是顺治四年七月二十五日平定广东的恩诏，基本内容与第四道恩诏相同，载录于下：

　　"自顺治四年正月初一昧爽以前，官吏兵民人等犯罪无论轻重大小，已发觉，未发觉，已结正，未结正，咸与赦除，有以赦前事相讼告者，以其罪罪之。广东人丁地亩本折钱粮，并卫所屯粮，俱自顺治四年正月初一起，通照前朝万历四十八年则例征收，天启崇祯年间加派，尽行蠲免。官吏贪赃最为民害，朝廷特严惩贪之典，枉法受赃，律有明条，其余犯罪，轻重大小，一如律行。广东起解户、礼、兵、工四部折色钱粮、金花、黄白蜡、乌梅、五倍子、腾黄、黑铅、桐油、黄熟铜、圆眼、芦苇、荔枝、香草、木耳、蹄砂、核桃、蜂蜜、药材、四司料价、胖袄、胭脂木、南枣木、紫榆木、紫竹、梨木、翠毛均一料、鱼油料、麻铁、铁税、会试、会同馆、协济昌平本色钱粮、芽茶、叶茶、银朱、贰朱、生漆、锡、生铜、药材、广胶、并铺垫水脚银两、俱照万历四十八年额数，自顺治四年正月初一以前，已征在官者，起解充饷，拖欠在民者，悉行蠲免。本省盐课，照万历四十八年旧额，按引如数征解，其天启崇祯年间加派，尽行蠲免。抽税原以裕国，非欲病民，明朝末年，滥行抽取，殊属虐商，自顺治四年正月初一日起，凡府州县零星抽取落地税银名色，及势官土豪，不肖有司，向来津头牙店擅科私税，既行严禁，违者重治。有司征解钱粮，原有定额，明季贪赎成风，借名私派，加耗虐民，难以枚举，自今以后，该抚按官，严加禁约，不时亲访，违者从重参处。新附地方，以恤民为第一义，有司滥准词状，纵役扰民者，该抚按参提究处，巡按官委理刑察盘州县，访察蠹恶，科索抵赎，榨取赃罚，害民尤甚，及抚按等官交际馈遗，实长贪黩，并照平南诏例一体严禁，有故违者事发重治。"①

　　第六道恩诏是顺治五年十一月十一日，以奉太祖配天及追尊四祖考妣帝后尊号，大赦天下，现摘录重要项目于下：

　　"派征钱粮，俱照万历年间则例，其天启、崇祯年加增，尽行蠲免，通行已久，如有贪官污吏，例外私派，多征扰民者，该抚按官纠参

────────────

①《清世祖实录》卷33，第9—14页。

重处。我朝定鼎以来，恩诏有免，荒地有免，水旱灾伤有免，民间额赋，不应再有拖欠，或输纳已完，地方官别项支用，或侵入私囊，以致小民虚受拖欠之名，抚按官确察某州县额征若干，已完若干，未完若干，果系百姓拖欠，自元年以至三年，悉与豁免。各关抽税，俱照万历年间旧例，其天启崇祯年加额除免一半，不得踵习明季陋规，分外多抽，及多设委官巡拦，以察税为名，肆行科扰。各处本色钱粮，除颜料、黄白蜡，仍办本色外，其余准解折色一年。势豪举放私债，重利剥民，实属违禁，以后止许照律，每两三分行利，即至十年，不过照本算利，有例外多索者，依律治罪。凡系大贪，罪应致死者，止免死，赃仍照追，永不叙用。"①

（二）明亡之鉴

明崇祯十七年（清顺治元年，1644年）三月十八日，李自成率大顺军攻陷燕京紫禁城，十九日晨，崇祯帝自缢于煤山，延续了276年的大明王朝灭亡了。

明朝为什么会亡，会亡于揭竿而起的"流寇"？

撰写了《明季北略》《明季南略》这两部40卷100万字巨著的计六奇，写了《论明季致乱之由》，论述明亡之因有四：

"明之所以失天下者，其故有四，而君之失德不与焉。一曰外有强敌。自辽左失陷以来，边事日急矣。边事急，不得不增戍，戍增则饷多，而加派之事起，民由是乎贫矣。且频年动众，而兵之逃溃者俱啸聚于山林，此乱之所由始也。二曰内有大寇，使东师日迫而无西顾之忧，尤可以全力稍支劲敌，而无如张、李之徒又起于秦、豫矣。斯时欲以内地戍兵御贼，则畏懦不能战，欲使边兵讨贼，则关镇要衡又未可遽撤。所以左支右吾，而巨贼益横而不可制。三曰天灾流行，假流寇扰攘之际，百姓无饥馑之虞，尤或贪生畏死，固守城池，贼势稍孤耳。奈秦、豫屡岁大饥，齐、楚比年蝗旱，则穷民无生计，止有从贼劫掠，冀缓须臾死已矣。故贼之所至，争先启门，揖之以入，虽守令亦不能禁，而贼徒益盛，贼势益张，大乱由是成矣。四曰将相无人。"②

① 《清世祖实录》卷41，第10—14页。
② 计六奇：《明季北略》卷23，《论明季致乱之由》。

可以补充几句，即崇祯帝是亡国之君，可以把第四条"将相无人"，改为"帝、相、帅无人"。

户部侍郎南居益，陕西人，于崇祯二年三月二十八日上疏，奏请发放军饷说：

"九边要害，半在关中，故刍饷之需，独倍他省。迩因宇内多事，司农告匮，延绥、宁、固三镇，额粮缺至三十六月矣。去岁阖省荒旱，室若磬悬，野无青草，边方斗米贵至四钱。军民交困嚣然，丧其乐生之心，穷极思乱，大盗蜂起，劫杀之变，在在告闻。适青黄不接，匮乏难支，狡寇逃丁，互相煽动，狂风愈逞，带甲鸣锣，驰驱控弦者，千百成群，横行于西安境内。耀州、泾阳、三原、富平、淳化、韩城、蒲城之间，所过放火杀人，劫财掠畜，庐舍成墟，鸡犬一空，泾、富二邑被祸尤酷，屠掠淫污，惨不忍言。即有存者，骇鹤惊风，扶老携幼，逃窜无门，时势至此，百二河山，危若累卵，揆厥所由，皆缘饥军数数鼓噪城中，亡命之徒揭竿相向，数载以来，养成燎原之势。"①

陕西人马懋才，进士，任大理寺行人司的行人后，关外解赏，湖广颁诏，贵州典试，"奔驰四载，往还数万余里"，深知各地情形。马懋才于崇祯二年四月二十六日上疏，痛述陕西大饥，人相食的悲惨情形说：

"臣乡延安府，自去岁一年无雨，草木枯焦，八九月间，民争采山间蓬草而食，其粒类糠皮，其味苦而涩，食之仅可延以不死。至十月以后，而蓬尽矣，则剥树皮而食，诸树唯榆皮差善，虽他树皮以为食，亦可稍缓其死。迨年终而树皮又尽矣，则又掘其山中石块而食，石性冷而味腥，少食辄饱，不数日则腹胀下坠而死。民有不甘于食石而死者，始相聚为盗，而一二稍有积贮之民遂为所劫，而抢掠无遗矣，有司亦不能禁治。间有获者，亦恬不知怪，曰："死于饥，与死于盗等耳，与其坐而饥死，何不为盗而死，犹得为饱死鬼也。"最可悯者，如安塞城西有冀城之处，每日必弃一二婴儿于其中，有号泣者，有呼其父母者，有食其粪土者。至次晨，所弃之子已无一生，而又有弃之者矣。更可异者，

① 计六奇：《明季北略》卷5，《南居益请发军饷》。

童稚辈及独行者，一出城外，便无踪迹。后见门外之人，炊人骨以为薪，煮人肉以为食，始知前之人，皆为其所食。而食人之人亦不免，数日后面目赤肿，内发燥热而死矣。于是死者枕藉，臭气熏天。县城外掘数坑，每坑可容数百人，用以掩其遗骸，臣来之时已满三坑有余，而数里以外不及掩者，又不知其几许矣。小县如此，大县可知；一处如此，他处可知。安得不相率而为盗也。且有司束于功令之严，不得不严为催科，仅存之遗黎，止有一逃耳！此处逃之于彼，彼处复逃之于此，转相逃，则转相为盗，此盗之所以遍秦中也。"

计六奇引述完马懋才之疏后，评论说："天降奇荒，所以资自成也。"①

计六奇、马懋才、南居益等人上述奏疏，所言穷兵、饥民为寇，天灾流行等情，虽然写了具体情形，但是只讲了其情，未点明其因。兵士无饱，难以养家糊口，而被迫造反，但是按照明朝的规定和措施，兵饷银米是有保证的。即以南居益所言陕西、甘肃、宁夏而言，明政府规定：

延绥：主兵，屯粮料五万六千余石，地亩银一千余两，民运粮料九万七千余石，折色银十九万七千余两，屯田及民运草六万九千余束，淮、浙盐引银六万七千余两 ，京运年例银三十五万七千余两；客兵，淮、浙盐引银二万九千余两，京运年例银二万余两。

宁夏：主兵，屯粮料十四万八千余石，折色银一千余两，地亩银一千余两，民运本色粮千余石，折色银十万八千余两，屯田及民运草一百八十三万余束，淮、浙盐引银八万一千余两，京运年例银二万五千两；客兵，京运年例银万两。

甘肃：屯粮料二十三万二千余石，草四百三十余万束，折草银二千余两，民运粮布折银二十九万四千余两，京运银五万一千余两，淮、浙盐引银十万二千余两。

固原：屯粮料三十一万九千余石，折色粮料草银四万一千余两，地亩牛具银七千一百余两，民运本色粮料四万五千余石，折色粮料草布花银二十七万九千余两，屯田及民运草二十万八千余束，淮、浙盐引银二万五千余两，京运银六万三千余两，犒赏银一百九十余两。②

①计六奇：《明季北略》卷5，《马懋才备陈大饥》。

②《明史》卷82，《食货六》。

这些固定的米、粮、银，足够陕甘宁兵士食用和养家了，何况从万历四十六年（1618年）起的"辽饷""剿饷""练饷"三饷一年所征两千余万两银，军费、兵饷绰绰有余，之所以兵士领不到饷银，不是无银可发，而是被人侵吞了。

至于天灾流行，饥民困而为盗，此说亦谬。明朝的开国皇帝朱元璋，是穷人出身，要过饭，当过在寺庙混饭吃的小和尚，衣食无着而起义，当然知道民为邦本，水可覆舟，饥则为盗的道理，所以他及其子孙制定了详细的、可实行的赈灾救济章程。有灾，可减免租税，各州县有预备仓储存米谷以备救济灾民，大口每月赈米六斗，小口三斗（后有减少）。朝廷还赐给银米救灾。如果严格执行明太祖的救灾章程，不会发生大规模饥民起义。但是，章程的执行，银米的发放，是人在办，是官吏在办，之所以明末动辄出现上百万饥民，根子在朝廷，在官员。

除了穷兵、饥民、被截驿卒参加大起义外，一些家道殷实拥有田产的举人、生员，也来到义军，李岩即系一典型例证。计六奇在《明季北略》卷13，《李岩归自成》中，叙述了李岩起义的原因：

"李岩，河南开封府杞县人。天启七年丁卯孝廉，有文武才。弟年，庠士。父某，进士，故世称岩为李公子。家富而豪，好施尚义。时频年旱饥，邑令宋某催科不息，百姓流离，岩进曰：'暂休征比，设法赈济。'宋令曰：'杨阁部飞檄雨下，苦不征比，将何以应？至于赈济饥民，本县钱粮匮乏，只有分派富户耳。'岩退，捐米二百余石，无赖子闻之，遂纠数十人哗于富室，引李公子为例，不从，辄焚掠。有力者白宋令出示禁戢职，宋方不悦岩，即发牒传谕：'速速解散，各图生理，不许借名求赈，恃众要挟。如违，即系乱民，严拿究罪。'饥民击碎令牌，群集署前，大呼曰：'吾辈终须饿死，不如共掠。'宋令急邀岩议，岩曰：'速谕暂免征催，并劝富室出米，减价官粜，则犹可及止也。'宋从之。众曰：'吾等姑去，如无米，当再至耳。'宋闻之而惧，谓：'岩发粟市恩，以致众叛。倘异日复至，其奈之何？'遂申报按察司，云：'举人李岩谋为不轨，私散家财，买众心以图大举，打差辱官，不容比较。恐滋蔓虽图，祸生不测，乞申抚按，以职奸究，以靖地方。'百姓赴县杀宋，劫岩出狱，重犯俱释，仓库一空。岩谓众曰：'汝等救我，诚为厚意。然事甚大，罪在不赦，不如归李闯王，可以免祸而致富贵。' 众从之。"

　　浙江东阳县生员许都，也因遭贪官陷害而被逼上梁山，于崇祯末年聚众起义。许都出身官僚家庭，"富而任侠好施"。东阳知县陈某贪酷成性，借口备兵，横征暴敛，坐许都万金。许都乞免，不得。适义乌县奸民假中官之名招兵事发，孙棐遂诬许都与此有关，"结党谋逆"，于是急忙使人捕之。当时正好许都葬母山中，有万人参加。有人以此报告官府，云许都反矣。孙棐遂遣兵捕之。许都被激起而反之，用孝布包头，号"白头兵"，以"诛贪吏"为号召。旬日之间，众至数万，连下兰溪、东阳、义乌、武义、浦江，进围金华，全浙大震。

　　故明官员、举人、生员对明亡之因的论述，固然有助于人们对历史的了解，但是，对于当时上亿人的命运，对于大清国军、政、财、刑法、文教、民族、外交等方面重要政策、条例、措施的制定者，即清朝帝、王、相、帅、文武大臣，特别是掌控清国军政大权的摄政王多尔衮是怎样看待明亡之因及应该吸取的教训？这可是关系到新政权强弱安危的头等大事，也是对多尔衮执政能力的严重考验。《清世祖实录》对此做了一些记述。

　　顺治元年五月初二，摄政王多尔衮入京就座武英殿宝座，"故明众官俱拜伏，呼万岁"。第二天，多尔衮即"谕故明内外官民人等曰：各衙门官员，俱照旧录用"。"各官宜痛改故明陋习，共砥忠廉，毋民朘自利。我朝臣子，不纳贿，不徇私，不修怨，违者必置重典"。①

　　五月十一日，多尔衮又谕告"故明官员军民人等"：

　　　　"明季骄淫坏法，人心瓦解，以致流寇乘机肆虐。我朝深用悯恻，爰兴我仁义之师，灭尔仇警，出尔水火。绥安都城，兆姓归心。"②

　　过了11天，五月二十二日，多尔衮又谕诸王群臣，谕告兵部：

　　　　"今荷天佑，底定中原。宜各殚忠诚永保富贵，有贪婪不检，自蹈罪怨者，虽有功不叙，毋得苟且一时，失子孙久远之计也。至于明朝之

　　①《清世祖实录》卷5，第3页。
　　②《清世祖实录》卷5，第5页。

破坏，俱由贪黩成风，德不称任，功罪不明所致。自兹以后，凡我臣民，俱宜改弦易辙，各励清忠，此不特沾禄秩于一时，功名且传于奕世矣。"①

顺治元年六月十一日，多尔衮又谕众官民等曰：

"明国之所以倾覆者，皆由内外部院官吏，贿赂公行。功过不明，是非不辨，凡用官员，有财之人，虽不肖亦得进，无财之人，虽贤才亦不得见用，所以贤者皆抱恨隐沦，不贤者多夤禄幸进，夫贤既不得进，国政何由而理，不贤用贿得官，焉肯实心为国，甚至无功者以行贿而冒功，有功者以不行贿而功掩，乱政坏国，皆始于此，罪亦莫大于此，今内外官吏，如尽洗纵前贪婪肺肠。殚忠效力，则俸禄充给，永享富贵，如或仍前不悛，行贿营私，国法俱在，必不轻处，定行枭示。"②

七月十七日，多尔衮更下达长谕，详述明朝弊政祸国殃民，现予改正。《清世祖实录》卷6，第9页、10页载：

"壬寅，摄政和硕睿亲王，谕官吏军民人等曰：尝闻德惟善政，政在养民，养民之道，必省刑罚。薄税敛，然后风俗醇，而民生遂。自明季祸乱以来，刁风日兢，闾阎细故，轻渎听闻，以越诉为等闲，以诬告为常事，设机构讼，败俗伤财，心窃痛之。自今以往，嘉与维新，凡五月初二昧爽以前，不拘在京在外，事无大小，已发觉，未发觉，已结正，未结正，悉行宥免，如违谕兴讼者，即以所告之罪罪之，官司受听者并治。以后斗殴婚田细事，止就道府州县官听断归结，重大事情，方赴抚按告理。在京仍投通状，听通政司查实，转送刑部问拟其五城御史有例应受理送问者，照旧送问，非系机密重情，不许入京越诉。倘奸棍讼师，沿袭恶俗，陷害良民，定加等反坐，以挽浇风。至于前朝弊政，厉民最甚者，莫如加派辽饷，以致民穷盗起。而复加剿饷，再为各边抽练，而复加练饷。唯此三饷，数倍正供，苦累小民。剔脂刮髓，远者二十余年，近者十余年。天下嗷嗷，朝不及夕。更有召买粮科，名为当官平市，实则计亩加征，初议准做正粮，既而不与销算，有时米价腾贵，每石四五两不等，部议止给五

①《清世祖实录》卷5，第10页。
②《清世祖实录》卷5，第20页。

分之一，高下予夺，惟贿是凭。而交纳衙门，又有奸人包揽，猾胥抑勒，明是三饷之外，重增一倍催科，巧取殃民，尤为秕政，兹哀尔百姓困穷，夙害未除，恫瘝切体，徼天之灵，为尔下民请命，自顺治元年为始，凡正额之外，一切加派，如辽饷、剿饷、练饷及召买米豆，尽行蠲免，各该抚按，即行所属各道府州县军卫衙门，大张榜示，晓谕通知，如有官吏朦胧，混征暗派者，查实纠参，必杀无赦。倘纵容不举，即与同坐。各巡按御史，作速叱驭登途，亲自问民疾苦，凡境内贪官污吏，加耗受赇等事，朝闻夕奏，毋得少稽。若从前委理刑官查盘，委府州县访恶，纯是科索纸赎，搜取赃罚，名为除害，实属害民，今一切严行禁绝。州县仓库钱粮，止许道府时时亲核，衔蠹袁豪恶，止许于告发时，从重治罪，总不容假公济私，朘民肥己，有负朝廷惠养元元致意。"

顺治元年九月初七，多尔衮谕告大学士、六部、都察院、詹事府、通政司、光禄寺、翰林院、五城御史、锦衣卫、鸿胪寺等衙门官员，"明祚沦亡，率由臣不忠，交相纳贿所致，若居官黩货，不恤生民，耻孰甚焉，其切戒之"。[1]

多尔衮的以上训谕，构成了顺治即位诏的基本内容，就此而言，多尔衮通过了考核，表明了他有开国明君的胆识和才干。

（三）六道恩诏的异同

六道恩诏，涉及清国军、政、财、刑法、文教、民族等方面，是清政府治国的纲领性文件，非常重要，必须研究清楚，论述明白。

在分析恩诏之前，先弄清两个问题。第一个问题是，六道恩诏之间，有无重大的差异，具体一点说，明代"三饷"之中的"辽饷"是否应革除。

六道恩诏之中，第一道恩诏，即顺治帝福临登基所颁的即位诏，最为重要，是以后恩诏的基础，它们皆系源从此出。但关于"地亩钱粮"的"征解"，则第四道恩诏对此做了重要修改，第五道、第六道恩诏照此抄写，顺治元年（1644年）十月初十颁行天下的即位诏说：

"地亩钱粮，俱照前朝会计录原额，自顺治元年五月初一起，按亩

---

[1]《清世祖实录》卷8，第8页。

征解，凡加派辽饷、新饷、练饷、召买等项，悉行蠲免。各运司盐法，向来递年加增，有新饷、练饷及杂项加派等银，深为厉商，今尽行蠲免，止照旧额，按引征收，本年仍免三分之一。关津抽税，原寓讥察，非欲困商，顺治元年，准通免一年，自二年正月初一以后，方照故明初额起税，凡末年一切加增，尽行豁免。"①

第二道恩诏，顺治二年四月十五日平定陕西恩诏；第三道恩诏，顺治二年六月二十八日平定江南恩诏，皆照上述即位诏抄写，完全一样。这三道恩诏明确宣布，"地亩钱粮，俱照前朝会计录原额"征解，"凡加派辽饷、新饷、练饷、召买等项，悉行蠲免"。所以，不研究清史，不太细心的一些人，误认为清朝已经革除了明代祸国殃民的"辽饷、剿饷、练饷"三饷了。然而，实情却是，仅仅在顺治元年十月到顺治四年正月的两年多时间，清政府是革除了三饷，革除了"辽饷"，而到了顺治四年正月"辽饷"就又死灰复燃，民众又要交纳辽饷了。

第四道恩诏，顺治四年（1647年）二月初二平定浙东、福建恩诏，明确写道：

"浙江，福建人丁地亩，本折钱粮，并卫所屯粮，除浙江杭、嘉、湖三府，业经该总督题准，照平南恩诏开征。今浙东八府，并福建全省，俱自顺治四年正月初一起，俱照前朝万历四十八年则例征收，天启、崇祯时加派尽行蠲免，其唐鲁二藩，僭号窃据，叠派横征，地方尤称苦累，一切悉行停止，以苏民困，有司借名私派，加耗虐民者，事发治以重罪。拖欠在民者，悉行蠲免。浙闽运司盐课，前代天启崇祯年间，加派名色甚多，深为厉商，今尽行蠲免，止照万历年间旧额，按引征课。"②

从顺治四年正月起，浙江、福建地亩钱粮"俱照前朝万历四十八年则例征收，天启、崇祯时加派，尽行蠲免"。第五道平定广东恩诏依次照抄，写明广东钱粮，"俱照前朝万历四十八年则例征收，天启崇祯年间加派，尽行蠲免"。③第六道恩诏，顺治五年十一月，追尊四祖考妣

① 《清世祖实录》卷9，第12、18页。

② 《清世祖实录》卷30，第15、16、19页。

③ 《清世祖实录》卷33，第9页。

为帝后，大赦天下，宣布派征钱粮，俱照万历年间则例，其天启、崇祯年间加增，尽行蠲免，通行已久，如有违犯，严惩。①

这三道恩诏，玩了文字欺骗，不写明要征"辽饷"，而改写为照万历四十八年则例征收，只免天启崇祯年间加派。辽饷是万历四十六年到四十八年创收的，万历四十八年官方征赋的档册，必然载有征取辽饷的项目和数字。如果顺治四年正月以后，全国都按万历四十八年则例征收，当然要征收"辽饷"，但是为了不激起民愤，不背负继承明代"辽饷"弊政的骂名，所以，第四、五、六道恩诏，干脆取消了"辽饷""剿饷""练饷"的名词，只写照万历四十八年则例征收，只写免除天启、崇祯时加派，搞了一个瞒天过海的文字欺骗闹剧，既要搜刮民脂，又不想背负加赋恶名。

第二个问题是，为什么会出现如此重大的修改，哪些人应对此朝令夕改大增田赋负责？其实，恢复"辽饷"的征收，原因很简单，不需费力气去考证分析，一个数字就能让你明了，让帝王庸相着迷。万历四十六年至四十八年的三次征收辽饷，最终是每亩田地征银9厘，全国共征赋银520万两。顺治元年到七年，《清世祖实录》没有记录田赋银数字，只有每年征收盐课银的数字，元年是15万两（千、百、十、两不记），二年56万两，三年151万两，四年176万两，五年185万两，六年185万两，七年177万两，十一年196万两。②

八年累计征收盐课银1141万两，仅仅相当于明代两年全国征收"辽饷"的银两。连年征战军费浩繁的清政府，当然要对"辽饷"垂涎三尺，迫不及待地要征收了。

那么，是谁主张在顺治元年即位诏及其后顺治二年四月平定陕西恩诏、六月平定江南恩诏中，明确写上免除辽饷、新饷（即剿饷）、练饷并且得到摄政王批准的？我认为，宋权和范文程在这个问题上起了积极的促进作用。

宋权，明天启五年（1625年）进士，崇祯十七年（1644年）三月，任至顺天巡抚，驻密云。摄政王率军入关，宋权领所部兵民降清，摄政王命其照旧任顺天巡抚。顺治元年六月二十四日，宋权向摄政王呈上

---

① 《清世祖实录》卷41，第2页。

② 《清世祖实录》卷12，第13页；卷22，第19页；卷29，第13页；卷35，第21页；卷41，第26页；卷46，第32页；卷51，第13页；卷61，第17页。

《敬献治平三策》疏说：一、请义崇祯庙号。一、尽裁加派。

"一、尽裁加派弊政以苏民生。寇从何起，民之穷也。近以军需浩繁，明朝不得已有加派之征，有司奉行不善，借公济私，明加之外有暗加焉，公派之外有私派焉，而民之骨髓竭矣。是以民愈穷寇愈起，今圣主救民水火，自当薄赋轻徭，定万世久安长治之策，臣妄谓海内赋役头绪多端，即有心计之臣请求酌定，必需岁月，计近日财赋正额十之三，加派十之七，真有指大于股之诮，当万历初年绝无此事也。今姑照万历初年赋役全书为正额，其余各项加增悉与蠲免，则百姓熙然乐叶。"①

奏上之后不久得到回应，奉旨："崇祯庙号，蠲免赋税，俱已有旨，加征弊政，速宜停止。"②

过了23天，七月十七日，摄政王多尔衮在谕"官吏军民人等"中，着重讲到"三饷"祸国殃民，立即"蠲免"。

"至于前朝弊政，厉民最甚者，莫如加派辽饷，以致民穷盗起。而复加剿饷，再为各边抽练，而复加练饷。唯此三饷，数倍正供，苦累小民。剔脂刮髓，远者二十余年，近者十余年，天下嗷嗷，朝不及夕。更有召买粮科，名为当官平市，实则计亩加征，初议准做正粮，既而不与销算，有时米价腾贵，每石四五两不等，部议止给五分之一，高下予夺，惟贿是凭，而交纳衙门，又有奸人包揽，猾胥抑勒，明是三饷之外，重增一倍催科，巧取殃民，尤为秕政，兹哀尔百姓困穷，夙害未除，恫瘝切体，徼天之灵，为尔下民请命，自顺治元年为始，凡正额之外，一切加派，如辽饷、剿饷、练饷及召买米豆，尽行蠲免，各该抚按，即行所属各道府州县军卫衙门，大张榜示，晓谕通知，如有官吏朦胧混征暗派者，查实纠参，必杀无赦。"③

另一人就是范文程。

《清史列传》卷5，《范文程传》载：

---

① 宋权：《敬献治平三策》，《皇清奏议》卷1。
② 《清史列传》卷78，《宋权传》。
③ 《清世祖实录》卷77，第9、10页。

"（范文程向摄政王多尔衮奏称）好生者天地之德也；兵者，圣人不得已而用之，自古未有嗜杀而得天下者，国家欲统一区夏，非安百姓不可……

"师入北京，建议备礼葬明崇祯帝。时宫阙灰烬，百度废弛，文程收集诸曹册籍，布文告，给军需，事无巨细，咸与议焉。明季赋额屡增，而籍皆毁于寇，惟万历时故籍存，或欲于直省求新册。文程不可，曰：'即此为额，犹恐病民，岂可更求哉？'自是天下田赋悉照万历年间则例征收，除天启、崇祯时诸加派，民获苏息，二年正月，叙功，晋三等男。十月，江南既平，上疏言：'治天下在得民心……'三年二月，睿亲王诚大学士等宜时具条奏，文程以凡有闻见即面启，毋庸具本对，王曰：'尔素有疾，毋过劳，自后可早出休沐。'逾数月，甘肃巡抚黄图安请终养，部议借端规避，应革职。文程白郑亲王济尔哈朗曰：'终养乃人子至情，不宜如部议。'睿亲王怒其不先自己也，下法司论罪，既而释之。后文程因不合睿亲王意，时称疾家居。"

《清史稿》卷232，《范文程传》亦载称：

"既克明都，百度草创，用文程议，为明庄烈愍皇帝发丧，安抚子遗，举用废官，蒐求隐逸，甄考文献，更定律令，广开言路，召集诸曹胥吏，征求册籍。明季赋额屡加，册皆毁于寇，惟万历时故籍存，或欲下直省求新册，文程曰：即此为额，忧虑病民，其可更求乎？于是议遂定。"

可见，范文程是推动在即位诏中明确写上完全革除"三饷"，革除"辽饷"的决定性人员。

范文程因与摄政王多尔衮有嫌隙，没有完全顺从王意，加上刚林、冯铨二人深受王宠，从顺治三年起就经常托疾居家，少问政事。这也许与顺治四年起的第四、五、六道恩诏恢复征收辽饷有些关联吧。

（四）轻徭薄赋

顺治元年（1644年）五月初十，颁行天下的即位恩诏，列举了54项施恩条款，包括了"殊礼"亲王郡王，封赏满洲开国官将，惩办贪官奸吏、赦免十恶大罪以外罪犯，减免赋税，征聘朝野贤人，开科考士等，范围广泛，内容丰富，影响巨大。提纲挈领，归纳起来，主要是想达到轻徭薄赋和吏治清明两个根本方面的目的。

轻徭薄赋，体现在以下五个方面。

一是全免顺治元年五月初一以前民间所欠国家的一切钱粮租赋。

各直省起存拖欠本折钱粮，如金花夏税、秋粮、马草、人丁、盐钞、民屯、牧地、窜课富户、门摊、商税、鱼课、马价、柴直、枣株钞贯、果品及内供颜料、鼠、茶、芝麻、棉花绢、布、丝绵等项，直省额解工部四司料银、匠价银、砖料银、苘麻银、车价银、苇夫银、苇课银、渔课银、野味银、翎毛银、活鹿银、大鹿银、小鹿银、羊皮银、弓箭撒袋折银、扣剩水租银、牛角牛胶银、翎毛银、天口银、民夫银、地租银、匠班银、缸坛银、焦炭银、麻铁银、斑竹银、白猪鬃银、闸夫银、栀子银、蓝靛银、河夫银、椿草籽粒银、状元袍服银、衣粮银、砍柴夫银、搬运木柴银、抬柴夫银、芦课等折色银、灰甲、腰刀、弓箭、弦条、胖袄、裤鞋、狐鹿兔狸皮、山羊毛课、铁、黄栌榔、桑、胭脂、花梨、南枣、紫榆、杉条等木、椴木、桐木、板枋、米窖物料、秫秸、芦席、蒲草榜纸、瓷坛、槐花、乌梅、栀子、笔管、芒帚、竹扫席、席草、粗细铜丝、铁线、镀白铜丝、铁条、针条、碌子、青花绵、松香、光叶书籍纸、严漆、罩漆、桐油毛笔、紫、水斑等竹实心竹、棕毛、白图藤、翠毛石磨、川二原、生漆、沙叶、广胶、焰硝、螺壳等本色钱粮，自顺治元年五月初一以前，逋欠在民者，尽予蠲免，以苏民困。

这样一来，所免银米的数量就十分巨大了。明朝中央政府，万历初年有民田701万顷，田赋岁收米麦2663万余石，屯田63万余顷，征粮458万余石，合共是3122万余石。额定田赋，并非每年都能征足，民欠军欠税粮不少。例如，宣德末年，离太祖开国仅六十余年，只是苏州府一府，就"逋粮至七百九十万石"。[①]

各地上解匠价银、车价银等银和铜丝、胭脂、花梨木等地方特产，折成银子，总数是上百万两，也是积欠很多。万历、天启、崇祯的七十余年里，屡计起来，积欠多达一两年全国的赋额，可能也是只少不多。这就是说，全免全国各种赋税积欠之银，当有几千万两。

二是尽免万历、天启、崇祯年间田赋、盐课、关税、杂税的一切加

---

① 《明史》卷79，《食货二》。

派。即位诏规定，地亩钱粮，俱照前朝会计录原额。自顺治元年五月初一起，按亩征解，凡加派辽饷、新饷、练饷、召买等项，悉行蠲免。各运司盐法，向来递年加增，有新饷、练饷及杂项加派等银，深为厉商，今尽行蠲免，止照旧额，按引征收，本年仍免三分之一。关津抽税，原寓讥察，非欲困商，顺治元年，准通免一年，自二年正月初一以后，方照故明初额起税，凡末年一切加增，尽行豁免。

免明朝加派，数量之大，也十分惊人。万历年间增征"辽饷"，每亩赋银9厘，全国共520万两，"遂为岁额"。崇祯年间新征"剿饷"又80万两、"练饷"730万两，这是正额。每年还新增银数，到崇祯末年，每年征"辽饷"900万两，"剿饷"330万两，"练饷"730万两，"三饷"合共20003两，民何以堪！

现在即位诏宣布废除"三饷"，相当于万历年间700万顷民田田赋的70%，当然是一大惠民德政。顺治四年二月平定浙闽恩诏，取消了免征"辽饷"的规定，固然是清廷的一个严重错误，但免征剿饷、练饷1000万余两，其积极作用，还是不应抹杀的。

三是明确规定，有司征收钱粮，只取正数，凡分外侵渔，秤头火耗，重科加罚，巧取民财者，严加禁约，违者从重参处。官员吏役征收赋粮、赋银时，除了必须收足正额银米外，还要想方设法勒索民人，大秤、大斗、淋尖、踢斗等陋规恶习盛行各地。火耗耗银不断增加，加一、加二、加三、加四，敲骨吸髓。这种祸国殃民的弊端必须革除。

四是减免现征额定钱粮。"大兵经过地方，仍免征粮一半。归顺地方，不系大兵经过者，免三分之一"。"大兵经过地方"，指的是清军进军时所过州县及交战地方。"归顺地方"，指未战先降或主要省会郡邑被攻克以后，其余州县降清。两者相加，全国大部分州县，或系"大军经过地方"，或系"归顺地方"，均可按照恩诏减免钱粮，或免一半，或免三分之一。

五是革除落地税。"直省州县零星抽取落地税银名色，概行严禁"。顾名思义，"直省州县零星抽取落地税银"，既系州县收，又是"零星抽"，还名之为"落地税银"，应该是很不起眼的微末小事，抽取的税银不会多，对民、商的影响或者说骚扰，不会太严重，为什么即位诏要专门列为一款，予以革除？考察之后，才知道，落地税银，既非"零星抽取"，而是州县普遍征收，并且税银数量不少，扰民太厉害。

本来，明清政府均皆规定，只在一定地方（大中城市或交通要地），设立税关（明朝叫钞关）征收商税，不允许府、州、县官员私自设立关卡收税。清初税关不多，后陆续增为户部二十四关和工部五关。可是府、州、县官员却以"落地税"名目，擅自在所辖地方逼收税银，"凡檽、锄、箕、帚、薪、炭、鱼、虾、蔬、米之属，其值无几，必查明上税，方许交易。且贩于东市，既已纳课，货于西市，又复重征"。甚至在乡村僻远之地，亦必征收。①像广西这样一个只有民田8万顷，年征田赋银30万两的穷省，其梧州府一年竟征收落地税银四五万两。②革除落地税银，确是惠民德政。

（五）"吏治清明"

六道恩诏开列了几十条施恩项目，特别是要想达到"轻徭薄赋"的那些条款，条条都牵涉到钱。白花花的银子，50两一锭的银元宝，一箱一箱地在你眼前运来运去，逗得你眼花缭乱，心痒难抑，能不想把它搬到自己家里吗？能不想成为富可敌国或州县府省的大富翁吗？何况钱可使得鬼推磨，有了它，可以买官，可以升官，可以捞更多的钱，可以帮你摆平一切麻烦。全国那两万名官阶九品以上的文武官将，那身列"书吏"编制的三四十万名吏役，以及编制之外的二三十万名"白役"，绝大多数官吏当然按捺不住心中的贪欲，要向农、工、商、兵下手，敲诈勒索银钱；当然不会认真贯彻执行恩诏规定的减免减轻租赋、商税、盐课的条款，从而使得恩诏成为一张废纸。明朝就是这样的情形，所以摄政王多尔衮在即位诏颁行之前，就多次痛斥"明朝之破坏，俱由贪黩成风"，"明国之所以倾覆者，皆由内外部院官吏贿赂公行"，严谕现在的内外官吏，要"尽洗从前贪婪肺肠"，否则"国法俱在，必不轻处，定行枭示"。因此六道恩诏皆把严惩贪官污吏，力图达到吏治清明，作为重中之重，做了严格的、具体的、有针对性的规定。除了强调征聘、任用德、才、胆识贤人以外，在防贪惩贪方面，主要做了九条规定。一是强调"国之安危，全系官僚之贪廉"。"官若忠廉，则贤才向用，功绩获彰，庶务皆得其理，天下何虑不治。官若奸贪，则贿赂肆行，庸恶幸进，无功冒赏，巨憝得以漏网，良善蒙冤，吏胥舞文，小民被害，政之紊乱，实由于此"。

①②《清文献通考》卷26，《征榷一》。

二是明确、着重地强调，"官吏贪赃，最为民害"。除了第一道恩诏即位诏宣布"国之安危，全系官僚之贪廉"，从国家层面，痛斥官之奸贪系亡国败政之由外，第二道、第三道、第五道恩诏，皆明确写上"官吏贪赃，最为民害"这八个字，强调了必须严惩贪官的必要性和决心。

三是规定贪官遇赦不赦。即位诏规定，"自本年（顺治元年）五月初一以后，"内外官员、吏役，"但有贪贿枉法，剥削小民者，照常治罪，不在赦例"。

四是严厉惩办贪官。顺治二年四月十五日平定陕西恩诏规定，官、吏"但有贪贿枉法，剥削小民者，俱治以死罪"。两个月后的平定江南恩诏规定，官、吏"但有枉法受赃，及追取民财者，俱计赃论罪，重者处死"。

五是在清初亟需笼络前明官员的情势下在征聘朝野"贤才"时，明确规定，"不系贪酷犯赃者"，才能聘用。

六是防贪惩贪，针对所有官员，即位诏规定，"自本年（顺治元年）五月初一以后，凡在京大小衙门，及在外抚、按、司、道，各府、州、县、镇、协、营、路、军卫等官"，"但有贪贿枉法，剥削小民者，照常治罪，不在赦例"。"在京大小衙门"，包括内阁大学士、六部三院尚书侍郎及其下属人员，还有顺天府等在京官员。抚，是巡抚，按是巡按，司是布政使、按察使，道是各省的道员，知府、知州、知县是地方主官，镇是总兵，协是副将，营路是参将、游击、都司、守备，等等，即全国文武官将，都是防贪、惩贪的对象，一旦发现有贪赃枉法祸害小民的罪行，惩治不贷。之所以针对的对象如此广泛众多，是和摄政王多尔衮前面所说，明朝亡国，在于贪官，而贪官太多太多，故而他在顺治元年六月十一日，专门"谕众官民等""今内外官吏"，要"尽洗从前贪婪肺肠"，认为明国内外官员，过去都是"贪婪肺肠"，无官不贪。所以，即位诏才能如此明确地针对内外所有文武官员。

七是地方官员，重点针对巡抚、巡按。恩诏规定，禁止巡抚、巡按"听从有司（指府、州、县官）滥准词状，戕害穷民""一切纸赎折罚，严行禁革"，不许巡抚、巡按"偏听"衙蠹诬告，滥准词讼，拘拿良民，科索赃罚银。

八是严惩贪婪奸猾吏役。吏役历朝皆有，名称不同。清朝官方册籍，一般统称"书吏"。光绪《大清会典事例》卷146到卷151，专讲书吏的充役、期限、送馆、考试、调补及其内外衙署的额设编制。各衙的书吏，有不同的名称，京城各衙署叫侥事、经承、攒典。各省府州县一般叫典吏，也有少数衙署如顺天府、奉天府、将军衙门、各省总督、巡抚、学政的衙署叫书吏。京师各部院及其下属几十个单位，皆有书吏，以户部书吏最多，有两百多名。地方上，省、府、州、县皆有书吏，县有书吏8至12名，府、州十余名，总督、巡抚、布政使三四十名。全国共有额役编制书吏三四十万名，还有编制以外的"白役"二三十万名。

书吏是吏，是役，充当书吏叫"承充"，叫充役，没有官品，领工食银，而不是官员的官俸银。书吏虽无官品俸银，是吏，是役，但是州县的军、政、财、刑法等事务系其经手办理，每年全县几千几万石米粮的过斗入仓，几千两甚至十几万两的银子过秤入库，全系户房书吏一人或二人经管，知县怎能亲自在场，一一验看。因此，书吏掌握了州、县，及部院司、处、科级单位实权，于是，上下其手，舞文弄墨，大斗大秤，株连无辜，贿纵要犯，诈索银钱，侵吞库银等弊端，数不胜数，以致形成清朝虽系帝君日理万机，乾纲独断，似乎是一人独掌全国军政财经大权，可却出现了实际上是"帝与吏，共有天下"的说法。清初江南名士侯方域痛斥胥吏为虎狼为狐鼠时说："吏胥一，而受其害者百也。"一县以三百吏胥计，全国"则三十万也。一吏胥而病百人，三十万吏胥是病三千万人也"。[①]因此，摄政王专门制定重惩"污吏""衙蠹"的规定：自顺治元年五月初一以后，"书吏、班皂"等役，"但有贪贿枉法剥削小民者，照常治罪，不在赦例"，"书吏、班皂"等役，"但有枉法受赃，及逼取民财者，俱计赃论罪，重者处死。"

九是禁止抚、按、司、道、府、州、县官员"交际馈遗"，明确规定，"馈送"就是"贪赃"。平陕恩诏规定，"抚按旧习，迎送往来，交际馈遗，实为可恨。以后除文移会稿外，不许交相馈送。况纸赎既革，俸禄之外，便是贪赃"。这一条太重要了，极其有利于防贪惩贪。除了办理公务必须相会以外，官员之间，何必需要送往迎来，何必需要互相拜访，何必需要宴会相晤，一席千金，更不必相互馈送了。既要馈送，当然主要是下级官员给上司馈送，准确一点说，省的地方官员要向巡抚、巡按馈送。送什么？粗俗一点，露骨一点，送金送银。高雅一

①《清经世文编》卷24，侯方域：《额吏胥》。

点，伪装巧妙一点，附庸风雅一点，送"土特产"，什么端砚呀，鸡血石印章、田黄石印章，送名人字画，送古玩珍宝，往往一样礼物，值银千两万两。被送的巡抚、巡按当然会对送者另眼相看，甚至有求必应了。顺治以后，"馈送"已成惯例，总督、巡抚上任，下属官员要送礼，督抚生日、新年、端午、中秋号称四节，每节要送礼银，两广总督、广东巡抚，每年四节要收属下官员礼物礼银合共10万两，上任时又要收银2万两。秦汉以降，至清为止，明确规定不许官员"交际馈遗"，规定"馈送"就是"贪赃"的帝王，只有摄政王多尔衮一人。

（六）官俸与"存留"

清初大家顾炎武说："天子之所以平治天下者，百官也。故曰：臣做朕股肱耳目。"明朝"贪取之风，所以胶固于人心而不可去者，以俸给之薄，而无以瞻其家也"。唐朝皇帝李隆基也曾下诏说："衣食既足，廉耻乃知"，谕令加俸。[1]

明初，官俸相当丰厚，洪武二十五年（1392年）定百官俸，正一品月俸米87石，从一品74石，正二品61石，从二品48石，正三品35石，从三品26石，正四品24石，从四品21石，正五品16石，从五品14石，正六品10石，从六品8石，正七品7石5斗，从七品7石，正八品6石5斗，从八品6石，正九品5石5斗，从九品5石。

一省之长布政使，官阶从二品，月俸米48石，一年有米576石，按一石米价银1两算，一年俸银有576两。一府之长知府，官阶正四品，月俸米24石，一年有俸米288石，一石400斤，有115200斤米。知县正七品，月俸米7石5斗，一年有俸米90石，即米36000斤，也算不错了。此时，官方规定，米一石，抵钞1贯（即1000文），1000钱。可是，以后很少发米，大多发钞、钱、布。正统七年（1442年），以布准折，布一匹，等于钞200贯、米20石，当时钞太贱，市场上钞1贯只值钱二三文，这样一来，堂堂百里诸侯的知县，一年仅能拿到二三百文钱。所以《明史》卷82的编纂者叹呼"自古官俸之薄，未有若此者"。

摄政王多尔衮入关之前，就曾"统摄"户部多年，了解官员情形，知道对待官员既要防贪惩贪，也要保证他们的生活及工作条件，让他们有相当充足的银米收入。在当时国不富、辖地不广的条件限制之下，

---

[1]《清经世文编》卷18，顾炎武：《俸禄》。

不能按职给俸，也要给以人丁土地。现在入主中原了，人口众多，地大物博，财源丰裕，便参照明制，制定俸银制度。顺治元年（1644年）八月十四日，规定在京文武官员支给俸银、禄米、柴薪银标准为：文官正一品俸银215两（钱、分、厘省略），从一品183两，正二品152两，从二品120两，正二品88两，从三品66两，正四品62两，从四品54两，正五品42两，从五品37两，正六品35两，从六品29两，正七品27两，从七品25两，正八品24两，从八品22两，正九品21两，从九品19两；自正一品至从九品，每员均支禄米12石；官员还有柴薪银，大学士和六部尚书，每年柴薪银144两，侍郎120两，郎中、员外、主事各48两，左都御史144两，左副都御史120两，通政使、大理寺正卿、太赏寺正卿、光禄寺正卿、太仆寺正卿各银120两。而在外文官，俸银与京官同，只不支禄米。[①]

不久又改定为：正从一品俸银180两、米180斛，正从二品俸银155两、米155斛，正从三品俸银130两、米130斛，正从四品俸银105两、米105斛，正从五品俸银80两、米80斛，正从六品俸银60两、米60斛，正从七品俸银45两、米45斛，正从八品俸银40两、米40斛，正从九品俸银33两、米33斛，正从九品俸银31两、米31斛。柴薪银照发。

顺治四年议准："在外文职，照在京文职，各按品级支给俸银外"，并给薪银、蔬菜烛炭银、心红纸张银、案衣什物银等银：

"总督岁支薪银一百二十两，蔬菜烛炭银一百八十两，心红纸张银二百八十八两，案衣什物银六十两。兼副都御史衔巡抚，岁支薪银一百二十两；兼都御史衔，今七十二两，蔬菜烛炭银，均一百四十四两，心红纸张银均二百一十六两，案衣什物银均六十两。学政，及巡按，今巡监巡茶、巡仓各御史均岁支薪银三十六两，蔬菜烛炭银一百八十两，心红纸张银三百六十两。左布政使，今岁支薪银一百四十四两，蔬菜烛炭银八十两，心红纸张银一百二十两，修宅什物银四十八两，案衣什物银五十二两。右布政使，今岁支薪银一百四十四两，蔬菜烛炭心红纸张案衣什物银，各四十两。按察使岁支薪银一百二十两，蔬菜烛炭银八十两，心红纸张银一百二十两，什物银四十八两，案衣银五十二两。副使道今参议道今岁支薪银七十二两，金事道今岁支薪银四十八两，蔬菜烛炭心红纸张修宅什物银各五十两。知府岁支薪银七十二两，心红纸张修宅什物银各五十两，案衣银二

---

①《清世祖实录》卷7，第13—21页；光绪《大清会典事例》卷251。

十两，府同知通判均岁支薪银四十八两，心红纸张银二十两，案衣什物银各十两。知州、州同岁支薪银四十八两。州判，岁支薪银三十六两。知县岁支薪银三十六两，心红纸张银均三十两，修案什物银均二十两，迎送上司缴扇均十两；县丞岁支薪银二十四两，典史岁支薪银一十二两。"①

现将总督、巡抚、布政使、按察使、道员、知府、知州、知县的俸银、薪银及烛炭等银数目列表于下：

官名	俸银	薪银	蔬菜烛炭银	心红纸张银	案衣什物银	修宅什物银	迎送上司缴扇银	加俸银合计
总督	180两	120两	180两	288两	60两	——	——	828两
巡抚	155两	120两	244两	216两	60两	——	——	695两
布政使	155两	144两	80两	120两	52两	48两		599两
按察使	130两	120两	80两	120两	52两	48两		558两
道员	105两	72两	50两	50两		50两		327两
知府	105两	72两	——	50两	20两	50两		297两
知州	80两	48两	——	30两		20两	10两	188两
知县	45两	36两	——	30两		20两	10两	141两

顺治四年定的官员俸薪，还是比较高、比较丰厚的。总督俸薪等各项银两，一年总数为828两。当时田地价贱，连江苏无锡这样历代繁华富庶的地方，上等田才一二两银1亩，828两银可买良田五百多亩，每年可收租米三四百石。828两银可买米1000石，1石米是400斤，1000石米就是40万斤。总督一家可以过上锦衣玉食的生活了。知府一年俸薪等银是297两，可买良田200亩，可买米400石，为16万斤，生活也是好上加好了。知县一年俸薪等银141两，可买良田近百亩，买米200石，为8万斤，也可过上上等生活。

① 光绪《大清会典事例》卷252。

摄政王多尔衮又参照了明朝存留米粮情形，制定了比较好的"存留、起运"比例制度。

乾隆《大清会典则例》卷36，《户部》载："州县经征钱粮运解布政司，候部拨，曰起运。""州县经征钱粮扣留本地，支给经费，曰存留。"

存留的数量多少，存留与起运的比例为何，关系到地方的财政、经济、民生和吏治，也对中央财政和国家吏治产生着重大影响。

明朝万历初年，张居正宰相主持朝政时，官民田701万余顷。夏税，米麦462万余石，起运190万余石，余悉存留。秋粮，米2203万余石，起运1336万余石，存留1139万余石。①存留占税粮2665万余石的42.6%。虽然至今没有发现摄政王多尔衮关于存留、起运比例规定的诏谕，但有两个事实可以对此做些推断。一是清初大清官江苏巡抚汤斌说："本朝定鼎，田赋悉照万历年间则例……顺治初年，钱粮起、存相半。"②

二是蒋良骐《东华录》卷9载称，各省存留原额1069万余两。

顺治七年（1650年）以前，《清实录》没有全国人丁田地赋银的记载，八年起，才开始记述。顺治八年，田地赋银为2110万两（千百十两均省略，下同）；九年2126万两；十年，2128万两；十一年，2168万两。虽然没有顺治元年到七年的赋银数字，但是清廷比较稳定的实际辖区，从顺治四年起，基本上拥有河北、河南、山东、山西、浙江、江苏、安徽、江西、陕西、湖北、湖南、福建、广东、广西等省，个别年月有些变化，四川、广西、湖南曾一度在顺治九年秋至十年夏为南明永历帝之军队夺占。所以，顺治四年至七年的赋银，也会在2100万两左右。

按汤斌"起、存相半"推算，顺治初年全国存留总数大致是1000万两。这与蒋良骐《东华录》卷9所记各省存留原额1069万余两，是相吻合的。

"起、存相半"，地方存留银有1000余万两，维持地方财政收入的充裕，使州县官员俸薪银和书吏的工食银有相当数量的保障，在稳定社会局面上，都起了积极作用。

---

①《明史》卷82，《食货六》。

②汤斌：《遵赋难清乞减定赋额另立赋税重地州县考成例疏》，见乾隆《江南通志》卷68。转引自陈锋：《清代财政政策与货币政策研究》第530页。

五、五大弊政

（一）圈地、投充、逃人法

顺治初年，摄政王多尔衮强制施行了剃发、易服、圈地、投充、逃人法的祸国殃民五大弊政。

圈地，是圈占畿辅官田民地，给予八旗人员。顺治元年、四年和康熙五年，先后进行了三次大规模的圈地。

顺治元年（1644年）十二月二十四日，摄政王多尔衮谕户部，实行圈地时说：

> "我朝建都燕京，期于久远，凡近京各州县民人无主荒田，及明国皇亲驸马公侯伯太监等死于寇乱者，无主田地甚多。尔部可概行清查，若本主尚存或本主已死而子弟者，量口给予，其余田地，尽行分给东来诸王、勋臣、兵丁人等。此非利其地土，良以东来诸王、勋臣、兵丁人等，无处安置，故不得不如此区划。然此等地土，若满汉错处，必争夺不止，可令各府州县、乡村，满汉分居，各理疆界，以杜异日争端，今年从东先来诸王各官兵丁，及见在京各部院衙门官员，俱着先拨给田园，其后到者，再酌量照前与之。至各府州县无主荒田，及征收缺额者，着该地方官查明造册送部。其地留给东来兵丁，其钱粮征徵与否，亦着酌议。"[1]

从字面上看，此谕并无祸国殃民因素，一则"民人无主荒田"甚多，明国皇亲、勋贵、太监死于"寇乱"者无主荒田甚多；二则"东来诸王、勋臣、兵丁人等"无处安置，需要土地，因此将无主荒田给予东来人员，并非"利其地土"也。似乎说得有理有据，办得光明磊落，事实果真是这样的吗？

顺治四年（1647年）正月初九，户部就奏准，"不论有主无主地土"，均行圈占。《清世祖实录》卷30，第3、4、5页载：

---

[1]《清世祖实录》卷12，第12、13页。

"户部奏请，去年八旗圈地，止圈一面，内薄地甚多，以致秋成歉收，今年东来满洲，又无地耕种，若以远处府州县屯卫，故明勋戚等地拨给。又恐收获时，孤贫佃户，无力运送。应于近京府州县内，不论有主无主地土，拨换去年所圈薄地，并给今年东来满洲，其被圈之民，于满洲来圈州县内，查屯卫等地拨补，仍照迁移远近，豁免钱粮，四百里者，准免二年；三百里者，准免一年，以后无复再圈民地，庶满汉两便。疏入从之。于是圈顺义、怀柔、密云县、平谷四县地六万千七百五垧，以延庆州、永宁县、新保安、永宁卫、延庆卫、延庆左卫、右卫、怀来卫、无主屯地拨补。圈雄县、大城、新城三县地四万九千一百一十五垧，以束鹿、阜城二县、无主屯地拨补。圈容城、任丘二县地三万五千五十一垧，以武邑县无主屯地拨补。圈河间府地二十万一千五百三十九垧，以博野、安平、肃宁、饶阳四县，先圈薄地拨补。圈昌平、良乡、房山、易州，四州县地五万九千八百六十垧，以定州、晋州、无承县、旧保安、深井堡桃花堡、号鹁堡、鸡鸣驿、龙门所、无主屯地拨补。圈安肃、满城二县地三万五千九百垧，以武强、藁城二县无主屯地拨补。圈完县、清苑二县地四万五千一百垧，以真定县无主屯地拨补。圈通州、三河、蓟州、遵化四州县地十一万千二百二十八垧，以玉田、丰润二县圈剩无主屯地，及迁县无主屯地拨补。圈霸州、新城、漷县、武清、东安、高阳、庆都、固安、安州、永清、沧州十一州县地十九万二千五百一十九垧，以南皮、静海、乐陵、庆云、交河、蠡县、灵寿行唐、深州、深泽、曲阳、新乐、祁州、故城、德州、各州县无主屯地拨补。圈涿州、涞水、定同、保定、文安五州县地十万一千四百九十垧，以献县先圈薄地拨补。圈实坻、香河、滦州、乐亭、四州县地十万二千二百垧，以武城、昌黎、抚宁各县无主屯地拨补。"

现根据《清文献通考》卷5，《田赋五》，将三次圈地给地史料，列表于下：

清初三次圈地分与八旗简表[1]

镶黄旗		一次给地	二次给地	三次给地	总计
	满洲	11631 顷	2538 顷	1313 顷	23633 顷

①《清文献通考》卷5，《田赋五》。

		一次给地	二次给地	三次给地	总计
镶黄旗	蒙古	1794 顷	1700 顷	453 顷	
	汉军	2000 顷	1188 顷	1053 顷	
正黄旗	满洲	4406 顷	9174 顷	1873 顷	23543 顷
	蒙古	756 顷	1127 顷	1884 顷	
	汉军	1274 顷	1878 顷	1167 顷	
正白旗	满洲	5727 顷	3326 顷	4334 顷	20796 顷
	蒙古	1293 顷	1247 顷	1904 顷	
	汉军	867 顷	1465 顷	1439 顷	
正红旗	满洲	2129 顷	5310 顷	2127 顷	12207 顷
	蒙古	35 顷	765 顷	555 顷	
	汉军	278 顷	640 顷	370 顷	
镶白旗	满洲	6268 顷	2674 顷	2290 顷	16444 顷
	蒙古	1014 顷	1861 顷	956 顷	
	汉军	609 顷	303 顷	466 顷	
镶红旗	满洲	1100 顷	5787 顷	2612 顷	13053 顷
	蒙古	35 顷	345 顷	642 顷	
	汉军	307 顷	630 顷	593 顷	
正蓝旗	满洲	6198 顷	3992 顷	2279 顷	17136 顷
	蒙古	1203 顷	723 顷	711 顷	
	汉军	883 顷	732 顷	410 顷	
镶蓝旗	满洲	6502 顷	2340 顷	460 顷	14101 顷
	蒙古	1548 顷	240 顷	322 顷	
	汉军	758 顷	483 顷	453 顷	

根据此表，结合有关材料，可以看出七个问题。其一，八旗官兵的旗地数量很大，多达14万顷，即140万亩。其中，多尔衮执政时的顺治元年到四年的两次圈地，为10908100亩，即109081顷，而直到四年以后，顺治八年十二月，全国册载征赋田地才2908584顷。[①]

①《清世祖实录》卷51，第13页。八旗官兵的旗地占了3.7%。

其二，顺治五年（1648年）八旗男丁编审册载，八旗满洲、蒙古、汉军正身旗人男丁为129964丁，此时分得的官兵旗地为10908100亩，平均每丁应有地84亩，较诸近亿汉人，平均每人只有四五亩地，八旗男丁的占地够多了。

其三，八旗官兵田地，并不是平均分配与满洲八旗、蒙古八旗、汉军八旗的人员，而满、蒙、汉军八旗之间差别很大。顺治五年，满洲八旗有男丁55300丁，分得790万余亩，平均每丁分143亩；蒙古八旗有男丁28785丁，分得旗地156万余亩，平均每丁55亩；汉军八旗有男丁4万余，分旗地140万余亩，每丁分地31亩。[①]

其四，八旗官兵庄田，也不是平均分与个人，而是官民有别，贫富悬殊。翰林院掌院学士折库纳总论分地情形说："我国家初定中原，凡官属兵丁，俱计丁授田，富厚有力之家，得田每至数百垧，满洲披甲人，或止父子，或止兄弟，或止一身，得田不过数垧。"一垧为6亩。[②]一边是满洲公、侯、伯、子、男等勋贵大臣"富厚有力之家"，得田数百垧，"诸大人之地，广连阡陌"，[③]另一边是贫穷满兵，"得田不过数垧"，满洲八旗之内，旗人之间贵贱贫富悬殊显著。

其五，占地更多的是宗室王公。顺治年间的宗室，封亲王、郡王的有18位，贝勒13位，贝子18位，还有镇国公、辅国公47位，一共是96位。这宗室王公96人，在17000000万余亩旗地中，占有133万余亩，有庄子2320余所，年均每人有27000余亩。[④]

其六，宗室王公虽然一个个都是有地几万亩的土地所有者，但与皇帝相比，却是小巫见大巫。乾隆《大清会典事例》卷87载，皇庄之粮庄有793所，庄赋地13272顷（132万余亩），畿辅皇庄之银庄有132庄，还有蜜户等投充人，共有庄赋地5748顷（574000余亩）。另外还有果园、瓜园、菜园、棉庄、靛庄、卤庄，共计皇庄有1600所左右，占地300万亩至500万亩。

其七，畿辅许多州县田地圈占殆尽，仅残留少数薄碱歉收旱涝无常的瘠土。如永清县原额地52367顷，圈去4467顷；固安县原额地4081顷，圈去3585顷。[⑤]安州所剩400余顷，俱系薄碱不堪之

① 中国第一历史档案馆：《清初编审八旗男丁满文档案选译》，载《历史档案》1988年第4期。
② 《清世祖实录》卷27，第15页。
③ 中国第一历史档案馆：《清代档案资料丛编》第4辑，第53页，中华书局，1979年版。
④ 《清文献通考》卷5，《田赋五》。
⑤ 中央档案馆：《顺治题本》（残本）。

地。①在霸州，高阜好地悉被圈占，遗下临河水地，"历年水涝，十无收"。②田地被圈之民或补领"碱屯地"，或给以"原系免粮"之"老荒和不毛之薄碱地"，年年歉收，包赔税粮。③这样逼使原住地区汉族人民"庐舍田园顿非其故"。④被迫"离其田园，别其坟墓"，"妇子流离，哭声满路"，⑤大批地流亡逃移，在畿辅造成极大混乱。各地驻防旗人也同样进行圈占，但数量较少。

由此可见，圈地实际上是皇帝八旗王公贵族、官员对汉人土地的野蛮掠夺，不是多尔衮所说并非"利其土地"，而就是"利其土地"。

多尔衮还实行逼民投充，厉行"逃人法"弊政。顺治初年，多尔衮几次下谕，允许各旗收投充人"为役使之用"。满族贵族大肆逼民投充为奴，"距京三百里外，耕种满洲田地之处，庄头及奴仆人等，将各州县庄屯之人逼勒投充，不愿者即言语恐吓，威势迫胁"，汉民或恐惧被圈占，或惧清廷"分民屠民"，纷纷被逼投充，形成"汉人不论贫富，相率投充"的风潮。⑥英亲王阿济格在滦州、香河、宝坻、三河、玉田、丰润、乐亭及开平收的投充人六百七十八丁，带地八千五百余顷投入王府。⑦

清军入关前后，掳掠了几百万汉民，逼令充当包衣，耕田地种，牧放马羊，纳租养主，残酷压迫，"任情困辱""非刑拷打"，包衣实难忍受，不断地大批地逃走，仅顺治三年上半年内，"逃人已几数万"。多尔衮沿袭旧制，多次下谕清查逃亡包衣，严禁窝藏。顺治元年九月，命汉官捕解逃人，"窝逃者置之重刑"。三年五月规定，隐匿满洲逃人者，斩，籍没家产；邻佑九家、甲长、乡约各鞭一百，流徙边远；州县官处以怠忽稽查之罪，降级调用，逃人鞭一百，归还原主。⑧

过了两年多，顺治六年（1649年）三月二十五日，摄政王感到处罚

① 中央档案馆：《顺治题本》，户部尚书巴哈纳：《大明地土事》。
② 中央档案馆：《顺治题本》，顺天巡按窦蔚：《水患淹没禾稼等事》。
③ 中央档案馆：《顺治题本》，顺天巡按曹叶卜：《呈明圈地情由请减钱粮事》。
④《清世祖实录》卷25。
⑤《皇清奏议》卷2，卫周胤：《请陈治平三大要》。
⑥《清世祖实录》卷15，第10、30页；卷31，第10页。
⑦ 中国第一历史档案馆：《顺治题本》，顺治十年正月二十一日，户部尚书噶达洪题：《为拨补地土事》。
⑧《清世祖实录》卷8，第11页；卷26，第4页；卷43，第10页。

窝主太重，谕令略微减轻说："匿逃人者，免死流徙，其左右两邻各责三十板，十家长责三十板。"

（二）剃发、易服

明朝时女真人的发式服饰与汉族迥异，满人掳掠汉人为奴做婢时，即强迫汉人剃发，改穿女真衣服，学说女真话。明万历十一年（1583年），努尔哈赤以遗甲13副起兵以后，每当进攻明朝州县乡镇时，即逼令汉人官兵商民剃发投降，降者必剃发，改成女真满人发式，穿女真满人衣服。清太宗皇太极执政以后，亦行此法，辖区内的汉人必须剃发易服。清顺治元年（1644年）摄政王多尔衮与明总兵吴三桂议定降清之事后，即令吴三桂及其部下将士一律剃发。此后清军入关，沿途州县兵民俱须遵令，改从满人发式剃发，以示归顺。

顺治元年五月初二，清军入京，多尔衮就座武英殿宝座，接受故明降清文武官员拜称万岁。当天，多尔衮即谕兵部和"故明内外官民人等"，命令悉皆剃发易服：

"摄政和硕睿亲王谕兵部曰：今本朝定鼎燕京，天下难军民，皆吾赤子，出之水火而安全之。各处城堡，着遣人持檄招抚。檄文到日，剃发归顺者，地方官各升一级，军民免其迁徙，其为首文武官员，即将钱粮册籍，兵马数目，赍亲来京朝见，有虽称归顺而不剃发者，是有狐疑观望之意，宜核地方远近，定为限期，届期至京，酌量加恩，如过限不至，愿属抗拒，定行问罪，发兵征剿。至朱姓名王归顺者，亦不夺其王爵，仍加恩养，又谕故明内外官民人等曰，各衙门官员，俱照旧录用，可速将职名开报，如虚饰假冒者罪之。其避贼回籍，隐居山林者，亦具以闻，仍以原官录用，兵丁愿从军，或愿归农者，许该管官送至兵部，分别留遣，凡投诚官吏军民，皆着剃发，衣冠悉遵本朝制度。"[1]

五月初四，摄政王多尔衮又谕"故明官员、耆老、兵民"，官民人等为崇祯帝"服丧三日"，"除服后，官民俱着遵旨剃发"。[2]

---

[1]《清世祖实录》卷5，第2、3页。

[2]《清世祖实录》卷5，第4页。

第二天，五月初五，"以三河县民为乱"，多尔衮"晓谕乱民"说：

"昔流寇猖獗，肆虐民人，我朝兴仁义之师，大张挞伐。出斯民于水火，所在安居。独闻三河县无知奸民，乘机窃发，谋害邑令，法宜剪除，但念尔等，皆属吾民，不忍加兵，以故先行驰谕其速改前非，遵制剃发，各安生业。倘仍怙恶，定行诛剿。"①

发式、服饰，各个民族有自己的式样。汉族士、农、工、商、兵、官，两千年来，衣冠服式世代传袭，身体发肤，受之父母，岂能轻易更改。强令改从他族发式衣冠，即标志着已经沦为他族的臣仆，沦为他族的奴仆，是比亡国之耻更为严重的奇耻大辱，因此对剃发、易服谕令的反抗非常强烈。此时，清军脚跟未稳，辖区仅有辽东及河北部分州县，在汉人猛烈反对剃发的压力下，多尔衮审时度势，果断决定收回成命。他于五月二十四日，即谕令剃发之后的第20天，下谕取消前谕：

"谕兵部曰，我国建都燕京，天下军民之罹难者，如在水火之中，可即传檄救之。其各府州县，但驰文招抚文到之日，即行归顺者，城内官员，各升一级，军民各仍其业，永无迁徙之劳，予前归顺之民，无所分别，故令其剃发，以别顺逆，今闻甚拂民愿，反非予以文教定民之本心矣。自兹以后，天下臣民，照旧束发，悉从其便，予之不欲以兵甲相加者，恐加兵之处，民必不堪或死或逃，失其生理故耳。"②

如果照这样办下去，自必获益甚大，顺利统一全国。可是，多尔衮虽以睿智扬名于满洲，但毕竟未能突破过时的祖制成法。顺治二年五月二十八日，豫亲王多铎奏报平定江南的捷信送到京师，多尔衮欣喜若狂，以为可以随意而行了，第二日即谕告大学士说：

"最近我看官员的奏章，多次用礼乐制度为根据来反对剃头，太不伦不类。本朝怎么没有礼乐制度啊？如今不遵本朝制度，那就一定是要

①《清世祖实录》卷5，第4页。
②《清世祖实录》卷5，第10页。

遵从明朝制度，是何居心？要说身体发肤，受之父母，不敢毁伤，这还说得过去。要老说礼乐制度，就讲不通了。我一向怜爱群臣，听其自便，不愿剃头的，并不勉强。如今老这么说，就该传旨叫全体官民都剃头！"①

果然，不出数日，剃发令就下达了。

顺治二年六月初五日，多尔衮遣侍卫尼雅达往谕豫亲王多铎下令剃发说："各处文武军民，尽令剃发，倘有不从，以军法从事。"②

过了十天，六月十五，谕令礼部传谕天下，严令臣民尽行剃发：

"谕礼部曰：向来剃发之制，不即令尽一，姑听自便者，欲俟天下大定，始行此制耳。今中外一家，君犹父也，民犹子也。父子一体，岂可违异，若不划一，终属二习，不几为异国之人乎，此事无俟朕言，想天下臣民亦必自知也。自今布告之后，京城内外限旬日，直隶各省地方，自部文到日，亦限旬日，尽令剃发，遵依者，为我国之民，迟疑者，同逆命之寇，必置重罪。若规避惜发，巧辞争辩，决不轻贷。该地方文武各官，皆当严行察验，若有复为此事，渎进奏章，欲将朕已定地方人民，仍存明制，不随本朝制度者，杀无赦。其衣帽装束，许从容更易，悉从本朝制度，不得违异。该部即行传谕京城内外，并直隶各省府州县卫所城堡等处，俾文武衙门官吏师生，一应军民人等，一体遵行。"③

过了三天，六月十八日的南京平定恩诏，正式宣布了厉行剃发：

"本朝用兵，纪律肃严，秋毫无犯，但恐先声震惊，不无流亡转徙。兹金陵既定，即宜传檄江南各省地方，速令归附，仍立与限期。近者一月，远者三月，各取剃发投顺遵依文册汇奏，若果负固不服，方可加兵。其徽宁池太，苏松常镇等府，剃发民人，作速绥辑，勿致失所。"④

---

① ②《多尔衮摄政日记》。

③《清世祖实录》卷17，第7、8页。

④《清世祖实录》卷17，第17页。

多尔衮真是聪明一世，糊涂一时，竟因轻下江南而神志不清，放弃了先前收回剃发的明智之举，而顽固推行过时旧制。在这个重大问题上，这位爵号聪睿王爷，比他的弟弟多铎差了一大截。豫亲王定国大将军多铎于五月十五日进入南京城。十七日南明降官左都御史李乔为讨好新主，首先剃发易服，改成满洲装束，多铎闻悉后，将李乔痛骂一顿。二十六日，多铎命在各城门粘贴告示说："剃头一事，本国相沿成俗。今大兵所到，剃武不剃文，剃兵不剃民，尔等毋得不遵法度，自行剃之。前有无耻官员先剃求见，本国已经唾骂。特示。"①

这着棋，下得很好，立刻使南京内外稍稍安宁下来，就是兵发苏杭，追击南明逃军，也没有引起什么恐慌，时称"东南郡邑，一时帖然，犹若不知有鼎革之事者"。

多尔衮的全国剃发谕，顿使"前朝孤臣义士"和平民百姓"纷纷四起"。剃发令到嘉兴，百姓闻而奋起，击杀清朝府任命之臣。剃发令到嘉定，远近乡兵不约而起，遂走知县，城中百姓亦与清军对抗。最有典型性的是江阴起义。

五月二十五日，江阴知县林之骥知悉清军下江南，挂冠而归。六月二十日清朝知县方亨到任，耆老八人入见。方亨问：各县俱已献册，江阴为何未献？耆老赶忙令各图造册，献于府，府献南京，"已归顺"于清朝了。可是，过了几天，常州知府遣四兵至。闰六月初一，方亨至文庙行香，诸生员耆老问道："今江阴已顺，想无事耳。"方说："止有剃发耳，此四兵系为押剃而来。"众人大惊说："发何可剃也！"方答："此清律，不可违。"适府里来人，开读诏书，诏中有"留头不留发，留发不留头"之语。方亨命书吏誊写诏书布告于众。书吏写到此处，"即投笔于地曰：就死也罢"，拒不往下写。众大怒，生员许用于明伦堂大声说道："头可断，发不可剃。"当天下午，"北门乡兵奋袂而起，拘县官于宾馆，四城内外应者数万人"，遂起义抗清，推旧典史阎应元为将，闭城死守。

清军连攻不下，闰六月二十四日，清将射进檄书劝降说：大兵一二日即到，"尔等速剃发投顺，保全身家"，"尔等系清朝赤子，钱粮尤小，剃发为大"，应即投顺。第二日，江阴通县公议后回书说："江阴礼乐之邦，忠义素著。止以变革大故，随时从俗，方谓虽经易代，尚不

① 计六奇：《明季南略》卷4，《十七日戊戌》《二十二日癸卯》《二十六日丁未》。

改衣冠文物之旧，岂意剃发一令，大拂人心，是以城乡老幼誓死不从。"清军一再失利，增派援军，江阴六万兵民拼死抗拒，坚守孤城八十三日，力尽城陷，阎应元自刎，清军屠城三日。[①]

与此同时，无锡、松江、绍兴等府州县，亦有各阶层人员反对剃发，起兵抗清。《圣武记》卷1对此载述说："是时剃发令下。""明故给事中陈子龙、故总督沈犹龙、故吏部主事夏允彝等起兵于松江，兵部主事吴易、举人孙兆奎起兵吴江，行人卢象观发兵宜兴，中书葛麟起兵太湖，主事王朝升、员外郎沈廷扬起兵崇明，副总兵王佐才起兵昆山，通政使侯峒曾、进士黄淳耀起兵嘉定，吏部尚书徐石麒、平湖总兵陈梧起兵嘉兴，金都御史金声偕、吴应箕等起兵徽州、宁国，揭竿裂裳十余万，是为上下江士民之师。"

当时一位外国传教士记述说："鞑靼人（指清政府）对服装和头发的样式要求很严格，谁不接受这种装束就被判为最大的叛国罪。这个法律多次使他们陷于危险。打乱了他们整个计划。"他们可以同样轻易地占领浙江南部的所有其他城镇，但是，当他们宣布了剃发令之后，士兵和老百姓都拿起了武器，为保卫自己的头发拼死斗争，比为皇帝和国家战斗得更英勇，老百姓"往往宁愿掉脑袋也不愿服从鞑靼风俗"。[②]

南明唐王、潞王、蜀王、鲁王、桂王也纷纷由故明遗臣拥戴为君（鲁王谦称监国），分占浙江、福建、广西、湖广、江西、广东，降清的总兵金声桓、李成栋以江西叛，总兵姜瓖以大同叛。

大半个神州皆非清有。

不仅广大兵民纷起反抗剃发暴政，一些降臣也冒险上疏谏阻。浙江道监察御史吴达在题为"天命必不可拂，民命必不可轻，微臣不避斧钺，痛哭直陈时事之两大失，以祈天听转络事"的揭帖中讲道：先前一年之间，中原归顺比风还快，而以后却到处受阻，原因就是朝廷调理民情不够，最初就是剃发一事。这次剃发诏书一下，全国人民都欲痛悲泣，住城者忍死屈从，住乡村者抱头窜匿，一些人就以此为号召，发动人民起义。[③]陕西道孔闻漂奏称：臣家宗子衍圣公孔允植已率孔、颜、曾、孟四氏子孙告之祖庙，俱遵令剃发，但礼之最大者莫过于冠服，"是以自汉暨明，制度虽各有损益，独臣家服制三千年未之有改"，

①《明季南略》卷4，《江阴纪略》《江阴续记》。

②卫国国：《鞑靼战纪》。

③顺治三年三月初一到的吴达揭帖。原件藏中国第一历史档案馆。

"应否蓄发，以复先世衣冠"。^①甚至连降清之后，任至大学士兼吏部尚书的陈名夏，也私对同僚说："要天下太平，只依我一两事，立就太平。"同僚问何事，陈说"推帽摩其首云：只需留发复衣冠，天下即太平矣"。^②

摄政王多尔衮又气又怒，又担心社稷将倾，立即先后派定国大将军豫亲王多铎、靖远大将军英亲王阿济格、靖远大将军肃亲王豪格、定远大将军郑亲王济尔哈朗、平南大将军贝勒勒克德浑、征南大将军贝勒博洛、定西大将军敬谨郡王尼堪、征西大将军巽亲王满达海、征西大将军郡王瓦克达、平南大将军恭顺王孔有德、征南大将军一等公谭泰、西大将军内大臣何洛会，分统兵马，南北征战。历经艰辛，到顺治六年底，总算消灭了南明唐王、潞王、蜀王、各地抗清武装和金声桓等三名叛将，基本上占据了冀、鲁、豫、蜀、陕、楚、湖、苏、浙、粤、桂等省或该省的大部分州县。但是南明桂王（永历帝）的"大西军"孙可望、李定国四将占据云南、贵州，不时出袭粤、桂、湖省。桂王的延平郡王郑成功占据了福建大部分州县，经常出袭广东。直到多尔衮去世，也未能完全统一全国。这只能怪顺治二年六月多尔衮冒天下之大不韪，下达了十分错误的剃发令。如果不厉行剃发，那么顺治二年六月下旬平定南京以后，浙江、江西、安徽等省兵民，就会像前引御史吴达的揭帖所说那样"先前一年之间，中原归顺比风还快"，几个月内，就能统一除云南、贵州以外的全国绝大多数州县，就不会有连续几年的全国范围内的征剿。剃发令不仅延迟了统一全国的时间，而且种下了必须频繁征战的祸根，浪费了巨大的财力人力，使得户部入不敷出，国库空虚，兵饷奇缺，计臣束手，大清国本来可以得到努力推行"轻徭薄赋""吏治清明"政策的大好机会，就这样因为多尔衮顽固推行民族压迫政策的"剃发"令，而稍纵即逝了。

---

① 《清世祖实录》卷21，第10页。

② 《清世祖实录》卷82，第1页。

第二编 少年天子痴情君

一、福临亲政

（一）傀儡幼帝

爱新觉罗·福临，说他命好，也确实好，并且是非常好。崇德三年（1638年）正月三十日，他刚刚呱呱落地，双眼还未睁开，话都不会说，就成了屹立东北的大清国中最有可能成为皇太子的人选。因为，他的母亲是庄妃布木布泰。

本来，论排行顺序，福临没有优势。父皇皇太极有五宫后妃和十位皇子，福临排行第九，既非长子，又非乖幺儿。以子以母贵而言，母亲布木布泰，虽然是五宫后妃之一，但名列末位。五宫的顺序是"清宁宫国君福全"（即皇后）哲哲，"东宫关雎宫大福晋"宸妃海兰珠，"西宫麟趾宫大福晋贵妃"娜木钟，"东宫衍庆宫次福晋"巴特玛操，"西宫永福宫次福晋"布木布泰。以生母的地位而言，在五宫后妃中也无优势。

虽然在皇子排行和生母地位上，福临没有优势，但他的命好，皇天特别辅佐他、宠爱他。八位哥哥中，大哥豪格不为父皇喜爱，二哥、三哥已死，四哥、五哥、六哥、七哥之母皆未列入五宫后妃之内，多系庶妃，一为侧妃。八哥是父皇最最喜爱的爱妃"东宫关雎宫大福晋"海兰珠的独生子，被父皇当作皇嗣、嗣君、太子，出生之后，父皇特为其出生大赦天下。可惜此子命薄，无福承受，一岁多即命赴黄泉，连名字都未来得及取。最小的皇子十阿哥博穆博果尔，虽系"西宫麟趾宫大福晋"贵妃之子，但其母曾是察哈尔蒙古林丹汗的福晋，国破家亡之后被皇太极纳为妃，显然不可能与庄妃比高下。因此，福临就在父皇归天以后，被皇九叔（实为皇十四叔）睿亲王推戴继位，成为入关以后清朝第一位皇帝。

但是，实际上在八年之中，他的命又不好，或者说是很坏，因为他随时都处在被废、被关、被害死的阴险恐怖氛围之下。

六龄幼君福临的安危，在顺治初年取决于三个条件，也可以说是支持他的宝座的三根支柱。一是王兄豪格的权势，二是两黄旗大臣的效忠，三是母后对政局的影响，可惜这三根支柱逐渐崩塌了。

顺治六年（1644年）四月初一，曾任正黄旗满洲固山额真且为豪格"颇见任使"的何洛会等，讦告肃亲王豪格摄政二王、八旗王、贝勒、贝子、公及内大臣会审此案。何洛会等所告之事有七：其一，豪格对何洛会、议政大臣杨善、甲喇章京伊成格、罗硕说：固山额真谭泰、护军统领图赖、启心郎索尼"向皆附我，今伊等乃率二旗附和硕睿亲王"，睿王乃多病之人，"岂能终摄政之事"。杨善对称："此皆图赖诡计也，若得亲视其寸磔，死亦无恨。"豪格说："尔等受我之恩，当为我效力，可善伺其动静。"杨善、伊成格表示，要杀死图赖，使王安然无事。其二，豪格说：睿王将五牛录给予硕塞阿哥，其意何在？其三，豪格以被派即将征明，对何洛会、杨善及固山额真俄莫克图说：我未曾出痘，"此番出征，令我同往，岂非特欲致我于死乎！"其四，豪格说：睿王"非有福之人，乃有疾人也，其寿几何，而能终其事乎？"其五，豪格说：豫王多铎曾向我讲，郑王"初议立尔为君，因王性柔，力不能胜众，议遂寝。其时我亦曾劝令勿立，由今思之，殆失计矣，今愿出力效死于前"。其六，豪格说："塔瞻公，乃我母姨之子，图尔格素与我善，此辈岂忘我乎？"其七，豪格召硕兑说：尔与固山额真谭泰是郎舅，"尔可说令（彼）附我"。我前曾给侍卫穆成格（扬古利之亲侄、谭泰之堂侄）妻，乃我对其厚爱。诸王、贝勒、贝子、公、内大臣等"会鞫俱实，遂幽和硕肃亲王。既而以其罪过多端，岂能悉数，姑置不究，遂释之，夺所属七牛录人员，罚银五千两，废为庶人"。固山额真俄莫克图、护军统领内大臣杨善（费英东之侄）及其子内国史院学士甲喇章京罗硕和甲喇章京伊成格，"坐附王为乱，不行出首"，处死。籍没杨善、罗硕家产，赏与"为国效力"的图赖，籍没俄莫克图、伊成格家产给予何洛会，"以谭泰、图赖、索尼为国尽忠，致为恶党所仇怨"，予以嘉奖，并各赏一副金玲珑鞍辔、马一匹及银二百两。

　　这件大案表明了四个问题。第一，肃亲王豪格怨气冲天，对睿王极为不满，一而再再而三地诅咒睿王多病，非有福之人，而系有病之人，不久即将夭折短命。第二，肃王心犹未死，对失去帝位悔恨不已，多次与亲信近臣密议，欲图结交大臣。第三，豪格用人无方，识人不明，索尼、图赖对先帝太宗和幼君福临忠贞不贰，图尔格、塔瞻亦能固守盟誓效忠新君，豪格却辱骂他们背叛故主，投靠睿王，而对何洛会这样的变色虫则信赖无疑，多次对其泄露内心愿望，人妖颠倒，忠奸不分，岂能不败。第四，轻过重惩，睿王权势激增。何洛会等人的讦告，最多只能说明肃王有怨言，不满睿王，谈不上密谋为乱，而八旗王、贝勒、贝子、公及内大臣却给其加上"乱政""悖乱""为乱""罪过多端"的大罪，将其幽禁，后虽释放，又夺其牛录，废为庶人，实为过甚。这既表明睿王想借此机会除掉最有威胁的政敌，也反映出此时多尔衮势力已大大超过了八个月前议立新君之时，能够迫使其他王、贝勒、贝子、公符合己意，其结果必点集中为一，睿王多尔衮现已成了实际主持朝政的第一摄政王，并且全力整治政敌。然而多尔衮此时还不能任意诛戮，还不好命令豪格留居盛京闭门思过，豪格得以随军从征，为入主中原立下了军功。

　　顺治元年十月，幼主福临从盛京迁居北京，再次举行登基大典，封赏功臣，大赦天下。登基恩诏的第一条、第二条就是对"佐命开国，济世安民"立有大勋的亲王，要加以殊礼，对亲王、郡王之孙弟侄要赐予封爵。据此，晋英郡王阿济格、豫郡王多铎为和硕亲王，晋贝勒罗洛浑为郡王，封太宗之第五子硕塞为郡王。在这样形势下，多尔衮也不得不对豪格有所表示，遂下帝谕，复封豪格为肃亲王。顺治元年十月十八日，册封豪格之册文说：

　　　"我太祖武皇帝肇基立业，垂裕后昆，太宗文皇帝缵承洪绪，收服蒙古诸国，平定朝鲜，拓土开疆，弥敦典礼。及朕绍服，尔和硕肃亲王前以引罪削封，后随叔父摄政王入山海关，破流贼二十万，遂定中原，厥功懋焉。朕诞登大位，特加昭雪，授以册宝，复封为和硕肃亲王，永存带砺，与国咸休。"①

　　①《清世祖实录》卷10，第4页。

　　豪格虽然复爵，但他心里自然十分清楚，前途仍是凶多吉少，因而做事小心翼翼，尽力效劳。顺治三年，他被多尔衮派去四川攻打大西农民军时，率军猛烈冲杀，利用农民军叛徒刘进忠的归顺和引导，疾驰数百里，乘敌不备，突袭西充，击败大西军，射死张献忠，连陷州县，夺据了四川。然而，功勋再大，也改变不了摄政王的看法，且为陷害肃王提供了一个借口。顺治五年正月，豪格从四川返京，三月初六就被下狱惩治。

　　罪状只有两条，一是三等梅勒章京希尔艮与护军统领阿尔津、苏拜争功，豪格未予审理；二是豪格欲将机赛升补护军统领。于是八旗王、贝勒、贝子、大臣会议审理后奏称：豪格隐蔽希尔艮冒功事，"旧念未除"，"因杨善为伊而死，欲升其弟，乱念不忘"，虽皇上三降谕旨斥其不应升补机赛，"犹不引咎"。因此，"诸王贝勒人人愤怒"，豪格"如此怙恶不悛，仇抗不已，不可复留"，应处死。多尔衮谕令免死幽禁，"夺其所属人员"。[1]

　　这两条罪状都不能成立。希尔艮并非胆怯无能之辈。他系正黄旗人，行伍出身，入关前即屡立军功，任至护军参领，授一等甲喇章京世职，顺治三年随英亲王阿济格进攻大顺农民军，又立大功，晋世职为三等梅勒章京，他怎会无缘无故去争功？何况被争之人乃阿尔津、苏拜，苏拜乃多尔衮的亲信大臣，希尔艮如无真凭实据，敢去争吗？退一步讲，就算希尔艮争功，豪格一时未审理，也不过是"失察"，哪能定上"乱念不忘"，即欲谋为君之不赦大罪！至于机赛之升补护军统领，也是理所当然之事。不管是太祖时或太宗时，还是多尔衮执政之日，罪人之亲属官居原职或因功升迁者，大有人在。太祖杀其亲弟舒尔哈齐贝勒而以其子阿敏继主其旗，荣为四大贝勒之一。太祖诛长子褚英贝勒，而以褚英之长子杜度为贝勒，统辖一旗。太祖杀扎尔固齐噶盖后，授其子武善为牛录额真，后成为镶红旗佐理大臣，其弟布善在太宗时任署护军统领和议政大臣。太宗诛阿达海，而对其亲兄阿山仍宠用如故，初任其为佐理大臣，后晋固山额真，封至三等公，还以皇六女固伦公主下嫁其子夸扎。机赛仅系杨善之弟，为什么就不能升授官职？显然，这两条罪状是太缺乏根据了。豪格获罪的根本原因在于崇德八年八月欲图与多尔衮争夺君位，这是在四天前三月初二给郑亲王济尔哈朗定罪时列举

────────────

[1] 《清世祖实录》卷10，第4、5页。

出来的。

荣为和硕亲王及帝之皇兄豪格，就凭这莫须有的两件小事，被削爵籍没幽禁，可见摄政王多尔衮之专横势大及八旗王公大臣之软弱，一切听从摄政王的支配。

豪格遭此不白之冤，怒气冲天，看守人役又对他百般凌辱，甚至很可能是谋害，使豪格很快就含恨而死，享年不过四十岁。豪格之嫡福晋博尔济锦氏系多尔衮元妃之妹，也难逃灾难。顺治六年十二月多尔衮之元妃去世，第二月即顺治七年正月，博尔济锦氏被多尔衮逼纳为妃。

兄王之冤死及亲嫂被多尔衮霸占，必然会使少年天子福临震惊不已。曾经立下赫赫战功的开国亲王，就这样一瞬间被废为庶人，下狱致死，他这位十一岁的小皇帝能平安无祸吗？

支撑福临宝座的第二根支柱，也被多尔衮摧垮了。多尔衮利用统军入关、定鼎中原的特大功勋，多次压制惩处忠于少帝的两黄旗大臣，革图赖之子辉寒所袭亡父的一等公爵；革三等公图尔格之子科布梭所袭父之爵职；削索尼官职，籍没其家，将其充发盛京；降护军统领巴图鲁鳌拜之一等子世职为一等男，论死赎身。他重赏背叛故主的何洛会，后又多方关照重用，擢内大臣、盛京总管，授定西大将军，封三等子，使其成为自己的亲信。对曾参与六大臣盟誓的图赖、索尼、谭泰，嘉其"为国尽忠"，"为国效力"，赏赐鞍马，后还将因罪革职入狱的谭泰释放复官，且晋授征南大将军，封一等子，使其完全背叛了幼君，成为己之亲信大臣。他一再超擢己之亲信，曾系拥立肃王之六大臣成员锡翰、巩阿岱及其兄拜尹图，因背叛故君谄媚睿王，分别从闲散宗室晋封至多罗贝勒和固山贝子。以正黄旗一等侍卫冷僧机背主媚己，授内大臣，从三等男晋至一等伯。从而控制了两黄旗。对本旗正白旗之大臣罗什、博尔辉、锡图库等亲近大臣，亦宠信擢赏，委以要任。他还将迎合自己的宗室贝子尼堪、博洛晋封至亲王，并委任二人及礼烈亲王代善之子和硕亲王满达海为理政三王。并对亲弟豫亲王多铎大肆赞赏，封其为"辅政叔德豫亲王"，并收其子多尔博为己之子嗣。后又收其亲兄英亲王阿济格之子劳亲为养子，封亲王。对支持肃王豪格的摄政和硕郑亲王济尔哈朗亦多方排斥，罢其摄政辅政，给其定上悖乱之罪名，一度降为郡王。这样一来，仅仅经过五年多的时间，多尔衮已完全达到排除异己、委任亲信、全面掌握军政大权的目的，并一再增上尊号，顺治元年晋"叔父摄政王"，二年晋"皇叔父摄政王"，顺治五年再尊为"皇父摄政王"，成为大清国真正的最高统治者、真正的皇帝。福临仅仅是一个名不副实的傀儡儿皇帝。

（二）"太后下嫁"

支撑福临宝座的第三根支柱，生母庄妃布木布泰的运筹帷幄，此时已不起作用了。布木布泰已晋为皇太后，她于多尔衮死后三十七年以后，康熙二十六年卒，尊谥为"孝庄文皇后"。为行文方便，以及适应多年以来人们习惯称其为孝庄，本书亦简写为孝庄，或孝庄皇太后。

孝庄皇太后固然美艳多姿，足智多谋，英勇果断，具有高超统帅才干。然而，帅必有兵有将，兵精将勇，统帅才能指挥千军万马，所向无敌。如果是光杆司令，无兵无将，天大本领也施展不开，才高如将兵多多益善的韩信，落魄之时，也只能忍受胯下之辱。此时的孝庄，空有皇太后无比尊贵的地位，可是两黄旗主要大臣已归顺于多尔衮，多数王公已是多尔衮之臣仆。她只有忠心侍女苏麻拉一人，无兵无将，毫无办法，不仅不能保护亲子宝座，制约多尔衮，还得委屈讨好，求其高抬贵手，从而出现了"太后下嫁"的传说。

清朝初年，蒙古有一个"一门四皇后"的极其显赫和古今中外少有的大贵族家庭。这四皇后之一，就是少年天子福临的母亲孝庄皇后博尔济锦氏。孝庄皇后生于明万历四十一年（1613年）二月初八。其亲姑哲哲于明万历四十二年嫁与太祖之子皇太极贝勒，后尊称孝端文皇后，顺治六年去世。孝庄后之亲姐海兰珠于天聪八年入宫，崇德元年封关雎宫宸妃，特受太宗宠爱，崇德六年卒，追封敏惠恭和元妃。孝庄后比姐入宫更早，十三岁时于天命十年二月初二由其兄乌克善台吉陪伴送来，崇德元年封永福宫庄妃。其祖父科尔沁蒙古贝勒莽古思被追封为和硕福亲王，其父塞桑贝勒追封为和硕忠亲王。孝庄的两个侄女皆嫁与世祖，一为皇后，因故被废，降封静妃；一为淑惠妃。孝庄的侄孙女亦嫁与世祖，后封教惠章皇后。

孝庄皇后才高貌美，聪睿机警，深受夫君宠爱。由于崇德八年（1643年）八月多尔衮议立福临为君，而没有立豪格，也没有立地位高于庄妃的麟趾宫贵妃之子博穆博果尔，因此引起了不少传闻。一些野史载述了所谓的"太后下嫁"，声称孝庄后曾下嫁与多尔衮，举行了下嫁大典。

民国八年（1919年）署名"古稀老人"编写的《多尔衮逸事》之《太后下嫁》条称：世祖福临年幼，"军政大权实在多尔衮一人之手，倘怀异志，莫敢谁何，当时朝廷情势，危于累卵"。"太后时尚年少，美冠后宫，性尤机警，知非有以羁縻而挟持之，不足以奠宗社于泰山之安，故宁牺牲一身，以成大业"，而多尔衮则"涎太后之色"，"时以陈奏机密为由，出入宫禁，奏事既毕，辄纵谈市鄙事以尝试之"。孝庄后遂提出，若尔（多尔衮）"诚意见爱"，"务矢赤心，为国驰驱，卫我母子，待天下统一之日，即我二人因缘成就之日"。多尔衮肃然敬服，两人对天立誓，各刺臂做血书，互执一书。从此，多尔衮果然"奋勉图功，精勤倍常，以冀媚于太后"。间有劝其自立为君者，"多尔衮皆以念及血书而止"。后天下大定，多尔衮屡求太后实践盟誓，且以死为要挟。"太后鉴其悃诚，不忍背之"，遂召幼帝，告诉事情始末，但如践约，则碍于体制，若背约，"则国基未固，祸不旋踵"，乃秘密设策，数日后宫中忽传太后驾崩，隆重办理丧仪，不久又降旨以帝之乳母某氏指嫁于摄政王，命满汉大学士为媒；襄办婚礼，妆奁之多，空前罕有，自宫门到王府，绵延数里，彩车所经，沿途皆设锦障，禁止窥探。多尔衮在门前恭候，引入正殿，先叩拜，然后行交拜之礼，空前之太后下嫁大典，至此告终，"于是天下臣民莫不心知其故矣"。

这段叙述，谬误甚多，不合情理，不符事实，姑举其三。第一，摄政之时，太后无权也从未公开过问国政，摄政王全权代行帝权，不需也从未向太后奏呈诸事，请后裁决，所谓多尔衮以陈奏机密为由入宫调情之说，不能成立。第二，多尔衮摄政之日，孝庄太后康健如常，并未驾崩，直到多尔衮死后三十七年，即孝庄后之孙圣祖玄烨的康熙二十六年，太后才去世，享年七十五岁，才隆重办理丧仪。可见多尔衮在世之日太后驾崩之说，不攻自破。第三，所谓将后扮作帝之乳母指婚睿王，大办婚礼，致天下臣民皆知太后下嫁，查遍实录等官书，无此记载，大臣文人学士之文集笔记，亦无片言只字，显系《多尔衮逸事》作者杜撰。

民国初年出版的《清朝野史大观》卷1，有三条专记太后下嫁之事，即：《太后下嫁摄政王》《太后下嫁贺诏》《太后下嫁后之礼制》。这三条载称：多尔衮诚心拥戴福临即位，满朝王公大臣深有歉意，欲报答其恩。多尔衮与大学士范文程密议后，使范倡议于众说：摄政王功高望重，皇上应予报答，王乃帝之叔父，视帝为子，"则皇上亦当以父视王"，认王为父，可否？众人议定如此办理。范文程又说：今闻王之福晋刚逝，"而我皇太后又寡居无偶"，皇上既以王为父，"不可使父母异居，宜请王与皇太后同宫"，众又赞同其言。于是颁发太后下嫁恩诏，宣示天下，其诏大意是："太后盛年寡居，春花秋月，悄然不怡"。"皇叔摄政王现方鳏居，其身份容貌，皆为中国第一人，太后颇愿纡尊下嫁，朕仰体慈怀，敬谨遵行，一应典礼，着有司备办"。到了乾隆朝，"纪昀见之，以为此何事也，乃可传示来世以彰其丑乎，遂请于高宗削之，是后遂鲜有知者"。明臣张煌言作满洲宫词，有云："上寿称为合卺樽，慈宁宫里烂盈门。春宫昨进新仪注，大礼恭逢太后婚。""即咏此事云。""闻当时百官贺表，出钱蒙叟笔，藏虞山瞿良耜大令处。"

这三条记述，似乎颇有根据，一则言范文程与群臣商议决定；二则言有太后下嫁恩诏，宣示天下，其诏尚存至乾隆朝；三又说百官有贺表，乃钱蒙叟即钱谦益所撰，藏于瞿良耜处；四则说明遗臣张煌言写了满洲宫词，其中有专讲太后下嫁之内容。有人有物有词有表，似乎果真举办了太后下嫁之大典了。

然而，细加分析，上述诸据颇嫌不足。其一，摄政王多尔衮之福晋卒于顺治六年十二月，第二年正月举行了纳肃王豪格之福晋为妃的典礼，史有明证，在此情形下，太后怎能下嫁与多尔衮！其二，所谓下嫁恩诏，辞文俚俗，显非真诏，且言睿王乃"中国第一人"，更有违规制，查遍清朝诸帝诏书，言及中国，皆称我"大清国""我大清"，不会用"中国"之词。其三，既有恩诏，宣示天下，而且过了顺康雍三朝，到乾隆时，纪昀还见到此诏。纪昀是乾隆十九年进士，乾隆二十余年任侍读，三十八年编《四库全书》，距所谓下嫁大典，已逾百年，他都能目睹此诏，那么，见过此诏之人当然不少，为什么不仅《清实录》等官书未记此事，这一百余年里成千上万的大臣文人学士的著述也未谈到这一大事？

如果说清帝之臣仆不敢触讳，那些明朝遗臣如顾炎武、黄宗羲、王夫之等一大批反清志士，怎么也不对此猛烈抨击？须知，堂堂一国之母后竟下嫁臣王，弟弟竟娶亲嫂，这可是空前罕有的人伦大变，是大丑特丑之闻，故明遗臣完全可以利用此事痛加谴责，并以此作为清朝无道理该灭亡之证据，广泛宣扬，激起人们对它的蔑视，进行抗清活动。像多尔衮死后被帝追罪之原诏，至今仍然保存，多尔衮死后被焚骨扬灰，顺治帝剃掉头发欲图出家，这类不为官书记载之秘闻，文人学士僧道之著作也都一一记述，为什么却偏偏未见一条当时人们对此大事之载录？设若说人们害怕因此惹上灭门大祸不敢写，或者虽然写了被当作禁书烧毁了，那么，远在鸭绿江彼岸具有高度文明的古国朝鲜国，对此大事应有所叙述，何况此时朝鲜国仍然忠于故明，仍视清为夷狄，虽然表面上被迫上贡颂扬，但其国内官书和文人著作，多称清为"胡"为"虏"，称明为"大明"，对清帝及摄政王的言行十分注意，常予贬斥。比如顺治九年五月朝鲜国王孝宗与臣言及清军时说："予曾见虏人治兵之术：练整军务，惯习兵法，行阵肃然，弓镞劲利"，"胡骑则如烈风骤雨，仓促不可当矣"。[①]但通观《朝鲜李朝实录》，没有任何关于太后下嫁的记述。

　　简而言之，迄至今日，未发现一条叙述太后下嫁大典的材料，可见这一"大典"根本就没有举行。

　　然而，虽无下嫁大典，并不能说明孝庄后与多尔衮全无瓜葛。这些野史传闻固然不能作为信证，可是，无风不起浪，何况他们谈到的多尔衮专权，太后害怕摄政王篡位，故予笼络等，也不能说是毫无根据。多尔衮素怀称帝之心，摄政以后，尤其是入主中原尊称"皇叔父摄政王""皇父摄政王"以后，独揽大权，势焰熏天，人皆知有摄政王，不知有幼君，如若太后对此视而不见，不予笼络，废帝之举难说必无，聪睿绝顶之孝庄后当然会设计以对。入关之前，女真——满洲旧习，允许弟娶其嫂，尤其是遇逢问罪或家庭败落之时，更有这种行为。太宗时，莽古尔泰贝勒死后，其妻被分给侄子豪格、侄岳托；德格类贝勒死后，其一妻被阿济格带走。因此，孝庄后有可能与多尔衮有暧昧关系。蒋良骐《东华录》卷6载述顺治八年二月世祖福临颁诏斥责多尔衮的罪状中，有一条是多尔衮"又亲到皇宫内院"，朝鲜《孝宗实录》记录此诏时，也有"又亲到皇宫内院"这一罪状。可是《清世祖实录》卷53载述此诏时，却删去了这一句话，显有为尊者讳之意。多尔衮为何要亲到皇宫内院，而且此事被列为其谋逆的罪状之一，并于《清世祖实录》中删掉，答案是不难得出的，那就是他很可能进宫与太后幽会。若他仅是与其他妃嫔幽会，

----

　　① 吴晗：《朝鲜李朝实录中的中国史料》第3824页。以下简称《李朝实录史料》。

《清世祖实录》就不必删去这一句话，就可以明确写到他是调戏妃嫔。

如果认为此说合理，孝庄后与多尔衮之间可能有暧昧关系，那也只是太后为谋巩固帝基而采取的一种策略，是出于政治上的考虑，而非所谓寡居不欢。说得更明显一些，孝庄后之举，是迫于无奈，此中苦辛，向谁诉说！身为号称至尊无上的天子福临，对此能不痛心疾首！但他有什么办法！他自己不也是危在旦夕吗？

（三）危如累卵

顺治七年（1650年）七月初十这一天，对年方十二岁半的幼君福临来说，是一个令他极为愤恨、极端惊骇、万分不安的大凶之日。当他正安坐宫中之时，突然族叔固山贝子锡翰、内大臣二等子冷僧机、内大臣席纳布库等摄政王多尔衮亲信，匆匆走入殿内，不容细说，便拥着幼帝出宫，"驾幸"摄政王府，并让帝恭问皇父摄政王安康，慰其新亡元妃之哀痛。原来，此事系由"皇父"所引起的。

这一日，锡翰等前往王府，摄政王大发怨言，说什么"顷予罹此莫大之忧，体复不快"，幼主"宜循家人礼"来府探望。王又指责锡翰等系亲近大臣，皇上虽年幼，尔等岂不知应该如何做？因此，锡翰等立即进宫，带帝往王府慰问"皇父摄政王"。

多尔衮可能觉得此举过于鲁莽，有损其谦谦成王、周公之形象，曾补充说，不让锡翰等奉君来府，今见帝已至府，便大发雷霆，斥责锡翰等人，命议政王大会议处锡翰，又以巴哈、鳌拜等目睹锡翰之罪，不即执鞫，命一并治罪。议政王大臣等拟议锡翰、冷僧机等论死籍没，鳌拜亦论死。多尔衮心知锡翰、冷僧机、席纳布库系己之亲信，此举是讨好于己，故仅轻议其罪，略降爵职，不久即予恢复，而对不附于己之鳌拜则降其一等子为一等男。[1]

十二岁半的福临回宫之后，必然会静坐苦思，心乱如麻，无比愤怒，又胆战心惊。今日之事，欺人太甚。多尔衮权势再大，哪怕又有"皇父"之尊号，但毕竟还是皇帝之臣，按道理说，无权也不应该随意暗示，要帝去探问，而且要行"家人礼"，即要行父子之礼，要号称至尊无上之天子以子事父之礼慰问"皇父"。这未免太狂妄太僭越了。何况，多尔衮之借口又太缺乏根据，所谓"顷予罹此莫大之忧"，不过是

---

[1]《清世祖实录》卷49，第14、15页。

指其元妃于去年十二月病故之事。可是，妻骨未寒，多尔衮即于次年正月纳肃亲王豪格之嫡福晋为妃，而且于八旗广选美女，向新附之喀尔喀索取有夫之妇，又迫令朝鲜国王送公主来京，于五月连仪式也来不及举行，就和公主同了房。这正是他姬妾成群日夜狂欢之时，哪能说什么"莫大之忧"！这不过是一个借口，借此来显显"皇父"之威风，来威慑幼君而已！这样完全仰于"皇父"鼻息的儿皇帝，有什么当头！

不仅如此，福临必然会回想起七八年来的遭遇，一桩桩一件件令人发指、心酸、惊恐、胆寒之事，必会情不自禁地涌上心来。七年前，他的兄王豪格被废为庶人，后才复爵，而且正当他这位六龄幼君入主中原，再次举行登基大典，被尊为九州共主之时，皇十二叔英亲王阿济格竟敢称他为无知幼童，且犯下这样大不敬之罪，却未受重惩。^①两年前，他的兄王豪格被削爵籍没，冤死狱中，嫡福晋被摄政王霸占。母后处境艰难，有苦无处诉说，母子分居，一月之中，只能相见一次，^②多尔衮被尊为"皇父摄政王"。叛臣锡翰、巩阿岱忘了先帝洪恩，背叛幼主，投靠睿王，为其爪牙，竟敢对幼帝肆意讥讽，讥帝怯懦不习骑射，毫无人臣之礼。^③尤其是随着多尔衮的称"皇父"，完全以朝廷自居，令群臣伺候府前，调兵信符及赏功册皆王府，天下只知有摄政王，哪知有帝。此时，多尔衮既收亲弟豫亲王多铎之子多尔博为子嗣，又收亲兄英亲王阿济格之子劳亲为养子，兼之，姬妾成群，若生一男，未见得就不会废帝自立。帝之处境怎能不险！有一次，福临被迫前往摄政王府，按规定，皇上出宫，警卫森严，扈从众多，应有前引大臣十员、后扈大臣二员、豹尾班侍卫二十员、御前侍卫、乾清门侍卫、一二三等侍卫数百员，以及亲军、护军、前锋、步军数千名，还有浩大的仪仗队，可是，这次"随驾内大臣及侍卫等，不及二十人"，连一个四五品官员之公子都不如，他们出门，随从也有二三十人。这不仅是大损威严，而且更重要的是太危险了，万一摄政王起了歹意，或于府中谋害幼主，或派爪牙伪扮响马途中行刺，岂不酿成大祸。据《清世祖实录》卷77记载，就是在这次临幸王府时，二等侍卫喀兰图得悉此事，"惧有叵测"，急

①《清世祖实录》卷13，第21页。《清史列传》卷1，《阿济格传》。

②《清世祖实录》卷143，第17页。

③《清世祖实录》卷63，第18页。

忙归家携带弓矢追去，"密为防卫"。又有一次，睿王以避痘为名，带福临"远幸边外西喇塔喇地方，侍卫不及百人，又乏扈从之兵，时经长夏，势甚孤危"。①不要说多尔衮于此时下手弑帝易如反掌，就是各部蒙古王公，若有图谋不轨者，这岂不也是天赐良机于彼！

回想这七八年来发生的一幕幕令人胆战心惊的往事，看看今日多尔衮独掌大权，两黄旗大臣分化瓦解，多为睿王收买和威慑，寡母幼儿谁来保驾，十二岁多的福临真是危如累卵了。出路何在？绝境何时能完？弑君夺位大祸何日突然降临？福临对此是既不敢想又无法不想，他只有听天由命了。

（四）智用良机 追罪睿王

正当少年天子困惑、苦恼、坐卧不安之际，突然传来了令他万分欢欣的佳音，"皇父摄政王"多尔衮于顺治七年（1650年）十二月初九病卒于边外喀喇城（今河北省承德市郊）。他虽然不得不装出十分悲痛的表情，但必然是暗中无比高兴的。随后又于顺治八年正月十二日，举行了福临亲政大典。可是，只要他稍一平静下来，便自会为严峻的内外形势而忧心忡忡。

摄政王虽已去世，但福临的宝座仍然处于风雨飘摇之中，还存在不少严重威胁皇上的危险因素。其一，多尔衮虽死，但经其多年苦心经营，睿王府仍有十分强大的势力。多尔衮在世时收亲弟豫亲王多铎之第五子多尔博为子嗣，顺治八年正月袭封和硕睿亲王，俸禄及诸用物比一般和硕亲王多3倍，护卫八十员。多尔衮又收亲兄英亲王阿济格之第五子劳亲为养子，初封亲王，顺治七年八月改为多罗郡王。多尔衮原主正白旗，顺治六年多铎死后其子年幼，其镶白旗亦归多尔衮暂领，原太宗所领之镶蓝旗亦被多尔衮接管，一人亲领三旗。现在，多尔博辖有正白、正蓝二旗，多铎之子多尼辖镶白旗。多尔衮之两白旗亲信近臣罗什、博尔惠、额克亲、吴拜、苏拜、何洛会等人，长期秉王意旨处理朝政升降官员。额克亲是宗室、晋封至镇国公，参与议政，吴拜、苏拜系开国功臣猛将武理堪之子，二人十五六岁即披甲从征，骁勇善战，军功累累，分授内大臣、护军统领，分封三等伯、二等子。固山额真何洛会两授大将军，封三等子。两黄旗主要大臣中，太祖之弟笃义刚果贝勒巴

①《清世祖实录》卷90，第17页。

牙喇之孙拜音图、锡翰、巩阿岱三弟兄，以叛主媚事睿王，分别由闲散宗室晋至贝勒、贝子。冷僧机任至内大臣，封一等伯。狱中囚谭泰复为固山额真，拜征南大将军，封一等子，现任吏部尚书，权势赫赫。睿王之党羽人多势大。

多尔衮之亲兄英亲王阿济格，虽非旗主，但亲辖十三牛录，又取亡弟豫亲王多铎七牛录，领有精兵数千，且长年征战，屡率大军，开国有功。他一向勇猛鲁莽，野心勃勃，力图执掌军政大权，睿王一死，必怀代弟专权之心。正白、镶白、正蓝三旗是威胁福临的心腹大患。

其二，王权强大，君权难伸。旗主制的存在，诸王统军议政，几十年来尤其是入关以来的南征北战，使宗室王、贝勒、贝子、公掠夺了大量人口马匹银帛，计丁授田，占有辽阔庄地，因而兵丁众多，仆婢如云，战马上千，兵力、人力、财力皆很雄厚，王权具有强大的坚实基础，这就必然严重威胁了君权之尊严和巩固。太宗皇太极曾在给正蓝旗旗主三大贝勒莽古尔泰及其弟和硕贝勒德格类追定谋逆大罪议处其旗时，八旗贝勒拟议将"莽古尔泰等之人口财产俱入官"，即按"八分"制旧规，所有财产、俘获物，均归八旗旗主均分，而非全由金国汗独得。太宗不赞同此议，宣称其"人口家产自应归朕"，命文馆满汉儒臣集议。诸儒臣当然领会汗之意图，遂引中原王朝儒家之道为依据，奏称莽古尔泰、德格类"之属人户口"即正蓝旗，应归汗所有，因为，"古人云：都城过百雉，国之患也。都邑者，贝勒也，邦国者，朝廷也，国寡都众，患之阶也"。于是就将正蓝旗并为太宗所有。[①]当时二红、二白、二蓝六旗只有满洲牛录一百八十个左右而已，到了现在，二红、二白、镶蓝五旗，除满洲旗外，又有蒙古五旗、汉军五旗（二黄、正蓝也有蒙古三旗、汉军三旗），人员倍增于前。兼之，入关以后新建的各省绿营兵数十万人中，不少提督、总兵官、副将是下五旗的将领，各省总督、巡抚、布政使、按察使等方面大员，中央部院尚书、侍郎，也有不少下五旗之旗员，他们仍是本旗旗主的属人。这更增强了下五旗旗主的势力，从而在政治上、军事上、经济上为裁抑王权、提高帝威设置了不少障碍。不削弱王权，不加强君威，那么，就还会有第二个、第三个多尔衮出现，大清国皇帝就不能成为名副其实的至尊无上之天子，御座就难稳如泰山，就会动荡飘摇。

---

① 《清太宗实录》卷26，第7—10页。

其三，支柱分崩离析，两黄旗已非帝所有。就形式而论，正黄、镶黄、正蓝三旗之旗主仍是皇上，多尔衮虽已将正蓝旗置于己之控制下，但仍声称系暂时借调，待皇上亲政后归还，当然这只是说说而已，实则是并吞而非借用。而且，两黄旗的主要大臣已各奔前程。七年以前议立肃王豪格为君的八大臣中，图赖、图尔格、塔瞻三人已死；索尼革职籍没充发盛京；锡翰、巩阿岱、谭泰已背叛幼君，投靠睿王多尔衮；只剩下鳌拜一人，虽仍未背誓，忠于幼帝，仍任镶黄旗护军统领，但时遭摄政王斥责，势力甚弱。此时正黄、镶黄二旗固山额真、护军统领、内大臣、一等侍卫、梅勒额真等二三十人中，不少已成为睿王之臣，一些人心有疑虑，敢直接显露出对帝忠贞不贰者甚少，能否将其中大多数人重新争取过来为帝效劳尽忠，这是直接关系到福临帝位安危的一个重要因素，前途尚难料定。

少年天子要想励精图治，做一番轰轰烈烈的大事业，首先就要掌握军政大权，做一个名副其实的至尊无上之天子。为此，必须先从睿王府夺回其攫走之权力，削弱白旗诸王势力，这将是一件很难的事情。多尔衮苦心经营多年，网罗了一批党羽，他和其弟豫亲王多铎虽已去世，但其兄英亲王阿济格仍辖有二十个牛录，且长年征战，开国有功，如若他和多尔衮亲近大臣勾结，以二白一蓝三旗之势，也是不好对付的。

然而，天赐良机，阿济格竟与摄政王之亲信闹翻了，为福临夺回大权提供了良好条件。顺治七年十二月初九多尔衮去世，第三日阿济格遣人问正白旗大臣吴拜、苏拜、博尔辉、罗什："劳亲王系我等阿哥，当以何时来？"吴拜等人私议：英王此言，系欲诱令我等归附于他，他若得到我们拥戴，"必思夺政"，遂增兵固守，防其作乱。阿济格又遣人召正蓝旗护军统领阿尔津及僧格，质问为何不让多铎之子多尼来英王府，指责两白旗大臣离间他与劳亲之父子关系。阿尔津向吴拜等人谈了会见之情，诸人商议后认为，英王欲掌握多尼，以得二白旗，然后"强勒诸王从彼"，"诸王既从"，英王"必思夺政"，遂报告与诸王。郑亲王济尔哈朗、巽亲王满达海对吴拜等大臣说：二白旗若属英王，英王必误国乱政，"尔等系定国辅主之大臣，岂可向彼"。今既发觉其别有用心，我等当"固结谨密而行"。英王又曾告诉郑王：多尔衮后悔抚养多铎之子多尔博，故收养劳亲入正白旗。此系暗示多尔衮欲以劳亲代替多尔博为其子嗣，让郑王依从英王。英王又告诉端重王博洛，要他们理事三王议立一摄政者。于是，吴拜等传集四旗大臣，揭发英王之过，诸王遂派拨兵役，于十二月十六日擒捕英王，押解至京。

福临对此行动，异常高兴，当诸王、固山额真、议政大臣议拟幽禁英王夺其牛录籍没家产人口时，他全部依议，从而去掉了一个严重隐患。[①]

从这件事自然会使他看清楚了四个问题。一是多尔衮虽然经营多年，独揽大权，尊为"皇父"，言出令行，诸王似乎全看他的脸色行事，争相献媚，但他也因此而结怨太多，成了众矢之的，一到时候，被他压抑的镶蓝、二红等旗的王公就会猛烈反扑，此次郑王、巽王、端重王等之同意白旗大臣意见，果断监禁英王，即系明证。二是睿王党羽有可能分化瓦解，转而向幼君讨好。此次之揭发并监禁英王，主要是多尔衮之心腹正白旗博尔辉等五大臣，便显示出这一兆头。三是八旗王公大臣值此政局即将巨变之时，必会观察风云，另行组合，且多会效力于帝。四是两黄旗固山额真、护军统领、前锋统领、内大臣、一等侍卫、议政大臣中，多数遭受多尔衮压抑，对正白旗大臣博尔辉等睿王党羽之口传王命，专横跋扈，极为不满，定会乘睿王死去之机，东山再起，坚定效忠皇上，发泄对睿王的怨愤，重担辅君治国重任。总之，局势已迅速向着有利于己的方向发展，必须抓紧时机，争取、利用愿意归附于己的王公，依靠两黄旗，分化二白旗，急剧扩大自己的统治基础，削弱和最后消灭睿王府势力，真正执掌军国大权，乾纲独断。

这时，福临肯定会对郑王寄予厚望。郑亲王济尔哈朗系太祖之侄，但深受太祖尤其是太宗的宠信和依赖，是太宗让他继承了镶蓝旗旗主之位，封授和硕亲王，实际上名列诸王之首，连礼亲王代善、睿亲王多尔衮亦俱排列其后。太宗去世后，他与多尔衮同为辅政王、摄政王，亦曾一度名列睿王之前。不料，多尔衮权势日大，不仅迫使郑王谦让退缩，甘愿降居睿王之后，而且入主中原以后，多尔衮便将郑王由摄政王降为辅政王，继又于顺治四年取消其辅政王勋衔，改封其亲弟豫亲王多铎为"辅政叔德豫亲王"，并于顺治五年给郑亲王定上欲图拥立肃王为君擅谋大事等大罪，初拟议处死，后改为革去亲王爵，降为多罗郡王，罚银五千两，夺三牛录，郑王不久虽复亲王爵，但一直被排挤，无权过问国政。郑王历经太祖、太宗、顺治三朝，身为镶蓝旗主，辖有满洲、蒙古、汉军、包衣四万余丁和一二十万人口，且系清朝开国七大亲王中唯一现存之王。当时礼亲王代善、睿亲王多尔衮、豫亲王多铎、肃亲王豪格、成亲王岳托等五王已死，英亲王阿济格已被削爵籍没监禁。因此，睿王死后，郑亲王济尔哈朗威望激升，自然而然地成为诸王之首，争取到郑王，就能左右诸王公，而郑王也极愿效忠幼帝，重执朝政，痛惩死敌，削弱白旗势力。于是双方一拍即合，清廷很快发生了几件大事。

当顺治七年（1650年）十二月十七日，摄政王多尔衮枢车至京时，福临一方面表示万分悲痛，隆重办理丧事，且下诏追尊多尔衮为懋德修道广业定功安民立政减敬义皇父，庙号成宗，将其夫妇同祔于太庙，大赦天下。但同时即遣臣将摄政王府所有信符及赏功册，收贮大内，并于十二月二十六日召集议政王议政大臣开会，命谭泰、吴拜、罗什传谕议政王大臣说：国家政务，悉以奏朕，朕年尚幼，未能周知人之贤否，吏刑户三部尚书及正蓝旗固山额真缺员，可会推贤能之人来奏。诸王、议政大臣遇紧要重大事情，可即奏朕，其余细务，令理政三王理之。谭泰、吴拜、罗什奏称：议推大臣，恐不免稍迟。福临谕：迟而得当，何伤，但速而不得其人，是所忧也。于是议政王、议政大臣集议后上奏：吏刑户三部事务重大，应各设尚书二员，吏部拟任韩岱、谭泰，刑部为济席哈、陈泰，户部系巴哈纳、噶达浑，工部任蓝拜，调亲王多尼于正蓝旗，以韩岱为固山额真，阿尔津为护军统领。福临批准所奏。[①]

这是福临第一次亲理朝政，也是这位此时才十三岁的天子第一次显示了他的治国之才。他的口谕表明，他很谦逊，大有礼贤下士虚心纳谏之名君风度，对诸位议政王、议政大臣十分信任和依赖，尊重他们，征求他们的意见，委授治国重任于他们，与十几天前逝世之独裁皇父多尔衮迥若两人。多尔衮独断专横，视诸王为臣属，视诸大臣为奴，随意斥责怒骂和惩处，诸王、大臣根本没有处理政务之实权，早就引起诸王大臣不满，他们当然欢迎即将亲政的皇上有这样的风度和对他们的器重。福临的口谕又表明，他虽彬彬有礼，尊重诸王诸大臣，但他并不糊涂，他以文雅温和的口气和简短的三句话，讲明了三个问题，其一，尚书、固山额真之缺员，由议政王大臣会推贤能者上奏，最后决定权仍在帝之手中；其二，议政王大臣遇有紧要重大事情，也必须上奏，决定权仍在幼君。其三，细务由理政三王处理。三点集中为一，即现在重大事情重

---

① 《清世祖实录》卷51，第11、12页。

要缺员之最后决定权由帝掌握，诸王、诸议政大臣各有相当之权力，与以前纯系摄政王之奴仆不相同。对此，诸王大臣中的大多数，必然是心悦诚服的，必然大大提高了幼帝之权力和威望。

议政王大臣遵谕议推四部尚书及正蓝旗王、大臣人员，福临予以批准，又是福临的一个胜利。未推之前，吏、户、刑三部只有一员满尚书，且吏部尚书缺员，现增为二员，吏部尚书是谭泰、韩岱。谭泰是开国元勋武勋王扬古利之从弟，满洲正黄旗人，久任本旗护军统领、固山额真，是太宗去世后坚持拥立皇子的八大臣之一，后虽投靠睿王，但并非不能转而效力于幼君。韩岱系太祖同父异母弟穆尔哈齐贝勒之第五子，隶镶白旗，颇受太宗重用，崇德七年即已任至兵部承政（即后之兵部尚书），顺治三年由兵部尚书迁任本旗满洲固山额真，第二年自三等镇国将军晋辅国公，并非睿王死党。刑部尚书济席哈，满洲正黄旗人，崇德四年即已任至本旗护军统领，因违军令于崇德五年被勒职，但第二年就被太宗遣征索伦，因功，授正红旗蒙古固山额真，不久，兼户部参政，入关以后，率军征战，驻守杭州，虽建立军功，但仍仅授任工部侍郎，现才擢任刑部尚书。刑部另一尚书陈泰，满洲镶黄旗人，是将门之子，祖父额亦都、父亲车尔格皆系勇将。陈泰军功累累，幼年披甲，天聪元年（1627年）即任护军参领，崇德八年（1643年）晋世职为二等阿达阿思哈，入关以后，历任礼部侍郎、靖南将军、护军统领，是一位很有才干、军功政绩兼备的大臣，此时升任刑部尚书，他自会效忠少年天子。户部一尚书是巴哈纳，满洲镶蓝旗人，崇德八年已被太宗擢任刑部参政（后之侍郎），兼正蓝旗满洲固山额真，三年随豪格入川，攻大西军，率兵攻下遵义、夔州、茂州等地，还京以后，不仅未被升赏，反因不阻止肃王欲升机赛为护军统领，并为奏请，而于顺治五年二月被谴责，降世职，实即系被肃王冤案所株连，不久授户部尚书，此人亦有可能离开睿王转向幼帝。户部另一尚书系吏部侍郎噶达浑升任。噶达浑是满洲正红旗人，虽很早就任至护军统领，军功甚多，但仅任吏部侍郎，此时才升职。工部尚书原系星讷，满洲正白旗人，英亲王阿济格属下，太宗时历任议政大臣、梅勒额真、工部参政、承政，顺治元年到七年皆任工部尚书，英王被监禁，星讷当然难免株连，但此时尚未罢官。新任的工部尚书蓝拜，是满洲镶蓝旗人，郑亲王济尔哈朗属下，太宗时任至梅勒额真、兵部参政、礼部参政，入关以后虽立下不少军功，但可能因受郑王牵连，仅仍任梅勒额真兼礼部侍郎，此时才擢官职。新任尚书的谭泰、韩岱、济席哈、陈泰、蓝拜、噶达浑六人中，正黄二人，镶黄、正红、正蓝、镶白各一人，没有一人是正白旗。正黄、镶黄是太宗亲领之旗，正蓝虽被多尔衮强行借走，但多尔衮一死，显然也非其子嗣多尔博所能控制，镶白虽系豫亲王多铎之旗，但多铎已死，其子亲王多尼年幼，此时又被调往正蓝旗，以韩岱为固山额真，以揭发英王之阿尔津为护军统领，镶白旗实际上已成为无王之旗，当然要归朝廷调遣。

因此，议政王大臣遵旨议准新任尚书一事，清楚地表明了多尔衮之白旗势力遭到严重削弱，其兼领亲侄多尼之镶白旗已被夺走，多尼虽调为正蓝旗旗主，但仍系空头司令，不能统辖。相反，福临之两黄旗迅速恢复元气和强大，形势正朝着有利于少年天子乾纲独断的方向发展。这是福临的一大胜利。

这一胜利还表明，福临夺回大权的总策略是十分正确的，第一次形成了以少年天子为首，郑王相辅、聚集一些王公大臣的联合阵线。福临的口谕，是向议政王大臣宣布的，人选是由王大臣会议上奏的，此时的议政王有郑亲王济尔哈朗、礼亲王满达海（袭父代善之爵，不久改号巽亲王）、端重郡王博洛、敬谨郡王尼堪、豫亲王多尼、顺承郡王勒克德浑等六王，议政的贝子、公有贝子备达海、锡翰、镇国公韩岱，议政大臣有满洲八旗的八位固山额真和每一旗的议政大臣三员，共约四十名。六王之中，豫亲王多尼刚袭父多铎之爵一年余，仅系十五岁的少年王爷，尚无任何军功政绩，很难发表独立见解，威望不高，影响不大。礼亲王满达海、郡王尼堪、博洛虽曾统军治政，立有功勋，但因诌媚睿王，自然会开罪于皇上及郑王，此时眼见皇上已经亲政，郑王可能辅理国政，心中难免忐忑不安，凡事自会顺着皇上。顺承郡王勒克德浑在八年前眼睁睁地看着兄王阿达礼因拥戴睿王而被睿王斩首籍没，自己也被株连黜宗室为民，现在也不会再为睿王说话，也会看皇上眼色行事。六王之中，此时只有郑王最高兴。这位因效忠太宗和幼君而屡遭睿王压抑的郑亲王，眼见乌云已消，可以大展宏图了，自会尽倾七年以来的闷气，辅佐皇上，利用皇上痛恨睿王之心，而向睿王报复。议政的贝子、公和三四十名议政大臣固山额真中，大多不满摄政王之独断专横，不满正白旗大臣仗主之威横行于朝，自然会紧跟皇上与郑王，按其意旨议

事。而睿王之党羽正白旗博尔辉等五大臣，此时也不敢轻举妄动，只好
克制收敛。因此，在议推吏户刑工尚书和调亲王多尼至正蓝旗时，才会
得出前述对皇上有利对白旗睿王势力有损的结果。这必然会增强少年天
子总揽大权的决心和信心，使郑王加速报复睿王的步伐。于是福临和郑
王便向睿王党羽博尔辉等正白旗五大臣开刀了。

顺治八年二月初五，端重郡王博洛、敬谨郡王尼堪及两黄旗大臣向
郑亲王济尔哈朗呈告：正白旗御前大臣罗什，护军统领、议政大臣博尔
辉，镇国公、议政大臣额克亲，三等侯、内大臣吴拜，一等子、护军统
领苏拜五位摄政王多尔衮之亲信近臣，曾向两贵族大臣擅传王之遗命，
命恢复理事王博洛、尼堪之亲王封爵，因月余未下复爵之谕，埋怨两黄
旗大臣"迟延其事"，离间二王与两黄旗大臣，以及其他几件事。于是
郑亲王以下，尚书以上，集议此案，议定其罪，应论死籍没。因额克亲
诉从真供能，且原非奸佞巧弁之人，应除宗室为民，籍没一半家产。吴
拜、苏拜革职爵为民，籍没绝大部分家产。福临批准其议。①

博洛、尼堪恢复亲王爵位之事，并不谬误。博洛系饶余郡王阿巴泰
之第三子，早年从征，崇德元年（1636年）封固山贝子，第二年加入议
政王贝勒贝子行列，松锦之战中又立功勋，顺治元年率军随征，三年任
征南大将军，消灭南明鲁王、唐王政权，夺据浙江福建，下广东，四年
还师，晋封端重郡王，六年攻山西大同叛将姜壤，进亲王，任定西大将
军，平山西。顺治七年二月与巽亲王满达海、敬谨王尼堪被摄政王授为
理事王，处理六部事务，八月，因微故，与尼堪一同降为郡王，罚银两
千两。尼堪是太祖长子褚英贝勒第三子，天命时即披甲从征，崇德元年
封贝子，入关时领军从征，曾任定西大将军，先后征讨陕西、四川、天
津抗清武装，顺治元年晋贝勒，五年封敬谨郡王，六年晋亲王，七年八
月降郡王。博洛、尼堪皆系太祖之孙太宗之侄，是少年天子福临的堂
兄，也算是天潢贵胄了，且长年征战，久统劲旅，开国有功，封为亲
王，理所应当，为何不能恢复被摄政王随意贬降之亲王爵位？就在惩办罗
什等人之前六天，顺治八年正月二十九日，福临已封二人为和硕亲王
了。显然，罗什等人之过，仅在于他们忘了多尔衮已离人间，"皇父摄
政王"独揽大权之日早已结束，此时该是皇上及郑亲王济尔哈朗执政之
时，该由他们下诏升降诸王和群臣了，而且也是多尔衮该遭大祸之日了。

①《清世祖实录》卷53，第6、7、8页。

因此，罗什等正白旗五大臣之被重惩，实即是睿王将被追罪之序幕，也是表明皇上想利用和联合诸王讨伐多尔衮的明显标志，再过十天，这一大案终于发生了。

顺治八年（1651年）二月十五日，睿王之近臣正白旗议政大臣苏克萨哈、护卫詹岱、穆济伦首告睿王死后，将私制八补黄袍等御用服饰置于棺内，睿王生前曾欲迁两白旗移驻永平府。福临闻此消息，自然十分高兴，立命诸王大臣审理。郑亲王济尔哈朗、理事三王巽亲王满达海、端重亲王博洛、敬谨亲王尼堪同内大臣遵旨审理后，向帝奏劾睿王诸过，计有大罪十余条：以皇上之继位尽为己功；独专威权，擅作威福，一切政事和奏章自行裁处，概称诏旨；不令郑王预政，擅令其弟多铎为辅政叔王；谋死肃王，逼纳其妃，夺其官兵财产人口为己；以朝廷自居，令诸王、贝勒、贝子、公等日候府前；府第、仪仗、音乐、扈卫人员，皆僭拟至尊，任意靡费国库钱财；"亲到皇宫内院"；诳称太宗即位"原系夺立"，逼取皇上侍臣归入己之旗下，哄诱皇上侍臣归附于己；私制帝服，藏匿御用珠宝；欲带其两旗，移驻永平府等。

郑亲王等奏称："以此思之，多尔衮显有悖逆之心，臣等从前俱畏威吞声，不敢出言，是以此等情形，未曾入告。今谨冒死奏闻，伏愿皇上速加乾断，列其罪状，宣示中外，并将臣等重加处分。"郑王等并奏请处死睿王党羽何洛会、胡锡弟兄，籍没睿王所属家产人口入官，将其养子多尔博、其女东莪给予信亲王多尼。

福临立即批准其议，并颁追论睿王罪状之诏书，昭示天下。诏书最后称："多尔衮逆谋果真，神人共愤，谨告天地、太庙、社稷，将伊母子并妻所得封典悉行追夺。"[①]

睿王之正白旗转归皇上亲辖，其府宅入官，陵墓被毁，其尸体被挖出来，用棍子打，用鞭子抽，最后砍掉脑袋，暴尸示众后，焚骨扬灰。

不久，福临、郑王又将背叛皇上投靠多尔衮的两黄旗的大学士刚林、一等公、吏部尚书谭泰，睿王党羽满洲镶白旗人三等子、固山额真何洛会及其兄胡锡等磔死籍没，原英亲王阿济格及其子原亲王劳亲勒令自尽。曾经叱咤风云消灭敌军二三百万，言出令行的"皇父摄政王"多尔衮，至此成了打入十八层地狱的厉鬼，多尔衮的势力一蹶不振了。

---

①《清世祖实录》卷53，第18—24页；蒋良骐：《东华录》卷6。

二、乾纲独断 至尊无上

（一）重用效忠之臣

举行了亲政大典，追罪了"皇父摄政王"，惩处了睿王的重要党羽，固然使年方十四（周岁只有十三岁）的少年天子福临万分高兴，仰叔鼻息听人摆布的傀儡幼帝生涯一去不复返了，军国大事皆须向己启奏，似已成为君临四海的"大皇帝"，可以高枕无忧了。一般也认为此时福临已独掌大权，是真正至尊无上的天子，其实这种说法并不太准确，此时他还不能完全乾纲独断。聪睿的福临并未陶醉于已经取得的巨大胜利，他清醒地看到斗争并未结束，基础仍不巩固，离那真正的"至尊无上"的天子，还有相当距离，在决定军国大政时，他还受到八旗王贝勒很大牵制，尤其是郑亲王权势之迅速膨胀，更令他吃惊和不安。他也许还有他那位史上罕有聪睿绝顶机警果断的母后孝庄文皇后博尔济锦氏，在共同回顾八年来的惊涛骇浪，在深思，在熟虑，总结经验，吸取教训。这母子俩自然会清楚看出，最大的经验教训就是不应让诸王操纵政局，就是要有忠贞不贰的贤臣勇将，就是要牢固控制正黄、镶黄、正白三旗（通称上三旗）。崇德八年八月议立新君时，不是两黄旗大臣誓死力争，睿亲王多尔衮早已夺取了君位。顺治初年，若不是两黄旗主要大臣中发生了分化，拜尹图、锡翰、巩阿岱、谭泰等人背叛旧主，投靠睿王，护军统领、前锋统领、内大臣，一二等侍卫、尚书、侍郎遵照盟约，誓死保卫幼主，多尔衮就不得不考虑两黄旗数万精兵骁将的态度，就不敢窃据军国大权为所欲为；就不能也不敢如此欺侮幼君。现在正黄、镶黄、正白三旗人丁兵将，几乎等于正蓝、镶蓝、正红、镶红、镶白五旗（通称下五旗）的总数，只要通过上三旗中一批忠于朝廷的大臣，牢固控制住上三旗，就有了强大的雄厚的政治、军事、经济基础，就可保君主高枕无忧，就不怕下五旗王公造反。

因此，福临从亲政开始，便一面对八旗大臣普施皇恩，嘉奖迁升赏赐，一面竭力栽培扶植擢升忠于朝廷之臣，尤其是两黄旗大臣。就在追罪摄政王多尔衮之后第六天，顺治八年二月二十七日，遏必隆、希尔艮、希福、祖泽润、噶达浑、敦拜、觉善、马喇希等呈诉被革职削降世职及籍没家产，"悉属冤枉"。过了几天，闰二月初四，杨善、罗硕、俄莫克图、伊成格的家属也申诉为何洛会诬讦，无辜受罚。其他一些为睿王惩治之人亦上告。①这大体上是因被肃王、郑王之案而株连的。议政大臣杨善及其子内国史院学士、甲喇章京罗硕、固山额真俄莫克图、甲喇章京伊成格，系于顺治元年四月被睿王党羽何洛会诬告他们欲与肃王谋乱，而被处死籍没的。遏必隆系于顺治五年因被指控曾与兄图尔格等人议立肃王，对抗睿王，被革去侍卫，夺世职及牛录。希尔艮因顺治五年肃王冤案，降三等男世职为三等阿达哈哈番。希福于顺治元年八月开罪于谭泰及擅传睿王之言，被革大学士为民。祖泽润于顺治五年以劾奏其亲王阿济格倚势勒索房价，被革去固山额真，削除三等子世职。噶达浑、敦拜、觉善、马喇希则以随多尔衮出猎时，私行射猎，分别被革职和降世职。顺治帝对这些冤案或过分惩处之案，皆予以平反昭雪，复职复爵，②他并特别从中擢用嘉奖忠贞不贰智勇双全或对追罪睿王立有大功之人。这主要是两黄旗大臣图赖、图尔格、遏必隆、陈泰、巴哈、鳌拜、索尼、希福及正白旗苏克萨哈等人。

　　图赖系费英东之第七子，历任护军统领、固山额真及征南大将军博洛之副帅，军功累累，晋封至一等公，顺治三年卒于军中，五年因曾谋立肃王被追罪，革其子辉塞所袭之一等公爵，顺治帝思念图赖旧功及被冤处，命配享太庙，谥昭勋，立碑纪绩，复其子辉塞一等公爵。图尔格是开国元勋额亦都之第八子，娶和硕公主，历任调遣大臣、固山额真、吏部承政、内大臣，因功封至三等公，顺治二年卒，五年被追罪，削其子科布梭所袭之三等子，顺治帝命科布梭袭三等公，又晋为二等公。希福复任大学士，并因帝念其历事太祖、太宗，衔命驰驱，出使蒙古各部，尽心竭力，入关后未加封赏，故一年之中三次进封其至三等子。巴哈系费英东之侄。其父卫齐，历事太祖、太宗，授游击世职，为太宗信赖，帝统大军出征，令卫齐留守盛京，任八门提督，卒后，追谥端勤。巴哈在太宗时即任至一等侍卫、议政大臣，顺治时初从肃王豪格征四川有功，屡进世职至一等轻车都尉。顺治六年睿王攻山西大同姜瓖叛将，巴哈要求从征，睿王不许，巴哈气愤拂衣而起，被睿王惩治，论死罚银以赎。当时，睿王摄政，众皆谄媚或附从，"巴哈兄弟独不附"。肃亲

①《清世祖实录》卷53，第26、27页。
②《清世祖实录》卷53，第27页。

王豪格冤死狱中，其子富绶尚幼，睿王令两黄旗大臣商议处置之法，巩阿岱恶狠狠地说："这种苗裔，不全诛灭，养之何用。"力主斩杀，巴哈及内大臣哈什屯坚决反对，富绶始免于难。巩阿岱、锡翰及内大臣西纳布库曾欲谋陷巴哈，未遂，顺治帝复授其为议政大臣，进领侍卫内大臣，加少傅兼太子太傅，世职累进至一等男。索尼、鳌拜、遏必隆及正白旗苏克萨哈，更受顺治帝宠信，分别擢任要职，封授爵职。

当然，少年天子也知不能仅只重用两黄旗大臣，这会引起下五旗谋臣勇将不满，分化了八旗，故对其他旗效忠朝廷的能臣骁将，亦同样嘉奖升授。被睿王惩治的满洲正红旗梅勒额真、巴图鲁觉善，顺治帝复其世职，擢都察院左都御史，后进世职为三等子。他又擢镶蓝旗梅勒额真、侍郎蓝拜为尚书、固山额真，累进世职为二等轻车都尉。满洲正白旗星讷历事太祖、太宗，崇德八年已因任职至梅勒额真、承政、护军参领，顺治初又再立军功，进世职为二等轻车都尉。顺治八年初惩治英亲王阿济格时，星讷过去曾为英王属员，被株连，革工部尚书、议政大臣和世职，但不久即被顺治帝谕复其尚书、议政大臣职，后又复其世职。

这样一来，少年天子赢得了八旗多数大臣的衷心拥戴，组成了以索尼、鳌拜、遏必隆、巴哈、哈什屯等两黄旗大臣为核心的上三旗嫡系军队，为他独揽军政大权、乾纲独断奠定了雄厚的坚实的基础。

（二）抑王尊君

怎样对待号称天潢贵胄的宗室王公，是少年天子福临极为重视但又令他十分头痛的问题。入主中原不久，抗清烽火仍在燃烧，统一全国的艰巨任务尚待完成，以及如何消除多年战乱遗患，恢复生产，安定黎民，这一切都离不开八旗宗室王公的支持。回想当年太祖努尔哈赤之所以能从只拥有数十名人员的小部酋长，上升为辽东王的金国英明汗，在很大程度上离不开他的皇子、皇侄、皇孙、皇弟诸贝勒台吉的奋斗，没有四大贝勒和十余议政贝勒的率先冲杀统兵血战，金国就难以建立，就不能进据辽东。太宗之所以能屡败明军，为进军中原创造了雄厚基础，也离不开弟兄子侄的统兵治政。顺治元年大军入关，多尔衮、多铎、阿济格、济尔哈朗、豪格、尼堪、博洛、满达海、瓦克达、勒克德浑等亲王、郡王皆先后任大将军，分路出征，攻下十余省，此后统一全国的重任仍只有他们才能承担。后来乾隆帝总论清初宗室王公业绩时说："我朝开国时，宗室懿亲，勤劳佐命，其殊勋茂绩，实为史册罕有。"①
《清史稿》也评论说："国初开创，栉风沐雨，以百战定天下，繄诸王
是庸。"②

但是，这些王爷，或为一旗之主，或辖有若干牛录，属下满洲、蒙
古、汉军文臣武将兵丁，多者有数万名，少亦数以千计，战马成百上千
累万，权势赫赫，不仅易与国法冲突，干预政务，且有可能使一些王爷
怀有异心，出现第二个、第三个多尔衮。

因此福临，当然也可能有其机智贤明的母后指教，决定采取既依靠
诸王治国理政，又不让其专权乱国的方针，使诸王成为"出则受命专
征，入则参赞庶政"的"股肱亲臣"。

但亲政初期，福临的主要考虑还不是防止诸王乱政，而是更多地希
望得到他们的支持，稳定政局，因为，他此次的亲政，并非自己或诸王
反对睿王取得胜利的结果，而在很大程度上是出之于侥幸。如果多尔衮
不是突然于风华正茂之年猝卒，如果其子嗣多尔博不是年幼无知，如果
他的亲侄豫亲王多尼不是一位刚袭爵年余的十四五岁小王爷，如果英亲
王阿济格不是骄横跋扈招致众人的反对，致其亲弟多尔衮掌握的两白旗
大臣对其不敬、防范和突然将其逮捕，没有这些偶然因素，福临不仅不
能"亲政"，而且很可能被多尔衮废掉，或导致多尔博、多尼、阿济格
同仇敌忾，共同对付小皇上和郑王，那就不能追罪睿王，夺据正白旗，
摆布多尼，处死英王，彻底削弱白旗势力，而举行亲政大典了。因此，
福临虽于顺治八年正月亲政，但基础很不牢固，实力太弱，他除了加
紧培植两黄旗嫡系部队外，还必须大力争取诸王公的支持，以奠定可靠
的统治基础，然后，再着重于抑制威胁君权的亲王、郡王，使他们真正
成为帝之"股肱亲臣"。

在亲政后一年里，他主要采取了以下六项重大措施。他首先为无
辜被害或惩治的王公平反，主要是肃王豪格。豪格系福临长兄，在太
祖、太宗及顺治初期，统军理政，功勋卓著，是开国七大亲王之一，
但因与多尔衮争夺帝位，竟被睿王害死，削爵籍没，嫡福晋也被多尔
衮逼纳为妃。顺治八年二月二十一日福临颁布追罪睿王之诏，过了六
天，二十七日即封豪格之子富绶（寿）为和硕显亲王，增著其父军功

① 《清文献通考》卷246。
② 《清史稿》卷215。

至多罗郡王而止，其他如四子汤古代、六子塔拜、九子巴布泰、十一子巴布海等，仅分别封为辅国将军、镇国将军、辅国公。因此，太宗去世前夕，硕塞已有十四五岁，但并未受封，顺治元年十月，可能系入主中原大庆，才特予优待，封为多罗郡王。册文中还明确讲道，硕塞系帝之"庶兄"。现福临一亲政，即晋封硕塞为和硕亲王。

福临不久又封硕塞为议政王。显然他是想通过封授兄长及亲侄的方式，来增强天子之支柱。

福临的另一措施是加恩宗室，封赐或晋封宗室爵位。他先于顺治八年正月末复封被多尔衮降为郡王的博洛、尼堪为亲王，并正式封为和硕亲王，接着于二月赐封或晋封了一大批宗室。按其性质而论，主要是加恩于罪人之后裔和庶妃所生皇子的子孙。曾为开国四大贝勒之一的二贝勒、镶蓝旗旗主阿敏，于天聪四年因失守永平及不敬弟汗皇太极，被削爵籍没监禁，其子果盖、果赖等皆黜宗籍为民，顺治六年才封二等镇国将军，福临将二人连提几级，晋为镇国公。太祖努尔哈赤同父异母之二弟穆尔哈齐，因系庶妃所生，虽骁勇善战，为统一女真各部立下了大功，但并能挤入四大贝勒、和硕贝勒、议政贝勒之列，顺治十年才追封诚毅勇壮贝勒。其子务达海、韩岱、塔海、祜世塔、喇世塔等，都不能像太祖先后之三位大福晋所生的皇子褚英、代善、莽古尔泰、皇太极、多尔衮、阿济格、多铎等贵为贝勒、和硕贝勒或大贝勒（后改封亲王郡王），而只能从牛录章京做起，逐步因功或加恩封授奉恩将军、辅国将军、镇国将军直至辅国公、镇国公，只有务达海晋至固山贝子。务达海等人之子，或系闲散宗室，或只授封低级爵位如奉恩将军、辅国将军，封镇国将军的也很少。福临将穆尔哈齐之孙镇国将军、辅国将军、奉恩将军穆青、托克托慧、祜世布、海兰、席布锡伦、宋固图，其子塔海、祜世塔、喇世塔等，皆分别超级晋为辅国公、镇国公。[①]

太祖第三子阿拜、第六子塔拜，第九子巴布泰、第十三子赖幕布，皆因母是庶妃，封爵不显，其子、孙地位更为低下。福临将诸人之子孙英额、英额里、能格、干图、华善、班尔布善、拔都海、喇布喇、来祜等人分别超晋辅国公、镇国公。对另外一些宗室如三等镇国将军卫黑、和锡布、噶达浑、萨木哈、巴图、巴哈纳，塔哈纳、阿喇密、齐齐布等，亦分别超晋辅国公、镇国公。这些人当然会感恩戴德，效忠皇上，

---

① 《清世祖实录》卷56，第8页；《清史稿》卷161。

这自然增强了少年天子的统治基础。

这位皇上的又一措施是巧妙和妥善地处理好与郑王的关系。在监禁英王、福临亲政及追罪睿王的活动中，和硕郑亲王济尔哈朗起了关键性的作用。尽管他在顺治四年被革除辅政王后的三四年里，受睿王排挤压制，不能参与军国大政的议决，但因他是镶蓝旗主，拥有满洲、蒙古、汉军数万兵将，又是三朝老王和开国七大亲王之一，也是多尔衮死时仅有的四位和硕亲王之一。另三位和硕亲王，阿济格很快被擒捕，满达海缺乏果断，多尼还年幼，无军功政绩可言，兼之郑王早在太宗时就因深受皇上宠信而实际上位居诸王之首，因此到了多尔衮一死之时，他自然而然地东山再起，被八旗王公大臣视为左右政局的实权人物，争相依附和听命。当顺治七年十二月逮捕英王前夕，两白旗大臣额克亲等见英王有不轨之心而告诉诸王时，是郑王和满达海明确指出："尔等系定国辅主之大臣，岂可听命于英王，彼既居心不良，恐将生事变矣，我等即当团结谨密行事。"到动手之前，也是郑王向正白旗博尔辉等大臣说"英王有佩刀，上来迎丧"，[1]恐有不测，不可不防，诸王大臣才拨派兵役，逮捕英王，押送至京治罪。在捕治博尔辉等睿王党羽时，郑王的地位更为突出，起的作用更大。端重郡王博洛、敬谨郡王尼堪及两黄旗大臣，向郑王"跪诉"博尔辉等五大臣动摇国基之罪，于是郑王集齐亲王以下尚书以上王公大臣议处其罪。对睿王多尔衮的追罪，亦是由郑王偕诸王公大臣奏劾和议处的。[2]博洛、尼堪皆系太祖之孙贵为郡王，且曾晋为亲王，又是具体处理军政要务的"理事王"，竟然要偕同天子之近臣两黄旗大臣向郑王"跪诉"，可见郑王此时权威之大、地位之高、影响之巨！

正因为郑王曾因忠于太宗和幼主而被睿王排挤，此次又立了特大功勋，是能够左右诸王大臣的关键性人物，故福临对郑王十分尊敬，特下谕宣布，郑王年老，"一切朝贺、谢恩，悉免行礼"，并于一日之内封其长子富尔敦为世子，其二子济度为多罗简郡王，三子勒度为多罗敏郡王。这在当时是唯一的特殊恩宠，其他任何亲王之子均未有此殊遇。[3]福临又命济尔哈朗为议政王之首，主持议政王大臣会议，济度、勒度亦荣为议政王（富尔敦不久去世），福临对郑王集众议奏主事，大多应允。

①《清世祖实录》卷54，第8页；《清史稿》卷162。

②《清世祖实录》卷52，第2-7页；卷53，第6、7、8、17、18页。

③《清世祖实录》卷54，第1页；卷55，第17页。

顺治帝的另一项措施是取消理事王，委任诸王管理部院。"理事王"之制，始于顺治七年二月。二月二十八日，皇父摄政王多尔衮传谕："各部事务，有不须入奏者，付和硕巽亲王、端重亲王、敬谨亲王办理。"①这固然是由于多尔衮自感身体欠佳精力不适（十个月后即病逝），需要有人代为处理日常政务，也是因为自豫亲王多铎于顺治六年三月去世后，他环顾左右，找不出一个合适的接班人，故将平素依附、谄媚于己的巽亲王满达海、端重王博洛、敬谨王尼堪委以重任，使他们以后更加效忠于己，以防大权旁落异己者之手。这样一来，显著地提高和加强了三王的威望地位和权势，当然不利于顺治帝的统治。因此，顺治八年三月初五，福临找了一个借口，以刑部搜获英王在狱中匿藏的四把刀，不奏皇上，只向理事三王报告，遂下谕痛斥其过，命议政王大臣议处。议政王大臣拟议，罚满达海银五千两，降和硕端重亲王博洛、和硕敬谨亲王尼堪为郡王，各罚银五千两，"三王俱停其理事"。帝立允其议。②

过了一天，帝又下谕，令诸王管理各部院。他谕吏部说：

"朕自亲政以来，观天下所以治安者，关乎各部院，虽自古无参用诸王之例，然闻我太宗文皇帝曾用诸王于部院，朕欲率由旧典，复用诸王。念诸王虽甚劳苦，然诚各殚厥职，厘剔庶务，禁绝贪污，修整法令，俾上下利病不致壅蔽，利国家而致升平，莫此为要。今特用和硕巽亲王于吏部，和硕承泽亲王于兵部，多罗端重郡王于户部，多罗敬谨郡王于礼部，多罗顺承郡王于刑部，多罗谦郡王于工部，多罗贝勒喀尔楚浑于理藩院，固山贝子吴达海于都察院。诸王等其各副朕图理治安至意。尔部其传谕各王知之。"③

诸王管理部院，始创于天聪五年（1631年）七月。七月初八，当时的全国天聪汗皇太极与代善、莽古尔泰二大贝勒及济尔哈朗等议政贝勒议定，仿效明朝，设立六部，任图尔格等为六部承政参政。但由于当时还尚遵行太祖手定"八和硕贝勒共治国政"制的基本原则，故在仿明之

①《清世祖实录》卷47，第15页。

②《清世祖实录》卷55，第2页。

③《清世祖实录》卷55，第5页。

际，增加新意，即由诸贝勒分管六部，多尔衮管吏部事（当时称为"统摄"吏部），德格类、萨哈廉、岳托、济尔哈朗、阿巴泰分管户、礼、兵、刑、工部。^①此制虽适应了当时形势，但随着皇太极抑王崇君之方针顺利推行，它已越来越不适合君主集权制了，多尔衮摄政时立即将其取消。现在，福临以太宗此旧制，有利于国家为理由，将其恢复。

福临还采取了又一重要措施，那就是扩大王大臣会议的成员和权限。议政王大臣会议这一议处国家机要事务的权力机构，起源于天命十一年（1626年）九月，新任金国汗的皇太极，"以经理国务"，与诸贝勒定议，设八大臣，以纳穆泰等八人分为镶黄等八旗的固山额真，总理一切事务，凡议政务，与诸贝勒偕坐共议之。^②这八大臣既是固山额真，又兼任议政大臣，遇有军国大事，与三大贝勒十位议政贝勒偕坐共议政大臣。崇德二年（1637年）四月，大清国宽温仁圣皇帝皇太极谕令每旗各设专职的议政大臣三员，从此以后，宗室贵族中的议政王、议政贝勒、议政贝子与八旗固山额真兼议政大臣及专职的议政大臣一起，共同议政，这种议政形式叫作"议政王大臣会议"，有时又叫"议政王贝勒大臣会议"。它是君权上升王权较前有所下降的产物，也是皇太极抑制身为旗主的亲王郡王的产物和重要手段。顺治初年，由于多尔衮独掌大权，议政王大臣会议的作用不很明显，权势显著下降。顺治帝继承和发扬皇父太宗首创之此制，增加议政人员，扩大其职权和影响。顺治八年十月，他谕命和硕承泽亲王硕塞、多罗谦郡瓦克达为议政王。^③在这一年中，他先后多次下谕，授鳌拜、詹岱、巴图鲁詹、杜尔玛、布丹、杜尔德等人为议政大臣。^④

福临以上措施的基本目的是，既利用诸王公大臣尤其是郑王济尔哈朗与皇兄承泽亲王硕塞及两黄旗大臣，为巩固自己的统治基础，稳定政局，增强自己的实力服务，又极力防范王权过大，分散王权，避免出现第二个、第三个摄政王多尔衮。它的这一主要目的顺利地达到了，君权迅速增强和提高，于是他在顺治九年的正月、二月、三月又采取了五个

---

① 《清世祖实录》卷9，第11、12页。

② 《清世祖实录》卷1，第11页。

③ 《清世祖实录》卷61，第2页。

④ 《清世祖实录》卷52，第1、10、24、25页；卷58，第11页。

重大行动。

顺治九年二月十八日，少年天子下谕，加封和硕郑亲王济尔哈朗为"叔和硕郑亲王"。册文说：

"我太祖武皇帝肇造鸿基，创业垂统，以贻子孙。太宗文皇帝继统，混一蒙古，平定朝鲜，疆围式廓，勋业日隆。及龙驭上宾，宗室众兄弟乘国有丧，肆行作乱，窥窃大宝，当时尔与两旗大臣坚持一心，翊戴朕躬，以定国难。续领大军征明，遂取中后所、前屯卫、中前所。又率大军征湖广时，闻山东曹县为众贼袭据，便道往剿，用红衣炮攻拔其城。又恢复湖广宝庆等四府八州四十四县，又遣发将士收复贵州省五府七县，败敌兵凡六十四阵，诛伪王一、伪巡抚一、伪总兵十四、文武官四十一员，收降伪总兵一，大小伪官六十九员，遂定湖南。睿王心怀不轨，以尔同摄朝政，难以行私，不令辅治，无故罢为和硕亲王。及朕亲政后，知尔持心忠义，不改初志，故赐以金册金宝，封为叔和硕郑亲王。"①

此册文可以说明三个问题。其一，格外优遇。顺治帝福临优遇郑王，对其之尊敬和加恩，超过当时任何一位和硕亲王。清朝特重"军功"，在有清一代上百位亲王、郡王中，大体上分为两类，一为"军功勋旧诸王"，指的是清初开国定邦中功勋卓著的宗室王公，如礼亲王代善、郑亲王济尔哈朗、豫亲王多铎、肃亲王豪格、承泽亲王硕塞、克勤郡王岳托、顺承郡王勒克德浑，后来又加上被乾隆帝弘历平反的睿亲王多尔衮，这八个王的爵位世袭罔替，不降袭，人们称之为"铁帽王"。另外一类是"恩封"王公，系因是皇子皇孙而封，爵位不能原位世袭，必须依次降袭。从册文中所述郑王之军功，不过主要是顺治五年任定远大将军下湖南之功，比起豫王多铎、肃王豪格、英王阿济格、顺承郡王勒克德浑来说，真是大有逊色。这些王中，只有多铎才加封为"叔王"。如仅按照这些军功就加封为"叔王"，确是根据不足，不能和多铎相提并论。可见皇上对其之特殊宠遇。

其二，功在立帝。郑王之功，主要在于拥立福临。册文中讲得很清楚，当太宗去世时，宗室中有人"肆行作乱，窥窃大宝"，这显然是指

①《清世祖实录》卷63，第4、5页。

睿王、豫王，而郑王却与两黄旗大臣"坚持一心"，拥戴福临，"以定国难"，并因此而被睿王压抑，罢其辅政。对于这样一位为福临及其子孙世为天子建立了不朽功勋的王爷，当然应加恩封赏。

其三，名分有定。这次加封，使郑亲王济尔哈朗成为有清一代唯一保持这一崇高尊号的"叔王"，曾被立为太子的大贝勒代善，仅只被太宗封为"兄王"，顺治帝即位后并未晋加为"伯王"，多尔衮虽被尊为"皇父摄政王"，多铎加封"叔王"，但死后皆被削除此尊号，只有郑王一人保持了"叔王"的荣誉。但是，尽管如此，顺治帝的此次加封，显系深思熟虑，很有分寸，含有深刻的、明确的意图，郑王未必完全满意。因为，至少有三点使郑王相当不满。一是册文强调指出，加封"叔王"的主要原因是忠于少年天子，是坚主拥立幼君，八年之中又"持心忠义，不改初志"，故予以加封。二是与顺治元年之封，降了一大级。顺治元年十月福临在北京再次举行登基大典时，大封八旗王公大臣，加封郑王为"信义辅政叔王"，现在才封为"叔王"，取消了"信义辅政"四字，连"复封"都谈不上，还说是什么"加封"。三是册文只提"叔王"，不提"辅政叔王"或"摄政叔王"。这二字之减，比千钧还重，它的含义十分清楚，现在不是诸王，也不是"叔王"在理国政，没有任何王爷有资格来代行天子之权"辅政""摄政"，昔日幼主虚有其名的日子早已一去不复返了，现在是天子乾纲独断之时，任何王爷，包括现在所封之"叔王"郑亲王济尔哈朗，都只能是必须对皇上"持以忠义之心"的臣子。这一含义，郑王本人非常清楚，因为他知道少年天子在十八天前下达的一道特谕。正月三十日，顺治帝谕内三院："以后一应章奏，悉进朕览，不必启和硕郑亲王。"[1]此谕既表明从顺治八年正月至此谕下达之日，郑王权势极大，已几乎成为与睿王多尔衮相似之人物，一应章奏皆须启奏于他；此谕又表明，少年天子对此十分不满，生怕出现一个睿王，再当傀儡幼帝，故一有机会，立予坚决制止。郑王对此谕，定是又惊又怒。

三月十五日，这一天福临连办两件大事。他不讲任何理由，就下谕宣布罢革诸王、贝勒、贝子管理部务，并允准郑亲王济尔哈朗、承泽亲王硕塞、敬谨亲王尼堪之拟议，以和硕信亲王多尼之父豫王多铎，"罪状虽未显著，然与睿王系同胞兄弟，一体无异"，本应尽削王爵，念其

---

[1]《清世祖实录》卷62，第15页。

行兵有功，故令削去和硕亲王，降为多罗郡王。①

过了七天，三月二十二日，福临又降谕诸王大臣说：

> "朕初即位，睿王摄政之时，拜尹图、巩阿岱、锡翰、席纳布库、冷僧机五人，背朕迎合睿王，以乱国政，其所行事绩朕虽明知，犹望伊等自知己罪，幡然改过，尽心竭力以事朕，是以姑置不发。岂意伊等不改前辙，轻藐朕躬，扰乱国政，朕实不能再为宽宥，今将伊等罪款一并发出。尝观古籍，历代帝王俱以除奸恶用忠良为要务，似此奸恶之辈，若不剪除，天下何以治平，着按款严审具奏。"②

于是，议政王大臣遵谕按款会审，共有十九条：一、睿王令两黄旗大臣议养肃王豪格之子富绶时，巩阿岱竟说："这种苗裔，不全诛灭，养之何用！"巩阿岱之"所谓苗裔，系指何人"？二、"初时保护皇上，六大臣一心尽忠，不惜身家，誓同生死"，巩阿岱、锡翰"心归睿王"，遂向鳌拜、索尼宣称，此"一心为主，生死与共之誓，俱不足凭"，威逼鳌拜等悔弃前誓，尔等因而得以晋封至贝勒、贝子，"得享富贵"，鳌拜、索尼俱问罪降革，索尼还被充发盛京，图赖享堂被尔等拆毁。三、锡翰、冷僧机、席纳布库散遣皇上侍卫大臣等，径送皇上至睿王处，又无故问鳌拜大罪。四、拜尹图、巩阿岱、锡翰等，再三恳求以病女嫁于苏拜（睿王之正白旗亲信大臣），睿王认为于理不合，拜尹图等恳请，终将病女嫁去。五、皇上即位时，英王、豫王跪劝睿王当即大位时说，我舅阿布泰及固山额真阿山说："两黄旗大臣愿皇子即位者，不过数人，我等亲戚，咸恩王即大位。"故睿王亦向众宣扬此言。其实，与阿布泰、阿山有亲者，不过谭泰及拜尹图等数人耳。六、郑亲王曾对巩阿岱说："皇子即帝位，更复何言，唯以他人篡夺为忧。"巩阿岱以此话报告睿王，遂将郑王问罪，"此非巩阿岱等阴谋劝进之故欤！"七、睿王说，拜尹图之巴图、巴哈纳二子，过去寄养于巴颜家，今已年长，可以领回。拜尹图、巩阿岱、锡翰献媚说：无论此二子，即其他子亦当送来一起效力，"我等以卑贱之身，蒙升贝勒、贝子，入八家分内，似此升擢之恩，没世不敢忘，何忍舍去"。直到罗什、博尔辉

①《清世祖实录》卷63，第13、14页。
②《清世祖实录》卷68，第15页。

正法后，才领回，又擅将库中金茶筒，银两千两、蟒缎两匹、貂袍、貂褂、马二匹及玲珑鞍辔，给予巴颜，以偿其养育费用。八、送孝端文皇后梓宫安奉昭陵时，拜尹图等四人竟忘主恩，不亲送。九、皇上避痘塞外时，司膳官厄参率众膳房人员钓鱼，只留二人在膳所进膳，皇上切责厄参，巩阿岱、锡翰反加以包庇。十、皇上围猎时，巩阿岱、锡翰、席纳布库扈从，竟于平坦之路任意自行，而皇上所行之路，却"险峻崎岖"，以致驾前一等侍卫巴哈骑马失足，皇上遂下马步行，巩阿岱、锡翰、席纳布库从平坦之路转来，向帝说："年少不习骑射，似此路径，遂下马步行耶。"竟敢讥讽天子懦怯。十一、皇上行围，至沙碛悬崖之处，马不能下，帝遂步行，巩阿岱、锡翰、席纳布库并不引君行走平坦之路，反向平路猎兵宣布："皇上下马步行，尔等俱宜下马。"众遂下马步行，此"是肆意讥讽，无人臣之礼也"。十二、在围场中，皇上正在逐射一鹿，席纳布库竟迎上争射，箭落皇上马前。十三、睿王曾说："若以我为君，以今上居储位，我何以有此病症。今索尼、鳌拜辈意向参差，难以容留。"遂将索尼遣发、鳌拜问罪。冷僧机、巩阿岱、锡翰商议，提出鳌拜、巴哈不宜留在皇上左右，当将他俩与傅穆博果尔俱逐退。十四、睿王卒后，拜尹图、巩阿岱、锡翰、冷僧机等向帝奏称："睿王下大臣十四员，俱披肝沥胆，愿来效力，皇上当破格优养。"既为臣子，各有职分，有何披肝沥胆之处，若不为皇上效力，又将何往？十五、夏猎时，巩阿岱、锡翰二人跟随护卫，竟身穿金黄号衣，骑射于皇上之前，"僭越已极"。十六、席纳布库回家时，竟不向皇上奏报，只告诉锡翰，锡翰亦不转奏，便擅自准其回家。锡翰也于应当直宿之日，未奉上命，私自回家。十七、太宗时，席纳布库既已归入旗下牛录，后忽引外藩蒙古王贝勒等例，欲永镇塞外，并向上奏请。十八、内侍大臣及侍卫之妻，例应侍修皇太后、皇后，皇太后命席纳布库之妻入侍皇后，席纳布库不愿，并于途中遇见皇太后之使者苏墨尔时，竟向前诘问说："我妻因何拨侍皇后，此皆尔之谗言所致也。""遂将苏墨尔捶楚几死。赖皇太后仁慈宽宥，记言苏墨尔坠马，令医调治，三日始愈"。十九、锡翰、席纳布库因巴哈日夕敬谨侍奉皇上，心怀嫉妒，欲议巴哈之罪，私自传集内大臣和侍卫。索尼质问说：今日所议何事，有旨？无旨？锡翰、席纳布库回答：无旨，乃我等集。索尼愤愤地说：往日睿王在时，尔等任意妄为，今无旨，尚可私自聚众议罪耶！众人始散去。顺治帝问冷僧机：刚才诸臣因为何事聚集？冷僧机奏述上情。帝谕：在朕左右殷勤竭力之人，反欲议罪，若旷直偷安任意私行者，应该怎样办！冷僧机秘密泄露此谕于锡翰、席纳布库，二人始被迫罢休。

议政王大臣审勘核实后奏报，帝命将贝子巩阿岱、锡翰、内大臣席纳布库、内大臣一等伯冷僧机正法，籍没家产，贝勒拜尹图免死禁锢狱中，连其弟、男、子侄皆革去宗室为民。席纳布库之子侄亦革退侍卫为民。着刑部将此案刑刻告示，布告天下。①

以上拜尹图等所犯之罪虽有十九条之多，但却集中在一点上，即拜尹图、巩阿岱、锡翰、席纳布库、冷僧机等人，背叛少年天子，投靠睿王，对君不敬不忠。顺治帝之所以在顺治八年正月、二月亲政时未将这几人治罪，显然是因为他们是两黄旗主要大臣，过早惩治，会使两黄旗参加当年即位初盟誓效忠于幼主的二百多名大臣侍卫忐忑不安。在睿王淫威之下，有几个能像索尼这样敢于正面和睿王争执忠贞不贰！两黄旗大多数人被迫向睿王低头，做过一些违心之事，说了一些违心之言，但其内心深处，仍在怀恋幼主，仍对睿王尤其是其党羽之专横，十分不满，他们是福临亲政后的主要依靠力量，不能让他们产生疑虑。而且亲政之一两月里，福临也没有坚强的后盾和雄厚的实力，不能操之过急，相反，利用拜尹图等身居贝勒、贝子、一等伯、内大臣的身份和前几年中得到的权势威望，来对付最大最危险的敌人睿王及其正白旗党羽，还是能起作用的，对于安定两黄旗大臣侍卫之心，也会有所裨益。因此，福临一亲政，不仅没有处治拜尹图等人，反而晋己封为镇国公的巩阿岱、锡翰为固山贝子，并授巩阿岱为议政大臣，不止一次地遣巩阿岱祭太庙，让诸人仍留原职。但是，随着时日的推移，顺治帝基础已很巩固，便要对巩阿岱等下手了。通过这次处死巩阿岱等人，顺治帝实际是向八旗王公大臣严正警告和劝诲：任何人，尤其是上三旗大臣，绝对不允许背叛帝君，投靠他王，绝对不许对皇上不忠不敬，绝对不许侵犯君权，否则严惩不贷！

以上事实表明，少年天子虽于顺治八年正月亲政，摆脱了昔日仰叔鼻息，听任睿王多尔衮欺凌的羞辱困境，夺回了部分应属于他的权力，但是，诸王势力仍很强大，特别是郑王济尔哈朗一家四王，力图填补多尔衮死后留下的空白，且已取得很大成功，成为左右政局举足轻重的实力人物。福临及其母后对此十分警惕，竭力采取各种措施，抑王崇君。

---

① 《清世祖实录》卷63，第15~23页。

到了顺治九年初，终于达到了目标，此时福临才能说是成为真正的乾纲独断、无比威严的圣尊天子。

这一局面，并非所有王公大臣都能满意，尤其是郑亲王济尔哈朗对此更为遗憾，尽管他的处境比任何一位王爷都好，也是他有生以来日子最好过的阶段。他是此时仅有的一位"叔王"，德高望重，受到皇上的尊敬，他是四位和硕亲王之一，他是议政王之首，一家四王爷，在处理军国大事上有很大的发言权，在群臣中是三朝老王，德高望重，但他显然对于年轻皇上如此集中大权于一身压抑诸王的方针，颇为不满。这从他三年后去世之前三月所上奏章，可以看得十分清楚。

顺治十二年正月十三日，福临谕诸王及大臣，言及亲政五年来，疆域未靖，水旱频仍，吏治惰污，民生憔悴，钱粮侵失，兵饷不足，"保邦致治之道，迄今未得其要领"，诸王及大臣"皆亲见太祖、太宗创业垂统之艰难，年来辟地绥民之不易，必有长策以裨治安"，应"居则深思，进则敷奏"。郑亲王济尔哈朗遂于二月初七遵谕奏称：

> "太祖武皇帝开创之初，日与四大贝勒、五大臣及众台吉等，讨论政务之得失，谘访兵民之疾苦，使上下交孚，鲜有壅蔽，故能上合天心，下洽民志，扫靖群雄，肇兴大业。太宗文皇帝继承大统，绍述前猷，亦时与诸王贝勒大臣讲论不辍…… 伏祈皇上效法太祖、太宗，不时与内外大臣详究政务得失。"①

清太祖努尔哈赤遇逢重大事情，必召集子侄、诸贝勒、台吉和额亦都等五大臣商议，晚年并手定"八和硕贝勒共治国政制"。太宗皇太极在执政的前十年即天聪年间，基本上是遵照太祖遗制而行，直到后来才改变汗与大贝勒代善，二贝勒莽古尔泰并坐接受群臣朝拜之制，又创定诸王掌管六部制度。郑王如此引述太祖、太宗祖制，显然是其不满皇上顺治九年初的改革的心情有所流露，只不过因为他一向言辞谨慎，故未尽情泄露而已。

（三）立后废后

顺治帝福临关于皇后的册立和废除，也是判断其是否真正完全掌握

---

① 《清世祖实录》卷88，第4页；卷89，第6、7页。

军国大权的一个重要标志。

顺治八年（1651年）正月十七日，即十四岁的福临举行了亲政大典之后的第五日，他的亲舅舅和岳父蒙古科尔沁国卓礼克图亲王吴克善，亲送帝先前聘订之女博尔济吉特氏至京。理事三王亲王满达海、郡王博洛、尼堪，以及众内大臣，奏请于二月内举行大婚吉礼。[①]

这位大漠公主，美丽聪慧，门第高贵。她的曾祖父莽古思贝勒之女系太宗之孝端文皇后，她的姑姑是太宗之孝庄文皇后当今皇上之亲生母亲，她是少年天子福临的亲表妹。这样亲上加亲，娶这位门第高贵、美丽聪慧的蒙古公主为后，照说应是皇上的艳福，理应立即允王之议。不料福临却下了一道冷冰冰的谕旨："大婚吉礼，此时未可遽议，所奏不准行。"[②]

这个理由太勉强了，没有说服力。为什么此时不能议定大婚日期？是雷震三大殿，火烧五凤楼，灾异迭见，皇天示警吗？都不是，是国有大丧，母后驾崩或病危，亦不是；是强敌入侵，兵临城下，大乱即起，也不是；或是皇上重病，转辗床榻，难以成亲，亦然不是。五天前刚举行亲政大典，大赦天下，蠲减钱粮，增加乡试中举人名额，加恩文武大臣荫生入监，可说是帝与太后万分欢欣，普天同庆。在此时刻，举行定鼎中原以来第一位大清皇帝的大婚吉礼，岂不是大吉大利，喜上加喜，为什么不能议定时间筹办大事？显然帝未说出不允王奏的真实原因，那就是他对此婚事很不满意。

可是说来也怪，就在皇上下谕不允议办大婚之后四个月，顺治八年六月十八日，却制订了大婚礼品详细清单：

"定大婚礼物，行纳彩礼：马十四，玲珑鞍十副，甲胄十副，缎百匹，布二百匹，金茶筒一，银盆一。行大徽礼：金二百两，银万两，金茶筒一，金盆一，银桶一，银茶筒一，银盆一，缎千匹，布二千匹，马二十四，玲珑鞍二十副，常等甲三十副。送皇后至时，赐后父母金百两，银五千两，缎五百匹，布千匹，金茶筒一，银桶一，银盆一，上等镀金玲珑鞍二副，常等玲珑鞍二副，漆鞍二副，马六匹，夏朝衣各一袭，夏衣各一袭，冬朝衣各一袭，冬衣各一袭，貂裘各一领，上等玲珑

①《清世祖实录》卷52，第17页。
②《清世祖实录》卷52，第17页；《清史稿》第214页；《世祖废后》。

带一，刀一，撒袋一副，弓矢全，甲胄一副。若后兄弟送至，赐漆鞍马各一，时衣一袭。从人受赏者，男妇限六十名，二十名蟒衣，二十名补缎衣，二十名缎衣，不分时候，概用夹衣。"①

这些礼物，虽不能说是什么特殊和巨大，但也相当齐全了，在当时国库如洗的恶劣财政条件下，也可算是相当豪华了。

过了二十二天，顺治八年八月十三日，北京紫禁城内举行了隆重的大清皇帝册立皇后的大婚礼。《清世祖实录》对此做了详细记载，摘录如下：

"册立科尔沁国卓礼克图亲王吴克善之女为皇后。是日质明，设皇后仪仗于卓礼克图亲王邸，设黄案，一于院中，一于东侧，以受册宝，置中黄案。皇上卤簿，全设太和殿前，设黄案一于殿中，置册宝彩亭二于太和门外阶下。内院、礼部官俱朝服，以次捧册宝，由中道入，置殿中黄案上。上朝服，出御太和殿，视册宝毕，内院官捧册宝，授册封使臣……册封使臣既至皇后邸，卓礼克图亲王等朝服出迎……皇后跪受……皇后降辇，由中道入宫。和硕亲王以下，有顶戴官员以上，悉朝服集朝会所。固伦公主、和硕福晋以下，一品命妇以上，悉集宫内……上率诸王入宫，于皇太后前，行三跪九叩头礼毕，上复御中和殿，诸王出殿外阶上。皇后率诸王妃朝见皇太后，行六拜三跪九叩头礼毕，还宫。诸王妃入侍皇太后。上出御太和殿，赐诸王及察哈尔额驸阿布鼎亲王、土射图亲王、卓礼克图亲王等并贝勒、文武群臣宴。宴毕，上回宫。皇太后乘辇还宫。"②

皇后册文全文如下：

"朕唯乘乾御极，首莫坤维，弘业凝庥，必资内辅，义取做嫔于京室，礼宜正位于中宫。咨尔博尔济锦氏，乃科尔沁国卓礼克图亲王吴克善之女也，毓秀懿门，钟灵王室，言容纯备，行符图史之规，矩度幽闲，动合安贞之德。兹仰承皇太后懿命，册尔为皇后，其益崇壸范，肃

①《清世祖实录》卷57，第21页。
②《清世祖实录》卷59，第8—10页。

正母仪，奉色养于慈闱，懋本支于奕也。钦哉！"①

皇后之宝文为"皇后之宝"。

第二日，八月十四日，福临谕礼部，以册立皇后，感谢母后，加圣母徽号为"昭圣慈寿恭简皇太后"。十五日，又以册立皇后诏告天下，诏中说道："迩者昭圣慈寿皇太后特简内德，用式宫闱，仰遵睿慈，谨昭告天地、太庙，于顺治八年八月十三日册立科尔沁国卓礼克图亲王吴克善之女为皇后"。过了五天，八月二十日，又以恭上圣母尊号礼成而特颁恩诏，大赦天下，普施皇恩，共有恩款三十一条，对王公大臣、内外官员、八旗士卒、罪犯、秀才、黎民，皆有恩惠，如：亲王以下至宗室三等辅国将军、外藩诸内外公主以下格格以上，"各加恩赐"；八旗满洲蒙古汉军公爵以下，拖沙喇哈番以上，各升一级；现在议革、议降、议罚及戴罪住俸各官，俱免议；顺治五年以前民间拖欠钱粮，悉与豁免；各省先加城工钱粮（即多尔衮于顺治七年谕加九省赋银二百五十万两以修避暑城），准抵八年正额等。这是几年以来的一次大赦特恩。②

如此隆重的大婚吉礼和由此而尊圣母徽号大赦天下，与半年前冷如冰霜之少年天子谕旨，简直是拐了一百八十度的大弯，真是天渊之别。是福临因见皇后倾国之貌而顿改初衷吗？显然不是。是他了解到皇后真是贤惠贞德而以德为贵，撤销前议，也不是。之所以发生如此巨大变化的根本原因，他迫于抵挡不住的强大压力，无可奈何。

这种压力，来自何方，何人所施，史未明言，但若联系政局与国情，也不难知其大概。这一变化主要是孝庄太后和郑亲王济尔哈朗等对政局有很大影响的王贝勒等联合起来，对帝施加压力而成。

孝庄后之所以会赞同册立博尔济锦氏为皇后，有其公私两方面的因素。就私而言，皇后系己侄女，立她为后，既是对娘家的又一特大恩宠，为父兄弟侄的荣华富贵，为本家族高居于其他部王公贝勒之特殊地位提供又一新的有力保证，也为妥善处理太后与皇后之间的婆媳关系，甚至太后与少帝之母子关系，创造了极为有利的条件。姑姑与亲侄女的婆媳关系，会有利于太后与少君之间的母子关系。聪明绝顶的孝庄太

①《清世祖实录》卷59，第10、11页。
②《清世祖实录》卷59，第19—25页。

后，自然会极力主张册立侄女为皇后。

就公而言，孝庄后更有理由这样办，因为，笼络住科尔沁国蒙古王公，对巩固大清国的统治，对捍卫爱新觉罗王朝，具有十分重要的意义。从清太祖努尔哈赤起，就制定了满蒙联盟的基本国策。太祖千方百计拉拢漠南蒙古科尔沁、扎鲁特、喀尔喀等部，尤其是科尔沁部，因为科尔沁部的一些贝勒、台吉很早就与太祖联系，联姻盟誓。太祖娶科尔沁部明安贝勒之女及孔果尔贝勒之女为妃，其第八子皇太极，十二子阿济格、十四子多尔衮亦分娶科尔沁贝勒莽古思，孔果尔、桑阿尔寨之女，其第二子代善、五子莽古尔泰、十子德格类分娶扎鲁特部钟嫩、纳齐、额尔济格之女，太祖又以皇女嫁与科尔沁部奥巴勒。太祖于天命四年（1619年）遣使与喀尔五喀部杜棱等二十七位贝勒台吉会盟，立誓共与明国为敌。太祖又以两位皇女和一位族女嫁与喀尔五喀部台吉思格德尔、古尔布什、莽果尔三位台吉，并娶介赛贝勒之女为次子代善之妻。

清太宗皇太极进一步发展了这一基本国策。他的孝端文皇后、孝庄文皇后，敏惠恭和元妃，分别系科尔沁莽古思贝勒之女和孙女，他的鳞趾宫贵妃、衍庆宫淑妃分系阿霸垓郡王、塔布囊之女，他还有一位侧妃是扎鲁特部之格格。他又将皇妹莽古济嫁与敖汉部台吉琐诺木，以皇长女下嫁琐诺木之侄班第台吉，皇二女嫁与察哈尔林丹汗之子额哲亲王，皇三女嫁与科尔沁部奇塔特郡王（乃孝庄后之侄），皇四女嫁与科尔沁部弼尔塔哈尔（亦孝庄后之侄），皇女下嫁科尔沁达尔汉郡王满珠习礼。多尔衮摄政时期，又以太宗之皇五女下嫁巴林郡王，皇八女嫁科尔沁巴雅斯护朗亲王，皇九女下嫁哈尚。

清太祖、太宗、摄政王多尔衮这一建立、巩固满蒙联盟的基本国策，起了很大作用。漠南蒙古各部，尤其是科尔沁部王贝勒，多次派兵随从太宗征明，跟随摄政王入关攻打大顺大西农民军及南明政权，为大清国之扩展和清帝之入主中原建立了不朽功勋。此时科尔沁部之土谢图亲王巴达礼、卓礼克图亲王吴克善、达尔汉亲王满珠习礼、扎萨克图郡王拜斯噶勒，既系太祖、太宗、世祖三朝外戚，又屡次领兵从征，"效力戎行，莫不懋著勤劳"，功冠其他部王贝勒，故"荷国恩独厚"四王俸禄及赏赐，皆较他王"独优"。[1]其他各部蒙古王公亦唯此四王马首是瞻。

①《清世祖实录》卷131，第5、6页；《清史稿》卷518。

当此少年天子亲政内忧外患甚急之时，孝庄太后和郑亲王济尔哈朗等人自然要对科尔沁四王特别是吴克善亲王、满珠习礼亲王（皆孝庄后之亲兄）寄以重望，希望上万蒙古劲骑忠于少君，忠于大清，为巩固皇上统治而全力以赴拼死相战，成为皇上的坚强后盾，他们当然不愿因为退婚而开罪于科尔沁部王公，自毁长城。故尽管顺治帝福临对此婚事极为不满，极端厌恶，但最后也只能被迫成亲，举行隆重的大婚吉礼。这次婚礼的举行，清楚地表明了此时十四岁的福临虽已亲政，但仍未完全掌握军国大权，仍必须在相当程度上听从母后及郑亲王济尔哈朗的旨意。

然而，福临毕竟还是福临，他是少年天子，不是儿皇帝，虽因受到难以抵挡的巨大压力而不得不做出让步，但他的让步是有限度的，是有时间限制的，一到时机成熟，他就会冲破各种障碍，实现自己的目标。这一天，并不太久，刚过两年，他就做出了震惊朝野的废后之事。

顺治十年八月二十四日，他谕令礼部、内三院查阅前代废后事例，上奏。此谕使内三院大学士们大为震惊。他们虽知这位皇上性格倔强，龙颜易怒，稍有不适，便会招来杀身之祸，但仍因事关社稷安危，也不得不上疏奏谏。就在这一天，大学士冯铨、陈名夏、成克巩、张端、刘正宗奏称："今日礼部诸臣至内院恭传上谕，察前代废后事例具文，臣等不胜悚惧。窃唯皇后母仪天下，关系甚重，前代如汉光武、宋仁宗、明宣宗皆称贤主，俱以废后一节，终为盛德之累，望皇上深思详虑，慎重举动，万世瞻仰，将在今日。"①奏章措辞虽极慎重委婉，但含义也表述得相当明白，前代贤主皆因废后而为后人讥笑，那么今日之十六岁皇帝更不应做此愚蠢谬误之事，否则将为万世之笑柄。

少年天子深知此乃大战之序幕，若不迎头痛击，势必引来反对巨波，立即降旨批驳说："据奏皇后母仪天下，关系至重，宜慎举动，果如所言，皇后壸仪攸系，正位匪轻，故废无能之人。尔等身为大臣，反于无益处具奏沽名，甚属不合，着严饬行。"②

福临之欲废后，原因何在？《清史稿》评述此事时，解释为帝后性格不合，说什么"上好简朴，后则嗜奢侈，又妒，积与上忤"。③此言欠妥，皇后是否爱好奢侈，妒心太甚，常与帝争吵，史无明文，难以评论。但如果说是福临乃生性简朴之君，则与事实大有出入。这位少年天

①②《清世祖实录》卷77，第16页。
③《清史稿》卷214，《后妃》。

子可不是节俭惜财的汉文帝，而是很爱铺张浪费讲究享受的风流天子。他在第三天的谕旨中，对此举之原因做了解释。

顺治十年八月二十六日，全谕礼部：

"朕唯自古帝王，必立后以资内助，然皆慎重遴选，使可母仪天下。今后乃睿王于朕冲幼时因亲订婚，未经选择，自册立之始，即与朕志意不协，宫阃参商，已历三载，事上御下，淑善难期，不足仰承宗庙之重，谨于八月二十五日奏闻皇太后，降为侧妃，改居侧宫。"①

此谕讲道，废后的原因和理由是两条，一是睿王专横独断为帝"因亲订婚，未经选择"；二系与此相连，册立之日，后即与帝"志意不协"，因而已分居三载。第一条理由不能说是完全没有根据，皇后之册立，关系到社稷宗庙，当然要多方挑选，慎重行事，内而八旗文武大臣皇亲国戚勋旧世家之千金，外而科尔沁、察哈尔、扎鲁特、巴林等漠南蒙古各部亲王郡王贝勒的格格，美女才女淑女何止成百上千，从中细心品评严格挑选，自能选上可以母仪天下的才德品貌皆优的皇后，怎能"因亲订婚"，不加选择。但仅因此故就要废后，也不妥当，前代因亲订婚年幼订婚者，比比皆是。第二条理由十分勉强，皇后乃一国之母，若非有重大失德之举，不能动辄废罢，性格不合，情意不洽，才貌欠佳，以及幼年因亲订婚之弊，皆可设法补救，皇帝尽可置其于不顾，听其独守孤灯，而另纳妃嫔，临幸他宫，不能因此而废后。因此，按当时封建帝君之帝后关系和立后废后之标准来看，福临此谕，说服力不强。群臣纷纷上疏谏阻。

礼部尚书胡世安、侍郎吕崇烈、高衍三人，于奉谕之次日即八月二十七日奏称："夫妇乃王化之首，自古帝王必慎始敬终"，今突接上谕废后为妃，昔日立后之时，曾告天地宗庙布告天下，现谕未言及与诸王大臣公议及告天地宗庙之事，请求皇上慎重详审，"以全始终，以笃恩礼"。②

胡世安系明朝旧臣，崇祯元年进士，任至少詹事，顺治初授原官，顺治五年八月已升至礼部侍郎，九年三月再升为礼部尚书。这样一位久

---

① 《清世祖实录》卷77，第17页。
② 《清世祖实录》卷77，第18页。

游宦海历事二代的明朝翰林公，清朝礼部尚书、侍郎，自然是熟谙礼法，深知帝君性格，言行谨慎，不敢轻举妄动。此事着实使他为难，不谏，将此谕传宣中外，则有失臣职，将来难免被追罪和招致同僚讥讽；若谏阻，前明之臣怎敢批龙鳞犯龙颜引来灭门之祸。幸亏他久读诗书，谙悉为官之道和事君之术，从废后谕中找到了保身固位之法。他们三人之疏，简要地讲了三点，一是呈言帝之于后，要慎始敬终；二系指出谕中未言与诸王及大臣公议；三为未言恭告天地、宗庙，总的含义是请将此事交王公大臣议拟，最好不颁此谕，但他们又未直接谏阻。这样，既不至首当其冲，照传谕旨，呈君之过，又将此重任推诿于议政王大臣，以免遭帝斥责。果然，此计生效，顺治帝批示：下此疏于议政诸王、贝勒及大臣、内三院、九卿，詹事、六科都给事中、各掌道御史会议具奏。

也就在这同一天，孔子后裔礼部礼制司员外郎孔允樾上疏劝谏，着重批评以无能而废后之谕。他引古为鉴，强调指出"汉之马后，唐之长孙后，敦朴俭素，皆能养和平之福。至于吕后、武后，非不聪明颖利，然倾危社稷，均作乱阶"，"今皇后不以才能表著，自是天姿笃厚，亦何害乎为中宫而乃议变易耶！"帝亦批示下诸臣议。[1]

御史宗敦一、潘朝选、张璿、杜果、聂玠、张嘉、李敬、刘秉政、陈自德、祖永杰、高尔位、白尚登、祖建明等亦合疏谏阻。福临批示：宗敦一等明知有旨会议，却渎奏沽名，命所司议处。[2]

尽管皇上旨意甚明，坚主废后，谏者要受惩处，但此事关系太大，不能完全置之不理，故郑亲王济尔哈朗召集议政王、贝勒大臣及内院大学士、九卿、詹事、科道等官会议，最后仍予谏阻。在九月初一奏称，礼部尚书胡世安及员外郎孔允樾所奏，"实系典礼常经"，皇上册立皇后之时，恭告天地、宗庙、加上母后徽号，并诏告天下，"礼难轻易"，请勿废休，另行选立东西两宫，"则本支日茂，圣德益光，可为万世法矣"。[3]

议政王大臣、大学士、九卿、科道等官之奏疏，是相当巧妙的。它撇开了睿王代为订婚及皇后无能与性格不合这些理由不谈，因为，如若否定皇上所云，未免使天子难堪，会恼羞成怒，坚拒忠谏。如若言及需

①《清世祖实录》卷77，第19页。

②《清世祖实录》卷77，第20页。

③《清世祖实录》卷78，第2页。

要借重内属蒙古尤其是科尔沁部王公，亦难启齿，堂堂大清皇帝焉有求于外藩王公。不谈谕述废后之由，而只以册后事关重大，已告天地加尊号诏告天下，不宜轻易改变，既保存了皇帝脸面，实即承认其所举理由皆对，但又不让其废改，设法以选立东宫西宫贵妃来补充，皇后虽仍居正宫，但实已与帝分居。这样，既不惊动朝野，造成废后失德之过，又满足了皇上讨厌皇后不与同居另找新的意中人之要求，两全其美，可说是用心良苦了。

但是，顺治帝却拒绝让步，下旨批示："朕纳后以来，缘志意不协，另居侧宫，已经三载，从古废后，遗议后世，朕所悉知，但势难容忍，故有此举。着议事诸王、贝勒、大臣及会议各官再议具奏。"①此旨话虽不多，也还客气，但分量太重。顺治帝对王公大臣之谏，针锋相对，主要讲了两层意思。你们不是说要选东西二宫妃子，使"本支日茂"，即要有众多的皇子。好吧，我就明确告诉你们，册后之时，洞房花烛之夜，就是帝后分居之日，我已独居侧宫三载，让后冷守正宫三年，照此下去，哪有皇子出世，就算召幸妃嫔，得生龙子，亦非嫡出，常人尚且不孝有三，无后为大，我堂堂四海之君，竟因不能废后而长期孤身而眠，或只有庶妃所生之皇子，那又应立何子为太子？事关国本，你们能沽名渎奏担此大罪！你们不是说废后之事，是失德之举，好吧，我就愿意留下恶名，愿被人们视为有失大德之君，但我也决不退让，一定要废掉皇后。

在如此严谕之下，再行集议，还有什么说头，要么是仿照明朝世宗大礼之例，宁愿丢掉王冠和乌纱帽，冒着被廷杖打死或监毙狱中，满门抄斩的危险，拼死谏阻；要么就完全屈服于帝之威力，照旨办理。郑亲王等不知出于什么原因，反正是不再阻挡了。过了四天，叔王济尔哈朗等会议废后之事，奏称："所奉圣旨甚明，臣等亦以为是，毋庸更议。"帝谕："废后之事，朕非乐为，但容忍已久，实难终已，故有此举，诸王大臣及会议各官既共以为是，着遵前旨行。"②叔王等将责任推与皇上，是帝要废后，我们只是奉旨而行，顺治帝却以其人之法对付其人之身，偏要讲你们"既共以为是"，那就废后。于是皇后博尔济锦氏就降为静妃改居侧宫了。

①《清世祖实录》卷78，第2页。

②《清世祖实录》卷78，第1、2、4页。

废后之争及其了结，是少年天子提高君威抑压王权的又一大胜利，不管是百官之首的大学士，或是拥有参劾王权的言官，还是权势赫赫议处国政的王爷，甚至是国母皇太后，都不能不遵循皇帝的谕旨，都不能阻挡皇上决心想做之事，都无力勉强皇上做其不愿做之事。军国大政的最终决定权操于少年天子手中，他真正做到了乾纲独断。

三、壮志凌云　欲为明君

（一）苦读诗书　儒释皆精

顺治帝福临六岁登基，由于摄政王多尔衮欲图长期独揽大权，故不为幼君配备名师，进行精心培育。群臣言及此事，亦借口推诿，或根本不予理睬。顺治元年（1644年）正月十八日，都察院承政、辅国公满达海等特上启于摄政睿亲王多尔衮、摄政郑亲王济尔哈朗，要求为少主配备师傅讲课说："二王身任勤劳，心怀忠义，所以承祖业而辅国也。今皇上聪明天纵，年尚冲幼，若不及时勤学，则古今兴废之道，无由而知，宜慎选博学明经之端人正士，置诸左右，朝夕讲论，以资启沃。"二王以帝年幼推辞说：尔等所言甚是，御前择人进讲，我等亦思及此，但以年方冲幼，尚须迟一二年。[1]

过了半年多，顺治元年十月初二，即福临在北京举行即位大典（实即第二次登基大典）之前八天，户部给事中郝杰又奏请为帝讲学开设经筵说："从古帝王，无不懋修君德，首重经筵。今皇上睿资凝命，正宜及时典学，请择端雅儒臣，日择进大学衍义及尚书典谟数条，更宜尊旧典，遣祀阙里，示天下所宗。"摄政王以帝名义降旨说：请开经筵，祀阙，俱有俾新政，俟次第举行。[2]

又过了几个月，顺治二年三月十二日，大学士冯铨、洪承畴又奏请为帝延师讲学说："上古帝王，奠安天下，必以修德勤学为首务，故金世宗、元世祖皆博综典籍，勤于文学，至今犹称颂不哀。皇上承太祖、太宗之大统，聪明天纵，前代未有，今满书俱已熟习，但帝王修身治人之道，尽备之于经，一日之间，万机待理，必习汉文晓汉语，始上意得

---

[1] 《清世祖实录》卷3，第5页。

[2] 《清世祖实录》卷9，第7页。

达，而下情易通。伏祈择满汉词臣，朝夕进讲，则圣德日进，而治化亦光矣。"①

顺治元年，福临六岁，到二年时，已七岁，完全需要也可以上学听讲了，但多尔衮始则找借口予以拖延。到了此时，哪怕是荣为大学士且系睿王之亲信大臣冯铨、洪承畴，为此事专奏，亦不采纳，并且干脆不予理睬，不加批示。其意图十分明显，故从此以后，满汉群臣再也不敢奏及此事。

既无师傅讲解督促，天真幼童岂不贪玩游耍，满洲习俗又是酷爱射猎，因此身为天下共主的小皇帝福临便成天嬉耍骑射，不读诗书。后来稍大一些，十一二岁时，或系聪睿母后密授秘策，或系帝己深知危境，故而有意韬晦于日猎玩乐，懒阅书籍。总之，顺治八年（1651年）正月亲政之前，福临很少读书。

亲政以后，日理万机，哪有多少闲余时间潜心学习。照此看来，福临岂不成了一位腹中空空、呆笨低能、目不识丁的傻瓜皇帝！然而，事实截然相反。

从顺治八年正月亲政，到十八年正月初七病逝，十年之内，这位昔日不谙诗书的幼君，发生了巨大变化。他不仅不傻不孤陋寡闻，而且博古通今，熟谙经史子集，通晓治乱兴衰历史，且书画双妙，诗文皆精，精通儒释真谛，成为中国历史上罕有的英俊饱学之君。为什么会出现这种奇迹？他在顺治十六年（1659年）与高僧木陈忞的一番对答，说清楚了这一奥秘。

木陈忞所著的《北游集》有下述一段记载：

"上一日同师（木陈忞）座次，侍臣抱书一束，约十余本，置上前。上因语师曰：此朕读过的书，请老和尚看看。师细简一编，皆《左》《史》《庄》《骚》、先秦两汉、唐宋八大家，以及元明撰著，无不毕备。上曰：朕极不幸，五岁时先太宗早已宴驾，皇太后生朕一人，又极娇养，无人教训，坐此失学。年至十四，九王薨，方始亲政，阅诸臣章奏，茫然不解。由是发愤读书，每晨牌至午，理军国大事外，即读至晚，然顽心尚在，多不能记。逮五更起读，天宇空明，始能背诵。计前后诸书，读了九年，曾经呕血。从老和尚来后，始不苦读，今唯广览而已。"①

　　这番对答，清楚地显示了，顺治帝为了治国理政，而发愤读书。在日理万机的异常忙碌形势下，从早到晚，抓紧诵读，九年如一日，勤读苦读到了呕血的程度，加上他的聪睿天赋，终于弥补了童年之耽误，博览群书，精通诸子百家，为他解决军政财经各方面的大难题，治好大清国，准备了充分的理论、思想、文化条件。

　　福临除了深知孔孟之道，用以治国理政以外，对文学也有很高的造诣。这在他对历代名家的评论上，以及其对佳作之倒背如流，可以看得出来。《北游集》又载，有一天，福临与木陈忞"广谈古今辞赋，谓词如苏轼前后《赤壁赋》，则又独出机杼，别成一调，尤为精妙。老和尚看这两篇，前后孰优？师曰：非前篇之游神道妙，无由知后篇之寓意深长，前赋即后赋，难置优劣也。上曰：老和尚论得极当。乃通诵前赋一篇，问师曰：念得不错么？师曰：不错。上复言：晋朝无文字，唯陶渊明《归去来辞》独佳。亦为师诵之。又诵《离骚》，至中间觉龃龉。乃曰：久不经意，忘前失后矣"！

　　福临常命廷臣献诗或召试其才。学士陈廷敬奉谕进所作之诗，"上览其咏石榴子云：风霜历后含苞实，只有丹心老不迷。诵之至再"。检讨秦松龄在其初召试写的《咏鹤诗》中，有"高鸣常向月，善舞不迎人"之句，福临"大加称赏，以为有品"。②

　　顺治帝读书之博，求知之勤，悟性之高，实为罕见，令人敬佩。相传丘琼山进一寺庙，见四壁俱画《西厢》。丘遂问道：空门安能有此。寺僧答称：老僧从此悟禅。丘琼山又问：从何处悟？僧答：是怎当他临去秋波那一转。丘笑而点头赞同。

　　这"怎当他临去秋波那一转"，是《西厢记》中张生初见莺莺时所说之话。顺治时的大文豪尤侗，一时心血来潮，以此句作为八股题目，按八股体例，戏作一篇，载入其所刻印的《西堂杂俎》。

　　顺治十五年的一天，学士王熙侍经筵，福临竟在这庄严的帝君讲学求知场合，谈起老僧四壁皆画《西厢》悟禅的事情。王熙奏称，尤侗曾

①　本篇所引《北游集》及《玉林年谱》，皆系转引自《陈垣史学论著选》，上海人民出版社1981年出版。

②　余金：《熙朝新语》卷1。

著此文，帝"立索览，亲加批点，称才子者再"。在顺治十七年二月，福临幸南海子，问新科状元徐元文与侗之师弟源流和授业本末，又对尤侗之作"大嘉称奖"。

不仅如此，当木陈忞至京后，帝又与他谈起此事。尤侗之《西堂生集》卷首有《弘觉禅师（即木陈忞）语录》一则，略谓："上一日叹新状元徐元文业师尤侗极善作文字，因命侍臣取其文集来，内有《临去秋波那一转》时艺，篇末云：参学人试于此下一译语。上忽掩卷：请老和尚下。师云：不是山僧境界。时昇（木陈忞之弟子天岸昇）首座在席，上曰：天岸何如？昇曰：不风流处也风流。上为大笑。"顺治帝爱读《西厢记》，理解颇深，又懂八股文，故对尤侗之文击节叹赏如此。

福临还与木陈忞论学之时，互相考问。《北游集》又载："上一日持一韵本示师曰：此词曲家所用之韵，与沈约诗韵大不相同。又言：《西厢》亦有南北调之分，老和尚可曾看过么？师曰：少年曾翻阅，至于南北《西厢》，忞实未辨也。上曰：老和尚看此词何如？师曰：风情韵致，皆从男女居室上体贴出来，非诸词所逮也。师乃问上：《红拂记》曾经御览否？上曰：《红拂记》词妙，而道白不佳。师曰：何如？上曰：不合用四六词，反觉头巾气，使人听之生趣索然矣。师曰：敬服圣论。"帝之评论《红拂记》优劣，颇为中肯，其对诗词之音韵，了解亦深，可见其文学造诣甚高。

福临虽然深居九重，却力访新出佳著，连远在千里之外苏州名生金圣叹之新作，亦已阅读，且加以中肯的评论。《北游集》又载：有一天，福临与木陈忞论学时，帝问道："苏州有个金若采，老和尚可知其人吗？"木陈忞答称："闻有个金圣叹，未知是否？"福临说："正是其人。他曾批评《西厢》《水浒传》，议论尽有遐思，未免太生穿凿，想是才高而僻者。"

《北游集》又载："上读过的书，有制艺二百篇，皆洪武开科以来乡会试程文。师曰：此八股头文字，皇上读它何用？上曰：老和尚顾不知，那朕要复试进士文章，如史大成、孙承恩、徐元文，三科状元，皆朕亲自擢取的，是敝门生也。"

（二）君臣详谈 探讨贤君治国之道

顺治帝，不仅勤奋读书，分析历朝兴亡盛衰原因，还经常驾临内院内阁，与大学士、学士们（主要是汉大学士）讨论前朝政事得失，评论帝王，从中汲取经验教训，探讨治国之道。

从顺治八年到十七年，先后任大学士的有：范文程、宁完我、冯铨、洪承畴、祁充格、宋权、希福、陈泰、雅泰、陈名夏、额色黑、陈之遴、高尔俨、图海、成克巩、张端、刘正宗、吕宫、金之俊、蒋赫德、王永吉、傅以渐、党崇雅、巴哈纳、车克、胡世安、卫周祚、李蔚。

现以顺治十年正月为例，略加录述。

顺治十年正月初二，帝幸内院，"遍问中书姓名"，又谕内院诸臣说，前闻兵部尚书明安达礼等受贿一事，朕甚懑焉。①初三，他谕内三院，命令今后各部院进奏本章时，革除先前只有满臣奏事的积习，改为满汉侍郎"参酌共同来奏"。②

正月初四，他又谕内三院传谕诸臣直谏说：近来言官条奏，多系细务，"未见有规切朕躬者"，朕一日万机，岂无未合天意未合人心之事，良由诸臣畏惮忌讳，不敢进谏耳。"朕虽不德，于古帝王纳言容直，每怀欣羡"，③朕躬如有过失，诸臣须直谏无隐，即偶有未合，不妨再三开陈，庶得省改，力行正道，希臻治平。"进言切当者，必加旌奖，言之过戆者，亦不谴责"。内三院即传与诸臣，俾咸悉朕意。④

在这里，顺治帝对前代名君"纳言容直"，不胜欣羡，故谕告群臣，叫他们放心直谏，以图治好国家，天下太平。

初五，帝至内院，顾问诸臣说：向曾再三敕下都察院，命其条奏，后复数加面谕，为何至今无一建言？顺治帝又问：明时票本之制如何？诸臣奏称：明时京官奏疏，恭进会极门，中官转送御览毕，下内阁票拟，复呈御览，合则照拟批红发出，否则，御笔改正发出。帝说：今各部之奏疏，但面承朕谕，回署录出，方送内院，其中或有差讹，殊属未便。顷者都察院纠参吏部侍郎孙承泽、通政使司参议董复，朕原令交吏部议复，乃误传革职。朕日理万机，恐更有似此舛错者，若人命最重，倘轻重颠倒，致刑辟失宜，亦未可知？大学士们奏称："诚如上谕，此非臣等所敢议也。"⑤

第二天，正月初六，帝召集议政王大臣、内三院、满汉九卿，命内

①《清世祖实录》卷71，第2页。

②③《清世祖实录》卷71，第2、3页。

④《清世祖实录》卷71，第4、5页。

⑤《清世祖实录》卷71，第6页。

大臣索尼、大学士范文程、额色黑对群臣传谕说：各部院奏事，经朕面谕者，部臣识其所谕，回署录计票拟，送内院照票批红发科，如此则错误必多。前都察院参吏部侍郎孙承泽，通政使司参议董复年老，朕原令交吏部议复，乃传旨错误，命俱革职。此尚易于改正，至于罪人生死，躯命攸关，误免犹可，倘一时误杀，悔之何及。朕心惕然。今后如何始得详明无误，合于大体，着定议具奏。诸王大臣遵旨议奏说："圣谕诚然"，今后各部院奏事，各臣照常面奉，候上览毕，退下，上批满汉字旨，发内院，转发该科。其满洲事件只有满字无汉字者，亦只批满字旨，发内院，转发该衙门。帝从其议。①

正月十四日，福临又到内院，阅会典，问大学士范文程等人："凡定各项条例，会典可备载否？"范文程等大学士奏称："备载。"帝又览吏部复奏重犯塔八未获之疏，问大学士陈之遴、陈名夏说：黄膘李三，一小民耳，廷臣为何畏惮不敢举发？陈之遴等人回奏：如讦奏其事，皇上睿明，即行正法，诚善，倘宥其死，则讦奏之人必隐受其害，是以畏而不敢言耳。帝不以为然说："身为大臣，见此巨恶，不以奏闻，乃瞻顾利害，岂忠臣耶！"当天，帝赐内院满汉大学士、六部汉尚书宴于中和殿，奏满汉乐。②

正月十八日，福临到内院，又就黄膘李三一事和大学士们议论。他问大学士洪承畴、范文程、额色黑、宁完我、陈名夏、陈之遴：顷因乱法而被诛之黄膘李三，一细民耳，而住宅之外，复多造房屋，每间修饰整齐，何故也？洪承畴对答说：其修造房屋，分照六部，或某部人至，或自外来有事与某部商处者，即延入某部房内。福临说：以一细民，而越法妄行如此，故天使其败，致因他案发觉，而得以将其置于法耳。凡人恶贯满盈，不久自败。③

正月二十一日，福临到御马厂，阅视马匹，观看睿王及一等侍卫巴哈之甲胄后，对大学士范文程等说："兵器固不可不备，然戈甲虽备，亦不可徒恃军威，军威虽盛，而德政不足以合天心顺民望，亦不可也。"范文程对答说："诚如圣谕。"④这最明显不过地表明，顺治帝福

①《清世祖实录》卷71，第8、9页。

②《清世祖实录》卷71，第15、16页。

③《清世祖实录》卷71，第17页。

④《清世祖实录》卷71，第20页。

临称赞和决定按儒家王道仁政之说，来治国理政。

正月二十六日，福临到内院，阅吏部大计疏后，对大学士范文程等说："贪吏何其多也！此辈平时侵渔小民，当兹大察之年，亦应戒慎。"范文程奏称：彼等平时未仕之时，亦知贪吏不可为，一登仕籍，则见利而智昏矣。帝就此评论说："此由平素不能正心之故也。苟识见既明，持守有定，安能为货利摇夺。"群臣皆顿首称赞。[①]

正月二十九日，福临又到内院，阅读《资治通鉴》，读到唐朝武则天之事时，对大学士范文程、额色黑、宁完我、陈名夏等人说："唐高宗以其父太宗时之才人为后，无耻之甚，且武则天种种秽行，不可胜言。"又问诸臣："上古帝王，圣如尧舜，固难与比伦，其自汉高以下，明代以前，何帝为优？"诸大学士对称："汉高、文帝、光武、唐太宗、宋太祖、明洪武，俱属贤君。"帝又问："此数君中，孰为优？"陈名夏回奏说："唐太宗似过之。"福临不以为然地说："岂独唐太宗。朕以为历代贤君，莫如洪武。何也？数君德政，有善者，有未尽善者，至洪武之所定条例章程，规划周详，朕所以谓历代之君不及洪武也。"[②]

年方十五周岁的少年天子福临，居然能破除传统看法，首崇明太祖朱元璋，可见其之聪睿精细，独思创新，不囿旧说，哪怕是历代大儒名家形成之定论，亦不轻易相信盲目服从，而是提出自己的看法。而且尤为难得的是，明太祖是驱逐元顺帝出边取元而代之的明朝第一个皇帝，是体现、执行了儒家华夷之别观点的汉人皇帝，而他这位大清皇帝，却是夺取了明太祖创立的江山的"夷人之君"，照说是不应赞颂逐夷之华君，可是，他独具意见，大颂特颂明太祖，确系难能可贵。

第二日，正月三十日，福临御太和殿，诸王、贝勒、文武群臣上表，行庆贺礼。帝赐众人宴毕，然后命学士图海召大学士陈名夏至，讨论治国之道。福临问："天下何以治，何以乱，且何以使国祚长久？"陈名夏对答说："皇上如天，上心即天心也。天下治平，唯在皇上，皇上欲天下治平，唯在一心，心乎治平，则治平矣。"帝又问："然其道如何？"陈名夏奏称："治天下无他道，唯在用人，得人则治，不得人则乱。"帝言："然得人如何？"陈名夏奏："知人甚难，然所以知之亦易，今诚于群臣中择素有德望者，常赐召见访问，则天下人心鼓舞，

①《清世祖实录》卷71，第21页。

②《清世祖实录》卷71，第25、26页。

无不欲宣力效能者矣。"帝又问："唐朝家法，何以甚丑？"名夏奏：
"由太宗家法未善，故致女主擅国，祸乱蔓延，然贞观政治，可比隆三
代，唯能用人故耳。"帝又问："黄膘李三，为民大害，诸臣畏不敢
言，鞫审之时，宁完我，陈之遴默无一语，岂非重身家性命乎？"陈
名夏奏曰："发奸佞伏，非臣所司，且李三广通线索，言出祸随，顾
惜身家，亦人之情也。今皇上召见臣等，满汉一体，视如家人父子，
自今以后，诸臣同心报国，不复有所顾惜矣。"福临又问："人君
之有天下，非图逸豫乃身，当孜孜爱民，以一身治天下也。若徒身
耽逸乐，又安望天下治平，唯勤劳其身，以茂臻上理，誉流青史，
顾不美欤！然朕虽勤于图治，岂遂无过失，专赖卿等匡其不逮，倘
朕躬有过，慎勿讳言。"陈名夏奏："皇上宠眷诸臣，常加诫谕，
人心大不同于往时。况臣受厚恩，岂甘缄然，但恐指陈过当耳。"福
临说："李三一小人，勿谓朕屡言及之，朕之所以屡言者，欲诸臣改
心易虑，有所见闻，即行陈奏耳，朕今以后，不更言李三矣。"帝又
说："治天下大道，已略言之，更言其小者。如喇嘛竖旗，动言逐
鬼，朕想彼安能逐鬼，不过欲惑人心耳。"陈名夏奏："皇上此
言，真洞悉千载之谜，尝谓有道之世，其鬼不灵，光天化日，岂有
逐鬼之事。"帝又说："朕思孝子顺孙，追念祖父母、父母，欲展
己诚，延请僧道，尽心焉耳，岂真能作福耶？"名夏奏："若果有学
识之人，必不肯延请僧道，为此者，多小民耳，以其爱亲之诚，故圣
王不禁也。"①

　　从以上谈话，结合有关史料，清楚地表明了五个问题。第一，求
知若渴，博览群书。顺治帝为了弥补摄政时期受到睿王限制而很少读
书的损失，发愤攻读，经史子集无所不读，尤其是著名史籍，更是反
复阅览，仔细思考，对前朝盛衰兴亡的历史，十分熟悉。

　　第二，胸怀大志，欲为明君。就在正月十一日，工科给事中朱允
显在奏请开经筵之疏中，便讲道："我皇上以尧舜自期，动合古
道。"②福临虽不好意思承认这一心愿，谦称难与尧舜比伦，但他却明
确提出，他要"孜孜爱民，以一身治天下"，要"勤劳其身，以茂臻
上理，誉流青史"，且评述千余年间之六位贤君，显然是以明君自

---

① 《清世祖实录》卷71，第25—28页。

② 《清世祖实录》卷71，第11页。

期，欲图做番宏伟事业。

第三，明君的榜样，明君之中最好的明君，是明太祖朱元璋。福临明确讲道："至洪武之所定条例章程，规划周详，朕所以谓历代之君不及洪武也。"的确，明太祖朱元璋制定了一整套比较好的"条例章程"，后裔子孙皆循其制。朱元璋制定的"征赋则例"，历经建文、永乐、洪熙、宣德、正统、景泰、天顺、成化、弘治、正德、嘉靖、隆庆、万历四十六年（1618年）以前，共13朝220年，都没有变，没有加赋。直到万历四十六年起，才有加派，才出现了祸国殃民的"三饷"。并且，在朱元璋制定的众多"条例章程"中，贯穿了"轻徭薄赋"加惠民众和严惩贪官以求"吏治清明"的两条大红线，使得国家从连年征战、田荒人逃、经济凋敝的局面，很快改观。洪武二十六年（1393年），全国官民田，已达到850万余顷，超过以前任何朝代，所征夏税为米、麦471万余石，税粮米2472万余石，还有钱钞、绢若干。[①]这个数字至少说明了两个问题，一是全国经济已经完全恢复，社会经济形势大好。另一个问题是体现了朱元璋实行"轻徭薄赋"政策，取得了很大成效。因为850万余顷田地，收赋米麦2943万余石，平均每亩田征赋米麦为6升4合6勺。两百年以后张居正为相时，官民田总701万余顷，收夏税秋粮米麦26630000余万石，平均每亩田征米麦6升8合。[②]两相比较，可见洪武二十六年时的征赋则例，是体现了"薄赋"精神的。至于严惩贪官，朱元璋更是空前绝后的严厉。《大明律》规定，官吏贪污钱财60两以上，枭首示众。"轻徭薄赋""吏治清明"的儒家仁政，正是医治当时国家重症的良方妙药，福临当然会参考、会借鉴的。

第四，倾心汉化，以儒治国。正月里君臣之议论国事，基本上是儒家"文教治天下"之道，人事取例，是非标准，道德风尚，君臣楷模，治乱之因，皆以儒学为准。十五周岁的少君福临，已成为深受儒学熏陶欲行仁政之帝了。

第五，赏识汉官，倚其治国。入都燕京九年以来，只有现在才是"皇上日召见"汉大学士陈名夏等人，才是"满汉一体，视如家人父子"，时时事事询问于汉臣。顺治帝之倾心汉化，已为朝野共知，自然会遭到部分顽固、保守、落后的满洲王公大臣反对，从而引出了一系列

①②《明史》卷82，《食货六》。

的重大政治斗争事件。

四、两项基本国策 三个钦定大案

（一）"首崇满洲"

顺治十年（1653年）二月初九，十六岁的少年天子福临来到内院，读过少詹事李呈祥奏请"部院衙门应裁去满官，专任汉人"之疏后，当着大学士洪承畴、范文程、额色黑、宁完我、陈名夏等人之面，将李痛加斥责，说："李呈祥此疏太不合理。夙昔满臣赞理庶政，并畋猎行阵之劳，是用得邀天眷，大业克成，彼时可曾咨尔汉臣而为之乎？朕不分满汉，一体眷遇，尔汉官奈何反生异义？若以理言，首崇满洲，固所宜也，想尔等多系明季之臣，故有此妄言耳。"①

福临在这段话里既清楚、准确、坚定地表述了朝廷的一项基本国策——"首崇满洲"，或者称为"满洲根本"，又言简意赅地说明了制定这一国策的基本依据，即大清王朝是得力于"满臣赞理庶政，并畋猎行阵之劳"，才建立起来的。言下之意是，今后也将继续执行这一基本国策，对"满臣"要继续重用和倚任。

这一国策，早在九年以前幼君在京师举行登基开国大典的恩诏中，即已明确无误地表述出来了。即位恩诏的第一条就是："亲王佐命开国，济世安民，有大勋劳者，宜加殊礼，以笃亲贤。"第二条是封授亲王郡王之子孙弟侄为爵。第三条为："满洲开国诸臣，或运筹帷幄，决胜庙堂，或汗马著功，辟疆展土，俱应加封公侯伯世爵，赐之诰卷，与国咸休，永世无穷。"第四条是"开国以来，满洲将领等官，应得叙荫"，照例办理。②

皇父摄政王多尔衮是这样办理，世祖福临也是这样做的。他委任满洲开国元勋及其子弟为六部尚书、侍郎、八旗都统、副都统、护军统领、前锋统领、驻防将军和出征大将军、将军，分任军政要职，统军治政。他又扩大议政人员，让更多的满洲王公大臣成为议政王大臣会议的成员。

---

① 《清世祖实录》卷72，第4页。

② 《清世祖实录》卷9，第11页。

顺治八年十月初三，他命和硕承泽亲王硕塞、多罗谦郡王瓦克达为议政王，在此前后又命显亲王富绶为议政王。九年十月二十日，他又命世子济度、多罗信郡王多尼、多罗安郡王岳乐、多罗敏郡王勒都、多罗贝勒尚善、杜尔祜、杜兰分别为议政王、议政贝勒。①加上原有的议政王贝勒，至此，议政王、议政贝勒多达十六七名。

议政大臣增加更多。顺治八年正月，以布丹、苏克萨哈、詹岱、巩阿岱、鳌拜、巴哈、伊图、巴图鲁詹、杜尔玛为议政大臣。七月，以护军统领杜尔德为议政大臣。九年三月，以公遏必隆、公额尔克戴青、赵布泰、赖塔库、索洪为议政大臣。九月，以朱孔格、阿济赖、伊拜为议政大臣。十月，以内院大学士希福、范文程、额色黑、户部尚书车克、礼部尚书觉罗郎球、兵部尚书蒙古固山额真明安达礼、刑部尚书蒙古固山额真济席哈、工部尚书星讷为议政大臣。十年十二月以阿达哈哈番博博尔代为议政大臣。十一年二月，命大学士宁完我为议政大臣。十二月以长史济世为议政大臣。②

总计从顺治八年至十二年，新任命的议政大臣多达三十余员，成员也复杂化了。其中，六部满蒙尚书全是议政大臣，八旗满蒙固山额真全是议政大臣，大学士、内大臣、侍卫、长史，也有充任议政大臣者。这是体现"首崇满洲"基本国策的重要手段，对维护、保持、发展满洲贵族的特权地位，起了很大的作用。

顺治帝之所以要委任满洲八旗王公大臣分任要职，统军治政、议处军政要务，不仅是因为江山系由彼等尽心效力、百战沙场创建而来，今后还需仰仗他们辅佐皇上保卫御座。而且因为面对上亿汉民和其他少数民族人员，区区五六万名满洲男丁就显得特别珍贵，要充分利用他们的力量，要从他们之中擢用有才之人，成为军政财经等各个方面的主要骨干和高级官将。因此，不仅授以要职，还经常叙功加恩，封授和晋升其爵位世职。自顺治八年少君福临亲政到其身染重病临死前夕的顺治十七年底，十年之中，他新封和晋封了一大批满洲王公贵族。现先将宗室贵族迅速发展之情，列一简表如下：

①《清世祖实录》卷61，第2页；卷69，第13页。
②《清世祖实录》卷52，第1、9、24、25页；卷58，第11页；卷63，第32页；卷68，第1页；卷69，第11页。

顺治八年至十七年宗室王公封爵表

姓名	顺治七年前爵位	顺治八年至十七年封爵
杰书	顺治六年袭伯精济之郡王	顺治十六年袭祖父代善之礼亲王爵，改号康亲王
济尔哈朗	崇德元年封郑亲王	顺治十四年由其次子简郡王济度袭亲王爵，改号简亲王
阿济格	崇德元年封英郡王，顺治元年晋亲王	顺治八年削爵
多尔衮	崇德元年封睿亲王	顺治八年削爵
多铎	崇德元年封豫亲王	顺治九年多铎之次子信亲王多尼降为郡王
富绶	父豪格于崇德元年封肃亲王，顺治五年削爵圈禁而死	顺治八年复豪格爵，以其子富绶袭，改号显亲王
硕塞	顺治元年封承泽郡王	顺治八年晋承泽亲王，十二年其子博果铎袭爵，改号庄亲王
博洛	顺治四年晋郡王	顺治八年晋亲王，十二年其子济克新袭端重亲王，十六年降为贝勒
尼堪	顺治五年晋郡王	顺治八年晋亲王，十年其子尼思哈袭敬谨亲王
劳亲	顺治六年封亲王	顺治八年削爵
岳乐	顺治六年晋贝勒	顺治八年袭父饶余郡王阿巴泰爵，改号安郡王，十四年晋亲王
罗科铎	顺治五年袭父衍禧郡王爵	顺治八年改号平郡王
勒克德浑	顺治五年晋顺承郡王	顺治九年其子勒尔锦袭父郡王爵
勒度		顺治八年封敏郡王
瓦克达	顺治五年晋谦郡王	顺治九年卒
猛峨		顺治十四年封温郡王后卒
塔尔纳		顺治十四年封郡王，录卒，十六年追夺爵
舒尔哈齐		顺治十年追封庄亲王
雅尔哈齐		顺治十年追封通达郡王
额尔衮		顺治十年追封慧哲郡王
齐堪		顺治十年追封宣献郡王
尚善	顺治六年晋贝勒	仍系贝勒

姓名	顺治七年前爵位	顺治八年至十七年封爵
拜音图	顺治六年晋贝勒	顺治九年削爵
杜尔祜	顺治二年封辅国公	顺治八年晋贝勒
诺尼		顺治十三年封贝勒
喀尔楚浑	顺治六年晋贝勒	顺治九年其子克齐袭贝勒爵
巴尔楚浑	顺治六年封贝勒	顺治十二年卒
巴思哈	顺治六年封贝勒	顺治十一年削爵
祜里布	顺治六年封贝勒	顺治九年卒
杜兰	顺治六年封贝勒	仍系贝勒
多尔博		顺治十四年封贝勒
察尼		顺治十二年封贝勒
屯齐喀	顺治六年封贝子	顺治十四年削爵
屯齐	顺治六年晋贝勒	顺治十一年削爵，十二年授镇国公品级
穆尔哈齐		顺治十年追封诚毅勇壮贝勒
巴雅喇		顺治十年追封笃义刚果贝勒
塔察篇古		顺治十年追封恪恭贝勒
费扬武	崇德年间封辅国公	顺治十年追封贝勒
务达海	顺治五年晋贝子	顺治十二年卒
固尔玛浑	顺治六年晋贝子	仍系贝子
扎克纳	顺治六年晋贝子	顺治九年革爵，十四年授辅国公品级
温齐	顺治六年封贝子	仍系贝子
傅喇塔	顺治六年晋贝子	顺治十六年降为辅国公
洛讬	崇德元年封贝子，七年革爵	顺治八年封三等镇国将军
努赛	顺治六年晋贝子，七年卒	顺治八年拉笃祜袭父努赛爵，封镇国公
巩阿岱	顺治初晋贝子	顺治九年削爵
穆尔祜	顺治六年晋贝子	顺治十一年削爵
特尔祜	顺治六年晋贝子	顺治十五年卒
萨弼	顺治六年晋贝子	顺治十二年卒
额克亲	顺治七年晋贝子	顺治八年削爵
博和托	顺治元年晋贝子	顺治八年卒
彰泰		顺治八年封镇国公，寻晋贝子
强度	顺治六年封贝子	顺治八年卒
尚建		顺治十年追封贝子

姓名	顺治七年前爵位	顺治八年至十七年封爵
托克托慧		顺治八年封镇国公
汉岱		顺治八年封镇国公，十三年削爵
玛尔图	顺治六年封镇国公	顺治十五年卒
僧额	顺治六年封镇国公	
玛三	顺治六年封镇国公	
恭阿	顺治六年封镇国公，后卒	
果盖		顺治八年封镇国公
果赖		顺治八年封镇国公
温齐喀		顺治九年封镇国公
聂克赛	顺治六年封镇国公	顺治九年降辅国公，后降三等辅国将军
傅勒赫	顺治二年封镇国公	顺治八年削爵
巴布泰		顺治八年封镇国公
阿拜		顺治十年追封镇国公
穆青		顺治八年封辅国公
海兰		顺治八年封辅国公
席布锡伦		顺治八年封辅国公
嵩布图		顺治八年封辅国公
塔海		顺治八年封辅国公
祜世塔		顺治八年封辅国公
喇世塔		顺治八年封辅国公
英额里		顺治八年封辅国公
英格里		顺治八年封辅国公
千图		顺治八年封辅国公
来祜		顺治八年封辅国公
巩安	顺治六年晋辅国公	仍系辅国公
灏善		顺治八年封辅国公
巴穆布尔善		顺治八年封辅国公
高塞		封辅国公
拔都海		顺治八年晋国公
噶布喇		顺治八年封辅国公
塔拜		顺治十五年追封辅国公
达尔察		顺治十年追封辅国公
赖慕布		顺治十年追封辅国公

上述简表表明了两个问题。第一，顺治八年正月少君福临亲政后，

他在这一年初封和晋封了一大批宗室的爵位，顺治十年又追封了一批已故多年的宗室之爵位，同时，也就在顺治八年，他又削了和降了一些王贝勒的爵位。这显然是出于政治原因，他刚亲政，亟需赢得皇族成员的拥戴，应该大施特恩，扩大统治基础，故封赐和晋封了一大批宗室的爵位。他又急于清除政敌，利用有利时机，彻底削弱两个白旗王公势力，使摄政时代永远结束，开始进入由他主宰天下的乾纲独断之日。第二，初封和晋封的爵位，主要是镇国公与辅国公，属于宗室的九等封爵中的中等封爵，在它之上，有亲王、郡王、贝勒、贝子，在它之下，有镇国将军、辅国将军、奉国将军，而初封晋封为亲王、郡王的则很少，只有尼堪、岳乐、硕塞三人从郡王晋为亲王，而原来的英亲王、睿亲王、劳亲王已削爵，豫亲王、端重亲王分别降为郡王、贝勒。这是顺治帝崇君抑王政策执行的结果。通过宗室爵位的封授晋升和降革，对促进和保证少君福临的乾纲独断和至尊无上地位，起了相当大的作用。

另外，顺治帝对异姓贵族（宗室以外的八旗贵族），也采取了类似政策，封晋了一大批开国元勋之后和有功之臣。太祖、太宗时期，费英东、额亦都、扈尔汉、何和礼、扬古利等将，统兵治政，南征北战，破敌克城，开疆辟土，为金国——大清国的建立和发展，做出了重大贡献，他们的子弟侄孙又在入主中原统一全国中建树了功勋，分别被封授爵位世职，成为朝廷的坚定支柱。福临亲政后，立即对开国元勋之后裔叙功嘉奖，晋封爵职。比如，五大臣之一费英东，娶太祖之孙女，授三等总兵官世职（后之三等子），卒后追封直义公，但其世职仍以三等子往下传袭。顺治十六年顺治帝特下诏旨晋其爵职说，"费英东事太祖，参赞庙谟，恢扩疆土，为开创佐命第一功臣，延世之赏，勿替其勋"，命进为三等公，以原袭其二等子职之查喀尼，晋为三等公，世袭。五大臣之一何和礼，娶太祖之长女，授三等总兵官世职，其第四子和硕图袭职，娶太祖之孙女，号和硕额驸，以军功超封三等公，世袭，顺治九年其孙衮布以"恩诏"晋为一等公。三等子劳萨之子程尼，顺治九年超封一等伯，卒后，顺治十二年其叔一等阿达哈哈番罗壁袭侄之爵，合并为二等公。杜雷，何和礼之第五子，母系公主，顺治九年由三等子超晋二等伯。明安，其女为太祖之妃，顺治九年由三等子晋为二等伯。额亦都之第十子伊尔登，勇冠全军，尤长于应变，潜机制敌，诸宿将皆弗能及，顺治九年由三等子晋二等伯。追赠武勋王扬古利之弟冷格里，以军功封一等子，其孙穆赫林于顺治九年由一等子晋为一等伯。三等子图鲁什之子巴什泰，顺治九年晋为三等侯"。

　　由于开国元勋皆已去世，顺治帝为统一全国，巩固统治地位，陆续擢用了一大批勇将，授以要职，封赐爵位。例如伊尔德，系扬古利族侄，本一普通诸申，因其早年从军，勇猛冲杀，战功累累，顺治六年已晋世职为一等子，九年又晋为一等伯。十一年伊尔德以满洲正黄旗固山额真身份偕敬谨亲王尼堪出征大西军李定国，尼堪轻敌冒进阵亡，伊尔德被论罪削爵革职籍没。十二年蒙帝赏识，他被授为宁海大将军，往征南明鲁王部将阮进等，大胜，取丹山，师还论功，复世职，又进为一等伯。

　　由于顺治帝擢用勇将，厚待功臣子孙，封晋爵职，八旗异姓贵族有了很大发展，现列简表如下，以叙其情。

顺治八年至十七年满洲八旗贵族封爵表

姓名	顺治七年前爵职	顺治八年至十七年爵职
爱星阿	顺治四年袭父塔詹之一等公	仍系一等
辉塞	顺治四年袭父图赖之一等功，五年被多尔衮削爵	顺治八年复爵
谭泰	顺治元年封一等公，二年降为一等子	顺治八年封一等公，同年削爵
遏必隆	天聪八年袭父额亦都之一等子	顺治九年袭兄图尔格之三等公，并为一等公
英俄尔岱	顺治四年晋二等公	顺治九年二等子
鳌拜	顺治元年一等子，七年降一等男	顺治九年晋至二等公
倭黑	崇德年袭祖费英东之三等子	顺治九年晋一等子，十六年晋三等公
伊尔德	顺治六年一等子	顺治九年晋三等伯，十一年削职，十四年复爵，后晋一等侯
吴拜	顺治四年二等伯	顺治八年进三等侯，同年削爵，十五年封一等子
程尼	顺治七年袭你劳萨之三等子	顺治九年晋一等伯

姓名	顺治七年前爵职	顺治八年至十七年爵职
车尔布	顺治五年袭父叶臣之二等子	顺治九年晋一等伯
穆赫林	顺治五年袭父穆成格之一等子	顺治九年晋一等伯
杜雷	顺治七年封三等男	顺治九年晋二等伯
纳海		顺治十二年袭封二等伯
伊尔登	崇德六年封三等男	顺治九年晋二等伯
噶尔玛僧格	天聪八年封二等子	顺治九年晋三等伯
阿喇弥	顺治五年袭兄崔濮塔之一等子	顺治九年晋二等伯，寻降三等伯
伊里布		顺治八年袭父阿济格尼堪之三等伯，顺治九年晋一等伯
陈泰	顺治六年封二等男	顺治十三年晋一等子
阿尔津	顺治五年封一等男	顺治九年晋一等子
敦拜	顺治七年封三等男	顺治十三年晋一等子
赖达库	崇德八年袭父安达昊之三等男	顺治八年晋一等子
马尔赛	顺治七年袭父谭拜之二等男	顺治十七年晋一等子
拜山	天聪十年袭霸奇兰之三等子	顺治年间晋一等子
艾音塔睦	天聪八年袭父慕克谭之一等男	顺治九年晋二等子
哈山	天聪八年封三等男	顺治九年晋二等子
尼堪		顺治十年封二等子
鄂罗塞臣		顺治年间封二等子
喀山	顺治初晋二等子	二等子
苏克萨哈	顺治七年封二等男 天聪八年袭父霸拜	顺治十二年晋二等子
阿郁实	顺治七年之三等子晋二等子	二等子
锦布	崇德六年袭兄翁阿岱之一等男	顺治九年晋二等子
硕色纳		顺治十二年封二等子

姓名	顺治七年前爵职	顺治八年至十七年爵职
绰尔济	顺治五年袭兄多尔衮之三等子	晋二等子
觉善	顺治七年封二等男	顺治九年晋三等子
马喇希	崇德年间封三等男	顺治九年晋三等子
希福		顺治九年封三等子
珠玛喇	顺治初封三等男	顺治十二年晋三等子
丹代		顺治十二年封三等子
雅赖	顺治七年封三等男	顺治九年晋一等男
路什		顺治九年封三等男，十七年赠一等男
哈什屯		顺治九年封一等男
硕詹		顺治九年封一等男
席特库		顺治九年封一等男
朱玛喇	顺治七年封一等男	一等男
阿哈尼堪		顺治九年封二等男，十四年晋一等男
鄂莫格图		顺治九年封一等男
索尔和	崇德二年袭兄南褚之三等男	顺治九年晋一等男，后降为二等男
武赖		顺治年间封一等男
和尔浑	崇德八年袭父布当之三等男	顺治九年晋一等男
诺木奇	崇德八年袭尼齐之三等男	顺治年间晋一等男
纳都祜		顺治八年封一等男
格巴库	崇德年间袭父布杭古之三等男	顺治年间晋一等男
巴山		顺治九年封三等男，十一年晋二等男
孙塔		顺治十年封三等男，十一年晋二等伯
努山		顺治九年封三等男
萨弼图		顺治年间封二等男
霸兰		顺治九年封二等男
荆尔古达		顺治年间封二等男
孙达礼		顺治年间封二等男

姓名	顺治七年前爵职	顺治八年至十七年爵职
雍舜		顺治九年封二等男
特锦	顺治七年封三等男	顺治十五年晋二等男
卓布泰		顺治年间封二等男
费扬古		顺治十一年封二等男
吴赖		顺治九年封二等男
鄂莫克图		顺治十一年封二等男
庄机达		顺治年间封二等男
兰拜		顺治九年封二等男
潭布		顺治八年封三等男，九年晋二等男
景固勒岱		顺治年间封三等男，九年晋二等男
雅尔纳		顺治年间封三等男
额尔格图		顺治年间封三等男
真柱恳		顺治年间封三等男
齐尔格中		顺治九年封三等男
宜拜		顺治九年封三等男
达礼善		顺治年间封三等男
赖达哈		顺治年间封三等男
舒理浑		顺治年间封三等男
雅喇		顺治十三年封三等男
苏鲁迈		顺治九年封三等男
费雅思哈		顺治年间封三等男
宜尔格德		顺治十二年赠三等男
喀尔喀喇		顺治十二年赠三等男

"首崇满洲"国策在经济上的体现就是：高俸厚禄，广收包衣，庄园遍地，屡赐银帛。顺治七年议准：亲王岁给俸银一万两、禄米一万两千斛，郡王银四千两、米八千斛，贝勒银两千两、米两千一百斛，贝子银一千两、米一千六百斛、公银五百两、米一千两百斛。第二年改定：亲王俸银照旧，郡王岁给银五千两，贝勒三千两，贝子两千两，公一千两，每年俸银两百两，给禄米三斛。据此，郡王俸银增加了一千两，贝勒加了五百两，贝子增一千两，公增五百两，禄米也增加了一些。顺治九年又定：亲王世子俸银六千两，郡王长子三千两。顺治十年定制：亲王、世子、郡王、长子俸银照旧，贝勒二千五百两，贝子一千三百两，

镇国公七百两，辅国公五百两，一等镇国将军四百一十两，以下各递减二十五两。每俸银一两，给禄米一斛。这是非常高的数量。堂堂一品大学士，年俸银才一百八十两、米一百八十斛，而一位亲王的岁俸等于五十五位大学士的年薪，一位郡王之俸银超过二十七位大学士禄银的总数，二者之间是何等悬殊！

宗室王公还不断得到赏银。顺治二年五月初四，以定国大将军豫亲王多铎出征西安大顺军所获金八万四千余两、银一百五十三万余两、缎三千余匹分赐诸王、贝勒、贝子、公、公主及各旗官员。①《清世祖实录》卷16，第4页载，赐亲王金一百两、银一万两，郡王金五十两、银五千两，贝勒金二十五两、银二千五百两，贝子金十三两、银一千二百五十两。八年二月、八月两次共赐亲王各银一万七千两、郡王各银一万八千两、贝勒各银三千七百两、贝子一千二百二十五两。十年一次，和十四年的两次，三次共赏亲王各银一万四千两、郡王各银七千两、贝勒二千四百五十两、贝子银一千五百两。从顺治五年到十四年的十年中，六次累计赐每位亲王银四万一千两、郡王二万一千五百两、贝勒一万〇六百五十两、贝子五千六百七十五两。②这批赏银，相当于他们每人一年的正额俸银四倍多，即十年中他们每人多领了四年的俸银。

宗室王公还占有大量包衣，庄园牧场星罗棋布于河北、辽宁、内蒙古、山西等地。顺治八年二月原皇父摄政王多尔衮被追罪削爵籍没，八月帝斥其滥收投充包衣说，多尔衮滥收投充人一千四百余名，多系"带有房产富厚之家"。其兄英亲王阿济格亦大肆逼民带地投充，仅在滦州、香河、宝坻、三河、玉田、丰润、乐亭及开平卫的投充人就有六百八十七名，就有地八十五万余亩。③

据清政府官方册籍记载，清初八旗宗室王公庄园共有整庄一千四百零七所，半庄、庄、园八百一十七所，共二千二百二十四所，另有果地、靛地、网户地、猎户地、菜地，主要分布于河北、辽宁等地，共有田地一百三十三万余亩。④其实这并不是王公庄园的全部数字，而只是其

---

① 光绪《大清会典事例》卷248。

② 康熙《大清会典》卷38。

③《清世祖实录》卷59，第12、13、28页；一史馆：《顺治题本》，顺治十六年正月二十一日，户部尚书噶达洪题：《为圈补土地事》。

④《清朝文献通考》卷5。

中的一部分，即清初分封给王公的免交国赋的旗地，亦称"老圈地"。各王公实际拥有的庄园牧场田地，远比此数更多。仅顺治帝福临之五兄和硕承泽亲王硕塞（后改称庄亲王）家，到清朝末年，在河北省的延庆、宝坻、昌平等二十二个州县及张家口、承德、独石口和山西省、辽宁省，共有土地五十五万余亩。[①]福临的长兄肃亲王豪格于顺治五年三月被多尔衮削爵幽禁籍没，八年复爵，由其子富绶袭封。肃王府之庄园牧场田地比庄亲王府还多，在河北、奉天（辽宁）有"耕作地"三十万余亩，在"东蒙古察哈尔属白旗地"有牧场地一百二十六万亩，另外在热河还有一百七十余万亩土地的所有权及面积为二十平方里的森林一处、金矿一处、山地十处、果园三处。[②]

八旗异姓贵族也占有成百上千名包衣和辽阔田地。平南王尚可喜之子尚之隆于顺治十七年六月被皇上选为驸马，以皇兄承泽亲王硕塞之女为皇女，下嫁于尚之隆。尚可喜感谢皇恩，"遣包衣闲丁家口共计八百一十五名，进京服侍公主"。[③]仅服侍公主的包衣就有八百余名，其家拥有的包衣之多，可以想见，因而其按"计丁授田"政策而占有的田地之多，亦不难想象了。尚府虽经战乱而有所衰落，但直到乾隆初年仍在关外有庄地五万余亩，还在直隶有顺治年间和硕公主下嫁时从内务府分得的陪嫁庄园五所，占地七千余亩。[④]

久任大学士的开国功臣一等子范文程家，也有很多包衣和庄地，除直隶之庄园人丁外，范府在辽宁有田地四万余亩及包衣一百三十余户六百多人。[⑤]

（二）"满汉一家"

少年天子福临在沿袭"首崇满洲""满洲根本"的基本国策的同时，也继续执行了祖先所定的"满汉一家"政策，并有了很大的发展。

---

① 一史馆存：《宗人府堂稿》，王府长史桂斌：《为呈覆事》。

② 一史馆存：《宗人府堂稿》，肃王府：《奉天各庄佃布放低》；（宣统七年，十一月）日本大正三年调查报告：《奉天督，东蒙古地方肃亲王所有不动产调查书》。

③ 一史馆存：《户科史书》，尚可喜：《为恩恩准给月米以资养赡事》。

④《户部地亩档册》，《尚王庄园人丁册》。

⑤ 范府：《关东地亩人丁册》《范宅老地账》。

大清王朝的江山，是以满洲官兵为主力而打下来的，今后也主要靠八旗军尤其是满洲八旗王公大臣将士来保卫和扩展，因此必须"首崇满洲"，保障、维护八旗贵族大臣的特权和特殊利益，这是不容异议的。但是清帝是大清国亿万人民之君，他的子民99%都是汉民，近亿汉民和上千万其他少数民族人员皆系清帝赤子，分居全国一千七百余府厅州县，仅靠区区五六万丁的满洲男丁，哪怕尽皆披甲当兵，也无法长期控制住汉民和其他族人员，大清王朝便难长治久安。另外，马上固然可以得天下，但却不能马上治天下。久居偏远山区的满洲，入关以后，面临辽阔领土，地形复杂，人口众多，言语不通，文字各异，风俗有别，民情不谙，恐怕即使诸葛再世，也无法单独治理全国，必须大量吸收其他民族人才，尤其是汉族的有才之人。汉族有悠久的文化，人才济济，治国有道，统军有方，不做好对汉民的工作，不争取汉族之上层人士和有才之人，不"以汉治汉"，清王朝的统治就难以持久，就不能巩固。因此，太祖努尔哈赤就曾手定厚待降金汉官的政策，太宗皇太极予以发展。

皇父摄政王多尔衮对此更做了许多工作，明确提出"满汉一家"的政策。他多次讲述"满汉一家，同享升平"之理。入关之初，他一再宣布率兵归顺者，"地方官各升一级"，"各衙门官员，俱照旧录用"，"官仍其职，民复其业"。①不久又定制，内院大学士满汉兼用，六部尚书、侍郎、都察院左都御史、是满汉共职，司官则多系汉人。地方大员总督巡抚亦满汉并用，初期以汉军旗人和汉官为多，司道州县则主要是汉官。顺治五年八月二十日、二十八日他又以帝名义，两次谕告礼部、户部，允许满汉通婚说："方今天下一家，满汉官民，皆朕臣子，欲其各相亲睦，莫若使之缔结婚姻，自后满汉官民，有欲联姻好者，听之。"②但是摄政期间，满官权大，汉官势弱，部务皆由满臣裁处，大印亦由满官执掌，汉官很少晋见摄政王，不敢奏事谏阻。

福临为了贯彻他制定的"满汉一家"政策，充分发挥汉人、汉官的作用，采取了三大措施。

一是重用饱学名士，参与机要。少年天子福临从顺治八年正月亲政伊始，即感到用人之重要。他的母后于八月二十一日便诰谕爱子说："民者国之本，治民必简任贤才，治国必亲忠远佞，用人必出于灼见真

①《清世祖实录》卷4，第6页；卷5，第2、3页。
②《清世祖实录》卷40，第11、14页。

知。"①一年多以后，大学士陈名夏奏称："贞观政治，可比隆三代，唯能用人故耳。"②大学士范文程等人在奉旨会推大臣奏时称："治天下首在用人，内而部院卿寺，外而总督抚镇，皆佐皇上经理天下之大臣也。"③福临全遵循了母后的教诲，采纳了范文程等人的建议，对任用文臣武将，特别是委任大学士和九卿，非常重视，力求选用贤才及合适之人。

福临亲政以后，官制大体上虽仍沿袭摄政时期之制，内三院和顺治十五年改为内阁的大学士，系满汉兼有，但也有较大的变动。变动之一是增加了汉大学士名额。顺治元年到七年，大学士一般是五六名或六七名，其中多系满洲旗人和汉军旗人，汉大学士较少。顺治三年到七年，每年大学士共七名，即范文程、刚林、宁完我、冯铨、洪承畴、祁充格、宋权，其中刚林、祁充格是满洲旗人，范文程、宁完我、洪承畴是汉军旗人，只有冯铨、宋权是汉人。顺治八年人员变化很大，但格局仍与前几年相同。顺治九年里先后有八名大学士，即范文程、宁完我、洪承畴、宋权、希福、陈名夏、额色黑、陈之遴，其中满洲二名，汉军三名，汉人三名，但汉大学士宋权于年初致仕，实际上只有陈名夏和陈之遴二人。顺治十年六月二十七日，福临下谕内三院命增加汉大学士说："纶扉为机密重地，事务殷繁，宜选贤能，以弘匡赞，每院应各设汉官大学士二员，着吏部详察实行，确举堪任者奏闻，尔内院即传谕行。"④随即命吏部尚书成克巩为内翰林秘书院大学士、礼部左侍郎张端为内翰林国史院大学士、吏部右侍郎刘正宗为内翰林弘文院大学士。这样一来，大学士主要便由汉官担任了。比如，顺治十一年的大学士有：范文程、宁完我、洪承畴、陈名夏、额色黑、冯铨、图海、成克巩、张端、刘正宗、吕宫、金之俊、蒋赫德、王永吉、党崇雅、傅以渐，共十六人，其中范文程于九月解任，陈名夏于三月被处死，张端在六月病故，余下十三位中，满洲两人，汉军旗两人，汉官九人。顺治十二年共有大学士十六位，扣除因病免任二位，还有十四位，其中满洲四人，汉军二人，汉官八人。十三年起，满洲、汉军旗大学士和汉大学士的人数才大体相等，有时汉大学士还略多于满洲、汉军旗大学士。

①《清世祖实录》卷53，第15、16页。
②《清世祖实录》卷71，第26页。
③《清世祖实录》卷71，第17、18页。
④《清世祖实录》卷76，第12页。

顺治十五年七月二十三日，福临下谕吏部，命将内三院改为内阁，大学士改加殿阁衔，称中和殿大学士、保和殿大学士、文华殿大学士、武英殿大学士、文渊阁大学士、东阁大学士，品级由原来的二品改为正五品（明朝大学士为正五品），但"照旧例兼衔"，取消原有的内三院秘书、弘文、国史院大学士名称，翰林院照旧独立出来（原混入内三院内）。这一年的大学士有满洲额色黑、图海、车克、巴哈纳四人，汉军宁完我、洪承畴、蒋赫德三人，汉大学士有成克巩、刘正宗、金之俊、傅以渐、王永吉、胡世安、卫国祚、李霨八人，汉大学士仍略多于满洲、汉军旗大学士。

二是大量委任新人。从顺治八年起，世祖除继续留用一些旧大学士外，不断擢用新官，到顺治十年、十一年以后，内院内阁大学士，基本上是由皇帝新委任的。顺治七年内院大学士共七人，即范文程、刚林、宁完我、冯铨、洪承畴、祁充格、宋权，第二年刚林、祁充格被处死，冯铨致仕，新任了希福、陈泰、雅泰、陈名夏、额色黑五位大学士。顺治十二年起，内院十几名大学士中，只有宁完我、洪承畴、冯铨三人是顺治八年以前的大学士，且宁完我于十五年致仕；冯铨于十三年二月致仕。十六年二月复任；洪承畴虽一直是大学士，但从十五年五月即已往湖南，兼任五省经略，不问院事，十七年才以病回京调理，十八年四月致仕。也就是说旧大学士实际上只留下两名，其余的大学士皆是顺治帝新任的。

三是福临最重庶吉士，尽量擢用入主中原后开科取士选录的进士和庶吉士，超级提拔为大学士，一共任用了傅以渐、吕宫、李霨三人。傅以渐，山东聊城人，顺治三年一甲一名进士，即状元，授弘文院修撰，四年充会试同考官，五年充任明史纂修官，八年迁国史院侍讲，九年充任太宗实录纂修官，十年正月迁秘史院侍讲学士，五月迁少詹事，闰六月擢国史院学士，七月教习庶吉士，十一年八月授秘书院大学士。吕宫，江苏武进人，顺治四年一甲一名进士，授秘书院修撰，九年加衔右中允。十年二月，帝幸内院，吕宫与侍讲法若真、编修程芳朝、黄机并召对，命撰柳下惠《不以三公易其介论》，赐茶食。十年五月，帝谕吏部："翰林官升转，旧例论资俸，兼论才品。朕思果有才品特出者，何必拘于旧例？右中允仍管秘书院修撰事吕宫，文章简明，气度闲雅，着遇学士员缺，即行推补。"遂授秘书院学士。十年闰六月擢吏部右侍郎，十二月授弘文院大学士。李霨，直隶高阳人，父国䋙在明朝天启时任大学士。李霨七岁而孤，弱冠登第，于顺治二年中举，三年成进士，改庶吉士，授检讨，后晋编修。十年二月顺治帝亲试清书翰林，李霨列上等，擢中允，五月迁侍讲，寻擢侍讲学士，十二年迁秘书院学士，任日讲官，十四年充经筵讲官。十五年二月充会试副考官，五月授秘书院大学士，时年才三十四岁。顺治帝擢用倚任三人，三人也多有建树。李霨一直任到康熙二十三年病故，刚六十岁，人赞其"风度端重，内介外和，久居相位，尤娴掌故，眷遇甚厚"。康熙帝赞其"慎勤敏练，宣力有年，劳绩素著"。康熙三年（1664年）吕宫卒时，范文程为其作诔说："本朝第一人物，第一知遇，唯先帝知公，唯公不负先帝。"①

首先，培养见习，为康熙朝准备了一大批名相能臣。顺治帝亲政不过十年，从顺治三年举行第一次会试起，到其十八年正月病故，一共举行了七科会试。由于他英年去世，一些优秀进士、庶吉士虽然还来不及治理部院入阁拜相，但经康熙帝擢用培养，多已入直内廷，或为部院司员侍郎尚书，到康熙前期入阁拜相，成为创建"康乾盛世"的主要大臣。比如，徐元文，少年英俊，二十岁中举，顺治十六年二十五岁时钦点状元。顺治帝召见徐元文于乾清门，谕以特简之意，"还启皇太后曰：今岁得一佳状元。赐其冠带蟒服袭靴，视旧典有加"。徐元文率诸进士谢恩，"世祖为御殿，百官陪列，鸿胪读表，前此未有也"，授翰林院修撰，"数被宣召"。徐元文为诗记此说："空传枚马金门侍，只倚雕虫侍武皇"，抒发了其"生平致君之志"。徐元文曾从幸南苑，帝赐其乘御马，命学士折库纳为其执镫，折库纳乃徐元文馆师，徐元文"逊谢不敢"，乃改命侍卫执镫。徐元文又曾于晚上入宫，帝在便殿召对，帝命赐馔，又赐其从者食，此皆罕有之殊遇。徐元文后在康熙朝功任国子监祭酒、翰林院掌院学士、左都御史、刑部尚书和大学士。②

冯溥，顺治三年进士，选庶吉士，授编修，迁翰林院侍读学士，直讲经筵。"世祖幸内院，顾大学士曰：朕视冯溥乃真翰林也"。十六年冯溥升任吏部侍郎，康熙六年迁左都御史，八年擢刑部尚书，十年升任

---

①《清史列传》卷5，《傅以渐传》《吕宫传》卷7，《李霨传》《清史稿》卷238，《傅以渐传》《吕宫传》；《清代碑传全集》卷4，王熙：《李公霨墓志铭》，吕星垣：《太保公吕宫家传》）。

②《清史列传》卷9，《徐元文传》；《清代碑传全集》卷12，《徐元文行状》。

大学士，直到康熙二十一年七十四岁时始致仕还乡。吴正治，顺治六年进士，选庶吉士，授编修，迁右庶子，十五年出任江西南昌道，迁陕西按察使，"所至以清廉执法著称"，十七年擢工部侍郎，调刑部侍郎。康熙时历任左都御史、工部尚书、礼部尚书，二十年拜文华殿大学士。黄机，顺治四年进士，选庶吉士，授编修，迁侍读，再迁侍读学工、礼部侍郎，康熙六年进尚书，后任至大学士。宋德宜，顺治十二年进士，选庶吉士，授编修，屡迁至国子监祭酒，康熙时历任左都御史、刑部尚书、兵部尚书、吏部尚书，二十三年拜大学士。伊桑阿，满洲正黄旗人，顺治九年进士，累擢至内阁学士，康熙时历任吏户礼兵工部尚书，二十七年拜大学士。魏裔介，顺治三年进士，选庶吉士，历任给事中、都给事中，太常寺少卿、左副都御史，康熙三年拜大学士。熊赐履，顺治十五年进士，选庶吉士，授检讨，进侍读，康熙十四年超授大学士。李之芳，顺治四年进士，屡擢至郎中、御史，巡按山西，康熙时历任浙江总督、兵部吏部尚书，拜大学士。王熙，顺治四年进士，选庶吉士，屡受世祖嘉奖，十五年擢礼部侍郎兼翰林院掌院学士，为世祖起草遗诏，康熙时历任左都御史、尚书，拜大学士，为相二十年。陈廷敬、李天馥、吴琠等进士，在康熙时亦任至大学士。他们都为"康乾盛世"之奠立，做出了重要贡献。《清史稿》第250卷记述了李霨，冯溥、王熙、吴正治、黄机、宋德宜、伊桑阿、徐元文、孙廷铨、杜立德、阿兰泰等十位大学士事迹后，加以评论说："康熙初叶，主少国疑，满汉未协，四辅臣之专恣，三藩之变乱，台湾海寇之荡，措置偶乖，皆足以动摇国本。霨、廷铨、立德、溥当多事之日，百计匡襄；熙预顾命，参军谋；正治等入阁，值事定后，从容密勿，随事纳忠，伊桑阿、阿兰泰推诚布公，受知尤深。康熙之政，视成、宣、文、景驾而上之，诸臣与有功焉。"

其次，慧眼识奇才，破格擢用卑微小吏。顺治帝虽特重庶吉士、进士，大量擢用汉官，倚任前朝旧宦（如陈名夏、金之俊等），但对非科举出身之能员，哪怕是职卑望浅，只要是确有真才实学，亦破格提拔重用，图海之起，即系明证。图海，字麟洲，马佳氏，满洲正黄旗人，初系笔帖士，顺治初充中书舍人，"具文武才"。清人载述图海之被皇上擢用情形说："初，公为中书舍人，负宝从世祖之南苑，上心识其人，欲重用之。恐人不服，因谓众辅臣曰：某中书举止异常，当置于法。众以无罪请。上曰：否则立置卿相，方可满其愿也。因立授内阁学士。"①
这是顺治八年的事。第二年授骑都尉世职。顺治十年四月，图海被擢任
内弘文院大学士、议政大臣，十二年又加太子太保，摄刑部尚书事，
十三年考满，加少保，荫一子入监读书，又兼任都统，十五年同大学士
巴哈纳等校订《大清律》。三年之间由小小中书舍人一跃而为大学士，
荣为三公。但顺治帝对臣僚并不溺爱姑息，一旦发现其有大过，即严加
惩处，对图海也不例外。顺治十六年闰三月，公额尔春戴青之家奴陈保
等人殴打侍卫阿拉那后，反诬告阿拉那抽刀相击，并擅自将其绑缚。刑
部审理此案时，竟偏听陈保等恶奴之言，拟议将阿拉那鞭一百，折赎。
顺治帝初允其议，不久发现此案是非颠倒，遂闰三月二十二日将图海革
职议罪。他谕告吏部说：

> "图海向经简用内阁，期其属恭赞理，克副委任，乃不肯虚公存心，
> 凡事每多专擅，无论朕所未见之处，恣肆多端，即在朕前议论，往往谬妄
> 执拗，务求己胜。朕知其行事如此，不可久留密勿之地，故调用刑部，彼
> 犹不语，以为不能堪任，侈然自满，受事有年，不思感恩报称，过误愈
> 多，屡加诫谕，迄无悛悔。朕复不忍遽弃，屡以小事惩处，使之敬省，犹
> 然置若罔闻，如阿拉那一案，问理不公，是非颠倒，情弊显然，朕面加诘
> 问，仍巧言支饰，不以实对，负恩溺职，殊为可恶，已经革职付部，着议
> 政王、贝勒、大臣、九卿、科道会同从重议罪具奏。"②

过了两天，闰三月二十四日，议政王、贝勒、大臣、九卿、科道
等官遵旨会议奏称：刑部尚书图海负恩溺职，应论绞。帝降旨批示：
图海情罪重大，本当依议正法，但念其任用有年，姑免死，革职，家
户籍没。③

经过这次重惩，图海闭门思过，潜心研讨，文武才干俱增，顺治帝
亦念其惩处过重，欲加宽宥，因去世未及发旨。顺治十八年十月二十四
日，四大辅臣以新君康熙帝名义谕告吏部说："世祖皇帝遗旨：原任都
统图海，情罪原曲，欲改未及，遇有满洲都统缺补用。"着图海补授满

---

① 昭梿：《啸亭杂录》卷2，《图文襄公用兵》。

② 《清世祖实录》卷125，第13页。

③ 《清世祖实录》卷125，第14页。

洲正黄旗都统。①康熙六年图海复任大学士，后为平定三藩和察哈尔部蒙古亲王布尔尼叛乱，建树了巨大功勋。

福临对前明故臣，尤其是进士出身的旧臣，因共谙悉故事和典籍，亦很赏识和重用。如洪承畴、陈名夏、冯铨、陈之遴、刘正宗、成克巩、金之俊、王永吉、党崇雅、卫国祚、高尔俨、张端等，皆先后擢任大学士、参赞密勿。

在清初大多数满洲臣僚不谙明例政事，不悉民情，不知汉官贤奸，甚至不通汉话汉文的情况下，顺治帝能大量擢用汉官，任以大学士，参议政务，对革除明季积弊，妥善处理满汉关系，减轻黎民痛苦，缓和民族矛盾，安定社会，恢复和发展经济，稳定政局，进行统一全国的工作，无疑起了较好的作用。

福临推行"满汉一家"基本国策的第二个重大措施，就是提高汉官职权，甚至命其"间掌部印"。

顺治皇帝在顺治十年正月、十六年十月，先后颁发了两道震惊朝野的谕旨。十年正月初三，全谕内三院："朕稽历代圣君良臣，一心一德，克致太平，载诸史册，甚盛事也。朕自亲政以来，各衙门奏事，但有满臣，未见汉臣，顷经御史条奏，其属详恳。朕思大小臣工，皆朕腹心手足，嗣后凡进奏本章，内院、六部、都察院、通政使司、大理寺等衙门，满汉侍郎卿以上，参酌公同来奏，其奏内事情，或未当者，可以顾问商酌。尔等传谕诸臣，务体朕怀，各竭公忠，尽除推诿，以绍一心一德之盛。"②

顺治十六年十月初四，帝谕吏部："向来各衙门印务，俱系满官掌管，以后各部尚书、侍郎及院寺堂官，受事在先者，即着掌印，不必分别满汉。尔部即传谕各衙门一体遵行。"③

这两道谕旨之所以会震惊朝野，主要是因为它道出了满官掌握实权，汉官只是虚列其位的情形，并要将此敝习予以革除，真正授予汉官较大的权力。从顺治元年五月摄政王多尔衮统军入京定鼎中原以后，就定制部院除理藩院外，侍郎以下，皆是满汉共职。顺治五年起，增设汉尚书，各部都是满尚书一员汉尚书一员，侍郎则是满汉各二员，都察院

①《清世祖实录》卷5，第7页。
②《清世祖实录》卷71，第2、3页。
③《清世祖实录》卷129，第2页。

是满汉左都御史各一员，左副都御史各二员，郎中、员外郎、主事等司官也是满汉兼有。乍看起来，好似满汉真是一家，对半掌权，实情却远非如此，这两道谕旨便是说明这种情形的最有力证据。

这种异常现象带来的后果是相当严重的，极不利于巩固满洲贵族的统治。入关初期，满洲尚书侍郎大多数是仅会清语清文（即满语满文），对汉文可说是目不识丁，对中原王朝的历史、制度、典故、律例、例案也不了解，这样的文盲和门外汉，怎能处理纷繁复杂又重大的部务。拿起汉字公文，看不懂，找人翻译，一则兼通满汉文者当时太少，再则既会满汉文又熟悉部务的更为罕见，怎能准确翻译。堂堂六部，是具体治理全国的最高衙门，每年要处理成千上万的事件。以吏部而言，它的总职掌是管理全国文职官的任免政令，制定京师内外各衙门文职官名额，各衙门的官员或由吏部遴选，或由该衙门报部任用，并按规制领叙品秩，考核功过政绩，拟议升降赏罚，以及守制、终养、封衔、议恤、荫子、世职等等问题。每一事件，每一问题，拟议之时，必须援引合适的例案律例，作为根据，否则便易产生差错，或虽无误，遇到别人驳议时，有例可援，也可持之有据，不易驳倒。"而例案之堆积，高与屋齐"，不要说不懂汉文的满洲尚书、侍郎、郎中、员外郎、主事，无法从中找到合适的例案，翻译也束手无策，事情就无法办理。汉尚书侍郎、司官在办事上，当然比满官方便和高明，他们大都是科班出身，或系两榜进士，或系举人，既能随手悉阅，下笔千言，又善字斟句酌，还较熟悉典章制度掌故例案，因此繁重部务主要是由汉尚书、侍郎和司官具体处理的，但满洲尚书侍郎官员有最后决定权。尽管在大多数场合下，这种权的使用是虚的，是依汉官之议而行，但也有些事情却又系满官独主，汉官只能遵其意旨而选找例案理由，以做其议之根据和借口。这本来就已经大大压抑了汉官积极性，限制了汉官才能的发挥，妨碍了部务的正确妥善处理。而且，许多重大问题，非本部所能决定，必须奏报皇上，由帝亲裁，可是，入关以后十年里，各部院奏事，"但有满臣，未见汉臣"，汉官不能向皇上奏陈自己的意见，尽管满臣所奏并非汉臣赞同者，亦只好强抑己见，不能陈述争说和驳议，当然是满臣主宰本部了。

现在两道谕旨的下达，授予了汉尚书汉侍郎的奏事之权和掌印之权，汉尚书侍郎可以直接就本部之事向皇上呈奏，特别是当满汉尚书侍郎有异议之事，这一陈奏权就给予了汉官很大的支持。掌印之权，更为重要，以往印归满官掌管，满官不同意之事，哪怕满尚书出缺或前往外地，只满洲侍郎在部，大印亦归这位侍郎掌管，他也就可否决或不理汉尚书之议，而按己意办理，盖上大印，上呈下达。现在谕旨规定，不分满汉，但论就任先后，"受事在先者，即着掌印"，这样，汉尚书侍郎便可能有一半左右的时间掌管大印。因为，尚书之缺，经常变动，或因帝赏识，擢用大学士，或调往他部及地方督抚，或因过降革外调。那么，即使先是满尚书就任，掌管大印，但他不可能久任不变，一旦调走，自然是由该部汉尚书掌印了。

顺治帝如此倾心汉化，提高汉官职权和地位，扩大汉官的影响，固能对军国大政的妥善处理，起了相当大的作用，但也招致满臣愤怨，满汉之争加剧。因此，在顺治八年至十七年的十年里，连续发生了一系列政治斗争事件。

福临贯彻执行自己的"满汉一家"政策的第三个重大措施是，开科取士，亲考庶吉士。

顺治帝很重视通过科举来发现人才，选择聪睿饱学之士，加以培养提拔，擢任尚书侍郎总督巡抚和大学士。他亲政十年内，共举行了四次会试，即顺治九年、十二年、十五年、十六年，其中十六年为恩试加科，共取进士一千五百名。

他亲政后的第一次会试，是顺治九年。九年正月三十日，大学士范文程等奏称："会试关系抡材大典。按明朝主考官，万历以前，不拘大学士、学士、吏礼二部尚书侍郎由翰林出身官员，皆得简用，万历末年，方始专用阁臣，今自顺治元年至今，已历三科，未有定例，伏候睿裁。"福临阅后批示："着照明朝万历以前例行。"[1]同日，礼部奏称，"壬辰科会试，恩诏广额取进士四百名"，应照会典开载南北中卷之例，南卷取二百三十三名，北卷取一百五十三名，中卷取十四名，帝从其议。

同年三月二十四日，福临命大学士希福、范文程、额色黑、洪承畴，宁完我、陈之遴，学士伊图、蒋赫德、能图、叶成格、刘清泰、白色纯、张端，侍读学士索诺木、魏天赏，侍读叟塞，吏部尚书高尔俨、礼部尚书郎球、吏部侍郎熊文举、礼部侍郎恩格德、户

①《清世祖实录》卷62，第15页。

部侍郎王永吉、赵继鼎、兵部侍郎李元鼎、刑部侍郎孟明辅、工部侍郎李迎晙、礼部侍郎董卫国、礼部理事官杨鼐、礼部主事颜喀代为殿试读卷官。[①]读卷官阵容之庞大、官阶之高，充分体现了帝对殿试之重视。

第二天，三月二十五日举行殿试，他对满洲蒙古贡士麻勒吉等出的制策是："朕闻至治之世，讦讼无人，刑罚不用，是岂民之自然息争与，抑抚道各官贤良之所致也，抑亲民之府州县等官各得其人与，尔积学诸士，必有灼知，务抒所见，朕亲览焉。"[②]他测试汉军及汉贡士张星瑞等的制策是："朕承鸿业定鼎九年矣，亲政以来，日益兢惕，念治天下之道，莫大乎用人听言，人有真邪正，言有真是非，往往混淆难辨，今欲立辨不惑，一定不移，将遵何道与？开创之始，凡官制、赋役、礼乐、兵刑、营建、风纪，规模初设，未协至道，自唐虞三代以来，其制可得详闻与？或因或革，或盛或衰，意者不在制度文为，而别有在与？用正人，闻正言，行正道，朕日切于怀，未得其要，尔诸士幼学壮行，宜各出所见，实陈方略。其文务以汉廷贾董诸臣为式，毋沿对偶冗长故习，朕将亲览焉。"[③]

过了三天，三月二十八日，试卷阅完，钦赐满洲蒙古贡士麻勒吉等五十人、汉军及汉贡士邹忠倚等三百九十七人为进士及第、赐进士出身、赐同进士出身（一甲为进士及第，二甲为赐进士，三甲为赐同进士出身，通称进士）。其中，汉军及汉进士之状元为江苏人邹忠倚，榜眼为顺天人张永祺，探花为江苏人沈荃，满洲蒙古进士之状元为麻勒吉，榜眼折库纳、探花巴海，皆满洲旗人。

四月初一，赐宴满洲蒙古汉军及汉进士麻勒吉、邹忠倚等于礼部。初三赐一甲一名进士（即状元）麻勒吉、邹忠倚朝服顶戴及各进士折钞银两，初四诸进士上表谢恩。[④]

五月二十四日，帝谕授满洲一甲一名进士麻勒吉为内翰林弘文院修撰，一甲二名进士（榜眼）折库纳为内翰林国史院编修，一甲三名进士（探花）巴海为内翰林秘书院编修，汉人一甲一名进士邹忠倚为内翰林秘书院修撰，一甲二名进士张永祺为内翰林弘文院编修，一甲三名进士

①《清世祖实录》卷63，第24页。

②③《清世祖实录》卷63，第25页。

④《清世祖实录》卷64，第2页。

沈荃为内翰林国史院编修。①

四月初二吏科给事中高辛允奏请慎选庶吉士说："庶吉士一官，见为清廷近侍之臣，允则司公辅启沃之任，年貌文章品行并重"，宜详慎选择。七月二十日内院议复此疏时奏称：臣等参考旧例，斟酌时宜，择其年貌合格文字雅醇者充任，名数照己丑科（顺治六年科），取汉进士四十名，其中直隶、江南、浙江各五名，江西、福建、湖广、山东、河南各四名，山西、陕西各二名，广东一名。内取二十名年轻貌秀声音明爽者习学清书，余二十名习学汉书，届期恭请御赐题目考试。满洲进士取四名，蒙古进士取二名，汉军进士取四名，同汉进士一体读书。进馆之后，仍不时稽核敬肆勤惰，以为优劣，用昭朝廷做养人才之意。帝允其议。②

过了四天，七月二十四日，考试完毕，选授进士白乃贞、方犹、程邑、杨绍光、汤斌等二十人为清书庶吉士，周秀琬、曹尔堪、张瑞征等二十人为汉书庶吉士。③

至此，顺治九年会试、殿试全部工作，方算正式结束。顺治十二年、十五年、十六年又三次举行会试殿试，共取中进士一千一百余名。

顺治帝非常重视对庶吉士的培养，特别要求他们学好清书（即满文），以备将来大用。为此，他经常予以考试，区别优劣，进行奖惩，以励其才。顺治十三年二月十五日，他下谕内三院褒贬优劣的庶吉士说："翰林为储才之地，鼎甲庶常，皆使兼习满汉文字，以俟将来大用，期待甚殷。乃习满书者，将及一年，顷经亲试，语句生疏，皆因不肯专心，工夫怠惰，若不分别劝惩，何以激励。"此次考试，胡简敬、田逢吉、党以让、邓钟麟、冯源济、史大成、田种玉、王泽弘等十名，俱加赏赉。程邑、吴贞度、范廷魁、韩雄允等最后之四人，各罚俸三个月。"嗣后俱当精勤策励，无负朕拳拳做养谆谆教诲之意"。④十九日，他以右春坊右庶子王熙精通满书，特御服貂褂赐予，并谕告诸豫等七人说："尔等同为习满书翰林，而王熙独优，朕故加赐，尔等所学不及，亦当自惭，今后其益加勤勉毋怠。"因赐大学士金之俊、刘正宗、

①《清世祖实录》卷65，第7页。

②《清世祖实录》卷64，第1页；卷66，第16页。

③《清世祖实录》卷66，第16、17页。

④《清世祖实录》卷98，第9页。

傅以渐及王熙汉字表忠录各一部。①

过了一些时候，十三年闰五月初八，他又亲试翰林词臣，试完，谕告吏部施行奖惩说："朕简拔词臣，教习满书，乃预为储养，以备将来大用，属望之意甚殷。伊等学习满书，久者或十余年，或七八年，少亦三四年，若果专心肄习，自能精通。今朕亲加考试，王熙、张士甄、诸豫、王清、佘恉、沙澄，学问皆优，足征勤励，不负做养。"至白乃贞、范廷元、李仪古、许赞曾，向之所学，今反遗忘，着住俸，于翰林院再行教习三年，倘能省改勤勉，仍准留用，如怠惰不学，从重议处。郭棻、李昌垣，习学已久，全不通晓，旷业宜惩，着降三级调外用，仍于补官之日，罚俸一年。②

顺治十五年十二月初七，他谕翰林院：庶吉士孙承恩等，俱经简拔，特命习学清书，以备任用，自当尽心肄业，今加考试，熊赐玙、肖惟豫、王子玉、孙承恩、邹庶琪、张贞生、殷观光、陈敬、熊赐履、宋德宜，清书俱未习熟，若不罚惩，何以励其将来，着各罚俸一年。③

顺治十六年十月初六，他又亲考庶吉士后谕吏部："朕亲考试翰林庶吉士"，熊赐履、谭篆、富鸿业、肖惟豫、张贞生、熊赐玙、邹庶琪、陵懋廷、马晋允、崔蔚林，俱着照例授为编修检讨。王遵训、田麟、彭之凤、俞之琰、王封溁、郭谏、陈廷敬、王日高、吴本植、宋德宜、王飏昌、杨正中、王钟灵、孙一致、李天馥、王吉人、吕显祖、吴珂鸣，俱着照旧教习。陈敬、殷观光，习学清书日久，文义荒疏，足见平日全不用心，殊不称职，俱着革退，永不叙用。④

顺治帝这几次亲试和奖惩，做得很好很及时，起了很大作用。他真正做到了对事不对人，按各人之优劣，该奖则奖，该罚则罚，不以爱恶而上下。能中进士，且被选为庶吉士，自系学富五车之名士才子，尤其是状元、榜眼、探花、传胪（二甲第一名，即仅次于探花之第四名进士）、会元（会试之第一名）五人（或四人，因不少科次是状元或榜眼或探花与会元为同一人）更系俊中之俊秀中之秀。一般情况下，对于这样全国之中前几名的大名士大才子，还要予以斥责，确是难以启齿。然

①《清世祖实录》卷98，第9、10页；余金：《熙朝新语》卷1，第6页。

②《清世祖实录》卷101，第12、13页。

③《清世祖实录》卷122，第5页。

④《清世祖实录》卷129，第2、3页。

而顺治帝福临为了爱才，就是要严加要求，不留情面。上述几次遭他诉斥，谕令罚俸或再学的，有顺治十五年状元孙承恩、传胪张贞生、会元王遵训，有誉满京城的熊赐履、宋德宜、陈廷敬、李天馥等名家，真正做到了论文不论人。尤为难得的是孙承恩亦遭到训罚。孙承恩系江苏常熟人，与弟孙旸皆系才子。孙旸于顺治十四年因科场案被遣成边外，其弟兄父子亦应连同流徙。顺治十五年孙承恩应试于京师，"传胪前一夕"，世祖阅承恩卷，见"其颂语有云：克宽克仁，止孝止慈"，遂"大加称赏"，"拆卷见其籍贯，疑与孙旸一家"，"问学士王熙：与孙旸一家否？""遣学士王熙疾驰出禁城，至承恩寓面询。学士故与承恩善，因语之故，且曰：今升天沉渊，决于一言，回奏当云何？承恩良久慨然曰：祸福命耳，不可以欺君卖弟。学士叹息，既上马复回？顾云：将无悔乎？承恩曰："虽死无悔。"学士疾驰去。"上犹秉烛以待，既得奏，尤嘉其不欺，遂定为状元"。①这样经过皇上亲自嘉奖选中的状元，也因清书未学好而不免挨训罚俸，实为难得。

顺治帝十分重视科名，会元及解元中进士者，皆命入翰林。时人称："世祖报重科名，自丙戌迄己亥，会试第一皆入翰林。"②

万岁的惜才爱才，严格要求，对有志之士是极大的鼓励和鞭策，曾经因清书欠佳而罚俸的孙承恩、熊赐履、熊赐玙、张贞生、肖惟豫、邹庶琪等人，苦学一年，成绩优异，即结业授官，宋德宜、陈廷敬、李天馥等继续留馆学习，不久亦考试合格。不少进士、庶吉士后来成为大学士、六部尚书和总督巡抚。

（三）议处任珍案

顺治帝钦定的三个大案是：议处任珍案，绞杀大学士陈名夏案和"丁酉之狱"，而这三个大案都是与"满汉一家"政策分不开的。

福临的"满汉一家"政策，其根本实质是"以汉治汉"，可用八个字来概括。这八个字是用汉、倚汉、防汉、杀汉。任用大量汉官为朝廷办事，依赖忠君能干的汉官处理事务，防止一些汉官怀有二心危害社稷，斩杀叛逆汉官。

① 王应奎：《柳南续笔》卷2，《孙状元》；陈康祺：《郎潜纪闻初笔》卷12，《孙承恩不肯欺君卖弟》。
② 王应奎：《池北偶谈》卷1，《会元解元皆入翰林》。

议处任珍案即系防汉、杀汉的一个例证。

顺治十年二月，原明朝崇祯年进士、庶吉士出身，顺治初授编修，后累迁至詹事府少詹事的李呈祥，呈上条陈，主张"部院衙门，应裁去满官，专任汉人"。若依此议，则将几乎尽夺满臣之权，摧毁清帝的统治支柱，爱新觉罗江山不久就将全部丧失。因此，顺治帝阅读此议后，勃然大怒，对大学士洪承畴、范文程、额色黑、宁完我、陈名夏等说："李呈祥此疏大不合理"。朕不分满汉，一体眷遇，"尔汉官奈何反生异义"，"想尔等多系明季之臣，故有此妄言尔。"①随即，都察院副都御史宜巴汉等，疏劾李呈祥"讥满臣为无用，欲行弃置，称汉官为有用，欲加专任，阳饰辨明，阴行排挤"。帝命革李呈祥职，下刑部议处。二月十八日刑部拟议："呈祥蓄意奸宄，巧言乱政，当弃市。"帝命免其死，流徙盛京。②

如果说这只是一位汉官的狂言乱语，不足以代表成千上万员中级以上的汉官，不需大惊小怪，那么紧接着发生的任珍议处案，问题就严重得多了。三等子、原左都督兴安总兵任珍"因妾与人通奸，私行杀死"，惧罪行贿兵部、刑部，案发之后，于顺治十年二月被革世职一半，降为一等轻车都尉。三月，其婢讦告任珍罪谪后，"家居怨望，出言不轨，并指奸谋陷诸丑行"，刑部审实后，拟议将其论死。帝降旨批示："任珍曾立大功，所犯罪亦重大可耻，尔部将此本兼写满汉字，会集九卿科道，并新人旗阿达哈哈番以上官员，再行定拟具奏。"③

四月初九，刑部满汉官及九卿科道等衙门满洲官员，主张仍如刑部原拟，任珍应论死。大学士署吏部尚书事陈名夏、户部尚书陈之遴、礼部尚书胡世安、兵部尚书王永吉、工部尚书刘昌、左都御史金之俊、副都御史傅景星，侍郎孙廷铨、张端、吕宗烈、张秉贞、张鼎延、卫周允、孙承泽、成克巩，卿徐起元、韩源，科臣魏象枢、杨璜、高桂、姚文然、袁懋功、刘显绩，御史朱鼎延、冯右京、张天璆、朱绂等汉官另持一议，认为："原讦重大情节，任珍俱不承认，若以此定案，反开展辩之端，不若坐以应得之罪。"④

陈名夏等尚书、侍郎、卿、御史、科臣之议，就事理而言，没有什

①《清世祖实录》卷72，第4页。

②《清世祖实录》卷72，第11、12页。

③④《清世祖实录》卷74，第6页。

么错误，家婢首告之重大罪过，任珍俱不承认，看来也无另外的人证和物证。这样，如仅依奴婢之讦告，就据此定案惩治，于理不合，于法相违，当然不妥，原告所讦，不能成立，本来也就不应将任珍定罪。但陈名夏等人可能考虑到皇上已降"任珍曾立大功，所犯情罪亦重大可耻"之谕旨，已给任珍定了罪，如仍拟议其无罪，不需处罚，显然是跟皇上过不去，违抗圣旨，故他们奏称将任珍"坐以应得之罪"，词文貌似有些含混，实则表明谕旨欠妥。

参加会议的汉官显然知道此议有些风险，恐被圣上怪罪，故参加会议的六十余人中只有陈名夏等二十八人奏陈此议，另外以大学士冯铨为首的一多半人没有署名附议赞同，可见陈名夏等人还算有些胆量。略观这二十八人名单，便可发现不少人是颇有才干蒙受皇上赏识者，陈名夏、陈之遴、王永吉、刘昌、成克巩、张端、胡世安等，皆系顺治帝亲政后擢升为大学士、尚书和侍郎的，魏象枢、姚文然等是有名的直谏言臣，所以他们在皇上谕劝汉臣效力尽言之时，敢于据理陈述，与刑部及部院衙门满官之议相左，且委婉地不按圣旨议事。但他们万万没有想到，今非昔比，半年前谏阻亲迎，虽蒙皇上嘉奖，却开罪了满臣，这次就要借机反击了。

早在两个月前惩治李呈祥时，顺治帝就一再指责汉官"生异义"，"六部大臣互相结党，殊不合理"。①实际上已闪烁着将对汉官进行限制和惩处的点点火花。这次十年四月初九，九卿科道奉谕会议任珍案时，帝阅过陈名夏等二十八名汉官之议后，甚为恼怒，降旨批示："汉官所议有反开展辩之端，坐以应得之罪等语，是谁展辩，应得何罪，着明白具奏。"这明明是强词夺理，欲图加罪汉臣。陈名夏等心知不妙，只好绞尽脑汁，斟酌词句，回奏说："任珍不承大罪，犹然巧辩，若止据告词定罪，恐无以服其心，臣等所谓恐反开展辩者此也。然负恩犯法，原议处死，臣等所谓应得之罪者此也。但律无正条，似应勒令自尽。"②陈名夏等之回奏，虽在最后一句写上拟应勒令任珍自尽，好像是赞同了刑部及九卿科道等衙门满官之议，实际上仍然坚持原议，认为不该如此处理。因为，他们依旧认为既然任珍不承认大罪，就不能"止据告词定罪"，否则，"无以服其心"。这句话也意味着，只据告词定罪是不合法的，不足以服任珍之心，亦难服众。但是，陈名夏等也看明

①《清世祖实录》卷72，第6、7页。

②《清世祖实录》卷74，第6页。

白了，皇上已经赞同刑部的审查结论，且已"止据告词定罪"了。谕旨明确写道，任珍"所犯情罪，亦重大可耻"，如若仍说任珍无罪，恐必定上欺君抗旨之罪，故又奏称任珍"负恩犯法"，应照刑部原议处死，以图借此来缓和刑部、满臣及皇上的愤怒。可是，他们又不完全甘心，不愿眼睁睁地看到刑部违反刑律，"止据告词定罪"，不愿承认已议是徇私误公故违圣旨，因而又加上了一条尾巴，奏称"但律无正条，似应勒令自尽"。陈名夏等的回奏，转了几个弯，最后实际上仍然认为只据告词定任珍之罪，是不合法的，据此将其处死，也无律例可据，既然刑部要令其死，就让任珍自尽罢了。

　　这一含义，顺治帝不会看不出来，因而他更加大发雷霆，降旨严厉训斥陈名夏等人说："回奏内既云应得之罪，律无正条，又云似应勒令自尽。勒令自尽，是何盛世典例，欲致君尧舜者，岂有进此言之理。凡人自知有过，即从实引咎，乃大臣之道，若执为己是，以巧生事，又欲以巧止事，甚属不合。尔群臣当负朕期望至意，洗涤更新，奈何溺党类而踵敝习，著逐件再明白速奏。"①此旨实系仗势威逼，全无道理。一则坚按"告词定罪"，二则给陈名夏等人定上"以巧生事，又欲以巧止事"和乱进狂言之过，三则硬说陈等此议是"溺党类而踵敝习"。这第三条更是荒谬，陈等与任珍素无交往，未受其贿，只是据理据法议处，怎说是溺党敝习。面对此蛮横无理之谕旨，陈名夏等人毫无办法，只有认咎请罪。他们回奏说："臣等妄拟勒令任珍自尽，实非盛世典例，又不折其巧辩，但罪之丑恶，臣等之议，实属谬误。谨束身待罪。"②

　　顺治帝抓住时机，乘势降旨严斥说："朕览回奏词语，全是蒙混支吾，竟不身任咎过，更巧为遮饰，将有心之事，伴做误失，大臣之道，果如是乎！陈名夏、陈之遴等，有曾获大罪者，有革职者，亦有被论者，朕每从宽宥，使之改新，今复如此，朕之期望尽虚矣。且屡谕众官修省，奈何依然不改，踵袭宿敝，一至于此。朕不时召见，耳提面命，将此恩遇，竟置何地耶！理宜从重议处，着内三院、九卿满汉官、六科、十四道、翰林七品以上，并六部郎中等官，即集午门外，严行议罪，做速奏闻，毋得延缓。"③

①《清世祖实录》卷74，第6、7页。
②③《清世祖实录》卷74，第7页。

满洲大臣当然万分欢欣，遵旨加重议惩，汉官在此恶劣形势下，自然噤若寒蝉，唯满臣之言为是。"于是会议：名夏、之遴屡获大罪，俱蒙恩留用，今复巧为期蒙，俱应论死。之俊职司耳目，反依附党类，亦应论死。尚书胡世安、王永吉、刘昌，副都御史傅景星，科臣魏象枢、杨璜、高桂、姚文然、袁懋功、刘显绩，御史朱鼎延、冯右京、张天璿，徇党负恩，欺诳巧饰，应流徙。侍郎孙廷铨、张端、吕宗烈、张秉贞、张鼎延、卫周允，卿徐起元、韩源，俱徇党符合，应革职，永不叙用。侍郎孙承泽、成克巩，御史潘朝选，回奏未列名，应革职。御史朱绂，未与前议，应降一级，调外用"。①

此议太重了，姑且不说陈名夏等人并非结党徇私、坏法违旨，而是据理执法公允议事，根本不应惩处，就算是所议欠妥，也不应加上如此大罪，如此重办。若依上议，则大学士、尚书、侍郎陈名夏等二十七人或死或徙或革职，御史科臣十员或徙或革职，一下就使二十七员汉大臣和言官死徙削官，惩处之重，空前罕有。而且这批汉臣中，不少系为帝赏识重用之能臣，在顺治帝亲政十年里，这批汉臣中的陈名夏、陈之遴、金之俊、胡世安、王永吉、张端、成克巩等七人先后当上了大学士。若照此惩处，则将汉臣中之能臣大都一网打尽，于国于民有害，仅对于部分顽固、保守、低能力图抓权的满洲大臣有利。

顺治帝当然知道这些人并非真有结党欺君大罪，不少能臣还要重用，故而基本上摈弃了会议所拟处治之法，改为加恩从宽轻罚。他降旨批示："陈名夏、陈之遴、金之俊等，深负朕恩，本当依拟，姑从宽典，着各削去官衔二级，罚俸一年，仍供原职。陈名夏著罢吏部事，自今以后，重新省改。胡世安等一十三员，免流徙，各降一级，罚俸一年，仍供原职。孙廷铨等八员，免革职，各罚俸九个月。孙承泽等三员，免革职，各罚俸六个月。朱绂，先未曾与议，未详事由，免其降调。"②

第二天，四月初十，顺治帝命大学士范文程、洪承畴、额色黑召集陈名夏等二十八人于午门，谕曰："尔等得罪，悉由自陷其身也。初议错误，则亦已尔，及再三申饬，即当省改，岂可仍行混淆。凡事会议，理应划一，何以满汉异议。虽事亦或有当异议者，何以满洲官议内，无一汉官，汉官议内，无一满洲官，此皆尔等心志未协之故也。本朝之

①②《清世祖实录》卷74，第8页。

光，岂曾谋之尔汉官罪乎？胡明三败，岂属误于满官之言乎？奈何不务和衷而恒见乖违也。自今以后，务改前非，同心图效，以负朕眷顾之意，不然，朕虽欲尔贷，国法难容。至于都察院科道等官，职司言路，见有如此乖戾者，亦当即行纠弹。"①

顺治帝此谕，画龙点睛，道出了陈名夏等人挨训受罚的奥秘，即他们之所以被惩治，关键是不赞同满臣依帝旨意而定之拟议，而要另集汉臣为一议，与满议相左，满汉异议。半年前关于帝之亲迎达赖，汉臣虽也与满臣异议，也是满汉各为一议，但最后皇上采纳了汉臣之议，故不仅未受惩治，反而予以嘉奖。这次事件，肯定对汉官是一极有力的教训，叫他们今后千万莫违帝旨，莫与满官作对。

陈名夏、陈之遴、金之俊恭听圣谕后回奏说："臣等叨荷皇上厚恩，乃自陷重罪，仅冀免死尔，若仍留供职，如斯殊典，则万不敢望一也。既受此洪恩，自分莫能仰报，唯有竭驽勉效而已。"其余二十五臣亦奏称："臣等罪戾实大，恩宥至此，非所望也，愿各改前非，竭图图报。"②

陈名夏此次虽侥幸过关，但在劫难逃，不到一年，便被绞死弃市了。

（四）绞杀大学士陈名夏

顺治十一年（1654年）三月，京师甚至全国，都因一件大案而十分震惊，入主中原以来第一位汉大学士陈名夏竟被皇上下令绞死了。为什么这位素受皇上赏识和倚任的才子、干臣、能相，突然沦为阶下囚且命丧黄泉？使其真正致死的罪状和主要原因又是什么？性质为何？后果怎样？值得探讨。现先将《清世祖实录》卷82关于此案情形的记录摘述如下：

顺治十一年三月初一，内翰林国史院大学士宁完我上疏参劾大学士陈名夏结党怀奸、情事叵测说：

"臣思陈名夏屡蒙皇上赦宥擢用，眷顾优隆，即宜洗心易行，效忠于我朝。孰意性生奸回，习成矫诈，痛恨我朝剃发，鄙陋我国衣冠，盘

①《清世祖实录》卷74，第9页。

②《清世祖实录》卷74，第9、10页。

惑故绅，号召南党，布假局以行私，藏祸心而倡乱。何以明其然也？名夏曾谓臣曰：要天下太平，只依我一两事，立就太平，臣问何事？名夏推帽摩其首云：只需留头发、复衣冠，天下即太平矣。臣笑曰：天下太平不太平，不专在剃头不剃头，崇祯年间并未剃头，因何至于亡国。为治之要，唯在法度严明，使官吏有廉耻，乡绅不害人，兵马众强，民心悦服，天下自致太平。名夏曰：此言虽然，只留头发复衣冠，是第一要紧事。臣思我国臣民之众，不敌明朝十分之一，而能统一天下者，以衣服便于骑射士马精强故也。今名夏欲宽衣博带，变清为明，是计弱我国也。……今将结党奸究事迹，列款为皇上陈之。一、陈名夏父子居乡暴恶，士民怨恨，全家避居江宁国公花园中，此园系无主产业，例应入官，价值十万金，江宁各上司公捐银三千两，代为纳价，见今名夏妻子居住。又故明吏部吴昌时女奸逃执讯，名夏子陈掖臣嘱江宁各上司释放为尼，因而包占。又掖臣横行江宁城中，鞭责满洲，破面流血，闹至总督公署，赔礼保放。又掖臣坐大桥，列棍扇，说人情，纳贿赂，掣肘各官，俱敢怒而不敢言。……一、赵廷先系陈名夏契交，名夏署吏部尚书时，徇私骤升，科臣郭一鹗言吏部升官，迟速不一，疏指廷先为证。廷先历任日月，一鹗察记未详，多开两月，后自检举，名夏怀恨，欲处一鹗。刘正宗云：赵廷先历任日月，若以多作少，一鹗有罪，今以少误多，一鹗何罪！名夏闻言先嗔，语侵正宗，正宗不平，当众写本，欲参名夏，众劝乃止。（另有庇护姻亲浙江道史儒纲、吏科魏象枢等事）……臣痛思人臣贪酷犯科，国家癣疥之疾，不足忧也，唯怀奸结党，阴谋潜移，祸关宗社，莫甚焉。陈名夏奸乱日甚，党局日成，人鉴张煊而莫敢声言，臣舍残躯以报答圣主，伏乞皇上将臣本发大臣确审具奏，法断施行，则奸党除而国家治安矣。"[1]

顺治帝阅疏，降旨批示说："这所参事情，著内三院、九卿、科道、詹事等官，会同逐疑详问，从重议罪具奏。"[2]

帝旨倾向性十分明确，已断定宁完我所参诸疑皆是事实，谕令群臣将陈名夏"从重议罪具奏"，群臣当然会遵旨而行。于是，吏部等衙门"会鞫大学士宁完我劾奏陈名夏诸款，俱实，陈名夏论斩，家产籍没，妻子流徙盛京"。帝命议政王、议政贝勒、议政大臣核议。三月十一

①《清世祖实录》卷82，第1—9页。

②《清世祖实录》卷9。

日，议政王承泽亲王硕塞等议奏："陈名夏情罪重大，仍应论斩，妻子家产分散为奴。伊子陈掖臣，提到另行审结。"帝降旨批示："陈名夏所犯之罪实大，理应处斩，但念久任近密，不忍肆之于市，着处绞。妻子家庭，免分散为奴。余依议。"①不久陈掖臣逮解至京，杖戍。②

以上《清世祖实录》关于陈名夏一案之记述，有两个至关要紧的问题，使人不得不存在疑问。一系它写到，吏部待衙门奉旨会议后奏称："宁完我劾奏陈名夏诸款，俱实"，即所劾诸罪，俱有证据，可见陈名夏诸罪皆是事实。但是《清史列传》卷79，《陈名夏传》却就此事载称："名夏辩诸款皆虚，唯留发、复衣冠，所言属实。完我复与大学士刘正宗共证名夏揽权市恩欺罔罪，谳成，论斩。"《清史稿》卷245《陈名夏传》亦写到："名夏辨诸款皆虚，唯留发复衣冠，实有其语。完我与正宗共证名夏诸罪状皆实，谳成、论斩。"《清史列传》《清史稿》与《清世祖实录》的记载，显然大有区别，按《清史列传》与《清史稿》的记载，陈名夏之诸项罪状，没有物证，只有人证，而且人证只有一名大学士刘正宗，再加上原告人宁完我，一告一证，就给陈名夏定上了、定实了原告人告陈诸罪，这样的"鞠实"，实系鞠而未实，故《清史稿》卷245之"论"讲道："正宗倾名夏。"

另一令人怀疑的是，三年以前，即顺治八年五月二十八日，外转御史张煊曾疏劾当时任吏部尚书的陈名夏结党营私，铨选不公，共有"十罪两不法"。其疏秘劾陈名夏十罪有：谄事睿王，及王事败，反卸过于启心郎宁古里；名夏之父为民杀死，蒙恩赐银归葬，陈却急于揽权，草率葬埋，特疏起用因荐举贼人而被黜之李元鼎；越升姻亲黄徽胤为太仆寺卿；私庇同乡同姓，升七品编修陈之遴为宗伯；超升段国璋为太常寺卿；把持计典，曲意保全被劾之门生江南督学御史李嵩阳；庇护同乡同年左都御史徐起元，力主优恤革职侍郎孙之獬；与富商牛射斗联姻，岁索数千金。两不法为，专擅威福，批降本应援赦免议之太常少卿龚鼎孳；将援赦免议之御史崔士俊批降外府推官。此疏还言及陈名夏与洪承畴、陈之遴于火神庙屏左右密议。③

此时，顺治帝福临出狩在外，一切政事暂委巽亲王满达海，"王集

①《清世祖实录》卷82，第14页。

②《清史列传》卷79，《陈名夏传》。

③《清世祖实录》卷57，第12页。

诸王大臣，逐件审实，遂将名夏、承畴羁之别所，拨兵看守，以事关重大，驰使奏闻"。满洲吏部尚书一等公谭泰祖护陈名夏，在帝回京谕命王贝勒贝子公侯暨众大臣"质审廷议"之时，"谭泰咆哮攘臂，力庇党人，务欲杀张煊以塞言路"。众人迫于其势，遂做出结论说："诸款多属赦前，且有不实，煊向为御史不言，今言于外转之后，心怀妒忌，诬蔑大臣。张煊应论死，名夏等免议"。奏入，帝从其议。①

过了半年多，顺治九年正月初十，福临谕告内三院说：处死谭泰后，想起张煊一案，疑其死有冤枉，故将陈名夏、洪承畴复发与郑亲王济尔哈朗、承泽亲王硕塞及内院、刑部大臣再次审理。"承畴招对俱实。独名夏厉声强辩，闪烁其词，及诘问词穷，乃哭诉投诚之功。朕始知名夏为辗转狡诈之小人也，名夏罪实难逭。但朕有前旨，凡谭泰干连之人，一概赦免，若仍执名夏而罪之，是不信前旨也。今将名夏革任，其官品俸禄仍旧，发正黄旗汉军下，同闲散官随朝"。张煊着厚加伏典，以其子任其父之官，仍加二级。②

将张煊劾陈名夏与宁完我参陈名夏相比较，便可发现两案之间，差别很大。其一，两案审实之情不一。张煊所劾，有证有据，俱是事实，陈名夏亦"诘问词穷"，而哭诉投诚之功，以求免死，可见其劾确是事实。但是，宁完我所劾诸款，仅一人证，陈名夏除"留发复衣冠"之言外，其他诸罪一概否认，因而也难定死落实。其二，两案处罚之法悬殊。三年多前陈名夏确实犯有"结党营私，铨选不公"之罪，但帝只令其解内三院大学士之任，"官品俸禄"仍旧。到九年十二月末，帝宴内大臣、大学士、汉尚书、侍卫于中和殿时，又"赐大学士洪承畴、陈名夏、陈之遴"等人朝服各一袭，"谕曰：尔等皆朕倚任大臣，若能洁己奉公，属员自当效法，倘贪黩相尚，必至颠倒是非，不但公论不容，抑且国法难宥，尔等其思之"。③过了十天，顺治十年正月初十，帝即谕调内翰林秘书院大学士洪承畴为内翰林弘文院大学士，以陈名夏为内翰林秘书院大学士。至此，对陈名夏之处罚，已完全取消了，而宁完我劾陈名夏，却使陈遭受大祸，陈名夏成了入关以来第一个被处以死刑的汉大学士，惩罚何等之重！

①《清世祖实录》卷57，第12页；卷62，第4页。

②《清世祖实录》卷62，第5页。

③《清世祖实录》卷73，第11页。

为什么顺治帝福临会在罪证缺乏的情形下，要将曾经为己赏识、倚任的能相陈名夏下谕绞死？原因固然很多，但看起来主要决定于三个因素。

其一，才高党众祸由自取。这从陈名夏十年来的政局中的表现，反映得十分清楚。陈名夏乃江南溧阳人，才华横溢，明崇祯十六年（1643年）中进士，任翰林院修撰，兼户兵二科都给事中，十七年三月降于大顺军李自成，南明福王时被定入"从贼案"。清顺治二年七月，陈名夏至大名投诚。由保定巡抚王文奎疏荐，复其原官。陈名夏入谒睿王，请睿王即位称帝，睿王虽拒其请，但赏识其人，立擢为吏部左侍郎，兼翰林院侍读学士。时清兵下江南，九卿科道议南京设官因革裁并事，众说纷纭，不能定议。陈名夏奏称："国家定鼎神京，居北制南，不当如前朝称都会，宜去京之名"，"设官如诸行省"。摄政王盛赞其说，议遂定。顺治五年初设六部汉尚书时，即授陈名夏为吏部尚书，加太子太保。此时距其中进士之日，仅有五年，可见其超迁之快，更可见其之才干为摄政王欣赏和重视。顺治七年十二月初九，摄政王多尔衮卒，二十六日帝谕议政王大臣推选吏刑工三部满尚书时，议准以原征南大将军、正黄旗固山额真谭泰为吏部尚书。谭泰为帝倚任，擅权专政，陈名夏"党附"谭泰，受其信任，因此，这位曾向睿王劝进理应定为睿王党羽遭受惩处之人，竟不仅无罪，官居原职，且执掌铨选之权，"揣摩执政意旨，越格滥用匪人，以迎合固宠"，又成了谭泰的大红人，于顺治八年七月升为内翰林弘文院大学士。八月谭泰被诛，九年正月名夏以党附谭泰"乱政"，被革任，但仍保留大学士之官品俸禄，十年正月初十又入内院，担任内秘书院大学士，且在本月皇上多次来到内院时，与其他大学士一道，受帝召对，一再陈奏。正月三十日，顺治帝还特命学士图海召陈名夏至，君臣二人畅议治国之道，陈名夏奏述，甚称帝旨。这一天，可以说是陈名夏最光荣、最显赫之日，其余范文程、宁完我、洪承畴、额色黑、陈之遴等五位大学士，皆闲置于旁，唯他一人独蒙帝宠。然而福兮祸所伏，他复入内院仅有二十天，便压倒群相，独蒙帝问，旁人能不生妒？他自己也不禁会忘乎所以，旧病复发，结党营私，重登南党领袖宝座，以致在十年四月会议任珍案时，敢于聚集二十七名汉大学士、尚书、都御史、侍郎、御史、科臣单持一议，与刑部、满洲大臣遵循帝意而做出的拟议相对峙，怎能免祸！

其二，南北相争，党派倾轧。自顺治元年以来，汉官之中，形成了南北二党，北党以顺天府人故明大学士阉党"名人"冯铨为首，他谄事睿王，大力荐举阉党余孽和直隶、山东、山西等省的旧官，顺治二年遭言官猛烈抨击，被睿王庇护，始免惩处。南党以陈名夏为首，他支持原东林党人及江南文人，与冯铨等争斗，金之俊、陈之遴，以及龚鼎孳，皆常与陈名夏共同行动。顺治帝亲政后，于八年闰二月亲自甄别大臣时，严斥冯铨"私得叛逆姜瓖贿赂，殊失大臣之体"，七年以来，毫无建树，着令致仕。礼部尚书李若琳，"阴险专擅，与冯铨交结亲密，朋比为奸"，着革职为民，永不叙用。①北党势力一时剧衰。然而，顺治十年三月二十一日，福临却又谕内三院说："国家用人，使功不如使过。原任大学士冯铨素有才学，召入内院办事，数年以来，未见有所建树，且经物议，是以令其致仕回籍。朕思冯铨原无显过，且博洽故典，谙练政事，朕方求贤图治，特命起用，以观自新，谕到之日，即速赴京，尔内院即传与吏部遵行"。②过了六天，三月二十七日，帝幸内院，召冯铨入见，问铨年岁几何、某科进士及历升官品。第二天，即下诏命冯铨仍以原弘文院大学士职办事。③

就是这位前明阉党，在三月二十七日晚上皇上召见洪承畴、范文程、额色黑、陈名夏四位大学士及他入宫时，当帝论及翰林官是否贤良时说："朕于翰林官，躬亲考试，文之优劣毕见，可以定其高下矣。"冯铨却立即奏称："皇上简用贤才，亦不宜止论其文，或有优于文而不能办事行己弗臧者，或有短于文而优于办事操守清廉者。南人优于文而行不符，北人短于文而行可嘉。今兹考试，亦不可止取其文之优者而用之，文行优长办事有能者，兼而用之可也。"帝言："铨之言是。"④冯铨看来是对南党恨之入骨，故一有时机，立即诋毁南人。

过了八天，内三院、九卿、科道奉旨会议陈名夏等二十八名汉官议处任珍时独持异议之罪，冯铨力主从重从严惩治，遂拟议论斩，帝"欲从宽"。冯铨奏对时仍坚主斩杀，大违帝意。史称："上欲从宽，铨奏对失旨。越数日，上责令回奏，且谕曰：尔冯铨曩不孚众论，废置业已三载，以尔才堪办事，不念前愆，特行起用，以期更新。自召至以来，谠论未闻，私心已露。如前日面议陈名夏等一事，尔之所对，岂实心忠

_____
①《清世祖实录》卷54，第12、13页。
②《清世祖实录》卷73，第7、8页。
③④《清世祖实录》卷73，第11页。

良之言耶？况尔密勿大臣，今议一事如此，后来用人行政，将何依赖？铨乃上疏请罪。谕曰：上有所询，直言无隐，臣道当然。冯铨与陈名夏素相矛盾，朕所习知。因言不合理，是以有责问之旨。今冯铨既已知罪，再观自新，仍照旧办事。以后诸臣有如此怀私修怨不公不平者，急宜改省。"　①

冯铨猛攻陈名夏，其党羽亦必争相附和，群起劾奏，刘正宗即系在致死陈名夏过程中起了严重恶劣影响之人。刘正宗，山东安丘人，明崇祯进士，自推官授编修，福王时授中允，顺治二年以荐起国史院编修，累迁秘书院学士，十年三月冯铨复起为大学士，五月刘正宗升任吏部左侍郎，闰六月再升内翰林弘文院大学士，十一月又加太子太保且管吏部尚书，半年内一步登天，成了位极人臣的大学士兼吏部尚书。此人"器量狭隘""性质暴戾""持论偏私，处事执谬"。他依靠冯铨，力争帝宠，当然视陈名夏为眼中钉，且曾遭陈嗔斥，遇有机会，势必倾害陈名夏。

当然，只凭冯铨与刘正宗，是扳不倒陈名夏的，起决定性作用的是宁完我。宁完我，乃辽阳人，无功名，天命时被俘为奴，隶属于萨哈廉贝勒家下，天聪三年被太宗擢入文馆，脱其奴籍。宁完我颇有见识，遇事敢言，久预机务，甚受帝宠信，累晋世职至二等甲喇章京，赐庄田奴仆，但他喜酒爱赌，屡犯不改，于天聪十年被削世职，仍隶萨哈廉贝勒家为奴。顺治元年顺治帝入关，起其为学士，二年授内弘文院大学士，十年三月调内国史院大学士，四月谕命其班位禄帙照满洲大学士例，十一年二月又授议政大臣。宁完我本性骄狂，目中无人，但因迭遭挫折，由官而奴又由奴而官，因此强自克制，"十年间忍性缄口，不复做狂吠之犬"，但对陈名夏之痛恨，却与日俱增，因此，一当圣宠有加，既"录入满官之例"，又于万寿圣节日"同内大臣召入深宫，亲赐御酒"，便感良机已至，故特上长疏，痛诋陈名夏，罗织罪状，务必置其于死地。因此，无形中形成了宁完我、冯铨、刘正宗共攻陈名夏的小集团，从而掀起了轩然大波。

然而，仅只是这三人本身的影响，并不足以抵销陈名夏在帝心目中的良好形象。仅只是论证陈名夏结党营私，这也不是什么新发现。皇上早知汉臣中的南党北党之分，早就训诫过包括陈名夏、冯铨在内的汉

①《清史列传》卷79，《冯铨传》。

臣；责劝他们不要党同伐异，只靠这一条，也打不倒陈名夏。宁完我到底不愧为三朝老臣，尽管他虽然身在满洲中三十来年还"不熟满语"，但对皇上及满洲贵族之喜恶爱憎却了如指掌，透彻见底。他积二十年从政经验，反复思考，最后选准了陈名夏的致命处和皇上最为痛恨之事，即"留发复衣冠"，来猛攻陈名夏。宁完我劾奏陈名夏之疏十分特别，前所未有。一般劾疏，不是言其结党营私，便是参其贪赃枉法，或是弹其包藏祸心图谋篡位。但宁完我此疏，却一开始就大讲发式服饰，以此作为陈名夏倾国谋乱的主要证据，说什么陈名夏"痛恨我朝剃发，鄙陋我国衣冠"，以"留头发，复衣冠"来"蛊惑故绅，号召南党，布假局以行私，藏祸心而倡乱"，"计弱我国"。讲了一大段此事后，才具体罗列其"结党奸宄事迹"。这种表述方式，有清仅此一件，看似不伦不类，实则打中了陈名夏要害，打动了皇上，使皇上顿改前衷，突然从倚任信用陈名夏，转变为恨其不忠，必欲立除。

其实，陈名夏说："只需留头发，复衣冠，天下即太平矣"，应是至理名言。十年前，清军于顺治元年四月大败李自成部农民军入山海关后，到顺治二年五月下江南，基本上是一帆风顺，很少被阻。广大兵民痛恨明末诸帝的倒行逆施，横征暴敛，草菅人命，骄奢淫逸，早就不存拥明复明之意，各地州县纷纷望风投降。眼看即将顺利迅速统一全国，不料摄政王多尔衮却被胜利冲昏头脑，改变了关于不令剃发的明智决定。他曾于顺治元年五月初三，即进入京师的第二天，谕令官民剃发易服，"衣冠悉遵本朝制度"，如不剃发，则"是有狐疑观望之意"。但因汉人反对，他于同月二十四日又下谕停止剃发说："予前因归顺之民，无所分别，故令其剃发，以别顺逆，今闻甚拂民愿，反非予以文教定民之本心矣。自兹以后，天下臣民照旧束发，悉从其便。"[1]同年七月他又批示："目下急剿逆贼，兵务方殷，衣冠礼乐未遑制定。近日特旨简用各官，都且照依明式速制本品冠服，以便谢恩莅事。"衣冠服制也仍暂时因循明制。这样一来，汉官汉民心方安定，"闻俱免剃头之谕，军民欢呼"。但是，一到顺治二年五月定国大将军豫亲王多铎攻下南京，擒获南明弘光帝，多尔衮立即以帝名义下令厉行剃发，宣布限十日内"尽令剃发，遵依者为我国之民，迟疑者同逆命之寇，必置重罪"。"若有复为此事再进章奏，欲将朕已定地方人民，仍存明制，不随本朝

---

[1]《清世祖实录》卷5，第2、3、10页。

制度者，杀无赦"。①就是这个"留头不留发，留发不留头"的命令一下，使"东南郡邑，一时帖然，犹若不知有鼎革之事者"的形势骤然改变，使"前朝孤臣义士"和平民百姓"纷纷匹起"，一时逐县令，起义兵，抗清烽火燃遍全国，使清政府统一全国的计划推迟了十来年。直到宁完我弹劾陈名夏之时，由剃发令引起的抗清战争仍在进行，清定南王孔有德、定远大将军敬谨亲王尼堪相继在四个月内兵败丧命。

陈名夏正是深刻地看出了以剃发易服为标志的民族压迫政策，已经带来了极其严重的后果，而且还会继续产生恶劣影响，才从忠于朝廷的立场，而想在适当时机奏明皇上，予以改变，以便统一全国，安定民心，巩固大清王朝统治。但是，他万万没有想到，这位倾心汉化、征询汉官治国之道、欲图大有作为的顺治皇帝福临，绝不可能改变自太祖太宗以来的祖制。他的进步、汉化、开明是有很大局限性的，他的"满汉一体"是必须服从于"首崇满洲"基本国策的，他绝对不可能废除体现君威维护满洲贵族特权的制度和政策。而且这位年轻君主，性格暴躁，好冲动，极不冷静，既"能听受他人的忠告，然而也能容易受恶势力的影响"，一怒之下，可以完全不顾一切地行事。宁完我正是看准了这一点，才大讲特讲"留发复衣冠"之事，果然把皇上激怒了，谕将陈名夏从严惩办，予以绞死。

陈名夏固然有错有过，也的确在结党营私，其品质气节更为恶劣，既背明降清，又一媚睿王，再诡谭泰，三邀宠于福临，死不足惜。但他不死于为非作歹之过，不诛于朝秦暮楚政治风云变幻之时，而丧命于欲图安民定国效忠朝廷之良策，惨败在北党手下，被定成"阴谋潜移"的大清奸臣，恐怕他是至死也不会瞑目的。

顺治帝于十一年三月十一日降旨绞死陈名夏后，余怒未消，过了七天，三月十八日，他又降谕都察院科道等官，斥责言官惧怯溺职庇护陈名夏等奸人说："陈名夏奸恶事情，尔等明知，向来惧怯不言，已属溺职，及至面诘勒令回奏，皆云虽有风闻，未得实据。朕在深宫，尚且洞悉，尔等职司耳目，何得懵无见闻，明系知而不言，相率欺蔽，人臣为国为君，忠爱之道，岂宜如此。今陈名夏已经正法，尔等言官，薄加降惩，聊示惩戒，以后备宜痛改前过，从善去邪，知无不言，言无不实，庶使俭壬屏迹，中外肃清，负朕求言图治

①《清世祖实录》卷17，第8页。

之意。若仍前畏忌，缄默苟容，颠倒黑白，徇私报怨，明知奸恶，庇护党类不肯纠参，而诬陷良善，驱除异己，蔽塞主聪，混淆国是，复蹈明末陋习，误国负君，唯尔等之咎，定行重治，决不再宽。"①

福临此谕，本想借处死陈名夏来纠正或革除党争旧习，不料言官错误领会主旨，认为是要穷追陈党，有的北党人员原本存有旧怨，借此机会狠击南党，因此一时上疏，大攻陈名夏的友朋亲好，言路大乱。帝览之后，十分恼怒，立于五月十四日降谕斥责，予以纠正。他谕告都察院科道等官说："朕览近日言官纠参章疏，都牵连陈名夏，或曰名夏亲戚，或曰名夏党羽，似此纷纭，举朝几无善类矣。尔等言官，既有真见，何不言于名夏未发觉之前，乃因已经正法辄吹求无已，成何政体，殊非朕虚怀纳谏之意。以后论人论事，只许指实直言，不许再借陈名夏亲戚党羽进奏，如有违犯者，定行重治，必不轻恕。"②

陈名夏之案从法律上从官场上虽告一段落，但对此案的评论并未结束。不少人认为这是一件冤案，尽管陈名夏本人之气节品质作风不值一谈，但他被这样惩处，却是不公正的。著名历史学家谈迁在陈名夏绞死时，正在北京，他在其所著的《北游录》中，写了《陈名夏》这一专条，记述和评论此事，论述此案之因和陈被绞的缘故。虽然谈迁心向故明，常在自己著作上署名为"江左遗民"，对陈名夏不会有好感，但也认为陈乃冤死。现摘录此条部分内容如下：

"……已晋尚书入内院，摄政王甚任之，强力敢任。辛卯夏，坐累，幸得解复职。是冬，又坐累，壬辰正月隶正黄旗。正黄旗者，天子之亲军也，知国族侧目，故携予纡祸。顺治十年复相，北人隐忌而无以发。癸巳四月，甄别词林，颇出其意。时给千五百宅皇城内。时议用师西南，求出镇，不允，以洪承畴往。甲午正月（顺治十一年），总督陕西阙，又欲往不果，盖避众忌，而上待之殊厚。虽宁完我、冯铨同位，不相能。往者铨获罪，廷讯折之，曰：老先生毋多言，其谕旨出名夏。前名夏遣谕出完我。各隐械以俟。二月，宁进议政大臣，识者为名夏危

①《清世祖实录》卷82，第16、17页。
②《清世祖实录》卷83，第6页。

之。上尝出先朝冠服示内院，众称善，实尝之也。三月朔，宁列名夏十二罪，谓复冠服改诏旨纵子通贿等事。明日午刻，上自讯名夏，抗辩不屈。是日，遍召群臣，名夏未知其故。忽上临内院，侍臣读昨奏，名夏即条对。上弥怒，即欲辩，何不待宣讫也，遂令九卿听于左闸门。诸臣环坐，名夏踞对，完我叱之，连逮班役二人苍头二人，名夏遂宿宜会。又明日复讯……诘朝又讯，上自登午门楼望之，诸臣不诘，名夏词不屈，刑科右给事中怀宁刘余谟、御史陈秉彝独为申理，上适见，召徐谟登楼诘之，上怒其亢，夺职。……至（三月）十日，诸王及大臣讯于内殿。明日复讯。又明日申刻有旨，使者挟之马上，问何往，曰门上。名夏谓收系也，曰以铁索来，使者曰否。名夏知不测，马上顾其客柳生曰：我色竟不动也。过天主堂前，值汤若望班役，呼之曰：汝主在否？曰：出。曰：我行矣，度此后不复相见，我直含笑任之耳。至宣武门内之灵官庙，弓弦绞死，临祸并无一言。……名夏故善索尼伯，时适外出，死之夕，索尼伯至，或曰乘其外也。名夏才气肮脏，好为名高，有志经济，性锐虑疏，虽多推荐，人不见德。在吏部时，权归满人，稍执论，亦不能展布，其力所得，曰我任之，其力所不能得，曰吾意无少私也。其事类如此。语人辄露微指，如植花木曰向南者终佳，所推毂南人甚众，取忌于北。安丘刘正宗同在吏部，名夏以词林后进凌其上，益贾怨相同。冯铨荐梁清远，范文程荐黄志遴，宁完我荐法若真，若真不报，途以次选，而吕宫且超拜政府矣。甲午二月，选中翰十八人，内院分阅，宁完我取三卷，及互阅，名夏俱抹去，或宁为婉解，名夏勃然曰：文字我岂不识也。完我于满人负之望，憾益次骨，不决旬而难作。……王炳衮外转督粮参政，别名夏。名夏曰：才如君而外之，良诎，行内召关，毋虞也。廷讯时，名夏云：不见一人，不受一钱。刘正宗诃曰：若不见一人，何见王炳衮絮语也。名夏子掖臣，年少跅弛，流涉色货，驰捕之，薄录其家，田九百亩，银七百金。掖臣逮之，名夏已不幸，上心知其冤，宥死，杖四十，流满洲，名夏妇强氏隶京师，归其田租。而完我别摘名夏南党四十一人，录御前，赖上不问，朝士始帖席矣。是冬，上在南海子语冯铨曰：陈名夏多读书，问古今事了了，即所未见书，能举其名。铨曰：陈某于举业似所长，余亦易见。上不应，徐曰：陈名夏终好。自是铨不复有言。"

谈迁的评述，基本上是符合历史实际的。

可见陈名夏之死于南北党争和宁完我、刘正宗之阴谋，并非其对清帝不忠扰乱国事。

陈名夏虽死，南北党争并未结束，各有损伤。顺治十三年二月三日，大学士陈之遴以结党营私遭帝训斥和言官劾参，陈之遴奉旨回奏疏中有"南北各亲其亲，各友其友"等语，帝益不悦，谕吏部严察议奏。部拟革职永不叙用，帝降旨批示："陈之遴任意结党营私，大负朕恩"，本当罢斥，念其已擢至大臣，"着以原官发盛京地方居住"。顺治十五年又以其贿结内监吴良辅，夺官籍没，流徙盛京，后死于徙所。①大学士冯铨于顺治十三年被帝"以铨衰老"为辞，加太保致仕，十六年才再行起用，仍入内阁办事。大学士刘正宗以器量狭隘，廷议之时，辄以己意为是，遭帝降旨严饬，被言官劾其犯有阴险欺罔等罪，下议政王、贝勒、大臣、九卿、科道会同刑部提问，最后于顺治十七年十一月被定上罪状十一条，议绞，帝斥其"性质暴戾，器量褊浅，持论矫激偏私"，"罪过滋大"，命革职，籍没家产一半入旗，不许回籍。②

顺治帝又一再谕诫汉臣革除结党敝习。他曾于顺治十三年二月二十七日对汉大学士、翰林、部院尚书、侍郎及言官大讲朋党之害说：

"今人多结朋党，究其结党之意，不过互相攀缘，以求贵耳，若然，是有损而无益也。朕常为党人思之，既恐党类之不合，复恐声名之不闻，与往来周旋之不至，又恐事发祸随，或被人举首，戚戚若此，何若为国为君效忠，安受富贵之为荣乎。纵使党与已成，及陷诛戮，孰能庇免？即如诛陈名夏、黜龚鼎孳时，其党曾有一人出而救之，或分受其过者乎？且多有因而下石者。是名为朋党，而徒受党之害也，审乎此，则何不寝其朋谋而尽力于国家耶？……朕观宋明亡国，悉由朋党。其时学者以程颐、苏轼为圣贤，程颐、苏轼非党，则蜀洛之名由何而生，嗣后各树门户，相倾相轧，宋之亡，实兆于此。"③

尽管汉官之中的一些人分为南党北党，常相倾轧，有时还各引满洲

①《清世祖实录》卷98，第15、20页；卷99，第3、11页；《清史列传》卷79，《陈之遴传》。
②《清世祖实录》卷136，第13-20页；卷142，第5-13页。
③《清世祖实录》卷98，第15、16页。

大臣为援，终顺治一朝，争端时起，然而由于主宰国政者并非汉大学士和汉九卿，而是在清帝主持下之满洲王公贵族大臣，军国大权牢固掌握在皇上及议政王、贝勒、大臣之手（六部满尚书和八旗满洲都统，皆系议政大臣），故汉官之中的党争，并不是影响政局的主要因素。相反，满汉之争倒产生了更大的影响，少年天子福临也对此更加注意，亲为裁处。

（五）“丁酉之狱”　严革科场积弊

正当顺治帝大开科举广选英才之时，突然于顺治十四年（丁酉年（1657年））传来了科场舞弊之讯，顿时龙颜大怒，立即严办。这一年的科场案，一般称之为“丁酉之狱”，主要是北闱顺天和南闱江南，另外河南、山东、山西，考官因试卷之中有不合程式者，亦遭惩罚。现着重叙述京闱、南闱之案。

其实科场舞弊由来已久，明朝即已盛行。史称：“科场之事，明季即有以关节进者。每科五六月间，房考就聘之期，则为道地，或晋谒，或为之行金以贿诸上台，使得棘闱之聘，后分房验取，如操券而得也。每榜发，不下数十人。至本朝而益甚。顺治丁酉，营求者猬集，各分房之所私许，两座师之所心约，以及京中贵人之所密属，如麻取粟，已及千百人，闱中无以为计，各开张姓名，择其必不已者登之，而间取一二孤贪以塞人口，然晨星稀点而已。至北闱尤甚。北闱分房诸公及两座主，大率皆辇下贵人，未入场已得按图挨次，知某人必入，故营求者先期定券，万无一失。……甲午（顺治十一年）一榜，无不以关节得幸，于是阴躁者走北如鹜，各入成均，若倾江南而去之矣。至丁酉，辇金载宝，辐辏都下，而若京堂三品以上子弟，则不名一钱，无不获也。若善为声名，遨游公卿者亦然。”[①]

顺天闱主考官系左春坊左庶子曹本荣、右春坊右中允宋之绳，江南乡试主考官为内翰林国史院侍讲方犹、弘文院检讨钱开宗。帝于顺治十四年七月初四谕告方犹、钱开宗说：“江南素称才薮，今遣尔等典试，当敬慎秉公，倘所行不正，独不见顾仁之事乎，必照彼治罪，决不轻恕。尔等秉公与否，朕自闻知，岂能掩人耳目，尔其慎之。”[②]

然而，圣谕谆谆，前车之鉴（顺天巡按顾仁贪婪处死），并不能扑

① 无名氏：《研堂见闻杂记》。

② 《清世祖实录》卷110，第10页。

灭贪官索银卖官之念。方犹、钱开宗、李振邺、张我朴等主考官、同考官，照样沿袭前任恶习，舞弊犯法。顺天乡试同考官李振邺、张我朴更为放肆。他们力图通过此科，"纳结权贵，以期速化，揽收名下，以树私人"，"爵高者必录"，"财丰者必录"，仅李振邺一人便"在处所通关节者二十有五人"。榜发之日，录取二百零六名举人，"人情大哗"。于是刑科右给事中任克溥上疏参劾说："乡会大典，慎选考官，无非欲矢公矢慎，登进真才。北闱榜放后，途谣巷议，啧有烦言。臣闻中试举人陆其贤，用银三千两，同科臣陆贻吉送考官李振邺、张我朴贿买得中。北闱之弊，不止一事，此辈弁髦国法，亵视名器，通同贿卖，憨不畏死，伏乞皇上大集群臣，公同会讯，则奸弊出而国法伸矣。"吏部、都察院奉旨严讯后，审理属实，向上奏报。顺治帝大怒，于十四年十月二十五日降旨批示说："贪赃坏法，屡有严谕禁饬。科场为取士大典，关系最重，况辇毂近地，系各省观瞻，岂可恣意贪墨营私，所审受贿、用贿、过付种种情实，可谓目无三尺，若不重加处治，何以惩戒将来。李振邺、张我朴、蔡元禧、陆贻吉、项绍芳，举人田耜、邬作霖，俱着立斩，家产籍没，父母兄弟妻子俱流徙尚阳堡，主考官曹本荣、宋之绳着议处具奏。"[1]

十一月十一日、十九日，他又两次谕告礼部说："国家登进才良，特设科目，关系甚重，况京闱乃天下观瞻，必典试各官皆矢公矢慎，严绝弊窦，遴拔真才，始不辱求贤大典。今年顺天乡试发榜之后，物议沸腾"，同考官李振邺等、中试举人田耜等，贿赂关节，已经审实正法，其余中试举人之卷，岂皆文理平通，尽无情弊，尔部即将今年顺天中试举人速传来京，候朕亲行复试，不许迟延规避。如有托故规避者，不来复试，即革去举人，永远不许应考，仍提解来京严究规避之由。[2]

顺治十五年（1658年）正月十七日，福临亲自于太和门复试丁酉科顺天举人，"面谕之曰：顷因考试不公，特亲加复阅，尔等皆朕赤子，其安心毋畏，各抒实学，朕非好为此举，实欲拔取真才，不获已尔"。众举人"皆顿首称万岁"。[3]时人记述复试情形说："时新举人多半归里。祠部文移严厉，该府县拘执锁项，押送起解，如同隶囚，无不震恐兼程。会朝廷避痘南院（苑），复试未有期，诸举人僦寓，家家畏同疫

---

① 《清世祖实录》卷112，第15、16页。

② 《清世祖实录》卷113，第4、6页。

③ 《清世祖实录》卷114，第12页。

鬼，未去者驱出恐后，复至者闭户不纳，流离冻馁，与诸保解杂役偃息于破寺废观，颓垣倒屋之间，灰烟如螣，面灰如死，犹执卷呻唔，恐以曳白膏斧锧。"复试之日，"每人以满兵一人夹之，仍谕之尽心揣构，不必畏惧。供给茶烟，未尝缺乏，即所监押，亦尽小心执礼，安慰致属，绝非外间凌侮之辈。题目乃上所亲定，阅卷某某等，上所猝点"。[1]

十五年二月十三日，帝谕礼部：前因丁酉科顺天中试举人，多有贿买情弊，是以朕亲加复试，今取得米汉雯等一百八十二名，仍准会试。苏洪濬、张元生、时汝身、霍于京、尤可嘉、陈守文、张国器、周根部等八人，文理不通，俱着革去举人。[2]

四月二十六日，顺治帝对丁酉顺天科场案做了最后的处理。他谕刑部等衙门："开科取士，原为遴选真才，以备任使，关系最重，岂容作弊坏法。王树德等交通李振邺等，贿买关节，紊乱科场，大干法纪，命法司详加审拟。"据奏王树德、陆庆曾、潘隐如，唐彦曦、沈始然、孙旸、张天植、张恂，俱应立斩，家产籍没，妻子父母兄弟流徙尚阳堡。孙珀龄、郁之章、李倩、陈经在、邱衡、赵瑞南、唐元迪、潘时升、盛树鸿、徐文龙、查学诗，俱应立斩，家产籍没。张旻、孙兰苗、郁乔、李树霖、张秀虎，俱应立绞。余赞同应绞，监候秋后处决，等语。朕因人命至重，恐其中或有冤枉，特命提来亲行面讯，王树德等俱供作弊情实，本当依拟正法，但多犯一时处死，于心不忍，俱从宽免死，各责四十大板，流徙尚阳堡。"余依议"。董笃行等（同考官），本当重处，朕面讯时，皆自认委系溺职，姑着免罪，仍复原官。曹本荣等，亦着免议。"自今以后，考官士子俱当恪遵功令，痛改积习，持廉秉公，不得以此案偶蒙宽典，遂视为常例，妄存幸免之心。如再有犯此等情罪者，必不姑宥。尔等衙门即行传谕"。[3]同日，大学士管吏部尚书事王永吉因其侄王树德私通科场关节，自请处分，帝降旨批示说："王永吉乃朕破格擢用，受恩深厚，未见恪尽职业，实心为国，负朕简任之恩。王树德系其亲侄，岂不知情，着降五级调用。"[4]

在审处顺天科场案的同时，顺治帝又主持江南省乡试的主考官、同

---

①《丁酉北闱大狱纪略》。

②《清世祖实录》卷115，第5页。

③《清世祖实录》卷116，第13、14页。

④《清世祖实录》卷116，第14页。

考官的索银舞弊，施予了更为严厉的处罚。顺治十四年十一月二十五日，工科给事中阴应节上疏揭发江南科场舞弊之情说："江南主考方犹等，弊窦多端，榜发后，士子愤其不公，哭文庙，殴帘官，物议沸腾。其彰着者，如取中之方章钺，系少詹事方拱乾第五子，悬成、享成、享咸、膏茂之弟，与犹联宗有素，乃乘机滋弊，冒滥贤书，请皇上立赐提究严讯，以正国宪，重大典。"帝阅后甚怒，降旨批示说："据奏南闱情弊多端，物议沸腾。方犹等经朕面谕，尚敢如此，殊属可恶。方犹、钱开宗并同考试官，俱着革职，并中试举人方章钺，刑部差员役速拿来京，严行详审。"本内所参事情，及闱中一切弊窦，着郎廷佐（两江总督）速行严察明白，将人犯拿解刑部。方拱乾着明白回奏。①

顺治十五年二月初三，掌河南道御史又劾江南科场弊说："江南省同考官舒城县知县龚勋，出闱后被诸生所辱，事涉可疑。又有中试举人程度渊者，啧有烦言，情弊昭著，应详细磨勘，以厘凤奸。"帝阅后降旨：着严查逮讯。②二月二十九日，礼部议复前疏时奏称：应照京闱事例，请皇上钦定试期，亲加复试，以核真伪。另外，直省士子云集，闱务不便久稽，其江南新科举人，应停止会试。帝允其议。③

三月十二日，顺治帝亲自复试丁酉科江南举人。二十日谕礼部：前因丁酉科江南中试举人情弊多端，物议沸腾，屡见参奏，朕是以亲加复试。今取得吴珂鸣三次试卷，文理独优，特准同今科会试中试举人一体殿试。④其汪溥勋等七十四名，仍准做举人，史继佟、詹有望、潘之彪、洪济等二十四名，亦准做举人，罚停会试二科。方域、顾元龄、刘师汉、夏允光、程牧、孙弓安、叶甲、林大节、杨廷章、张文运、汪度、陈珍、华廷樾、孙长发等十四名，文理不通，俱着革去举人。⑤

顺治十五年十一月十八日，刑部审理核实江南科场舞弊案后奏称：正主考方犹拟斩，副主考钱开宗拟绞。同考试官叶楚槐等拟责遣尚阳堡。举人方章钺等俱革去举人。顺治帝阅后降旨加重惩治说："方犹、钱开宗，差出典试，经朕面谕，务令简拔真才，严绝弊窦，辄敢违朕面

① 《清世祖实录》卷113，第8、9页。
② 《清世祖实录》卷115，第2页。
③ 《清世祖实录》卷115，第12、13页。
④ 王士祯：《池北偶谈》卷1，《特赐进士及第》。
⑤ 《清世祖实录》卷115，第17、18、19页。

谕，纳贿作弊，大为可恶。如此背旨之人，若不重加惩治，何以儆诫将来，方犹、钱开宗，俱着即正法，妻子家产籍没入官。叶楚槐、周霖、张晋、刘廷桂、田俊民、郝惟训、商显仁、李祥光、钱文燦、雷震声、李上林、朱建寅、王熙如、李大升、朱范、王国祯、龚勋，俱着即处绞，妻子家产籍没入官。已死卢铸鼎妻子家产，亦着籍没入官。方章钺、张明荐、伍成礼、姚其章、吴兰友、庄允堡、吴兆骞、钱成，俱着责四十板，家产籍没入官，父母、兄弟、妻子并流徙宁古塔。程度渊在逃，责令总督郎廷佐、兑得时等速行严缉获解，如不缉获，即伊等受贿作弊是实。尔部承问此案，徇庇迟至经年，且将此重情，问拟甚轻，是何意见，着作速回奏。余如议。"①

将此案与顺天案相比，显然可以看出顺治帝对江南案之处理，远重于顺天案。其一，京闱案仅斩两位同考官，两位主考官和其他同考官俱蒙恩免议；而南闱（江南）则主考方犹、钱开宗立斩，同考官叶楚槐等十七位同考官立绞，妻子家产籍没入官。其二，京闱复试，仅革去张元生等八名举人，其他米汉雯等一百八十二名举人俱准参加会试；而南闱却革去十四名举人，其余举人中，只吴珂鸣一人准参加当年会试，汪溥勋等七十四名举人不得参加此次会试，史继佚等举人还罚停会试二科。其三，京闱舞弊受罚之举人王树德等系流徙尚阳堡，而南闱举人方章钺等则流徙宁古塔，道路更远，地更荒凉，戍人更悲惨。其四，京闱案，刑部拟议重，王树德等十九人拟立斩，李苏霖等六人中五人立绞，一人绞监候，而帝加恩从宽，皆予免死而流徙；南闱则刑部拟议较轻，仅拟斩、绞两位主考，同考官皆责遣尚阳堡，而帝却摈斥其拟，改将主考、同考官一律处死。其五，京闱之拟议衙门刑部，虽拟议甚重，由帝改定，但没有受到训诫；而南闱之议，刑部却遭皇上严斥，并责令刑部回奏为何"问拟甚轻"？为何迟迟不报？刑部诸臣遵旨回奏后，吏部循谕，拟议惩治意见：刑部尚书图海、白允谦，侍郎吴喇禅、杜立德，郎中安球护、胡悉宁，员外郎马海，主事周新民等，"谳狱疏忽"，分别革职、革前程并所加之级。帝降旨批示："图海等本当依议，姑从宽免革职，着革去少保、太子太保并所加之级，其无加级者，着降一级留任。"②

①《清世祖实录》卷121，第24、25页。
②《清世祖实录》卷122，第13页。

　　为什么顺治帝对南闱舞弊案要如此从重惩处？虽无明文述帝之内心想法，但若联系时局，分析清人对此案的一些评述，也许能有所了解。帝之此举，首先，是因为南闱考官是违谕坏法。其他各省乡试考官，皆系按制前往，未经皇上召见面谕，而江南主考官方犹、钱开宗，则专门被帝召见"面谕"，令其"敬慎秉公"，否则，一旦违法，将按处决巡按顾仁之例惩办，"决不轻恕"。可是，方犹、钱开宗却听而不闻，视而不见，贪婪纳贿，败坏国法，帝若不从严处治，岂不是言而无信，令出不行，今后臣子谁会遵旨，故予严办。

　　其次，南闱之案，流传甚广，物议沸腾。清人评述此狱之起因说："南场发榜后，众大哗，好事者为诗为文，为传奇杂剧，极其丑诋。两座师撤棘归里，道过毗陵、金闾，士子随舟唾骂，至欲投砖掷礫。"此狱，"相传因尤侗著《钧天乐》而起。时尤侗、汤传楹高才不第，隐姓名为沈白、杨雪，描写主考伺图，尽态极妍，三鼎甲贾斯文、程不识、魏无知，亦穷形尽相"。"前此江陵（宁）书肆刻传奇名《万金记》，不知何人所作，以方字去一点为万，钱字去边为金，指二主考姓，备极行贿通贿状，流布禁中，上震怒，遂有是狱"。[①]尤侗，乃著名才子，清人赞其"所作骈俪各种，脍炙人口。尝以西厢词句题作文，流闻禁卫"，顺治帝观其所著，"叹曰真才子"。康熙时尤侗官翰林，"偕诸儒进平蜀诗文，上见其名曰：此老名士。西堂（尤侗之字）以此六字刻堂柱，左曰章皇天语，右曰今上玉音。极文人之荣"。[②]南闱之弊，影响太坏，流传太广，不予严惩，难平民愤和士心。

　　最后，江南人才辈出，人文茂盛，状元、榜眼、探花，多为江浙才子所得。包括顺治十八年在内，顺治朝共举行了八次会试殿试，其中，吕宫、邹忠倚、孙承恩、徐元文、马世俊五名状元是江苏人，史大成是浙江人，只有傅以渐、刘子壮两名状元是山东、湖北人。八名榜眼中，江苏有两名。八名探花里，江苏有蒋超、沈荃、秦钺、叶方霭四名，浙江有张天植、吴光两名。若将时间放长一些，则乾隆六十年止，清朝共举行了六十六科殿试，选中状元、榜眼、探花各六十六名，其中江浙出了状元五十一名、榜眼三十八名、探花四十七名。总的是江苏、浙江名士才子夺走了百分之七八十的状元、榜眼、探花桂冠。大学士、九卿总

　　①《研堂见闻杂记录》，戴璐《石鼓斋杂录》，转引自孟森之《明清史论著集刊》《科场案》。
　　②余金：《熙朝新语》卷3，第10、11页。

督、巡抚亦多系江浙人。因此，如果科场弊端太甚，真才不得选拔，那么，一则清帝难觅贤才，佐政乏人；再则有才之士埋没山林，怀才不遇，难免滋生不满情绪，诋毁朝政，动摇民心。尤其是在清初局面尚未完全稳定的形势下，争取士子，特别是争取江南士子，乃系朝廷当务之急，更需要纠正科场舞弊积习，更应严惩贪婪考官。

也许这些情况，以及顺治皇帝之爱才求贤，才使他加重惩罚南闱纳贿违法的考官和私通关节的举人。他在顺治十五年四月初七御乾清门考选庶吉士后，谕告诸进士，言及处治考官之事说："朕屡重试典，严除弊窦者，实欲得真才而用之耳！"①

其实，南闱处理固然很重，北闱的惩办，也很严厉，尤其是对违法之举人。南闱、北闱案的处治是大同小异，即都是连妻父母兄弟一并流徙，只不过是京闱案流徙的地点是尚阳堡，比南闱案之宁古塔要近一些而已。

仅仅是因为一人中举有舞弊之事，就连父母妻子兄弟都要连坐，都要充军数千里外，而且是荒凉边外。特别是宁古塔，清人称"其地重冰积雪，非复世界，中国人亦无至其地者。诸流人虽各拟遣，而说者谓至半道，为虎狼所食，猿狄所攫，或饥人所啖，无得生也"。②被惩之举人，连同父、母、妻、子、兄、弟，当有四五家六七家数十人，就这样流徙边外，尸横异乡，惨不忍言。惩罚确实太重了。

清人对"丁酉之狱"，虽不敢直言皇上苛暴，但大体上皆认为此狱过严，非仁君之政，且为被惩之举人鸣冤叫屈，认为他们本系才子名士，并非腹内空空行贿得中，实即对"丁酉之狱"持否定态度。

以北闱为例，被罚流徙尚阳堡的举人中，有被清初大文豪吴伟业赞颂的孙旸、陆应曾，孙旸系状元孙承恩之弟。吴伟业为孙氏兄弟专作《吾谷行》一诗。《吴诗集览》引《苏州府志》："孙承恩……弟旸，字赤崖，少游文社，名与兄埒。顺治丁酉，举顺天乡试，科场事发，为人牵连，谪戍尚阳堡。圣祖东巡，献颂万余言，召至幄前，赋东巡诗，试以书法，上叹惜其才。"吴伟业又写诗赠陆应曾，题为《赠陆生诗》："陆生得名三十年，布衣好客囊无钱。尚书墓道千章树，处士汇邨二顷田。"董含在《三冈识略》中亦赞陆应曾"素负才名"。

①《清世祖实录》卷116，第3页。
②《研堂见闻杂记》。

南闱之方章钺、吴兆骞二案，更为时人叹息。工部给事中阴应节参劾南闱有弊时所举之唯一例子，是江南主考方犹取中了少詹事方拱乾之子方章钺，因二方是"联宗有素"。尽管方拱乾在奉旨回奏时辩称："臣籍江南，与主考方犹从未同宗，故臣子章钺不在回避之例，有丁亥、己丑、甲午三科齿录可据。"[1]但方章钺仍被罚徙，其父方拱乾、兄悬成、享成、膏茂，以及妻子和兄长之子，俱同徙宁古塔。方家父子皆系有才之士，名声远扬。方享成"工诗文，善书，精小楷，兼长山水，与程青溪、顾见山称鼎足"。方悬成就是有名的方孝标，官至学士，著述甚丰。方家父子兄弟皆因一人之案而全部流徙，着实令人悲痛感慨。

更为冤屈的是众所周知的吴兆骞。吴兆骞，字汉槎，乃江南名士，"善属文"，考试之时，本系易如反掌，不料，州县押解，千里迢迢，道途艰辛，身心交瘁。皇上亲自复试之日，"堂上命二字一赋一诗，试官罗列侦视，堂下列武士，银铛而外，黄铜之夹棍，腰市之刀，悉森布焉"。"每举人一名，命护军二员持刀夹两旁，与试者悉惴惴其栗，几不能下笔"。而且，"不完卷者，银铛下狱"。在此恶劣形势威逼之下，下笔千言的才子吴兆骞竟"战栗不能握笔"，"不能终卷"，从而险遭斩杀，最后连妻子、父母兄弟一起流徙宁古塔。[2]

顺康时期，许多名人学士为吴之冤屈鸣不平，作诗填词相赠，最著名的是吴伟业（吴梅村）之一诗和顾贞观的两首词。大文学家吴梅村以诗《悲歌赠吴季子》，赠予吴兆骞。其诗为：

"人生千里与万里，黯然销魂别而已。君独何为至于此，山非山兮水非水，生非生兮死非死。十三学经并学史，生在江南长纨绮。辞赋翩翩众莫比，白璧青蝇见排诋。一朝束缚去，上书难自理。绝塞千山断行李，送吏泪不止，流人复何倚？彼尚愁不归，我行定已矣。七月龙沙雪花起，橐驼腰垂马没耳。白骨皑皑经战垒，黑河无船渡者几？前忧猛虎后苍兕，土穴偷生若蝼蚁。大鱼如山不见尾，张鬐为风沫为雨。日月倒行入海底，白昼相逢半人鬼，噫嘻乎，悲哉！生男聪明慎勿喜，仓颉夜哭良有以。受患祇从读书始，君不见吴季子。"

---

① 《清世祖实录》卷113，第12页。

② 王应金：《柳南随笔》卷11，第4页；《诸南笔谈》，戴璐《石鼓斋杂录》转引自孟森：《科场案》。

梅村此诗，描景抒情议事皆佳，实为绝唱之作，其最末两句"受患祗从读书始，君不见吴季子"，更点明了此诗吴兆骞系含冤流徙的主题。

被誉为"词家三绝"之一的大词家顾贞观，与吴兆骞系好友，当吴远流之后，为此冤案，特写《贺新郎》（亦名《金缕曲》）二首相寄，题为"寄吴汉槎宁古塔，以词代书"。

第一首：

"季子平安否？便归来生平万事，那堪回首！行路悠悠谁慰藉？母老家贫子幼，记不起从前杯酒。魑魅择人应见惯，料输他覆雨翻云手。冰与雪，周旋久。泪痕莫滴牛衣透。数天涯依然骨肉，几家能够？此似红颜多薄命，更不如今还有。只绝塞苦寒难受。廿载包胥承一诺，盼乌头马角终相救。置此札，君怀袖。"

第二首：

"我亦飘零久！十年来深恩负尽，死生师友。宿昔齐名非忝窃，试看杜陵消瘦，曾不减夜郎潺愁。薄命长辞知己别，问人生到此凄凉否？千万恨，为兄剖。兄生辛未我丁丑。共些时冰霜摧折，早衰蒲柳。辞赋从今须少作，留取心魂相守。但愿得河清人寿。归日急翻行戍稿，把空名料理传身后。言不尽，观顿首。"[①]

这两首词，情深意浓，念友心切，悲惨凄然，字字是血，声声是泪，读后令人无不悲从中来，凄然泪下。据说大词家纳兰性德见此词后，"泣曰：山阳思旧之作，都尉河梁之什，并此而三矣"。遂竟力奔走求情，筹措赎金，名人学士达官，争相捐助，吴兆骞得以离戍返归。

吴兆骞之革举远戍，实为冤屈，被罚之举人连同父母妻子兄弟流放边远荒凉之地，亦系太重，这是事实，但并不能因此而否定顺治皇帝对科场舞弊的惩处。士子献金求中，考官纳银受贿，本来就是犯了贪婪之罪，国法不容，行贿者与受贿者皆应惩治。何况，其他贪污案件之后果，大都不如科场舞弊危害之严重。有清一代，科举为做官之正途，尤其是知县以上内外文武官员，大都由此而出，设若科场贿赂盛行，有银

---

① 吴梅村之诗和顾贞观之词，皆转引自孟森：《明清史论著集刊·科场案》。

即可入学中举名登进士金榜，荣为状元、榜眼、探花，他日为官，必然贪婪虐民，那时内而大学士、九卿、司官，外而总督、巡抚、司道、州县官员，岂不皆成为贪官赃官，形成"政以贿成"的混浊局面，于国于民，害莫大焉。因此，顺治帝严革科场舞弊，是完全正确的，也起到了革明朝颓风树清初新习的作用。《清史稿》赞其严惩顺天、江南纳贿坏法之考官及行贿中试之举人说："一时人心大震，科场弊端为之廓清者数十年。"①此说还是比较符合历史实际的。

五、国库如洗 力求轻徭薄赋

（一）五大弊政 错失良机

少年天子福临亲政以后，首先碰到的一大难题是国库如洗，开支浩大，入不敷出，岁缺巨额兵饷。

顺治八年（1651年）三月初六，福临与户部尚书巴哈纳等人的一番对话，很有价值，最能显示此时大清王朝财政极端艰难的情形。帝问：各官俸银，用需几何，应于何月支给，大库所存，尚有若干？巴哈纳奏：俸银于四月支给，共需六十万两，今大库所存仅有二十万两。帝言："大库之银，已为睿王用尽，今当取内库银按时速给。夫各官所以养赡者，赖有俸禄耳，若朕虽贫，亦复何损。"

京师各部院文武百官年俸六十万两，并不算多，清帝又曾运银数百万两入京，为何大库无银支付？还有哪些较大的必需费用？联系时局，此事不难解答。官俸之外，还有很多用费，数量最大者莫过于兵饷。

明朝为防御蒙古、满兵入侵，万历年间养兵130余万，其中各镇兵1120058名，京师京军206380名，每年需军费为支出巨量银子。崇祯年间，加征了辽饷、剿饷、练饷两千万两，还入不敷出。

清军入关，明王朝覆灭，本应是兵饷由多减少的一大转折机会。明末养兵一百余万，每年加征"辽饷""剿饷""练饷"两千余万两赋银，仍然入不支出，经常因长期拖欠饷银而发生兵变。摄政王多尔衮凭借八旗军和平西王吴三桂、定南王孔有德等四王一公的汉兵，共十一二万人，不到两年就分路击败了大顺、大西军和南明福王、鲁王、唐王的

①《清史稿》卷108，《选举三》。

二三百万军队，统一了大半个中国。有此以少胜多的无敌劲旅，何愁不能"绥靖疆域"，当然不需再养上百万绿营兵分戍各地，有二三十万人负责日常弹压地方缉捕小股"盗匪"便可以了，军费必比明末大大减少，顺治元年、二年、三年就是这样的。顺治三年定河南、湖广、江西绿营官兵经制。明末曾有百万大军鏖战多年辖领一百一十余府厅州县的河南省，顺治三年八月初四，定兵的额数为14700余名。

"定河南官兵经制，巡抚标兵二千名，中军一员，管左营游击事，中军守备一员，千总二员，把总四员，旗鼓守备一员，右营游击一员，中军守备一员，千总二员，把总四员。开封河南总兵官，标兵二千名，中军一员，管左营游击事，中军守备一员，千总二员，把总四员，旗鼓守备一员，右营游击一员，中军守备一员，千总二员，把总四员。河南府参将，标兵一千名，中军守备一员，千总二员，把总四员。归德参将，标兵一千名，中军守备一员，千总二员，把总四员。南汝总兵官，标兵二千名，中军一员。管左营游击事，中军守备一员，千总二员，把总四员，旗鼓守备一员，右营游击一员，中军守备一员，千总二员，把总四员。汝宁府参将，标兵一千名，中军守备一员，千总二员，把总四员。怀庆总兵官，标兵二千名，中军一员，管左营游击事，中军守备一员，千总二员，把总四员，旗鼓守备一员，右营游击一员，中军守备一员，千总二员，把总四员。卫辉府参将，标兵一千名，中军守备一员，千总二员，把总四员。磁州，都司一员，兵五百名。嵩县守备一员，兵三百名。王禄店，守备一员，兵二百名。河道、驿传道、督粮道，各中军守备一员。分巡河北道，中军守备一员，标兵一百名。分守河北道，中军守备一员，标兵一百名。分巡大梁道，中军守备一员，标兵二百名。分守大梁道，中军守备一员，标兵二百名。睢陈道，中军守备一员，标兵二百名，分巡河南道，中军守备一员，标兵二百名，分守河南道，中军守备一员，标兵一百名。分巡汝南道，中军守备一员，标兵二百名。分守汝南道，中军守备一员，标兵一百名"。①

曾经战乱多年，大顺军、大西军多次与明军厮杀的湖南、湖北，虽辖有二百五十余府厅州县，顺治三年七月初二定湖广官兵经制，设兵39000名：

①《清世祖实录》卷27，第3、4页。

"定湖广官兵经制，总督标下，旗鼓都司一员，兵三千名，分三营，中营，中军参将一员，守备一员，千总二员，把总四员，左营游击一员，守备一员，千总二员，把总四员，右营游击一员，守备一员，千总二员，把总四员。提督武昌总兵标下，旗鼓都司一员，兵五千名，分五营，中营中军参将一员，守备一员，千总二员，把总四员，左营游击一员，守备一员，千总二员，把总四员，右营游击一员，守备一员，千总二员，把总四员，前营游击一员，守备一员，千总二员，把总四员，后营游击一员，守备一员，千总二员，把总四员。巡抚标下，旗鼓守备一员，兵一千五百名，分二营，中军兼管左营游击一员，守备一员，千总一员，把总二员，右营游击一员，守备一员，千总一员，把总二员。郧阳抚治标下，旗鼓守备一员，兵一千五百名，分二营，中军兼管左营，游击一员，守备一员，千总一员，把总二员，右营游击一员，守备一员，千总一员，把总二员。偏沅巡抚标下，旗鼓守备一员，兵一千五百名，分二营，中军兼管左营游击一员，守备一员，千总一员，把总二员，右营游击一员，守备一员，千总一员，把总二员。荆州总兵标下，旗鼓守备一员，兵三千名，分三营，中营，中军，游击一员，守备一员，千总二员，把总四员，左营游击一员，守备一员，千总二员，把总四员，或营游击一员，守备一员，千总二员，把总四员。郧襄总兵标下，旗鼓守备一员，兵三千名，分三营，中营，中军游击一员，守备一员，千总二员，把总四员，左营游击一员，守备一员，千总二员，把总四员，右营游击一员，守备一员，千总二员，把总四员。长沙总兵标下，旗鼓守备一员，兵三千名，分三营中营，中军游击一员，守备一员，千总二员，把总四员，左营游击一员，守备一员，千总二员，把总四员，右营游击一员，守备一员，千总二员，把总四员。辰州副将标兵三千名，分三营，中营，中军都司一员，守备一员，千总二员，把总四员，左营都司一员，守备一员，千总二员，把总四员，右营都司一员，守备一员，千总二员，把总四员。黄州副将标兵一千二百名，中军守备一员，千总二员，把总四员。承天副将标兵一千二百名，中军守备一员，千总二员，把总四员。常德副将标兵一千二百名，中军守备一员，千总二员，把总四员。汉阳参将标兵六百名，中军守备一员，千总一员，把总二员。德安参将标兵六百名，中军守备一员，千总一员，把总二员。兵州参将标兵六百名，中军守备一员，千总一员，把总二员。实庆参将标兵六百名，中军守备一员，千总一员，把总二员。永州参将标兵六百名，中军守备一员，千总一员，把总二员。房县参将标兵六百名，中军守备一员，千总一员，把总二员。兴国州参将标兵六百名，中军守备一员，千总一员，把总二员。新州参将标兵六百名，中军守备一员，千总一员，把总二员。镇参将标兵六百名，中军守备一员，千总一员，把总二员。临参将标兵六百名，中军守备一员，千总一员，把总二员。靖州参将标兵六百名，中军守备一员，千总一员，把总二员。衡州游击标兵四百名，中军守备一员，把总二员。彝陵州游击标兵四百名，中军守备一员，把总二员。洞庭湖游击标兵四百名，中军守备一员，把总二员。镇偏游击标兵四百名，中军守备一员，把总二员。三江口守备一员，兵二百名，把总一员。道士洑守备一员，兵二百名，把总一员。澧州守备一员，兵二百名，把总一员。永道守备一员，兵二百名，把总一员。郴桂守备一员，兵二百名，把总一员。九永守备一员，兵二百名，把总一员。武岗守备一员，兵二百名，把总一员。分巡武岗道，郴桂道，分守武昌道，分守上湖南道，分守下湖南道，分巡下湖南道，分巡荆西道，分守荆西道，上江防道，下江防道，分巡下荆南道，分巡上荆南道，分守下荆南道，分巡湖北道，辰常道，荆南武彝兵备道，分守湖北道，分守上荆南道，以上各中军守备一员，兵一百名。王家堡，大围山，绥宁，各守备一员，兵一百名。"①

顺治三年八月初六，定绿营江西官兵经制，设兵30200名。②

顺治四年四月二十六日，宁夏巡抚胡全才奏：

"宁夏远在天末，紧逼套人。旧例额兵三万有奇，分正奇等营。正兵以总兵官统之，奇兵以中协副将统之，凡调征居守，互换而行，设中卫参将一员，以镇衡要，以防山寇。今岁经制兵，止一万五千，无中协副将，中卫参将之官，虽中协员缺，曾经督臣孟乔芳题补马宁，又调征兴庆，请以马宁仍补中协副将统领见在兵丁一千名，委署参将胡江，即与实授，更令别招一千精壮之兵，准于一万五千之外，再加二千，将勇

①《清世祖实录》卷27，第2、3、4、5、6页。
②《清世祖实录》卷27，第15、16、17、18页。

兵强，军政乃肃，下所司议。"①

随即议定增兵两千。②

顺治五年三月二十八日，定浙江经制官兵，设兵37500名。③

顺治六年九月二十一日，定宣大二镇（即山西省）官兵经制，设兵26370名。④远比明朝少。

因为四川战乱，顺治二年七月，陕西设兵105000名。⑤安徽在顺治三年二月，设兵18540名。⑥

福建于顺治七年八月定制，设兵35000名。⑦

顺治七年五月十五日：

"裁真定总镇下游击二员，守备六员，中军一员，千总四员，把总七员，兵三千八百名。江南副将二员，游击九员，守备九员，千总三十五员，把总六十二员，兵一万九千二百四十八名。河南兵五百名，山东千总五员，兵二千名，浙江都司三员，守备三员，千总六员，把总十二员，兵五千名，山西兵四千六十名，陕西游击六员，守备六员，千总一十二员，把总二十四员，兵一万六百四十四名，湖广兵五千名，江南游击一员，守备一员，千总二员，把总四员，兵三千名，福建兵五千名。"⑧

此次共裁兵39000名。

以上陕西、安徽、湖广（湖北、湖南）、河南、江西、浙江、山西、福建，定绿营官兵经制时，共设兵301310名。顺治七年五月十五日，裁去34000名（因为此次裁福建兵5000名，系在第二月定福建兵制之前），实际上额定官兵为267310名。

---

①《清世祖实录》卷31，第22页。

②《清世祖实录》卷34，第2页。

③《清世祖实录》卷37，第23、24页。

④《清世祖实录》卷4，第6页。

⑤《清世祖实录》卷19，第8页。

⑥《清世祖实录》卷24，第10页。

⑦《清世祖实录》卷50，第4、5、6页。

⑧《清世祖实录》卷49，第4、5页。

此时，广东、广西、云南、贵州还未被清军攻占，四川也未平定，因此未设兵数额。直隶、江苏的数字没有找到，但是如果按照上述已有数目的陕西等9个省的"官兵经制"情形看，直隶、江苏可能各设兵4万名，广东等5省可能设兵14万名。

这样一来，全国绿营兵当有48万名左右，比后来的60万名，少了12万名，兵饷就应省掉200多万两银（陕西总督奏准裁兵12000名，每年可省兵饷31万两）。

顺治五年，满洲八旗只有男丁55330丁，顺治十一年又减少为49660丁，顺治十四年为49695丁。顺治五年，满洲、蒙古、汉军八旗共122876丁，顺治十一年为152955丁，十四年为154530丁。[1]即使全部男丁都披甲，也只有12万余到15万余名兵丁，比后来定额20万名兵少了25%～40%，兵饷又该少上百万两银。

假如是这样的八旗、绿营官兵的数字及相应支领的饷银，那么兵饷就不至于成为难以承受的重担。何况，顺治年间八旗每名兵士的饷银，比以后康、雍、乾三朝的饷银少了三分之一到四分之一。

因此，清政府本来会得到一个军费兵饷比明朝大为减少，从而能够很快使社会经济迅速恢复和发展的大好机会。但是，可惜的是，这一千载难逢的良机，却因自命绝顶聪明、爵号为睿智的摄政王多尔衮，愚蠢地实行剃发易服五大弊政，严重欺凌汉人的民族压迫政策，大肆烧杀掳掠，而稍纵即逝了。反清武装迅速地遍及全国，连陷州县，严重地阻滞了全国的统一进程。摄政王不得不急忙调兵遣将，先后派出十几位大将军，分路统兵征剿，原先的绿营兵不够用，便大量增兵，而辖区却缩小了很多。田赋、盐课、关税不能很快增加，与此同时，连年征战，兵在增，饷银、行粮、马匹草料、军装、武器、弹药用费也必然增加，致军费激增，财政当然会非常困难。

以四藩为例，顺治六年五月遣定南王孔有德率旧兵三千一百名及新增之兵一万六千九百名，共二万，往剿广西，携家驻守，新增之兵多于旧兵五六倍。靖南王耿仲明率旧兵二千五百名及新增兵七千五百名，平南王尚可喜率旧兵二千三百名及新增兵七千七百名，共二万名，往剿广东，携家驻防，新兵比旧兵多四倍余。[2]平西王吴三桂进攻四川，所增

① 中国第一历史档案馆编译：《清初编审八旗男丁档案选译》，载《历史档案》，1988年第4期。

② 《清世祖实录》卷44，第9、10页。

之兵更多。

为取四川，陕西增兵，粮饷浩大。兼督四川兵马钱粮的陕西总督孟乔芳于顺治十年奏陈兵多饷巨地方难支之情说：

> "陕西七镇及督抚各标为兵九万八千有奇，合满洲四旗及平西王吴三桂、固山额真李国翰两军，岁饷三百六十万而弱，而陕西赋入一百八十六万，不足者殆半，后将难继"。[1]

兵有增，饷在加，可是清政府却又未能统辖全国，一些省虽名义上归清所属，设有总督或巡抚，但兵火连年，府厅州县常被大西军、大顺军夺据，这自然影响到田赋、丁税、盐课、关税等项收入。直到顺治八年十二月，官方册籍所载清政府辖区的人丁只有一千零六十三万三千二百二十六丁，田地山荡二百九十万零八千五百八十四顷余，只征银二千一百一十万零一百四十二两余和米麦豆五百七十三万九千余石，另征盐课银一百九十六万余两。而七十多年前明朝政府却有征赋田地七百余万顷，比此时的田亩多了将近2倍。[2]

收入本来不太多，可又不能全部收齐，地方拖欠赋银的情形相当普遍，数量很大。例如，江西省积欠粮银达一百五十五万余两，财赋重地之江南省，自顺治八年至十三年，积欠钱粮四百余万两。从顺治元年至十七年，除去多次大规模蠲免以外，各省"拖欠银共二千七百万两有奇、米七百万石有奇"。[3]就连朝廷和京师官民食用所需的"漕粮"，亦大量拖欠，在顺治元年至七年里，共欠"漕粮三百余万石"。[4]堂堂一个国家，支出并非只有京师官俸和地方兵饷，还有许多项目。天潢贵胄，从和硕亲王起，皆有俸银禄米，亲王岁俸万两，米五千石；亲王世子六千两、米三千石；郡王五千两、米二千五百石；郡王长子三千两、米一千五百石；贝勒二千五百两、米一千二百五十石，贝子一千三百两；镇国公七百两；辅国公四百两；镇国将军、辅国将军、奉国将军、奉恩将军亦各有俸银，禄米按俸银每二两给米一石。皇上、王公将军之女及女

---

① 《清史稿》卷237，《孟乔芳传》。

② 《清世祖实录》卷61，第16、17页。

③ 《清世祖实录》卷97，第11页；卷108，第15页；《清圣祖实录》卷12，第13页。

④ 《清世祖实录》卷54，第13页。

婿，固伦公主、和硕公主、郡主、县主、郡君、县君、乡君，固伦额
驸、和硕额驸、郡主额驸、县主额驸、郡君额驸、县君额驸、乡君额
驸，也有岁俸禄米。宗室王公以外的异姓贵族公、侯、伯、子、男爵及
轻车都尉、骑都尉、恩骑尉等世职，亦有俸银禄米。外藩蒙古王、贝
勒、贝子、公、台吉等人也有俸禄，科尔沁部土谢图亲王、卓礼克图亲
王、达尔汉亲王年俸各银二千五百两、缎四十匹，其他苏尼特等部亲王
各银两千两、缎二十五匹，亲王世子、郡王、贝勒、贝子、镇国公、辅
国公、台吉依次减少。这些内外王公贵族俸银总的数量也是相当大的，
不会比京师百官俸银少多少。

中国土地辽阔，地形复杂，一年之中，不是南涝北旱，就是风灾蝗
灾，总有一些省府州县发生灾害，赈济之银米，数量很多，受灾地区，
自然不能照额定赋税征收，需要蠲减，又会影响国库收入。为保漕粮源
源不断运到京师，供京师天子王公大臣、将士平民食用，为减少水
灾，每年用于治河治江的费用也很大（后来康熙后期，岁拨河工银三
四百万两）。接待外藩和外国使臣，赏赐款待，需银不少。宫廷开支
更是一笔大的数字。因此户部、光禄寺、工部、礼部每年都要支出数
以十万计甚至百万两计的巨额银两。尤其是顺治年间，为了修建几乎
被大顺军烧光了的众多宫殿，更用了巨量银两。加上摄政王多尔衮挥
霍浪费，为自己及豫王多铎、英王阿济格大修府第，"糜帑数百万，
至兵饷空虚"。

正是由于兵饷、官俸、王禄、工程、赈济、宫费等大量开支，使国
库如洗，财政极端困难，严重威胁了清王朝的统治，妨碍了统一全国战
争的进行，必须设法解决。

（二）岁缺巨饷 应对无策

为了扭转出多入少财政困难的局面，顺治帝福临于顺治八年正月亲
政以后，努力裁减冗官冗兵冗费及不急之费，谕令户部会同有关部门商
议裁减开支。

顺治九年四月初六，户部奏称：

"丁未，户部以钱粮不敷，遵旨会议。一、山东登莱巡抚宜裁；
一、宣府巡抚宜裁，以总督兼理；一、纳监纳吏，纳承差事例，宜照前

例行；一、江宁、杭州、西安、汉中，驻防满洲汉军兵丁，除草料口粮，照例支给外，每年多支米石应裁；一、各道省应解本色颜料药材等项，除京中无从备办者，仍解本色外，余俱应折银；一、工部钱粮，除紧急营建外，其余不急工程，及修理寺庙等项，俱应停罢；一、户礼工部制造等库内监三百九十余名，应留数员，余尽裁革；一、在外当铺每年定税银五两，其在京当铺各即铺，宜仍令顺天府查照铺面，酌量微收，一总督巡抚家人口粮应裁；一、各州县修宅家伙银两应裁，一州县备各上司朔望行香纸烛银两应裁；一、在外各衙门书吏人役，每月给工食银五钱，余应裁；一、各州县民壮五十名，应裁二十名；一知府并各州县灯夫各四名，同知，通判，推官灯夫各二名，各州县轿夫四名，岁支工食银两应裁。"

福临降旨：这不数钱粮，既经会议妥确，悉如议行，其民壮灯夫轿夫，不必裁。[1]

经过多方努力和战事减少，财政困窘之情有所改善。顺治十一年六月二十五日，户部将收入支出之情及建议，向帝呈奏，现摘录如下：

"户部奏：国家所赖者赋税，官兵所倚者俸饷，关系匪轻。今约计北直、山东、河南、浙江、江南、陕西、湖广、江西、福建、广东十一省，原额地丁银三千一百六十四万五千六百六十八两有奇，内除荒亡蠲免银六百三十九万四千两零，起解各部寺银二百零七万六千八十六两零，该臣部下银一千四百八十万三千八百八十四两零，内拨给十一年分各省镇兵饷银一千一百五十一万八千四百两零，应解臣部银三百二十八万五千四百八十两零。又应找拨陕西、广东、湖广等处兵饷银一百八十万两，又王公文武满汉官兵俸银一百九十万一千一百两零，计不敷银四十一万五千六百两零。此外有盐课银、关税银共二百七十二万四百两零，又会议裁扣工食等银二十九万九千八百两零，除补前项不敷银数外，止应剩银二百六十万四千六百两零。又有临时水旱灾伤蠲免及小民拖欠数目，不能如额，又每遇出征，需用银米，及采买物料，喂养马匹草豆赏费等项，难以预定。"[2]

---

①《清世祖实录》卷64，第3、4页。

②《清世祖实录》卷84，第26、27页。

这份奏疏可以说明四个问题。其一，收入较前有所增加。顺治八年十二月，清政府辖区共有人丁一千零六十三万三千三百二十六丁、田地山荡二百九十万八千五百八十四顷六十一亩、畦地二万二千九百八十个，征银二千一百一十万一百四十二两。现才过两年多，便实征地丁银二千五百二十五万余两，增加了五分之一，速度相当快，数量相当大。

其二，国库如洗之情有所改善。两年前，大库存银才二十万两，而京师官俸便需六十万两，严重地入不敷出。现除去各省存留、兵饷、俸银及解往各部寺之银外，户部还有"剩银"二百六十余万两，这可以说是十年来清政府唯一的一次有了"剩银"，可见比起两年前财政极其困窘之情，有了不小的改善和缓和。

其三，收入还不算多，财政仍很困难。这主要是由于四个因素限制了收入的大幅度增加。一是户部所奏之地丁银，光是北直（即河北）、山东、山西、河南、浙江、江南（江苏、安徽）、陕西、湖广（湖南、湖北）、江西、福建、广东十一省的数字，还有四川、云南、贵州、广西四省未包括在内，因这四省大都为大西军、大顺军余部所辖，而这四省若按正常田地人丁赋银估算，大约有一百万两。二是荒田灾害太多，北直、山东等十一省，原定地丁额银为三千一百六十四万余两，而由于"荒亡蠲免银六百三十九万"，只能实征二千五百二十五万余两，较诸原额，又减少了五分之一。三是各省存留太多，总数竟达八百三十七万余两，为实征银三分之一强。四是盐税关税不能大幅度增加，这也是由于全国尚未统一及兵火连年所致，少了四个省，广东、湖南、湖北、福建、江西时有征战，农工商业尤其是盐税关税自会受到影响。顺治七年征盐课银一百七十七万余两，过了三年，顺治十年征盐课银二百一十二万余两，这是由于少了四省及兵火连年人丁不旺而受了限制，比后来全国统一、人丁众多、百业兴旺之岁银五百万、六百万、七百万两，大为逊色。与此相似，关税也不能征收太多，按户部所奏盐课关税银二百七十二万两计，扣除盐课银，关税只有六十万两，太少了，比后来关税年达三四百万两又有天渊之别。这些因素，决定了清政府收入难以大量增加，故财政仍很困难。

其四，兵饷占有的比重太大。户部所列五项开支中，有三项是直接用于兵饷，即拨给顺治十一年各省镇兵饷银一千一百五十余万两，拨陕西、广东、湖广等处兵饷银一百八十万两，京师官兵俸银约一百万两，共约一千四百三十余万两。另一项"地方存留银"八百三十七万余两，也与军费有关，这笔巨额存留银，大都用于征战之需，像前引陕西总督孟乔芳所奏，顺治十年陕西应支出兵饷三百六十万两，尽全省赋入一百八十六万两以供，而不敷其半，可见陕西地丁赋银丝毫也不能解京，全部"存留银"皆供军需了。只有各省解部寺银二百零七万余两，与兵饷牵连不多。照此推算，户部实收之二千五百二十余万两地丁赋银和二百七十二万两盐课关税银两，直接用于兵饷者达一千四百三十余万两，超过实际总收入的一半，再加上"存留银"八百余万两中，也有多半用于征战。这就是时人所说"国家钱粮，每岁大半皆措兵饷"的实际情形。

由于大西军"两蹶名王"，平南大将军、定南王孔有德和定远大将军、敬谨亲王尼堪败死，南明延平郡王郑成功攻占大半个福建并进攻浙江，清廷派遣大军征剿，军费激增，岁缺巨量兵饷，国家财政之困难，更到了无以复加的空前危险地步。

顺治十三年四月吏科都给事中郭一鹗，以图治务实政，条奏五事，第三事即讲到兵饷严重缺额的问题。他说："开源节流，为生财之大道。现今兵饷缺额四百四十余万，诸臣数次会议，来见划一长策。"①

工科给事中王命岳对此更做了具体的也是骇人听闻的叙述，又提出了大兴军屯从根本上解决难题的办法。他在《经国远图疏》中着重指出：

"今国家所最急者，财也。岁入一千八百一十四万有奇，岁出二千二百六十一万有奇，出浮于入者四百四十七万。国用所以不足，皆由养兵。各省镇满汉官兵俸米草豆，都计千八百三十八万有奇，师行刍秣又百四十万，其在京王公百官俸薪、披甲俸饷不过二百万，是则岁费二千二百万，十分在养兵，一分在杂用也。臣愚以为，今日不宜再议剥削以给兵饷，而当议就兵生财之道。河南、山东、湖广、陕西、江南北、浙东西、江西、闽、广诸行省，迭经兵火水旱，田多荒废，宜令各省驻防官兵分地耕种，稍仿明洪武中屯田之法，初年有司给予牛种、耕具、饩粮，自次年后，兵皆自食其力，便可不费朝廷金钱，此其为利甚薄。古者郡县之兵，什伍相配，千百成旅，将帅因而辖之，乃者将帅多以仆从、厮役、优伶为兵，其实能操戈杀贼者十不得二三，故食粮有兵，充

①《清世祖实录》卷100，第13页。

伍无兵，官去兵从，难议屯种。今当先定兵额，官有升降，兵无去来，平定各省及去贼二三百里外者，皆给地课耕。因人之力与地之宜，一岁便可生财至千余万。群情不为深虑，不过议节省某项，清查某项，譬如盘水，何益旱田？臣见今日因贼而设兵，因兵而措饷，因饷而病民，民复为贼，辗转相因，深可隐忧。要在力破因循，断无不可核之兵，断无不可耕之田，断无不可生之财。"①

王命岳此疏，十分重要，很有价值，特别是有四点极为可取。一是具体说明了岁入岁出之数及岁出之主要情形，突出了兵饷在岁出中占据了十分之九的巨大比重。二是写明了河南等九省"迭经兵火水旱，田多荒废"之情。三是指出了兵制之弊，冗兵太多，兵多缺额。四是看出了清廷困难之症结所在，即"因贼而设兵，因兵而措饷，因饷而病民，民复为贼，辗转相因。"但是，王命岳开的药方却不高明，他只看到了大兴军屯可使每岁增加白银一千余万两之多这一具有极大吸引力的方面，却未看到此路不通的必然结局。很简单，总共不过十来万的八旗军队，其主要任务而且是唯一的任务是"拱卫宸极，绥靖疆域"，是保卫皇上、保卫大清王朝，哪能用于耕垦荒地！如果八旗驻防军队去种地，那么它所驻防之省府，也就会丢了，全沦于敌军之手了。绿旗兵总数虽多，却多系疲弱卒卒，还有不少空额，也不能用于屯田。此时清政府的主要目标是统一全国，彻底消灭南明政权和与明相连的大西军、大顺军，绿旗兵必须为此目标服务，配合八旗军征战或戍守。因此，顺治帝将此疏下各省督抚商议，但极少赞同，致"议格不行"。②

顺治帝见屯田难行，又想从清查钱粮拖欠来解决问题，于顺治十五年五月十二日下了一道长谕，大讲清查钱粮之事，也提到裁减冗员。他在谕中讲道："年来钱粮匮乏，屡经会议，未能实济急需，皆由费用繁多，积弊未革，今唯再筹裁省，严剔弊端，乃可渐至充裕。"在京各衙门，有一缺而设数员者，半属闲冗，着各衙门将满汉司员，自笔帖式以上，俱开列员数职掌，奏请裁定。在外文武各官，如有赘员，亦行裁减。各省于顺治二年间，"开报荒田甚多"，其中岂无豪强隐占，官吏欺瞒，"隐漏钱粮，为数不少"。江南芦政，地方广远，蔓延数省，"其中隐混未清者甚多"。江南无锡等县，"历来钱粮，欠至数十万"，乡绅、举贡之豪强者，包揽钱粮，隐混抗官，多占地亩，不纳租税。"历年各省逋欠钱粮，多系贪官猾吏挪移隐蚀，以及乡绅、举贡、生员、土豪影射占隐"。着令抚按严加清查，题参重处。①尽管堂堂至尊无上的万岁爷下了如此严谕，但也无甚实效，除去多次蠲免以外，自顺治元年到十七年，拖欠钱粮竟仍然多达两千七百余万两和米七百余万石。②

兴屯难，清查钱粮实效甚少，冗员裁减省钱不多，而随着大规模地向占据四川、云南、贵州的大西军进攻，兵士日增，兵饷军费便激剧增加。顺治十四年以后，每年兵饷多达两千四百余万两，而全国一年额赋所入才一千九百六十万两，全部用于军费，尚缺四百余万两，至于王公百官俸银，赈济灾民及河工用费，各部院必需用费，需银数百万两，更毫无着落。怎么办？

顺治十六年八月二十二日，户部左侍郎林起龙特上《更定绿旗兵制》长疏，详论绿旗兵冗数多力弱之弊，提出了裁减绿旗冗兵的建议。他奏称："臣闻国家之治乱，视兵马之强弱，国家之贫富，视兵马之多少。其强弱多少之分，在于有制无制而已。有制之师，兵马精强，器械坚利，号令严明，可以战，可以守，兵虽少也，一以当十，饷愈省，兵愈强，而国富。无制之师，兵马罢弱，器械钝敝，号令生疏，不可战，不可守，兵虽多也，万不敌千，饷愈费，兵愈弱，而国贫。此历来用兵不易之大端也，今天下绿旗营兵，几六十万，每岁费用粮二百余万石，饷银一千余万两。"然而地方有事，即请满洲大兵，"是六十万之多，曾不足当数万之用"。其因有四，一为兵丁无实，将官赴任，招募家丁，随营开粮，军牢、伴当、吹手、轿夫，皆充兵数，地方铺户令子侄充兵，以免差徭，其月饷则归本管官员所得。二系马匹无实，马兵关支草料，多有扣克短少，驿递缺马，亦借营马应付，"是以马皆骨立，鞭策不前"。三是器械无实，弓箭刀枪盔甲火器等项，俱钝敝朽坏，三眼枪虽每兵一杆，然火门堵塞，等于无用，至于帐房、窝铺、雨衣、弓箭罩，从未见备。四乃训练无实，不举行春秋两操，将不知分合奇正之势。兵不知坐作进退之方。"由此观之，徒空国帑而竭民膏，虽有百万之众，亦何益哉"！造成这四"无实"的根本原因有二，即兵多饷薄。解决之法是裁兵加饷。"今总计天下绿旗兵共六十万，诚抽得二十万精兵，养以四十万兵饷，饷厚兵精，地方有警，战守有人，不致动请大

---

①《清世祖实录》卷117，第8—11页。

②《清世祖实录》卷12，第13、14页。

兵，不过十年，可使库藏充溢"，"兵强饷足，封疆巩固，而地方永享太平矣"。①

这是唯一的详细记述顺治年间绿旗兵制的奏疏，写得很好，很有价值，有四点讲得特别好。其一，它第一次也是唯一能准确地讲明了此时全国绿旗兵的总数及其岁支兵饷，数目即"今天下绿旗兵几六十万，每岁费用粮二百余万石，饷银一千余万两"。其他文献没有谈到绿旗兵的总数，有的更以兵饷数而推测兵此时数为八十万，与实情出入太大。其二，它简练、准确地指出了绿旗军之兵丁、马匹、器械、训练四"无实"之大弊，断言这种弱兵虽有百万之众，亦难敌数万精兵，不能靠它来平定地方、消灭敌军。其三，它指出了出现四"无实"大弊的原因是只求兵士数多和月饷太少。其四，解决绿旗军不堪一击的根本办法是裁减冗兵，兵要精，饷要多，只养二十万人，给以四十万之饷。这样，就能做到"兵强饷足，封疆巩固""库藏充溢""地方太平"。

顺治帝读后深为赞许，认为此奏"深切明弊，多有可采"，下有关部门详议施行。②

比林起龙早八天，顺治十六年八月初四，翰林院掌院学士折库纳也特上密疏，奏述有关军制之四大要事，其第三要事就是"慎选绿旗官兵"。他奏称："今天下钱粮，大半耗于绿旗，虽星罗棋布，遍满海内，一有寇警，仍请在内禁旅，此皆将帅师失人故也。"今后应仿选凤娴军旅精明强干之人担任提督、总兵官，其他将弁职务，亦应授予才干之人，简阅士卒内精勇者为前锋兵，优给钱粮，视其劳绩擢用，裁汰老弱，不得让他们充数冒滥，"庶军事修明，不致虚糜粮饷，而地方有事，亦有攸赖矣"。③

林起龙与折库纳所说绿旗军兵额太多，兵冗饷薄，应大裁冗员增给粮饷，使绿营军兵精饷足，军威远扬，这种想法未必不好，但他俩都未抓住根本关键。绿旗军额，数倍于满洲蒙古汉军八旗军，更十倍于满洲八旗军，每名兵士的粮饷数量，只有八旗兵的三分之一，这是事实。但造成这样情形的根本原因，不是什么将领不才，家丁、伴当皆充兵数等弊，这固然是其中因素之一，但不是主要因素。最根本的因素是清廷制

①《清世祖实录》卷127，第24—28页。

②《清世祖实录》卷127，第28页；《清史稿》第244，《林起龙传》。

③《清世祖实录》卷127，第16页。

定兵制的基本方针，即"满洲甲兵系国家根本""八旗乃国家根本"。"拱卫宸极，绥靖疆域"这一基本任务，是由八旗军队尤其是满洲八旗军来承担的，绿旗兵只起也只能起配合辅助作用，不能做主力军。尤其在顺治年间，许多绿旗将领经常怀有二心，不少总兵、提督等高级将领还曾公开起兵，反叛清朝，如曾为南明总兵的金声桓、李成栋，降清后攻占南明之江西、广东，立下大功，因朝廷未予厚封，没有得到公侯爵位和总督巡抚官衔，于顺治五年叛清，各拥兵数十万，江西、广东皆失。大同总兵官姜瓖亦于顺治六年起兵叛清，控制了山西大部分州县。这使清朝狼狈不堪，最后派了几位大将军，率领重兵征剿，花费了很大力气，才将这三员降将的叛乱平定下去。前车之鉴，记忆犹新，清廷当然不会使绿旗军成为与八旗军分庭抗礼的精兵劲旅。故而让其兵额众多，月饷微薄，只负责平常地方治安，对付小股反清武装，重大军事行动，仍以八旗军为主力。

因此，尽管群臣一再提出大裁绿旗兵，以省饷裕国，解决财政困难，林起龙更具体提出裁减三分之二的绿旗兵，只留下二十万人。但清廷不可能接受这种建议，最多只能暂时裁几万人，不能大量削减兵额。尽管顺治帝对林起龙之奏颇为赞许，交议政王大臣会议，但会议结果，仍否定了林之建言。

顺治十六年十月二十八日，议政王和硕简亲王济度等集议之后奏称：国家畜养兵马，贵有实济，岂容虚冒贻误地方，应敕各省督抚严查隐占，器械马匹时加简阅，挑选精壮，自十七年秋季为始，令兵部请旨，差满洲官员，分往各方阅视，永为定例，每三年举行一次，营马不许擅拨驿递，兵丁粮饷按月支给，毋许压欠。"至绿旗兵马，俱照经制额设，若减去四十万，止留二十万，恐兵寡力单，难以弹压，应仍旧制"。帝阅后降旨：各地方绿旗兵丁，差满洲大臣阅视，其器械不整，营伍废弛，以老弱充数，虚糜钱粮者，纠参重处。福临实际也同意了议政王大臣之议奏，绿旗兵仍保持六十万的旧制兵额，不大量减少。这样一来，兵饷数量当然极大，国家财政也必然异常困难。

顺治十七年六月十二日，此时清军已攻占云南、贵州、四川，基本上统一了全国，南明永历帝逃入缅甸，应是可以裁减冗兵的极好时机。这一日，户部遵谕条奏理财裁兵之事。户部奏称："国赋不足，民生困苦，皆由兵马日增之故。"江南省旧设有总督、巡抚、提督、水陆总兵官及江宁驻防满兵,近又于京口设立都统及左右二路总兵官,共增兵一万六千名,又增凤阳巡抚标兵一千五百名,驻防各官及总督、巡抚、总兵官又增闲甲。浙江省除原设驻防汉军及绿旗官兵外,增设满洲驻防,又增闲甲一千名,随征兵三千名。两省地方既因地方紧要,增设精兵,"则从前庸懦官兵,俱应裁减"。腹里之保定、沧州、太原、西安、汉中,皆有满兵驻防,除总督标兵、巡抚标兵、总兵标兵外,其余各营绿旗兵,亦当酌减,四川除原设镇守官兵外,近增成都、建昌提督,总兵标兵六千名,又有投诚兵六千名,应令投诚兵内愿为民者为民,愿入伍者,裁革庸懦兵丁补入。云南平西王吴三桂下官甲一万名,绿旗兵及投诚兵共六万名,又有八旗满兵,"需用粮饷甚多,以致各省鞅输,困苦至极。合计天下正赋止八百七十五万余两,而云南一省需银九百余万,竭天下之正赋,不足供一省之用。该省米价,每石至二十余两,兵民交敝,所系匪小"。乞令兵部酌议,或撤满兵,或酌减绿旗兵投诚兵。帝降旨批示:"此奏内兵马钱粮,国家要务,关系重大,着议政王贝勒大臣会同密议速奏。"①

过了六天,顺治十七年六月十八日,议政王贝勒大臣奏称,满兵不应撤还,但协饷艰难,应将绿旗兵未招募者停止招募,投诚兵愿为民者为民,共以三万名为额(即减去三万)。各省军需,俱取之本省,独滇省由各省转输,致"黎民困苦,国课匮乏",请敕令平西王及滇省督抚于本省设法取用,至于兵士月饷,仍令各省起运。江南省旧驻绿旗兵内有庸弱者,应行裁去,使该省之兵仍如原来规定的经制额数,浙江省亦照此办理。四川投诚兵,愿为民者为民,愿为兵者,派补各营,将现有绿旗兵中之老弱兵丁裁汰,仍然保持原来规定的兵额。杭州、西安、保定等地的绿旗兵,应行裁减一部分人。②顺治帝十分赞同裁减江南、浙江等省绿旗冗兵,但由于云南的特殊情况,该省新定,平西王吴三桂负有征剿南明之重任,李定国尚有不少部众,南明永历帝寄居缅甸,恐有后患,此时是否撤回满兵减少云南绿旗兵额,还需慎重,故降旨批示:滇省满洲兵,应否撤回,绿旗兵应否以三万为数,米粮草料可否于该省民间取用,必身在地方,熟谙情形,乃能筹划万全。"平西王谙晓地方情形,着酌量详确速议具奏。余俱依议"。③

①《清世祖实录》卷136,第21、22页。
②《清世祖实录》卷137,第9、10、11页。
③《清世祖实录》卷137,第10页。

平西王吴三桂并不希望满兵久驻，影响他主宰滇黔的计划，更不愿意削减绿旗兵额。他当然早已料到朝廷会打这个主意，所以早就奏请将他挑选的一万二千名投诚兵编为义勇营与忠勇营，归己统辖。二营又各分中、前、后、左、右五营，每一千二百名为一营，以一名投诚官统率，并开具拟委为总兵官、中军、游击、守备的投诚官名单。顺治十七年七月初二，即议政王大臣议奏将云南六万绿旗兵投诚兵减为三万之后的第二十天，兵部复议，同意吴之所请，请帝批示。顺治帝降旨，完全同意吴之请求，着投诚官马宝以右都督充忠勇中营总兵官，分授李如碧、高启隆、刘之复、塔新策、王会等九员为都督、副将、参将，分别为另外九营的总兵官，其余将弁，亦按吴三桂所拟委用。①不久，又允吴三桂所请，设云南援剿四镇，以四川右路总兵官马宁为云南援剿前镇总兵官，四川左路总兵官沈应时为云南援剿左镇总兵官，湖广益阳总兵官王辅臣为云南援剿右镇总兵官，都督同知杨武为云南援剿后镇总兵官。②

吴三桂为确保已到手的兵权和统辖云南贵州之权，拥军自重，又于会议裁兵之前，奏请用兵水西等土司。他奏称：贵州水西土司安坤，久蓄异谋，近闻刑牲祭鬼，将为不轨。马乃土司龙吉兆兄弟，私受李定国伪敕，缮器称兵，"逆形已彰"。水西、马乃系用兵要路，未可容其窥伺梗阻，故欲先发制人，乘其未动，早为剿平，以清肘腋之患。乌撒土司安重圣反复叵测，亦当并图收拾，以伸国威。此疏于顺治十七年八月二十九日送呈帝阅，顺治帝命议政王贝勒大臣密议速奏。十月初六，议政王贝勒大臣奏称：水西土司安坤、马乃土司龙吉兆、乌撒土司安重圣等，"阳顺阴逆，中怀叵测"，应如吴三桂所请，"悉心筹划，相机歼灭"。帝从其议。③这场战争，在三年以后终于开始了。

而且就在议裁滇兵之后不久，顺治帝已批准吴三桂入缅追擒南明永历帝、进攻李定国之奏请，并于顺治十七年八月十八日，授开国元勋武勋王扬古利之子内大臣、一等公爱星阿为定西将军，率京师八旗军前往云南，会同平西王吴三桂"相机征讨"。这样一来，滇省绿旗兵当然不能大量裁减。从第二年，吴三桂、爱星阿统领满、汉、土司及降兵共七

①《清世祖实录》卷388，第3页。
②《清世祖实录》卷141，第11页。
③《清世祖实录》卷139，第22页；卷141，第3页。

万五千名和随军役夫十余万丁出征来看，滇兵不仅未裁多少，反而有所增加。

以上事实清楚地表明，清政府财政极端困难的根本原因是兵饷军费开支太大，国库收入不太多，全部用于军费，亦甚不足，不裁兵额，不大减兵饷，不停止大的征战，就难摆脱困境。然而，如果过早大规模地裁减兵额，停止用兵，则不能统一全国，不能消灭南明永历帝政权及与之相联的大西军、大顺军，全国就会分裂，永无宁日，当然也说不上出现什么盛世。顺治帝福临，在他那位绝顶聪明的孝庄皇太后和议政王大臣与大学士的辅佐下，认准了这一根本问题，两害相并权其轻，狠下决心，坚决要把统一全国的战争进行到底，尽管因此付出了巨大代价，财政异常困难，但它能为后来的长治久安国家富强奠定坚实基础。历史证明这一决策是正确的。因此，在出多于入，岁缺巨饷，筹银无方的财政极其困难的形势下，却蕴藏着不久的将来要出现"康乾盛世"的强大活力。少年天子福临在这一问题上显示了坚强的毅力和绝顶的智慧，发挥了重大的作用。

（三）水旱战乱　　兵民穷苦至极

顺治八年（1651年）正月少年天子福临亲政以后，碰到的另一必须解决而又不易解决的大难题是，兵民穷困，黔首冻馁，流离载道。明末横征暴敛，明清之际战火纷飞，清初圈地、投充、逃人、剃发、易服五大弊政，官吏沿明弊习贪污勒索，与此相连的是河工失修，灾旱频仍，因而田园荒芜，百业凋敝，黎民饥寒交迫，兵士枵腹从事，民贫之极，兵困之极，放眼望去，一片凄凉景象，苦境何时能尽。这是任何一位想要有所作为之君难以视而不见置之不理的。"民殷国富"，不仅是贤臣、清官、名士、诗人梦寐以求的理想王国，也是英君明主期望达到的一个主要目标。

亲政之时，福临才十三周岁，作为一国之君来说，似乎太小，哪能通晓民情日理万机。兼之，多尔衮摄政之时，有意不为幼帝延师就学，不让其增长才干，拥有渊博学识，致其难以熟谙时事，领悟治国之道，使他亲政时竟致"阅诸臣奏章，茫然不解"。[①]

然而，福临毕竟是有志之君，亲政之初，他对许多具体事务虽然不

---

① 木陈忞：《北游集》。

很了解，兵民之情不甚知悉，治国之术亦甚茫然，但他愿意有所作为，立志要为兵民做些好事，希望达到"又安天下"的目的。何况他还有一位身历三朝久泛政海聪睿机警刚强果断的母后，当然会对爱子培养指点和教诲。

就在幼主举行亲政大典之后二十多天，顺治八年二月十一日，被尊为昭圣慈寿皇太后的孝庄，给爱子下达了一道诰谕，全文如下：

"昭圣慈寿皇太后诰谕皇帝曰：为天子者，处于至尊，诚为不易，上承祖宗功德，益廓宏图，下能兢兢业业，经国理民，斯可为天下主。民者，国之本。治民必简任贤才，治国必亲忘远佞，用人必出于灼见真知，莅政必加以详审刚断，赏罚必得其平，服用必合乎则，毋作奢靡，务图远大，勤学好问，惩忿戒嬉，倘专事佚豫，则大业颣兹替矣。凡几务至前，必综理勿倦。诚守此言，岂唯福泽及于万世，亦大孝之本也。"①

孝庄太后此诰谕讲得很好，纲要性地指明了成为能使民富国强的英君明主的必要条件和必由之路。总观顺治帝亲政之后十年的言行作为，他在民为国本、擢用贤臣、勤学好问、"务图远大"等方面，确是在努力去做。

就巩固国本恤兵爱民而言，他可以说是花费了很多心血，竭力减轻兵民之苦。亲政后的一段时间，他为弥补亲政前之被迫闲置，不谙政务民情的弱点，一方面不断听取群臣建言，细阅章奏，同时又多方访闻，仔细思考，因而对全国兵民之痛苦很快有了足够的了解。

他多次下诏求言，希望、督促群臣直言时弊和君主过失，一些有识之臣确也上过望君有为陈述时情的好奏疏。例如，顺治九年七月初四，吏科右给事中魏裔介奏称："创业难，守成不易，古帝王凛凛乎覆舟驭索之惧，诚以骄恣易生，而晏安之足为害也。我皇上圣神文武，以创业兼守成，亘古帝王，未之或有。然纲纪法度，尚须修明，礼乐政刑，实多缺失。……方今畿辅多失业之民，吴越有水涝之患，山左荒亡不清，闽楚馈饷未给，两河重困于畚锸，三楚奔疲于转运，川蜀虽下，善后之计未周，滇黔不宁，进取之方宜裕，此皆机务最紧，仰赖圣虑焦劳者也。"②此疏文辞简练，基本上反映了此时兵火连年，饷缺民疲，灾害频仍，田荒

①《清世祖实录》卷53，第15页。

②《清世祖实录》卷66，第2页。

民困之情。但对民之苦于贪官污吏横征暴敛的情形，则远不如季开生之奏疏更为详尽具体。

顺治十一年七月二十五日，礼科给事中季开生应帝求言之诏，特上长疏，痛斥地方官员吏役害民之十祸，摘录如下：

"天心仁爱，变不虚生。乃河决方张，继以地震。夫地道不静，民不安也，民之不安，官失职也……谨择其贼民召衅之大者约有十端。曰格诏旨，皇上轸念民瘼，遇灾必蠲，遇饥必赈，乃积棍蠹役，表里为奸，道府州县，通同欺隐，致百姓不沾实惠，此罔上害民者一也。曰轻民命……暴横有司，以酷济贪，无所不至，而最惨者莫如取病呈一节，暗施毒计，冤毙无辜，此恣意害民者二也。曰纵豺虎，佐贰不受词，律也，乃堂官受其馈遗，不得不任其渔猎，上下苞苴通行，而小民家倾产绝矣。此怙奸以害民者三也。曰庇狐鼠，吏胥原无善类，况仗为爪牙，任其线索，州县火票，道府油牌，星飞电扫，此徇役害民者四也。曰重耗克，天下火耗至五十两，百姓勉供正赋，物力已艰，徭役办纳，为劳更甚，入有秤耗，出有扣诚此出入剥而害民者五也。曰阴市易，易介寿称豺，古有之，乃重纳绅衿之馈，阴以事酬，广徇乡故之托，而中分其有，致土著挟宪而凌乡曲，游客没利而剥小民，此上下相征而害民者六也。曰喜株连，事非大逆，罪止一身，今则一盗之获，必令诬攀富室，一赃之比，必令延蔓亲知，是盗止一家，捕盗者飞殃一邑，赃止十百，追赃者索饱百千，此为民害者七也。……凡此者，置民垫溺，甚于决河，杀民躯命，甚于地震，乞敕督抚严行剔濯，如有不悛，立行参处。"[①]

顺治九年六月二十三日，湖广总督罗绣锦、湖广巡抚迟日益、提督柯永盛等因湖南湖北大旱战乱民不聊生，特上题本，陈述困情，请求朝廷赐恩。此本题为"为楚省受异常之旱灾，遇不测之逆寇，民生日蹙，国赋难征，饷诎兵单，忧惶无措，谨沥血泣陈，仰祈圣鉴事"，摘录如下：

"楚省节经兵燹之后，民之囷积久空，所恃以谋朝夕而供国课者，唯逐年垦种之土田是赖。不意岁值大祲，自春徂夏，四月不沾一雨，如湖南之武、岳、长、衡、湖北之汉、黄、安德等府，处处皆然。叠据南北道、府、州、县告旱之文，咸称赤地千里，沃壤暴为石田，窳畦灰

---

① 《清世祖实录》卷85，第9—12页。

飞，勺水且次远汲，山上则蕨薇采食已空，水中之芹藻争啖殆尽。……
（南）北制兵，月饷压欠，驱之枵腹荷戈，济乎不（济乎）？今日湖南
赋税，宝、靖一带以及辰属之半，见为贼踞，不可问矣。接邻常、永、
衡、长之民，值此极旱极荒之候，救死不赡之民，徒施敲扑，将何应
之？且民无食则思乱，催之迫则走险。……全楚之局，上窘于天时，下
迫于逆寇，赋税无征，制兵单薄，……封疆危急，实有万分。"①

这道题本对湖广时情讲得很好，民贫兵困，战乱频仍，大灾再现，
饷缺兵单，实在是危急万分，故顺治帝立即降旨，令户部速议具奏。户
部两天内就奏呈应急之策说：湖广额设官兵及定南王孔有德、续顺公沈
永忠之官兵马匹，"岁需俸饷等银一百五十一万两"，本省额赋杂项等
银一年总共只有八十一万余两，全部留充兵饷，尚缺银六十九万余两，
已请准拨江、浙两省正项赋银及两淮盐课银运往补足，但迟迟未运到，
现再请拨两淮盐课银十万两，以资接济。②

经过一段时间的批阅奏疏、召见群臣和多方访问后，顺治帝对兵民
惨遭天灾人祸极端痛苦之情，有了深刻的了解。但是怎样才能解民之
困，安民裕民，左思右想，未得良策，因而于顺治十二年正月，连下谕
旨求言，要求王公大臣文武百官直言时弊，呈奏良策。

正月十三日，福临谕诸王大臣，"昔皇考上宾时，朕方六岁，正在冲
幼，当时诸王大臣同心推戴，嗣绍丕基，及定鼎京师，奄有四海。于时睿
王摄政，朕唯拱手以承祭祀，凡天下国家之事，朕既不预，亦未有向朕详
陈者，故于满兵之艰辛，人民之疾苦，原未周知。自朕亲政以来，五年于
兹，焦心劳思，以求化理，夙夜祗惧，不敢荒宁。……乃疆圉未靖，水旱
频仍，吏治惰污，民生憔悴，钱粮馁失，兵食不充，教化未孚，纪纲不
立，保邦致治之道，迄今未得其要领"。谕诸臣尽职尽言。③

第二天，顺治十二年正月十四日，福临又下达专谕，对满洲将弁士
卒说：

"朕以凉德藐躬，缵承祖宗鸿业，十有二年矣。睿王时，朕年冲

① 中国第一历史档案馆藏顺治题本，顺治九年七月十二日，车克等题。
② 中国第一历史档案馆藏顺治题本，顺治九年七月十七日，车克等题。
③《清世祖实录》卷88，第4—6页。

幼，未预政务，尔等将士艰辛病苦，无由悉知。自亲政以来，五年于
兹，各官竟来有以尔等疾苦入告者，意尔等居官者自有俸禄，充伍者自
有月饷，足以赡养耳。近闻生计萧条，仆逃马毙，而又各处征剿，整理
器械，久在行间，不得安处。且年来水旱频仍，秋成无望，无以聊生，
此皆朕不德所致也。睿王时，尔等心期口诵，望朕于何日亲政，乂安天
下，共享太平，岂料竟虚所望，言念及此，夙夜焦思，寝食俱废矣。嗟
尔将士等，披坚执锐，露宿风餐，汗马血战，出百死一生，以开拓天
下，劳苦如斯，朕岂忍复靳恩赏，有稽恤赏。但今封疆未靖，需用繁
多，百姓未宁，钱粮递额，是以朕怀莫慰。……稍俟丰足，即沛恩施，
尔等其各知朕意。"①

过了五天，顺治十二年正月十九日，福临在这一天内，分别下达四
道谕旨，一谕吏部等衙门，二谕吏部，三谕吏部、都察院及科道官员。
这三道谕旨的内容基本相同，讲述兵民困苦之情，谕令诸臣直言献策。
谕中说道："年来水旱相仍，干戈未息，满洲兵丁困苦至极，饥寒百姓
转徙死亡"，"民穷莫拯，兵食不充"，"饥窘人民转徙沟壑，满洲兵
士困苦无聊，灾变未弭，时艰莫救"。第四道谕旨是谕户部。谕中讲
道："朕既为生民主，一夫不获，时廑朕衷……岂意比年以来，水旱
频仍，干戈未靖，转输旁午，人不聊生，荡析离居，鬻及妻子，茕劳无
告，辗转呼号，想其怨咨，必归于朕，言念及此，何以仰副祖宗付托之
意，中夜以兴，潜焉出涕。"②

这些谕旨，对当时军国大局，财经状况、社会面貌、吏治宦情和民
生困苦兵丁艰辛的情形，讲得非常清楚，可以说明很多问题，在此仅就
与顺治帝本身最有关系的两大问题，简述一二。第一，这些谕旨生动
地、鲜明地、准确地、深刻地、形象地显示了少年天子的志向、性格、
作风与此时的心情，即求治心切，恤兵爱民，勇于责己，迫切求计，焦
心劳思，忧虑万分。第二，裕民无方，恤兵乏策。欲大施皇恩，重赏满
兵，以固朝廷之根本，无银以付；要厚赐银米，赈济灾民，而"荒政未
修，仓廪无备"，要大蠲钱粮，轻徭薄赋，"又恐国用不足"，"兵食
不充"。一句话，无银无米，又不能大减额定赋税，这就是少年天子面

①《清世祖实录》卷88，第6—7页。
②《清世祖实录》卷88，第9—12页。

临的严峻形势。

（四）痛斥掘银敛财小人

解决财政困难的最简单、最正确的方针，不外乎四个字："开源节流"。字虽不多，但很难做到，很难做好。绝大多数帝王宰相，一般只注意前两字，开源，尽量扩大财源，而且所开之源，都是冲着黎民百姓，用尽一切办法，从百姓身上榨取银米，敲骨吸髓，竭泽而渔，结果是民穷国困。最明显的例证就是明末万历、崇祯两朝的"三饷"加派。"辽饷""剿饷""练饷"三项，每年加派田赋银一千六七百万两，还有其他各种项目的苛敛，害得黎民家破人亡，流移满路，明王朝也随之覆灭。

殷鉴不远，众皆对加派深恶痛疾。故当顺治六年冬季江宁巡抚土国宝建议加派赋银以弥补兵饷之不足时，兵科右给事中李化麟立即上疏，痛加批驳说：

"六科右给事中李化麟奏言，加派乃明季陋习，民穷盗起，大乱所由。我朝应运，首革此弊，年来东荡西除，兴师百万，未尝用民间一丝一粒。今遽以加派为言，窃恐江南如此，他处多事之地，纷纷效尤，有司奉行不善，吏书科派作奸，朝廷未受一分之利，民间已受十分之累，是开本朝六年未有之成例，实启民间异日无穷之纷扰，流弊恐难言矣，即因防海长虑，增兵或不容己，然兵有经制，饷有部拨，未可复议加派，负开国以来革弊爱民至意。"

疏下户部，终于否定其请。[1]

不大加田赋，可否另谋刮民之术？一些奸邪小人纷纷奏呈歪道邪门，原任曹州副将许武光居然于顺治八年八月上疏奏称：开封曾被水淹，明周王府内，"有银二三百万不止，曾被沉压，乞假臣三年之工，搜尽天下遗银，以资兵饷"。[2]许武光心术太坏，巧言佞辞，很能惑人。明朝第一代周王，是明太祖朱元璋之皇五子。洪武三年封，十四年就藩开封，以宋朝故宫之地为府，除上万顷王府庄田外，岁禄就

①《清世祖实录》卷46，第29、30页。
②《清世祖实录》卷59，第4页。

有米二万石，延续至明末，长达二百六十年，确有巨万银两，珍宝无数。明末李自成率军攻开封时，当时的周王出库银五十万两赏赐守卒，后被农民军决河灌城，"府中分器宝藏尽沦于巨浸"。①周王府是有巨万银两珍宝，也确系为水所淹，好像似应挖掘出来，变无用为有用，仅此一项，就可得银二三百万两，超过河南全省岁赋一倍，当会大有裨益于改善财政困窘状况。而且明朝几十位亲王郡王，还有众多勋贵富商，也会有大量埋藏在地下的财宝。时人传说，大顺军李自成据北京时，"所掠金银，俱倾成大砖，以骡马骆驼驮往陕西。旧有镇库金积年不用者三千七百万锭，锭皆五百两，镌有'永乐'字，每驮二锭，不用包裹"。②此后散失。大西军张献忠搜获巨万银两珠宝，埋沉于成都锦江里。若照许武光所言，三年之内，"搜尽天下遗银"，为数何止亿万，兵饷哪能不足！但若真的如此办理，掘银之官吏役夫，必用数十万人，刨遍全国各省府州县，其掠民之惨，剥民之苦，扰民之害，远逾洪水猛兽，必将造成空前悲剧，民之家破人亡者，何止千千万万，全国必将鼎沸，国必大乱。

聪睿英俊励精图治的少年天子，看透了许武光系借此求官牟利之奸邪下人，下谕痛斥其非说："帝王生财之道，在于节用爱民，掘地求金，亘古未有，倘此议一行，恐生事扰民，深属未便。许武光借端求官，兼图牟利，殊为不合，着交与该城御史斥逐。"③

求官图利之小人，岂止许武光，身为相当于汉侍郎或省按察使的正三品之阿达哈哈番（即轻车都尉世职）张国材，以兴修宫殿木材不敷，而奏请"开采云雾等山"。这又是明朝一大弊政的再版。明为修殿，遣派官吏，督率民夫数千数万，前往深山峻岭采木，常常耗银数百万，死人数以千计万计，闹得许多府州县民无宁日，流移满路。顺治帝阅疏后十分愤怒，下旨严厉驳斥说："采木修造，系工部职掌。张国材生事图利，屡行妄奏，奉有严旨，何得又差家奴，假充官员从人，直入太和门内渎扰，甚属可恶。张国材并代奏家人，着刑部严审定拟具奏。"随即将张国材革职，流徙盛京。④

①《明史》卷116。
②计六奇：《明季北略》卷20，《十六癸百载金入秦》。
③《清世祖实录》卷59，第4页。
④《清世祖实录》卷72，第14页。

（五）免除加派　停筑避暑边城

虽然前面所述岁缺巨饷，群臣束手无策状况，确系实情，但也并非无计可施，办法是有的。因为，此时以少年天子福临为首的满洲贵族联合汉族地主阶级的清王朝，正处在蓬勃发展的兴起阶段，征剿、招抚顺利进行，有望迅速消灭南明军队，统一全国（顺治十二年，两广、湖广绝大多数州县已属清朝，十五年四月收复贵州，十五年正月下昆明）。这样，福临采取的措施，必能迅速贯彻实行，收效很大。

如果不考虑儒家仁政治国方针，只着重敛银解困，福临有多种手段可以采取。如短期加赋。三饷并征，且长期延续，固然祸国殃民，不可取，不能取，但是如果只加一定数量田赋，只征三四年，也不至于元气大损。顺治十三年，清国辖区的册载征赋田地已有478万余顷，即47800万余亩，如果每亩平均加派1分银子，则可收到478万余两，就可弥补岁缺兵饷400万两银的缺额了。又如，摄政王多尔衮主政时间，"起存、相半"，存留银原额为1069万两。福临亲政以后，减少存留银，顺治十一年六月，存留银有837万余两，十三年九月，又减至730余万两。设若福临下个狠心，再减400万两，也就可以顶补岁缺兵饷银400万两的缺额了。再如，清朝地方上，有6位总督、14位巡抚、19位布政使、18位按察使、90余位道员、180余位知府、210余位知州、1300余位知县，如果实行捐纳制，道员、知府、知州、知县，就可得银数百万两。顺便说说，大减存留，捐纳盛行，为康熙帝玄烨解决财政困难，立下了大功。

尽管面临岁缺巨饷的严重局面，但福临仍然要做一个以仁政治国，决不加派，力求实行轻徭薄赋的名君，苦苦思索解困之法。

尽管国库空虚，入不敷出，岁缺兵饷巨万，群臣筹银无计，但顺治帝牢记母后民为国本的教诲，竭力设法减轻兵民痛苦。在不能大减额赋大量赐予兵民银米的形势限制之下，他主要采取了几项重要措施，以略纾兵民之困。首先就是免除筑城之加派赋银。

顺治七年七月初四，摄政王多尔衮下了一道长谕，宣布加派筑城钱粮说：

"京城建都年久，地污水碱，春秋冬三季犹可居住，至于夏月，溽暑难堪，但念京城乃历代都会之地，营建匪易，不可迁移，稽之辽金元，曾于边外上都等城，为夏日避暑之地。予思若仿前代造建大城，恐糜费钱粮，重累百姓。今拟止建小城一座，以便往来避暑，庶几易于成工，不致苦民，所需钱粮，官民人等宜并心协力，以襄厥事。除每年旧额钱粮外，特为造城，新增钱粮二百五十万两，加派于直隶、山西、浙江九省地方，直隶二十四万四千二百四十四两九钱，山西三十万六千七百四十五两四钱（江南五十九万余两，河南十七万余两，湖广九万余两，江西二十二万余两，陕西二十三万余两）……此项钱粮，从见在当差人丁额征地亩内增派，该管督抚司道州县官宜协力催征，作速起解。此城所用钱粮，唯恐苦累百姓，损之又损，于数缩而不浮，凡官吏书役人等，若有额外需索罔利作弊者，一经查出，加以重罪，该地方督抚严查禁谕。此外有官民人等好义急公，情愿捐助者，听其自便……酌量恩叙。"①

从此谕来看，谕中所显示出的多尔衮形象，哪里还有什么叱咤风云安邦定国的开国之主的英武风采，完全是一个唯知挥霍浪费贪图享受鱼肉黎民的亡国昏君。谕旨说北京"地污水碱""溽暑难堪"，这对于一家三代祖孙十几口挤住在一两间破平房的贫兵穷民来说，倒还有些像，而对主宰全国亿万兵民命运的皇父摄政王多尔衮来说，就完全不是那么回事了。京师西边玉泉山之泉水，水质之佳，为全国之冠，专供皇家食用，皇父岂能不饮。睿王府第，"高广比于皇居"，焉有暑气之侵袭！

也就是这个多尔衮，七年前他统率满蒙汉大军十余万进据燕京时，为争取民心，曾亲颁《大清国摄政王令旨》，痛斥明朝加派之祸国殃民，着重指出"前朝弊政，厉民最甚者莫如加派辽饷，以致民穷盗起"，复加"练饷""剿饷""数倍正供，苦累小民，剥脂刮髓"。他宣布自顺治元年起，"凡正额之外，一切加派，如辽饷、剿饷、练饷及召买米豆，尽行蠲免"。②然而七年以后，他竟要为了自己的避暑而沿袭明朝弊政，加派于民，这不是他把自己摆在明朝昏君神宗的同一位置

①《清世祖实录》卷49，第11-13页。

②《明清史料》丙编第一本第90页，《摄政王谕官吏军民人等令旨》。

上吗？而且他还为了修建这一避暑之城，竟在军事吃紧兵力不足之时，准备遣派士兵，前往修城。

多尔衮死后，宁夏巡抚李鉴曾就此事上奏评论说："皇城之建，曰避暑也。摄政在日，府第之制，高广比于皇居，尚有暑气之侵乎？如曰未也，汤泉北窗，尽有羲皇上人之乐矣，而乃敲海内残喘之脂，委于大荒沙碛之地，罢士卒精锐之筋力，而事畚锸于虎豹荆榛之区，圣谕所谓甚属无用者，真属无用也。"①

建城加派钱粮，不仅大大加重了对直隶、山西、浙江、山东、河南、湖广、江西、陕西、江南九省人民的负担，而且开了加派之先例，自食其言，失信于民，极不利于安定民心，缓和矛盾，稳定全国政局，确是祸国殃民一大弊政。

顺治帝福临看准了这一问题关系重大，故于亲政大典举行之后一个月，在颁诏追罪睿王之前八天，顺治八年二月十三日下达专谕，废除这一特大弊政。他谕户部："边外筑城避暑，甚属无用，且加派钱粮，民尤苦累。"此项工程着即停止。其因筑城加派的钱粮，本欲将已征者发还百姓，未征者即行停征，但恐奸污官吏及催征钱粮之人，不体朕意，欺害小民，将已征者竟纳入私囊，未征者仍行催比。因此，着仍照原源数量征完，将此数目顶替顺治八年应征的正额钱粮。若地方官不将已交之银作为正额之赋，许交银者赴督抚处控告，督抚据实题参贪污之官，从重治罪。如督抚不为查办，交银者即来京赴部控告。②

顺治帝此谕讲得很好，不仅免除了筑城加派钱粮，解民之累，而且考虑很细，尽量使贪官污吏不能吞没已征之银和仍行催征，彻底贯彻执行免除加派之恩谕。这一规定也于黎民很有实惠，因若将已征之银退还本人，不仅给官员胥役以讹民之机，或克扣私没，或以少做多，以成色不足之劣银当作足色纹银，从中牟利。而且黎民远道进城，衙前守候，耗费时日和盘缠用费，原交十两者，恐实际到手只有五两，损失不小。兼之，当时加耗之风盛行，上交一两正赋，往往被官吏索要加三加四或加五加六的"火耗银"，实际上被多征了一半还多的钱粮，养肥了贪官污吏。现在按谕所定，已交者，准抵顺治八年之正赋，民人就少受一次盘剥了。

①《明清史料》丙编第4本，第308页，《宁夏巡抚李鉴揭帖》。
②《清世祖实录》卷53，第17、18页。

更重要的是，福临此举，以及谕编《赋役全书》，标志着他规定今后子孙，永远不能加派田赋。因此，不管从哪个角度看，顺治帝免除筑城加派钱粮，确系一大德政，于民于国皆有裨益。

（六）编定《赋役全书》　取民有道

顺治帝福临在不动正额钱粮前提下，尽量减少和革除加派及官吏私派积弊，以稍纾民困。他为此采取的一项重要措施，就是编定《赋役全书》。

清军入关以后，因明季册簿遗失毁坏，征收赋税丁徭无所准绳，贪官污吏乘机上下其手，大肆敲诈，额外苛派，民之交纳，往往数倍于正额，致国赋拖欠，平民遭殃。故从顺治元年起，一些官员便上疏请编《赋役全书》，以使征收有制，民少私派。摄政王多尔衮采纳了他们的建议，于顺治三年四月以帝之名义谕户部说："国计民生，首重财赋，明季私征滥派，民不聊生，朕救民水火。蠲者蠲，革者革，庶几轻徭薄赋，与民休息，而兵火之余，多借口方策无存，增减任意，此皆贪官猾胥，恶害去籍，将朝廷德意何时下究，而明季丛蠹何时清厘。"今特遣大学士冯铨，前往户部，彻底查核，责成京内各衙门及各省抚按，拟定赋役全书，进朕亲览，颁行天下，"务期积弊一清，民生永久，称朕加惠元元至意"。[①]

尽管摄政王威严无比，圣谕震惊官民，但由于战乱纷纷，征调频繁，军需甚急，不少省府州县未归帝辖，兼之"贪官猾胥"不愿有章必循，难以轻重其间，多尔衮又未严厉催促，故编定《赋役全书》之事，中途搁浅。

顺治帝亲政后，此事又重新提起，令户部右侍郎王弘祚主持其事，但进展不快。顺治十一年初，吏科给事中郭一鹗上疏劾奏王弘祚"督修赋役全书，久无成效"，以及其他数事。经查核，最后以王失参各省迟造全书之各官，将其罚俸。在此影响下，户部于顺治十一年四月初七奏请加速编定《赋役全书》的工作。户部奏："赋役全书，关乎一代之制度，各省之利弊"，请敕户部右侍郎将旧贮全书作速订正，督率各司官，将所管省份，创造新书，务求官民易晓，永远可行。书成之后，"进呈御览，刊发内外衙门，颁行天下，凡征收、完纳、解运、支销、考成、蠲免诸法，悉据此书，用垂永久"。帝从其议。①

过了一年，此时除滇、黔及四川等省的一些州县以外，全国大多数省府州县已经平定，属清管辖，有可能也有必要尽快编定赋役全书。故福临下谕敦促户部加快编书。他于四月二十二日谕户部，"赋役全书，上关国计盈亏，下系民生休戚"。屡览尔部奏疏，或驳回该督抚另造，节催不应，或发出该地方誊刻，经久不完，分明是官胥利于蒙混，故意错误，希图延缓岁月，使其私派横敛，殊可痛恨。今欲将《赋役全书》限期告成，方略安在，并令督抚造报，如何始能划一，其悉心详议具奏，"务令蒙混永除，横敛立止，斯惬朕体恤民隐至意"。②

在帝之催促下，户部右侍郎王弘祚带领各司官员，催促各省抚按，紧张编制《赋役全书》，终于在顺治十四年冬编成和进览。福临很重视，特下谕户部，讲述此书之必要性和重要性，命颁行天下。他讲道：

> "朕唯帝王临御天下，必以国计民生为首务，故禹贡则壤定赋，周官体国经野，法至备也。当明之初，取民有制，休养生息，万历年间，海内殷富，家给人足；天启崇祯之世，因兵增饷加派繁兴，贪吏缘以为奸，民不堪命，国祚随之，良足深鉴。朕荷上天付托之重，为生民主，一夫不获，亦疚朕怀。上帝宗庙百神之祀，军旅燕飨犒锡之繁，以及百官庶役饩廪之给，罔不取之民间，诚恐有司额外加派，豪蠹侵渔中饱，民生先困，国计何资。兹特命尔部右侍郎王弘祚，将各直省每年额定征收起存总撒实数，编列成帙，详稽往牒，参酌时宜，凡有参差遗漏，悉行驳正，钱粮则例，俱照明万历年间，其天启、崇祯时加增，尽行蠲免。地丁则开原额若干，除荒若干，原额以明万历年刊书为准，除荒以复奉谕旨为凭。地丁清核，次开实征，又次开起存，起运者，部寺仓口，种种分晰；存留者，款项细数。事事条明，至若九厘银，旧书未载者，今已增入。宗禄银，昔为存留者，今为起运。漕白二粮，确依旧额，运丁行月，必令均平。胖袄盔甲，昔解本色，今俱改折。南粮本折，昔留南用，今抵军需。官员经费，定有新规，会议裁冗，改归正项。本色绢布颜料银原铜锡茶蜡等项，已改折者，照督抚题定价值开列，解本色者，照刊定价值造入。每年督抚，再行确查时值题明。填入易

---

① 《清世祖实录》卷83，第4页。

② 《清世祖实录》卷91，第9页。

知单内，照数办解，更有昔未，解而今宜增者，昔太冗而今宜裁者，俱细加清核，条贯井然。后有续增地亩钱粮，督抚按汇题造册报部，以凭稽核。纲举目张，汇成一编，名曰赋役全书，颁布天下，庶使小民尊兹令式，便于输将，官吏奉此章程，罔敢苛敛，为一代之良法，垂万世之成规。虽然此其大略也，若夫催科之中，寓以抚字，广招徕之法，杜欺隐之奸，则守令之责也，正己率属，承流宣化，核出纳之数，慎那移之防，则布政司之责也。兴廉惩贪，同利除害，课殿最于荒垦，昭激扬于完欠，属遵成法，以无负朕足国裕之民意，则督抚之责，有特重焉，其敬承这，毋急。"①

《赋役全书》既明确规定，"钱粮则例，俱照明万历年间，其天启、崇祯时加增尽行蠲免"，不许加派钱粮。又详列存留、漕粮、白粮等各个项目，颁行天下，"官吏奉此章程，罔敢苛敛"，"为一代之良法，垂万世之成规"，实系利国惠民一大德政。

（七）数行大赦　多次免租减赋

虽然国库如洗，财政困难，不能大规模地蠲免正额钱粮，但为了缓解兵民困苦至极之情，顺治帝也咬紧牙关，一再通过亲政大典、上圣母尊号等大喜之日，颁发恩诏，大赦天下，蠲免积欠钱粮和部分州县额赋，或革除某些非法科派。

顺治八年（1651年）正月十二日亲政恩诏规定：各省由万历年间加派地亩钱粮（即"辽饷"），顺治八年，准免三分之一。畿辅地方，原未派有万历年加增地亩钱粮，其人丁徭银，各州县派征等则不一，顺治八年分，上三则免四分之一，中三则免三分之一，下三则全免。②过了一个月，顺治八年二月十一日，以上昭圣慈寿皇太后尊号礼成，颁诏天下，加恩官民兵士，规定：各省人丁徭银，顺治八年分，上三则免七分之一，中三则免五分之一，下三则免三分之一。不分等则者，三钱以上，免一半，三钱以下，全免。③

过了半年，顺治八年八月二十一日，以恭上昭圣慈寿恭简皇太后尊号，大赦天下，规定："顺治五年以前民间拖欠钱粮，悉与豁免。"各

①《清世祖实录》卷112，第6—9页。
②《清世祖实录》卷52，第14页。
③《清世祖实录》卷53，第14页。

处解送钱粮，途中遇贼劫夺者，查实豁免。漕船缺额，已准动支轻赍银两，责令运官自雇，不准重派地亩，又拿民船，以苏苦累。①

顺治十一年六月二十二日，又以恭上母后之昭圣慈寿恭简安懿皇太后尊号，大赦天下，恩款多条，其中规定：顺治六七两年地亩人丁本折钱粮，果系拖欠在民，悉与豁免，其已征收在官者，不得借口民欠侵隐。大军经过地方，马匹所需，供应草豆运价等项，以后俱准做正项钱粮销算。近来司府州县征收钱粮，天平砝码太重，多加火耗，民受困苦，着予严禁。各地徭役繁重，有豪绅、劣衿、衙胥积蠹，或本身田连阡陌，滥免差徭，或包揽他人田地徭丁，代为规避，偏累穷民，着予严查，重加惩处。直隶及各省征收钱粮，俱照万历年间则例，久已遵行，如州县官有将天启、崇祯年间滥加钱粮仍行征派者，该督抚纠参重处。②

顺治十五年正月初三，福临以母后病愈，颁诏大赦天下，顺治十年十一年两年未完地亩人丁本折钱粮，着该抚按核察，果系拖欠在民者，具奏豁免。这两年祭祀牛羊、药材本折钱粮，拖欠在民者，抚按确察具奏豁免。顺治十四年以前各省牛角、皮料等项，未解完者，工部确察，照例改折，以纾民力。③

顺治帝还多次下诏，蠲免无主荒地及遭受灾荒的州县钱粮。以顺治八年为例，二月，免山西朔州、浑源州、大同县无主荒地一万三千余顷钱粮，免山东汶上、寿张、宁阳、峄县六年水灾额赋、金乡县七年水灾额赋，又免山西荒地一万五千余顷额粮。④闰二月，免宛平县本年水灾额赋。十一月，免山西平阳、潞安二府及泽州、辽州、沁州所属州县七年雹灾地亩额赋，免山西阳曲、五台、浮山、榆社七年蝗灾额赋。十二月免江南潜山、太湖、桐城、宿松等县荒田九千余顷七年额赋。⑤再以顺治十年为例，三月，免山西被叛将姜瓖残破之山西岢岚、保德等七十四州县六年全部逋赋及未破城之代州、榆次等十二州县逋赋十分之七，免直隶蓟州、丰润等十一州县九年分水灾额赋，免山西五台县六七两年未征额赋及八年额赋之一半，以被贼践踏也，又免江西省六年荒残逋赋二十七万余两。四

①《清世祖实录》卷59，第23、24页。
②《清世祖实录》卷84，第18-20页。
③《清世祖实录》卷114，第3、4页。
④《清世祖实录》卷53，第5、17、20页。
⑤《清世祖实录》卷54，第27页；卷61，第10、12页。

月，免湖南寇荒顺治六、七、八、九年逋粮及山西夏县荒地九百余顷额粮。五月，免河南祥符、封邱、河内、孟州、温州、修武、临漳等县九年分水灾额赋，免湖广沔阳州、潜江、天门县八年水灾额赋，免直隶霸州、保定、庆云、东光等三十一州县九年水灾额赋。①

对于遭灾严重的地方兵民，除免赋外，顺治帝还拨发银米，遣官往赈。顺治十一年二月二十三日，他谕户部等衙门说：比年以来，兵事未息，供亿孔殷，如以水旱频仍，小民缺食，地方官不加抚绥，"以致流离载道"。"夫普天率土，系命朕躬，而困苦所斯，何忍闻见，朕为之寝食不惶。拯济安全，时不容缓"。户部等衙门凡有钱粮职掌在，即将现今贮库银两实在数目，作速查明奏闻。②

过了两天，二月二十五日，他谕告户部发银赈济畿辅饥民说："四海苍生，皆朕赤子，饥寒流徙，深切痛病。"前各省督抚奏明灾荒地方，已经查照分数，酌量减免，有极荒地方，非蠲免所能解救者，该督抚速行查奏，另加恩恤。"至于畿辅重地，房屋田地，多经圈占，加以去年水荒特甚，尤为困苦，朕夙夜焦思，寝食弗宁，亟宜拯救，庶望生全"。但荒政未修，仓廪无备，若非颁发内帑，何能济此急需。兹特命户礼兵工四部察发库贮银十六万两。母后闻悉，深为悯恻，发宫中节省费用及各项器皿，共银四万两，朕又发御前节省银四万两，共二十四万两，差满汉大臣十六员，分赴八府地方赈济。③

过了几天，顺治八年三月初六，福临敕谕前往赈灾的尚书、侍郎、左都御史巴哈纳、王永吉、刘昌、屠敕等十六位大臣，指授机宜说：兹命尔等斋银前往各府，督同地方官员，计口给赈，须赈济如法，及时拯救，毋论土著流移，但系饥民，一体赈济，务使均沾实惠。若有里甲人等，指称拖欠钱粮，夺取赈济银两，或富豪挟逼赋银，以偿私债俱许饥民控告，即时重处。被灾人户已去复归者，倍与赈济银两，俾得复业。外境移来者，既与赈济，仍加意安插，使得其所，卫所屯丁，与百姓一体赈恤。④

① 《清世祖实录》卷73，第3-6页；卷74，第5页；卷75，第8、24页。
② 《清世祖实录》卷81，第13页。
③ 《清世祖实录》卷82，第13、14页。
④ 《清世祖实录》卷82，第10、11、12页。

（八）鼓励垦荒

为了彻底摆脱财政困境，从皇上、大学士，到九卿督抚，乃至一些文人学士府州县官，都在绞尽脑汁，寻觅良法。饱读诗书、熟谙史事、蒙帝倚任的三朝老臣大学士范文程，于顺治九年十月三十日特上长疏，建议大兴军屯以纾国难。他奏称："臣见直省土地荒芜"，"直省钱粮，每年缺额至四百余万"，"赋亏饷诎，急宜筹划"。"昔明太祖尝言，养兵百万，不费民间一粒，亦当元季乱后，地旷行屯故也。今湖广、江西、河南、山东、陕西五省寇乱日久，人民稀少，请设兴屯道综理之，同治分理之。地之无主者，即为官屯，其有主而抛弃者，多方招徕，过期不至，乃为官屯。凡土著、流户愿来归者，均给以地，量助牛、种，官籽粒三分之一，三年后即为永业。编行保甲，使守望相助。其无本者，官给雇值，则远近饥民，闻风踵至，亦救荒之术也"。他并建议兴屯四事：兴屯宜选举得人，开垦宜收获如法，积贮宜转运有方，责成宜赏罚必信。顺治帝阅后批示："此所奏甚善，着议政诸王及大臣等会议具奏。"①

顺治十三年七月初七，福临又在乾清宫造成大赦天下的恩诏中宣布：

> "直省报垦荒地方，有隐漏田粮，以熟作荒者，许自行出首，尽行免罪，其首出地亩，即以当年起科，以前隐漏钱粮，概不追理，如被他人告发，仍行治罪追粮。各省屯田荒地，已行归并有司，即照三年起科事例，广行招垦，如有殷实人户，能开至二千亩以上者，照辽阳招民事例，量为录用。"②

所述辽阳招民例，是顺治十年颁行的辽阳招民荒芒条例。条例规定："在盛京招民一百名者，文授知县，武授守备；百名以下，六十名以上者，文授州同、州判，武授千总；五十名以下者，文授县丞、主簿，武授把总。若数外多招，每百名加一级。其辽东地方广阔，田地最多，招去官民，任意耕种，俱照开荒例，一百名，给播种牛一头，并犁县银等，给银五两，雇觅人工银二两。"③

---

① 《清世祖实录》卷69，第19页；《清史列传》第5卷，《范文程传》。

② 《清世祖实录》卷102，第24、25页。

③ 刘献廷：《广阳杂记》卷3。

顺治十四年四月初十，清政府又规定了督、抚州县等官员垦荒奖励办法：

"户部议准户科给事中粘本盛疏奏，督垦荒地，应定勤惩则例，督抚，按一年内，垦至二千顷以上者，纪录，六千顷以上者，加升一级；道府，垦至一千顷以上者，纪录，二千顷以上者，加升一级；州县，垦至一百顷以上者，纪录，三百顷以上者，加升一级；卫所官员，垦至五十顷以上者，纪录，一百顷以上者，加升一级；文武乡绅，垦五十顷以上者，现任者纪录，致仕者给扁旌奖。其贡监生民人有主荒地，仍听本主开垦，如本主不能开垦者，该地方官招民给予印照开垦，永为己业，若开垦不实，及开过复荒，新旧官员，俱分别治罪。"①

虽然由于战乱等原因，影响了垦田效果，但还是起了一定作用，顺治七年，垦田31330顷，十一年13780顷，十二年483顷，十四年11370顷，十五年98259顷，十七年2250顷，十八年5786顷。②总计为163258顷，即1632万余亩，数字也不小了，对农业的恢复、人口就业和国家赋税，都起了一定的积极作用。

（九）革弊省费

顺治帝蠲免一些地方贡品，以节省冗费，减少民间苦累。举行亲政大典前四天，顺治八年正月初八，户部呈进陕西汉中府额贡柑子。他降谕免革说：陕西进贡柑子，虽属岁额，但地方官员采办，不无苦累小民之处。且汉中去京甚远，沿途动用人夫转送，更累驿递，"是以口腹之微，而骚扰吾民也，朕心殊为不忍"。目前陕西需饷正殷，着留此买运柑子钱粮，以养兵民。尔部即传谕该督抚，嗣后汉中额贡柑子，着永行停止，以昭朕体恤百姓至意。其江南所进橘子、河南所进石榴，亦着永行停止。③

第二天，顺治八年正月初九，他谕户部：各处织造，供朝廷服御赏赍之用，虽不可废，但江宁、苏州、杭州三处织造，既已有专设官员管

①《清世祖实录》卷109，第6、7页。
②转引郭松义：《清初封建国家垦荒政策分析》，载于《清史论丛》第2辑。
③《清世祖实录》卷52，第10页。

理，又差满洲官及乌林人役催督，不但往来靡费钱粮，而且骚扰驿递，嗣后着停止差催。陕西一向织造绒褐妆蟒，朕思陕西用饷甚多，本省钱粮不敷，每拨他省协济，此织造绒褐妆蟒，殊属无用，亦着停止。至于陕西买办皮张，亦属烦扰，着一并停止，以节省冗费，以充兵饷，尔部速行传谕，"以昭朕恤兵爱民至意"。①

过了两天，顺治八年正月十一日，他问户部尚书觉罗巴哈纳："外间钱粮，有无益之费否？"巴哈纳等奏：京师营建所用之砖，因临清土质坚细，遣官一员前往烧造，分派漕船装运至通州，再由五闸拨运至京，给予脚价。帝谕：营建宫殿，京师烧造之砖尽可应用，若于临清烧造，"苦累小民，又费钱粮拨运，甚属无益"，且又使漕船增加苦累，"朕心甚为不忍"。临清烧造城砖，着永行停止，原差之官立即撤回。②

举行亲政大典之后第三天，顺治八年正月十四日，他因江西进贡额造龙碗，降旨停革说："朕方思节用，与民休息"，烧造龙碗，自江西解京，动用人夫，苦累驿递，造此何益，以后永行停止。③

顺治八年八月二十四日，他又谕户部："朕轸念百姓疾苦，凡事有不便于民者，悉令罢之。"四川进贡扇柄，湖广进贡鱼鲊，道经水陆，去京甚远，夫马船只，运支钱粮，苦累小民，朕甚悯之，以后永免，着为令。尔衙门即行榜示，"务使小民休息，咸沾德意"。④

顺治十一年正月初十，因江南连年灾害，民生困苦，他谕工部："江宁苏杭等处地方，连年水旱，小民困苦已极，议赈，则势难周，屡蠲，又恐国用不足，朕用是恻然于中"。念织造衙门系供御赏赉之用，前此未能遽罢，"近闻甚为民累。夫民既苦赋税，又苦织役，何由得安。民既不安，朕岂忍被服美丽不为之所乎"。嗣后织造，除祝帛诰敕等项，着巡抚布政使织造解运外，其余暂停两年。尔部即行传谕，其应撤官役并应解钱粮事宜，作速议奏。⑤

山西在明朝时年贡晋绸三百匹，入清以后，竟大量增加，"每年额造一千四百七十余匹"。工部奏述此情，建议仍照旧制，每岁只派解三

①《清世祖实录》卷52，第10、11页。

②《清世祖实录》卷52，第12页。

③《清世祖实录》卷52，第16页。

④《清世祖实录》卷59，第26、27页。

⑤《清世祖实录》卷80，第4页。

百匹,所余银两,解部供用。帝允其奏。①这些谕旨,都为稍舒民困起了一定作用。

(十) 裁冗减俸

顺治帝福临着重裁减冗员冗兵冗费,并减少地方官员的一些收入。

顺治十一年六月二十五日,户部遵旨呈奏钱粮收支时,就提议裁减一些开支,福临批令九卿等会议具奏。户部:

"臣等思钱粮乃国家经费所赖,兵民命脉所关,不容少缺,且满兵用度,全倚月饷,不知营运,拙于谋生,又备办马匹盔甲器械,设无盈余,何以养赡家口,此断宜预为筹划者也,查布政司衙门有左右二布政使。经历、照磨、都事、理问、检校等官七员,每年俸薪经费衙役工食,共银二千八百四十一两零。按察司衙门,有按察使、经历、照磨知事、检校、司狱等官六员,每年俸薪经费衙役工食,共银一千七百四十六两零。一府有知府、同知、通判、推官、经历、知事、照磨、又教授一员、训导二员,共十员,每年俸薪经费衙役工食,共银二千六百七十两零。一州有知州、州同、州判、吏目,又有学正一员、训导二员,共七员,每年俸薪费衙役工食,共银二千一十一两零。一县有知县、县丞、典史、又教谕一员、训导二员,共六员,每年俸薪经费衙役工食,共银一千八百二十一两零。又各省有兵马道员,共一百四十三员,每年俸薪经费衙役工食,共银十一万五千一百五十五两零。又中军守备、千把总等官,共一百七十四员,计每年俸廪银共一万九千九百六十八两零。兵一万四千九百五十名,计每年需用钱粮银,共二十六万八千二百五十四两零,米三万五千一百石,料一万零九百四十四石,除米豆草束,共该银四十万三千三百七十两零。或将此中闲冗官员,并无事地方官兵,酌量裁汰。将所裁钱粮,于紧要处养赡满洲兵丁,似可有裨于国计矣。得旨:'所奏每年出入钱粮数目,知道了。内外闲冗官员,吏部会同九卿詹事、科道等官,确议具奏,其地方无事官兵,应否量行裁汰,着该督抚详察确议具奏。'"②

①《清世祖实录》卷118,第14页。

②《清世祖实录》卷84,第27、28、29页。

顺治十三年六月十六日，帝谕大学士觉罗巴哈纳等：

"近因钱粮不敷，每日会议，全无长策，朕思裁汰冗员，亦节省之法，今加酌量，在京官员，如大理寺衙门，所管事务无多，不过三法司会议时，少有事耳，此等事，堂官三员办理足矣。工部衙门，有左右侍郎，部内诸事，郎中主事各司办之，其总理稽查，则左侍郎办之有余，即无右侍郎，亦何不可。中书科中书舍人事务简少，允宜酌汰。至于道员管理事务繁多，尚当增设员数，不可复汰。科员甚多，全无职掌，一科中用都给事中等官足矣，设汉军副理事官何为，原因从外行取之员，应补御史，未遇有缺，故改用耳。又在外布政司衙门，左布政使事烦，右布政使有何职掌，非冗员而何。凡此内外冗员甚多，而各部院堂官，不加详查，瞻顾姑容；且见汉官，每有奏称总兵官及各武官并无用兵丁应行裁汰者；有将文职冗员奏称裁汰者乎，此皆伊等偏执之处。尔等可将朕谕，交与议政王、贝勒、大臣、九卿、詹事、科道等官，当此钱粮匮乏之时，暂行裁汰，嗣后钱粮充裕，再行增设，特谕。"①

顺治十三年九月二十六日，议政王贝勒大臣等遵旨会议裁减之事说：

"应裁直省每年存留银两：一、抚按道臣，巡历操赏花红银，六千二百九十二两；一、预备过往各官供给下程柴炭银，一十七万一千六十四两；一、督抚按巡历造册纸张扛箱银二万八千九百一十六两；一、衙门桃符门神价值银，一千四百二十一两；一、孤贫口粮柴薪布匹银，八万七千七百六十七两，俱应全裁，其孤贫口粮柴薪布匹，于各州县赎谷预备仓粮内支给；一、朝觐造册送册路费银，一万七千六百二十二两；一、生员廪膳银，一十九万二百二十七两，俱应裁三分之二；一、考校科举修造棚厂工食花红银，一十七万六千一百七十五两；一、乡饮酒礼银，九千零三十两；一、修渡船银四万一千四百一十五两；一、修理察院公馆银一万二千一百〇五两，一进表路费银，七千二百五十三两；一、渡船水手工食银，二万一千七百七十七两；一、巡检司弓兵工食银四万六千五百七十九两俱应裁其半；一、督抚书役工食银，俱应照府州县例给发，凡裁银七十五万三千六百三十四两六钱，以济国用。"②

①《清世祖实录》卷102，第13、14页。
②《清世祖实录》卷103，第29、30页。

福临批准其议。①

这次裁减，有妥有错。操赏花红银、各官供给下程柴炭银、门神银等项可裁，也不可裁。生员廪膳银，贡校科举造棚、花红银、渡船银水手银、弓兵工食银等，绝对不应裁。福临可能是逼急了，不得已将它们裁减。

（十一）田赋简表

《清世祖实录》载有顺治八年至十七年全国人丁田、赋银、盐课银数字，现列表于下：

顺治八年至十七年每年人丁田园地征银数及盐课银数目简表

顺治	人丁户口（丁）	田地山荡（顷）	征 银（两）	米 豆（石）	盐课银（两）	《清世祖实录》
八年	10633326	2908584	21100242	5739424	1965159	第 61 卷第 16 页
九年	14483858	4033925	21261383	5628711	2122014	第 70 卷第 31 页
十年	13916598	3887926	21287288	5672299	2128016	第 79 卷第 23 页
十一年	14057205	3986935	21685534	5775189	2186369	第 87 卷第 20 页
十二年	14033900	3877719	22005954	5768713	2231940	第 96 卷第 14 页
十三年	15412776	4781860	22089696	5812060	2395975	第 105 卷第 24 页
十四年	18611996	4960398	24366365	5835940	2520645	第 113 卷第 23 页
十五年	18632881	4988640	24584526	6018132	2516983	第 122 卷第 16 页
十六年	19008913	5142022	25585823	6201720	2666234	第 130 卷第 17 页
十七年	19087572	5194038	25664223	6017679	2716816	第 143 卷第 19 页

① 《清世祖实录》卷103，第29、30页。

《清文献通考》卷1，《田赋一》则根据清会典所载顺治十八年的报销册，载称：顺治十八年全国“天下田土共”5493576顷，田赋银21576006两，粮6479465石。《清文献通考》卷19，《户口一》载，“十八年总计直省人丁”21068609丁。

根据简表，可以看出四个问题。其一，人丁、田地、赋银、盐课，增长很快，除顺治十年、十一年、十二年，由于大西军“两蹶名王”，攻占湖广两广多数州县，致人丁、田地数目少于顺治九年外，十三年起，年年都有增加。到顺治十八年，人丁有21068609丁，比顺治八年增加了10435283丁，增长率为98%。田地5493576顷，比顺治八年增加了2586992顷（258699200亩），增长率为88.9%。田赋银米为28055481两（石），比顺治八年增加了1215915两（石），增长率为4.5%。盐课银为2721212两，比顺治八年多了756653两，增长率为38.5%。[①]

其二，官府册载征赋田地，已经相当多了。顺治十六年正月清军攻下昆明，南明桂王军队残部逃出国外，全国已基本统一，因而田地从顺治十五年的4988640顷，到十八年增至5493576顷，增加了504936顷（50493600亩）。这一年的十二月，清军入缅，缅甸国王遵谕，擒献桂王、永历帝朱由榔及其后妃官员，南明亡。自此以后，清国可以安心治国了，垦田数目也会逐渐增加。

其三，国家财政收入，可以基本好转了。顺治十三年六月工科给事中王命岳奏称：“出浮于者四百四十七万。国用所以不足，皆由养兵。”[②]此时还未征收当年夏税秋粮，其所指收入支出，应是十三年岁终情形。顺治十二年，国家财政收入是田赋2777466两，盐课银2231940两，还有关税几十万两。顺治十八年，田赋银28055481两，盐课银2721212两，比顺治十三年多了776739两，还有关税几十万两，还有人丁银（“徭里银”）3008905两，抵补兵饷缺额400余万两，也差不了多少了。何况这个南明亡了，以后军费就要少多了，财政上入不敷出的情形必会根本改善。

其四，力求“轻徭薄赋”。明洪武二十六年（1393年），官田民田总共是850万余顷，田赋夏税秋粮收米麦2944万石，平均每亩征赋米麦豆3升4合6勺3撮。明弘治时（1488—1505年），官田民田共622万余顷，征米麦26780000余石，平均每亩征米麦4升3合。明万历时（实指万历六年，1578年），官田、民田共701万余顷，征米麦26630000余石，平

①《清圣祖实录》卷5，第24页。

②《清史稿》卷244，《王命岳传》。

均每亩3升8合。①万历末年，加赋银每亩9厘，701万余顷田当加赋银631万余两。正额赋加九厘辽饷，合共为32949700两，按官方米1石折银1两计，当为米32949700石，平均每亩征米4升7合。根据上述顺治年间田地赋银赋粮简表折算，顺治八年，每亩征银9分2厘2毫8丝，即米9升2合2勺8撮，比明朝多了一倍多。此后，基本上逐年减少。顺治九年，每亩征银6分6厘6毫6丝，十年6分9厘3毫，十一年7分零4毫，十二年7分1厘6毫2丝，十三年5分8厘3毫4丝，十四年6分零8毫8丝，十五年6分零6毫6丝，十六年6分1厘8丝，十七年6分零9毫9丝。十八年5分1厘0毫5丝，即每亩征米5升1合5撮，仅比万历末年加上辽饷所征米数每亩4升7合，多了4合。考虑到每年要支出巨量军费，这个每亩征分5升1合，确系来之不易，难能可贵，人民应该承担得起的。可见，顺治帝福临确实在努力谋求"轻徭薄赋"。

我们还可根据《清文献通考》卷1，《田赋一》所述顺治十八年全国及各省田地、赋银、赋粮（米、麦、豆）数字列表，进一步来分析。

顺治十八年全国及各省田地、赋银、赋粮数字列表

地区	田地（顷）	赋银（两）	赋粮（石）	粮银合计（两）	亩征银
全国	5493576	21576006	6479465	28055411	5分1厘0毫5丝
直隶	459772	1824191	19591	1843782	4分0厘1毫0丝
奉天	609	1827	无粮	1827	3分0厘0毫0丝
山西	407872	2205545	45931	2251476	5分5厘2毫0丝
山东	741336	2380091	395400	2775491	3分7厘4毫3丝
河南	383403	1800943	237441	2038384	5分3厘1毫5丝
陕西	373285	1436033	61851	14979884	4分0厘1毫2丝
浙江	452216	2572582	1361854	3934433	8分7厘0毫0丝

①《明史》卷82，《食货六》。

地区	田地（顷）	赋银（两）	赋粮（石）	粮银合计（两）	亩征银
江西	444303	1726970	938753	2665723	5分9厘9毫9丝
四川	11883	27094	928	28022	2分3厘5毫9丝
福建	103457	750862	109661	860523	8分3厘1毫7丝
广东	250839	847961	27668	875629	3分4厘9毫0丝
广西	53938	199654	94299	293953	5分4厘4毫9丝
云南	52115	61748	123917	185665	3分5厘6毫2丝
贵州	10743	53150	76660	129810	1钱2分0厘
湖广	793353	1088597	460691	1549288	1分9厘5毫2丝
江南	953445	4602739	2788507	7391246	7分7厘5毫2丝

顺治十八年，全国官府州载征赋田地为5493576顷，征银、米、麦、豆合计28055411两，平均每亩征银5分1厘5丝，或米5升1合5撮。但是，这个平均数并不适合于或等同于各省每亩征银的数字。因为，在当时的15个省中，每个省征银数并不相同，其中，江南省、浙江省的田赋最重。此时的江南省，包括江苏省、安徽省。江南省和浙江省共有田地1405661顷（即1400万亩），征赋银赋粮11325679两，扣除这两省赋银赋粮，全国的另外13个省，共有田地4087915顷（40000余亩或4亿余亩），征赋银赋粮16729732两，平均每亩征银4分零4毫，或征米4升零4勺。这样一算，山西、山东等13个省平均每亩征银或征米数比明朝弘治时，每亩征银米4升3合少，比万历六年每亩3升8合只多了1合1勺，比万历时每亩征4升7合还少。

山东、山西等13个省的地主、农民，如果交纳平均每亩赋银4分零4毫，或米4升零4勺，应该是交得起，承担得起的。何况这13个省中，山西省每亩平均征银5分5厘2毫，河南省5分3厘1毫，江西省5分9厘9

毫，多于13个省亩征4分零4毫。另外广西、贵州、福建，战乱刚平不久，田地少，赋银多。而直隶每亩赋银4分，奉天3分，山东3分7厘4毫，四川2分3厘5毫，广东3分4厘9毫，云南3分5厘6毫，湖广（湖北、湖南）1分9厘5毫，赋银确实不重。

这些数字表明了两个问题，一是农民、地主的赋银负担的确不重；二是顺治帝确实力求推行儒家仁政治国之"轻徭薄赋"政策，并且已经取得很大成就。

六、惩贪除霸　力图吏治清明

（一）安民之本　首在惩贪

清帝入主中原以后，十分注意汲取前朝经验教训，认真探讨明亡之因，从中得出不少有益的教训，尤其是对"三饷"加派、吏治败坏之祸国殃民，感触更深，更为重视，决心要轻徭薄赋，察吏安民，以裕民富国。

摄政王多尔衮进京之后，即一再强调惩贪之事。多尔衮于顺治元年（1644年）六月二十日，即进京之后第五十天，便颁令旨，谕告众官民说："明国之所以倾覆者，皆由内外部院官吏贿赂公行，功过不明，是非不辨"，致乱政坏国。他严厉宣布，今后内外官吏，"如尽洗从前贪婪肺肠"，效力尽忠，便可永享富贵，否则，若仍不悔改，"行贿营私"，"国法俱在，必不轻处，定行枭示"。[1]不久降官吏科右给事中龚鼎孳借口"开国之初，宜从宽大"，为贪官求情，要求轻减。多尔衮毫不客气地严旨以告："贪官必诛，屡旨甚明"。[2]多尔衮又于顺治二年六月二十八日在因南京平定大赦江南等处的恩诏中，再次重申禁令，着重指出："官吏贪赃，最为民害"，自本年六月初一以后，各巡抚、巡按、司道及府州县镇协营路军卫等官，以及书吏、班皂、通事、拨什库、粮长、十季、夜不收等役，"但有枉法受赃及逼取民财者，俱计赃论罪，重者处死"。[3]

①《清世祖实录》卷5，第20页。
②《清世祖实录》卷11，第10页。
③《清世祖实录》卷17，第17页。

少年天子福临虽然痛恨多尔衮，否定了摄政时期的不少措施，但在惩贪一事上并未因人废政，而是继承和发展了睿王重惩贪官污吏的正确方针，屡下严谕，对贪婪官员痛加申斥。顺治八年闰二月初七，他谕告吏部说："迩来有司贪污成习，皆因总督巡抚不能倡率，日甚一日。国家纪纲，首重廉吏，若任意妄为，不思爱养百姓，致令失所，殊违朕心。"今总督巡抚所举者多属冒滥，所劾者以微员塞责，"大贪大恶，多徇纵"，尔部须秉公详察奏闻。

过了两天，闰二月初九，他谕吏部："迩来吏治，不肖者刻剥民财，营求升转，不顾地方荒残，民生疾苦。"一些不识文义之官，文移招详全凭幕友代笔，转换上下，与吏役通同作弊，贻害百姓。督抚不行纠参，大乘法纪。着令各省督抚严加甄别，劾参劣员，保举良臣。①

同月三十日，他又给都察院下了一道长谕，再讲惩贪之事。此谕讲了三个问题。一是惩贪乃系治国大事，"朝廷治国安民，首在严惩贪官"，把严惩贪官列为治国安民的头等大事。二是禁革时弊，真正做到严办劣员。他说："欲严惩贪官，必在审实论罪。"近见在外总督、巡抚、巡按参劾所属地方官员，初劾之疏，言其赃盈千百两，及至提问报招，"多坐衙役诈害，又云赃无入己"。衙役诈害，是谁纵容，赃无入己，初劾之疏有何根据？此皆由于司道府厅承问各官受嘱受贿，督抚巡按又不纠参，以致无法定罪，部复将已革之官仍还原职，"贪何由惩，民何由安"。此弊必革，若有再犯者，惩处有关审问官员及督抚巡按。三是遇赦不免。从前已经被参问罪之贪官，姑照恩赦月日免罪追赃，自今颁谕以后，"大贪官员问罪至应死者，遇赦不宥"。②

他因各省督抚迟迟不办此事，甚为恼怒，于六月二十五日谕内三院，予以严厉申斥。他说："朕洞知年来有司贪恶"，故谕吏部敕各督抚甄别属下官员，乃至今未见遵旨实行，"总由督抚平日以贿赂派索为事，贪恶有司餍其欲而扼其吭者有之，或八旗旧人在任者，咆哮要挟，督抚畏忌，不敢弹劾者有之。似此贪懦，安能纠参，宜乎盗贼未尽消，而黎民无起色也。今复严谕，凡贪恶及不识字纵信衙役劣员，作速指参"。③

---

① 《清世祖实录》卷54，第6、7页。

② 《清世祖实录》卷54，第26、27页。

③ 《清世祖实录》卷57，第24、25页。

顺治帝福临之所以如此重视惩贪，与其借鉴明太祖严办贪官从而整顿了元末贪污盛行的恶习，是有关联的。福临最推崇明太祖朱元璋，把其列为贤君中之贤君，特别肯定其严厉惩治贪官所起的作用。

史载，明太祖"重惩贪吏"：

"洪武十八年，诏尽逮天下官吏之为民害者，赴京师筑城。（教义傅朱煦传内）帝初即位，以元政驰纵，用法太严，奉行者重足而立。周祯傅官吏有罪，答以上悉谪凤阳屯田，至万余人。（韩宜可传）又案草木子记，明祖严于吏治，凡守令贪酷者，许民赴京陈诉。赃至六十两以上者，枭首示众，仍剥皮实草。府、州、县、卫之左特立一庙，以祀土地，为剥皮之场，名曰皮场庙。官府公座旁，各具一剥皮实草之袋，使之触目惊心。（后海瑞疏亦举太祖剥皮囊，及洪武中所定枉法赃人八十贯论绞之律，以规切时政，见瑞传）法令森严，百职并举。祖训所谓革前元姑息之政，治旧俗污染之徒也。"

明祖以元朝驰纵，特用重典驭下，稍有触犯，刀锯随之，时京官每旦入朝，必与妻子决，及暮无事，则相庆以为又活一日。法令如此，故人皆重足而立，不敢纵肆，兹亦整顿一代之作用也。

由于贪婪官员不改旧习，屡惩不改，违法者多，顺治帝十分愤怒，于顺治十二年十一月初七下谕加重惩处说："贪官蠹国害民，最为可恨。向因法度太轻，虽经革职拟罪，犹得享用赃资，以致贪风不息。嗣后内外大小官员，凡受赃至十两以上者，除依律定罪外，不分枉法不枉法，俱籍其家产入官，着为例。"[1]赃银超过十两，除定罪外，还籍没家产，这样处治是够重的了，可见顺治帝惩贪决心之大。他又规定，衙役犯赃一百二十两以上，分别绞斩，一两以上，俱流徙，一两以下，责四十板，革役。

奸猾胥吏，吞没国帑，欺压小民，为害甚大，不少言官多次奏请对其严加制裁。顺治十五年十月，御史许之渐奏称："财赋之大害，莫如蠹役。如蠹在收者，有蠹在解者，有蠹在提比者，有蠹在挪移支放者，所侵累万盈千。有司恐此蠹一毙，无从追补，至本官以参罚去而此蠹历久尚存。"前无所惩，后无所戒。请敕改抚按将从前侵蠹姓名数目，逐一清查，籍其家产，侵多者立斩，侵少者即时流徙。帝阅后甚赞其议，批示："所奏深切时弊，该部详议具奏。"①

顺治帝因为官吏贪习尚重，于顺治十六年闰三月初七谕令刑部再加重对贪官的处治说："前因贪官污吏剥民取财，情罪可恶，故立法产惩，赃至十两者，籍没家产，乃今贪习犹未尽改，须另立法制，以杜其源。今后贪官赃至十两者，免其籍没，流徙席北地方，其犯赃罪应杖责者，不准折赎。"②此例比前例更重，一是流徙席北地方。籍没家产，虽使贪官污吏遭受重大财产损失，但还能保住性命，日后还有东山再起之时，何况还可疏通关节，转移财务，不致一贫如洗。而流徙席北地方，道路遥远，解运艰辛，常有中途致毙者，即使侥幸到达，也是惨遭风雪侵袭，双脚疼肿，遍体鳞伤。席北地方寒冷，衣食难周，流徙者十有八九会尸横异乡。兼之，家属需陪徙，路上盘缠和抵达之后衣食住宿费用甚大，家产尽卖，亦难充数，此为不籍没之籍没。二是官员犯法，常有论死论杖者，但多可纳银赎死赎杖。现在规定，贪官赃至十两者，杖四十板，不准折赎，这四十大板打下去，不死也得掉层皮，落个残废。如此严刑，怎不叫贪官污吏魂飞魄散！未曾败露者莫不胆战心惊，四出活动，求人上奏轻减。

顺治十七年九月，凤阳巡抚林起龙为此事专门上疏，奏请改减。他奏请："惩贪之法，自奉新例流徙，犯人惧罪，不吐真赃，岁少赃赎，以致亏饷。伏乞皇上施浩荡之仁，收充饷之实，敕部详考旧章，照律拟罪。"③

林起龙所奏，字数不多，但很有分量，很有诱惑力。此奏所言新例需改之理由有三。一系不利审理贪案，犯官惧罪不吐真赃，难以核实定案。二是赃银之数减少，赎赃无从催收（不准赎），家产不能籍没，因而影响到国家之收入，"以致亏饷"，若要收到"充饷"之实惠，需废新例。三为循章依律，不得以人主喜恶而法外用刑，要"详考旧章，照律拟罪"。这条理由貌似公正，又有益于缓解此时财政之特大困难，颇

①《清世祖实录》卷121，第13页。

②《清世祖实录》卷125，第7页。

③《清世祖实录》卷140，第8页。

具道理，但皆经不起推敲。贪官之吐不吐露真实赃银，不在畏惧流徙，而是取决于官之是否清廉，是否决心惩贪，是否掌握了真凭实据。杖责之赎银有限，家产之籍没，一般也不多，少了这两项，并不能达到"亏饷"之程度，也不能靠两项来"充饷"。至于说什么要"详考旧章，照律拟罪"，更值一提，既然旧例不足以使贪官畏惧而敛手收心。为何不以加重处治。这三条理由皆难成立，其目的不外是为贪官污吏开脱减轻罢了。

顺治帝阅疏后于九月十五日降旨："前以贪官蠹役坏法害民，深为可恨，故立流徙之法，重惩贪蠹，以安民生。刑名事关重大，立法不厌周详，此奏内事情，着九卿、科道会同详议具奏。"①

过了两个月，顺治十七年十一月二十七日，刑部等衙门遵旨集议后，上奏对此事的拟议意见。也许是他们也认为流徙新例太重，也许是由于林起龙非等闲之人，对刑部等衙门集议此事时带来了重大影响。林起龙系顺治三年进士，授吏科给事中，因过革职。顺治帝亲政后，召其来京，顺治十年复原官。十一年二月初二，林起龙上疏言满兵困苦，乞念"八旗旧兵为朝廷劲旅"，其马匹、军装、军器、草料等项费用，应由官府发给钱粮。顺治帝阅后大为赞赏，特谕告吏部说：太祖、太宗创业开基，朕平定中原，统一四海，"悉赖满洲兵力，建功最多，劳苦实甚"，今产薄差繁，资生无策，十年以来章奏虽多，未有言及于此者。"近览科臣林起龙所奏，思虑周详，条划有序，实心为国，忠威可奖"，着令吏部酌议具奏优奖。随即议准，加五品京堂衔（给事中为七品）。从此他备受皇上青睐，不断擢升，十五年已任至户部侍郎，十六年加太子少保，又上《更定绿旗兵制疏》，详论绿旗兵冗力弱之弊。帝奖其奏"深切时弊，多有可采"，下所司议行。十七年加太子太保、兵部尚书，擢凤阳巡抚，任至从二品的封疆大吏。②这样一位屡言大事颇有识见蒙帝赏识擢用的大臣，所奏之事，岂能轻易否定。何况帝对林起龙请改新例之疏，做了这样的批示："刑名事关重大，立法不厌周详，此奏内事情，着九卿、科道会同详议具奏。" 似乎颇有采纳

①《清世祖实录》卷140，第8页。

②《清世祖实录》卷81，第2页；卷82，第22页；卷83，第2页；卷127，第28页；《清史稿》卷244，《林起龙传》。

其议的倾向。

是否如此，虽不得而知，但刑部等部门集议后，却赞同了林之建议，奏称："今抚臣林起龙言立法过重，人犯抵死不招，徒有流徙之虚名，致弃充饷之实用。臣等议，今后贪官犯赃，仍照律追拟，以助军需。……衙役亦照官律拟罪。"①

按照通常惯例，九卿、科道集议之事，一般是比较细致全面，且多能体会帝之意图，往往是奏上即准，或仅做些微小批改，不料这次却碰了一个大钉子。

少年天子对林起龙之奏和九卿科道之议，甚为不满，降旨说：

"贪官蠹吏害民，屡惩弗悛，不得不特立严法，冀人人畏惧，省改贪心，始不负朕惩贪求民之意。今林起龙疏称，只缘法重，以致人犯抵死不招，追赃甚少。尔等会议，请仍照律拟罪，赃追入官，以助军需。夫与其畏法不招，何若使其畏法不贪，与其餍足贪腹，以赃济饷，何若使其不贪，民得丰裕，国赋亦充。朕明知立法既严，于贪官蠹吏有所不便，必怀怨心，但轸念民生，即为贪蠹所怒，亦不遑恤，若不如此，贪风何由止息，小民何日安生。仍着遵前谕行。林起龙所奏与尔等所议，俱属不合，着严饬行。"②

福临此旨不算长，才二百二十个字，但写得很好，不愧为一篇佳作。此谕之妙有四：一是帝严正申明惩贪救民之决心，不惩贪，不严惩，则贪官污吏不知畏惧，不思悔改，则民无宁日，故必严办。二是痛斥诡辩，所谓法重使犯官抵死不招，致追赃太少和有损军需之说，纯系一派胡言，为贪官开脱。旨中所说"与其畏法不招，何若使其畏法不贪，与其餍足贪腹，以赃济饷，何若使其不贪，民得丰裕，国赋亦充"，讲得很好，精辟，是至理名言。官若畏法不贪，则民自富，民富则国富国强，兵饷充裕，库银巨万，何需仰仗于区区赎杖之银籍没之产。科尔昆、孙廷铨、车克、王崇简、梁清标、能图、杜立德、王弘祚等六部满汉尚书和凤阳巡抚林起龙，枉自读了多少年经史子集，却将事

① 《清世祖实录》卷142，第21、22页。

② 《清世祖实录》卷142，第22页。

体本末完全颠倒，不如这位少年天子如此透彻理解惩贪裕民富国之道。三是教训臣僚要有敢于做事、不避恩怨的风骨，任何一项法例、一个规定、一项措施，都必然会使某些人获利，某些人不便。或遭受损失，都会招致怨言，惹人不满，问题是此例于谁有利，于谁不便，若是利于黎民利于国家，而不利于贪官污吏，那么便不应怕其生怨而中止新例，便要坚持下去，如圣旨所说"但轸念民生，即为贪蠹所怒，亦不遑恤"，这样就能止息贪风，民得宁居。四是是非分明，不管是为帝一再奖擢之能臣林起龙，或是屡受帝嘉奖之杜立德（被帝赞为"不贪一钱，亦不妄杀一人"之刑部尚书）、科尔昆等满汉尚书，只要持议偏妄，于民于国不利，即否定其议，且予斥责。总之，顺治帝之此谕，可以算得上是一篇惩贪安民利国的绝妙佳作，若能长期照此办理，吏治自能改观，贪风焉能不敛。

为了更好地贯彻执行惩贪安民方针，顺治帝还恢复了派遣御史巡按各省的制度，以便更好地了解民情，纠参惩罪贪官污吏。

（二）力排众议　巡按停而复派

巡按之派而复停，停而再派，是顺治年间一件震动朝野的大事。巡按，乃沿袭明制。明朝特重言官纠劾之制，都察院有左、右都御史各一员，官阶正二品，与六部尚书同级，又设十三道监察御史一百一十人。监察御史官阶并不高，才正七品，与小小芝麻官知县一个级别，但其权甚大，影响甚大。明制规定，十三道监察御史，"主察纠内外百司之官邪，或露章面劾，或封章奏劾，在内两京刷卷，巡视京营，监临乡、会试及武举，巡视光禄，巡视仓场，巡视内库、皇城、五城，轮值登闻鼓。在外巡按、清军，提督学校，巡盐，茶马，巡漕，巡关，攒运，印马，屯田，师行则监军纪功，各以共事专监察"。[①]

尤以巡按之权更大。全国共有巡按二十一员，其中十三省各一员，任期三年。监察御史虽仅正七品之低品级文官，但一被皇上钦点为巡按，就身价百倍，权大责重。他"代天子巡狩，所按藩服大臣、府州县官诸考察，举劾尤专。大事奏裁，小事立决。按临所至，必先审录罪

①《明史》卷73，《都察院》。

囚，吊刷案卷，有故出入者理辩之"。①一省之中，有"掌一省之政"的
从二品巡抚，有"掌宣化承流，帅府州县官，廉其录职能否"的从二品
布政使，有的省还驻有"掌厘治军民，综制文武，察兴官吏，修饬封
疆"的从一品总督，还有按察使一人，"掌一省刑名按劾之事"，还
有官阶从三品的参政、从四品的参议道员若干名，又有"掌一府之
政"的正四品知府，"掌一州之政"的从五品知州，"掌一县之政"
的正七品知县若干员。他们平时在省府州县均是言出令行万民畏惧的
大老爷，但一逢巡按来临，总督、巡抚固然要对其尊敬，布政使以下
都得听从这位七品官吩咐，唯其马首是瞻，尤其是道员、知府、知
州、知县，更是奉承唯谨，毕恭毕敬，百般效劳，生怕得罪了这位巡
按。原因很简单，他是钦差大臣，是"代天子巡狩"，失敬于他，就
是对帝不敬，就要被定上欺君大罪，他的举荐弹劾，关系到地方官的
升降奖惩。而明帝之所以要派遣巡按，一个重要目的就是严格保证地
方绝对听命于中央，保证帝旨之直达全国各府州县，防止地方分裂或
叛乱，同时也可了解民情，知民疾苦，除暴惩贪，济民之困，以便更
好地巩固朱氏王朝的统治。

入清以后，初仍沿袭此制，遣官分任各省巡按。但顺治七年
（1650年）四月，户部等衙门会议兵饷缺额设法弥补时，奏请裁并衙
门，其中包括裁汰巡按。四月二十九日摄政王多尔衮以帝名义降旨裁革
巡按说：巡按御史已到地方者，奉行事件无论已完未完，悉将文卷册籍
移送该巡抚料理，立即出境。已差未行及已差未到者，俱不必前去，以
后巡行察举，不拘年份，候旨特遣。②

顺治帝福临亲政伊始，便要取消摄政王裁汰巡按的令旨。顺治八年
（1651年）二月十八日，工科左给事中姚文然上疏，奏请恢复巡按之制说：
"巡按察吏安民，其任极重"，向议暂停，为不得其人故也。臣谓巡按之失
人，总因都察院堂官之溺职。巡按出有差规，入则考核，整肃宪纲，全在堂
官，欲巡按之得人，宜自澄清都察院诸臣始。帝将此事交与群臣商议。

顺治帝于八年闰二月连下谕旨，严厉斥责各省督抚不纠参贪官污

---

① 《明史》卷73，《都察院》。

② 《清世祖实录》卷48，第22页。

吏，以致"有司贪污成习"，①民不堪命。他并下专旨，指责都察院左都御史卓罗、副都御史轩壁、巴朗等官"不循职掌，缄默苟容"，旷职失责，将其革职。

在帝旨严谕之下，顺治八年三月初十，都察院奏上巡按事宜五条：（1）定按臣差额。顺天、真定派一巡按御史；江宁、苏、松、淮、扬并为二名巡按；浙江、江西、湖北、湖南、福建、河南、山东、陕西、四川、广东、广西，各派一名巡按，另派督学、巡漕、茶马、巡盐御史。（2）出差限期宜严。御史奉差，一经命下，应照主考分考例回避，不见客，不收书，不用投充书吏员役，不赴宴会饯送，领敕后三日内即出都门。（3）宜禁在差之员役。入境之日，止许自带经承文卷书吏，所至府州县，取书吏八名，快手八名，事毕发回，随地转换，不得留按差、书吏、承差名色，不得设中军、听用等官，以及主文代笔。府州县运司等官铺设迎送，应一概严禁。（4）宜核在差事迹，命下之日，每一差（即每一巡按御史或茶马御史等）立为一册，自出都以及入境，一应条陈、举劾勘报等事，按日登记，以凭考核。（5）宜定差满之差，以一年半期。差回之日，公同考核，三日内议定优劣，具疏奏请，分别劝惩。帝阅之后，允从其议。②

过了五天，顺治八年三月十五日，帝谕派监察御史分巡各地，张慎学巡按顺天，上官𫓧巡按江安徽宁池太庐凤，秦世祯巡按苏松常镇淮扬，杜果、张嘉、聂玠、王应元、王亮教、冯右京、刘达、王佐等八位监察御史分别巡按浙江、江西、湖北、福建、河南、山东、山西、陕西八省，又派潘朝选等四位御史分别巡视两淮、两浙、长芦、河东盐课，张中元巡视漕运。③

顺治帝福临极为重视巡按之事，不仅遣派御史出巡，而且在他们离京之前，还专门召见和训示。顺治八年四月初三，顺治帝御太和殿，召见巡按各省御史，赐座，谕告他们说："朕命尔等巡按各省，原为民生计也。尔等果能公廉自矢，为朕爱养斯民，使得安享太平，自当升赏，

①《清世祖实录》卷53，第20页。
②《清世祖实录》卷55，第7-9页。
③《清世祖实录》卷55，第12页。

若贪婪害民，必行治罪。"谕毕，赐茶，遣行。①顺治八年八月二十九日，山西巡按刘嗣美引见，帝御太和殿，召其入殿谕告说："朕以尔为耳目，尔其仰体朕意，察吏安民，清公自矢，则有司皆以尔为楷模，而循吏必多矣。"②

但是，是否设置巡按之争，并未结束。刚过两年，巡按之制又遭冲击。顺治十年五月，郑亲王济尔哈朗等上疏，奏请罢革巡按。他们说："各省巡按，为察吏安民之官，近者多受属员献媚，参劾无闻，应将巡按概行停止，其十四道、京畿道御史，只留二个生员，其余俱应裁汰。"吏部、都察院议复此疏时，赞同其议，帝允其请。③

顺治十二年（1655年）六月正式决定，以刑部主事（四品）顾仁巡按顺天，吏部理事官（三品）钟有鸣巡按江安，礼部郎中（三品）孙允樾巡按苏松，兵部员外郎（四品）叶舟巡按浙江，刑部郎中笪重光巡按江西，御史张朝瑞、胡来相、祖永杰、高尔位、聂介分别巡按湖北、湖南、河南、山西、甘肃，中书科中书舍人（从七品）朱克简、翁祖望分别巡按福建、宣大，刑部郎中刘允谦巡按山东，兵部督捕副理事官（四品）王继文巡按陕西，户部理事官高民瞻巡按四川，礼部郎中张纯熙巡按广东，刑部礼事官张所养巡按广西，御史刘秉政等分别巡视茶马、漕运和京通各仓。④

第二个月，七月初九，顺治帝于太和殿召见上述人员，谕告他们说："巡方御史屡停屡遣者，系因天下之大，庶僚备设，欲其职任耳目，以甄别贤否也。"尔等既为朕耳目之官，出而代巡，务真心勤瘁，上以副朕特遣之心，下以慰众仰望之意。倘谓君门万里，咨意行私，贪赃坏法，致下民怨咨，"断不仍照前律，止于按赃治罪，虽铢两之微，必诛无赦"。从前奉差之御史，因朕谕严切，初亦思立名节，勉邀廉洁虚誉，"及将报代，贪婪掊克者甚众"，如今后有此等事，定当从

①《清世祖实录》卷56，第8页。
②《清世祖实录》卷59，第28页。
③《清世祖实录》卷75，第8页。
④《清世祖实录》卷92，第2页。

重议处。①

经过此番遣派，持续了五六年，到顺治十七年（1660年）又爆发了一场大的争论。顺治十七年六月初九，都察院遵谕就裁冗裕饷之事奏称：直隶各省，自差巡方以来，未能即致地方宁谧，民生安遂，每年一遣，诚觉徒劳，请停止巡方之差。俟二三年后，选择重臣，差往巡察。其御史额数六十员，除六道与京畿道及光禄十库，需用人员应留外，其余应行裁汰。②

巡按，多由都察院的监察御史担任，某些都御史也曾当过巡按。遣派巡按，为都察院行使纠察院堂官——满汉左都御史以及满汉左副都御史、汉左佥都御史交结权贵，显示威严，扩大影响，以及干预地方政务与收受贿赂，提供了极好的条件，他们怎会做此损伤自己的事情？显有秘密内幕和深刻的政治背景。

翻开《清世祖实录》，发现了与此似有关联的两段记载。一是顺治十七年二月初二，皇上下谕说：国家任务委任庶官，必大小臣工咸得其人，乃可共襄化理，在京各衙门官员宜加澄叙，以励官常。大学士、尚书等官，俱着自陈，侍郎以下官俱着列职名，候朕亲行甄别。过了五天，初七日，成克巩等五位大学士、吏部尚书刘昌开年迈，嘉谕后允其原官致仕。兵部尚书梁清标遭帝严词斥责。左都御史魏裔介遵谕自陈，顺治帝对其痛加谴责说：魏裔介由科员经朕破格提拔，擢司邦宪，即当殚心竭力，秉公执法，实图报称，乃全无担当建言，裨益朝政，但知沽名钓誉，急于幸致高位。且身为台臣之长，御史贪黩不法，屡经发觉，岂真无闻见，曾未据实纠参，徇庇欺蒙，殊负委任，"本当拿问，严行治罪"，姑予宽典，着革去太子少保并所加一级，仍照旧供职。"以后着洗涤肺肠，尽改前非，若复蹈旧辙，定从重治罪，必不轻恕"。③

顺治帝对魏裔介的斥责是相当厉害的，一则要魏"洗涤肺肠"，

①《清世祖实录》卷92，第16、17页。
②《清世祖实录》卷137，第12页。
③《清世祖实录》卷132，第2、4、5页。

这已达到"骂人"的程度了。堂堂一位正二品"掌查核官常，参维纲纪"的大员，竟被皇上骂为肺肠污浊之人，脸面何存！二则谕言"本当拿问，严行治罪"，魏裔介差点变成阶下囚，聆听至此，岂不胆战心惊。谕旨所列魏之罪状有，一系无甚重大建言，未能裨益朝政；二为巡按御史贪黩不法，魏未纠参。魏裔介奉谕后，心里想必十分清楚，二罪实为一罪，即失察贪黩不法之巡按，因为他并非没有建言，相反，却正是因为他颇有见识胆略，屡就大事建言，才得到万岁赏识而破格擢用。他当给事中时，竟敢直奏"督抚重臣宜慎选择，不宜专用辽左旧人"，有违朝廷倚任八旗贵族大臣之方针，冒犯八旗王公大臣。他痛劾湖南将军续顺公沈永忠、福建提督杨名高贻误军机，沈因而被革职削爵，杨亦罢任。他还疏劾大学士陈之遴营私植党，致陈被解官发辽阳闲住。正是由于他多次建言，颇有见解，蒙帝嘉奖，才擢迁左都御史。

魏裔介谅必是从谕旨揣摩到皇上对某些巡按贪黩不法十分厌恶，拟欲改制，又降此严旨，因而促使他奏请停遣巡按。是否如此，尚难肯定，但此事必与魏之奏停巡按，有着内在的联系。当然，此举事关重大，还会有其他因素，这在都察院奏上请停巡按之疏后一月余的两派争执，可以看得相当清楚。

顺治十七年七月十四日，议政王、贝勒、大臣，会同九卿科道，遵旨会议停差御史之事。议政王、贝勒、大臣主停，吏部侍郎石申等汉官主遣，各具一议上奏。经过一番争执，最后帝仍决定继续派遣御史巡方，坚持了巡按之制，再一次充分体现了少年天子福临惩贪安民的决心。[①]

（三）整肃法纪 迭罪娄臣

对于整顿吏治，尤其是惩治贪官污吏，历朝帝君大抵采取两种方针：一是听之任之，或降几道谕旨，空洞讲讲惩贪的必要性，虚张声

---

① 叶梦珠在其《阅世编》，《官绩·秦世祯》中写道："自世祖章皇帝亲政而后，洞悉万方之懑，惟赖巡方之官，先简廉能以清其源，特假事权以重其任，大僚而下，一命以上，举劾之权，一以付之。"

势，言而不行；或是捕治几个倒霉小官，装装样子，或是只字不提，甚至夸称官廉吏法，没有行贿纳贿贪婪之事，这是秦汉以来绝大多数朝代的基本情形。另一种方针，则与此迥然不同，一些胸怀大志欲图有所作为裕民富国的帝君，深知欲固国本，必严惩贪臣，故对贪官污吏毫不留情，如贫民出身的明太祖朱元璋，"严于吏治"，凡守令贪酷者，赃至六十两以上，枭首示众，剥皮实草，府州县卫之左，特立一庙，以祀土地，为剥皮之场，名曰皮场庙，官府公座旁，各悬一剥皮实草之贪官之袋，使现任官触目惊心。洪武十八年还下诏尽逮天下官吏之为民害者，赴京师筑城，故"法令森严，百职厘举"。①

少年天子福临，生性倔强，一向赞扬明太祖朱元璋，亦要仿效前君，狠刹贪风。他除了多次下谕讲述"安民之本，首在惩贪"②之必要性外，还身体力行，严厉督促廷臣痛治贪官，凡有奏劾婪臣者，他都立予批处。现将部分督抚司道府州县官员贪赃枉法遭惩之情，列表简述如下：

顺治八年至十七年惩贪简表

时间	案情简介	出处
八年四月	山东分守东兖道副使刘可征，"亏损行户，捐勒平民"，革职	《清世祖实录》第56卷第14页。（以下简称《录》）
八年五月	福建福州兵备道郑清，"婪赃玩法"，革职	《录》第57卷第2页
八年五月	漕运总督吴惟华，"贪婪误漕"，革职严讯	《录》第57卷第9页
八年五月	陕西分守陇右道李永昌，"贪婪劣迹"，革职提问	《录》第59卷第12页
八年九月	福建建南道曾延孔，"贪婪狼藉"，革职	《录》第60卷第5页

① 赵翼：《廿二史札记》卷33，《重惩贪吏》。
②《清世祖实录》卷95，第18页。

时间	案情简介	出处
八年九月	江南徽宁道袁仲魁，"贪纵不职"，革职	《录》第60卷第8页
八年九月	浙江绍台道耿应衡，"贪黩"，革职	《录》第60卷第8页
八年九月	浙江金衢严道王镛，"贪黩"，革职	《录》第60卷第8页
八年十月	江宁巡抚土国宝，"徇庇、贪污、诸不法事"，革职严讯	《录》第61卷第2页
八年十一月	湖南上荆南道王燧，"贪黩乖方"，革职审问	《录》第61卷第13页
九年三月	江南华亭知县周世昌，"苛敛浮征"，革职	《清史列传》第79卷，《房可壮传》
九年三月	山东临朐知县童本胡，"苛敛浮征"，革职	《清史列传》第79卷《房可壮传》
九年四月	山东平阳县知县王国柱诬陷举人孙振图通贼，"用炮烙支解等刑，惨毙多命"，处死	《录》第64卷第4页
九年十二月	河南汝南道王家楫，"贪黩"，革职	《录》第70卷第16页
九年十二月	宁夏巡抚孙茂兰，"贪婪刚愎，物议沸腾"，命吏部察议	《录》第70卷第18页
十年五月	四川永宁总兵官柏永馥，"临阵畏缩，乾没兵饷"，革职提讯	《录》第75卷第2页
十年八月	苏松巡按李成纪，"违法市恩，欲为贪官胡必泓等脱罪"降三级，调处用	《录》第77卷第14页
十一年正月	真定总兵官鲁国男，"贪淫残纵"，革职，提究	《录》第80卷第9页，第87卷第17页
十一年九月	浙江督粮道李廷枢，"贪秽"，革职	《录》第86卷第10页
十二年六月	吏部郎中宋学洙，"典试河南，宿娼受馈"，革职	《录》第92卷第4页

时间	案情简介	出处
十二年九月	江苏扬州府推官武赞绪，"屡向狱官逼取病呈，将监犯致毙"，从重定罪	《录》第 93 卷第 10 页
十二年九月	福建兴泉道林中宝，"贪酷"，革职提问	《录》第 93 卷第 12 页
十二年九月	陕西左布政使黄纪，"贪污不法"，革职提问	《录》第 93 卷第 17 页
十二年九月	陕西兴屯道白士麟，"贪污不法"，革职提问	《录》第 93 卷第 17 页
十二年十一月	顺天巡按顾仁，"收用积蠹，纳贿营私"，立斩，妻孥家产籍没入官	《录》第 93 卷第 17 页
十二年十一月	刑部司官贺绳烈，"身系法官，交通贪墨，蔑法过赃"，立绞	《录》第 95 卷第 7 页
十二年十一月	福建布政使、户部右侍郎周亮工，"大贪极恶"，革职审问	《录》第 95 卷第 8 页
十二年十二月	山西右布政使董应征，"苛派累民"降五级调用	《录》第 96 卷第 3 页
十三年五月	山西巡按刘嗣美，"侵用赃银三千五百两"，革职审问	《录》第 101 卷第 3 页
十三年闰五月	河西务钞关员外郎朱世德，"多征税课入己，又侵盗库银，受贿委官"，绞	《录》第 101 卷第 11 页
十三年闰五月	浙江杭嘉湖道史儒纲，"婪赃共二万二千余两"，应流徒，授恩诏赦免，革职，永不叙用	《录》第 101 卷第 20 页
十三年六月	苏松督学右申，"贪淫败检"，解任听勘	《录》第 102 卷第 7 页
十四年二月	犯役张雨臣侵蚀漕折银一百二十余两，按律拟绞，苏松巡按李森先以其已完纳，奏请轻减，旁斥李"身任巡方，徇纵显然"，将李革职提问	《录》第 107 卷第 5 页

时间	案情简介	出处
十五年八月	苏松巡按王秉衡徇庇属员欺陷钱粮，且纵役扰民，革职提问	《录》第 120 卷第 2 页
十五年八月	差往江南之侍卫桑阿尔寨吴巴旦，"沿途逼索贿赂"，革职、鞭一百，籍没	《录》第 120 卷第 11 页
十五年八月	直隶巡抚董天机，违禁给予满兵马虎等印票，出海贸易，革职，永不叙用	《录》第 120 卷第 12 页
十五年十一月	江南按察使卢慎言，"婪赃数万"，"贪酷不法"革职凌迟处死，家产妻子籍没入官	《录》第 121 卷第24页，第 129 卷第 8 页
十六年闰三月	山东巡抚耿焞，"贪婪昭著"，婪赃六千余两，革职逮问。后因病死，籍没家产。济南知府贾一奇为耿焞心腹，婪赃六百两，绞监候	《录》第 131 卷第 9 页，第 143 卷第 3、14 页
十六年六月	山东察荒御史李腾龙，"察荒无状，悖旨殃民"，革职	《录》第 126 卷第 18 页
十六年七月	湖广上湖南道吴甲周，"婪赃"，流徒席北地方	《录》第 127 卷第 5 页
十七年正月	云南巡抚林天擎，"赃私狼"，临沅道张柔嘉、楚雄知府徐泰来、云南知府余秉衡，"俱有行贿证据"，俱革职审问	《录》第 131 卷第 19 页
十七年三月	陕西巡抚张自德，"纳贿庇贪，苛取滥罚，招怨怒棍做爪牙"，"婪赃饱壑"，革职审问	《录》第 133 卷第 18 页
十七年六月	河南巡抚贾汉复，"贪婪成性，秽迹多端"，革职察审	《录》第 137 卷第 8 页

以上所述，主要是《清世祖实录》记载的惩贪事例，不是全部案件，但已足以表明顺治帝对于贪官污吏确是深恶痛绝，不断将他们投入

法网，绳之以法，下面便从中选取若干例子做些论述。首先是将"一督六抚"革职籍没。

此处讲的"一督六抚"，指的是漕运总督吴惟华、江宁巡抚土国宝、山东巡抚耿焞、云南巡抚林天擎、河南巡抚贾汉复、四川巡抚高民瞻和陕西巡抚张自德。

吴惟华的祖先是蒙古人。其七世祖本名把郝贴木儿，随明成祖转战四方，永乐十年（1412年）以北征功封恭顺伯，赐姓名为吴允诚，其子吴克忠袭伯爵后又进封恭顺侯。吴克忠之子吴瑾死于曹钦之乱，赠凉国公。吴瑾之孙恭顺侯吴继爵，官运亨通。曾镇守两广，总领京营数十万大军。后传至吴惟英，吴惟英于崇祯十六年（1643年）十二月卒，未袭，明已亡，惟华乃惟英之弟。[1]

顺治元年（1644年）五月初二，清摄政王多尔衮统军至京时，吴惟华"缒城投顺，自称应袭恭顺侯"。五月二十二日，吴惟华奏请"招抚宣大山西自劾，摄政王允其请"。五月二十六日，摄政王多尔衮入武英殿，升御座，设故明卤簿，鸣钟鼓，奏乐，大学士冯铨、应袭恭顺侯吴惟华率文武群臣上表称贺。[2]

此时，江南未平，粮道阻绝。明总兵抚宁侯朱国弼率军驻扎淮扬，督理漕务。吴惟华于顺治元年六月十一日奏请摄政王修书，命其部将张国光带去，劝谕朱国弼归降，"俾通漕运，以给兵食"。摄政王从其议，以书招谕，朱国弼遂降清。这对缓解京师百万兵民食用困难起了很大作用。[3]

吴惟华前往山西招抚，故明代州、繁峙、崞县官将皆归顺，而其他州县大顺军所据之地，则多据城不降。吴惟华欲率兵进取，恐力弱难胜，遂上疏陈奏征西五策，请发重兵征剿。摄政王赞同其议，遣都统叶臣率军西征，"令惟华悉心襄赞"，很快就夺占全山西。吴惟华因功受封总兵，镇太原，获嘉奖，并令回京候用。顺治二年，"叙迎顺功"，封吴惟华为恭顺侯，加太子太保，命其招抚广东，到顺治三年五月，因廷议尽撤诸省招抚官，始还京。顺治四年，吴惟华被授漕运总督，兼户部右侍郎，后又兼摄凤阳巡抚事务，加右都御史。吴惟华除督理漕运

---

① 《明史》卷106，《恭顺伯吴允诚表》。

② 《清世祖实录》卷5，第9、11页；《清史列传》卷79，《吴惟华传》。

③ 《清世祖实录》卷5，第16页；《清史列传》卷79，《吴惟华传》。

外，又一再遣兵，剿平各地"土贼"。①

吴惟华在前明虽未袭爵授官，但公侯之家，贵胄子弟，对官场弊习久已耳濡目染，故而一朝权在手，便把令来行，大肆贪黩勒索。他"任用匪人，恣意贪黩"，偏听副将毕振武、同知陈标、推官蔡国杰等人，"蠹剥欺公"。泰州、高邮遭涝，漕粮无出，知州请上奏改折，吴不许，知州乃行贿三千两，吴便允准。废官李寓庸的家仆为盗，毙于狱中，吴惟华拘治其主，李寓庸害怕，"重赂乃释"。委署州县官，以及各税务佥差、查缉，稽核驿递，吴皆"因事受财，动辄千百"。修筑城池，他"假称率属捐助，苛派闾阎，复纵奸宄侵蚀漕粮，漫无觉察"。给事中李宾尹、御史魏琯同劾其营私误漕。顺治八年（1651年）二十四日，巡视漕储运史张中元特上奏疏，列款参劾吴惟华"贪婪误漕状"。

对于这样一位率先归顺、为清效力甚多的从一品漕运总督大员，顺治帝也不留情面，谕令将其革职逮捕严讯。过了一年多，顺治九年八月十九日，刑部奏称："原任漕督吴惟华婪赃一万一千六百余两，鞫问皆实，应论死。"帝念其投诚有功，命免死，革职削爵，永不叙用，赃追入官。②

比吴惟华略晚一点被参劾的是江宁巡抚土国宝。顺治八年十月十二日，江南巡按秦世祯劾奏土国宝"徇庇贪污，诸不法事"。这又是一起惊天大案。

土国宝是山西大同人，明朝已任至总兵。顺治元年，土国宝降清，以原官录用。适逢河南内黄县有"土贼"苏自兴等，土国宝奉大名道张之俊檄，同署总兵王燝剿擒苏自兴。顺治二年土国宝随定国大将军豫亲王多铎定江南，王令土国宝同侍郎李率泰招抚了苏州、松江诸郡，遂奏授土国宝为江宁巡抚。土国宝多次剿灭江苏各地抗清义军，为清帝效尽了犬马之劳。这位原系明朝总兵的清朝江宁巡抚，对明之弊政习以为常，一再欲行明之加派弊政。苏、松、常三府白粮，明季系金民户输运，甚为累民，顺治五年改为官运。土国宝奏请加派说："民户一遇金点，往往倾家，今改官运，一切皆给予官，而经费不敷，请计亩均派运费。"摄政王多尔衮批示："金点固属累民，加派岂容轻议！"下部核议后，否定其请。第二年，土国宝又请加派民赋，以佐军需，复被朝廷

---

①《清世祖实录》卷79，《吴惟华传》。

②《清世祖实录》卷57，第9页；卷67，第7页；《清史列传》卷79，《吴惟华传》。

否定。土国宝贪婪残暴，苏民恨之入骨。巡按秦世祯遂上疏弹劾土国宝，"藉增造营房名，于苏州府城按廛纳税，敛银数万两；又逾额滥设胥役，婪取银数千两"。嘉定知县隋登云，每指富家为盗党，逼其纳银乃释，以所得贿银之一部分交纳与土国宝。土国宝之外侄左营游击杨国海，私卖私盐及硝磺，每月贡银三百两与舅父，"民间因有'土埋金、谢土好'之谣"。顺治帝览疏大怒，命革土国宝及隋登云等人官职，加以严讯。土国宝闻讯，知难逃一死，畏罪自缢。督、按审理此案，"鞫证皆实"，追赃入官。①

与土国宝官阶相近的山东巡抚耿焞，也是一个大贪官。耿焞任巡抚，顺治四年任顺天巡抚，第二年三月升任宣大山西总督，十二月罢官，十一年二月出任山东巡抚，足足坐镇山东四年多。顺治十五年十一月耿焞开始倒台了。湖广道监察御史冯班参奏耿焞"庇贪纵恶，溺职欺君"，帝命下所司察议。第二月十五日，因山东潍县等处欺陷废藩地亩九百余顷，朝廷命降耿焞七级调用。过了八天，二十三日，吏部议复冯班之疏时奏称：耿焞"纵所属营弁肆虐地方，捏报开垦屯地及地亩钱粮"，应予革职，帝谕将耿焞再降三级调用。②

这还只是失职之过，还未触及其贪婪本质，故处罚不算太重，但距案发之日也不远了。顺治十六年闰三月二十七日，山东巡按程衡劾奏耿焞"贪婪昭著，列款以闻"，帝怒，谕将耿焞革职逮问。刑部将各犯解京审理后，于顺治十七年正月十三日奏称："耿焞婪赃六千有奇，鞫审真确，情罪重大，应立斩，家产籍没入官。"济南知府贾一奇为耿焞心腹，婪赃六百余两，应立斩。济南同知杨桂英婪赃一千五百余两，应立斩，家产籍没入官。中军张有才过付银两，潍县知县尚祜卿擅动库银，向耿焞献媚，俱应立绞。帝命下三法司核拟。③

过了三个月，顺治十七年四月初四，三法司复议刑部所拟之议后奏称：耿焞"贪婪情实，应照初议立斩籍没"。帝因耿焞未招，恐有出入，谕令再行详细审理确供具奏。此后，三法司两度上奏，皆按初议，帝又谕会同内大臣等"再加详审确拟具奏"。这样，一直拖延到十二月，方定下案。此时耿焞已病故，因此内大臣会同刑部于十二月初三奏

①《清世祖实录》卷61，第2、13页；《清史列传》卷79，《土国宝传》。
②《清世祖实录》卷121，第17页；卷122，第6、17页。
③《清世祖实录》卷125，第15页；卷131，第10页。

称：耿焞已经病故，相应免议。贾一奇赃银太多，应拟绞监候。杨桂英贪赃千两以上，应革职，免籍没，责四十板，流徙宁古塔。尚祐卿、张有才送银这事不实，应免议。①这样的拟议，不知出于什么原因，是内大臣念耿焞已故而特予宽大，还是耿焞生前或死后有人为其奔走营救，致出此议，不得而知，但有一点是肯定的，即这样的判决，以耿焞病故而予免议，是太开脱耿焞了。因为此议一则并未直接断定耿焞是贪官，是贪污了大量银两应受罚的贪官，再则既然免议，则刑部、三法司三次拟耿焞立斩、籍没，耿焞现虽死去，可以不立斩其首，但其家产为何不照前议籍没，而予免议？显系刑部畏惧内大臣权势，不得不附和内大臣开脱耿焞之建议。

但是，内大臣们可能低估了皇上的聪慧——没有想到这种以引援病故免议的一般套语的方式，来庇护耿焞（至少是在客观上起了庇护的作用）的手法，会被少年天子识破。顺治帝阅疏后降旨批示："贪官本身既经流徙者，免其家产籍没，今耿焞未经流徙，病故，应否籍没家产，着再行确议具奏。"②帝之此旨，字数不多，但对内大臣们提出了两个重大的难以回避的问题，即：耿焞是否贪官？其虽病故，应否籍没？帝旨虽命内大臣们再行确认，但实际上已透露了帝对此事的结论倾向，即耿焞是贪官，理应籍没，只不过是念内大臣们日侍左右的情分，留点面子，没有直接说他们拟议欠妥而已。

内大臣们不可能不体会到皇上此旨的含义，赶快取消原拟，于十二月二十二日会同刑部奏称："贪官未经流徙身故者，家产例不籍没，今耿焞身系巡抚，不思尽心报国，赃私累累，情罪重大，除耿焞妻子外，家产仍应籍没入官，余俱照前议。"这一拟议，正式给耿焞定了"赃私累累"的贪官罪名，将其家产籍没入官，符合皇上惩贪安民的旨意，故顺治帝批准其议。③他还以宁夏巡抚黄图安曾保举贪官济南府知府贾一奇，而将其降五级调用，作为"贪赃连坐"之例。④

与吴惟华，土国宝、耿焞的结局颇为不同的是云南巡抚林天擎、河南巡抚贾汉复和陕西巡抚张自德。林天擎原为牛录章京，顺治十一年二

①《清世祖实录》卷134，第5、10页；卷137，第15页，卷143，第3页。

②《清世祖实录》卷143，第3页。

③《清世祖实录》卷143，第14页。

④《清世祖实录》卷125，第29页。

月升任湖广巡抚，十三年九月降调，十一月任吏部理事官。顺治十五年十二月清军平定云南，经略洪承畴奏请委任林天擎为云南巡抚，帝从其请，于顺治十六年正月派林上任。但是，不到一年，洪承畴便发觉荐举非人，于十六年十月上疏，列举罪款，劾奏林天擎"扰驿剥军，政令乖张"，帝将其疏下所司察议。过了两个多月，顺治十七年正月，洪承畴再次上疏奏称："臣前疏参天擎乖戾情状，令复廉得其种种秽迹，谨列款参闻，祈敕部察议。其临沅道张柔嘉、楚雄知府徐泰来、云南知府余秉衡，俱有行贿证据，应行提审。天擎旧役李以楫，委署县丞，尤属冒滥。"洪并奏自己"保举非人"，不敢辞咎。①

洪承畴这两次劾疏，显然经过多次思考，颇有冒险精神。按常规说，此时洪是大学士、太傅兼太子太师、兵部尚书、都察院右副都御史，湖广、广东、广西、云南、贵州五省经略，蒙帝授以总督军务粮饷大权，"抚镇以下听其节制，兵马粮饷听其调拨，一应抚剿事宜，不受中制，事后报闻"。这样一位总管五省军政事务的经略大学士，劾奏一个云南巡抚，有何难处，不过是易如反掌之事，何必要反复思考冒险而行？但是，常规归常规，特殊就是特殊。此时洪承畴虽是一品大学士，三公之一，是位极人臣的宰相，且掌有经略云贵五省兵权，曾被皇上特殊宠信，但那毕竟已是往事。由于他不愿早日进取云贵，已招致满洲大臣怀疑，圣宠亦已渐移。而这位林天擎，虽系其属员，但后台很硬，有统辖精兵数万骁将如云的平西王吴三桂为其撑腰，林是吴之部下，所以林才能历任湖广、云南巡抚。洪若劾林，必定开罪于吴三桂，如果吴三桂从中阻拦，皇上可能念吴之功和势，林天擎未必能劾倒，即使林被一时惩治，吴必心怀不满，待几个月后洪承畴离滇回京时，吴三桂完全可以利用镇守云贵的权势，找几条或编造几条洪在任时的过失，参洪一本，那时，一位权势尽失的闲员洪承畴，怎能与威震天下权大势强的平西王相抗衡，岂不是自取灭门之祸。

这些恩怨得失祸福荣辱，曾在宦海中泛舟四十载的洪承畴，不会不知道，不会不深思，然而，他仍然上了劾疏，且两次弹劾，必将林天擎参倒，这是为了什么？对于其内心想法，固难知悉，但也可能是因洪承畴良心发现，要在卸任之时，为民为国做件好事，故而如此冒险吧？

这件事对顺治帝来说，也比较棘手，真办，对平西王不大方便，脸

①《清世祖实录》卷129，第9页；卷131，第19页。

面上难堪，而平西王是为皇上捍卫西南的唯一倚任者，恐于军务不利；不办，违反察吏安民惩贪安民方针，且若纵容一个林天擎，必然会出现第二个第三个乃至几十个林天擎，那么十年整顿吏治狠刹贪风的努力，就全部白费了。权衡利弊轻重，顺治帝下了决心，降旨批示："据参，林天擎赃私狼藉，着革职，张柔嘉亦着革职，徐泰来、余秉衡、李以楫俱着革任，并本内有名犯，该督会同平西王质审追拟具奏。卿不必引咎。"①

林天擎虽被革职审理，但他未必胆战心惊，因他知道主子会为他说话的，有平西王在，就有他林天擎的官。顺治十七年十月洪承畴以目疾奏准解任，还京后闲住，十八年正月顺治帝福临去世，皇三子玄烨继位为君，四月二十七日洪承畴乞休，被辅政大臣允准。过了一个多月，六月初二，朝廷便授林天擎为延绥巡抚。康熙元年（1662年）九月裁革延绥巡抚这一官职，林天擎立即转任南赣巡抚。康熙四年五月裁凤阳、宁夏、南赣巡抚，林天擎赋闲，过了一年多，又升官了。康熙七年（1668年）正月九卿科道会推云南巡抚时，以林天擎为正，以通政使李天裕为陪，显然他们是考虑到平西王的意愿，或者也可能是平西王进行了活动。这种会推，一般情况是会被皇上允准的，不料，这次却有点例外。康熙帝玄烨降旨说："林天擎系平西王下人员，见今王住云南，林天擎不应推此缺，着李天裕为云南巡抚。"②这是因为朝廷已在陆续裁抑平西王吴三桂的权势，怕他的属下人员担任云南巡抚时，会唯王之命是听，闹分裂割据，故打破常规，改授作陪之人为巡抚。当然，清廷也不会就此而将林天擎搁闲，跟平西王公开过不去，还需对其笼络，故授林天擎为湖广巡抚。到了康熙九年（1670年）七月，林天擎上疏，以病乞休，康熙帝批准其请，命以原官致仕。③

林天擎究竟有无贪婪？是否贪官？洪承畴对林的弹劾是否有据？顺治帝将林革职是否正确？尽管《实录》《清史列传》没有直接的记载，而且看起来好像洪的劾奏有无实证，林才革而复起，久任巡抚。可是，《清史稿》的一段记载，却提供了令人信服的确证。康熙十一年（1672年），以直言著名的左通政任克溥论述吏治松弛，贪污尚行时，举了一个例证。即"嘉鱼知县李世锡告湖广巡抚林天擎索贿"。④这一例

①《清世祖实录》卷131，第19页。
②《清圣祖实录》卷25，第3页。
③《清圣祖实录》卷33，第24页。
④《清史稿》卷264，《任克溥传》。

证有力地说明了，林天擎确系贪臣，洪承畴对林的疏参是有根据的，顺治帝将林革职是十分正确的。只是由于林之官运甚好，有主子平西王吴三桂撑腰，朝廷又对吴百般优待和迁就，林天擎才能逃脱法网，革而复起。

与林天擎的结局有些类似之处的是张自德与贾汉复两位巡抚的革而再起。张自德于顺治十六年三月出任陕西巡抚，仅过一年，十七年三月十八日，刑科给事中金汉鼎即疏劾张自德"婪赃饱壑，各款炳据，请严加处分，以为贪黩戒"。顺治帝览疏后十分恼怒，降旨批示："这所参张自德婪黩事款，殊可骇异，着解任，严加察议具奏。"四月初二，刑科给事中谌名臣又劾奏张自德"纳贿庇贪，苛取滥罚，招怨怒棍做爪牙等事"，下所司一并严察议奏。四月十三日吏科都给事中孙光祀参奏都察院左都御史魏裔介徇私党庇时，又以其庇护张自德为例说："更可异者，陕西巡抚张自德，婪暴之状，人人传之，裔介任宪臣之长，兼访督抚按贤否，是其专责，而坚为庇护，不以上闻。"原来魏"为其同乡同年洮岷道金事刘澍，曾私托自德，俾为照管，因此钳口不言"。魏裔介遵旨回奏时，承认曾为刘澍写过一封信给张自德，但辩称并未庇护张，而是也上疏劾张贪婪。[1]吏部议复两位科臣之劾疏时奏称：张自德"已经奉旨革职，其贪婪事款并有名犯证，应敕该督按严查具奏，以凭议覆"。顺治帝降旨批示：原参张自德贪婪款内有名犯证，"着刑部差员役提解来京，严行究拟具奏"。[2]

一位巡抚连遭三位给事中和一位左都御史劾奏，皆言其贪婪不法，甚至劾其"婪暴之状，人人传之"，致被皇上革职解京审问，应该说是罪证确凿，不是虚参，张自德要籍没诛戮了。不料，皇上驾崩，新君继位，辅政大臣主持朝政，张自德也就祸去福来，从阶下囚一跃而为二品封疆大吏。顺治十八年（1661年）十一月，陕西巡抚张椿奏称，原参张自德婪贪各款，"俱无凭据"，辅政大臣降旨复其原官，不久转任河南巡抚，一直到康熙七年（1668年）十一月才休致。这位为张自德翻案的陕西巡抚张椿，并非贤臣廉吏，就在他上疏庇护张自德之后两个多月，康熙元年（1662年）二月初七，吏部遵旨甄别各省督抚时，郎廷佑等十一位督抚俱留任，而张椿却"降一级调用"。可见，张自德之革而复起，并非其受诬陷，并非言官无凭胡参，也不是顺治帝错下谕旨革其官

① 《清世祖实录》卷134，第11、12、16页。
② 《清世祖实录》卷134，第21页。

职，而是大有文章，至少他沾了辅政伊始大释罪臣之光。

河南巡抚贾汉复之情，亦与此类似。顺治十七年六月初五，刑科给事中姚启盛劾奏："河南巡抚贾汉复，贪婪成性，秽迹多端"，下所司严议。七月初九，吏部议复此疏时奏称："刑科给事中姚启盛劾奏河南巡抚贾汉复出身卑鄙，行政秽污各款"，吏部难以悬议，应解汉复任，敕总河并该省按臣严查具奏，以凭议处。顺治帝批示："是，依议严行。"①

这个贾汉复，何许人也，为何姚启盛劾其"出身卑鄙"？观其全貌，方知贾乃降将。贾汉复是山西曲沃人，明朝时任至副将，顺治二年豫亲王多铎南征时，贾诣阶军门投降，随从入都，隶正蓝旗汉军；十年授佐领，从此官运亨通。十二年迁都察院理事官，管京畿道，十三年擢工部右侍郎，十四年改兵部左侍郎，出任河南巡抚。贾汉复效力朝廷，辖束兵民，阻挡郑成功兵入境，功劳不小。十五年九月他又疏报清查出官民自首地及开垦荒地九万余顷，每年增收赋银四十万零八千余两。在年缺巨额兵饷的时刻，一省能增钱粮四十万两，当然对朝廷缓和财政困难裨益不小，故顺治帝嘉其"实心任事"，下部优叙，于十一年议定，加其兵部尚书衔。②然而，这位被帝赞为"实心任事"之能臣，竟被言官劾为贪婪之臣。顺治帝并不因自己曾嘉奖贾汉复而讳过偏袒，照样执行惩贪安民的方针，将贾革职审办。

可是，当此案正在审理时，顺治帝病故，辅政大臣当政，此案便松弛下来，不久仅给贾汉复定上"垦荒缘坐令民包赔"钱粮这一条罪状，其余诸罪一概不了了之。据此本应降调，又援恩诏赦免，至于康熙元年，重新起用，补授陕西巡抚，直到康熙七年正月才召回京师，欲另授他职，未及补官，贾汉复病故，赐祭葬如例。是贾汉复未曾贪污遭受言官诬陷被帝误革吗？看来不像，因为，这位堂堂封疆大员竟"曾馈内监银"。③当清初财源枯竭入不敷出官俸常欠之时，每年俸银只有一百五十二两的贾巡抚，哪有多少银两向太监行贿？行贿的目的又是什么？不贪不婪之官何须向人行贿？可见言官之劾未错，顺治帝将贾革职审办亦未错，只是贾汉复同张自德一样运气较好而已。

①《清世祖实录》卷137，第8页；卷138，第6页。

②《清世祖实录》卷120，第15页，卷121，第18页；《清史列传》78，《贾汉复传》。

③《清史列传》卷78，《贾汉复传》。

另一位巡抚高民瞻的结局，就与林天擎、张自德、贾汉复不一样了。高民瞻于顺治十四年九月出任四川巡抚，过了三年多，被四川上川南道高毓㟁讦告其劣迹多款。平西王吴三桂遵旨查问后，于顺治十七年七月十六日奏称：高民瞻在重庆时，夔门反清武装来攻，高弃城逃遁，又收受伪总兵郝承裔缎匹鞍马金银酒器等物，已经查实。其余各款，待拘提质审后，方能获得确证。顺治帝览疏后批示：高民瞻弃城逃遁，收受郝承裔马匹等事，"大干法纪"，着革职提解平西王处，严查从重治罪。①这位二品大员从此便成为阶下囚了。

此外，顺治九年二月担任宁夏巡抚的孙茂兰，于十二月被左都御史房可壮等劾其"贪婪刚愎，物议沸腾，不宜膺节钺之任"。帝命吏部察议，终于在十一年二月被罢任。②直隶巡抚董天机违禁给予满洲兵丁马虎等印票，出海贸易，被帝谕令革职，永不叙用。③

总加起来，在顺治八年至十七年的十年里，因贪被帝革职审理的巡抚竟多达八员，约占全国巡抚总数的二分之一，这表明顺治皇帝福临确实在察吏安民上花了很大功夫，惩贪安民之决心相当大。

其次，臬司凌迟，侍郎论斩监候。顺治年间贪婪官员遭受惩办最为严厉者，莫过于被处以凌迟极刑的江南按察使的卢慎言。顺治十四年正月十七日，升了八位司道官员，其中升迁最好的是名列八人之首的卢慎言，他从四川川北道参政升为江南按察使司按察使。④所谓升迁最好，根据有三，一是所升之职官品最高，卢由从三品的川北道参政升为正三品的按察使，其余或由正四品升从三品，或由从四品升正四品从三品。二是升任之职官衔最大，只有他一人升为全省方面大员之一。按察使，"掌振扬风纪，澄清吏治。所至录囚徒，勘辞状，大者会藩司议，以听于部院，兼领阖省驿传。三年大比充监试官，大计充考察官，秋审充主稿官"，是主管一省司法之大员，一般称为"臬司"。三是地点最好，此时的江南省乃系江苏、安徽二省合并而成，是全国财赋重地，由一个区区四川川北道一升而为管辖原江苏、安徽二省的江南省按察使，实际上升了好几级，尤其是就聚敛银钱来说，这是任何省的按察使都不能与

①《清世祖实录》卷138，第10页。

②《清世祖实录》卷70，第18页。

③《清世祖实录》卷120，第12页。

④《清世祖实录》卷106，第13页。

之相提并论的。

卢慎言为什么受到朝廷如此重视，《清世祖实录》未言其因，大概是由于政绩卓著，或朝中有人，或其钻营有术吧。但是，福兮祸所伏，升迁要职，荣获美差，虽是好事喜事，但处理不当，时运不佳，也可能演变为坏事，甚至招来杀身大祸，卢慎言之死，即系明证。

顺治十五年十一月二十七日，江宁巡按卫贞元上疏，参劾卢慎言"婪赃数万，其父傅与弟二济恶实迹，并私馈贞元银八千两"，列其罪状上奏。顺治帝批令革卢慎言职，连其父卢傅、其弟卢二及携带赃物，"严拿来京，审拟具奏"。[①]帝又谕刑部：前江南巡按刘宗韩，违例特荐卢慎言，刘"荐此奇贪异酷之人，显有受贿徇私情弊"，着即将刘宗韩革职，提解来京，"严刑详审，拟罪具奏"。[②]

卢慎言顽抗狡赖，且诬陷反咬卫贞元及承问官员，刑部审实后奏称："卢慎言贪酷诸不法事，鞫审皆实，且诬噬原参承问各官，理合严惩，以示炯戒。卢慎言应即凌迟处死，家产并妻子籍没入官。"凌迟处死，乃极重之刑，一般贪官，皆拟"斩监候"，或立斩立绞，或发遣边外，极少处以凌迟。顺治帝以安民为重，痛恨贪官，降旨批准此议，于是曾经威震江南省的司法最高官员卢慎言，就因"奇贪异酷"被处以罕见的极刑，遗臭万年了。[③]

顺治帝还严厉惩办举荐、徇庇及助纣为虐之官，将刘宗韩杖责四十大板，籍没家产，流徙宁古塔；革予告江宁巡抚张中之职，以其徇庇所属贪婪按察使卢慎言，不行劾奏。江南右布政使王无咎在开报计册时，与卢慎言"互举卓异"，帝面问王无咎有何徇私情弊，王不承认，帝怒，令革其职，命阁臣人同刑部"严加刑讯，反复诘问"，王无咎始理屈词穷，承认有徇私之罪，帝乃予赦免，复其原官，谕吏部、都察院将此事传谕天下来朝官员，使大小官员体帝此心，奉公守法，洁己爱民。宗人府府丞董国祥受卢慎言嘱托，"分送金银"，本应处死，因在访查之时自行出首，未及分送，乃免死革其职，流徙尚阳堡。[④]

对于江宁巡按卫贞元，帝特予嘉奖，降旨赞其"拒贿参奏，深可嘉

①《清世祖实录》卷121，第24页。

②《清世祖实录》卷123，第5页。

③《清世祖实录》卷129，第8页。

④《清世祖实录》卷123，第8、21页；卷125，第10、19页。

悦"。都察院在卫贞元任满时予以考薞后奏称：卫贞元"实心兴利，竭力厘奸，特参大贪臬司卢慎言，奉有拒贿参奏，深可嘉悦之旨，可谓恪尽乃职，拟加一级，回原衙门办事"。帝阅后批示："卫贞元洁己发奸，不负使任，着与内升，后不为例。"①

与卢慎言同系贪污大量银钱之婪臣侍郎周亮工，其案情与结局却又有所差别。周亮工，河南祥符人，为人机警，自负奇才，熟读各书，广交文友，当生员时即声誉日著，明崇祯十三年（1640年）中进士，授山东潍县知县，据城坚守，力敌大顺农民军，擢御史。清顺治二年豫亲王多铎下江南，周亮工诣军门降，被王授以原官招抚两淮，后授两淮盐运使，顺治三年擢布政司参政淮扬海防兵备道，四年迁福建按察使，六年转福建右布政使，八年署左布政使，十年升左政使，十二年疏陈闽海用兵机宜，建议进攻厦门，增设水师，又请斩郑芝龙，停招抚郑成功，决意进剿，后升户部总督钱法右侍郎。

周亮工降清从政十年，为清朝政府稳定地方秩序，镇压抗清武装，立下了不小功劳，有人称其"靖大乱者六，如永安之招曾省也，建宁之馘陈和尚也，延平剿吴赛娘，邵武之缚耿虎也，而守清漳，保泉州，活十四寨，功最钜"。②然而正当这位被某些人誉为文武全才政绩卓著的布政使、右侍郎周亮工，在官运亨通即将大用之时，却被人将其贪婪本相全部揭露出来。

顺治十二年五月十六日，闽浙总督屯泰上疏，参奏周亮工"欺君虐民，大贪极恶，列款以闻"。帝命周亮工回奏。③七月初二，周亮工遵旨回奏，逐款陈辩。顺治帝降旨批示：知道了。周亮工解任候勘。这辩款情节，着该抚详察确议速奏。十一月，帝又谕吏部刑部：周亮工被参一案，犯证俱在福建，若不质审，无凭结案。周亮工着革职，发该抚按质审定拟具奏。④

周亮工尚未到达福建之前，福建按察使田起龙等"据证佐定讞，谓亮工得赃四万余两，应拟斩籍没"。周亮工到福建后，坚决否认。巡抚刘汉祚怀疑推官田缉馨等"受贿徇情"，将他们逮送刑部。

正当周亮工要遭杀身之祸时，使他免难的大好机会来临。顺治十三

①《清世祖实录》卷134，第9页。
②《清代碑传全集》卷10，林佶：《名宦户部右侍郎周亮工传》。
③《清世祖实录》卷91，第16页。
④《清世祖实录》卷92，第13页；卷95，第8页。

年八月，南明延平郡王郑成功率军数万攻陷闽安镇，焚掠南台，进围福州，城中仅数十骑兵，势甚危急。业已于闰五月以病奏准解任但尚未成行的福建巡抚宜永贵见势不妙，知周亮工"长于杀贼"，遂从某些土民之请，将周从狱中放出，委以守卫西门之任。郑军"焚掠四郊，火光照耀城中且数日"，聚众猛攻西南隅，鼓声惊天动地。周亮工亲坐射鸟楼，指挥守御，且"手发大炮，击歼渠师三人"，杀敌无数。郑军收兵，城得未失。巡抚奏述此事，兵部以周亮工系革职质讯之人，未准叙录，但此事谅已为皇上所知。故顺治十六年十一月初三，刑部就周亮工案奏称"周亮工被参各款内，审实赦后赃银一万有奇，情罪重大，应立斩，家产籍没入官"。承问官按察使程之璿、推官田缉馨以及有关审问官员卢国龙、王仕云、吴琪滋、孙开先，"徇情将赃银豁免"，除程已卒外，"田缉馨等俱应拟绞监候"，连程之璿一起，家产俱行籍没入官。帝命三法司核议。①

顺治十七年二月二十九日，三法司议奏："周亮工赃私逾万，法不可赦，应如前拟立斩，籍没。"承问官田缉馨等，一拟绞监候，一拟杖不准赎。其余俱照前议。帝阅后降旨："受贿徇情，皆法无可贷，此案前后口供，参差不一，且两议轻重悬殊，何以惩戒贪私。事关重辟，着再严加详审确议具奏。"②尽管周亮工拒不承认，但四月三十日，三法司遵旨复审后仍然奏称：周亮工一案，"仍照前拟立斩，籍没"，承问官田缉馨等，"瞻徇情面，应拟绞，家产一并籍没"。帝降旨批示："周亮工依拟应斩，着监候秋后处决，家产籍没。"田缉馨、王仕云、吴琪滋俱依拟应绞，着监候秋后处决，余俱依议。③

顺治帝之批示虽云"依拟"，即依从三法司所拟，但实际上并非"依拟"，因三法司所拟乃"立斩"周亮工，而帝旨却说"应斩，着监候，秋后处决"，亦简称"斩监候"，两者之间，差别甚大。"立斩"，是十分严厉的惩罪，且表明皇上对此事的看法是坚定不移的，没有任何转圜改变余地，而"斩监候"，却有很大的灵活性，往往是监而不斩，而且不少犯官从"斩监候"变为遇赦出狱，重新起用，甚至擢任更高贵更重要的官职。顺治帝为什么要如此手下留情，显然与周亮工坚

①《清世祖实录》卷130，第2页。

②《清世祖实录》卷132，第20、21页。

③《清世祖实录》卷134，第22页。

守福州保全危城有关。在当时能抵挡郑成功军队之将领，实在太少，若郑成功当时打下福州，将会严重威胁清廷在南方的统治。周亮工为朝廷立下这样大的功劳，若因贪取万余银两而斩首，恐难收服降臣之心，降臣之中，有几个不贪污的？但若不处治，又有碍惩贪安民方针的执行，故顺治帝做出了这样可以两全其美的决定，既惩贪安民，又法外留情，给周亮工留下东山再起免被斩首的机会。

果然，在顺治十八年正月少年天子福临病故以后，辅政大臣即传谕吏部："周亮工被劾原案，既多属中虚，前宜永贵疏叙亮工在闽守城独当射鸟楼一面，击死贼渠三人，应否量授职衔录用，尔部会同刑部确议具奏。"康熙元年（1662年），部议恢复周亮工佥事道职，起补山东青州海防道，康熙五年调江南江安粮道。

以周亮工守城有功，予以恩赦和起用，未尝不可。但若说其贪婪是冤案，是"多属中虚"，则未免太为过分。照此说来，福建巡抚刘汉祚及三法司都是冤枉好人了，顺治帝也就成为不明是非错罪贤臣的昏君了。辅政大臣此谕，可以说是欺君蔑君。周亮工虽不承认，但贪婪之事并不能因此而消失，刘汉祚、田起龙等据证佐定谳，断定周犯有贪污罪的结论，是符合实际的，就在周亮工复任道职之后，他仍然不改旧习，继续贪污，至于康熙八年被漕运总督帅颜保劾其"纵役侵扣"，被革职逮问论绞监候。[①]可见，顺治帝之惩处周亮工，是完全正确的。

再次，徇情庇贪，四部堂官遭惩刑部、吏部、户部、兵部、三法司在审理议处贪案时，大体上是贯彻执行了皇上惩贪安民的方针，但由于各种原因，有时也染上了徇情庇护甚至收纳贿银的旧习，一些案件审议不当，以致遭到少年天子惩罚。任珍、朱世德两案，即系例证。

三等子任珍在兴安总兵官任上，因妻妾与人通奸，十分愤怒，私下杀死多人，惧事发觉，遣家人到京行贿兵部、刑部官员，从而引发了一场波及甚广的大案。

这位任珍，并非等闲之辈，而系曾经威震陕西为清立有大功的一员战将。任珍，河南宜阳人，明朝任至副将，驻守河州。顺治二年英亲王阿济格追击大顺军李自成于陕西，任珍自河州歼灭大顺军士卒，收文武伪敕来降，以副将衔隶总督孟乔芳标下。顺治三年贺珍等反清武装进攻西安，孟乔芳命任珍守城西门，"鏖战八昼夜"，敌兵乃败退。不久，

①《清史列传》卷79，《周亮工传》。

任珍又偕他将攻剿蒲城、兴安，皆胜，叙功，赐冠服、鞍马、金币，令赴部擢用。总督请留任珍署固原总兵，第二年授兴安总兵。任珍竭力效劳，顺治四至七年的四年中，大小数十战，击败和擒斩敌将胡受宸等多员，为安定陕西立下大功，被晋左都督，加太子太保，封三等子。顺治九年，任珍以疾奏准解任还京，并疏请入旗，朝廷允准其请，编隶正黄旗汉军。

顺治十年二月，任珍原先向兵刑二部行贿之事被发觉，下法司勘问。刑部拟议：兵部侍郎李元鼎应绞，金继城应革世职，籍没一半家产，兵部尚书明安达礼、侍郎觉罗阿克善、启心郎科尔可代、祝万年、高登第，理事官萨赛、卜兆麟，应革世职、革任、赎身；刑部尚书刘余祐应杖一百，徒五年，革职，永不叙用。任珍应革世职，赎身。顺治帝降旨批示：李元鼎免死，徒五年，杖一百，折赎。金继城革世职一半，解梅勒章京任，解兵部侍郎任赎身。明安达礼、阿克善、科尔可代、祝万年、高登第、萨赛等，俱革一半世职，解部任。卜兆麟降三级，调外用。刘余祐革职，杖一百，折赎。任珍革一半世职，降为一等轻车都尉世职。[1]

不久，刑部又审理任珍的家婢讦告主子案件。任珍家婢首告主人犯罪受罚后，"家居怨望，出方不轨，并指奸谋陷诸丑行"。刑部审讯，任珍虽对重大情节俱不承认，但刑部最后仍然奏称："任珍应论死。"帝降旨批示："任珍曾立大功，所犯情罪亦重大可耻。"着刑部将此本兼写满汉文，会集九卿、科道并新入旗之阿达哈哈番以上官员，再行定拟具奏。会议之后，刑部满汉官及九卿、科道等衙门的满洲官员，俱赞同原拟，任珍应论死。而汉官大学士署吏部尚书事陈名夏、户部尚书陈之遴、左都御史金之俊等二十七人，却以任珍不承认，不能"只据告词定罪"为理由，不同意刑部原拟。顺治帝大怒，斥责陈名夏等汉官"溺党类而踵敝习"，分别予以罚俸、降级处分。最后，帝以"任珍曾立军功"，免其死，徙置辽阳，仍令其子任弘祖袭一等轻车都尉世职。[2]

顺治十三年二月又发生了朱世德案件。河西务分司员外郎朱世德亏空额税一万三千余两，有人又讦告朱"多征侵盗"，事未审理结案，户

①《清世祖实录》卷92，第13页。

②《清世祖实录》卷74，第6—9、13页；《清史列传》卷79，《任珍传》。

部便将缺额银两援赦议免，吏部亦照此议复，朱世德眼看着就要逍遥法外，万事大吉了。不料，少年天子阅过吏部、户部奏疏后，发现了问题。缺额如此之多，可能有弊，遂命都察院查议。十三年二月二十二日，都察院议奏："朱世德应革职，交刑部审拟"。帝因此严厉斥责刑部官员，如此大案，不行查核，令刑部回奏。吏部、户部以人犯未提到为理由辩解。顺治帝再次对其严厉斥责说：尔部考核司官，务宜秉公详查。朱世德缺额既多，又经告发，尔等不严行确查，乃以人犯到日另结为词，"含糊引赦，代为出脱，情弊显然"，此回奏殊属支饰，着议政王、贝勒、大臣、九卿、詹事、科道会同从重议处具奏。过了几天，帝又召吏部尚书王永吉、户部尚书戴明说等，"责其轻出朱世德之罪"。[①]

　　在皇上严旨指导下，顺治十三年四月初二，议政王大臣会同九卿、詹事、科道等议奏：吏部、户部尚书韩岱、戴明说，侍郎宁古里、苏纳海、白色纯、袁懋功、毕立克图、海尔图、王弘祚、额尔德、朱之弼，启心郎费齐、苗澄、韩世琦、巴格、曹邦，理事官木成格、达都、杨雀祥，副理事官朱成格、马尔济哈、吴努春、金光祖，郎中马光裕、严我公，主事张新标等，"各拟解任削职有差"。帝降旨批示：尚书韩岱革任，削太子太保、镇国将军品级。侍郎毕立克图、额尔德俱革任，并革一拜他喇布勒哈番又一拖沙喇哈番世职。侍郎海尔图革任，并革拜他喇布勒哈番世职，罚俸一年。侍郎宁古里、苏纳海、白色纯，俱革任。尚书戴明说降四级调用。侍郎王弘祚降三级，留任。侍郎朱之弼、袁懋功各降三级调用。其余启心郎费齐、理事官、郎中、主事等官，分别留任革世职、罚俸降调。随后又将少保兼太子太保户部尚书车克革去少保，解尚书任。朱世德"多征税课入己，又侵盗库银，受贿委官"，予以处绞。[②]

　　由于一位四品员外郎贪婪之议拟不当，而招致吏户二部三位尚书六位侍郎革任，三位侍郎降级留任和外调，一批司官受惩，确可算是震惊朝野的大事。可见顺治皇帝福临贯彻执行亲定的惩贪安民方针，是何等的坚定！

　　最后，总兵革职，钦差巡按枭首。顺治帝亲政以后，官阶二品的总兵被革职惩处的有好几位。如像天津总兵官甘应祥，"擅拨骑兵，送子

　　①《清世祖实录》卷98，第13、14页。

　　②《清世祖实录》卷100，第1、2、3页；卷101，第4、11页。

往寿春娶妇"，被顺天巡按董国兴劾奏后，奉旨革职逮讯。①山东临清总兵官、三等子路有良，收受李文仕贿赂，给予用印令牌，私纵其贸易经商，被帝谕令革职逮讯。②四川永宁总兵官柏永馥，"临阵畏缩，乾没兵饷"，被四川巡按郝浴疏劾，帝命将其革职提讯。③

但是，这几桩案件，还比较简单，涉及面不大，而真定总兵官鲁国男之"贪淫残纵"案子，却比较复杂了。因为他不是一般的总兵官，而是为清朝效力起了相当作用的明朝降将。

鲁国男是顺天大兴人，任明昌平副将。顺治元年清朝靖远大将军英亲王阿济格统军进攻山西大顺军时，鲁国男诣军门降顺，被委署总兵官。二年正月随大同总兵姜瓖击败大顺军高一功于保德、宁武，攻占其城，又随征陕西，攻下榆林、延安，尽据陕西，入京陛见，八月授永平中协副将，顺治四年迁真定总兵，加都督金事。

鲁国男积极为清效力献策，于顺治五年上疏献计说：恒镇为京师咽喉，额设三营，辖大名、广平、顺德、真定四府。"今大名贼盗猖狂，深州、宁晋、饶阳、武强之间，土贼充斥，道路梗阻"。真定差务益繁，兵已不敷护送，若复分剿，势益孤弱。请于顺德、广平、大名三府各增兵一千，专将统领防剿，本属汛地，臣统精锐往来驰击，庶无顾此失彼。朝廷允准其请。

此时，山东曹县为"土贼"李化梗夺据，鲁国男奉命会剿，攻克其城。顺治六年大同总兵姜瓖叛清，自称大将军，易冠服，其副将林世昌以"逆书伪檄"投鲁国男劝降，鲁国男拒降，并将书檄上报朝廷，得旨褒奖。顺治七年、八年；鲁国男连败山西"土贼"张五桂、王天平等，保全龙泉关，会剿山东榆园军，屡立军功，下部议叙，记录两次。④

这样一位死心塌地为清效力颇起作用的正二品总兵大员，能因"贪淫残纵"而被惩处吗？他的罪过，乃沿袭前明弊习，降将大抵皆有，惩罚鲁国男，难免会影响这一大批故明降将之心绪，尤其是值此战事频仍，大西军反清斗争不断胜利之时。严办鲁国男，对直隶、山东、山西交界府州县的稳定，恐有不利的影响。因此，刑科副理事官张时成上劾

①《清世祖实录》卷120，第12页。

②《清世祖实录》卷120，第15页。

③《清世祖实录》卷75，第2页。

④《清史列传》卷79，《鲁国男传》。

疏时，恐亦未必有必胜的把握。然而，以国本为重的顺治帝，却出乎某些胆小怕事者意料，阅疏之后立命有司严查，不久查实，便谕令将鲁国男革职为民。①

使顺治帝更为愤怒的是巡按违法作奸，苛索银钱，贪婪不法。他之所以于亲政伊始即恢复御史巡方之制，并不顾八旗王公大臣的反对，而一直坚持执行此制，就是为了以他们为耳目，宣谕朝廷德意，纠参婪臣，"为民生计也"。故手定巡按差规，制定考核制度，亲自训谕出使诸臣。不料少数巡按却执法违法，"贪黩不法"，祸国殃民，这使他十分恼怒，立予严惩。

苏松巡按王秉衡"索诈盐法道书役等银两"，徇庇华亭知县擅用钱粮，不加查核，概准开销，各属欺隐钱粮，不加厘剔，且纵役扰民，帝谕将王革职逮讯，而刑部尚书白允谦等在审理此案时，却将王之妻子家产，从轻议免。福临恼怒，降旨斥责白允谦等人说："王秉衡贪赃重罪，原无可矜，汉官徇庇，另议求宽，其中必有情弊。白允谦等，着九卿、科道从重议罪。"九卿、科道等遵旨议奏：刑部尚书白允谦、侍郎杜立德、钟鼎，都察院左都御史魏裔介、左副都御史袁懋功，掌河南道御史于嗣登，大理寺卿朱国治、少卿张晗、寺丞王元曦及寺正裴希度等，"职司理刑，不理执法，乃将王秉衡一案，家产妻子另议轻免，俱应革职"。帝阅后降旨，赦免杜立德以下人员，将尚书白允谦降三级调用。②

浙江巡按牟云龙将原被参劾之贪官赃银四万余两，"妄请脱卸，不行审追"，被革职逮问，刑部拟议处斩。三法司遵旨核议后，呈上两种拟议，一议牟云龙系钦差巡按，将贪官之赃银妄情脱卸，"虽无受贿实据，但情罪重大，应照刑部之拟立斩；一议牟之所为，恐系承问官隐匿贪官受赃原情，牟未详查，止凭详具题，请敕督抚取承问官及书办口供，以凭定拟"。顺治帝降旨批示："贪官审实赃款，辄为脱请销，徇庇情弊，法难宽贷。着该督抚严取申详经承员役口供，再加详审确议，划一具奏。"③

特别使少年天子气愤的是顺天巡按顾仁的贪赃枉法。顾仁系第二次恢复御史巡方制度派任顺天巡按的。顺治十年五月，吏部、都察院议复

①《清世祖实录》卷80，第9页；卷87，第17页，《清史列传》卷79，《鲁国男传》。
②《清世祖实录》卷120，第2、14页；卷128，第2、4页。
③《清世祖实录》卷128，第10页；卷137，第8页；卷133，第11页。

郑亲王济尔哈朗请停巡按之疏说：各省巡按为察吏安民之官，"近者多受属员献媚，参劾无闻，应将巡按概行停止"，帝允其请。但仅过了一年余，顺治帝又谕令恢复此制，并于顺治十二年六月初一，以刑部主事顾仁为顺天巡按，吏部理事官钟有鸣等为各省巡按。帝又于七月初九在太和殿召见各巡按，亲自谕告他们说：尔等既为朕耳目之官，出而代巡，务真心勤瘁，上以副朕特遣之心，下以慰众仰望之意，若"恣意行私，贪赃枉法"，至下民怨恨，断不按照前律依赃定罪，"虽铢两之微，必诛无赦"。谕毕，赐茶，然后又召至左翼门，谕告他们说，过去差遣巡按，因朕严旨训谕，起初亦想勉立名节，及任期将满欲回，则"贪婪掊克者甚众"，尔等若有如此情形，定当从重议处。①

然而，尽管天谕谆谆，耳提面命，贪婪之辈仍然听之缈缈，各行其是，顺天巡按顾仁就是这样。他一走马上任，便违旨收用旧役，索要银钱，枉法滥刑。当年九月二十五日，他上疏劾责衙役章冕说：巡按衙门积蠹章冕，"恋役十余年，罪恶显著"，近复窜身内部，令其侄冒名顶役，臣已拿发真定府推官究拟。其各县衙蠹，亦俱先后发审。窃恐此辈所在多有，请严饬内外衙门，凡窜身蠹役及由各州县潜至京师者，尽行提究，以清弊源。此疏似乎讲得头头是道，理直气壮，切中时弊，顾仁真像是一名为民着想痛恨蠹役的巡按青天大老爷。连聪睿的顺治皇上也为其一时蒙骗，降旨批示说：蠹役窜身潜踪，狡猾可恨，章冕等着严究拟罪具奏，内外各衙门通着严行厘别，以清蠹弊。②

顾仁上此疏的目的显然有三，一是要置章冕于死地。他本因向章冕索贿未遂，怀恨在心，已将其发往真定府推官问拟，要加以重罪，如蒙皇上下旨，谴责章冕，则定能将章弄死。二是借机邀功讨赏。他这个四品刑部主事，若非派为巡按，焉能亲聆圣谕，荣赐龙茶，如此疏能为皇上赏识，加以褒奖，定能得获精干廉善体圣心的好名声，今后何愁不扶摇直上，位列九卿，甚至入阁拜相。三是显示威风，便于索贿。他既将旧役章冕打入牢房，又奏请严惩蠹役，成千上万的衙役怎能不对他这位巡按大人怕之如虎，怎不争先恐后对他逢迎奉承，送上金银！

但是，机关算尽太聪明，反误了卿卿性命，顾仁若不将章冕逼得无路可走，也就不会兔急反噬，顾仁也就不会露出马脚，遭帝严惩了。正

①《清世祖实录》卷92，第1、2、17页。

②《清世祖实录》卷93，第16、17页。

当顾仁自以为得计而兴高采烈之时，死神降临在他的头上。十月十九日，吏部书吏章冕不知如何设法，逃出狱中，从真定府来到京师"刎颈叩阍"，上告御状。顺治帝闻悉大惊，立命捉拿顾仁等人至京，遣内大臣、大学士将众犯押齐，亲行审问，弄清了事实真相。

顺治帝福临极其愤怒，于顺治十二年十一月初三下了一道长谕，谕告满汉文武大小官员说：吏部书吏章冕刎颈叩阍，讦告顺天巡按顾仁悖旨婪赃，陷害无辜。朕前遣顾仁等巡方时，曾召至太和殿，面谕巡按职责重大，朕倚尔等为耳目手足，尔等当仰体朕意，洁己率属，奠安民生，若不法受贿，负朕委任，虽赃数无多，定行正法，又召至左翼门，再次训谕。今章冕所告，朕恐未必是实，遂命提顾仁等人，遣内大臣、大学士将众犯取齐，"朕亲行研审，节次供吐，皆经朕面鞫，具得实情"。顾仁身犯多罪。彼系巡方御史，奉敕不许用旧时蠹役，乃敢违旨收用旧役六人，悖旨藐法，其罪一也。敕令巡按察访地方疾苦，纠劾贪墨官吏，以安民生，乃顾仁违旨陷害下役，收受王士琦、章奏二人求充书办之银两，此其第二罪。顾仁索取章冕贿赂，不遂所欲，枉法责治，且不发顺天府推官审问，而远发真定府，正恐受贿事露，欲将章冕毙命灭口，此其第三罪。顾仁将衙门供事承差，违例私遣至家，此其第四罪。顾仁面承敕谕，再四谆切，辄敢背旨坏法，收蠹纳贿，"深可痛恨"。朕前谕巡按御史违旨受赃，不拘常律定罪，今顾仁不但坏法受贿，且背朕两次面谕，为日无几，藐若罔闻，即置之极刑，未足蔽辜。贺绳烈以刑部司官，藐玩国法，因顾仁系其同年，王士琦、章奏二人欲允巡按书办，送银二百两，彼即亲自援引，通同收受。章冕许送顾仁银二百两，彼又亲行作保，贪婪藐法，寡廉鲜耻，即行正法，亦不为枉。朕于满汉诸臣，视如一体，恩养均加，今汉臣负恩如此，大负朕从前爱养之意，将顾仁、贺绳烈按律重惩，以昭炯戒，使天下臣子从此洗心涤虑，共矢洁清。朕意如此，尔等大小官员其再加详审个奏。①过了两天，十一月初五，他又谕六科诸臣：复设巡方御史，"原为官贪民困，令其剔弊厘奸"，必操守清廉，品行端谨，方能担任以负朕意。今顾仁背旨坏法，如此匪类，由何衙门何官开送，何衙门何官准考，何衙门何官取中，着内大臣鳌拜、索尼、大学士巴哈纳、额色黑、金之俊、成克巩、刘正宗同

①《清世祖实录》卷95，第4、5页。

六科都给事中严行确察具奏。①

当日，内三院、议政大臣、九卿、詹事、科道等官遵旨会议顾仁一案后奏称：顾仁奉命巡方，不遵皇上谆谆训谕，收用积蠹，纳贿营私，供证真确，应置重典，凌迟处死，妻孥家产籍没入官。贺绳烈应立斩。帝降旨批示：顾仁本应凌迟处死，从宽即着立斩，贺绳烈立绞，余依议。②

十一月二十九日，顺治帝又就顾仁之案，对吏部、都察院下了两道谕旨，再次着重指出："国家设立巡方御史，原为察吏安民。安民之本，首在惩贪，必按臣先能以廉持己，奉公守法，然后有司有所畏惮，不敢贪婪害民。"近遣顾仁等巡方，两次面谕，令其"洁己率属，奠安民生"，否则，若不法受贿，"虽赃数无多，定行正法"。朕之望如此殷切，谕诫如此严明，伊等即当洗涤肺肠，痛除积弊，乃顾仁辄敢背旨坏法，朕亲行审鞫情实，已经正法。"令通行天下，严加禁饬，以后各巡方御史，及巡盐、巡漕、巡仓、巡视茶马各御史，倘有似此违法受贿犯赃者，即行正法，定不宽宥。尔等即行传谕"。③

不久，内大臣鳌拜等会同六科都给事中遵旨议奏：开送顾仁及准考取中之刑部右侍郎王尔禄应降六级调用，原任都察院左都御史龚鼎孳应降四级，吏部尚书王永吉应降二级留任，原任都察院左副都御史今升广东左布政使曹溶应降二级仍赴布政使任。刑部尚书刘昌、吏部左侍郎卫周祚、刑部左侍郎袁懋功，均应罚俸一年。"满官不知汉官贤否，又不识汉字，应免议"。户部左侍郎梁清标应否有罪，俟其服满之日另议。帝降旨批示：王尔禄着降五级调用，龚鼎孳再降三级用，王永吉降一级照旧管事，曹溶降一级仍赴任，刘昌、袁懋功、卫周祚各罚俸六个月，余依议。④

若仅以赃银数量计算，顾仁之罪并不甚大，但他的致命之处是执法犯法，纠贪之官而犯贪婪之罪，且是悖旨坏法，违反了皇上两次面谕之禁，所以就从一个代天巡狩、口衔帝命威风凛凛的钦差大臣，一降而为阶下囚，立即斩首。保举、推荐、允准、取中这个主事为巡按的一批尚书、侍郎也跟着倒了霉，或降调，或降罚，有损脸面。这一案件充分表明了顺治帝福临确是言出令行，决心痛惩赃官，狠刹贪风，以安民生。

---

① 《清世祖实录》卷95，第6页。

② 《清世祖实录》卷95，第7页。

③ 《清世祖实录》卷95，第18、19页。

④ 《清世祖实录》卷96，第7、8页。

就在斩杀顾仁之后六个月，原山西巡按刘嗣美侵用赃银之事又被揭露出来，帝命将刘革职，下刑部详鞫追拟。顺治十三年闰五月初三，刑部奏称：原任山西巡按刘嗣美侵用赃银三千五百两，鞫审得实，应照侵盗腹里仓库律，遣戍边卫。①

刑部对此案的拟议，表面上似乎公正无私，依律判罪，但实则显系对刘嗣美庇护，因为，就在此之前六个月，顺天巡按顾仁即因贪婪，违犯了帝之巡按贪赃枉法，"虽铢两之微，必诛无赦"的面谕，而被立斩，那么为什么刘嗣美却可援引常律而免死发戍？难道说刑部诸官就会如此健忘？果然，这一拟议，碰了个大钉子，遭帝斥责。顺治帝降旨批示："御史犯赃，与寻常官吏不同，此所引律例，情罪不协。朕方欲严惩贪官，尔部即当加意奉行，乃如此徇纵，殊属不合，着再详确议奏。"②

除了以上所述诸案外，顺治帝对犯有贪婪之罪的其他人臣，亦予惩治。福临亲政伊始，即下谕谴责大学士冯铨"私得叛逆姜瓖贿赂，殊失大臣之体"，勒令致仕。工部尚书谢启光滥差多人，征收关税，加倍需索，"任意徇私，秽声盈耳，大玷官箴"，将其革职为民，永不叙用。大学士陈名夏被处死之罪状中，亦有贪婪条款。

总而言之，顺治帝亲政十年之内，坚持"安民之本，首在惩贪"方针，③不断地严惩贪官污吏，对狠刹贪风，起了相当大的作用。尽管封建社会里存在着滋生贪官污吏的政治、经济基础，政以贿成，官以货进，是秦汉以降延至明清的基本吏治形势，官贪吏酷是根深蒂固、司空见惯的普遍行为，清官廉吏确是凤毛麟角。尤其是顺治年间，战火纷飞，兵饷巨万，国库如洗，差重役烦，科派盛行，前明降臣又大部分任省府司道州县官员，旧习难改，因而吏治很难整顿，贪风很难止息，但经过顺治帝十年一贯的努力，总算对贪婪之风有所抑制，吏治有所改观。顺治年间以直言闻名的都给事中任克溥，于康熙十一年（1672年）任左通政使时，上疏论述吏治情形说："嘉鱼知县李世锡告湖广巡抚林天擎索贿，以此知馈遗不绝，苟且尚行，较世祖朝有司不敢馈遗督抚，不敢轻至省会，风气迥殊。"④这段记述，还是有一定的参考价值的。

---

① 《清世祖实录》卷101，第3、11页。

② 《清世祖实录》卷101，第11页。

③ 《清世祖实录》卷95，第18页。

④ 《清世祖实录》卷264，《任克溥传》。

（四）诛杀巨恶　擒斩大奸

顺治九年（1652年）十二月二十四日，年方十四岁的少年天子福临下了一道十分奇特、震惊朝野的谕旨。着重讲述号称"黄膘李三"的李应试和潘文学二人的罪行、势力及处置之法。谕旨全文如下：

"壬戌，谕刑部：朕唯旌善必褒硕德，除恶务去渠魁，乃有元凶巨盗李应试、潘文学，盘踞都下，多历年所，官民震慑，莫敢撄锋，今因别事发觉，朕命叔和硕郑亲王及内大臣、内院、刑部大臣公同鞫问。审得李应试，别名黄膘李三，原系明朝重犯，漏网出押，专一豢养强盗。勾聚奸枭，交结官司，役使衙蠹，远近盗贼竞输重赏，南城铺行尽纳常例，明作威福，暗操生杀，所喜者，即有邪党代为市恩，所憎者，即有凶徒力为倾害。他若崇文门一应税务，自立规则，擅抽课钱，恶倒杀人，死者之家不敢申诉，诸如此类，罪不胜数。潘文学身充马贩，潜通贼线，挑聚膘健马骡，接济远近盗贼，每次多或一二百匹头，少或数十匹头，群盗得骑，如虎生翼。且交通官吏，打点衙门，包揽不公不法之事，任意兴灭，甚至文武官员多与刺会饮，道路侧目，莫敢谁何。以上二犯，罪大恶极，举国官民人等皆言其罪当死，故将李应试、潘文学并伊子侄俱行枭斩。又蠹恶高思敬、高三、王国桢、顾麟、槐启璋、李之柜、李东明、刘文登等，或窝盗得赃，或行贿纵寇，及诸不赦罪状，俱有书信文约确据，遂一并正法。又兵科都给事中李运长，身为言官，反与李应试佥李天凤联宗，认为兄弟，应试恶迹盈满，举国痛恨，运长既不能剔发奸恶，复往来亲密，将天凤子李蓁，冒作己子，充送官监，及事发觉，不不举首，仍藏匿天凤子，希图幸免。运长法不可宥，其子亦应连坐，家产亦应籍没，姑从宽典，止诛运长及李蓁，释运长亲子，全给家产，以示法外之恩。自今以后，凡大奸大盗，各衙门应行缉捕者，亟行缉捕，应参奏者，指名参奏，勿得徇纵，以取罪戾。内外文武大小官员，除已往不究外，如再有与奸盗往来者，事发，定行连坐，决不姑贷。"①

以此谕为主，结合有关史料，可以看出五个问题。其一，谕之奇特，空前绝后。总观顺治帝亲政十年里，或推前到摄政时期，甚至可以延后到康熙、雍正、乾隆、嘉庆、道光五朝的两百年里，还未发下有这样一道专指"细民"的长谕。顺治帝执政十年中，所下谕旨何止数千

①《清世祖实录》卷70，第24、25、26页。

道，但这样多的上谕，除了讲述事件、制度外，涉及的人都是内外满汉文武百官王公贵族或天潢贵胄，以及少许烈妇义士，像这道重讲没有任何官衔爵职的"民人"的上谕，还未见过。李应试，或者说黄膘李三，以及潘文学，不过是"细民"而已，是全国近亿人中之一二人，皇上却花了很大力气，专下长达八百字的谕旨，讲述二人之事，可谓奇特之至。

其二，谈虎色变，官民震慑。李应试、潘文学既是"细民"，又非"细民"。说其是民，因彼无衔，不是三公九卿，也非督抚司道州县，完完全全是一个百姓，即官府贱称之"细民"。说其非民，因二人势焰熏天，威赛王侯，实操生杀予夺贬升大权，即谕中所说"明作威福，暗操生杀""任意兴灭"，以致"道路侧目""兴国痛恨""官民震慑，莫敢撄锋"。连为帝倚任官拜大学士的陈之遴、宁完我，当奉旨会同议政王大臣审问李、潘二人时，这两位大学士竟惊恐万状，"默无一语"，不敢发问。为尚书、侍郎、总督、巡抚、藩臬司道所畏惧之都察院六科十四道言官，也"畏惮"其势，"默无一言""不敢举发"。如此"盘踞都下"，凶焰熏天，百官震慑的"元凶巨盗"，几乎成为京师之另一朝廷，此景历代亦为罕见。

其三，衙蠹之横，史上罕有。谕旨讲到黄膘李三和潘文学凶势之大的原因时，列举了四条："豢养强盗，勾聚奸枭，交结官司，役使衙蠹"。四条之中，又以"役使衙蠹"为主。衙蠹也者，通常是指吏和役，而顺治帝此谕则主要是指吏，即公家掌理案牍之吏，各治其房科之事，俗称为"书办"。部院衙门之吏，又以役分名，有堂吏、门吏、都吏、书吏、知印、火房、狱典之别，或统名经承。各部尚书、侍郎及主事、郎中、员外郎等司官，往往不习吏事，一切案牍皆书吏办理，故每办一案，堂官委司官，司官交与书吏，书吏检阅成案，此照律例写成，呈送司官，司官略加润色，上呈堂官，堂官若不驳斥（基本上不予驳斥），则此案便定了下来。堂官司官任期有限，很难久任，而书吏多系祖孙父子世代相传。且例案之堆积，高与屋齐，非熟悉其情，难以从中觅得所需之例案，而无例案可援比，则难成文，此例案只有书吏才熟悉，堂官、司官罕有知其大概者。因此书吏之势甚大，地位甚高。通常是书吏称司官为某老爷，而司官称书吏为某先生，司官不敢开罪于书吏，惧其掣肘。户部书吏最多，有时多达一千余名，吏部、兵部也不少。

书吏既熟例案，又深谙官情，某官有何违法之事，或有为皇上及权贵不喜之言行，往往为吏所探知，私下记录，一旦某官遇逢升授之际，胥吏即可乘机挟制，索要贿赂，即或此官无有把柄，胥吏亦可故意延迟，甚至加以驳斥，使其难以补授升授官职。遇逢各省特别是军费报销，吏更可大显身手，广索贿银，不遂所欲，则多方刁难。御史许之渐曾就吏役之祸国殃民专上奏疏。他奏称："财赋之大害，莫如蠹役，有蠹在收者，有蠹在解者，有蠹在提比者，有蠹在那移支放者，所侵累千盈万。"[1]因此，当皇上问大学士陈名夏说："李三，孑然小民，何以官民皆惮之？"陈名夏回奏说："李三与各衙门书役结纳最广，故使人皆惮之。"[2]故清人曾有"明与宰相、太监共天下，本朝则与胥书共天下"之评论。

其四，清初特情，此弊始厉。有清一代，豢养强盗，勾聚奸枭，交结官府，役使衙蠹，行凶作恶之人，并非很少，但像黄膘李三这样能胁使两位大学士噤若寒蝉、言官钳口、官民皆惮者，却不多见，甚至可以说是只此一家，别无他人。之所以会出现这样的形势，原因在于清初的奇特政局。尽管部院衙门都是满汉并用，满官权势甚大，形式上本部院之权由满官掌握，但清军刚进北京，满官不多，又人地生疏，不谙民情，甚至不懂汉语，对中原王朝治国之道尤其是衙门事务十分陌生，不知如何下手，不明做官办事之法，因此具体事物处置之权，实际上操诸于汉官之手。而汉人尚书、侍郎和司官们，多曾就仕于故明，甚或曾降顺于大顺农民军，授人之柄太多，书吏定知其过。因此，一遇李三这样能役使衙蠹的奸豪，就怕其揭露己之所短，告发于满官转奏于皇上，便会前途难卜，身家性命难保，故而三缄其口，退避三舍，不敢揭发其奸。当议政王郑亲王济尔哈朗在审讯李三时，诘问陈之遴为何不敢发问，默无一语，陈之遴回答说：李三巨恶，皇上立诛则已，否则若不处斩，则之遴必为其害，"是以不言"。[3]

顺治帝于顺治十年正月三十日问大学士陈名夏说："黄膘李三，为民大害，诸臣畏不敢言"，陈之遴默无一语，"岂非重身家性命乎"？

①《清世祖实录》卷121，第13页。

②《清世祖实录》卷71，第27、28页。

③《清世祖实录》卷71，第26页；卷72，第8页。

陈名夏讲了这样一段话："李三广通线索，言出祸随，顾惜身家，亦人之恒情也。今皇上日召见臣等，满汉一体，视如家人父子，自今以后，诸臣必同心报国，不复有所顾惜矣。"①这段话中两句话最能说明汉官之地位和心情，即现在皇上相信、倚用汉官，每日召见汉官，"视如家人父子"，"满汉一体"，汉官才敢放心为官，不畏旁人诬告和劾奏，否则，虽身居高官，任至大学士，亦常恐人进谗，而失去帝之恩遇，招来杀身之祸。这就是黄膘李三能威慑汉官的主要原因。

其五，乾纲独断，诛霸诫臣。豢盗聚奸结官役蠹势焰熏天的黄膘李三和潘文学，虽能胁服诸位汉官老爷，震慑京师官民，杀人越货，把持衙门，横行霸道，但碰上这位性格刚强疾恶如仇的少年天子，可就一筹莫展，只好束手就擒了。顺治帝下诏，将二人及其子侄俱行枭斩，蠹恶高思敬等亦一并正法，又指令各衙门立即缉捕和参奏大奸大盗，务将豪横巨霸痛予惩治。同时他又多次召见大学士，谈论李三的罪状，询问官民畏彼的原因，还将交结李三的兵科都给事中李运长正法，以儆大小臣工。他又特对都察院六科十四道官员下达专谕说：尔等为朕耳目之官，凡官邪民蠹皆得廉实纠发，所以通壅蔽锄恶也。李、潘之事未经发觉前，"李应试把持衙门，毒害小民，举国痛恨入髓，尔等职居言路，何以默无其言"？果属不知，已为溺职，若恶迹既著，惮于举发，养奸长恶之罪，尔等何词！除已往不究外，尔等自思人臣事君，立身行己，一秉法度，事事为国为民，岂容曲庇奸恶，"奸恶去则民安，民安则朕心始安"。今后若再有徇庇等情，法不尔贷。尔等各宜省惕，以尽职守，乃不负朕厚望言官之意！②

顺治帝之诛李三，大快人心，万民拥护，感激皇恩，不少学士大臣载录此事，赞扬备至。顺治帝所说"奸恶去则民安，民安则朕心始安"，的确为名言。他对额尔克戴青之恶仆的严惩，亦体现了这一方针和决心。

顺治十六年（1659年）闰三月，京城发生了一件震惊朝野的大案，皇上之侍卫与旗奴相殴，致公爷削爵罢官，尚书、侍郎或革或罚。

先前，旗下家奴陈保、袁二、黑子等向刑部控告二等侍卫阿拉那酒醉后持刀砍人。刑部审理后，断定所告属实，遂转交兵部，议革阿拉那

---

① 《清世祖实录》卷71，第27页。

② 《清世祖实录》卷70，第27页。

职，复交刑部议罪。顺治十六年闰三月初四，刑部议奏，拟议阿拉那应鞭一百，折赎，帝允其议。①这本是一件普通的案子，阿拉那虽是皇上的二等侍卫，但不应酒醉行凶，持刀砍人，万一不幸失手，将人砍死，岂不是草菅人命，暴虐残酷，理应依法制裁，刑部审议不为不妥。但此议也难免使人有些疑惑，阿拉那乃皇上之侍卫。时侍万岁，权势不小，区区卑贱家奴怎敢向刑部控告这位侍卫，常说相府家人七品官，皇上之侍卫可能会见官高一级，谁人敢惹，这几个家奴难道是吃了豹子胆不成？如若经过一些打听，疑者便会恍然大悟，原来陈保、袁二、黑子并非一般家奴，而是额尔克戴青之奴，且系其主"朝夕使令之仆"，即贴身家奴。

这个额尔克戴青可非平凡之辈，他乃是太祖努尔哈赤之外孙，是权势赫赫的二等公和领侍卫内大臣兼议政大臣。天命二年（1617年），额尔克戴青之父漠南蒙古喀尔喀五部之巴约特部台吉恩格德尔，前来建州，朝贺太祖，太祖以亲弟舒尔哈齐贝勒之女为己女，下嫁与恩格德尔。天命九年（1624年）正月，恩格德尔偕妻来朝，请率所部来归，太祖大喜，决定"厚养之"，与他盟誓赐敕。其誓词说："皇天垂祐，使恩格德尔舍其己父，而以我为父，舍其己之弟兄，而以妻之弟兄为弟兄，弃其故土，而以我国为依归，若不厚养之，则穹苍不容，殃及吾身。于天作合之婿子而恩养无间，则天自保佑，俾吾子孙大王、二王、三王、四王、阿布太台吉、得格垒台吉、芍托台吉、沙哈量台吉，及恩格德尔台吉等，命得延长，永享荣昌。"②太祖赐予恩格德尔之敕书说：除篡逆大罪外，恩格德尔夫妇所犯"一切过犯，俱不加罪"。太祖又以当时后金国中最高的官衔和世职"总兵官"封授予恩格德尔，让其子孙世代袭承。恩格德尔编入满洲正黄旗，此后多次率兵从征，屡立战功，为金国和大清国的扩展强大，立下了功勋。

崇德元年恩格德尔去世，其次子三等甲喇章京、侍卫额尔克戴青袭父所封之三等子爵。额尔克戴青坚决拥立太宗之皇子继位，在幼君福临即位之后第八天，即崇德八年（1643年）八月二十二日，他偕同图尔格等两黄旗二百余名大臣侍卫盟誓于天地，决心效忠新君，不与诸王结党谋逆。顺治二年额尔克戴青进封二等子，七年三月晋三等侯。睿王多尔

①《清世祖实录》卷125，第4页。

②《满文老档·太祖》卷60；《武皇帝实录》卷4。

衮之党羽大学士刚林、祁充格游说额尔克戴青归附睿王，从正黄旗转入王之正白旗，额尔克戴青坚决拒绝，遂被降为二等子。顺治帝亲政后，"嘉其持正无所阿"，特晋一等侯，授议政大臣，管銮仪卫，并擢任领侍卫内大臣，再三次晋封至一等公。顺治十年因谳狱欠妥降二等公，十四年加少保，兼太子太保。

正因为陈保是这位皇上之表兄、二等公、领侍卫内大臣、议政大臣的贴身家人，所以才敢告皇上之侍卫，刑部、兵部才相信他的控告而将阿拉那定罪，看来阿拉那是要惨遭大祸削职被辱了。然而，阿拉那是幸运的，他的冤枉马上就被平反昭雪，事实的真相竟由他崇仰的皇上亲自出来揭示了。

顺治十六年闰三月二十二日，即阿拉那被错误定罪之后的第十八天，少年天子给吏部下了一道痛斥大学士、议政大臣、太子太保摄刑部尚书事务的图海之上谕。谕旨说：图海辜恩谬妄，过误甚多，"如阿拉那一案，是非颠倒，情弊显然"，朕面加诘问，仍巧言支饰，不以实对，负恩溺职，殊为可恶，已经革职付部，着议政王、贝勒、大臣、九卿、科道会同从重议罪具奏。[1]

紧接着，他又于四月初十谕吏部："额尔克戴青身为大臣，自当恪遵国法，钤束家仆，勿令为非，乃素不约束，以致家仆陈保等将侍卫阿拉那辱殴，且诬其持刀，擅行绑缚，欲行陷害。阿拉那系近侍官员，被额尔克戴青之仆捆缚殴辱，而伊主佯为不知，有是理乎？况阿拉那即额尔克戴青所管之侍卫，陈保乃伊朝夕使令之仆，额尔克戴青身为近侍大臣，凡他人过失犹当入告，今反纵家仆肆行无忌，诬陷近侍之臣，全无觉察，甚属不合，着议政王、贝勒、大臣会同从重议罪具奏。"[2]

这两道上谕，彻底把案翻了过来。谕旨明确地指出，这是一场冤案，是行凶之人冒充原告，诬陷被辱之受害者，刑部、兵部是非颠倒，良莠不分，额尔克戴青纵奴横行，佯为不知，理应重惩。在皇上如此明察和严厉的训诫下，议政王大臣、九卿、科道当然只有遵循帝旨，公正审理。

四月十六日，议政王大臣遵旨议奏：额尔克戴青应革少保兼太子太保、议政大臣及领侍卫内大臣职，削爵，仅保留内大臣职衔，其袭父之

① 《清世祖实录》卷125，第13页。

② 《清世祖实录》卷125，第19、20页。

三等子世职改令其兄弟承袭。帝允其议。①

五月初三，内大臣、一等伯索尼，大学士巴哈纳、额色黑会同吏部议奏：陈保、袁二、黑子伙同众棍，肆行凶恶，将侍卫阿拉那殴打绑捆，抢夺貂褂等物，又诬告阿拉那酒醉持刀砍人，陷害无辜，情罪重大，照律均应立斩。兵部尚书，兵部、刑部侍郎、员外郎、郎中伊图、梁清标、杜立德等应分别革职降调罚银。帝令将伊图等罚银降级，陈保、袁二、黑子着三法司核拟具奏。随即三法司核议后奏准，将陈保、袁二立即斩首，黑子绞监候。②

顺治帝如此痛惩凶横旗人，严责皇亲大臣额尔克戴青，对当时满洲王公贵族大臣纵令奴才横行无忌鱼肉黎民的恶习，必会产生一定的压抑限制作用，对减轻兵民痛苦，有所裨益。

少年天子为什么会从批准刑部颠倒是非诬陷阿拉那的报告，改为亲自平反此案？原因不得而知，也许是他亲自听到了阿拉那的呈诉，但这种可能性很小。因为阿拉那被革职之后，不能见到皇上，且他只身一人也无法和陈保等一群恶奴辩清事实。也许是阿拉那的伙伴们，即皇上的那批侍卫向帝奏报了真相，也许是皇上亲自出外进行调查。结论虽难准确做出，但看来与帝之亲访，不无相连。

因为，据被帝尊称为"玛法"的德国耶稣会传教士汤若望说，他曾向皇帝陈述受官吏压迫的贫苦小民的怨恨，这种情形不久为帝"铲除"。在他奏述的几天以后，皇帝到城外打猎，一个人走到了一个村子里，瞧见一位面容愁苦的老人，正在那里劈木柴。皇帝向他问及他的状况，这位老人以为他眼前所瞧见的是一位寻常兵丁，所以竟向他诉说他的冤屈起来。他说：他的状况非常恶劣。地方上那位贪婪的官吏，把他所有的财产都给劫夺了去。现在他虽然年老力衰，然而仍被逼来做这种奴隶工作，以便借卖木柴，得以苟延残喘，而不致饥饿以死。皇帝令那位老人骑在他所骑来的那匹骡子身上，并且同他一起奔赴那位官吏的住宅。那位官吏使他的太太出来应付他们。她不知眼前的人就是皇帝，所以就向他叱骂，令他滚开，并且还拿一条棍子出来恐吓他。在这时，皇帝的侍卫赶了过来，而这官司可就简单地解决了。皇帝命他的侍卫把那位官吏和他的家人拿问，登时都立地斩首示惩。这位官吏的全部财产，

①《清世祖实录》卷125，第25页；《清史稿》卷229，《恩格德尔传》。

②《清世祖实录》卷126，第4页；卷127，第10、30页。

皇帝都赏赐给了老人，并且还封他为全村之长。①

顺治帝还不止一次下谕，斥责满洲拨什库、庄头横行无忌，鱼肉黎民，蔑视官府，命予严惩。福临刚亲政，便于顺治八年二月十九日谕户部：国家首重体统，尊卑原有定分。近闻满洲拨什库及庄头、投充人等，不守法度，罔顾尊卑，"骑马直入府州县衙门，与府州县官并坐，藐视命吏，任意横行，目中既无官府，何况小民，其欺凌鱼肉黎民，不问可知，深可痛恨，尔部即出示严行禁止，并行文各府州县，如有拨什库人等仍如前无故擅入官府衙门，及凌侮官员欺害小民者，即擒拿解部，从重治罪"。②

虽然由于清初特殊的军事政治原因，八旗王公贵族的家奴，以及皇上之内务府包衣，仗主权势，无恶不作，鱼肉黎民的横行歪风，不会由于顺治帝的几道谕旨和惩处个别恶霸而彻底革除，但总还能起一点作用。据汤若望讲，在皇上惩处了那个欺压老人的官吏后不久，"全国的人们对于皇帝严明公道的行为，都是盛称盛道的"。③

七、消灭南明　平定五省

（一）"两蹶名王""天下震动"

顺治九年（1652年）七月初四这一天，对刚亲政一年半的少年天子福临来说，是一个很不吉利的日子。因为，曾为金国——大清国的强大和清君入主中原建立了重大功勋的定南王孔有德，这一天在广西省会桂林遭到大西军重重围困，被迫自尽了。这是一件震惊朝廷、轰动九州的大事，对清政府统一全国的战略带来了重大打击，也严重地威胁了清廷在华南地区的统治。

孔有德并非庸帅懦将。他系行伍出身，几经厮杀，从一名小小兵士升为明山东登州步兵左营参将，于明崇祯四年叛明，后金天聪七年（明崇祯五年，1633年）偕耿仲明降金。天聪汗皇太极大喜，破格优遇厚赏，封孔为都元帅，耿为总兵官，统率旧部，号"天祐兵"，成为金国一支掌握火器和红衣大炮的劲旅。孔有德、耿仲明率领部下征明攻朝，

①③魏特：《汤若望传》。

②《清世祖实录》卷53，第20、21。

屡立军功，于清崇德元年（1636年）分别被封为恭顺王与怀顺王。

顺治元年（1644年）四月，孔有德、耿仲明率天祐军随摄政王多尔衮大战李自成于山海关，乘胜追击。同年十月起，又随豫亲王多铎战潼关，克西安，下江南，军功卓著。顺治二年底，奉命还驻辽阳。

由于大顺军李锦等将率部数十万至南明长沙、常德，为南明永历帝之巡抚何腾蛟"招降"，南明声势大振，阻止了清军的继续南下。摄政王多尔衮乃于顺治三年八月封授孔有德为"平南大将军"，与怀顺王耿仲明、续顺公沈志祥、右翼固山额真金砺、左翼梅勒章京屯泰，"率满洲蒙古汉军官兵往征湖广、两广"，不久又命智顺王尚可喜率部从征。多尔衮明确宣布以孔为主帅，说："尔等先定湖广地方，次定江西赣南，由是入广东，镇守一方，奏报候旨。但尔等同爵，今在军中，不可不立主帅，同去王公将帅等，凡事悉听恭顺王令行。"①这是孔有德第一次担任全军统帅，也是此时汉人四王（恭顺王孔有德、怀顺王耿仲明、智顺王尚可喜、平西王吴三桂）中第一位以汉王为主帅，统率满蒙汉八旗和汉兵进行大的军事进攻，可见摄政王对孔有德是何等的优遇，寄予的期望又是何等的大。

孔有德竭力效忠，不负摄政王之所托，统率大军数万，向南明永历帝军队猛烈进攻，先败原大顺军将领王进才于长沙，歼其众，又下湘潭，克衡州，取祁阳，占宝庆，逼近永历帝之奉天府（武冈），永历帝急忙与何腾蛟败走桂林。紧接着清军又取沅州、靖州辰州，到顺治五年（1648年）初，占据了湖南全省，进取广西全州，并招降兴安、灌阳、铜仁、关阳苗徭三十一处及洞二百六十处，擒获南明长沙王、南威王、荣王、贵溪王等四十一人及侯、伯、总兵与司道官员多人。孔有德奉诏班师，被帝赐宴厚赏，给予黑狐、紫貂、冠服、彩帛、鞍马及黄金二百两、白银五千两。②

顺治六年五月十九日，清帝改封孔有德为定南王，怀顺王耿仲明为靖南王，智顺王尚可喜为平南王。其赐孔有德的册文说："尔孔有德原系明臣，见明国之气运衰微，遂起兵行元帅事，蹂躏山东地方，全携所部将吏军民，航海东归，原给都元帅敕印"，后改封恭顺王，入主中原有功，又统兵进取湖南，"攻克郡邑，招抚官吏兵民甚众"，今加封为定南王，"尔其益励忠勤，奉公守义，以报特恩，尚其钦哉"！③

①《清世祖实录》卷27，第21、22页。

②《清世祖实录》卷38，第5页；《清史列传》卷79，《孔有德传》。

③《清世祖实录》卷44，第7页。

同一天，清帝令孔有德率旧兵三千一百名及新增兵一万六千九百名，共两万名，往剿广西，携家驻防，其全省巡抚道府州县各官并印信，俱令携往。又赐孔敕谕说："广西逆贼啸聚煽乱，斯民陷于水火，兹特命尔统领大兵，相机征剿，投诚者抚之，抗拒者诛之。若武官有功，核实题叙，有临阵退缩，迟误军机，不遵号令，应行处分者，听王便宜从事，若罪大不便自处者，指名参奏。地方既定之后，凡军机事务，悉听王调度，其一应民事钱粮，仍归地方文官照旧料理，文武各官有事见王，俱照王礼谒见。王受兹重任，其益殚忠猷，礼以律己，廉以率下，务辑宁疆圉，纾朝廷南顾之忧，钦哉！"①

也就是这一天六月十九日，摄政王谕靖南王耿仲明率旧兵两千五百名及新增兵七千五百名，平南王尚可喜率旧兵两千三百名和新增兵七千七百名，共两万名，往剿广东，携家驻防，所赐敕书及委付之职权，与孔有德基本相似。②

摄政王多尔衮加封孔、耿、尚三王遣其出征一事，表明了朝廷的用兵方略有了很大的改变。其一，三王单独统兵征战驻防。三王于天聪七年、八年相继降金后，一直是统兵随同满洲王贝勒所领大军出征，顺治三年才第一次以孔有德为主帅，耿、尚二王率部同行，但这时还有固山额真金励、梅勒章京屯泰率八旗军同征。这一次却是三王分剿二省，各领本部军行，没有满洲将领同征战，显然是朝廷对他们十分相信，委以方面重任。就这事而言，孔、耿、尚三王此时比平西王吴三桂还更受到朝廷的信赖。吴三桂引清兵入关，为清帝入主中原建立了远远超过孔、耿、尚三王的特大功勋，且其本部兵力亦超越三王数倍，但却一直有固山额真李国翰率领汉军旗士卒及绿营兵与吴一同出征驻防。

其二，增兵之多，前所未有。孔、耿于天聪七年，尚可喜于天聪八年降金时，各率将士、家眷、民人一万余人，自那以后，相继征战十四五年，三王各自始终只有士卒两三千名，不能大量扩编队伍。其中奥妙，不难理解，那就是朝廷一直以满洲八旗军为主，辅以蒙古八旗、汉军八旗兵，孔、耿、尚三王之兵只允许起配合的作用，不能当主力，也不允许三王当主力军，故征战十余载，兵仍旧额。这次不同了，孔有德从三千一百名旧兵一下扩充到两万名，增加了五六倍，耿、尚亦各增兵

①《清世祖实录》卷44，第9页。
②《清世祖实录》卷44，第9、10页。

三倍余，总数共达四万，几与满洲八旗军总数相等，这最清楚地显示了朝廷对三王的重视和倚赖，尤其是对孔有德更是万分信任和倚赖。孔有德虽在爵位上仍与耿仲明、尚可喜相同，都是王爷，但从此显然便高于二王，因为他的军队分别超过了尚可喜一倍和耿仲明一倍，他又独剿一省、独镇一省，耿尚二王却合征一省、合驻一省。

其三，摄政王之所以这样安排，有其深刻的背景和多方面的因素。一是朝廷显然对全国军情有了更深刻更合乎实际的了解。想当初，顺治元年四月山海关大败大顺军，二年定秦陕甘川，下江南，所向披靡，势如破竹，全国几已一统。不料剃发令下，全国大乱，义军纷起，降将提督李成栋、总兵金声恒、姜壤等复叛，兵火连年，看来需打一场较为持久的战斗了。八旗军不仅长期征战，不得休息，且多年厮杀，伤亡众多。顺治五年才有满洲男丁五万五千三百三十丁，经过征剿李、金、姜叛将，鏖战年余，人丁又减，怎能担负起统一全国的艰巨任务！二是孔、耿、尚三王随征十余年，尽心竭力，效劳朝廷，忠心可靠，功勋又著，能够发挥更大的作用，且两广闽湘，气候酷热，云雨烟瘴，道路崎岖，江湖沼泽，八旗军不习水土，易病易伤，更需三王之兵相助。因此，摄政王才在用兵战略上做了很大的改变，委任三王去夺据两广，镇守华南。顺治帝亲政后，继续并发展了充分利用倚任三王平定南方的用兵方略。

三王确也不负朝廷厚望，各统本部将士奋勇厮杀。定南王孔有德于顺治六年十月至湖南衡州，遣副将董英等斩南明将郑恩受于燕子窝，自督兵永州，"击走贼众数万，俘斩过半"。七年正月，攻据武冈、靖州，生擒及斩杀敌将刘禄、胡光荣、林国瑞、黄顺祖等人，向文明率众五万投降。十二月克桂林，明永历帝先逃，擒斩其"靖江王、并伪世子、将军、中尉、阁部、总兵文武等官四百七十三员，招抚二百四十七员，获马赢器物无算"，桂林、平乐二府俱定。八年又克柳州、梧州二府，象州、马平、雒容、柳城、融县、怀远、苍梧、藤县、容县、岑溪、怀集、北流诸县及思南、南宁、庆远诸府悉平，悉占广西全境。[①] 尚可喜、耿继茂（继其父耿仲明领军）二王亦于顺治七年、八年基本上夺据了广东省，顺治帝对三王之功大加褒奖，从优赏赐。由摄政王多尔衮制定，顺治帝又予以发展的新的用兵方略，产生了积极的作用，促进了统一战争的顺利进行。

①《清世祖实录》卷52，第15页；卷64，第6页；《清史列传》卷78，《孔有德传》。

但是，正当顺治帝为两广统一归已辖属而欢欣万分之时，突然于顺治九年六月底得到驻守宝庆的"钦命挂剿抚湖南将军印、镇守东南地方、驻扎湖南宝庆府续顺公"沈永忠急报：宝庆已失，敌兵势大，退守湘潭，乞发大兵。帝大惊，立于六月二十九日降旨谕告沈永忠说："览卿奏逆贼猖獗，我兵退保湘潭，朕已悉知。尔率部下将士，可鼓励同心固守，勿轻战失机，今已发大兵，星驰援剿，不久即至。如现处之地，难于据守，相度险要，并力坚防，内敛兵势，外御贼氛，勿轻舍疆土，退缩贻误，可同督抚镇按定议以行。"①

此谕刚发，急报又至，偏沅巡抚金廷献奏报："逆贼孙可望陷广西桂林府，定南王孔有德自缢。"②这更使他大惊失色，忧虑万分。为什么这位驰骋疆场三十年勇猛善战军功累累的大帅，竟会被敌军逼得自缢身亡？敌军如此可怕，又该派谁去承担击败敌寇收复桂林绥靖南方的重任？震惊稍定之余，他谅必会回忆起三道奏折。第一道奏折是两个多月前定南王、平南大将军孔有德的奏请退任归京疏。

顺治九年四月，孔有德呈上一道在他说来是十分奇特和难以启齿的奏疏，要求退任养老，奏疏说：

"臣荷先帝节录微劳，锡以王爵。恭遇圣主当阳，正四海永清之日。南粤东西、八闽尚未全归版图，臣谬辱廷推，驻防闽海。同时有固辞粤西之役者，盖因其地最荒僻，民少山多，百蛮杂处，诸酋环集，底定难骤期也。臣自念受恩至渥，必远辟岩疆，始敢伸首丘凤愿，故毅然以粤西为请。受命以来，道过湖南，伏莽犹蔓延六郡，拮据一载，咸与扫除，乃进征粤西，仰藉威灵，所向克捷，贼党或窜或降，虽土司傜、伶、狼、僮古称叛顺靡常者，亦渐次招徕，受我戎索，粤西业已底定。臣生长北方，与南荒烟瘴不习，每解衣自视，刀箭瘢痕，宛如刻画，风雨之夜，骨痛痰涌，一昏几绝。臣年迈子幼，乞圣恩垂鉴，即敕能臣受代，俾臣得早觐天颜，优游绿野。"③

这道奏疏的中心思想是乞请解任还京优游林下，但也突出了孔有德

①《清世祖实录》卷65，第21页。
②《清世祖实录》卷66，第2页。
③《清史列传》卷78，《孔有德传》。

之忠心耿耿和劳苦功高。群臣皆以粤西为难征之地，有人坚决推辞掉委任往征之旨，只有他思念蒙受圣恩而毅然请命，统军出征，历经艰苦，终于尽定广西。奏疏中以水土不适、伤痕累累、体弱年老为辞，请求归京休养，理由不能说是不充分，陈述也颇动人，“风雨之夜，骨痛痰涌，一昏几绝”，阅读至此，能不令人感动！

但是，孔有德之辞请归休的真正理由，还不是上述所云。因为，他并非“年迈”之人，此时他刚及知命之年，正是既能勇猛冲杀又善于指挥千军万马的最佳年岁，怎能说是“年迈”无用！他之所以要归隐，与他及沈永忠以前所上的几道奏疏有密切关系。

沈永忠统军驻守湖南，为孔有德之左右臂和广西之门户。沈于顺治八年闰二月初六上了一道“征师需饷最殷”的奏疏。他奏称：臣“不以兵单为虑，而以饷缺为忧”。“据镇臣郝效忠报称：马逆肆虐，奉命截杀。兵丁上风摩岭喊叫：我等杀贼，钱粮不给，口粮又无，眼前饿死。即从荒山逃去三十七人。又据镇臣许天宠报称：游击黄家栋兵到靖，无粮，饿死兵杨龙等二十九名。又惠文观兵赴绥宁，五日绝粮，饥饿难忍等情”。顺治八年七月十一日他又上疏，报告“湖南之门户、滇、黔之咽喉”要地沅洲失守，求解军粮，以便收复说：“唯是用兵绝粮，乃兵家大患。今漕粮不继，不得不设处于彼地州县，奈彼地迭遭蹂躏，农业久废，田野荆蒿，是无升合之望矣。”“臣计穷心悸，何术以饱士马之腹，而致之用命哉！”①

孔有德也为兵饷军粮之事万分担心，他于顺治九年六月初十特上《为粮饷万分紧急，将士待毙可虞》疏，请求火速运粮说：“臣师乏饷十月，势若燃眉，前已缮疏入告矣。奉拨江、浙协饷，虽经督臣罗绣锦专官守催，日复一日，望眼几穿，臣已莫可谁何。近复加以糈糗不敷而阅三月。脱巾求粮，嗟乎，一日不再食则饥，臣何术雨栗，以哺数万生灵之口乎？”“今者芷、沅、武、靖俱失，寇已入我内地，湖南震惊，民皆风鹤”。“臣师分扼各隘，见与孙逆相持，徭僮伶僮叛服不一，又值十月无饷，三月无粮，马匹例毙殆尽”。“伏乞皇上怜臣天末孤军，粮饷两匮，佐理无人，敕部议复”，早日解粮。顺治帝批示：“粤西粮饷紧急，宜严催解运。”②

①《清代档案史料丛编》卷6，第168、172页。

②《清代档案史料丛编》卷6，第178、179页。

现在就可了解孔有德乞休的真正原因了，那就是"天末孤军，粮饷两匮"，敌军势大，广西全省岌岌甚危。当然，顺治帝也拿不出好办法，仍要其继续坐镇，故对孔有德之词疏只好批示："览王奏，悉知功苦。但南疆未尽宁谧，还须少留，以待大康。"[①]

正当孔有德、沈永忠"粮饷两匮"之时，大西军名师李定国率军八万，猛烈进攻。孔有德请救沈永忠拨重兵分守湖南要地，又派提督钱国安驻南宁，总兵全节驻柳州，总兵马雄驻梧州，"重镇皆出"，兵分力弱，只有少许兵马屯守桂林。李定国侦知桂林空虚，兵分两路，攻克全州，疾进严关。孔有德率兵往御，顺治九年六月二十八日两军在严关相遇，次日，七月初一，展开激战。李定国使用象阵，"象骑云拥龙吼"，"兵未交而象列于阵前，劲卒山拥，尘沙蔽目"，清军从未见过这种阵势，惊骇万分，"战马闻象鸣皆颠蹶，有德众遂奔，掩杀大败"，孔有德仅以身免，策马退入桂林。七月初四，大西军以云梯攻城。孔有德率领仅有的少数士卒坚守，身遭敌矢，仍不退却，但大西军进攻猛烈，势不可当，陆续冲入城内。孔有德"仓皇计穷"，遁走无路，急返府邸，"聚其宝玩于一室，手刃爱姬""拔剑自刎"。其独生子孔廷训为大西军俘获。李定国随即乘胜下柳州诸府州县，悉定广西全省。曾经威震三军为帝效忠的定南王平南大将军孔有德，就这样为大西军击败而自尽了。

少年天子福临于顺治九年六月二十九日降旨谕令续顺公沈永忠坚守湖南湘潭等地，等待大兵援救后，立即召见议政王大臣商议出征之事，决定派劲旅往剿。顺治九年七月十五日，此时定南王孔有德虽已死去十一日，但京师尚未得到消息，故帝仍以解救沈永忠，征剿湖南、贵州大西军为目标，命和硕敬谨亲王尼堪为定远大将军，统率大军，往征湖南、贵州。帝赐王御服、佩刀、鞍马等物，又赐随征之贝勒巴思汉、屯齐、贝子扎喀纳、穆尔祜、镇国公韩岱、固山额真伊尔德、梅勒章京卫正等蟒衣、鞍马、弓矢、刀、带等物。

顺治帝赐予定远大将军和硕敬谨亲王尼堪敕书，指授用兵方略说：

"兹以逆贼张献忠之余孽孙可望等侵扰湖南，陷民水火，不得不兴师致讨，特命王充定远大将军，统率大军征剿。王膺兹命，一切机宜，

---

①《清史列传》卷78，《孔有德传》。

与诸将同心协谋而行，毋谓自知，不听人言，毋谓兵强，轻视逆寇，仍严侦探，毋致疏虞。抗拒不服者戮之，倾心归顺者抚之，总以安民为首务，严禁兵将，申明纪律，凡归顺及恢复地方军民，不得肆行扰害，体朕抚绥天下之意。其陷贼文武官吏，自拔来归，俱免罪酌用，有功者仍加叙录。剿除孽贼，平定贵州后，择善地屯驻，驰使奏闻，前征消息，须候旨到。行间将领功绩及重罪，俱查实纪明汇奏，各官有犯小过者，当即处分，至于护军校、骁骑校以下，无论大小罪过，俱与诸将商酌，径行处分。王受兹重任，宜殚忠竭力，早奏荡平。"①

　　尼堪刚率领八旗军离京出征不久，偏沅巡抚金廷献及广东平南王尚可喜、靖南王耿继茂相继奏报孔有德自尽，桂林失守，帝忙于顺治九年八月十八日遣使谕尼堪等人说："闻贼入广西，于七月初四攻陷桂林府，定南王孔有德自尽。向命王等剿灭湖南贼寇，平定贵州，今毋往贵州，仍从湖南进取宝庆，其西安府调发满洲兵将，及提督总兵柯永盛官军，同续顺公留于宝庆，王领大兵入广西，相机搜剿贼孽，其余一应事宜，俱照前敕遵行。"②同日又谕尚可喜、耿继茂：览王奏疏，尽悉孔有德身殁，朕甚悼切，故遣和硕敬谨亲王尼堪为定远大将军，"率精锐兵将，星速启行，不久即至广西"，王等其勿前进，倘敌入广东，"王等务计万全，以待大兵，毋得轻动"。③第二月，又遣护军统领阿尔津为定南将军，同固山额真马喇希"往征广东未定州县"，赐敕谕告阿尔津等说："今逆贼侵犯广西"，令尔统官兵前赴广东平南王、靖南王处，广西敌军若扰广东，"尔等与二王计议，相机剿除"，若敌不入广东，"则广东未定府州县，尔等计议，相机平定，凡事与梅勒章京等会议而行"。④

　　尼堪之统军往征广西大西军和阿尔津往征广东未定州县，表明了顺治帝之用兵方针有了重大的改变，即由全部委付定南、平南、靖南三王平定两广及云贵的大西军与南明政权，改为以八旗军为主，以宗室王贝勒和满洲大将为主帅，三王之部下起重大辅助配合作用的方针，基本上回复到顺治初年诸王分任各路主帅统兵平定各地的局面。当然，也有所不同,即三王之军队比当初起的作用更大一些。这一转变发生的基本原因是,三王之军不能剿灭大西军平定两广云贵,必须再次起用八旗劲旅。但是,顺治帝没有料到,今非昔比,虽然时间只过去四五年,但满洲将士、八旗将士,尤其是宗室王贝勒的情形,已经有了很大的变化,奉旨出征之主帅和硕亲王尼堪,已难与所向无敌之定国大将军豫亲王多铎、靖远大将军英亲王阿济格、靖远大将军肃亲王豪格相提并论了,不久就传来尼堪轻敌中伏兵败被斩的噩讯。

顺治十年正月初七,少年天子福临显然是十分高兴地谕告内三院说:据定远大将军和硕敬谨亲王等差内国史院侍读学士硕对、前锋参领科尔昆奏捷说:九年十一月十九日,大军抵湘潭县,"贼首伪将军"马进忠等率领马步兵,已遁往宝庆府。王与众将商议,将疲弱马匹拨两翼委署梅勒章京二员、又每旗章京二员,每牛录甲兵四名留后喂养,于二十一日率领官兵,自湘潭县起身,向衡州府进发。二十二日,去衡山县三十里,前锋遇"贼"哨卒,追至衡山县,击败伪军门一员、伪副将五员、马步兵一千八百名,即于夜兼程前进,二十三日天未明,抵衡州,及明,王率贝勒、贝子、公、固山额真等向前,正列阵间,"贼兵即至",我兵各依所对之处冲入,"贼兵大败,追杀二十余里,斩获甚多"。得象四头,马八百二十余匹,"击败贼兵四万余"。尔衙门即转发抄传。[①]

正当皇上欢欣欲狂时,这位被他赞扬的堂兄尼堪亲王却已陷入重围,被敌乱刀砍杀,死去一个多月。败讯传来,福临既惊又惑,怎么也想象不到统领八旗劲旅辅以绿营和定南王旧部共十万大军的主帅会落得如此下场,这可是自太祖起兵以来七十年里第一次也是唯一的一位亲王主帅战败被杀!为何会出现这样令人沮丧、震骇的局面?这从下述战况中,可以找到正确的答案。

尼堪乃太祖之孙,太祖长子褚英贝勒之第三子,现年四十三岁。他早年便跟随伯叔兄长南征北战,屡立军功,崇德元年(1636年)封固山贝子,后又多次参加对明作战,顺治元年随睿王入关,大战山海关,又相继随靖远大将军英亲王阿济格、定国大将军豫亲王多铎、靖远大将军肃亲王豪格攻陕西、河南大顺军,下江南,追缚福王朱由崧,平四川,攻剿大西军,因其立功,晋封至和硕敬谨亲王,在宗室王、贝勒、贝子

①《清世祖实录》卷71,第7、8页。

中，也算是一位久经鏖战的骁勇之将了。

随尼堪出征的贝勒、贝子、将领屯齐等人，也非文弱之辈。屯齐贝勒、扎喀纳贝子皆系清初创业开国赫赫有名的二大贝勒阿敏之孙，转战各地一二十年，屡败明军、大顺军与南明军。贝勒巴思汉亦系将门之子，其父乃清初智勇双全的开国元勋成亲王岳托。吏部尚书、固山额真、镇国公韩岱，系太祖次弟减毅勇壮贝勒穆尔哈齐之第五子，围松山，进山东，战山海关，破潼关，克扬州，下福建，南征北战十余年，是一位上马提刀下马治政的将才和能臣。固山额真伊尔德、阿喇善、喇玛、署护军统领梅勒章京赖赛、劳翰、罗硕、格善、索尔和等数十员将领，也曾多次征战厮杀，伊尔德更是军功累累，所向披靡。这次从京师调往征战的八旗军，人数也很多，加上当地绿营和定南王旧部，总数约有十万。为什么这样强大的军队会遭惨败主帅被歼？这首先要归咎于尼堪本人指挥谬误。

尼堪于顺治九年七月统军出京后，十一月抵湖南湘潭，大举向大西军李定国部进攻，首战败敌军骁将马进忠于湘潭（马乃明末农民起义十三家之一，后降南明永历帝）。马进忠撤至宝庆，李定国亦见清军势大，难以抵挡，撤出长沙，退往衡州。尼堪旗开得胜，万分高兴，不顾长途奔袭将士疲劳，乘胜轻骑猛追，"昼夜疾趋二百三十里"。李定国利用清兵骄傲气盛轻敌的弱点及林木茂密的有利地形，设下埋伏，遣派小股部队前往诱战。尼堪果然中计，于奏捷书中所说十一月二十三日孤军逐北，在衡州打败李定国诱敌之兵，即穷追不舍，突然，李定国指挥四万大军从林中及各埋伏地点冲了出来，衡州城内的大西军亦呐喊杀出，清军阵乱，遭敌围困。尼堪见势不妙，决心死战，对诸将说："我兵凡临阵，无退者，我为宗室，不斩除逆寇，何面目归乎？"遂奋勇直入，率诸将士纵横奋击，矢尽，拔刀力战，被敌军乱刀砍死，清军后退。[①]

战况表明，尼堪之死，纯系轻敌冒进。堂堂一位统领十万大军的主帅，一位爵为宗室之中最高等级的和硕亲王，居然仗恃匹夫之勇，率领少数侍卫将士，脱离大军，孤军疾驰追击，致入伏中，被十倍以上敌军围困，焉能不败！可以说，尼堪之死，是咎由自取。但是，这与朝廷之指挥谬误，也有密切关系。顺治帝年方十五，未曾厮杀，当然不谙用兵之道，而此时主持用兵的以郑亲王济尔哈朗为首的议政王大臣，对敌情

①《清世祖实录》卷70，第10页；卷71，第12页；《清史列传》卷2，《尼堪传》。

既不了解，又很轻敌，满以为不过是屡为清军所败的大西军余部一时得手，些许小寇，不堪一击。直到顺治九年七月偏沅巡抚奏报孔有德兵败自尽时，仍说"逆贼孙可望陷广西桂林府"，定南王自缢，连逼死孔有德之敌军统帅的姓名也弄错了，张冠李戴，对敌情真是一无所悉。他们哪里知道，大西军虽于顺治三年在四川西充惨败，领袖张献忠战死，不得不退出四川，转战云贵，元气大伤，但是，大西军并没有垮，在张献忠亲自培养重用的四位养子平东将军孙可望、安西将军李定国、抚南将军刘文秀、定北将军艾能奇的领导下，临危不惧，遇败不馁，振奋精神，智取猛打，顺治四年已进据云南、贵州，部众增至二十余万。四将军同时称王，建立大西政权，设元卿，以"兴朝"为年号，称主帅孙可望为"国主"，尊张献忠为"老万岁"。顺治五年以后，虽与南明永历帝联合，尊其为君，但仍自主本部本辖区军政事务。

顺治九年春，孙可望两路出兵，一路由安西王李定国为主帅，冯双礼为副帅，统领马步兵八万，经黔东，出湖南，由武冈趋全州，直逼桂林；一路由抚南王刘文秀率领，王复臣为副帅，由滇东出四川叙州，下重庆，包围成都。孙可望为全军主帅，居中策应。刘文秀大败清平西王吴三桂于叙州，擒都统白含章、白广生于重庆，明旧将谭洪等及义军杨大展等各有兵数万，受永历帝封爵。刘文秀虽因屡胜骄傲轻敌，致即将于保宁围歼吴三桂时，被吴乘隙率精兵出击而战败撤围，但吴亦胆怯，退守汉中，川东、川西、川南皆为大西军及故明旧将占据。

李定国一路，势如破竹，四月下沅州、遂卫、蓝田，五月下武冈，克宝庆，六月夺取全州，"尽歼李养性之众，只蹄片甲不返"，又于严关鏖战，"清兵大败，横尸遍野"，七月初四下桂林，逼孔有德自杀，随分兵取柳州等地，尽据广西。八月李定国又北攻湖南，取金州、永州，九月克衡州、常德、岳州，并东进江西，连下永新等地。"兵出凡七月，复郡十六、州二，辟地将三千里"。李定国智勇双全，"兵律极严"，围攻桂林时，"军营城下，寂然无声，师尽撤矣，城中尚不知"，故能歼尼堪、灭有德，"两蹶名王，天下震动"。

对于这样的劲敌，清廷却只当作是"余孽"、残寇，轻举妄动，冒进涉险，兼程轻骑奔袭，怎能不败。

顺治帝获悉敬谨亲王尼堪败死噩讯后，万分震惊，立即采取应变措施，于顺治十年正月十三日谕授随征贝勒屯齐继为定远大将军，统领征剿湖南大军，并特赐敕谕告屯齐以下及夸兰大以上满洲蒙古汉军八旗将领说："我朝用兵，俱以全力，克敌制胜，此尔等所悉知者。尔等此番昼夜疾趋二百三十里，以致士马疲劳，此大失也。嗣后诸事，悉与夸兰大等以上，共相商酌，谨慎而行。如值渠冠应分遣众兵者，则于固山额真公韩岱、伊尔德二人内，遣一人，另一人毋使离尔贝勒屯齐左右。"此外量有分遣者，则于蒙古固山额真、护军统领、夸兰大内择可为帅者遣之。其一贝勒（巴思汉）、两贝子（扎喀纳，穆尔祜）勿遣离尔所。尔贝勒屯齐，率本旗护军，居中而营，贝勒巴思汉、贝子扎喀纳、穆尔祜、公韩岱、伊尔德，当各领护卫及亲军，同贝勒屯齐军于一处。其提问章京马尔泰、侍卫阿进、土雷等，宜加详鞫，有坠马被创情有可原者，执解来京，如果情无可原弃主奔溃者，即就彼处正法。[1]同日又敕谕往征广东未定州县的定南将军护军统领阿尔津等将说：尔等率师，可往会湖南大军，既会以后，尔阿尔津当同韩岱、伊尔德与贝勒（屯齐）同营，凡事共相商酌而行。他又敕谕屯齐、韩岱、伊尔德等将说：兹遣阿尔津等统兵往会尔军，俟其到日，其所给阿尔津敕印（定南将军敕印），尔贝勒（屯齐）收贮，可令阿尔津驻尔营内，诸事与韩岱、伊尔德、阿尔津等会议而行。如分兵他出，此三人，或遣一人，或二人，须留一人，毋离尔所。[2]

　　福临的这三道敕谕，抓住了要害，对症下药，布置妥帖，十分重要，讲得很好，奠定了稍后一段时间内清军胜利的基础。它主要讲了五个问题。其一，数十年来八旗军之所以能够屡败敌军，其中重要的一条原因就是"俱以全力，克敌制胜"，是全力，不是部分之力，更不是孤军远驰，脱离大军。此次尼堪之死，就违反了这个规律，轻敌冒进，昼夜疾趋，士马疲劳，致遭惨败。其二，尼堪已死，还与其独断专行，只身远奔密切相关。半年前尼堪统军出征时，帝赐王之敕书首先着重指出："王膺兹命，一切机宜，与诸将同心协谋而行，毋谓自知，不听人言，毋谓兵强，轻视逆寇。"而尼堪却忘了帝敕，自以为是大军统帅，爵位最高，身经百战，军功累累，骄傲自大，凡事一人独断，观其战死时，偕彼同征统兵之两位贝勒、两位贝子、两位满洲固山额真，皆不在

----

①《清世祖实录》卷71，第13页。

②《清世祖实录》卷71，第13、14页。

场，随他同死者，亦未见有满洲、蒙古、汉军八旗固山额真、护军统领、梅勒章京等高级将领，可见其仅率少数侍卫将士便狂奔疾驰，穷追敌军，致被诱入重围，寡不敌众，被砍丧命。其三，此次特别强调保证主帅安全。大军主帅战死，这还是清太祖努尔哈赤1583年起兵以来头一次，这是震骇全军、震惊朝野的特大噩讯，是大损朝廷颜面、玷污八旗劲旅的极大丑事，也是鼓舞反清武装斗志的极佳喜讯，极不利于清军的征剿。故三道敕书特别确保主帅的绝对安全，明确规定，主帅定远大将军屯齐"率本旗护军居中而营"，两位贝勒、两位贝子、三位满洲固山额真护军统领与主帅同住一处，如需分兵征战，在本位满洲固山额真护军统领遣出一位或二位，必须有一位留在主帅身边，主帅不能单独统领部分军队出征，这就可确保主帅安全，不致再蹈尼堪只身远征而死之覆辙。其四，强调集体领导，诸事必须会集议而行。这种集议有两种方式两个范围：一是主帅与同征贝勒、贝子、固山额真以下及夸兰大以上八旗将领，"共相商酌，谨慎而行"；二是主帅屯齐与满洲固山额真韩岱、伊尔德、满洲护军统领（原定南将军）阿尔津四人会议，议定诸事，敕谕虽未明说，但显然含有不许主帅一人独断专行之意。其五，严明军纪，随同尼堪轻骑远征的侍卫、章京、士卒，如有"弃主奔溃者"，立即就地正法。这五个问题集中突出地表明了一个根本性的事实，即顺治帝福临和议处用兵方略的议政王大臣们，清楚地看到了大西军的强大威力，决心正视现实，纠正谬误，遇败不惊，再接再厉，一定要把这支强大的敌军打垮，完成统一全国的事业。

这一及时的正确用兵方略，保证了清军转败为胜。顺治十年（1653年）六月十九日，定远大将军屯齐贝勒等将报捷之疏送到皇上面前。屯齐等奏报：敌安西王李定国、国公马进忠率马步兵四万余至永州，臣等以八旗军和湖广提督柯永盛之绿营兵驻守衡州，而大军则于二月十三日向永州前进，二十八日抵永州，将军冯双礼率兵二万余来武冈州，大军于三月初六自永州向宝庆进发，十五日擒人问信，答称冯双礼、白文选、马进忠率兵四万余人屯营于岔路口三十里外之周家坡，孙可望在宝庆，我军遂住宿于岔路口。次日前进，见敌营于山顶，据地颇险，日暮天雨，不便进攻，陈阵相抵。至夜，孙可望率全军自宝庆来，与冯双礼军会合。十七日，"贼众十万下山环阵，进攻我军，我军分兵奋击，斩杀甚众，获马匹七百余、象一只，军器无算"。帝甚喜，降旨批示："贝勒等破贼立功，深可嘉尚，有功人员著查明议叙。"①阿尔津亦领兵败白文选于辰州。广西定南王部下将领钱国安、马雄等得到平南王尚可喜之水师支援，攻下浔州、梧州，又乘李定国与湖南贝勒屯齐大军相持，尽复平乐、桂林等府州县，"广西略定"。李定国仅据有湖南之沅州、靖州和武冈州，余地皆为清军夺据，李定国只好撤出湖南，退守广西南宁一带。清军挽回了孔有德、尼堪之死的败局，重新获得了主动权。在这样的形势下，顺治帝又在用兵方略上做了重大改变，采取了新的战略战术，这就是委派洪承畴经略五省军务。

（二）洪承畴经略五省 平定湘楚粤桂

定远大将军屯齐虽曾击败孙可望、李定国，但大西军并未受到根本性打击，仍有军士数十万，据云贵，扰两广，威胁湖南；四川亦干戈不息，郑成功军队日益强大。而清军定南王孔有德、敬谨亲王尼堪相继败殁，浙闽总督陈锦往攻郑成功时被刺死。备受皇上赞扬厚加赏赐封授男爵的勇将左都督辰常总兵徐勇，被白文选围困于辰州，城陷被杀。看到这些情形，顺治帝反复思考，觉得应该改变几年来只征不抚，或偏重于攻，轻视于抚的方针，决定改为以战为后盾，以抚为主，抚剿兼施，在以王贝勒、固山额真为统帅的八旗军支持的前提下，重用故明降臣，充分发挥汉兵的作用。因此，在顺治十年五月，他做出了出乎人们意料之外又使人们大为震惊的重大决定，下诏委授洪承畴为五省经略。

顺治十年五月二十五日，帝对内三院下了一道长谕，讲述改变用兵方略授命洪承畴经略湖广五省军务之事，全文如下：

"湖南两广，地方虽渐底定，滇黔阻远，尚未归诚。朕将以文德绥怀，不欲勤兵黩武，而远人未喻朕心，时复蠢动。若全恃兵威，恐玉石俱焚，非朕承天爱民本念。必得凤望重臣，晓畅民情，练达治理者，假以便宜，相机剿抚，方可救宁。朕遍查廷臣，无如大学士洪承畴者，著特升太保兼太子太师、内翰林院大学士、兵部尚书、兼都察院右副都御史、经略湖广、广东、广西、云南、贵州等处地方，总督军务，兼理粮饷，听择扼要处所驻扎。应巡历者随便巡历，抚镇以下，听其节制，兵马粮饷，听其调拨，一应抚剿事宜，不从中制，事后报闻。满兵或留或

①《清世祖实录》卷76，第7页。

撤，酌妥即行具奏。文武各官，在京在外，应取用者择取任用，升转调补，随宜奏请，吏兵二部不得掣肘，应用钱粮，即与解给，户部不得稽迟。归顺官员，酌量收录，投降兵民，随宜安插，事会可乘，即督兵进取，时当防守，则慎固封疆，各处土司，已顺者加意绥辑，未附者布信招怀，务使近悦远来，称朕诞敷文德至意。或成之日，优加爵赏，俟地方稍定，善后有人，即命还朝，慰朕眷怀。应给敕谕印信，作速撰铸给予，即传谕该部遵行。"①

不久，顺治帝又于闰六月初五正式赐经略洪承畴敕书，在前谕之基础上做了一些重要的具体补充。全敕如下：

"兹以湖南两广地方，底定已久，滇黔阻险，声教罕通，不逞之徒，未喻朕心，时复煽惑蠢动，渐及湖南，以致大兵屡出，百姓未获宁息。朕承天爱民，不忍勤兵黩武，困苦赤子，将以文德绥怀，归我乐宇，必得风望重臣，晓畅民情，练达治理者，假以便宜，相机剿抚，方可救宁。遍查廷臣，唯尔克当斯任，前招抚江南，奏有成效，必能肃将朕命，绥靖南方。兹特命卿经略湖广、广东、广西、云南、贵州等处地方，总督军务，兼理粮饷，听择扼要处所驻扎，应巡历者，随便巡历，总督应关会者，必咨尔而后行，尔所欲行，若系紧急机务，许尔便宜行事，然后知会。巡抚、提督、总兵以下，听尔节制，兵马粮饷，听尔调拨。文官五品以下，武官副将以下，有违命者，听以军法从事。一应抚剿事宜，不从中制，事后具疏报闻，满兵留撤，俟到日酌妥即行具奏。事关藩王及公者，平行咨会，相见各依宾客礼。文武各官，在京在外，应于军前及地方需要者，随时择取任用，所属各省官员，升转调补，悉从所奏。抚、镇、道、府等官，有地方不宜，才品不称，应另行推用者，一面调补，一面奏闻，吏兵二部不得拘例掣肘。应用钱粮，即与解给，户部不得稽迟，如紧急军需，拨解未到，即与就近藩司、榷关行文取用，具疏奏闻。其归顺官员，内外酌量题录，投降兵民，随宜安插。事会可乘，即督兵进取，时宜防守，则慎固封疆。各处土司，已顺者加意绥辑，未附者布信招怀。四川、江西、河南、陕西地方，邻近湖广，应有兵事相关者，移文总督巡抚，犄角策应。卿受兹委任，务开诚布

① 《清世祖实录》卷75，第22、23、24页。

公，集思广益，收拾智勇，毋为逆党所诱，绥辑佃黎，毋为贪官所苦。进战，则得地以守，固守，则出奇以战，练士卒在平时，选贤良置要地，务使滇黔望风来归，官民怀德恐后，庶称朕诞敷文教至意。功成之日，优加爵赏。地方既定，详筹善后，即命还朝，慰朕眷怀，尔其钦哉！"①

这两道敕谕十分重要，是几年以来清廷用兵方略的重大变化，是指导今后一段时期军事行动的基本方针，也是朝廷在任帅人选上的一种新的选择。总观这两道敕谕，结合有关文献，可以看出四个问题。其一，剿抚兼施，偏重于抚。谕、敕皆一开始即强调要"以文德绥怀，不欲勤兵黩武""若全恃兵威，恐玉石俱焚"，将此列为经略的首要目标和方略。这和在谕告内三院之前的几天的一道谕旨，有着密切关系。顺治十年五月十四日，顺治帝给兵部下了一道多年未见的罕有谕旨，宣布要大力推行招抚谕降工作。谕旨说："天下初定，疮痍未起，加之比年水旱，民不聊生，饥寒切身，迫为盗贼，及至官兵捕剿，玉石难分，魁恶虽多剪除，株蔓岂无冤滥。况当年沉陷，情事不同，或见迫于贪污，或迫胁于渠寇，既为贼党，自拔无门。"今特降殊恩，曲加赦宥，自顺治十年五月二十五日以前为"土贼"者，无论人数多寡罪犯大小，但能真心改悔，自首投诚，尽赦前罪，仍着有司安插，"兵仍补武，民即归农"。着兵部即速行文各地方督抚，转行所属，分贴告示晓谕，仍将抚过人数安插事实，不时奏闻。②也就在这前后几天，招抚郑成功之事正在大力进行，特封郑成功为海澄公，其叔郑鸿逵为奉化伯，并遣使敕谕郑成功及早归顺。③

顺治帝之所以要做这样的改变，根本原因不外是两条，一是"民穷则盗""兵饥则叛"，兼之征剿时又滥杀乱掠，则"盗"更兴，长期恶性循环，何年才能彻底止"盗"！二是国库如洗，军费巨大，赋税积欠，财政收支严重失衡，将士缺饷缺粮，官吏欠债欠米。顺治九年八月给事中刘余漠奏称："国家钱粮，每岁大半皆措兵饷"，湖南、四川和两广，"荒土极多"。同年十月，大学士范文程还特上专疏，极言"各直省钱粮，每年缺额至四百余万，赋亏饷离，急宜筹划"。为缓困窘，于同年十二月，"以粤东渐定，钱粮不敷，撤靖南将军固山额真卓罗等官兵回京"。①

剿抚兼施，偏重于抚，可以缓和一下矛盾，减少军费支出，略为缓解一点财政特别困窘之情。另外，顺治帝本人在亲政后勤读经书史籍，屡和儒臣议政，深受儒家学说熏陶，欲效法前代明君仁政，以"爱民"为本，本固邦宁，故愿改变几年来专重于剿的方针。

其二，满汉两用，倚重于汉。此时福建虽有郑成功反清，四川有故明旧将及部分大西军，江西亦常有厮杀，但威胁清廷统治、阻碍其统一全国的基本政治、军事力量，仍然是以大西军为支柱的南明永历帝政权，主要战场在湖南、广东、广西、云南和贵州。这次两道敕谕，授洪承畴为湖广五省经略，即征剿招抚这五省敌军的统帅。洪承畴虽已编隶八旗，但属于汉军旗，且他原来还不是一般汉人，而是官宦之家书香门第。他本人是明朝进士出身，任至总督，统兵十余万。以这样的降清汉臣为主要战场之大军统帅，且其士卒亦以绿旗兵（即汉兵）为主，在此之前还未曾有过。

回顾以往十年战史，顺治元年四月大战山海关，系摄政王亲统八旗军冲锋陷阵。随后豫亲王多铎、英亲王阿济格、肃亲王豪格、郑亲王济尔哈朗、巽亲王满达海、端重亲王博洛、敬谨亲王尼堪、谦郡王瓦克达、贝勒勒克德浑等宗室王贝勒，皆先后任大将军，统领八旗劲旅，辅以平西、定南、靖南、平南四王及续顺公之汉兵，以及各省绿营兵，征战南北，统一了大半个中国，奠定了统一全国的基础，从来没有任用过原系汉人之明朝降臣来任大军主帅。如果再加上此时四川、陕西主要靠平西王之兵，由固山额真李国翰率领之汉军八旗、绿营为辅佐，广东主要由平南、靖南二王之兵对敌征战，则可显而易见，这种布局，与以往有很大的区别。

顺治帝毅然做出如此重大转变的决定，有其客观的原因，那就是彼时八旗军威已不如前了。一系满兵人数太少，入关前夕满洲八旗有三百一十个牛录，按每牛录二百丁计，当有六万二千丁。到了顺治五年，若按年增率百分之三四算，应有七万丁左右，可是此年八旗编审的男丁册载，满洲八旗只有男丁五万五千三百三十丁。现在，时间又过去了五六年，如按正常人丁增长率，也应增加一万丁左右，但是顺治十一年八旗

① 《清世祖实录》卷67，第6页；卷69，第19页；卷70，第16页。

男丁编审册却载称，满洲八旗只有男丁四万九千六百六十丁，不仅未增加，反而减少了五千六百七十丁，即减少了百分之十还多。又过了三年，顺治十四年丁册载，满洲八旗共有男丁四万九千六百九十五丁，仅比三年前增加了三十五丁。蒙古八旗丁数亦与此类似，顺治五年有二万八千七百八十五丁，顺治十一年只有二万五千八百三十七丁，减少了百分之十。①满洲、蒙古八旗人丁之减少，显然是由于长期征战，伤亡过大。这是使朝廷感到极为不安的大事，照此下去，"满洲根本""满洲甲兵系国家根本"之基本国策怎能实行，大清王朝的统治怎能稳固？若再将这少得可怜的五万名左右的满洲男丁分送全国一千七百余厅府州县驻戍，平均一县只有三十丁，又怎能绥靖地方！如将其大部分派往湖广五省主战场，人数伤亡必然可观，满丁岂不又将减少！这是清廷必须认真考虑和妥善解决的一大难题。二是满洲将帅后继乏人。现在的宗室王公中，再也找不出昔日智勇双全的睿亲王多尔衮、豫亲王多铎、勇猛善战的英亲王阿济格、肃亲王豪格那样的大帅了，连郑亲王济尔哈朗、谦郡王瓦克达、端重亲王博洛、勒克德浑贝勒这样的大将军，此时亦寻觅不出。好不容易挑选了一个勇猛尚可的亲谨亲王尼堪当定远大将军，却又因寡谋轻敌而败死于衡州。满洲八旗士卒，也因长年厮杀和旗地荒芜家境困难而疲惫不堪，勇锐之气大不如前。这也是朝廷在用兵之时必须重视的一个难题。

另外，在金国——大清国建立过程中，尤其是入主中原和统一全国的过程中，虽然也出现了姜瓖、金声恒、李成栋等降后复叛的汉将，但大多数前明降臣，尤其是入关以前即已归顺的降臣，还是忠于朝廷，尽心竭力，转战厮杀，立下了许多功劳，是清廷可以信赖和必须依靠的重要力量，洪承畴、尚可喜、孔有德、耿继茂、吴三桂等人，即系明例。因此，顺治帝在任帅上才做了如此重大的改变，委授洪承畴以平定湖广五省之重任。

其三，经略权大，前所未有。两道敕谕，授予了经略极大的权力。经略有用兵之权，他"总督军务"，"一应抚剿事宜，不从中制，事后具疏报闻"，即征战抚绥，全由经略决定，朝廷不予干涉，只需事后报闻即行，且是"报闻"，而不是"请旨"。就连满兵留撤，即定远大将

---

①《历史档案》1988年第4期，安双成：《清初编审八旗男丁满文档案选译》。

军屯齐所统之满洲大军，是留是撤，这样十分重大的问题，亦由经略酌定具奏。"兵马粮饷"，亦全听经略调发。经略有用人之权，不管是现任京官还是地方官员，不论文武，只要经略认为需要，或用于军前，或用于辖地，皆可"随时择取任用"，这就可以称为"洪选"了，比后来平西王吴三桂之"西选"还更起作用。且敕书还规定，"所属各省官员，升转调补，悉从所奏"，连被称为封疆大吏的巡抚，以及总兵、道员、知府等官的去留，也由经略决定，用，则留；不用，则另调他人补任，将原任之巡抚等官另行推用。敕书还明确规定"吏兵二部不得拘例掣肘"。归顺官员，由经略酌量题录。经略有司法之权，"文官五品以下，武官副将以下"，如有违命者，经略可以"军法从事"，即可杖责直至斩首。经略拥有财权，他"兼理粮饷"，可以根据需要调发粮饷，"应用钱粮，即与解给，户部不得稽迟"，如系紧急军需，即在附近藩司、榷关行文取用。经略有辖理地方之权，位尊，巡抚、提督、总兵以下，听其节制，总督有事应关会者，必咨经略而行。经略无封爵，若按常例以其大学士身份，低于藩王，现却与平南王、靖南王及续顺公，"平行咨会，相见各依宾客礼"。各处土司，由经略决定招抚绥辑，投降兵民，听经略随宜安插。就是非经略所辖的四川、江西、河南、陕西地方，因其邻近湖广，故"应有兵事相关者，移文总督、巡抚，犄角策应"。简而言之，经略是辖治五省的最高长官，是指挥五省征抚的最高统帅。这样大的权力，汉官之中（包括汉军旗人），无人拥有，就连贵为王爷的平西、定南、平南、靖南四王，虽也有此类似大权，但地区有限，分别限于四川，或广西，或广东，只有一省。而洪承畴却拥有节制五省之大权，几乎与顺治元年、二年的定国大将军豫亲王多铎、靖远大将军英亲王阿济格之权势相等，远远超过顺治二年摄政王敕谕洪承畴招抚江南之权。当时洪之官衔仅是"招抚南方总督军务大学士"，即重在招抚，用兵之事，又必须与统率八旗大军的平南大将军、贝勒台克德浑"参酌施行"。

其四，遍观廷臣，舍洪莫谁。经略拥有这样大的军政大权，当派何人充任？这是一个关系到征抚成败和清廷统治的特大问题。顺治帝在谕授洪承畴为经略的敕书中，讲了这样做的原因。他说：能实现他之"以文德绥怀，归我乐宇"的方针者，"必得凤望重臣，晓畅民情，练达治理者，假以便宜，相机剿抚，方可敉宁。遍查廷臣，唯尔克当斯任，前招抚江南，奏有成效，必能肃将朕命，绥靖南方"。这里面提出了四个条件，一是夙望重臣，二是畅晓民情，三是练达治理，四是招抚江南奏有成效。帝以此四条来"遍查廷臣"，舍洪承畴之外，没有任何人具备这四个条件。以"夙望重臣"而言，这一条很重要，官卑职微，资浅望轻，难以服众。顺治十年五月、六月、闰六月期间，任大学士的共有十位，其名位顺序是：范文程、宁完我、洪承畴、陈名夏、额色黑、冯铨、图海、成克巩、张端、刘正宗。十位大学士中，冯铨刚于三月起用复原官，图海、成克巩、张端、刘正宗分别于四月闰六月升任此职。陈名夏初仅系兵户二科都给事中，顺治五年升至吏部尚书，八年七月刚入内院，当上内弘文院大学士。额色黑系满洲镶白旗人，顺治五年才升任至刑部启心郎，八年十月始任内翰林院大学士。他们名次都排在洪承畴之后。范文程、宁完我名列洪承畴之前，又早于洪当大学士，范还深蒙皇太极信赖，为入主中原献计献策，功勋甚大，史称其"定大计，左右赞襄，佐命勋最高"。但他从政二十余年，历经宦海风波，一度"夺官论赎"，年老衰病，一年以后，顺治十一年九月便因病致仕。宁完我虽"久预机务，遇事敢言"，但曾因好赌而革职为奴，罪废长达九年之久。而洪承畴从顺治元年起，即任大学士，时间比宁完我还长，故论"夙望重臣"而言，舍洪莫谁。当然，之所以能成为"夙望重臣"，则必然是忠于朝廷之人。第二条，"畅晓民情"与第三条"练达治理"，实为一条，即指人之才干而言，或略多二字，即文韬武略，这在当时任何大臣中，都没有人能与洪承畴相提并论。这里讲的"民情"，主要指汉民之情，因全国之中，汉民人数最多，反清者也绝大多数是汉人，当然也包含苗壮等少数民族人员，但始终是汉民为主。能否"畅晓民情"，与人之经历密切相关，不经厮杀，只会纸上谈兵之人，绝对不能成为一个好统帅。尤其是在明末清初，满洲、明朝——南明和大顺、大西农民军三股强大力量争雄称霸拼死厮杀之时，能和三方面都打过交道之人，自然就能多了解一点民情，其文韬武略也能更好发挥。被皇上看中的洪经略，在这个问题上，远逾满洲王公大臣和其他汉官。洪承畴系明朝进士出身，历任提学道、布政使参议、督粮道、延绥巡抚、陕西三边总督、蓟辽总督，以征剿农民军有功而任至大帅，又和清兵苦战半年，兵败被俘降清。入关前夕他奏陈进兵方策，为入主中原提供了重要的战略战术参考，随即被推任大学士，顺治二年担任"招抚南方总督军务大学士"，抚剿兼施，对平定江南、浙江、江西起了很大作用，顺治五年返京，仍回内院任职。这样一位颇有将才相才历任文武要职的大臣，这样一位早年降清随帝入关建有功勋忠于朝廷的"辽左旧人"，这样一位曾和大顺、大西农民军多年交战且屡败敌军的"剿盗"大帅，当然最适合于总督五省军务的经略大学士要任，所以皇上"遍查廷臣"之后，委付洪承畴以此重任。

洪承畴读到皇上谕告内院要委其担任经略之后，既感激涕零，又有些不安，于顺治十年六月初二上奏说："臣年逾六十，理宜退休，乃蒙皇上特异经略之任，伏读圣谕，信臣任臣，恳至周详，臣当尽心竭力，以期剿抚中机，无负皇上承天爱民本念。伏愿皇上勿忘今日信任初心，时谕吏户兵三部仰承天语，遵依条款，毫无改易，俾臣得以竭蹶展布，庶可仰报隆恩于万一也。"[①]

洪承畴此奏，字虽不多，却含有深意，主要意图是希望皇上要对他信任到底，倚托到底，毋受臣僚影响，处处掣肘。洪承畴年逾花甲从政三十余年，身仕两朝，历任要职，饱经风霜，宦海风波，历历在目。尤其是必然使他感受特深的是群臣相互倾轧和伴君如伴虎，今朝位极大臣，蒙帝特宠，明日便会因有人进谗，或流言蜚语，而使君顿改初衷，变爱为憎，龙颜大怒，从而使天子第一宠臣一下变为打入天牢的奸邪小人，革职削爵，抄家问斩。袁崇焕之冤死，即其明证。想当初，袁崇焕困守宁远孤城，遭受清太祖雄兵十余万围攻，众寡悬殊，人皆云必败必亡，然而，他对将士"激以忠义"，拼死坚守，终于大败敌兵，使太祖努尔哈赤负伤撤退，成为明朝第一位打败金兵之守臣，因而立从按察使升巡抚，不久又以兵部尚书兼右副都御史，督师蓟、辽，兼督登、莱、天津军务，主持对金征战。崇祯帝还亲自召见袁崇焕于平台，"慰劳甚至，咨以方略"，且许愿说："复辽，朕不吝封侯爵。卿努力解天下倒悬，卿子孙亦受其福。"真是宠冠群臣，有求必应，言听计从。然而就在此时，袁崇焕便顾虑到小人进谗，迷惑帝君，招来飞祸，特地奏称："以臣之力，制一辽有余，调众口不足。一出国门，便成万里。忌能妒功，夫岂无人。即不以权力掣臣肘，亦能以意见乱臣谋。"崇祯帝一闻此言，竟"起立倾听"，且"谕之曰：卿无疑虑，朕自有主持"，又特赐以尚方宝剑，"假以便宜"。如此宠信保证，最后竟成废话，尽管袁崇焕矢死报国，忠于朝廷，屡建功勋，但崇祯帝却终于听信谗言，中了清太宗皇太极反间计，以其通敌谋叛，磔杀于市，家产籍没，兄弟妻子流徙三千里，成为明代第一特大冤案。[①]此情此景，焉能不令洪承畴深思！他现在所处境遇，和当年之袁崇焕平台召对，颇多类似，因此，他不得不存有戒心，在就任之前向帝奏请，既坚决表示要"尽心竭力，所期剿抚中机，无负皇上承天爱民本念"。又重述君言，"伏读圣谕，信臣任臣，恳至周详"，而请求"皇上勿忘今日信任初心，时谕吏户兵三部仰承天语，遵依条款，毫无改易，俾臣得以竭蹶展布，庶可仰报隆恩于万一"（即方能成功）。此番奏语，与袁崇焕当日之话，何其相似！

顺治帝当然不会不明白洪之心意，特降旨批示说："卿练达民情，晓畅兵事，特假便宜，往靖南服，一应调度事机，悉以委托，距京虽远，眷注弥殷，务殚忠猷，负兹信任，凡有奏请，朕靡不曲体。内外诸臣，须同心共济，著照传谕遵行。"[②]不久又于赐洪之经略敕书中，重申谕意，且特允洪承畴保举因过革职的原任大学士李率泰为两广总督之请，降旨说：李率泰"本当永不叙用，既经略辅臣保为两广总督，特允所请，著改过自新，以图报称"。[③]

洪承畴受命离京前，皇上特赐经略大学士蟒朝衣袍帽带靴袜、松石嵌撒袋弓矢、鞍辔二副、马五匹，又赐洪承畴奏请同往的精奇尼哈番（子爵）以下拖沙喇哈番（云骑尉）以上之李本深等八十七员将领朝衣袍帽带、撒袋弓矢、鞍辔马匹等物。[④]

洪承畴奏请命李率泰与平南、靖南二王驻守广东，改拨"土贼未靖"之江西隶己辖治。帝从其请，命铸给"经略湖广、江西、云南、贵州内院大学士"印，又将广西拨归洪管辖，复从其请，将"随营犯令，酗酒淫掠"的骑都尉（正四品）张任先于军前正法，将"防剿怠玩，养寇贻害"的郧襄总兵官（正二品）罢官，优恤死守辰州屡立战功英勇阵亡的辰常总兵官徐勇，赠太子太保，晋爵二等男。[⑤]

调遣得宜，湖广、两广平定。

经略五省大学士洪承畴虽奉命抚剿兼施，偏重于抚，但多年戎马生

①《明史》卷259，《袁崇焕传》。

②《清世祖实录》卷76，第2页。

③《清世祖实录》卷76，第6页。

④《清世祖实录》卷76，第25页。

⑤《清世祖实录》卷79，第3页；卷82，第23页；卷85，第19页。

涯，使他清醒地看到，单纯靠抚是不行的，尤其是在李定国"两蹶名
王，天下震动"的形势下，更离不开强大的军威，而这一点，仅靠绿营
兵，无法体现，还需仰仗于八旗劲旅。因此，他率领将士到达湖广后，
即于顺治十年（1653年）十一月奉陈用兵机宜说：楚省寇乱多年，"人
知逆贼孙可望等抗拒于湖南，而不知郝摇旗、一只虎等肆害于湖北"。
今湖南分驻重兵，足备防剿，而各郡窎远，不免首尾难顾之忧。其荆州
"贼孽"，倘或由澧州犯常德，或截岳州以犯湘潭，则我军腹背受敌。
臣与督臣议，臣宜往来长沙，四应调度，督臣移驻荆州，提督标下官兵
宜赴荆州郧襄间听调，仍俟另拨各营官兵，增武昌城守，以壮声援。近
来桂林虽云恢复，其实附郭止临桂一县，外郡止灵川、兴安、全州三州
县而已，李定国距省城仅二百里，"眈眈思逞"，满洲援剿官兵岂能久
留，将来如有恢复州县，何以分守。"兵至，则贼退，兵去，则贼复
合，彼逸我劳，甚犯兵家之忌"。又若孙可望探知我兵出援，以靖州沅
州之敌兵截断粤西险道，则我首尾难顾，反置孤军于徼外，种种危
形，显而易见。目前已严促所调官兵，速往协同战守，俟臣亲历衡
州、永州后，再商机宜以闻。此疏于十一月二十八日送到帝前，帝命下
所属速议。①

　　顺治帝聪睿机智，深刻地理解了经略的想法和意图，也感到需要有
所改变，显示八旗军威或以利于抚敌。过了六天，十二月初五，他便授
固山额真陈泰为宁南靖寇大将军，同固山额真蓝拜、济席哈、护军统领
苏克萨哈等将，统领八旗官兵，镇守湖南，赐其敕说："逆贼孙可望
等，煽乱湖南，蹂躏地方，兹特命尔陈泰为宁南靖寇大将军，同蓝拜、
济席哈、苏克萨哈等，统率大军，镇守湖南。尔等公司经略辅臣洪承畴
悉心商榷，择湖南湖北扼要之处驻扎，其用兵机宜，悉同经略议
行。"又命拨发银两，骑兵无马者，每牛录发马十匹。②十一年二月帝
又诏靖南王耿继茂移镇桂林，以联声援。陈泰至湖广后，与洪商定，驻
于荆州。

　　陈泰的统军出征和靖南王之移镇桂林，都是根据洪承畴之奏而调发
的，但也充分显示了顺治帝虽仅年方十五岁余，却颇有见识，在有关用
兵的重大问题上做了明智的正确的抉择。他没有命定远大将军屯齐统领大军

① 《清世祖实录》卷79，第15页。
② 《清世祖实录》卷79，第17、18页；《清史列传》卷4，《陈泰传》。

留镇湖广，担负洪承畴奏请的重大军事任务，而是让屯齐率部于顺治十一年班师回京。这可能是他考虑到屯齐虽于十年春天击败过孙可望，击走李定国，但毕竟这支部队曾惨败于衡州，主帅尼堪亲王败死，士气沮丧，恐难完成平定湖广和广西以至进取云贵的艰巨任务，因而另派他将。在委任新帅时，他选中了陈泰，这一任命非常英明。陈泰不是平庸之辈，而是将门虎子元勋之后。他的祖父是大名鼎鼎的清朝开国元勋弘毅公额亦都，他的父亲车尔格亦是一员虎将，历任固山额真和户兵刑三部承政（尚书），军功累累，政绩可观。陈泰本人很早就披甲出征，屡次以少败多，为扩大金国，入主中原建立了不小功勋。顺治四年他以礼部侍郎从征湖广，败大顺军余部将领一只虎于荆州，随即奉命为靖南将军，平定了全闽。六年授护军统领，七年擢刑部尚书，八年二月迁吏部尚书，三月授国史院大学士，世职晋至二等男，后因小过罢任，九年正月即起用为礼部尚书，三月授镶黄旗都统，晋二等子。这样一位将门虎子，久战沙场，从政多年，能文能武，且曾驰骋于湖广与福建的大将，出任宁南靖寇大将军，是最恰当不过了。

顺治帝又因李定国进攻广东，于十一年六月初九谕派固山额真朱玛喇为靖南将军，同护军统领敦拜，率领江宁驻防八旗官兵，援剿广东，赐其敕书说："兹因逆贼侵犯广东，以尔朱玛喇为靖南将军——同护军统领敦拜，总统弁兵，前赴广东平南王尚可喜、靖南王耿继茂、总督李率泰处，与二王及督臣计议，将延扰广东贼寇相机除剿。其广东地方，亦与二王、督臣商议，机宜剿抚。"①

这一任命，亦很妥当。朱玛喇虽年逾半百，但却是身事三朝，幼年从征军功累累的宿将，历任佐领、参领、副都统、都统、侍郎、尚书等职，骁勇善战，且入关后他先后统兵厮杀于浙江、福建、江西等省，有在南方作战的经验。

战局进展，果然不出洪承畴和顺治皇帝之所料。顺治十二年六月，孙可望遣安南王刘文秀率卢明臣、冯双礼统兵六万，楼舻千余，分攻岳州、武昌和常德。陈泰遣护军统领苏克萨哈设伏以待，参领呼尼牙罗和先与卢明臣，冯双礼之兵相遇，败其众，复令参领苏拜、希师等以舟师迎击，"八旗继进，三战三捷"。"贼复列舰拒战"，清伏兵出击，"焚其船，贼大败""焚获船舻甚多"，卢明臣赴水死，冯双礼受重伤逃走，刘文秀遁走贵州，降敌将四十余员兵三千余人，清军

①《清世祖实录》卷84，第6页。

大胜。①

在此之前，由于湖广驻有清朝大军，又恐孙可望袭击，李定国于顺治十一年春率军进攻广东，连下高州、廉州、雷州，十月联络粤东水陆义师，号称二十万，围攻新会。平南、靖南二王率兵往助，至三水县，分布沿江隘口，等待八旗军。十二月，朱玛喇率军赶到，合兵进剿，先败敌于珊州，继至新会，大败李定国所领的四万马步兵。朱玛喇统军追击，于顺治十二年二月连败敌军于兴业县境和横州江，李定国渡江退入广西南宁府，再退至安隆。于是广东高州、雷州、廉州三府三州十八县及广西横州二州四县悉平，获象十六头及马二百余匹，"器械无算"。②

顺治帝大喜，于顺治十二年四月遣使赏敕，嘉谕二王及朱玛喇、敦拜、李率泰说："朕唯折冲御侮者，社稷之良臣，显绩襃勋者，国家之盛典。尔等或受命以扩靖疆场，或率师以协平寇盗，皆朕之故旧大臣倚为腹心者也。顷者逆贼李定国栖处南方，频侵两粤，二王及诸臣宣厥忠勇，谋操必胜，于新会等处杀贼既多，复追至横州江岸，降其军将，获其器械无算，克定高、雷、廉等府州县，先后屡捷，功越寻常，绩臻茂著，朕甚嘉悦，特赐敕谕，以示朕嘉励至意，尔等其益尽忠勤，垂名永久，钦哉！"③

顺治帝厚加赏赐，晋二等子宁南靖寇大将军陈泰为世袭一等子兼一云骑尉。部臣拟晋靖南将军、二等男朱玛喇为一等男兼一云骑尉，顺治帝以其功多，不应循常格议叙，特谕吏、兵二部说："都统朱玛喇等率兵击贼李定国，雪衡州、桂林之愤，快慰人心，其军功再加议叙。"部臣遵旨奏准，晋其爵为三等子。④

到顺治十二年底，刘文秀、李定国连败皆弱，李定国只有兵六千据南宁自守，两广及湖广绝大部分州县皆为清有。顺治帝之调遣得当，对促进统一两广与湖广起了一定的作用，下一步就应该是乘胜前进，攻取云贵了。

---

①《清世祖实录》卷92，第8页；《清史列传》卷4，《陈泰传》。

②《清世祖实录》卷88，第27页；卷89，第11页；卷91，第6页。

③《清世祖实录》卷91，第6、7页。

④《清史列传》卷4，《陈泰传》，《朱玛喇传》。

(三)三路会师　一年平定滇黔

湖广、两广平定之后，本应乘胜前进，夺据云贵。五省经略辅臣洪承畴和倚任他的皇上福临，也都渴望早日平定滇黔，以彻底全面地统一全国、安定民心，减少军费，改善国家财政极其困难的窘况，但是洪承畴却又害怕进攻云贵之事过早提上日程。这倒不是他念及前明崇祯对他的破格擢升，几年内由一个四品督粮参政一跃而为巡抚、总督，统领大军，备受皇上宠爱，马上就要入阁拜相了，因为有此隆恩，现在不忍对明后裔永历帝动手。他之迟迟不愿大规模进攻云贵，主要是因为对手太强，南明永历帝是由大西军"保卫"着，这可是一支不可轻视的劲敌。

此时大西军相当强大，士卒数十万，骁将众多，原平东将军孙可望、安西将军李定国、抚南将军刘文秀、定北将军艾能奇，皆系能征惯战的猛将，现皆已封王。原来的前军都督白文选，有勇有谋，被孙可望视为亲信大将，封巩昌王，曾代刘文秀坐镇四川，又于顺治九年十一月猛克湖南辰州府，击杀清朝名将辰常总兵徐勇。另外汉阳王马进忠、叙国公马惟兴、淮国公马宝、庆阳王冯双礼等将领，亦长年征战，屡败清军。大西军据有云贵，地形险阻，易守难攻，时袭两广湖南，还与四川义军和大顺军余部及福建郑成功遥相呼应，照说是金城汤池，难以失陷了。

正是由于这些原因，老成持重的清朝经略大学士洪承畴，肩负经略五省重担后，一直主张"以守为战"，先定湖广，巩固南方，再图进取。顺治十年十一月二十八日他提出了总的战略方针："安襄樊而奠中州，固全楚以巩江南。"他主张军事上"以守为战"，采取防守之法，政治上"广示招徕"，采取攻势，经济上"开垦田亩"，恢复生产，侍"兵厚粮足，战守周备，然后可以会师前进"，攻取云贵。[①]直到顺治十二年十二月初三，他仍奏称："进守无兵，驻守无粮，旋得旋失，数年往事，可为明鉴。"[②]经过一年多的努力，原先"湖北一带已无宁宇"，湖南"人心日变一日，地方日坏一日"之危局，已大有改变，"人心渐有固志"。顺治帝曾因"湖南寇氛未靖，殃及生民"，下旨

---

①《明清史料》甲编第4本，《经略大学士洪承畴密揭帖》，第6本，《经略洪承畴揭帖》（顺治十年十一月二十八日）；周祚：《洪承畴墓志铭》。

②《明清史料》甲编第6本，《经略洪承畴揭帖》。

"增遣满兵，携家口，驻防武昌"，今因"五省经略抚臣洪承畴在彼操练军兵，修整器械，军威殊壮，招徕抚戢，民情悦安"，于十二年二月降谕停止。[1]

湖广、江西与广西虽已稳定，但洪承畴是五省经略，最后目标是统一滇黔，怎样实现这一目标？洪承畴仍主张以守为战，待条件成熟时才大举进攻。这就招惹了一些官员不满。兵部左侍郎王弘祚于顺治十二年初上疏，指责洪承畴久任无功，坐失战机。[2]

曾与大顺军、大西军多次交战因功升授四川巡抚的汉军正红旗人李国英，也于同年春疏陈用兵方略，痛驳坐守之弊，力主大举进攻。他说：建治平之略者，在苏民生之困，苏民生之困者，在祛其致困之源。今滇黔未靖，征兵转饷，"因一隅未安之地，累省省已安之民，旷日费时，必至师老财匮，此坐而自困之道也"。"我国家兵威无敌，而小丑敢逆颜行，非兵不强，饷不足，由封疆之臣畏难避苦，利钝功罪之念，先入于中，以致贻忧君父耳"。现湖南两广俱有重兵，平西王与固山额真李国翰之兵屯驻汉中，蓄锐已久，若分道并进，首尾夹击，必能成功，"此诚一劳永逸之计也"。请敕平西王与李国翰为各路之统领，先平四川，再取滇黔。[3]

于顺治十二年十一月接替陈泰担任宁南靖冠大将军的一等子、固山额真阿尔津，统率八旗军驻荆州，连败敌军，十三年又攻克湖南辰州，欲以所部兵留驻于此，咨商于经略，洪不同意。阿尔津复移咨说：若增兵守辰，则可得沅州、靖州，"沅、靖一得，可进取滇黔"，今弃辰州不守，敌必复来，"我士马疲顿，岂能数次越险阻"？洪以此咨文上奏。顺治十二年五月郑亲王济尔哈朗临终前夕，也语重心长地奏告皇上，"唯尾以取云贵、灭桂王为念"，实际上也表示了对洪承畴重守不进的不满。

虽然不断招来非议，但洪承畴仍因大西军强大，云贵险阻，而主守不攻，偏重招抚。顺治帝也听从其言，不采纳李国英等人建议，且令阿尔津班师，"以征守事务委承畴速筹"。洪承畴虽花了很大力气进行招降，多次派人诱劝孙可望、李定国降顺，但是由于不敢进剿，"寸土未

---

① 《清世祖实录》卷89，第2页；《清代档案史料丛编》第6辑，第150—155页。

② 《明清史料》甲编第4本，《兵部侍郎王弘祚奏疏》。

③ 《清世祖实录》卷91，第3、4页。

恢"，招降之计也未生效。在这"满洲大兵屡苦远驰，地方官民疲于奔命"，军费激增，财政奇困之际，廷臣对洪越益不满，皇上也失去耐心。洪承畴只好以"有罪、无能、老疾"为借口，一再要求朝廷将已"罢斥处分"。顺治帝初尚"优旨慰留"，后便于顺治十四年六月三十日降旨允准其请说："览卿再奏，病势转久，深轸朕怀，军务殷繁，难以静摄，着解任回京调理。"①

经略可以解任，但怎样用兵，却非一纸诏书能解，守既不利，攻又难进，万一冒险进攻，折兵损将，又将如何收场？顺治帝对此可真是苦无良策，忧心忡忡了。

然而，天祐清室，正当洪承畴打点行装准备返京之时，正当皇上难定攻守坐卧不安之际，前线传来了大西军"国主""秦王"孙可望前来归顺的特大喜讯，局势顿然改观。

孙可望本是"关西布衣"，先祖屡世力农，家境贫寒，为人所侮，愤而投奔张献忠，初为普通士兵，因其"少年英俊"，机智骁勇，被张献忠收为养子，封平东将军，位列李定国等人之前。张献忠死后，他团结众将，激励士卒，与李定国、刘文秀、艾能奇三将军，率领大西军余部出川，夺据滇黔，对大西军的延续和再度强大，起了相当重要的作用，被将士尊为"国主"。然而，随着地位的变化，孙可望的自私、骄横、嫉贤妒能、专权横行的毛病恶性膨胀。他尤其忌恨安西王李定国智勇双全，功大势盛，遇事直言，不媚于己，于南明永历二年（清顺治五年四月）借故执李定国于演武场，杖责五十军棍，孙李之间仇隙已深。

孙可望欲彻底摆脱四将军并尊的传统，遂袭挟天子令诸侯之故事，于顺治六年遣使南明，要求"联合恢剿"，给己秦王封爵。南明永历帝初尚不愿，几经周折，后遭清军追袭，走投无路，只好逃至孙可望辖区，被孙安置在安隆，实为软禁，名虽为君，而"大小战争，诛斩封奏"之权，悉归孙可望掌握。

孙可望虽已胁迫永历帝封己为秦王，野心并未满足，紧张筹划自为天子。而李定国则由于明臣的影响，日渐滋长忠君思想，愿为永历帝之忠臣，从而孙李之间矛盾越益激化。孙可望几次谋害李定国未遂。顺治十二年听闻李定国在南宁为清兵所逼欲撤回云南，他急命总兵关有才等统军四万，进屯田州堵击，凡李定国可能来滇的必经之路，粮草全部焚

①《清世祖实录》卷110，第9页。

毁。不料李定国因此时虽仅剩下六千士卒，却雄心未减，在接到永历帝于安隆潜行发出的勤王血诏后，立即于十三年春由间道出奇兵抄袭关有才大营后路，关有才大惊，落荒而逃。李定国在白文选协助下，赶抵安隆，奉永历帝朱由榔入云南，与蜀王刘文秀会合，抵达昆明，白文选仍留贵州。

孙可望大怒，于顺治十四年八月初一，令冯双礼留守贵州，以白文选为大将军，总统诸军前行，以马宝为先锋，自率一军殿后，总共有兵六万（一说十四万），急行入滇。九月二十日，两军交战于交水，李定国部只有三万，众寡不敌。然而大西军将士早就对孙之同室操戈十分不满，久仰李定国之为人及才干，故白文选、马宝、马惟兴等大将皆于阵前倒戈内应，李定国、刘文秀见机率兵猛攻，孙可望部下大多迎降。孙可望大败而逃，随行只数十人，逃回贵阳，兵心已变，遂偕妻子带财宝逃往湖南，于十一月到达宝庆府境，遣使赴洪承畴军前求降。清宝庆中路总兵官李茹春、右路总兵官王平于顺治十四年十一月十五日将孙可望及其将士家属四百余人送到宝庆，后又遵经略命令，于二十八日送到湘潭，与经略相会。十二月初三，洪承畴带孙可望到长沙。初十孙可望等人尽行剃发，并呈献"秦王之宝"镀金银印于经略。曾经拥兵数十万叱咤风云威震西南的大西军"国主""秦王"孙可望，就这样在惨败之后投降于有杀父之仇的敌人，跪伏在大清皇上的脚下，当了一名可耻的农民军的叛徒。[①]

洪承畴闻知孙可望来降，无比欣欢，立即奏报喜讯，并说明"病已痊愈"请求留任，同时又连上几疏，陈述了需要重赏孙可望的理由。他强调说："云贵投来伪王，关系荡平南服机宜，尤必叩恳皇恩，大破赏格，特加升赏"，希望朝廷将孙可望树立为"收复云贵榜样"。

顺治帝得悉孙可望归顺，万分高兴，立即考虑对孙可望之安排与封赏。一些人的名字、经历、爵职，自然会出现在他的眼前。入关以来，大顺军、大西军将领、明朝故臣、南明官将降清者不少，清廷皆区别对待，封授爵衔或官职。拥兵四五万驻守睢州的南明东平伯、总兵许定国，诱杀统军十余万坚决抗清的南明兴平伯、总兵高杰，归顺清朝，死后追封一等子。南明广昌伯、总兵刘良佐统兵十万降，封授二等子。已故宁南侯左良玉之子左梦庚率总兵十二员马步兵十万降，授一等子。总兵田雄缚南明福王来降，授一等子。统军二三十万为消灭南明唐王政权立下大功的平国公郑芝龙，降后初封三等子，后以欲诱其子郑成功归降，始封郑芝龙为同安侯，成功为海澄公（郑成功拒爵不降）。明定西伯、总兵吴三桂因献山海关败大顺军李自成立有大功，始封平西王。另外，孔有德、耿仲明、尚可喜、沈志祥，因在关外已降，功大，故在崇德年间，已分封王、公。若按入关后左梦庚等人率兵十万、四五万来降者之例，此次孙可望仅系"子身来归"之孤家寡人，若仅以率降之官、兵多少来论功封授，孙可望最多也不过封授男爵，不能赐以更高的爵职。怎样办？是按常例，还是破格，难以定夺。这时便显现出顺治帝之智慧和才干了，他毅然不囿于常例，采纳了洪承畴请求重赏孙可望的意见，而且其赏之重，恐连经略也大出意外。他竟然特别破格，赐封孙为"义王"，而且封授之仪甚为隆重。

顺治十四年（1657年）十二月初六，他"敕谕新归臣孙可望"说：

"朕唯帝王统御天下，必期遐迩民生，皆得其所，故当舆图未归，念切颠连，不惮缮我甲兵，远伸天讨，若肯革心向化，即嘉其慕义，不吝推心置腹，广覆载无外之仁。卿十余年，阻在南服，聊为自固之计，未悉我朝宽仁大度，宥过招降，自创业以来，凡悔罪投诚，纳土归命者，不特赦其既往，抑且优加封爵，俾享尊荣，此天下所共闻者久矣。今卿率众携家，乘机来归，知卿处心积虑，向化有年，即此一旦幡然，便为识时俊杰。朕一闻疆臣驰奏，深为忻悦，特封尔为义王，以示优眷，所有应给册印，已令所司铸造，令近臣赍送外，兹遣专官，先行敕谕，用宣朕意，卿宜祗遵，以俟宠命。"①

过了九天，顺治帝又下一道谕旨和一道敕书。谕旨是谕兵部的。他谕告兵部说：向因孙可望、李定国等窃据滇黔，勤兵讨御，抚剿兼施，原为救民于水火，今李定国与孙可望彼此相攻，"可望携家降顺"。"览其来奏，情词恳切，独能识审势时，洁身于僭乱之群"，即此一念

①《清世祖实录》卷113，第12页。

维新，便当宥其既往。且兴师动众，深轸劳民，兹乃不烦兵力，自献悃忱，殊可嘉悦。"孙可望已特封为义王，用昭朕柔远宁民之意，尔部通行传之"。[1]另一道敕书，是给孙可望的，是答复孙之求兵征滇而写。他在敕谕中讲道："前经略辅臣奏王慕义向化，朕心深为嘉悦，特加优典，封为义王"。兹览来奏，当明季丧亡之际，收拾士民，训养兵卒，期保所得土地，原非篡夺。"谅王久阻归诚，亦特震慑兵威，初非抗拒"。至于所用之人，横逆不驯，假借名号，煽惑逆党，反攻内击，"似此所为，既挟制其主，又流毒于民，不但有负于王，抑且悖违天道。朕凤以奉天讨罪救民水火为心，已命所司选将厉兵，大张挞伐，以快滇黔兆民来苏之愿，庶慰王去逆效顺之忱矣"。[2]

又过了十三天，顺治十四年十二月二十八日，帝遣内翰林弘文院学士麻勒吉为正使，礼部尚书胡兆龙、礼部右侍郎祁彻白为副使，赍册印往湖广，册封孙可望为义王，册文全文如下：

> "向化抒诚，号识时之俊杰，封藩赐爵，昭励世之旗常，来归既献乎舆图，懋赏斯隆夫带励。咨尔新归率臣孙可望，才能乘势，智裕择君，虽云向在南荒，十余年称戈负固，实则志依北阙。兹一旦率众投诚，携尔室家，足信蟾云就日，统厥士马，真为出谷迁乔，于朝廷招降抚顺之仁，适相允合，岂国家厚禄荣阶之典，肯靳弘施。大分维彰，朕心嘉悦，是用封尔为义王。于戏，祇承宠渥，流芳誉于千秋，益笃忠贞，竟茂勋于一统，钦哉"。[3]

又过了几天，顺治帝以孙可望差官程万里至京，奏请入觐，特谕允其请，命其同麻勒吉等速来京师。[4]

孙可望遵旨，于顺治十五年五月初二到达京城，帝命"和硕简亲王济度、和硕安亲王岳乐率众公侯伯以下、梅勒章京侍郎以上出迎，赐茶"。这是十分隆重的迎接贵宾之礼，并且几天之内，皇上几次赐宴和召见。孙至京的第二天，五月初三，帝御太和殿，孙可望朝见皇上。五月初四，"宴义王孙可望于中和殿"。五月初八，"赐义王孙可望于其

①《清世祖实录》卷113，第14页。

②《清世祖实录》卷113，第15页。

③《清世祖实录》卷113，第20、21页。

④《清世祖实录》卷114，第6页。

邸舍"，"定义王孙可望顶戴、坐褥、仪仗等物，其长史等官及护卫，俱视多罗郡王例"。五月初十，"复赐义王孙可望宴于其邸舍"。①皇上又多次赏赐大量银布衣服与孙可望。六月初二，"赐义王孙可望银两千两、缎五十匹、青布梭布五百匹。其总兵副将参游等官，各赏银缎布有差。兵丁亦赏银布"。②

七月初二，"赐义王孙可望貂镶蟒袍一、貂褂一、大蟒缎狐腋里水獭镶边朝衣一、黑貂朝帽一、镶斜皮靴袜一双、大蟒夹朝衣一、蟒缎夹褂一、蟒纱朝衣一、凉朝帽一，及珠顶、束带"。③不久又赐孙可望银一万两。④

皇上如此的多次召见，厚赐银布衣物，封为王爵，长史等官及护卫"视多罗郡王例"，除了平西、定南、平南、靖南四王外，没有任何一位降臣得到这样的优遇，有清一代除四王外，也是罕遇。一个仅仅带领百余随员狼狈逃窜投到清营谋求活命之人，竟得到这样罕有的恩宠、重赏和优厚待遇，实出群臣意料，也引起一些降臣的不满和忌妒。左都御史魏裔介竟因孙可望要求随军从征而特上劲疏，痛斥其"坐见败辱，鼠窜奔投""亡命来归"，从征之请乃"不自揣量，冒昧无知"，硬给孙定上几条罪状，要求皇上对其"严加处分"。⑤

然而，少年天子却远比这位被赞为"才品优长"、见识高超、直言敢谏的御史，更有远见，更有气魄。他坚持执行其特别优遇孙可望的独特政策，而且取得了预期的非常好的效果，那就是使孙可望"感激无地"，尽心竭力为朝廷效劳，从而很快就实现了平定滇黔的多年夙望。

孙可望在两个关键性问题上，帮了清廷的大忙。第一，他"开列云贵形势机宜"，"图画山川迂曲及诸将情形、兵食多寡献之"，使云、贵、川的"虚实险易尽输于敌"，全面、详细、准确地泄露了大西军的军事机密，为清军制订正确的作战计划，击败敌军，提供了极为有利的条件。以往清军之所以常吃败仗，很重要的一个原因就是不知敌情，大西军的军事组织、战略战术、将领情形、士卒心情、军事

①《清世祖实录》卷117，第2、6页。
②《清世祖实录》卷118，第3页。
③《清世祖实录》卷119，第2页。
④《清世祖实录》卷121，第4页。
⑤《明清史料》甲编第6本，《经略洪承畴揭帖》（顺治十四年十二月初六）；王夫之：《永历实录》卷1，《李定国列传》。

设防等，以及山川地形都知之太少，故而犹如瞎眼之人胡乱厮打，常中埋伏。现在情形大变，清廷对大西军，对西南是"明如指掌"了，就可出敌不意，突然袭击，稳操胜算。第二，孙可望派人为清军当向导和奸细，严重地瓦解了大西军军心，促成李定国惨败。他"遣人赍手书招（大西军）诸将帅，言已受王封，视亲王，恩宠无比，诸将降者皆得予厚爵，非他降将比，唯定国一人不赦。刘永秀之子及马惟兴、马宝等皆为所诱，先后举兵降。定国大溃，乃退师，奉上奔永昌"。①简而言之，孙可望的投降及其感激帝恩，尽力为朝廷效劳，对促成李定国大西军的失败，对清廷的统一滇黔，起了很大的作用。顺治帝的这一着棋下得很妙，使全局皆活了。

少年天子福临还下了另外三着好棋，在三个重大问题上明智地做出了正确的抉择。第一个问题就是洪承畴是否留任？洪承畴在顺治十三、十四年里，大部分时间不敢进剿，寄望于抚，没有大的作为，引起廷臣不满，朝廷也就同意他的解职，谕其解任回京。但是，当孙可望投降后，洪承畴之"多年积病"突然好了，精力异常充沛，紧张工作，上疏奏称病已痊愈，要求留任，并将孙可望之"众散势孤，穷蹙乞降"，说成是由于数年以来他大力宣传"皇上文德绥怀，特恩招抚，遐方人心深切向慕……湖南以守为战，无隙可乘，以致云贵内变突生，人心解体"，故孙可望才"决计奔投"，②将此大功贪为己有。

是允其留任，还是另换他人？这是一个关系重大的原则问题。不满和忌妒洪承畴者，大有人在，想趁此大好时机统兵出征，为朝廷建树功勋，为自己立功留名邀封晋爵者，亦不乏其人。万岁完全有理由不允洪之留任请求，也完全可以找到能任此事之人，那么，怎么办？顺治帝想必也是反复思考过，但他做出的决定却必然出于某些大臣的意外，也使他们有些沮丧。他很快就同意了洪的请求，于顺治十四年十二月初五谕告兵部说：经略辅臣洪承畴，前已有旨准其解任回京调理，"近闻病已痊愈，仍着留原任，亲统所属将士，同宁南靖寇大将军、固山额真宗室罗托等，由湖广前进，相机平定贵州"。③

这个决定十分正确。洪承畴已经略五省四五年，主要将领和文臣，

---

① 王夫之：《永历实录》卷14，《李定国列传》。

②《明清史料》甲编第6本，《经略洪承畴揭帖》（顺治十四年十二月初六）。

③《清世祖实录》卷112，第11页。

或系其奏调委任，或共事已久，民情军心皆较知悉，对敌方也有所了解。这支几万人的大军如若能在他的继续统率下，定对用兵有大的裨益。否则，大军即将进剿之时，突易统帅，必然产生不少恶劣后果，不利于征剿。实践证明了顺治帝的这一决定，马上就产生了很大的作用。

洪承畴对此，真是感恩戴德，决心全力以赴，报答皇恩。他以"不胜惶悚，不胜感激"的心情，向皇上表忠说："伏思职经略四载，寸土未恢，正当秣马厉兵之时，徒患危笃之疾……唯有振励精神，勉图竭蹶，慎终如始，与大将军等计划万全，实行剿抚，期无负皇上委用至意。"①

洪承畴也确是这样做的。他于顺治十四年十一月十五日收到孙可望于九月三十日派人自贵州送来的他的信后，立即起草回信，于第二日派十余名亲信官兵将这封"宣布朝廷德意"的回信带往宝庆，面交孙可望。十七日他即率第一批满汉精兵从长沙出发，前往宝庆，十九日到达湘潭，二十八日与孙会合，十二月初三同回长沙。洪承畴除了特别破格优遇孙可望，使其"感激无地"，并请帝加以殊恩外，抓紧时间了解滇黔情形，征求孙对用兵的建议，很快便对敌情有了深刻、全面的了解，作战方略也谋划妥当。

清廷的最初方案是，三路出师收复贵州后，驻于贵州，"具疏请旨，勿即进滇云，定滇大兵来年内进发"。朝廷将此方案交与洪承畴"详确筹划"。洪承畴在"广询细访"，"密会"孙可望后，对西南形势"明如指掌"，便提出重大的修改建议。他认为，原计划有三大缺点，一是三路大军合而为一，集中从贵州进攻云南，李定国便免去前后受敌的危险，"并可合全力以专守一路之险要"，这样一来，清军便难以越过险阻取胜。二是数十万大军集中一地出发，拥挤不堪，"则各路崇山深林，羊肠鸟道，士马大众之往返疲苦，其何以堪"。三系"大兵士马全聚一隅，则用粮益危"，贵州这一极贫之省，"钱粮不及江浙一中县"，军粮供应便成问题。因此，他建议："两路大兵同时齐发，又一路大兵前后继进，如有一路大兵先进取贵州省城，则别路大兵似可就本省进兵道路相度贵州、云南适中扼要地方兼有买运米粮处所，或分行驻扎，以示即可分进滇云之势，不致三路齐集贵州省城。则我兵既有分合之势，可成犄角之形，又无屯聚拥挤争粮乏食之患，且分路驻兵，得

---

① 《明清史料》甲编第6本，《经略洪承畴揭帖》（顺治十四年十二月二十六日）。

以蓄精养锐，各由径路齐进收复滇云，不致大众再有往返奔疲之苦，一举而数利皆在于我……一举而数害皆在于贼"。①这一建议非常及时和正确，为朝廷采纳，如果撤换洪承畴，清军就会犯下不少大错，而影响进取滇黔。

顺治帝的另一高明之处就是选好了合适的统帅。他对三路大军的统帅人选，经过反复思考并和商议军务的议政王、议政大臣们多次讨论，最后他于顺治十四年十二月宣布，以宗室罗托为宁南靖寇大将军，同经略洪承畴由湖南进发；以平西王吴三桂为平西大将军，同固山额真、侯、墨尔根侍卫李国翰由四川进；固山额真赵布泰为征南将军，与提督钱国安由广西进发。不久又于顺治十五年正月授信郡王多尼为安远靖寇大将军，同平郡王罗可铎等前往，总统三路。

这些决定非常正确，显示了少年天子非凡的军事指挥才干，主要表现在三个方面。其一，不囿一格，知人善任。这在罗托（亦写为洛托）的任用上显示得格外清楚。罗托是太祖之亲弟追封庄亲王舒尔哈齐之孙，系寨桑古贝勒之长子，早年从征，屡立军功，崇德元年封固山贝子，崇德七年任都察院承政，能文能武，颇有才干。崇德八年（1643年）八月，其家人都塔里等首告罗托与堂兄扎喀纳之妻私通，扎喀纳之包衣高丽妇人及洛托之包衣敦拜欲告发此事，被罗托杀害。法司审理，拟议处死罗托。太宗皇太极命免其死，以其"悖乱违法"，命宗室吴达海等重挞罗托后，将其削爵幽禁，以其家财人口给予郑亲王济尔哈朗。②顺治八年三月，复封其为三等镇国将军。顺治十三年五月，因人才缺乏，后继乏人，故顺治帝谕告吏部说：罗托在太宗时，"虽曾犯大罪，因爱其才，且系宗室，特加宽宥。今值国家用人之际，久令闲住，深为可惜，着即补授镶蓝旗固山额真"。③不久又擢授其为宁南靖寇大将军，统率八旗军驻往荆州，与经略洪承畴共同料理湖广军务。

其二，满汉一体，倚汉冲锋。以前作战，也皆动用汉兵，如近六十万名绿营兵和四五十万之汉兵，但大体上皆系以宗室王贝勒和满洲公侯伯固山额真等高级将领为主帅，统领八旗军为主力，分路征剿，除定南王孔有德外，汉人还未有充当大将军的。这次授平西王为平西大将军，

---

① 《明清史料》甲编第6本，《经略洪承畴揭帖》（顺治十四年十二月初六）。

② 《清太宗实录》卷65，第33页。

③ 《清世祖实录》卷101，第7页。

与李国翰率军自川征黔；固山额真赵布泰与定南王部下提督、三等伯钱
国安由广西取贵；宗室罗托偕经略从湖南前征，三路大军皆系满汉并
重，既有大批八旗军，也有平西王、定南王部下和川、陕、楚、湘、桂
等省的绿营兵。有两路是满汉统帅并肩议事，另一路满帅权力略大于汉
帅。这在皇上分别敕谕三路统帅的敕书中，讲得非常明白。帝"敕谕平
西王吴三桂、固山额真、侯、墨尔根侍卫李国翰曰：……特命王为平西
大将军，同固山额真、侯、墨尔根侍卫李国翰统兵进讨，尔等统领所属
官兵及汉中、四川各官兵，由四川前往贵州，相机进取，凡事王与固山
额真会议而行"。这里平西王与墨尔根侍卫、侯是平行的。敕谕赵布泰
等说："特命尔赵布泰为征南将军，统兵进讨，尔统领前去官兵并提督
钱国安标下官兵及湖南调发官兵，由广西前往贵州，相机进取，凡事与
提督钱国安、梅勒章京富喀、莽吉图等会议而行。"赵布泰之权高于钱
国安。帝又敕谕罗托说：如经略"同大兵前往"，凡事"亦与经略会议
而行"。[①]这对调动平西王、钱国安、经略大学士的积极性、调动汉将
的积极性，起了相当大的作用。

其三，满洲根本，满王总统三路。这次进攻，非同一般中小规模的
征剿，而是清与大西军的最后大决战，是清彻底消灭大陆上南明政权的
大决战，既十分重要，只许胜，不许败，只能完全成功，不能失败，也
不能半途而废，故必须按照先前传统，由宗室王担任三军统帅，以确保
朝廷对一二十万大军的绝对控制和征剿的绝对成功。另外，略有见识之
人都不难看出，这次进剿极有可能成功，不会失败。南明、大西军已非
清军对手，因此，谁为全军统帅，不仅涉及该人的功勋事业和荣华富
贵，而且更重要的是，它是关系到朝廷颜面、满洲根本国策和八旗军威
的头等重大问题。如让汉人，哪怕是一直为朝廷效劳的平西王吴三桂这
样可靠的降将，也会使八旗健儿脸上无光，有损朝廷威严，汉军必会趾
高气扬。这样的胜利，就成为汉王汉将汉兵的胜利，就有可能蔑视满
兵，后果之严重，就可想而知了。顺治帝委授多尼总统三路大军，就可
彻底防止这种危险。

顺治帝在这一关系重大的问题上做得十分妥帖和牢靠，不仅下谕授
多尼以总统三路军马之权，并且给其提供了优厚的条件，为其真正名副
其实地当上全军统帅，打下了坚实的基础，那就是为多尼配备了最强的

将领班子和最强的兵力，使其自然而然能够成为取滇之主力军。顺治帝不让多尼之军参加攻取贵州之战，因为那只是前锋之战，不是决战，决战地点在云南。有吴三桂等三路军队分路进剿，必能夺据贵州全省了。皇上是要多尼在吴三桂等取贵州后，统军"前往专取云南"，他肩负的是决定双方胜负的关键性重任，多尼手下有一个强大的将领班子。帝命多尼同平郡王罗可铎、贝勒尚善、杜兰、固山额真、一等侯伊尔德、阿尔津、巴思汉、卓罗等，"统领将士，进取云南。御前侍卫及王、贝勒、贝子、公等护卫，皆酌量随征"。

信郡王多尼乃"辅政叔德豫亲王"、镶白旗旗主、定国大将军多铎之长子，初封郡王，顺治六年袭父之豫亲王爵，九年因受多尔衮案牵连，降封郡王。平郡王罗可铎乃原封成亲王后降为郡王的镶红旗旗主岳托之孙，袭郡王爵。巴思汉贝勒系岳托之第五子，杜兰贝勒是岳托之弟颖亲王萨哈廉之子。这两位郡王、两位贝勒的出征，实际上是皇上派了下五旗的两位旗主率其旗下将士出征，可见其兵将之众多和精锐。固山额真伊尔德、阿尔津、卓罗都是威名赫赫的勇将。伊尔德以从敬谨亲王尼堪统军征战，因尼堪败死，而于顺治十一年被夺职削一等伯爵和籍没，但帝知其才，于第二年即授其为宁海大将军征剿南明鲁王之部将阮进等。他破敌，取舟山，因功复一等伯爵，并晋一等侯。帝又命"御前侍卫及王、贝勒、贝子、公等护卫，皆酌量随征"，这些侍卫和护卫，大都是骁勇善战的将领。

安远靖寇大将军信郡王多尼不仅统率京师八旗军前往，而且后来帝又谕令将宁南靖寇大将军罗托率领驻于湖广的八旗军之大部分将士，交与多尼统辖。这样一来，在进攻云南的东路、西路、中路三支大军中，多尼之中路军便成为王公将领最多、八旗军最多的主力军。这对确保取滇之成功，固然起了很大作用，而且同时它又足以保证信郡王多尼名副其实地成为整个三路取滇大军的统帅，而如进取成功，则八旗军自然是此战的主力军，宗室王贝勒自然也是立功最大的将帅，清廷制定的"满洲根本"，"满洲甲兵系国家根本"之基本国策，便得以体现。这样的胜利，便不仅是清对南明对大西军的胜利，而且是满洲贵族的胜利，是八旗劲旅的功勋，是英明智慧的少年天子的胜利。这就是顺治经委授多尼总统三路大军且给其配备了强大的将领班子和八旗士卒的真正目的。

顺治帝的第四着妙棋是，给出征大军制定了正确的用兵方略。这在他赐予信郡王多尼，平西王吴三桂、罗托、赵布泰等帅之敕谕中，讲得非常清楚。主要是着重讲了五个问题：一是乘敌内讧，立即出兵。他说："逆贼煽乱云贵，骚扰地方已久，今贼李定国与孙可望互相争战，可望来降，乘此贼党内乱人心未定之际"，立即出兵，军分三路，先取贵州，再克云南。[①]二是谆谆告诫统帅多尼、吴三桂、罗托、赵布泰不要妄自尊大独断专行，要与同往的主要将领商议定夺。他要求安远靖寇大将军多尼，"凡事与多罗平郡王罗可铎、多罗贝勒尚善、杜兰、固山额真伊尔德、阿尔津、宗室巴思汉、卓罗等会议而行，毋谓自知，不听众言"。他谕平西王吴三桂要凡事与固山额真、侯、墨尔根侍卫李国翰"会议而行，毋执己见，不谋而运"。对赵布泰、罗托亦做了同样的谕诫。[②]三是着重强调戒骄戒躁，谕诫诸帅和众将"毋谓兵强，轻视逆寇，仍严侦探，毋致疏虞"。他特别告诫诸帅要记取敬谨亲王轻敌败死的教训。当安远靖寇大将军信郡王多尼统领京城八旗军出发以后，他遣章京魏黑、傅达礼等人赍敕二道，往谕多尼和罗托，指授分兵增援赵布泰之事，同时"复面谕魏黑等曰：尔等至彼处，可齐集两王、贝勒、贝子、公、固山额真及夸兰大等，谕以抚循士卒，当如父之爱子，行军必敬慎提防，谋事无失，毋得骄矜躁急，致有疏虞。夫士在行间，固当有进无退，而克敌制胜，尤贵惧以成谋，前敬谨亲王及讷尔特等之败，皆以轻敌躁进故也"。[③]四是强调"安民"戒扰，招抚降人。他谕告多尼等将帅说："行师以安民为首务，须严禁兵将，申明纪律，凡归顺良民，毋得扰害，务体朕定乱救民之意"，"抗拒不顺者戮之。有先被贼胁从，大兵一至，即时迎降者，俱免诛戮"。[④]他在面谕魏黑等使者，令其传谕多尼等将帅时，也着重指出："至役诚之人，当分别其倾心效顺或事急来降，即事急来降者，亦当收养，纵有逃亡，听其自去，始足彰我恩育之仁。夫以威服人，何如以德服人之为愈也。"[⑤]五是要特别重视招抚少数民族人员。他于顺治十五年三月初五，特谕平西王、罗托、济席哈、赵布泰、李国翰等将帅说："朕夙以奉天讨罪救民水火为心，

① 《清世祖实录》卷113，第15～18页；卷114，第7、8页。

② 《清世祖实录》卷113，第15、18页；卷114，第7、8页。

③ 《清世祖实录》卷120，第6页。

④ 《清世祖实录》卷114，第8页。

⑤ 《清世祖实录》卷120，第6页。

是以特命尔等率师南征，剿抚机宜，俱载前谕。今念贵州等处，民苗杂处，当先加意抚绥，安辑民心。尔等率领大军，经过府州县及土司蛮峒等处地方，当严行给束官兵，凡良民苗蛮财物，及一草一木，勿得擅取，唯务宣布仁恩，使彼乐于归附。倘官民人等不遵纪律，仍行抢掠者，即加处治，以示惩戒。尔等所领汉兵，一并严行禁饬。其未辟地方，须多发告示，遍行晓谕。尔等受兹敕旨，当属遵奉行，勿致扰害地方，以负朕除暴安民至意"。①

帝之此谕，显然是采纳了经略洪承畴的建议。洪承畴于顺治十五年正月十八日奏称："进取大事，首以收拾人心为本，欲收拾人心，先以约束官兵秋毫无扰为本"，"必先得土司苗蛮之心，而后可认为一劳永逸之计也"。这也可见留用洪承畴是十分明智的。②后当打下贵州欲进云南之时，帝又于顺治十五年十二月二十七日，敕谕信郡王多尼、平西王吴三桂、征南将军赵布泰三路大军主帅说："朕以南服未定，特命王等率大军进讨。湖南、四川、贵州、云南等处地方，所有土司等官及所统军民人等，皆朕远徼臣庶，自寇乱以来，久罹汤火，殊可悯念。今大兵所至，有归顺者，俱加意安抚，令其得所，秋毫无有所犯，仍严饬兵丁，勿令掠夺。其中有能效力建功者，不靳高爵厚禄，以示鼓励。王等即刊刻榜文，遍行晓谕，使土司等众，知朕轸恤遐陬臣民致意。"③这就减少了阻力，不少土司和土著人员拥护清军进滇，"运交米粮"，向导引路，极有利于清军的前进。

以上顺治帝采取厚待孙可望、留用洪承畴、任用得力将帅和乘机及时出兵安民抚"夷"的四项带有方针性政策性的重要决定，实践证明是十分正确的，起了很大作用，为大军迅速、顺利攻取云贵，奠定了坚实的基础。

在顺治帝的正确指导下，三军将士奋勇厮杀，军事进展很快。战争的第一阶段是取黔定川。顺治十五年二月，经略洪承畴与宁南靖寇大将军罗托会师于湖南常德，抵辰州，收复沅陵、泸溪、麻阳、黔阳、溆浦诸县，进军沅州。敌将马进忠退走，又檄偏沅巡抚袁廓宇招降靖州，并苗兵赴镇远二十里山口堵御。敌将冯双礼所遣之总兵冯天裕、关廷桂等

①《清世祖实录》卷115，第14、15页。

②《明清史料》甲编第6本，《经略洪承畴揭帖》（顺治十五年正月十八）。

③《清世祖实录》卷122，第15、16页。

先后自平越降，"沿途擒斩收降甚众"，四月抵贵阳城中，敌方"文武官俱先遁"。洪承畴奏报捷讯说："自常德、辰、沅至镇远、贵阳，重关高岭，石径尖斜，大雨将及半月，泥泞三尺，满洲兵谓从来出征，未有如此之难，马匹疲毙未有如此之甚，然皆不顾艰险，奋勇当先。汉军、绿旗兵紧随而进。不五十日剿逆抚顺，贵州全省底定，皆皇上德威遐畅之所致也。"[①]罗托亦奏称：克复湖南沅、靖等处，进取贵州省城及平越镇远等府，"共招降伪官兵丁四千九百九十余人，男妇九千八百余口，获马一千四百余匹、象十二只"。由广西进取的征南将军赵布泰，亦奏报大兵已抵贵阳，"所过南丹州、那地州、抚宁司各土司兵民，及独山州官民，俱来就抚"。[②]

比较麻烦一点的是川军，平西王吴三桂，一等侯墨尔根侍卫李国翰于顺治十五年三月统军从陕西汉中出发攻蜀，由南部、西充至合州，击败敌军都督杜子香，攻下重庆，再进兵桐梓。敌将兴宁伯王兴、总兵王友臣迎降，还有侯、将军等带家口七千余降，以及水西安慰使安坤等具启投诚。大军进克遵义，败敌将刘镇国，获粮三万石，降兵五千，五月又破杨武于开州，进招水西、蔺州各土司。这时南明永历帝之大学士文安之，复督大顺军余部"川东十三家营"及"伪侯谭弘、谭谊、谭文等，以舟师进袭重庆"。吴三桂还兵解救，炮击敌船，"伤死甚多，贼众逃遁"，"谭弘、谭谊杀谭文以降，诸部解散"，四川基本平定，七月吴三桂复屯遵义。第一阶段战事至此结束。[③]

紧接着开始了清军与南明、大西军的决战，双方进入战争的第二个阶段。

安远靖寇大将军信郡王多尼于顺治十五年九月抵贵州平越府，大会三路将帅，议定三路军于十月出发，进攻云南，每路兵各五万名，各解饷银三月，裹半月粮。平西王吴三桂军为北路军，由遵义过七星关攻昆明，约一千五百里，先中路军十日出发。信郡王多尼军为中路军，由贵阳出发，过关岭、铁索桥，往昆明，一千余里。征南将军赵布泰部为南路军，自都匀出，欲沿贵州、广西边界平浪、永顺、镇远，绕出安隆，

①《清史列传》卷3；《罗托传》，卷70；《洪承畴传》。

②《清世祖实录》卷117，第23页。

③《清世祖实录》卷116，第6页；卷120，第7页；卷123，第1页。《清史列传》卷6；《李国翰传》卷80；《吴三桂传》。

直趋黄草坝、罗平州，攻昆明，计一千八百余里，先西路军十五日出发。经略洪承畴、宁南靖寇大将军罗托奉旨驻守贵阳，料理粮饷。李国翰于七月病逝。

李定国已被南明永历帝晋封晋王，总统各军，蜀王刘文秀已病故。李定国遂命巩昌王白文选率军据七星关，防御吴三桂，使庆阳王冯双礼扼贵阳外之鸡公背，抵拒清中路军，自守盘江铁索桥，居中策应。尽管李定国尽力防守，但孙可望的叛归清朝，出现了败局已定的形势，自然给大西军以沉重打击，致士气不振。李定国又在南明兵部尚书刘远生等人的劝说影响下，思想态度有了很大变化，决心"尽忠戴上"，效忠永历帝，以关羽、文天祥、陆秀夫、张士杰自勉，因而虽然执掌兵马大权，却"小心臣节""军行进止，一以诏敕从事"，完全听命于腐朽的永历政权，且任用非人，"往来权佞之门，蹈秦王故辙"，当然引起大西军许多将士不满，从而军心瓦解，不少将领欲图降清，战斗力严重削弱，往往一战即溃。许多土司也见大势已去，又蒙清帝劝诱招抚，纷纷归顺清朝。这样一来，曾经"两蹶名王，天下震动"，所向无敌的晋王李定国，竟在清军猛攻下，连战连败，丢弃昆明，仓皇撤走。

顺治十六年正月初八，少年天子福临收到前线送来收复昆明的捷报。多尼等奏称：多尼、吴三桂、赵布泰三路大军主帅会于贵州平越府之杨老堡，议定分兵进取云南，定于十二月会师云南省城。多尼兵至安壮，斩敌方刘将军，追至盘江，敌军焚铁索桥，我军做浮桥过江，至松岭卫，敌巩昌王白文选率兵二万拒我军，我军分路进击，大破敌军，遂抵昆明。吴三桂兵至七星关，因白文选屯兵守险，乃从水西苗倮，间道渡关，以袭敌后，敌闻风退去，遂直趋乌撒。赵布泰兵至盘江之罗颜渡口，敌扼险沉船，难以渡河，投诚土司知府岑继鲁献策，从下流十里，取出敌方沉没之船，乘夜潜师而度，敌仓皇逃走。梁瑞津有敌李成爵屯兵一万于山谷中，我军环山四面夹击，"大败贼众，斩获无算"。故晋王李定国全师据双河口山顶，赵布泰遣兵登山，夺其形胜，"贼列象阵来争山，我军合力奋击，大败之"。至陆格，李定国复率三十营兵士列栅据守，赵布泰分兵为三队奋击，再战俱捷，追杀四十余里，获象马甚众。闻敌尚据铁索桥，乃从普安州间道入云南，"三路大师俱入省城"，敌李定国、白文选与永历帝奔永昌。帝阅之后，十分高兴，予以嘉奖，命所属察叙。[1]

①《清世祖实录》卷123，第3、4页。

顺治十六年二月初二，安远靖寇大将军信郡王多尼复令贝子尚善领中路兵同平西王吴三桂、征南将军赵布泰等追击，败白文选于大理之玉龙关。李定国令总兵靳统武以兵四千护送永历帝奔往腾越州，自伏精兵六千于永昌之磨盘山。此山在潞江南二十里，又名高黎贡山，是西南第一穹岭，鸟道深箐，"曲通一骑"。李定国估计清军屡胜穷追，必不戒备，遂设下埋伏，列栅数重，窦名望领兵二千为第一伏，高文贵率兵二千为第二伏，王玺带兵二千为第三伏，约定待清军进入三伏，则李定国于山岭发放号炮，首尾横突截攻，清军必全军覆没，一骑不返。部署已定，清军渡澜沧江、努江，"逐北数百里，无一夫守拒，谓定国窜远，队伍散乱上山"，已有一万两千人，前驱已入二伏。眼看清军就要中伏陷败，大西军可以转危为安了，不料大理知府卢桂生投入清营，泄露李定国密计，清帅大惊，急退，并"传令舍骑而步，以炮发其伏，敌兵死林箐中者三分之一，伏起而鏖斗死者亦三分之一"。李定国在山岭正因大炮失序而惊讶，忽一飞炮落其前，土飞满面，乃退走入缅，窦名望、王玺皆战死。清军亦死都统以下十余人，丧精卒数千。清军穷追至腾越州西一百二十里，此时已达中原界，瘴深饷意，因磨盘山之役教训，不复追，共降敌阁部大臣侯伯将军总兵以下数十员，"士马象驼数万"。[①]明庆阳王冯双礼、德安侯狄三品等逃入四川建昌卫，清平西王吴三桂遣人往招，冯双礼不从，狄三品等以计擒冯献降，并缴庆阳王金印一颗、大将军金印一颗，金册一副。南明长伯朱养恩、总兵龙海阳等，原据四川嘉定州，现亦率众来降。[②]不久，四川巡抚高民瞻又率兵克成都，四川亦大部平定。[③]仅大顺军余部川东十三家营尤分据川、湖、楚三省交界地方。

（四）斩草除根　定策穷追桂王

清三路大军会师云南省城昆明，南明永历帝逃入缅甸，晋王李定国退据滇缅交界地方。滇、黔、川、湖、桂五省基本平定，这固然是朝廷的特大喜事，统一全国的艰巨重大任务，已基本完成，爱新觉罗江山可确保无虞，巨额军费重担亦可逐步地迅速地减少减轻，民殷国富之太平盛世有可能早日来了。但是，这一特大之喜，又使两个令人棘手的难

---

① 《清世祖实录》卷125，第25页；魏源：《圣武记》卷1。

② 《清世祖实录》卷125，第30页。

③ 《清世祖实录》卷127，第19页。

题，显得格外突出了。这两大难题就是如何对付李定国和永历帝，如何料理滇黔闽粤之善后事宜，两者之间又有着密切的联系。

对于李定国和南明永历帝，主要是在进剿与防守之间，需要做出正确的抉择。永历帝朱由榔逃入缅甸，李定国率军退据滇缅交界处，若要进剿，山川险恶，道路遥远，瘴气为害，米粮缺乏，水土不合，既易中敌埋伏，又常染病死亡。而且战火连年，将士已劳累不堪，大军远征，粮饷巨万，转运艰难，地方疲敝，国力难支，实非易举，万一进军失利，罢兵则有损威严，再剿恐更难成功。可是，若不将其剿灭净尽，又必常起兵端，时遭袭击，边界难安，西南不宁。简而言之，守更稳妥，省钱省力省事少伤亡；攻则花费太大，颇为冒险，但如成功，则可一劳永逸。是进剿，还是防守，确难决断。

一般认为，力主进剿者是吴三桂，他为了专擅兵权建树功勋，故坚决主张剿灭南明永历帝。魏源在其所著的《圣武记》卷1中指出："时桂王已入缅甸，李定国、白文选分窜孟辰、木邦，唯与缅交讧，无能患边，虽有元江土司那嵩叛应之事，逾月即殄，仅癣疥若，我朝亦度外置之，议撤兵节饷，而三桂贪擅兵权，必欲俘永历为功，遂于十七年有《渠魁不剪三患二难》之疏。乃命内大臣爱星阿为定西将军，赴滇会剿。"

魏源此说，有其可信的一面，即吴三桂欲擅兵权和立大功，因而上疏请征。但此说又有其欠妥的一面，即在此之前，顺治帝已欲进剿。议政王大臣会议后，按帝旨意而议定发兵征剿。

顺治十六年五月二十八日，即比吴三桂上疏将近早了一年，内大臣苏克萨哈"接奉上谕：固山额真赵布泰大兵并自固山额真宗室罗托大兵内拨发满兵，出征日久，远历跋涉，未得休息，应否班师回京？并令多罗信郡王、固山额真宜尔德驻扎云南省会，命平西王为总统主帅，择酌参谋火臣，追进缅国，是否可行，着议政王、三固山大臣会议具奏。钦此"。[1]

顺治帝视满兵撤回及追进缅国为特大机密事务，故令"议政王、三固山大臣会议具奏"。此处所说的"三固山大臣"，指的是"天子自将"即天子兼旗主的正黄、镶黄、正白三旗的"上三旗"大臣，而不包括旗主系宗室王爷的正红、镶红、正蓝、镶蓝、镶白"下五旗"的大臣。此事又令议政王参加，即议政亲王、议政郡王，而不让议政贝

①《清代档案史料丛编》第6辑，第333页，《洪承畴为追剿农民军事密揭》。

勒、议政贝子参加。可见此事之机密，关系重大。

上谕虽以询问的口气，谈应否撤回部分满兵和应否派军进缅之事，但议政王和上三旗大臣根据长期惯例，体会到这是皇上之意，皇上已准备撤满兵和进缅国，故他们即照此商议，并加以具体布置和补充，然后向帝奏报。

以安亲王岳乐领衔的议政王和上三旗大臣于顺治十六年六月初二奏称：

"臣等会议得：征南将军、固山额真赵布泰大兵，并自宁南靖寇大将军、固山额真宗室罗托大兵内拨发，固山额真济世哈领往协援官兵，暨自安远靖寇大将军、多罗信郡王大兵内调往援剿官兵，俱应撤回京师。其粤西提督伯钱国安官兵，原有汛守，亦应行令回镇，其余随征南将军进取。绿旗官兵应请敕下经略洪承畴相机布置。再照逆贼势穷奔窜，大兵宜追进缅国，歼厥渠魁，以靖根株。相应行令多罗信郡王、固山额真宜尔德同平郡王、各贝勒、贝子、公并辅国公品级固山额真宗室巴思汉等，统领阿力哈超哈，每牛录兵各三名，每甲喇各章京一员，每翼各梅勒章京一员，驻扎云南省会，镇守地方。其余每牛录各拨巴牙喇四名，各旗蠹章京、甲喇章京、先锋噶喇昂邦章京兵丁等，阿力哈超哈每牛录各兵六名，并各固山额真、梅勒章京，并乌金超哈官兵、墨勒根乌金超哈官兵，俱应全令进剿。至定藩下梅勒章京李茹春下官兵应行挑拨三分之二，令茹春亲领进征，余令留驻云南省城。以上各官兵俱令平西大将军、平西王吴三桂为主帅总统，会同固山额真卓罗商酌追剿。卓罗即令在平西王营盘内驻扎。……若缅地难行，或另有阻滞，该藩即相度地方驻歇兵马，具本奏闻可也。" ①

顺治帝当日即阅读此奏，并降旨批准其议说："依议。"

皇上的圣旨和议政王与上三旗大臣的会议，将进取缅国之役，规定得十分明确和具体，平西王吴三桂总统全军，会同固山额真卓罗商酌进剿。哪些人驻扎昆明，以及信郡王多尼率领的满洲旗兵、汉军士卒、已故黑尔根侍卫、侯李国翰之汉军官兵、已故定南王孔有德部下官兵，如

①《清代史料丛编》第6辑，第333、334页，《洪承畴为追剿农民军事密揭》（顺治十六年八月十八日）。

何分派留守与进取，皆规定得具体详细。目的是"歼厥渠魁，以靖根株"，即彻底消灭南明永历政权和李定国部大西军。这是圣旨，文武群臣只有执行，不容反驳。但是出乎朝廷意料之外，五省经略辅臣洪承畴竟对此事持有不同意见，上疏请求停攻。

当兵部密咨洪承畴，传达上述谕旨后，洪承畴专上了一道密本，又上了一道揭帖，谏阻用兵。顺治十六年八月十八日，洪上的揭帖是这样署衔和取名的：钦命经略湖广江西广西云南贵州等处地方、总督军务兼理粮饷、太傅兼太子太师、兵部尚书、都察院右副都御史、武英殿大学士洪承畴谨揭："为云南追剿大兵，已奉谕旨，内固之计应图万全，臣谨将目击真切情形冒昧备陈，仰祈宸衷鉴裁事。"

这道揭帖很长，足足有四千字，除了重述谕旨内容及遵旨调拨广西提督钱国安等兵返回外，揭帖的大部分篇幅是讲不宜用兵的理由。按其内容而言，大体可分为五个部分。第一部分是总的基调，概言必先安内然后方可外剿。他说："职仰见皇上顾虑西南，急图扫荡，以骚臻太平至意。""此进兵机宜，关系最为重大，计平西王臣吴三桂、固山额真臣卓罗等必有万全长策，可为新辟遐荒，内外兼顾，职何敢烦赘。但职受皇上天恩，谬任经略，目击地方凋敝景象，粮米匮乏时候，余孽奔窜形状，及土司溃卒观望情节，必难谋远溃近，须先有内安之计，乃可为外剿之图，职何敢缄默不冒罪备陈，以仰达宸听。"

第二部分是详述兵民穷困，粮草奇缺，米价腾贵。"窃唯云南寇乱多年，蹂躏至极，兵火残黎，朝不保夕，粮米腾贵，买备出无，军民饥毙载道，惨观见闻"。中路大兵及广西大兵，驻扎八月余，"赖有贼遗粮米料谷接济支用"，不需买备，但到九月即要用完。时下省城买米已十分艰难，兹又要出兵追剿，必于沿途预备兵粮，平西王已来面商，前途需要大量喂马料谷。但迤西一带，较省城附近各府残毁尤甚，今岁栽插未及三分之一，九月十月才能成熟，姚安、大理各处道府州县四五月内，民间市斗，米一石为五六两，六七月每石已涨价两倍多，且"搜卖不出"。"分驻汉兵月米马匹料谷，皆不能按月支给"。大理府以前之永昌一带，"人烟断绝，买备更难"。自永昌、腾越以前地方，"尽属土司，仍未归附"，更无从预办。大兵时有断粮之忧。

第三部分是讲地形险恶，气候恶劣。李定国等逃窜之地，"山川皆极险远，兼之瘴疬为害"。九月霜降以后，方行消落，来年二月瘴即复起，"满洲大兵为朝廷六师，岂可久顿异域"！计自出兵至回兵仅有四个月，"恐亦未能穷追远剿"。

第四部分讲恐怕李定国将逃往广西或进袭内地。近来屡据永昌、顺宁塘报，李定国势穷力促，边地难存，"日在勾连土司，鼓煽残兵，希由云州、景东、沅江边外"，逃往粤西，只是因为大兵驻扎省城，可以四处策应，故不敢觅路远逃。"而各路土司，伪营残兵，各私受定国伪札伪印，歃血立盟，伺隙起衅"，已屡发生，兹若闻听大兵西追，"势必共思狂逞，避实突虚，以复窜内地"。那时追剿大兵相隔已远，不能回顾，云南大军又驻扎省城，未能远追，"倘致巨逆窜逸，所关匪小"。

最后一部分是讲不宜于秋冬进兵，须固内才能剿外。他奏称："职审时度势，权量重轻，以为宁甘冒罪于前，不敢贻患于后，万不得已，唯有叩乞上裁，将平西王臣等追剿大兵，今年秋冬暂停进发，俾云南迤西残民今岁秋成少收，以延残喘，来岁田地得开耕，以图生聚，广昭皇上救民水火之仁。"而数万大军又得养精蓄锐，居中制外，"俾逆贼不能窥动静以潜逃，土司不能伺衅隙以狂逞，绝残兵之勾连，断降兵之反侧，则饥饱劳逸胜算皆在于我"。敌潜藏边外，无居无食，瘴疠受病，内变易生，有机可乘。倘一年之内，余敌犹存，则于来年八九月间进兵，"彼时云南军民渐定，兵粮刍粮凑备，土司苗蛮渐服，残兵降卒已安，并调拨将兵陆续齐集"，"然后责成防御，分行进剿，庶为一劳永逸固内剿外长计"。

洪承畴谅必是害怕引起误会，故又再次重申说："职今不敢瞻前顾后，以为己奉谕旨，遂隐嘿不言，是职明知云南时势，而不据实入告，实自欺以误地方，罪无所辞。职冒昧叩请，伏乞皇上俯鉴职愚，宽宥职罪，敕下该部从长确议。恭请宸衷裁断，驰行平西王臣等遵奉。"[①]

洪承畴讲的以上几条停征的理由，兵民疲惫，粮草奇缺，地形险阻，气候恶劣，土司与李定国结盟等，应该说是有根据的，并非虚构。原因很简单，云南不只洪承畴一人，还有大批满汉文武官将，他们也要向帝奏报兵情民情和敌情，洪若谎报，朝廷不难觉察，而且这次是万岁已决策进剿，议政王大臣已议准用兵方案，洪是冒险谏阻，更需如实陈述情形，否则必遭其他驻滇大臣劾参。然而，尽管理由虽有根据，也很

---

① 《清代档案史料丛编》第6辑，第333—338页，《洪承畴为追剿农民军事密揭》。

充分，很有说服力，但是洪承畴的真正意图又是什么？他想达到什么目的？是他所说目前困难，不具备用兵条件，今秋暂且停止，来年大举？还是以困难为根据，根本不想进剿？洪之内心想法，定是绝对机密，不会向任何人透露，目前也难发现关于此事的任何史料，可是，就其揭帖所述困难而言，显然不是几年内就能克服解决的。比如，粮草奇缺这一条，十年甚至二十年也不能解决；地形险阻气候恶劣，永远不可能改变；某些土司与李定国立盟，互相呼应，除非形势剧变，清军全胜，否则亦难有大的变化。照此说来，那就不是今秋停征，而是十年二十年甚至永远不能进攻缅甸，活捉永历帝，全歼大西军了，这就是说，洪承畴不主张进剿，洪承畴反对用兵。

此揭帖和密本送至京师后，谅必使皇上与议政王、贝勒、大臣大为震动，不准其请吧，一则确有很大困难，再则身居五省经略要职的洪承畴不愿用兵，如若勉强令其从事，则必消极怠懈，马虎应付，粮草兵饷军器等的供应便会受到很大影响，定必贻误军机。不管是出于什么考虑，但最后议政王、贝勒、大臣遵旨会议此事时，还是赞同了洪承畴的意见，拟议暂停进攻，顺治帝也只好同意此议，大军遂停进剿。[①]但是，此事也仅是暂时中止而已，少年天子福临并未打消攻缅擒杀南明永历帝，全歼大西军的念头，故仅仅过了七个多月，平西王吴三桂奏请进剿时，他很快就批准其请。

顺治十七年四月二十二日，吴三桂的《渠魁不剪三患二难》再次奏请进剿之疏，送到了皇上面前。吴奏称：

"前者密陈用兵缅甸事，奉谕曰：若势有不可，慎勿强。又谕曰：务详审斟酌而行。……滇南负固有年，一朝戡定，独逆渠李定国等挟伪永历遁出边外，是滇土虽收，滇局未结，边患一日不息，兵马一日不宁。臣叨列维藩，何忍以此贻忧君父，因再三筹划，窃以为有三患二难。永历在缅，李定国、白文选等分住三宣、六慰、孟艮一带，藉永历以鼓惑众心，倘不乘胜大举入缅，以净根株，万一此辈复整败众，窥我边防，兵到则彼退藏，兵撤则彼复扰，此其患在门户。土司反复无定，惟利是趋，如我兵不动，逆党假永历以号召内外诸蛮，万一如前日元江之事，一被煽惑，遍地蜂起，此其患在肘腋。投诚官兵，虽已安插，然

①《清史列传》卷78，《洪承畴传》。

革面尚未革心，永历在缅，于中岂无系念，万一边关有警，若辈生心，此其患在膝理。今滇中兵马云集，粮草取之民间，勿论各省饷运愆期，即到滇召买，民室方如悬罄，市中米价日增，公私交困，措粮之难如此。召买粮草，民间必须搬运交纳，年年召买，岁岁输将，民力尽于官粮，耕作荒于南亩，人无生趣，势必逃亡，皮之不存，毛将安附，培养之难又如此。臣用是彻底筹划，唯有及时进兵，早收全局，诚使外孽一净，则边境无伺隙之虑，土司无惶惑之端，降人无观望之志，地方稍得苏息，民力略可宽纾，一举而数利存焉，窃谓救时之方，计在于此。"①

帝阅疏之后，命议政王、贝勒、大臣及户兵二部速议。过了八天，四月三十日，议政王、贝勒、大臣等议奏：平西王吴三桂疏言永历在缅，伪王李定国借以蛊惑人心，相应进剿。其现在云南满洲官兵，听该藩与各都统商酌率往。至于兵马钱粮，所需甚多，不唯措处艰难，亦万难即运至滇，目前应用草料，敕该藩设法措备，务使兵民两利。再查户部拨给云南十七年八分兵饷银三百三十万两，已经催解，其已解到者，听该藩支给进征兵丁，其未解到者，仍严饬各督抚星夜解往，以为接济。帝阅后未即批示，仅命学士麻勒吉、侍郎石图前往云南，与平西王吴三桂面商机宜。②

麻勒吉、石图赴滇与平西王商议后，回京呈报详情。顺治帝考虑再三，决心出兵，于顺治十七年八月十八日，授领侍卫内大臣、一等公爱星阿为定西将军，率领八旗军，往攻李定国。帝赐其敕谕说："兹以逆贼李定国已经败窜，怙恶不悔，宜靖根株，以安疆围，特命尔爱星阿职权为定西将军，统兵同平西王吴三桂相机征讨，凡事与都统卓罗、郭尔泰、孙塔、署护军统领毕立克图、护军统领费雅思哈等，会议而行。如进剿，则令卓罗守城。俟到平西王处，一切事务，俱用王印行。若不与王同处，即以尔印行。"③

顺治帝能做出这一决定，颇为不易。他虽然早就想发军进缅，但困难太多太大，洪承畴讲了一大套不能用兵的理由，言之有理，持之有据。就连渴望显威异国、建树奇勋、扩大势力的平西王吴三桂，也有

①《清世祖实录》卷134，第18、19、20页；《清史列传》卷80，《吴三桂传》。

②《清世祖实录》卷134，第22页。

③《清世祖实录》卷139，第16页。

"措粮之难""培养之难"的二难之叹，实际上还有一难，即没有钱，财政异常困难。本来经过他亲政后的努力，才过两年多，便已从库无分文，到顺治十一年六月变为户部有"剩银"二百六十万余两，照此下去，国库不久就会积存数以千万两计的白银，黎民也会逐渐丰裕。可是，好景不长，顺治九年冬起，因李定国"两蹶名王"，定南王孔有德、敬谨亲王尼堪相继败死，朝廷遣派大批八旗军远出征剿，又增加了不少绿营兵，以至军费急剧增多。顺治十一年六月已开军费一千四百余万两，顺治十三年又增至一千八百余万两，严重入不敷出，"兵饷缺额四百四十余万（两）"。顺治十五年大征滇黔，三路大军十五万士卒，加上从征役夫，开支极大。顺治十六年正月起，除平西王原有之大量兵士外，云南有"投诚兵"及绿营兵六万名，还有满洲绿旗兵丁数万，致"云南一省需银九百余万（两）"，而全国所征之赋，扣除地方存留外，户部所得之"天下正赋止八百七十五万余两"，尽解云南，尚不敷用。如若再征缅甸，军费还要增加，从何筹措？民何以堪？国何以支？

除了办粮难、民贫难、筹银难这三大难以外，就顺治帝个人而言，他又正处于极端困难的窘境，那就是他极为宠爱的皇贵妃董鄂氏已经病危，而且就在他谕授爱星阿为定西将军正式决定进军缅甸的第二天，顺治十七年（1660年）八月十九日，她就去世了。这对于顺治帝福临这位史上罕见的痴情帝君而言，是最大、最严重，甚至可以说是致命的打击，他确是悲不欲生。

处于这种情形下，要下谕大举攻缅剿灭南明大西军，是需要很大勇气的。少年天子福临之所以敢在"三大难"和几乎是他的生命之爱妃病危即死的极为沉重的压力下，做出出兵的决定，谅必是他看到，不如此，国难以安、难以富，民难以宁、难以裕。所以他宁可在自己体弱已病且不久就要离开人间以前，咬紧牙关，果断决策，为大清王朝的繁荣富强和长治久安，为黎民的安居乐业日渐丰裕，而负此重任，付出代价。

定西将军爱星阿奉帝谕旨，率领劲旅，赴滇与平西王吴三桂会同进攻，并敕谕近边各土司及缅甸，令献永历帝。正在集聚兵马准备粮草之时，顺治十八年春传来了皇上驾崩的消息。吴三桂"犹豫不进"，"爱星阿曰：君命不可弃。督兵先行"，过了三天，吴三桂乃统兵进发。顺治十八年九月满汉将士、土司兵及降兵七万五千名，以及炊没余丁，共十万人，由大理、腾越出边。吴三桂、爱星阿率兵五万出南甸、陇川、猛卯。总兵马宁、王辅臣、马宝领二万余人出姚关，十一月初八两军于木邦会师。吴三桂、爱星阿奏述战情说：晋王李定国已退至景线，巩昌王白文选遁据锡波。官兵自木邦，昼夜行三百余里，临江造筏将渡，白文选复奔茶山。吴三桂、爱星阿遣总兵官马宁等将率偏师往追，自领大军直趋缅城，先遣使往传谕"缅酋"，令执永历帝朱由榔，否则兵临城下，后悔无及。十二月初一大军至缅城，"缅酋震惧"，执朱由榔及其母、姜、子并从官家口献于军前，杀华亭侯王维恭等一百余人。总兵官马宁等追至猛养，白文选及从行官员兵丁三千八百余名、家口七千余名，"全军归降"。十二月初十，大军回滇。①第二年，康熙元年（1662年）六月二十七日李定国病逝，其余部不久降，南明永历政权及大西军皆为清军所灭。

进缅捷报传来，顺治帝福临已去世一年，他在九泉之下，谅必也会对自己的出征决定感到欢慰吧！

（五）决策失误　三藩贻祸无穷

这里说的"三藩"，指的是平西王吴三桂、平南王尚可喜和靖南王耿继茂，皆是早年降清的前明臣子。本来是四藩，还有一个定南王孔有德，但孔于顺治九年被困自杀，独生子又为敌军俘走杀死绝嗣，故只剩下三藩。

吴三桂原系明总兵，封平西伯，顺治元年四月开山海关降清，封平西王，随靖远大将军英亲王阿济格攻陕西、湖北、江西后还京，赴镇锦州，五年移镇汉中，剿抚陕西、四川大顺军、大西军余部及故明"义兵"，部下将士及家眷随同移镇，与八旗军一样计丁授田。

耿继茂是袭父耿仲明之爵。耿仲明原系明参将，后叛明，于天聪七年降金，崇德元年封怀顺王，顺治六年五月改封靖南王，奉旨率旧兵二千五百名及新增兵七千五百名，与平南王尚可喜之旧兵二千三百名、新增兵七千七百名往剿广东，携家驻防。同年十一月耿仲明自尽，子耿继茂代统其军，于八年袭封。顺治十一年奉敕移镇广西，未行，十六年敕镇四川，还未出发，十七年六月移镇福建。

平南王尚可喜原系明副将，天聪八年降金，崇德元年封智顺王，六年五月改封平南王，率部往剿广东，从此驻镇于此。

---

①《清圣祖实录》卷6，第9、10页；计六奇：《明季南略》卷15，《吴三桂率清兵取云贵》。

　　三藩之军皆独自管辖，既不编入八旗，又不隶绿营，但其编制仍按八旗之制，设牛录，辖治属人，授梅勒章京、甲喇章京、牛录章京等官。初称孔、耿之军为"天祐兵"，尚可喜之兵为"天助兵"，后崇德七年汉军由四旗增为八旗，孔、耿、尚请以所部隶属，乃将孔部隶于正红旗，耿部隶正黄旗，尚部隶镶蓝旗，但各部皆由本王管辖。

　　清廷因满兵太少，八旗军不多，欲充分利用汉将汉兵，故委派三王分镇一省，这本来是一明智之计，无可非议。当顺治六年五月敕谕定南王孔有德率部往剿广西，携家驻防，平南王尚可喜、靖南王耿仲明各率本部往剿广东，偕家驻防时，帝分赐三王以敕书，基调是"军机事务，悉听王调度，其一应民事钱粮，仍归地方文官照旧料理。文武各官有事见王，俱照王礼谒见"。①也就是说，主要利用三王之兵力，剿灭敌军，平定两广，尚还未规定今后是长镇，还是事毕即回。

　　顺治十一年二月二十日，顺治帝福临下了两道敕谕。一道敕书是敕谕平南、定南二王，主要是讲要"平南王尚可喜专留镇守"广东，靖南王耿继茂移镇广西，二王"即专分镇"，应该"益懋前勋，慰朕倚任之意"。另一道敕书是敕谕靖南王耿继茂移镇广西后，军机由王处理，"至于官评、民事、词讼、钱粮，仍归地方官各循职掌料理"。②后移镇福建，职权亦同，"一应民事钱粮，仍归地方文官照旧料理"。③

　　作为权宜之计，委派汉王分镇一省，利用他们的兵力和长处，未尝不可。耿、尚二王及将士，索善舟师，对付南明延平郡王郑成功，较诸长于驰骋短于行舟的满洲、蒙古八旗将士，能够发挥更大的作用。顺治十七年七月二十四日，世祖谕命靖南王耿继茂"停赴广西，率领全标官兵并家口，移驻福建"时，赐其敕书中便明确讲道："八闽重地，负山阻海，界连浙江、江西、广东等处，岛寇出没，山贼窥伺，正在用兵，幅员既阔，汛守最繁，且沿海逆氛未靖，抚绥弹压，务在得人。兹特命王统领大兵移驻，当宣威布德，安辑兵民，山岛二寇，加意防御，相机扑剿，无使滋害。逆贼郑成功偷息海上，飘忽靡常，须抚剿兼施，战守并用。"④

──────────

①《清世祖实录》卷44，第9、10、11页。

②《清世祖实录》卷81，第10、11页。

③《清世祖实录》卷138，第15页。

④《清世祖实录》卷138，第14页。

　　二王所辖人丁士卒，亦陆续增加。顺治十三年十一月初八，兵部议准："平南藩下，额设十二牛录，靖南藩下，额设十一牛录，俱照八旗例，每牛录各设护军校一员、前锋一名、亲军二名、护军十一名，每前锋十名，设前锋校一员，亲军十名，设亲军校一员，俱听该藩酌量补授。"①顺治十六年九月二十六日又"定靖南王旗下弁兵营制，共兵三千名，设左右梅勒章京二员、甲喇章京四员、护军参领四员统之"。②顺治十七年三月初八复"定平南、靖南二藩属下镇标绿旗官兵营制"：平藩左翼镇标统兵四千名，分为中左右前后五营，每营设游击、守备、千总各一员，把总各二员，各统兵八百名。右翼镇标统兵三千五百名，亦分中左右前后五营，每营建游击、守备、千总、把总皆如左翼员数，各统兵七百名。靖藩两翼镇标，各设中左右前后五营，每营游击、守备、千总、把总，皆如平藩司下员数，各统兵七百名。③

　　尚可喜、耿继茂二王确也效忠朝廷，率军苦战，为广东、福建的平定及防御郑成功大军，起了重大的作用。但是，二王皆系草莽武夫，多数将领还曾杀人越货，横行陆海，他们仗恃开国有功，滥施杀戮，辱官虐民，横征暴敛，无所不为。二王攻下广州后，"恶其民力守，尽歼其丁壮，即城中驻兵牧马"。营造靖南、平南二藩府，"工役无艺，复创设市井私税，民咸苦之"。早在顺治十年六月，受命担任广东左布政使的胡章，在赴任途中，即将闻听的二王不法行为上疏劾参。他奏称：

　　"臣蒙简命，司藩粤东，即星驰赴任，行至中途，闻靖南王耿继茂、平南王尚可喜属下官兵，有掳掠乡绅妇女及占住藩司公团滥委署官等事。臣思自古亲王藩封，天子使吏治其国而纳其贡税焉，不得暴彼民也。二王不过以功受封，宜仰体圣明爱民至意，安地方以安百姓，斯为不负恩命，乃所为如是，臣安敢畏威缄然，自负厥职乎。况公署被占，臣莅任无地，伏乞敕下二王，还官署以肃体统，释虏俘以慰孑遗，官民幸甚。"④

---

①《清世祖实录》卷104，第14、15页。

②《清世祖实录》卷128，第16页。

③《清世祖实录》卷133，第10页。

④《清世祖实录》卷76，第10、11页。

　　藩王长期驻镇一省，不仅官民遭殃，地方政出多门，易成割据分裂之势，损害了全国的统一局面，削弱了皇权，而且潜伏着起兵叛乱的因素，时机一到，就会大动干戈。

　　顺治帝更为欠妥的是委派吴三桂移镇云南，且授以管辖该省的政治权力。他非常重视对云贵的统辖，收到三路大军会师昆明，滇省大局已定的喜讯后，即于顺治十六年正月二十一日谕告吏部说：云贵地方初辟，节制弹压，亟须总督重臣，贵州巡抚赵廷臣久历岩疆，堪胜此任，着即升云贵总督，其贵州巡抚一职，着以山西按察使卡三元升补。①过了二十多天，二月十五日，议政王简亲王济度等议奏：云南既已收复，则贵州为腹里地方，驻防之宁南靖寇大将军罗旗等官兵，劳苦日久，应撤回京。黔省系边要地区，请敕经略洪承畴酌量镇守，荆州乃适中之地，应令安南将军明安达理等官兵驻防。帝允其议。②

　　五省经略洪承畴对此事也在反复思考，他于顺治十六年正月上疏奏称：贵州有大将军罗旗弹压，巡抚赵廷臣绥辑，可无他虑"唯云南尤为险远，土司种类最多，治之非易。故前元朝用亲王坐镇，明朝以国公沐英世守，乞敕议政王、贝勒、大臣为久长计，留兵驻镇，俾边疆永赖敉宁"。③洪又奏称：请议三路大兵作何分留驻防，贵州中路汉兵及广西汉兵作何分布安设。经兵部议拟，以留拨大帅官兵镇守滇南，事关重大，请旨定夺。帝诏议政王贝勒大臣会议。三月二十三日，议政王贝勒大臣议奏：平西、平南、靖南三藩内，应移一王驻镇云南。汉中已属腹里，兼有四川阻隔，不必派藩王驻防，应移一王分镇粤东，一王分镇蜀中，何王应驻何省，恭候上裁。帝命平西王驻镇云南，平南王驻镇广东，靖南王驻镇四川（后移广西，最后定下从广东移镇福建）。④

　　这是一个关系重大的战略性决定，对当时及康熙前期的军政局面，产生了极为重大的影响。云南需不需要藩王驻镇，为什么要命平西王去滇？这两个问题值得深思。洪承畴素以擅长历史殷鉴而著名，所举元明之例，不无参考价值。不错，元朝是命亲王坐镇云南，而明朝为了防止故元遗王遗臣作乱，兼防土司，故派黔国公沐英家世代驻守。但是，元

　　①《清世祖实录》卷123，第11页。

　　②《清世祖实录》卷123，第20页。

　　③《清史列传》卷78，《洪承畴传》。

　　④《清世祖实录》卷124，第14、15页。

朝帝君乃系数百万蒙古之可汗，拥有数十万上百万蒙古铁骑，宗室诸王均皆能征惯战，派出一位亲王带领一两万蒙古骑士驻镇滇省，在将帅人选和士兵数量上，都没有问题，有这个能力。明之情与此类似，开国之初，雄兵百万，大帅数十，猛将如云。沐英少孤，被明太祖收为养子，十八岁初转战四方，军功卓著，甚受义父义母宠爱，封西平侯，征云南，逼元梁王败死，悉平滇省，又屡败"诸蛮"。太祖努尔哈赤曾亲嘉其说："使我高枕无南顾忧者，汝英也。"沐英虽非太祖亲子，但与亲子无异，死后追封黔宁王，子沐昕娶成祖之女常宁公主。①有这样一位开国元勋和皇亲国戚坐镇云南，当然比派其他非亲之帅将更为可靠。

但是，平西、平南、靖南三王的情形，与元朝梁王、明朝黔国公沐英家，就很不一样了。平南王尚可喜早年降金，一向效忠朝廷，别无异心。靖南王耿继茂之父耿仲明，虽也归顺很早，为主转战四方，但顺治六年以隐匿逃人被部议削爵，摄政王多尔衮未允其请，仅令罚银，耿仲明却在未知王之令旨以前即自尽。父之惨死，不能不在耿继茂心中留下阴影，对其是否忠贞不贰，难免不有所影响。平西王吴三桂之情又有不同。他任明平西伯、宁远总兵时，坚守关外四城，抗拒清兵，多次拒绝清朝劝降之旨。只是在大顺军领袖李自成统领大军包围山海关，欲尽歼吴军时，他才向清朝求兵相援。且仅只许诺事成之后，以关外封赐清国，仍要保全大明万里江山，后被大顺军猛攻，城将失陷时，他才被迫剃发降清。正因为有此一番曲折，故摄政王开始对其只是利用笼络，并不完全相信，派其随英亲王从征陕西，后于顺治二年夏即令其班师回京，率本部赴镇锦州，从此一闲就是两年多。顺治五年四月，川陕吃紧，摄政王才派其率部移镇汉中，且命墨尔根侍卫、固山额真李国翰为定西将军，率右翼汉军官兵与吴同镇。自此以后，吴、李二人一直同领本部征战川陕，攻滇之时，亦是如此，十五年七月李病故后，吴才独统军行。

为什么这时顺治帝要委任吴三桂移镇云南？显然是出于需要和可能这两方面的因素。顺治十六年三月，南明永历帝虽逃入缅甸，但晋王李定国、巩昌王白文选仍分统军队活动于边境地方，特别是李定国曾"两蹶名王，天下震动"，清廷对他不得不防。京城满兵虽善征战，可顺治十四年满洲八旗只有四万九千六百九十五丁，怎能派出数千或一万士卒

---

①《明史》卷126，《沐英传》。

远戍云南，且八旗军向来是出征一段时间即需回京师"拱卫宸极"，不能长久在外，没有八旗军为主力，绿营兵虽号称六十万，亦无力担此重任。平南、靖南二王兵力向不及吴，只有平西王之兵参加了攻滇之战，并曾立下大功，因此，滇省需要大兵驻戍，需有大帅坐镇，环顾左右，确系舍吴不可。且皇上对吴三桂又一直比较赏识，比起摄政王多尔衮来说，顺治帝更加重视发挥吴之作用。

顺治五年四月，摄政王命吴三桂率本部自锦州移镇汉中时，只是下了一道谕旨，令其移镇而已，并未详细明确规定其应有之职权。顺治八年九月初八，顺治帝赐平西王吴三桂金册金印和敕书一道。金册详列吴三桂开关降清，"随睿王破贼兵二十万，底定中原，大功茂著"，在山西陕西斩杀、降获、降服伪秦王、定远侯、经略、总兵、副将、参将、游击朱生福等五百七十余员和敌兵三万余人，攻克山西陕西二省五十八城等功，故"特授金册金印"，封吴为平西王。敕书则详述吴入川征剿之职权说："四川逆贼盘聚，斯民陷于水火。兹特命尔统领大军入川征剿，凡事与墨尔根侍卫李国翰计议而行，投诚者抚之，抗拒者诛之。""地方既定之后，凡军机事务，悉听王调度，其一应民事钱粮，仍归地方文官照旧管理。文武各官有事见王，俱照王礼谒见。"①不久帝又赐敕谕固山额真、墨尔根侍卫李国翰说："兹特命尔统领汉军及绿旗兵，入川征剿，凡事协辅平西王而行"，"地方既定之后，凡军机事务，悉助王调度。"②顺治十年十二月初九，帝以吴三桂入川征剿有功，于藩俸六千两外，每年又加俸一千两。顺治十四年五月又以吴平四川嘉定功，再加岁俸一千两。③

正可能是由于顺治帝赏识吴之军政才干，予以重用，吴对平定川陕滇黔立下大功，且其非常积极地统兵攻滇，要消灭南明永历政权，可见其对前朝故君已经情尽义绝，今后自会永远效忠清帝不怀二心了。因此，顺治帝才决定派吴三桂移镇云南。

顺治帝颇有疑人不用用人不疑的作风，他一决定委吴镇滇之事后，就授以统军治政大权，顺治十六年十月二十二日，他谕吏兵二部说：

①《清世祖实录》卷60，第6、7、8页。

②《清世祖实录》卷61，第4、5页。

③《清世祖实录》卷79，第19页，卷109，第21页。

"云南远徼重地，久遭寇乱，民罹水火，朕心不忍，故特遣大军，用行吊伐，今新经平定，必文武百官同心料理，始能休养残黎，辑宁疆圉，至统辖文武军民，尤不可以乏人。前已有旨，命平西王吴三桂移镇云南，今思该藩忠勤素著，练达有为，足胜此任。当兹地方初定之时，凡该省文武官贤否，甄别举劾，民间利病，因革兴除，及兵马钱粮一切事务，俱暂着该藩总管奏请施行，内外各该衙门不得掣肘，庶责任既专，事权归一，文武同心，共图策励，事无贻误，地方早享升平，称朕戡乱柔远至意。俟数年后，该省大定，仍照旧令各官管理，其应行事宜，尔等即行议奏。"①

将此谕与顺治八年命吴入川征剿及前述平南、靖南二王分镇广东、福建之敕书相比，显然有着重大差别。那就是顺治八年涉及平南、靖南二王之敕书，均规定地方平定之后，二王只有处理军机事务之权，而"一应民事钱粮，仍归地方文官照旧管理"，二王只有军权，没有政权、财权和用人之权。现在却不一样了，云南省文武官员的"甄别举劾"，民间利病的"因革兴除"，"及兵马钱粮一切事务"，都由平西王"总管奏请施行"，平西王在云南集军政财权为一身，成为该省之"总管"了。

帝又允吴之请，以投诚兵一万两千名分十营，每营一千二百名，以投诚官统领，营之名为忠勇、义勇，各分中前后左右五营。原永历之淮国公马宝以右都督充忠勇中营总兵官，原公安伯李如碧以都督佥事充忠勇前营总兵官，原宜川伯高启隆以都督同知充忠勇左营总兵官，刘之复以参将管忠勇右营总兵官事，塔新策以副将管忠勇后营总兵官事，王会以右都督充义勇中营总兵官，刘偶以副将管义勇前营总兵官事，原叙国公马惟兴以左都督任义勇左营总兵官，原怀仁侯吴子圣以都督佥事充义勇右营总兵官，杨威以副将管义勇后营总兵官事。②

帝复允吴之奏，设云南援剿四镇，以四川右路总兵官右都督马宁为云南援剿前镇总兵官，四川左路总兵官署都督佥事沈应时为云南援剿左镇总兵官，湖广益阳总兵官署都督同知王辅臣为云南援剿右镇总兵官，都督同知杨武为云南援剿后镇总兵官。③云南援剿四镇之设，固然为防备

① 《清世祖实录》卷129，第9、10页。
② 《清世祖实录》卷138，第3、4页。
③ 《清世祖实录》卷141，第11页。

李定国进攻，保护滇省，以及将来进攻缅甸逼索永历帝，能起较大的支援作用，增强了滇军实力，但是此举也同时扩大了平西王的势力。他可以指挥湖广、四川的四位总兵官，他的评语对四人的升降能起很大的作用，从而为他拉拢四将提供了方便。十几年以后王辅臣就是吴三桂起兵反清时的一员大将。

帝又允吴之请，任用了一批云南省的总兵官，以原任经略右标提督总兵官左都督张勇为镇守临元广西等处总兵官，原任湖广左路总兵官右都督张国柱为永右总兵官，原任湖广中路总兵官署都督佥都事阎镇为大鹤丽永总兵官，云南团结火器总兵官王永祚为蒙景楚姚总兵官，原永历之德安侯今三清抒诚侯狄三品为广罗总兵官，祁阳总兵官都督佥事刘文进为曲寻武霑总兵官。①

这些援剿总兵、本省各镇总兵、副将，皆系由吴三桂自己选择后报请帝批，皆依议而行。云南省的各级文官，亦以吴之意愿为定。吴三桂还积极扩大属下佐领数额，"其藩属五丁出一甲，甲二百设一佐领"，后竟多达五十三个佐领，辖以左右都统。

从以上事实看来，吴三桂拥有藩下牛录兵约一万名、投诚兵一万两千人，可以调遣云南省已设六镇之绿旗兵两万三四千名，还可征调援剿四镇兵约一万两千名，总兵力多达五六万人，超过了任何总督、驻防八旗将军和京师八旗的一旗都统。他又拥有统辖云南文武官员大权和辖理滇省政务的大权，这样强大的军政权力集中于一人之手，固然有利于镇压反清武装，彻底消灭南明和李定国大西军，保证滇省的平定，但是，也易出现尾大不掉、分裂割据的局面。

顺治帝也可能考虑到这一危险，所以采取了一些措施，以促进三藩效忠于朝廷，主要是给以破格的优遇。平西、平南、靖南三王，原定岁俸六千两，这已是很高的数目，相当于宗室亲王世子之俸禄，比郡王还多一千两，超过贝勒之俸银一倍多，三倍于固山贝子之禄，五倍于镇国公及一等公俸银。后于顺治十年、十三年、十四年又先后增平西王俸银两千两，平南王、靖南王各俸银一千两。②顺治十四年六月十一日，帝又以金册，册封靖南王耿继茂之母李氏、平西王吴三桂之妻张氏、平南王尚可喜之妻舒氏、靖南王继续茂之妻周氏为"福晋"。其册封张氏之册

①《清世祖实录》卷141，第11页。

②《清世祖实录》卷101，第14、15页。

文说："勋高屏翰，爰推懋赏之规，化起闺帏，聿重从夫之秩，丝纶特赏，袆翟增辉。咨尔平西王福晋张氏，性秉柔嘉，心怀淑慎，相夫报国，殚翼戴之忠——砥德宜家，表温恭之懿范，是用封尔为福晋，赐之金册，延兹世庆，益着誉于藩封，赐尔纯禧，永垂声于彤管。"①福晋地位很高，只有宗室亲王、郡王之嫡妻，才能封福晋，异姓之人，能封福晋者，仅此四人，可见皇上对三王之优遇。

顺治帝的另一重大措施是与三藩联姻婚娶，使他们成为皇亲国戚，庶几可与国同休戚共命运。顺治十年八月十九日，以太宗第十四皇女和硕公主下嫁与平西王吴三桂之长子吴应熊，后晋封和硕长公主，授吴应熊为和硕额驸、三等子，加少保兼太子太保。顺治十三年六月初二，因靖南王耿继茂先曾咨告礼部，言及其子精忠、昭忠年已长成，"应请缔结婚姻，不敢擅便，唯候上裁"，其意显系希望能仿平西王之例，与皇室联姻。礼部与内大臣奉旨会议此事，奏称：耿继茂之父"有携众航海投诚功，且继茂升任岩疆"，仰承皇上报功恤劳仁德至意，宜以亲王等女下嫁。帝降旨批示：和硕显亲王之姊，赐和硕格格号，下嫁耿精忠，固山贝子苏布图之女，赐固山格格号，下嫁耿昭忠。②

顺治十七年六月，帝又以皇五兄和硕承泽亲王硕塞之女为己女，封和硕公主，下嫁与平南王尚可喜之第七子尚之隆，封尚之隆为和硕额驸。显然这可能是考虑到明朝之例，明太祖、成祖让黔国公沐英守云南，即以沐英为太祖义子，又将成祖之女下嫁沐英之子沐昕，沐英一家世守云南，效忠朝廷。现在三王之子皆与皇女婚配，三王皆成了皇亲国戚，便会永远效忠朝廷了。

顺治帝还采取了另一措施，即让三王各遣己子入京，随侍皇上。吴三桂之长子吴应熊、耿继茂之次子耿昭忠、三子耿聚忠（聚忠于康熙二年娶世祖所抚从兄安郡王岳乐之女和硕柔嘉公主）、尚可喜之子尚之隆，皆长住京城，随侍皇上。尚可喜之长子尚之信与耿继茂之长子耿精忠皆曾于顺治十一年前后入侍皇上，直到康熙十年才被其父奏准分别返回广东、福建。王子入侍，既可联络帝王之间感情，实际上又是人质，是三王送与皇上的人质，用以限制三王勿生异心。

这些措施，严格说来，起不了什么作用。涉及帝位之争时，不要说

①《清世祖实录》卷110，第2、3页。

②《清世祖实录》卷77，第15页；卷92，第3页。

什么王公大臣，还是儿女亲家，甚至是骨肉之亲、父子之亲、手足之亲，统统被抛在九霄云外了，要的就是一个，我为君，你为臣，为此不惜兄弟厮杀，父子相残。顺治帝亲政以后读了大量典籍，熟悉前朝历史，尤其推崇明太祖朱元璋，那么他为什么不看看太祖分封诸王授以兵权带来的严重后果！难道燕王朱棣起兵夺位，大战四年的教训，还不足以发人深省吗？何况这还是亲弟兄亲叔侄，是皇室成员，都如此为权为帝位而残忍无情，那三位身系汉人且系降将之藩王，就会永久效忠朝廷不怀异心吗？不可能。顺治帝这样过分相信三藩，太欠妥了。

有识之臣对此早有忧虑，有的并上疏劾吴专擅不法。顺治十七年十一月二十一日，四川道御史杨素蕴奏劾吴三桂用人专擅说：

"臣闻邸报，见平西王恭请升补方面一疏，以副使胡允等十员，俱拟升云南各道，并奉差部曹亦在其内，臣不胜骇异。夫用人，国家之大权，唯朝廷得主之，从古至今，未有易也。即前此经略用人奉有吏兵二部不得掣肘之旨，亦唯以军前效力各官或五省中人地相宜资俸应得者，酌量具题，从未闻以别省不相干涉之处，及见任京官，公然坐缺补衔，如该藩今日者也。且该藩疏称，求于滇省，既苦索骏之无良，求于远方，又恐叱驭之不速。即如所言，湖南、蜀省，去滇稍近，犹可计日受事，若京师、山东、江南等处，距滇南万里，不知所谓远，更何在也。况该藩用人，皇上所以特假便宜者，不过欲就近调补无误地方耳，若尽天下之官，不分内外，不论远近，皆可择而取之，则何如归其权于吏部，照常铨授，尤为名正言顺也。即云贵新经开辟，料理乏人，诸臣才品，为该藩所知，亦宜先行具题，奉旨谕允，然后令吏部照缺签补，犹不失权宜之中计，乃径行拟用，无异铨曹，不亦轻名器而亵国体乎。夫古来人臣忠邪之分，其初莫不起于一念之敬肆，在该藩敬历有年，应知大体，即从封疆起见，未必别有深心，然防微杜渐，当慎于机先，伏乞天语申饬，令该藩嗣后唯力图进取，加意绥辑，一切威福大权，俱宜禀拿朝廷，则君恩臣谊，两得之也。"[1]

杨素蕴这一劾疏，写得非常之好，可以誉之为多年罕有之佳文。此疏至少有三点非常难得。其一，论证严密，从用外省之人，京官、远人

---

[1]《清世祖实录》卷142，第19、20页。

及径行拟用等四个方面，彻底驳斥了吴三桂擅拟方面道员之论据，牢牢地给吴定上专擅用人大权之错误。其二，以此为据，将此错误上升到"人臣忠邪之分"的标准，且暗示吴有可能成为"别有深心"之邪臣，即有可能分裂割据，朝廷应当"防微杜渐"，降旨申饬吴之大错。十二年以后的"三藩之乱"，强有力地证明了杨素蕴之此结论，是何等的正确，真系超人之远见。其三，抗论强藩，胆识过人。杨素蕴不过是一位刚从七品芝麻官的知县调为同品的御史，而吴三桂却系握有军政大权、统兵十万、威风凛凛、杀人如麻的平西王平西大将军，骄横跋扈，言出威随，顺彼者昌，逆彼者亡。杨竟敢对吴加以弹劾，将其当作可能是"别有深心"之"逆藩"，予以批驳，确系大胆。他在撰疏之时，未必不会想起六年前郝浴遭祸的例子。

郝浴，直隶定州人，"少有志操，负节气"，顺治六年（1649年）中进士，授刑部主事，八年改湖广道御史，充任四川巡按。顺治九年大西军四帅之一抚南王刘文秀统军五万入川，大败平西王吴三桂军，吴退驻锦州。郝浴在保宁监临乡试，被大西军数万士卒围困。郝浴一面拼死坚守，一面飞檄吴三桂赴援，"激以大义，谓不死于贼，必死于法"，但吴惮大西军，不敢即来，逾月乃往，大西军前往保宁。吴入四川，"寝骄横，部下多不法，惮浴严正，辄禁止沿路塘报"，郝浴上疏反对此举。大西军撤退后，清廷颁赏将士，吴三桂以冠服给予郝浴，郝浴不仅不接受，反而上疏指责吴说："剪平贼寇，平西王责耳。臣司风宪，不预军事，而以臣预赏，非党臣则忌臣也。"他并疏劾"三桂拥兵观望状"。吴三桂"深衔之"。降将董显忠等以副将衔题授司道，"恣睢虐民"，郝浴上疏弹劾，将其改复原职。吴三桂唆使董显忠等人入京陈辩，郝浴被降秩罢革。顺治十一年，大学士冯铨、成克巩、吕宫等上疏保举郝浴说："浴固守保宁，出入营垒，奋不顾身，收兵措饷，转败为功，堪膺擢用。"吴三桂闻悉，立即上疏，利用郝浴所上保宁奏捷疏中有"亲冒矢石"语，"劾其欺罔冒功"，顺治十一年五月初三，吏部议复时奏称：郝浴应削职为民，大学士冯铨等荐举不当，应各罚俸六月。①

吏部此议，十分谬误。郝浴乃一书生，武非其长，却敢坚守危城，抗敌曾大败平西王的大西军，使清对大西军作战的重要军事基地保宁得以存而不陷，为清廷立下了大功。在那寡不敌众弱不敌强的危急时刻，

①《清世祖实录》卷83，第15页；《清史列传》卷7，《郝浴传》。

他"出入营垒，奋不顾身，收兵措饷"，当然可以说是"亲冒矢石"，哪里是"欺罔冒功"！这是太简单不过的道理了，堂堂六部之首专任核议叙录贬斥官员之责的吏部尚书、侍郎、司官，怎会连此三岁小孩皆知的道理都弄不明白，反而给郝浴定上"饰词冒功"之罪，拟议处以削职为民。此事看来既很玄妙，令人难解，但又十分浅显，尽人皆知。原来其如此颠倒是非的关键原因是，他们惹不起平西王，既然平西王诬告郝浴是"欺罔冒功"，他们也就只能定郝为"饰词冒功"，宁可出卖良心，置是非而不顾，宁可得罪顶头上司大学士，他们也不愿、不敢开罪于平西王。

吏部尚书、侍郎、司官本来已经够昏庸糊涂了，不料号称聪睿绝顶的少年天子福临比他们还要糊涂，还嫌处分轻，他竟降旨批示："郝浴虚诳冒功，冯铨、成克巩、吕宫为信任倚靠大臣，不能纠劾，反扶同荐举，显有情弊，俱著明白回奏。"①

皇上既然发怒，斥责大学士们显有情弊，按照常例积习，他们当然应低头认罪，请求严惩。可是这次冯铨三人，却一反常态，并不承认有罪，反而在回奏时以"效忠"为由，予以"巧辩"，可能是他们实在是难以做此违心之事，不愿颠倒是非吧。顺治帝更为生气，"下旨切责"，并谕命议政王大臣议拟此事。议政王大臣当然能体会皇上意图，于五月十六日议称："郝浴虚诳，平西王未劾之先，冯铨等扶同荐举，既劾之后，回奏又不从实认罪，谬以巫欲效忠为词，巧为遮饰，俱应革职。郝浴冒功诳奏，应逮讯。"帝即降旨批示说：冯铨任用以来，尺寸未效罪过多端，已经休致在籍，复念使功不如使过，特赐起用，毫无裨益。成克巩、吕宫俱破格超擢，不思感恩效忠，乃将郝浴含词妄荐，及回奏，又巧为支饰，"大负委任，本应重处，姑再从宽宥"，冯铨着降三级，成克巩、吕宫各降二级，俱照旧办事。"今后务各洗心涤虑，痛改前非，负朕屡宥录用之意"。"郝浴着逮讯"。②过了十二天，五月二十八日，议政王等议称："郝浴冒功妄奏，应论死"。帝命免其死，"流徙盛京"。③

一位风华正茂、有胆有识、廉洁奉公、爱民疾恶，被人盛赞为"血

①《清世祖实录》卷83，第15页。

②《清世祖实录》卷81，第19页。

③《清世祖实录》卷89，第25页。

性过人""才守学识"远逾群臣的四川巡按郝浴,当吴三桂"身居王爵,手握兵权",势焰熏天之时,从为国为民出发,敢于"不畏威,不附势",疏劾为帝宠任倚托的骄王,竟落得革职罢官流徙关外二十年的悲惨下场。这一冤案错案,清楚地告诉了文武百官:皇上倚任平西王,任何人也不要与平西王作对,否则,郝浴就是前车之鉴。自此以后,延续六年多,无人敢涉及平西王,上至大学士,甚至议政王、贝勒,下至为帝耳目为帝喉舌,"查核官常,参惟纲纪","纠失检奸"的左都御史、左副都御史、十五道监察御史、六科都给事中、给事中这一大批言官,都不敢评说平西王是非,更不敢弹劾其专擅之过和生事为乱的可能性。现在杨素蕴竟敢直斥其专擅用人大权之过,要求皇上对其戒饬,以"防微杜渐",真是胆比天大,气冲云霄,为国为民置身家性命而不顾了。

也许顺治帝认为杨素蕴所劾,不无道理,觉得不应重蹈重惩巡按郝浴堵塞言路的覆辙,或是由于其他原因,总之,仅只将其疏下部议拟,并未降旨斥责和处分,但是对吴之题补各官,仍照样批准。

顺治十七年十二月十二日,即杨素蕴呈上劾吴之疏后二十一天,朝廷任命了一批云南道员,升湖广上湖道副使胡允为云南布政使司参政分守金沧道,刑部郎中李煊为云南布政使司参议分守洱海道,四川重应府知府何毓秀为云南按察使司副使司参政事分守临元道,湖广辰州府知府苏弘谟为云南按察使司副使清军驿传道,湖广安陆府马逢皋为云南按察使司副使分巡临安兵备道,湖广永州府同知吉允迪为云南按察使司佥事分巡水利道,四川保宁府同知纪尧典为云南按察使司佥事分巡金腾兵备道,调补四川川西道副使田萃祯为云南按察使司副使分巡洱海道,陕西关内道副使蔺一元为云南按察使司副使分巡曲靖兵备道。[①]

顺治十八年正月初七,顺治帝福临病故,四大辅臣秉政,调杨素蕴为川北道。平西王吴三桂并未因为世祖从其所请,题补各官,事实上已经取得胜利而罢休,仍然对杨素蕴恨之入骨,于同年上疏辩驳,并指杨之疏中"防微杜渐"语,谓杨"意含隐射,语伏危机",辅政大臣拟诏责令杨素蕴回奏。顺治十八年十一月十四日,杨素蕴遵旨回奏说:"臣官御史时,见平西王吴三桂题补方面官,不论内外远近,一例坐缺定衔,有碍国体,是以具疏驳正。至于防微杜渐等语,原属概论古今通

---

① 《清世祖实录》卷143,第7、8页。

义，未尝专指该藩，不过据理而陈，非别有意见。"①疏下部议，以杨素蕴"巧饰"，拟议将其降调，杨素蕴遂罢官归家。一位富有远见，正气凛然，"刚肠正气实在大过人者"之御史道员，就这样因为"为国直陈，奋不自顾"，惹怒了骄横王爷，而被罢官赋闲了。

顺治帝对平西王、平南王、靖南王的过分倚任和放纵，尤其是让吴三桂兼掌云南军政大权，犯了严重错误，埋下了祸根，为了一时的省事省钱，不派八旗军留守驻防，不让五省经略辅臣洪承畴或类似洪的军国重臣经略云贵，与平西王分掌军权政权，终于导致三藩坐大，形成尾大不掉的割据之势，最后爆发了几乎危及爱新觉罗江山的"三藩之乱"，实在是咎由自取，责任难逃。

八、江洋鏖战　海内归一

（一）封公赐地　招抚延平郡王

郑成功，本名郑森，字明俨，祖籍福建南安石井乡，出生于日本，母为日女田川氏，父郑芝龙。

郑芝龙乃明代活动于闽粤沿海一带的大海盗、大海商，部众数万，有船数千，于崇祯元年（1628年）为明福建巡抚熊文灿招降，初任游击，崇祯十三年（1640年）晋至福建总兵官。他独擅通洋巨利，勒令商民纳税（称为"报水"），北至吴淞，南至闽粤，"海舶不得郑氏令旗，不能往来，每船例入三千金，岁入千万计，芝龙以此富敌国"，田园遍闽粤，年收田租巨万。他还在驻地安平（今福建南安安海镇）筑城垣，建府地，守城之兵，"旗帜鲜明，其甲坚利"。清顺治元年（1644年）八月，南明福王封郑芝龙为南安伯，镇守福建。第二年五月福王亡，郑芝龙拥立唐王朱聿键，改元隆武，郑芝龙被封为平国公，执掌八闽军政大权。

清廷遣使秘密招降，许封王爷、授三省总督，郑芝龙遂降清，致南明隆武帝为清军杀害，闽省大部分地区为清军占据。清廷背弃诺言，逼押郑芝龙入京，授三等子，编入汉军正黄旗，实为软禁。

郑成功自日本回国后，考中南安县学秀才，入南京国子监读书，返闽后曾入侍南朝隆武帝，蒙帝宠爱，赐其姓名为朱成功（故人称"国

---

① 《清圣祖实录》卷5，第12页。

姓"，或"国姓爷"），封御营中军都督，仪同驸马，协理宗人府事。不久帝又封成功为忠孝伯，赐尚方宝剑，挂招讨大将军印。郑成功坚决劝父不降，未允，便在叔父郑鸿逵帮助下，"密带一旅遁金门"。

顺治三年（1646年），清军进驻安平，大肆淫掠，田川氏被辱，万分愤怒，剖腹自杀。郑成功获悉，率师急奔安平，清军退回泉州。

郑成功深痛国破家亡，君、母均死，毅然将过去穿戴的儒服儒冠携至文庙跪哭焚化，出家资辎师，自称"罪臣国姓成功勤王"。他初期仅有弱兵数千，但他惨淡经营，拼死厮杀，大力扩充兵马，屡攻福建同安、海澄、泉州、漳州、云霄、诏安及广东潮阳、揭阳等地，又遣使奉表赴广西，向南明永历帝朝贺。帝初封其为威远侯，不久晋延平公，后又晋延平郡王。

顺治七年（1650年），郑成功袭据了金门、厦门，以此为抗清基地，拥兵四万余人，声势大振。明朝宗室、遗臣纷来依附，海上群雄亦俯首听命。第二年初，郑成功率军勤王，欲图解救被清军数万围攻之广州，三月攻下惠州。清军乘机偷袭厦门，尽掠其父子两代积蓄的金银珠宝和米粟数十万斛而去。郑成功率兵回救，清军早已撤走。郑成功大怒，引刀断发，誓必复仇，重修城垣炮台，大会文武，议失守功罪，赏罚无私，群将佩服，兵势复振，部众增至六万余人。他率军先后连取海澄、漳州等地，大败清浙闽总督陈锦、提督杨名高、总兵王邦俊，顺治九年四月进围闽南军事重镇漳州，长达八月，下漳属七县。陈锦出征，为家奴刺杀，以其首献与郑成功。一时八闽震动，延平郡王之军成为威胁清在闽粤浙省统治的强大对手。

顺治九年（1652年）十月初九，年方十五岁的少年天子福临，下了一道十分重要的敕书，赐予浙闽总督刘清泰。此敕全文如下：

"近日海寇郑成功等，屡次骚扰沿海郡县，本应剪除。但朕思昔年大兵下闽，伊父郑芝龙首先归顺，其子弟何忍背其父兄，甘蹈叛逆。此必地方官不体朕意，行事乖张，郑成功等虽有心向化，无路上达，又见伊父归顺之后，睿王令人看守防范，又不计其在籍亲人作何恩养安插，以致成功等疑惧反侧。朕又思郑芝龙既久经归顺，其子弟即朕赤子，何忍复加征剿，若成功等来归，即可用之海上，何必赴京。今已令郑芝龙作书，宣布朕之诚意，遣人往谕成功及伊弟郑鸿逵等知悉，如执迷不悟，尔即进剿。如芝龙家人回信到闽，成功、鸿逵等果发良心，悔罪过，尔即一面奏报，一面遣才干官一二员，到彼审察归顺之实，许以赦罪授官，听驻扎原住地方，不必赴京，凡浙闽广东海寇，俱责成防剿，其往来洋船，俱着管理，稽查奸宄，输纳税课，若能擒斩海中伪藩逆渠，不吝爵赏。此朕厚待归诚大臣至意，尔当开诚推心，令彼悦服，仍详筹熟察，勿堕狡谋。"　①

　　这道敕书的重要性在于，它对朝廷的方针做了很大的改变，即以抚代剿。在此之前，清对郑成功部义军，一直采取武力征剿的方针，派兵进攻，设兵防御，刀枪相见，除了杀杀杀，抢抢抢，没有其他方式。现在才有了大的改变，遣人携带郑芝龙的劝降书，前往劝诱郑成功及其叔父郑鸿逵等人归顺清朝。

　　这道敕书还为郑成功之降顺搭好了一个下台之阶，即将其反清说成是被迫起事，并非有意抗拒，之所以起兵，归之于睿王和地方官员之谬误。睿王确有错误。征南大将军贝勒博洛在劝降郑芝龙时，"许以破闽为王"，"已铸闽广总督印以待将军"，而当郑芝龙率部归降时，却将其押往京师，最后封了三等子，软禁起来。睿王对此背诺弃信之事，不予制止，且予赞成和允准，当然会激怒郑氏家族，挺身而起，抗清反清。地方官员也有罪过，福建巡抚张学圣、道员黄澍、总兵马得功，"垂涎金穴乘成功他出，潜师往袭（厦门），悉攫其家资"。官兵大肆抢掠奸淫，连郑成功之母亦因被辱而剖腹自杀，激起厦门兵民及郑氏将士的无比愤怒，拼死猛攻，连克郡县。顺治帝福临责备睿王及臣下，目的是为郑成功之抗清予以开脱，以利于劝降。

　　朝廷之由剿变抚，原因很多，主要是为军事形势所迫。此时，孙可望、李定国、刘文秀领导的大西军连克四川、湖南、广西、广东大部分州县，两个多月前清平南大将军定南王孔有德在桂林兵败被围自杀，定远大将军和硕敬谨亲王尼堪统领八旗劲旅急赴广西征剿，局势吃紧。清廷抽不出更多的兵力对付郑成功，而郑成功正利用这一有利时机大举进攻，连占州县。兼之，八旗军尤其是满洲八旗将士均不习水战，惮于舟行，江海之上头晕目眩，寸步难行，无法对付棹舟如飞的郑军。因此，皇上才决意改剿为抚，且不惜归罪臣工失误有过，来劝诱郑军停战归顺，以便集中兵力征剿主要敌人大西军。

　　①《清世祖实录》卷69，第6、7页。

顺治帝的这一决策，是符合军事形势的，但其判断还欠精确，对大西军之军威估计不足，对郑军之实力也有所低估。这在劝降的条件和招降失败仍要进剿这两个方面上，表现得十分清楚。他招劝郑成功降顺时许诺的优遇条件有五：赦罪授官；驻扎原地，不必赴京；责成防剿浙闽广东海寇，管理往来洋船；稽查奸宄，输纳税课；擒斩海中伪藩逆渠，不吝爵赏。这些优遇条件并非十分优遇，好些招降之许愿远远比这更为优厚。

顺治元年四月摄政王多尔衮劝诱明平西伯、总兵吴三桂归顺时，许诺说："今伯若率众来归，必封以故土，晋为藩王"，且随即封吴为平西王。同年七月王致南明弘光政权大学士史可法书，劝谕诸臣降顺时允诺说："南州群彦，翻然来仪，则尔公尔侯，列爵分土，有平西之典例在。"①

原来皆以王公侯爵相引诱，而此次对郑成功，却仅"许以赦罪授官"，驻扎原地，既不封爵，又不裂土以赐，即只可能授以总兵官、副将之流的官职，待遇太差了。至于防剿浙闽粤海寇，管理洋船，这本来就是郑成功现在所行之事，所拥之权，清朝哪有力量去防剿三省海寇，管理海上洋船？这两条"优遇条件"，实是废纸。而且敕书还讲道，郑成功若要封爵，得立大功，必须擒斩南明海上大帅大将。敕书规定这样不高的优遇条件，显然是对郑成功的实力估计偏低，仅把他当作中等海盗来劝降，没有把郑军视为安定浙闽粤沿海州县及三省的主要对手。顺治帝的这一失误，很快就由于战局的变化，使他更为清醒，而主动予以改正。

顺治十年五月初十，顺治帝降敕，封精奇尼哈番（子爵）郑芝龙为同安侯，郑成功为海澄公，郑鸿逵为奉化伯，郑芝豹为左都督，并赐以敕谕。敕谕全文如下：

"朝廷报功，必隆其典，臣子效顺，各因其时。兹尔郑芝龙，当大兵南下，未抵闽中，即遣人来顺，移檄撤兵，父子兄弟归心本朝，厥功懋矣。睿王不体朕意，仅从薄叙，猜疑不释，防范过严，在闽眷属，又不行安抚恩养，以致阖门惶惧，不能自安，虽郑芝豹音信尚通，而郑成功、郑鸿逵恩养遂阻。加以地方镇道官不能宣扬德意，曲示怀柔，反贪利冒功，妄行启衅，厦门之事，咎在马得功，而鸿逵遵依母教，遂尔旋

①《清世祖实录》卷4，第15页；卷6，第19页。

师，足见诸臣身在海隅，不忘忠孝，朕甚嘉之，已将有罪将官提解究拟，即遣人赍敕传谕开导归诚。成功、鸿逵果令李德持家书来，并传口语，芝龙随即具奏，书词虽涉矜诞，口语具见本怀。朕念尔等前有功而不能自明，后有心而不能上达，君臣谊隔，父子情疏，尔等不安于衷，亦已久矣。朕亲政以来，知百姓疮痍未起，不欲穷兵，尔等保众自全，亦非悖逆，今以芝龙首倡归顺，赏未酬功，特封为同安侯，赐之诰命。芝龙子成功为海澄公，芝龙弟鸿逵为奉化伯，芝豹为左军都督府左都督总兵官，各食俸禄如例。成功、鸿逵另有专敕，芝豹遇缺推补。朕推心置腹，不吝爵赏，嘉谕到日，满洲大军即行撤回，闽海地方保障事宜，悉心委托，尔等当会同督抚酌行事，应奏闻者，不时奏闻。尔等受兹宠命，果能殚心竭力，辑宁地方，实尔等之功，如或仍怀疑虑，不肯实心任事，以致地方不安，非徒误朕封疆，亦且扰尔桑梓，揆情度理，尔等谅必不然，况尔等父兄在朕左右，子弟尽列公侯，怀君德则为忠臣，体亲心则为孝子，顺兄志则为悌，此尔等千载一时之遇也，可不勉哉！"①

　　此敕与七个月前帝赐予浙闽总督刘清泰之敕，在变剿为抚，招劝郑成功停战归顺这一根本点上，是相同的，但此敕在五个重要问题上，又与前敕颇有差别。其一，前敕乃帝赐予总督之敕，命其招抚，不是赐予郑成功的，清帝与成功并未直接交涉。现在此敕，虽系赐予郑芝龙、郑成功、郑鸿逵、郑芝豹四人的，并非仅赐予郑成功，且就字数而言，讲郑芝龙的事篇幅最多，但论其实质，则显然是以郑成功为主要对象，竭力劝其归顺，并专门说明还将赐郑成功、郑鸿逵专敕，亿民之君的大清皇帝第一次与南明延平郡王郑成功打交道了。其二，清帝正式敕封诸郑爵位，郑芝龙由一等子，跳越伯爵，超晋同安侯；郑成功封海澄公，位列公侯伯子男五等爵之上爵；郑鸿逵封奉化伯，较诸当年郑芝龙奉献全闽率部十余万降清仅得到一个三等子而言，这次是十分优遇了。其三，敕谕到日，"满洲大军即行撤回"。五个多月前，负责征剿郑成功的清平南将军镶红旗汉军固山额真金励，以郑军夺据海澄，"请增发大兵攻取"，议政王大臣会议后奏准，于江宁、杭州拨满兵一千，命额墨里等将统领，前往福建，会同金励进攻。②现帝谕撤回停攻，以表示诚心招

————————
①《清世祖实录》卷75，第8、9、10页。

②《清世祖实录》卷70，第26、27页。

抚，不事攻战。其四，斥责马得功等人贪利冒功，妄行启衅，袭掠厦门，已将他们提解问罪。在此敕之前两个多月，顺治十年二月二十八日，浙闽总督刘清泰奏称："臣遵密谕"，细查厦门之事，系巡抚张学圣、道员黄澍、总兵马得功，"垂涎金穴"，偷袭厦门，"以致郑逆赏索修怨，海郡沦陷"，三人罪难宽逭，巡按王应元又失职徇隐不奏。帝降旨批示："张学圣、马得功、黄澍、王应元俱革职"，拿解来京，严讯具拟。[①]顺治帝于敕中讲明此事，显系示恩讨好于郑成功，以舒其愤。其五，用词委婉，劝解宽慰，动之以情（父子之情，弟兄之情），诱之以恩，远非招降一般将领所能比。五点集中为一点，即顺治帝对郑成功是破格优遇，竭力劝其停战归顺。

两敕之间有着如此重大的差异，根本原因还是在于郑军势大和清军失利被动。自顺治九年十月帝密谕浙闽总督刘清泰招抚以来，郑成功屡攻清地，顺治十年三月，又遣南明定西侯张名振率忠靖伯陈辉、中权镇黄兴、护卫右镇沈奇、礼武镇林顺、智弄营蓝衍、后镇施举等将，领兵二万，战船上百，进入长江，攻打浙江、江苏。[②]

张名振等攻崇明，破镇江，登金山燕子矶，遥祭孝陵（明太祖朱元璋之陵），掠战船三百艘于吴淞口。

顺治十年四月，清平南将军金励率马步军数万进攻海澄，五月初四，用大小铳枪数百门"日夜连击，无瞬息间断"。郑军"营垒整而又坏，官兵无可站立，损伤者多"。郑成功遣参军遍谕各营将士，决心死战，三军士卒拼死厮杀，清军"四面蚁附登城"，郑军"众斧迎之，随斧随堕，濠为之平"，清军伤亡甚多，撤围而去。[③]

南面的郑军既不能消灭，北边湖南战场又失利，定远大将军敬谨亲王尼堪于衡州中伏兵败被杀，大西军"两蹶名王，天下震动"，对清廷带来严重威胁，清政府必须集中力量对付大西军。因此，顺治帝才于顺治十年五月初十特降敕书，封郑芝龙、郑成功等人为公为侯为伯，予以更大的优遇。

过了七天，五月十七日，帝又谕浙闽总督刘清泰说：招抚郑成功、郑鸿逵等，前已有旨，今特差满洲章京硕色赍赐郑成功海澄公印一颗、敕谕一道，郑鸿逵奉化伯印一颗、敕谕一道，同黄征明（郑成功之表

①《清世祖实录》卷72，第17、18页。

②杨英：《先王实录》，福建人民出版社1981年版，第53页。

③杨英：《先王实录》，福建人民出版社1981年版，第56、57页。

叔）领李德等四人前去。但满汉语言难通，不便将命，敕使到后，尔即精选地方文官武将各一员，务要通达国体，晓畅事机，赍捧到彼，"宣朕德意，竣事报命"。尔系侍从旧臣，"须悉心料理，成就抚事，称朕怀柔海隅之意"。①

郑成功于八月在厦门收到郑芝龙的家人李德、周继武等带来的父亲手书，言及"清朝欲赐地求和"，欲差二大人赍海澄公印敕，"以一府地方安插，又系刘清泰保认"，"先差李德等来探可否，回报后，方令招使赍来"。郑成功决定借此议和筹办粮饷说："清朝亦欲贻我乎？将计就计，权借粮饷，以裕兵食也。"遂写回禀，令李德星夜赴京回报。

郑成功之"回禀"，除了讲述"大义灭亲"，"从治命不从乱命"，批驳先前博洛贝勒诱骗郑芝龙至京软禁，偷袭厦门大肆淫掠，以及郑军攻漳州、泉州屡败清兵外，还着重讲了清朝必须有求和诚意，论述议和对清之有利，清所说之优遇条件并不优厚，他还提出了割让三省的议和条件。他在回禀中写道：

"夫沿海地方，我所固有者也，东西洋饷，我所自生自殖者也，进战退守，绰绰余裕，其（岂）肯以坐享者反而受制于人乎？且以闽粤论之，利害明甚，何清朝莫有识者？盖闽粤海边也，离京师数千余里，道途阻远，人马疲散，兼之水土不谙，死亡殆尽，兵寡必难守，兵多则势必召集，召集则粮食必至于难支，兵食不支，则地方必不可守，虚耗钱粮而争必不可守之土，此有害而无利者也。如父在本朝（明朝）时坐镇闽粤，山海宁宁，朝廷不费一矢之劳，饷兵之外，尚有解京，朝廷享其利，而百姓受其福，此有利而无害者也。清朝不能效本朝之妙算，而劳师远图，年年空费无益之赏，将何以善其后乎？……刘清泰果能承当，实以三省地方相界，则山海无窃发之虞，清朝无南顾之忧，彼诚厚幸。至于饷兵而外，亦当使清朝享其利，不亦愈于劳师远图，空费帑金万万者乎。况时下我兵数十万，势亦难散。……儿在本朝，亦既赐姓矣，称藩矣，人臣之位已极，岂复有加者乎？"②

郑芝龙收到"回禀"后，即于顺治十年十月十八日奏称：前命招抚

---

①《清世祖实录》卷75，第20页。

②杨英：《先王实录》，福建人民出版社1981年版，第63、64页。

逆弟鸿逵、逆子成功，臣即遣人赍书，宣传圣意，"俱未受封"。顺治帝"以郑成功妄行索地，夸诈大言，其欲不可餍足"，谕议政王大臣确议以奏。①

经过一番商议，可能真是帝、王、大臣为郑成功所述闽海险远难征之论所慑服，最后决定仍要招抚，且给予更为优厚的条件。顺治十一年正月初六，帝连降二敕给予郑成功。第一道敕谕着重于正面讲述加封靖海将军及拨与四府养兵等事，全文如下：

"朕唯闽海粤区，兵戎重寄，宜资勋胄，以靖封疆。尔郑成功，乃我朝世袭同安侯郑芝龙之子，曩者大军下闽，芝龙首倡来归，虽经叙录，未称厥功，缘睿王疑心轻听，不计周全恩养，以致尔疑惧淹留，迹寄海中，情甘化外。朕念父子大伦，慈孝天性，父既为功臣，子岂愿为仇敌，但道阻且修，尔心无由口达。前者李德等持尔家书至，朕令细询口语，悉尔至情，朕恻然念之，推心置腹，何分新旧，即使海隅底定，防镇亦必需才，与其另择他人，岂如任用尔等。爰加封爵，畁以事权，聿同开国之功，特赐承家之庆，兹特封尔为海澄公，给靖海将军敕印，照例食俸。因尔部弁兵房地，原在泉、漳、惠、潮四府，即命住此四府地方，止将四府水陆寨游营兵饷，拨给尔部弁兵，不足，不另补，正额钱粮，仍行解部。其管民文官，俱听部选，尔原辖武官，听尔酌量委用，姓名官衔，开册送部，即将归顺弁兵数目，详开奏闻。海上诸寇，尔其相机防剿。洋船往来，加谨稽查，防范奸宄，收取洋船课税，仍交布政使司解京。地方官评民事，词讼钱粮等项，俱系有司职掌，自有督抚管理，尔不得干预。尔膺此宠嘉，受兹信任，务殚心竭力，以图报称，海滨宁谧，唯尔之功，如果建有殊勋，仍加懋赏。山河带砺，垂于永久，忠孝克全，身名俱泰，岂不休哉！尔其钦承之，毋替朕命。"②

第二道敕谕是针对郑成功提出的一些问题加以解释，劝其归顺。③

顺治帝招劝郑成功降顺的条件，从清朝来说，是十分优厚的，这突出表现在三个问题上。第一，赐爵最多，爵位最高。在此之前，除早年

①《清世祖实录》卷78，第14页。
②《清世祖实录》卷79，第3、4页。
③《清世祖实录》卷79，第5、6、7页。

来降封授孔有德、耿仲明、尚可喜为王，沈志祥为续顺公及吴三桂为平西王以外，降将成百上千，其中不少系明之公侯伯爵，但降清以后，皆大降其爵，或封男，或封子，甚至只给以轻车都尉等世职，没有一个封公侯伯爵的。就连郑成功之父郑芝龙，本系统兵一二十万的南明唐王钦封的平国公，投降后仅封三等子，后晋一等子。现在，招降之时，便封成功为海澄公，郑芝龙由一等子超晋为同安侯，郑鸿逵封奉化伯，一门三显爵，举朝仅有。

第二，封地最多。在此之前，不管是明朝官将还是南明弘光、隆武、绍武、永历政权之臣，或者是大顺大西军将领及各地义军首领，降清后皆须进京朝觐，分隶汉军旗，原来所辖兵士交与朝廷，分属绿旗各营，或遣散返乡为民，即交出了兵权和地盘。就连定南、平南、靖南、平西四王，也系由朝廷指派一些地区驻扎其部，没有像这次招郑成功来降时，即赐以漳、泉、惠、潮四府，令其驻屯。而且所赐之地相当多。漳州府、泉州府属福建省，漳州府辖有七县一厅，广二百七十里，袤二百九十里，泉州府辖有五县，广二百七十里，袤三百里。惠潮二府隶广东省，惠州府领有九县一州，广四百五十里，袤四百里，潮州府辖九县一厅，广二百五十里，袤三百里。福建与广东省各辖九府，惠、潮、泉、漳四府之地，已将近半个省，不为不广。统军数万赫赫有名的平南王尚可喜、靖南王耿继茂，此时仍系同镇一省，比朝廷许与郑成功之地大不了多少。

第三，职权很大。敕书授予郑成功率部驻扎四府，其将士当然仍听命于郑成功。清又授予郑成功剿防海上诸寇和管理洋船之权，这就是说，郑成功拥有四府兵权及四府领海之权。至于"地方官评民事、词讼钱粮等项"，仍由督抚管理，与平南、靖南二王封藩广东之例一样。一位尚未归顺之南明臣将，一下子就被清帝授予等同于平南王、靖南王坐镇一地的大权，实系特例。

换了其他的南明官将，恐怕多会接受这样十分优厚的条件，而归顺于清，甘为少年天子福临之臣了。可是，顺治帝与议政王大臣们没有料到，这样优厚的招降，和握有其父兄郑芝龙等人质的特殊条件，竟会遭到郑成功的拒绝。郑成功就是郑成功，不是其他的南明臣子。在清廷认为是特别优厚的条件，给得太多，而郑成功却认为是太少了，太不像样，不屑一顾。郑成功所要的不是一府二府三四府，也不是他提出的三省（浙江、福建、广东），而是整个中国，是大明朝的万里江山，是逐清复明。

郑成功之所以同意谈判，商议和事，并不是真正的要停战议和，要归顺清朝，而是出于应付其父的请求和乘机筹饷的策略。既然郑芝龙写来家书，劝子降顺，以保父、兄等人性命，秉性孝悌之郑成功，不能断然撕书，置之不理，需要以忠以义规劝其父，晓以大节，尽子之孝，同时也可"将计就半，权借粮饷，以裕充食。"就在他于顺治十年八月得到郑芝龙劝降家书及写了"回禀"之后，他立即"以和议故，分遣各勋镇就漳泉派征乐助兵饷"。闰八月，郑成功遣督饷都督黄恺追晋南地方饷银二十万两，九月遣前提督黄廷就云霄地方征米五万石；十月，遣中权镇黄兴、前冲镇万礼等进入龙岩地方，征饷银二十万两；十一月，遣前锋镇赫文兴等往惠安、仙游等地方，征饷三十万两。[1]

顺治十一年正月末，清使郑、贾二使赍海澄公印到福建省会福州。郑成功命副中军、挂显义军门印常寿宁为正使、典仗所郑奇逢为副使，前往接待，令其不得辱命。清使命行下见上之叩拜礼，常寿宁坚持行宾客礼，未谈妥返回。二月初六，郑成功率兵马前往安平，驻东山书院，与清使相见。初七，清使将印敕交与郑成功，未开读。初八，清使欲回京复命，请郑成功谈要求。郑成功说："兵马繁多，非数省不足安插，和则高丽、朝鲜有例在焉。"初十，清使返京。[2]

郑成功利用议和之机，"乘势分遣各提督总镇，就福、兴、泉、漳属邑派助乐输。恐其出兵相阻，即移书于督抚刘清泰曰：以数十万之众按甲待和，虽议可俟而腹决不可枵，稍就各郡邑权宜措饷，以济兵粮，可也"。[3] "以和议未定，虏兵无敢阻抗，追遣益力"。[4]

顺治十一年六月二十五日，议政王济尔哈朗等议奏：同安侯郑芝龙以次子世忠与成功谊切手足，若令与使臣同到成功处，"谕以君恩，责以父命，导言婉导，彼必欣然向化"。应如郑芝龙所请，令郑世忠及芝龙之第四子世荫与使臣同行。帝允其请。[5]

八月二十四日，清使内院学士叶成格、理藩官阿山到泉州，遣人告郑成功说："藩不剃头，不接诏。不剃头，亦不必相见。"郑成功叱之。九月十七日，清使来到郑成功辖区之安平镇，一再逼迫郑成功率部

---

① 杨英：《先王实录》，福建人民出版社1981年版，第62、65、67页。
② 杨英：《先王实录》，福建人民出版社1981年版，第68、69页。
③ 杨英：《先王实录》，福建人民出版社1981年版，第74页。
④ 杨英：《先王实录》，福建人民出版社1981年版，第79页。
⑤《清世祖实录》卷84，第25页。

剃发接诏，郑成功不允，清使于二十日回到泉州。郑成功致书清使，约期相晤，清使回书拒绝说：九月十七日至安平镇，十八日、十九日李德、黄征明来言：郑成功"不接诏，不剃发"，故于二十日回泉州。我等之来，"不过宣传皇上浩荡德意，与公剃发后上谢恩本，将贵部官作何安插，及四府设防数目修入而已，他复何言哉"！郑成功之二弟世忠、四弟世荫亦多次跪求成功投降，以保父芝龙及在京家人性命，郑成功坚决拒绝，并与叔郑鸿逵分别写信与郑芝龙，重申不再受骗不叛明降清。[①]

其实，早在清使来安平前，九月初大西军晋王李定国即遣人连赍二书到安平，约请郑成功发兵，会师广州。郑成功同意，"即欲调兵南下勤王"，以清使尚在泉州，命晋王使者暂住金门。十月十九日，郑成功遣师南下，与晋王会师勤王。他委左军辅明侯林察为水陆总督，提调军中一切机宜，委右军闽安侯周瑞为水师统领，戎旗勋镇王秀奇为陆师左统领，左先锋镇苏茂为陆师右统领，督率官兵数万、战舰百只，克日南征。[②]十一月初二，郑军下漳州，守将千总刘国轩献城降，漳州府所属十邑以次归附。十二月破同安县，安、永、德各县闻风俱下，这一年派漳州府所属饷银一百零八万两，泉州府属七十五万余两。十二年正月又破仙游县。数月之间，成功共得"漳州十邑、莆田一府、泉之六县"。[③]

与此同时，清廷也在审时度势，考虑对策。顺治十一年十一月十四日，郑芝龙奏称：成功"请地益饷，抗不剃发，寄臣书信，语多违背，荒诞无忌，臣不敢隐匿，谨将原信二封缴呈圣览，臣当席藁待罪。"帝命议政王贝勒大臣会同密议速奏。[④]过了三天，十一月十七日，议政王贝勒大臣奏称："郑成功屡经宽宥，遣官招抚，并无剃发投诚之意，且寄伊父芝龙家书，语词悖妄，肆无忌惮，不降之心已决。"请敕该督抚镇整顿军营，固守汛界，勿令其军登岸，骚扰生民，遇有乘间上岸者，即时发兵扑剿。帝从其议。[⑤]

又过了一个月，顺治十一年十二月十六日，顺治帝降旨进攻郑成功。他命议政王和硕郑亲王济尔哈朗之次子世子济度为定远大将军，同多罗贝勒巴尔处浑、固山贝子吴达海、固山额真噶达浑，统率八旗军前

① 杨英：《先王实录》，福建人民出版社1981年版，第83—91页。
② 杨英：《先王实录》，福建人民出版社1981年版，第81—83页，95页。
③ 杨英：《先王实录》，福建人民出版社1981年版，第98、107页。
④《清世祖实录》卷87，第4页。
⑤《清世祖实录》卷87，第6、7页。

往福建，征剿郑军，并赐予敕书说："兹以逆贼郑成功潜据海岛，不遵王化，扰害福建泉州等府地方，特命世子济度充定远大将军，统率大军征剿，一切机宜，与多罗贝勒巴尔处浑、固山贝子吴达海、固山额真噶达浑等同心协谋而行，毋谓自知，不听人言，毋谓兵强，轻视逆寇。""贼如登岸，相机剿抚，如在海洋，则驻扎要地驰奏。凡有调发，不可令固山额真噶达浑离尔左右。其闽省弁兵，及新调三镇弁兵，听尔调度。" ①

　　顺治帝招抚郑成功之事虽未办成，但他是尽到了最大努力的。他给予郑成功很好的劝降条件和格外优遇，特赐空前未有之崇爵和四府封地，而且还有郑成功之父、母（郑芝龙之嫡妻颜氏）、弟、叔等人质，有了这些条件，一般来说，是有可能劝其归降的，达到目的的可能性很大。他认识到抚比剿更为有利，征剿的困难太大，正如郑成功致其父之"加禀"中讲道，闽粤海边也，距离师数千里，道途阻远，人马疲敝，水土不谙，伤亡众多，粮饷难备，守卫不易，而且还要考虑到集中兵力对付大敌——大西军，所以他决心求抚。应当说，他的这一决策是不错的，可惜，他遇到的对手乃罕见之奇人，遇到了英俊聪睿、智勇双全、无所畏惧，誓死逐清复明的延平郡王郑成功。这位人们尊称为"国姓爷"的大帅，确是"威武不能屈、富贵不能淫"的大丈夫，他不畏清军人多势众兵强马壮，他不贪荣华富贵，他不惜忍痛大义灭亲以全忠节，他当然不能被清帝诱劝投降。因此，顺治帝之招抚延平王的一切活动，均皆失败，于是，双方之间便展开了大规模的战斗。

（二）江宁决战　郑成功兵败退据台湾

　　从顺治十一年（1654年）招抚郑成功失败以后，双方干戈不休，郑军曾大扰福建省之福州、兴化诸府，下同安、南安等邑，又克舟山，进攻浙江省之温州、台丹及宁德，声势大振。顺治帝遣定远大将军世子济度、宁海大将军伊尔德往征，于十三年夏秋收复舟山，破敌于泉州，尽复闽安、海澄诸邑，但郑军并未大挫，仍不时来袭。清廷乃采取三项重大措施，来对付郑军。按时间顺序讲，第一项措施是"禁海"。早在顺治十二年六月十九日，兵部议复浙闽总督屯泰奏称："沿海省份，应立严禁，无许片帆入海，违者立置重典。"帝从其议。②过了一年，十三

---

　　①《清世祖实录》卷87，第14、15页。

　　②《清世祖实录》卷92，第10页。

年六月十六日，帝正式下敕，谕告浙江、福建、广东、江南、山东、天津各总督巡抚总兵官说："海逆郑成功等窜伏海隅，至今尚未剿灭，必有奸人暗通线索，贪图厚利，贸易往来，资以粮物，若不立法严禁，海氛何由廓清。自今以后，各该督抚镇，着饬沿海一带文武各官，严禁商民船只私自出海，有将一切粮食货物等项，与逆贼贸易者，或地方官查出，或被人告发，即将贸易之人，不论官民，俱行奏闻正法，货物入官，本犯家产尽给告发之人。其该管地方文武各官不行盘诘擒缉，皆革职，从重治罪。地方保甲通同容隐，不行举首，皆论死。……处处严防，不许片帆入口一贼登岸。如仍前防守怠玩，致有疏虞，其专汛各官即以军法从事，该督抚镇一并议罪。"[①]

第二项措施就是招抚郑军之将士。就在禁海的同一天，顺治帝又敕谕江南、浙江、福建、广东督抚镇等官说："今欲大开生路，许其自新，该督抚镇即广出榜文晓谕，如贼中伪官人等，有能悔过投诚带领船只兵丁家口来归者，查照数目，分别破格升擢。更能设计擒斩郑成功等贼渠来献者，首功封以高爵，次等亦加世职，同来有功人等，显官厚赏，皆所不吝。"[②]

第三项措施是增加福建兵士。定远大将军世子济度等遵旨商议福建防务，于顺治十三年五月奏称：濒海漳州等九处，俱宜设兵防守，而闽省经制绿旗官兵缺额甚多，今议补额增设，共增马兵两千二百五十名、步兵五千九百名，以资防御。见驻闽省汉军兵丁，俱应留驻漳州。"然汉军及绿旗官兵，未可尽恃，应留固山额真屠赖，统满洲兵，驻泉州，为两路声援"。诏下议政王贝勒大臣会议。议政王等议称：闽省去京驾远，满洲大兵往返更番，官兵劳苦，民亦受困。计见在闽省汉军兵五百九十名，实属不敷，应令江宁提督管效忠驻防京口，调京口兵八百名并杭州兵六百余名，连闽省之汉军兵，共足两千名，以每旗章京二员、骁骑校一名统领，仍特遣固山额真一员、每旗梅勒章京各一员，率往闽省驻防。闽省的绿旗兵，缺额者应募补，增设者应停止。顺治帝降旨批示："满洲大兵往返更番，官兵劳苦，民亦受困，所议甚当，但

---

① 《清世祖实录》卷102，第10、11页。

② 《清世祖实录》卷102，第11、12页。

梅海因大军驻闽，故而潜遁，今全师尽撤，不设满兵驻防，止委之汉军及绿旗官兵，恐军威不足，倘日后海寇登岸，不能防御，尔时题请大军，有误事机，所关甚重，着详议久安之计以闻。"后再三商议，于六月二十六日议准，"于汉军兵二千名之外，应再调京城兵一百名、沈永忠下兵九百名，共足三千之额"，命固山额真郎赛为师统领。①

正当清廷竭力巩固防务，为剿郑御郑而想尽一切办法时，突然闽省传来黄梧归降的喜讯，局势顿然好转。

黄梧系总兵，任前冲镇，奉郑成功命守海澄。顺治十三年六月二十二日，黄梧以郑成功用法太严，曾以揭阳之败斩大将左先锋苏茂，自己也败于揭阳，"所失衣甲军器甚多"，畏郑成功惩治，遂乘郑成功率兵北伐时，与副将苏明、郑纯等，杀总兵华东及其士卒四百余人，率官将八十六员兵一千七百名献城降清。定远大将军世子济度立即奏报。顺治帝于七月初四获悉，降旨批示说："黄梧等献诚归顺可嘉，着即行优擢。"②随即授其为都督总兵官。八月十七日，帝又谕吏兵二部说："镇守海澄都督总兵官黄梧弃逆效顺，杀其同守伪官华东伪众，率民剃发，领标下官属兵丁，献城输款，倡首来归，深可嘉尚，黄梧着加优典，封为海澄公，照例给予敕印，其标下各员从优议叙具奏。"③

顺治十三年九月二十日，顺治帝福临敕谕封黄梧为海澄公说：

"朕抚御寰区，绥安黎庶，期与天下共底荡平，未归则广示维新，既顺则丕彰优异，盖不烦师旅以格远人，首录元功而鼓忠义也。近因海氛未靖，特颁敕谕招徕，尔黄梧独能于敕谕未到之先，即识时知命，弃逆来归，且杀贼献城，救阖之性命，率民剃发，遵当代之章程，带领官兵，兼多火炮，嘉此英勇，慕我恩威，同德同心，先海滨而向化，驭富驭贵，当爵赏之特领，兹封尔为海澄公，给予敕印，尔其益奋忠勤，灭贼固围，式建朕功，用膺懋赏，钦哉！"④

---

① 《清世祖实录》卷102，第18、19、20页。
② 《清世祖实录》卷102，第22页。
③ 《清世祖实录》卷103，第10页。
④ 《清世祖实录》卷103，第28页。

顺治帝对黄梧奖赏之厚，前所未有。黄梧不过是郑军的一位总兵，与他同为总兵者好几十人，不少总兵包括施琅的地位都比他高，而且所献仅仅一县，降兵才一千七百余名，比诸顺治二年、三年左梦庚、刘良佐、许定国等领兵数万十余万来降者，真有天渊之别。左、刘等不过授以子爵，而黄梧却封公，且此公爵乃系几年前清帝封授予黄梧之主郑成功者，可见帝对黄梧是何等的破格优遇。

帝之如此特施隆恩于黄梧，与其六月十六日的一道谕旨，有着密切关系。这一天，即黄梧降清之前六天，帝敕谕江南、浙江、福建、广东四省督抚镇等官，命他们广出榜文，晓谕郑军将士投降说："唯自古帝王，底定万邦，皆恩威并用，讨贰怀服，乃能使人心乐于归往。""该督抚镇即广出榜文晓谕，如贼中伪官人等，有能悔过投诚带领船只兵丁家口来归者，查照数目，分别破格升擢。更能设计擒斩郑成功等贼渠来献者，首功封以高爵，次等亦加世职，同来有功人等，显官厚赏，皆所不吝。"①黄梧之封公，即系体现此谕的一个例证，以便鼓动更多郑军将领带众降顺。

黄梧之破格超封，还由于他之献城，为清朝立下了大功。这不仅是因为他是郑军之中最早献城降清的一员将领，还在于海澄的地位特别重要。海澄县在郑军辖区内并非普通之县，因为郑成功一直准备大举北伐逐清复明，故长期积储粮饷器械炮弹，主要藏存于海澄。据清人刘献廷之《广阳杂记》卷3记载："赐姓公未得台湾前，积蓄皆贮海澄，铁甲十万副，谷可支三十年，藤牌、滚被、铳炮、火药，皆以数万计。"跟随成功左右的"户部主事"杨英述此事也说："查城中所贮粮粟二十五万，军器、衣甲、铳器不计，其将领私积者又不计。藩（指郑成功）叹曰：吾意海澄城为关中河内，故诸凡尽贮之，岂料黄梧、王士元如此悖负。"②

如果联系到此时郑成功正下令要大举北伐，仅出征船只的船牌照票，就发了大小一千一百张，即有大小船一千一百只，更可看出黄梧之

① 《清世祖实录》卷102，第11、12页。

② 杨英：《先王实录》，福建人民出版社1981年版，第136页。

献海澄降顺，对郑成功的打击是何等的重，对清之防郑剿郑所起的作用
又是何等的大。

当然，顺治帝之破格嘉奖黄梧，更重要的目的是着眼于现在和
未来，希望他为清效劳，为灭郑建立更大的功勋，即封公敕书所说
"尔其益奋忠勤，灭贼固围，式建肤功，用膺懋赏"。这一目的，
他达到了。

黄梧以一战败之将和将遭郑成功惩治的罪臣，一跃而为蒙受清帝特
恩的公爵提督大人，前程远大，他对帝真是感恩戴德，决心效尽犬马之
劳。他对清朝之剿郑，在三个方面起了很大作用。一是率部拼死厮杀，
克城破敌。顺治十四年八月浙闽总督李率泰奏准，增加黄梧之标兵，合
原额共增足为四千名（增加了将近2倍），驻扎漳州，弹压闽南。九月，
黄梧同李率泰与提督马得功、都统郎赛水陆并进昼夜攻击，连破七城，
攻克闽安镇，立下军功。后又捐造战舰一百艘，朝廷加其以太子太保荣
衔。后来他又屡剿郑军，军功累累，广招敌军将士，十二年里，"共招
抚过伪官二百余员，兵数万余名"。[①]

二是献计献策。清廷原对郑军内情知之甚少，故无良策对付，黄梧
降清后，详奏郑军情形，提出剿灭之法。他奏上了"剿灭郑逆五策"，
要点如下：

"一曰驻海滨以堵登岸。成功乘春收之时，散遣伪将四出派饷，深
入内地，官军驻扎城内，尾后相追，贼已饱扬。应分驻重兵于福、兴、
泉、漳滨海要地，往来驰剿，则贼不敢登岸矣。二曰造小船以图中左。
成功恃中左为三窟，盈盈隔水，一苇可航，而陆地将弁殊无问津之意，
故负固至今。请于漳州港口多造八桨小船，伺潮渡海，成功恐惧，必尽
撤各为伪镇，护其巢穴，身不敢离中左半步。我师压水而阵，广布招
抚，兼用间谍，不出两月，内变必作，成功可坐擒也。三曰清叛产以裕
招徕。郑逆及各伪镇产业，多诡旗他姓掌管，梧颇知其详。应请敕下督
抚，会同梧遍行查出，所收租税，永充兵饷。今海上诸伪镇愿附者多，
当事蒿目之饷而不敢收。此项既清，即以叛产招叛兵，于以解散成功党
与易矣。四曰锄五商以绝接济。成功于山海两路各设五大商，为之行财
射利，梧在海上，素所熟识，近且潜住郡城，为其子弟营谋乡举邑庠为

①《清史列传》卷9，《黄梧传》。

护身之符，其实阴通禁货，漏泄虚实，贻害莫大，应请敕下督抚严提正罪，庶内究清而接济之根可拔矣。五曰划贼坟以快众愤。成功父子残害生灵，实戾气所钟。闻其石井祖墓，风水最险，舆论咸谓宜划掘，以破贼旺气，且快人心，亦惩恶之一端也。"①

黄梧又奏请严海禁说："郑逆猖獗，全借内地接济。福宁、沙埕为木植、丝棉所出；晋江之福前所，同江之鼎美、高浦为油麻，钉铁所出；海澄县之南溪，漳州之佛潭桥为柴米之薮。至闽粤错壤，则饶平县之黄冈，澄海之南洋，米粟山积，土宄阴为转输。赍粤粮，养闽寇，最为大患，宜先就接济之地，设法严禁。"②

他又奏请诛杀郑芝龙说："海贼俱属漳、泉、潮、惠之人，梧今大张布告，必渐次归附。但郑成功恃其父芝龙在京，欺诳招抚，借以登岸派饷，故首晋在芝龙，必先断绝芝龙，使之音信不通，则成功只海上匹夫尔。又成功之敢于猖獗，由其父芝龙诳谋罔上，赍书下海，扬言招抚，沿海人心摇惑，凡欲投诚者，咸以欲抚之故，仍坚其怙恶之心，请密奏剪除芝龙，以绝盗根。"③

黄梧对清廷的第三项贡献是力举施琅。施琅是郑芝龙旧将，任左冲锋，足智多谋，骁勇善战，顺治三年随芝龙降从征广东、戡定顺德、东莞、三水、新宁诸县，后郑成功起兵，琅又隶其麾下，任左先锋，其弟施显任左先锋副将，管援剿左镇，"兄弟俱握兵权，每有跋扈之状，动多倚兵凌人，各镇俱受下风"。顺治八年正月郑成功率师南下，欲支援南明广州守将，抵抗清军，施琅不愿，成功遂令施琅将左先锋印及兵将交与副将苏茂管辖，又将其副将调入戎旗亲随协将，施琅心怀不满，竟日削发为僧，不朝见郑成功。接着又出了一些事，郑成功十分恼怒，将施琅及其父与一些子侄逮捕监禁。施琅随后被人救走而降清，其及弟和子侄则被郑成功斩杀。

可能是因为施琅系只身归降，所带兵将不多，故清廷并未予以重

①《清史列传》卷9，《黄梧传》；刘献廷：《广阳杂记》卷3。
②《清史列传》卷9，《黄梧传》。
③《清史列传》卷108，第19、20页。

视，仅是授其为委署都督，一闲就是好多年。现在黄梧便对朝廷竭力保举施琅，赞其有才，应予重用说：郑成功漂泊海岸，往来靡定，欲扑灭之，非熟悉情形者不能。"敬举所知，有委署都督施琅者，仇寇甚深，知彼知己，胸有成算，其输款本朝已久，一出受事，即着微劳，且智勇兼优，忠诚素矢，宜假以事权，俾尽展所长，与梧戮力驰驱，必能剪除海孽"。[①]

黄梧的以上建议，受到清廷的高度重视，大都采纳：申严海禁，移兵驻防，增造战舰，擢用施琅，授其为同安副将，后迁总兵官。黄梧偕施琅会同提督马得功、总兵苏明，赴晋江县之大觉上，南安县之覆船山、橄榄山、金坑山，捣毁郑芝龙父祖及先世坟五座。黄梧又斩郑成功所置五商。清廷将郑芝龙及其弟郑芝豹，子郑世忠、郑世恩、郑世荫、郑世默具流徙宁古塔，家产籍没，又对郑芝龙加以链条三根，手足扭镣。后郑芝龙等皆被斩杀。[②]

黄梧的降清及其剿郑献计，举荐施琅，对扭转清廷的劣势，削弱郑军的威力，起了很大的作用。尤其是举荐施琅，为清军后来统一台湾、降服郑氏政权，找到了一个最佳统帅。

顺治十六年（1659年）六月底，正当皇上和王公大臣还在为年初时三路征滇大军会师昆明，大获全胜，而特颁平定滇黔川桂湖五省恩诏，喜庆未已之时，突然接到了镇江、瓜州失陷，百万郑军围江宁，"东南大震"的急报。顿时，朝野震惊，人心惶惶。

顺治帝福临想必会为此迷惑不解。四年前，他授世子济度为定远大将军，统率八旗军、绿营兵征剿郑成功，曾收复潭州等地。宁海大将军伊尔德亦收复舟山，皆于顺治十四年班师。为何此时，郑成功能突率大军，围攻江宁？原因固然很多，但其中最重要的一条可能是，顺治帝及议政王大臣们对郑成功之为人认识不够深刻，不了解其毕生奋斗的根本目标是恢复大明王朝的万里江山，逐清复明，因而未予以足够的重视和防御。

黄梧降清后，虽提供了大量的郑军的情报，献计献策，但对郑成功之决心南征北伐，夺占江南，进图燕京的宏伟愿望，却未予强调。

---

① 杨英：《先王实录》，福建人民出版社1981年版，第32、33页；《清史列传》卷9，《黄梧传》。

② 《清世祖实录》卷109，第3页；卷111，第3页。

原因可能有二：一是黄梧本人并不相信郑成功真有此雄心壮志，真有实现这一愿望的足够的军事、政治、经济实力，他认为郑只不过是欲图夺据一些沿海州县苟延残喘而已；二是黄梧担心过分宣传郑的雄心和力量，会被人看作是长敌人之威风，灭自己之志气，而招致皇上和王爷的不满，带来无穷祸患。因此，他介绍的敌情和奏陈的应对之策，都是按照消灭地狭民寡、军弱多变、亡期不远的敌人，来描述和献策的。这也影响到了清廷对郑军的正确认识。就在清廷宣布定远大将军世子济度和宁海大将军伊尔德获胜凯旋之时，南明延平郡王、招讨大将军郑成功却在抓紧扩兵训练，准备北伐。他分所部为七十二镇，设六官理事，"假明永历号便宜封拜"。他募集士卒十七万，以五万习水战，五万习骑射，五万习步击，万人往来策应。他还专门训练了一支万人铁军。

顺治十五年二月，他调各提督、统镇回思明（即厦门）选练征剿时，对诸将说："先年（顺治十三年十二月）护国岭杀败阿格商（清之骁将），所拾衣甲，全身披挂是铁，所以敢下马打死仗者，恃有此耳。""今我亦欲用此披挂，剿杀丑虏，诸将以为如何？"戎政王秀奇说："披挂全身穿戴不下三十斤，虏有马驼戴，穿戴犹易。""今我兵欲以一人穿戴三十斤步行，雄壮者不难，矮小者未见其便。"郑成功说："须拣选雄壮强健者当之。"甘辉说："岳家军多自负带，我朝戚南塘令兵卒两脚股负沙操练，岂畏重乎？要在操练得法耳。"时有勇士王大雄在，遂令其披挂。王大雄"手执战具，步伐整齐，如赴敌状，动履如飞"。郑成功大喜说："似此可纵横天下矣。"遂传令连夜赶制披挂铁面，选精兵万人，"绘朱碧彪文，峙阵前，专斫马足，矢铳不能入"。[1]郑成功亲自挑选，凡能举大石五百斤（一曰三百斤）者，方能选为亲兵，"配以云南斩马刀、弓箭，戴铁盔、穿铁臂、铁裙，用铁锁定，使不能脱，时谓之铁人"。[2]

顺治十五年五月十三日，郑成功统率大军，驾舟北征。六月十一日、十三日，连克平阳、瑞安二县，围攻温州未下，转而乘船北上。八

① 杨英：《先王实录》，福建人民出版社1981年版，第165页；《圣武记》卷8。
② 阮旻锡：《海上见闻录》。

月初九，大军至羊山，次日遇飓风，吹破巨舰数十艘，士卒淹没数千人。郑成功之次子、三子、五子皆淹死。随后，郑成功督师回舟山，随后驻扎温州、台州一带。

顺治十六年四月，郑成功再次统率大军北征。五月初四他对全军官兵重申禁止扰民之谕，强调说："本藩亲统大师，不惮数千里长驱远涉，进入长江，克期恢复，上报国恩，下口（救）苍生。此行我师一举一动，四方瞻仰，天下见闻，关系匪细。各提督统镇十余年，栉沐辛勤，功名事业，亦在此一举，当从恢复起见，同心一德，共襄大事……其岸上地方百姓，严令秋毫无犯。已有颁刻禁令，炳若日心，总以收拾民心，上为国家大计。须体此意，惇惇严饬所辖，不准动人一草一木，有犯连罪。"[1]

六月十四日，舟至焦山（在镇江东九里大江中），集诸将议进攻之事。郑成功谕诸将说："瓜镇，京都之门户，峙立两岸，必有重兵防守，又有谭家洲炮台与瓜州梆堤炮台对击，又有滚江龙把截，未易轻敌。须分一支由水攻取谭家洲，夺其大炮，另拨陈大胜等善没水者，斩断滚江龙，又以大师捣其瓜州，使虏左右支吾，闻风破胆，瓜镇不日克矣。尔等各依行令机宜而行。"随即具体分拨各将进攻地点。十五日，进扎瓜州北岸，传令进师，命右提督、前锋镇等各水师营进取谭家洲大炮。令材官张亮督泅水荡船，斩断滚江龙。滚江龙乃系清军在金山、焦山之间铺设的大铁索，横江中，阻止郑军船只通过。郑成功又令兵部侍郎张煌言督兵，待铁索斩断，即进据瓜州上游，焚夺满洲木浮营。此浮营用大杉木板钉围，内能容兵五百名，大炮四十门，火药火罐，不计其数，上流来船，遇之立碎，十分厉害。

出发之前，郑成功又与诸将誓师说："此番孤军侵入重地，当于死中求生。胜此一阵，直克其城，则破竹之势成，功名富贵近之矣。进生退死，本藩当身先陷阵，以为尔率，尔等其勉之。"

十六日，郑军猛攻，克瓜州，擒获清操江巡抚朱衣助，夺取了谭家洲大炮和木城三座。二十三日与清军大战于银山，清军兵分五路，

---

[1] 杨英：《先王实录》，福建人民出版社1981年版，第195-197页。

奋勇来攻，郑成功亲督亲军右武卫、左武卫还战，双方鸟铳、行营炮、弓箭齐放，"声震天地"。郑军"奋勇死战，无不以一当百"，大败清军，追杀十余里。镇江副将高谦、知府戴可进等见势不妙，赴银山军前献城投降。郑成功随遣张煌言安抚浦口，袁起震安抚滁州、六合等处，都督李必安抚仪真县。七月初七，大军抵达南京城下，开始了围攻南京之战。

南明延平郡王郑成功大军围攻江宁（即南京）之情，紧急呈报朝廷后，清廷大震。顺治帝福临对此突来之特坏急讯，万分震惊，据说他竟往见母后，要丢弃北京，返回盛京，迁移都城，遭到孝庄太后的拒绝和训斥。此说虽系传闻，但下述一事却是千真万确，即福临惊怒交加，于南苑召集王公大臣议事，宣布要御驾亲征。

为什么顺治帝对郑军之围南京，竟会做出这样奇特甚至是带有丧失理智性的疯狂反应？就客观条件说，此事不难理解，即在大多数人看来，江宁若失，东南半壁江山难保。这主要表现在三个方面。第一，敌众我寡，郑军在兵士数量上占据优势。郑成功"联营八十三"，每营以三百名计算，当有二十三万兵士。史载其十五年五月统兵出征时，有士十七万，号称八十万，经过瓜州、镇江激战获胜，清军来降者不少。而江宁守兵，却远远少于郑军。

江南驻有八旗军。顺治二年设江宁驻防将军一员、副都统二员，辖左翼四旗满洲蒙古兵二千名，弓匠铁匠各五十六名。十一年又设京口驻防总管一员，管辖八旗军，数目不多，主要是汉军旗士兵。但是，顺治十三年福建新设驻防八旗，调走京口汉军兵八百名，十五年起远征云贵，江宁、京口驻防八旗兵又调走不少。

江南省绿营兵较多，江南总督驻扎江宁府，统辖本标官兵及分防各营兵，兼节制抚标三、提标一、镇标五。督标有中营、左营、右营，辖兵二千余名，江宁城守协副将一员，驻扎江宁府，辖左右营兵一千一百八十余名，另有驻扎江宁城附近之仪真、溧阳、江阴、江都县之水陆兵约三千名。瓜州、镇江原有水陆兵三千三百余名，已经大部覆没。江宁原来还驻有江南汉兵提督管效忠之兵四千名，十三年调驻京口，大半于镇江败亡。另外，苏州府驻有江宁巡抚的标兵及城守营兵一千余名，松江府驻有苏松提督马进宝之标兵及城守营兵四五千名，崇明驻有水师兵一万名，还有漕运总督之标兵，操江巡抚之标兵及其他州府之兵，江南全省（江苏、安徽）绿旗兵有五六万名。

现在郑军围攻江宁，江宁城中之满洲蒙古八旗军原来只有两千名，部分被调往云贵，绿旗兵约有数千名，要对抗十余倍于己的郑军，的确是以寡敌众，众寡悬殊，正如清人所说"时江宁重兵移征云贵，大半西上，城大守备空虚"。这样的情形，江宁怎能固守？

第二，士气低落，将弁观望，誓死效忠者少。郑军大举北征，声势逼人，一些降清汉将见势不妙，多怀二心，或一战即逃，最典型影响最大者当数苏松提督马逢知。马逢知原名马进宝，明代任安庆副将都督同知，顺治二年在九江降于英王阿济格，奉命招抚了安徽巡抚张亮等文武官及兵士万余人，加总兵衔，隶汉军正蓝旗。三年从征浙江，克金华，留守，后授金华总兵，管辖金、衢、严、处四府。十三年迁苏松常镇提督，改名马逢知。郑成功督军进攻瓜州、镇江时，即与马逢知秘密联系，"约日起兵，攻打都城"，故马未来赴援，统领本部士卒数千，"拥兵观望""阴通于寇"，听任郑军包围南京。镇江守城副将高谦降，太平府守将刘世贤至郑成功军前迎降，献府中兵马、钱粮、军器册籍，六合、合山、来安等县守将率兵逃走。芜湖县有清兵数百名，郑军四名将士与守兵二百相持于浦江港岸上，适逢另外四名郑兵路过，前往帮助，"虏遂惊走"，"八人乘势赶去南门，本县并防守虏兵由北门逃遁"，"时童谣有云：是虎乎否？八员铁将惊走满城守虏"。[①]清军将士如此怯懦，怎是郑军敌手！

第三，民心不稳，缙绅欲降。郑军连打胜仗，直逼南都，汉民振奋，故明遗臣乘机四处联络，密诣郑军商议献降，连江宁城内及京师部分汉官，亦生反侧，遣人寄书约降。郑军截获了不少清朝上下来往文书塘报。其中一份是江宁提督管效忠发往京师的，内称：管效忠自镇江败回南京后，"日将防城器具料理，并差往苏、松等处讨援兵，并带急报燕都奏请救援，称海师二十余万，战船千余艘，俱全身是铁，箭射不透，刀斩不入。瓜镇二战，败回者魂魄尤惊，策战者鞠缩不前。现攻下镇江、太平、宁国等府，浦口、六合、丹涂、繁易、勾容、浦江等县，滁、和等州，松江提督马进宝阴约归（附）。现在攻围南都，危如累

---

① 杨英：《先王实录》，福建人民出版社1981年版，第204页。

卯，乞发大兵南下救援扑灭，免致燎原焰天"。郑成功看到这份塘报后大喜说："似此南都必降矣！"[1]

京师一些降清汉官分析局势时，认为江宁必失，清廷不稳，有的还将家书附入文书袋内，传话令南方子侄降郑。郑军截获的清朝上下往来文书中，有的传报中有"燕都不通文报近一月矣，南都未知明清"之句。"又有家书附搭云：南都音信久绝，传闻铁兵难敌，有迁都远避之议，大事可知。可令子与弟先投国姓，以为我后来进见，云云"。[2]郑成功之户部主事杨英记述当时情形说："时王子、王孙、公、侯、驸马、伯，驰书禀乞给牌札起义者比比。"前明故臣徐渭之子徐楷报称："杭房俱吊入南京，城中空虚，乞付札以便据城迎降。又云：杭房与家人永诀赴京，云战甚利害，有机会必投顺。"[3]清漕运总督亢得时，率兵往援江宁时，在高邮途中，"自溺死"。[4]

魏源在《圣武记》卷8总述当时形势说："七月，（郑成功）直薄金陵，谒孝陵。而煌言别领所部由芜湖进取徽、宁诸路。时江宁重兵移征云贵，大半西上，城大守备空虚。松江提督马进宝不赴援，阴通于寇，拥兵观望。成功移檄远近，太平、宁国、池州、徽州、广德、无为、和州等四府三州二十四县望风纳款，继扬、常、苏旦夕待变。东南大震，军报阻绝。"

江宁若失，全省难保，浙江亦将落入郑军之手，清政府赖以立国的主要财赋支柱、经济支柱便将断折，东南半壁江山改易旗帜，后果之严重，无论如何估计，都不过分。正是由于此战关系极为重要，生性急躁易于冲动的少年天子福临，竟不顾母后和王公大臣劝阻，下诏亲征。

这一决定万分荒谬，且将带来极其严重的恶劣影响。江宁距京师远达二千四百余里，即使帝率八旗劲旅昼夜兼程，也得十余天，恐怕那时郑成功早已高踞总督公署安抚黎民了。战乃危事，胜负难卜，万一清军长途跋涉，劳累疲惫，陷入养精蓄锐的郑军伏中，皇上有个闪失，噩讯传开，清军难免大败。即或互有胜负，相持不下，部分降清汉将汉官本

---

① 杨英：《先王实录》，福建人民出版社1981年版，第208页。

② 杨英：《先王实录》，福建人民出版社1981年版，第212、213页。

③ 杨英：《先王实录》，福建人民出版社1981年版，第212页。

④ 《清世祖实录》卷127，第7页。

已惊恐犹豫，更有可能三心二意，暗约降期，伺机内应，直隶京师发生变乱，更将立即威胁到清朝统治。不管怎样说，在当时清朝统治尚未十分巩固的形势下，御驾亲征之诏，是极为欠妥，十分谬误，且非常冒险的决定，后果之严重，恐将大大超过江宁之失守。因此，上至太后，以及满洲王公和文武群臣，都反对这一决定，害怕这一决定，极力谏阻。

当时的一位传教士把南京被围及帝欲亲征情形做了详细叙述，很能反映事实真相，现摘录如下：

"（郑成功）于1659年督率一盖满扬子江面之巨大舰队和一大批军队，沿江声势浩荡地直向南京侵来，沿江各城市俱已被他所占据，而于是年中竟把南京围困了起来。……当时在南京城内所驻扎之六千人马中，仅只有五百名满洲战士，而他们对于汉人军队，又是怀着猜疑态度的。一批派赴南京的援军，竟被郑成功之军队悉行歼灭。南京形势岌岌可危，陷落似已是早晚间事了。

"当这个噩耗传至北京，胆怯的人们已经为首都的安全惊惧了起来。皇帝完全失去了他镇静的态度，而颇欲做逃回满洲之思想。可是皇太后向他加以叱责，她说，他怎样可以把他的祖先们以他们的勇敢所得来的江山，竟这么卑怯地放弃了呢。他一听皇太后的这话，这时反而竟发起了狂暴的急怒了。他拔出他的宝剑，并且宣言为他决不变更的意志，要亲自去出征，或胜或死。为坚固他的这言辞，他竟用剑把一座皇帝御座劈成碎块。照这样他要对待一切人们的，只要他们对于他这御驾亲征的计划说出一个不字来。皇太后枉然地尝试着，用言辞来平复皇帝的暴躁。她扯身退去，而另遣派皇帝以前的奶母，到皇帝前劝诫皇帝，因为奶母是被满人敬之如自己生身母亲一般的。这位勇敢的奶母很和蔼地向他进劝，可是这更增加了他的怒气，他恐吓说若也要把她劈成碎块的，因此她就吃了一惊地跑开了。各城门旁已贴出了官方布告，晓谕人民，皇上要亲自出征。登时令城内便起了极大的激动和恐慌，不仅仅在老百姓方面，因为他们不得不随同出征，就是再体面的人们，也是一样的在激动恐慌。因为皇上在疆场上一旦遇到不幸，这可是因他的性格的暴烈，极有可能的，那么满人的统治，就又要受危险了。……各亲王和各贵显，各部臣和许多朝中的官吏，列为一长队到汤若望的住馆舍，迫切地请求他援助（汤若望冒险劝谏皇帝免掉亲征，'不要使国家到了破坏地步'，皇帝同意而下诏停止亲征）。"[1]

---

[1] 怀特：《汤若望传》，第289—291页。

皇上亲征作罢，清王朝避免了一次大的灾难。顺治帝镇静下来以后，便和议政王大臣们紧急商议对策。

还在江宁被围之讯传来以前，清廷已得悉郑军进攻瓜州、镇江，立即决定遣将派兵，前往江南增援。顺治十六年七月初八，顺治帝福临谕命内大臣达素为安南将军，同固山额真索洪、护军统领赖塔等，统领八旗官兵，征剿郑成功，并赐其敕说："海逆郑成功窃犯瓜州等处，兹命尔达素为安南将军，同固山额真索洪、护军统领赖塔等，统领大兵，前往征剿，与江南昂邦章京、总督、提督、巡抚等，协心戮力，多设方略，相机剿除，凡事与众护军统领等会议而行……" ①

过了七八天，七月十五日，可能郑成功抵达江宁城下的消息已传至京师，帝命江西提督杨捷充随征江南左路总兵官，宁夏总兵刘芳名充随征江南右路总兵官。②江西提督辖中左右前后五营，兵五千名，宁夏提督辖中左右前后五营，兵四千名。杨捷、刘芳名奉命调任随征江南总兵官，自必带领本部大部分兵士前往征战，这两员将领统领之兵当有五六千名。过了两天，七月十七日，帝又命精奇尼哈番董学礼为左都督，充随征浙江总兵官。又过了五天，七月二十二日，帝特派户部尚书车克往江南催集各省钱粮，制造战船，并赐敕书说：进剿海寇，制造战船，需用钱粮浩繁，必应用不匮，始可克期告成。今特遣尔前往江南，凡各省额赋，除兵饷外，酌量堪动项款，移会各该督抚，作速催取起解，尔查明验收，转发督造船只官员，用济急需。③

但是奇怪的是，帝既下谕停止亲征，又未遣派宗室王公或其他满洲勋贵担任大将军，统领京师劲旅，前往江南，会同安南将军达素征剿郑成功，原因何在？看来很可能帝与议政王大臣们认为，江宁必然失守，东南形势未卜，在军情尚未明朗化以前，不宜再派重兵陷入胜负难定之地，而在静观待变。

正当清廷帝王大臣忧心如焚，坐卧不安之时，八月初一突然传来了出人意料的特大喜讯：郑军大败，江宁解围。江南总督郎廷佐报捷之疏于八月初一送到皇上面前。郎廷佐奏称："海寇自陷镇江，势益猖獗，于六月二十六日逼犯江宁，城大兵单，难于守御。"幸贵州凯旋梅勒章

①《清世祖实录》卷127，第3、4页。

②《清世祖实录》卷127，第6页。

③《清世祖实录》卷127，第8页。

京噶褚哈、马尔赛等，统满兵从荆州乘船回京，闻敌攻江宁，星夜疾抵江宁。臣同驻防昂邦章京喀喀木、梅勒章京噶褚哈等密商，"乘贼船尚未齐集"，当先击其先到之船。喀喀木、噶褚哈等发满兵乘船八十艘，于六月三十日两路出剿，"击败贼众，斩级颇多，获船二十艘印二颗"。"至七月十二日，逆渠郑成功亲拥战舰数千，贼众十余万登陆，攻犯江宁，城外连下八十三营，络绎不绝，安设大炮地雷，密布云梯，复造木栅，思欲久困。又于上江下江及江北等处，分布贼艘，阻截要路"。臣与喀喀木等昼夜固守，以待援兵协剿。至七月十五日，苏松水师总兵官梁化凤亲统马步官兵三千余名至江宁，抚臣蒋国柱调发苏松提督标下游击徐登第领马步兵三百名，金山营参将张国俊领马步兵一千名，水师右营守备王大成领马步兵一百五十名，驻防杭州协领牙他里等领官兵五百名，俱抵江宁。臣等公议，敌今分兵逼城，立三营于仪凤、钟阜二门外，当先击之，遂于七月二十三日，"派满兵堵贼诸营，防其应援，遂发督提督两标绿旗官兵并梁化凤标营官兵，从仪凤、钟阜二门出剿。贼踞木栅并力迎敌。我军各将领奋不顾身，冒险先登，鏖战良久，阵斩伪总统余新，并斩伪总兵二员，击死贼众无数，至晚收军。臣等又公议，满洲绿旗官兵悉出击贼，恐城内空虚，留臣守城，其喀喀木、噶褚哈、马尔赛、梁化凤等由陆路进，汉兵提督管效忠、协领扎尔布巴图鲁、费雅住巴图旬、臣标副将冯武卿等由水路进，各统官兵，次日五鼓齐出。贼已离营，屯扎高山，摆设挨牌火炮，列阵迎敌，我兵自下仰攻，鏖战多时，贼始大败，生擒伪提督甘辉并伪总兵等官，阵斩贼众，不计其数，烧毁贼艘五百余只，余孽顺流败遁。喀喀木、噶褚哈等复领水陆两路官兵，疾追至镇江、瓜州，诸贼闻风乘舟而遁，大军于二十八日回江宁"。①

这份奏疏虽不无含有抬高清军贬低郑军的色彩，但大体上还是表述清楚了清军大胜郑军惨败的战局。结合其他资料来看，郑军之败，有其主观因素，也有客观因素，但根本因素是郑成功的决策失误和指挥不当。

郑成功早在六月十六日即已攻克瓜州，二十三日又大败清军夺取了镇江。镇江在江宁之东，距江宁只有一百二三十里，水陆皆可通行，不过一日途程，郑成功若乘胜前进，二十四日至迟二十五日大军可抵达江宁城下，二十六日能全面围攻。此时，清军刚在瓜州、镇江两次惨败，

---

① 《清世祖实录》卷127，第11—13页。

民心不稳，士气低落，汉官三心二意，满兵数量太少，郑军若发起猛攻，区区城中六千人马怎能抵挡十余万郑军？

然而，南明延平郡王、招讨大将军郑成功却计不出此，反而因胜而骄，示威扬名，轻信敌言，行动迟缓。六月二十三日取镇江，二十四日不动，二十五日他以"瓜镇都会之处"，而大阅士卒，"排列行武壮观"，调遣各军分道行走和扎营，显示雄威，"时观者传闻，谓之天兵"。二十六、二十七日除小股部队进到江宁城下外，没有大的行动。二十八日他才召集诸将"议取南都"，询问是以舟行还是陆上前进。中提督甘辉建议说："兵贵神速，乘此大胜，狡虏亡魂丧胆，无暇预备，由陆长驱，昼夜信道，兼程而进，逼取南都。倘敢迎战，破竹之势，一鼓而收，不则围攻其城，以绝援兵，先破其郡，则孤城不攻自下。若由水而进，则此时风信不顺，时日犹迟，彼必多集援虏，闭城固守，相对陆战，我亦多一番功夫矣。"郑成功初亦信从其言，然诸将以为，"我师远来，不习水土，兵多负病，（当）此炎暑酷热，难责兼程之劬也"，遂不由陆进，而改为舟行。[1]

此议本已欠妥，而郑成功又忙于喜听各县归附佳音，并未出发，直到七月初四"才督师进取南都"，初七驾至江宁城外之观音门，召集诸将商议任用水师统领主事。他说："大师现在进攻都城，其陆师攻取杀敌，已有成算，唯水师一项，最为吃要，必得一员独任，控制各处水标房船，使我陆师得无却顾。"最后议定由左冲镇黄安担任此职。[2]初九，传令官兵船只进泊仪凤门下，初十日令兵士由仪凤门登岸，下营于狮子山一带，一直到十五日，未曾攻城。

为什么郑成功行动如此迟缓又迟迟不攻？原因很简单，他因胜而骄，轻信中计。清江南总督郎廷佐见郑军势大，守兵太少太弱，难以抵挡，遂派人诈降，"佯使人通款，以缓其攻"。"成功信之，按兵仪凤门外"，"狃屡胜"，"谒明太祖陵，会将吏置酒"。大帅、将领如此，士卒当然仿效，营伍不整，"樵苏四出，军士浮后湖而嬉"。[3]

郎廷佐与江宁驻防昂邦喀喀木趁郑成功中计松懈之时，急搬援兵，适逢远征云贵凯旋的梅勒章京噶褚哈、马尔赛等统满兵自荆州乘船回

---

① 杨英：《先王实录》，福建人民出版社1981年版，第204、205页。

② 杨英：《先王实录》，福建人民出版社1981年版，第205页。

③ 杨英：《先王实录》，福建人民出版社1981年版，第202—211页。

京，闻报立即于六月二十七八日"星夜疾抵江宁"。苏松总兵梁化凤亲领官兵四千，以及徐登第、张国俊、王大成分领的绿营兵一千四百五十名，杭州驻防协领牙他里所领八旗兵五百名，俱已奉调应邀赶至江宁，顿使江宁城中守军增加了1倍多。如果不是郑成功行动迟缓，松懈怠弛，迟迟不攻，这近万名清兵怎能赶到，怎能进入江宁城中？恐怕早在他们来到之前，郑军早已攻克兵少力弱的江宁城了。

　　郑成功的错误还在于临战时指挥不当，任人欠妥，不纳忠谏。他不该拒绝众将之请战，迟迟不发动总攻。七月十六日，清军小股部队由仪凤门冲出，攻打前锋营，断拆塘及往来文书，小战后退回，实系侦探虚实，兼有诱敌之意。十七日，各提督统领进见郡王，"急请攻城"，甘辉呈请说："大师久屯城下，师老无功，恐援虏日至，多费一番功夫，请速攻拔，另图进取。"郑成功拒绝其请说："自古攻城略邑，杀伤必多。所以未即攻者，欲待援虏齐集，必卜一战，邀而杀之，管效忠必知我手段，不降亦走矣。况属邑节次归附，孤城绝援，不降何待？且铳炮未便，又松江马提督约未至，以故缓攻，诸将请磨砺以待，各备攻具，俟一二日令到即行。"众将只好返回各营。① 可是，所谓"候一二日"竟久无下文，错过了战机，致遭清军突击。

　　他不该委任前锋镇余新肩负进攻及堵御仪凤门的重任。十二日布防时，曾令前锋镇、中冲镇扎狮子山，堵御仪凤门，以左提督为应援，他恐兵力不足，于十八日令左提督翁天祐将其部士卒于当天晚上移驻前锋镇营地，帮前锋镇防守，并令余新协助。余新轻敌贪功，"欲建全功"坚决不让他将帮守，定要独攻，立下军令状说："仪凤门只有一大街路，左边城下系大河深沟，无地可容兵马来侵，右边是长流大江，上流则有左冲水师截守，唯两旁街厝已拆玲珑，可伏兵马，其路头塞断，设三重大炮，堵住营内，严密如铁桶，虽飞鸟难过，狡虏何能，敢来侵犯，况前日已被杀败，略知手段，必不敢再来。""如有疏虞，愿依军令。"郑成功竟信其言，撤回左提督之兵，致为清军所乘。

　　郑成功的另一错误是没有规定好联络信号。他在仪凤门外，依山为营，绵亘数里，江上又分布水兵船只，各命候令而行，"无令不许轻战"。这本无错，但他却忽视了号令传送准确的保证条件，没有制定出迅速、及时、准确传送号令的章程，致一遇突然事变，主帅与各营联络中断，分别陷入孤立作战困境，致被敌军各个击破。

郑军失败的客观原因是，清军拼死厮杀，勇猛过人。尽管赶来了近万援兵，但江宁守军仍然少于郑军，且多系绿旗兵，八旗军仅占全军总数十分之一二。郑成功及多数将领都因瓜、镇大胜而轻视敌军，认为清军不堪一击。不料这次清军主帅及大将郎廷佐、梁化凤、喀喀木、噶褚哈、马尔赛等，却御敌有方，指挥得当，决心死战，三军士卒亦转怯为勇，拼死进攻，火器也超过郑军，为保卫大清王朝立下了功勋。

主客观两方面的因素，导致了郑军的惨败。大将甘辉、万礼、林胜、陈魁、余新、张英、蓝衍等阵亡，将士死伤不计其数，郑成功只好自责己过说："是我欺敌之过，轻信余瓣所致也。"忍痛率部撤退，弃瓜州、镇江出海，九月初回到厦门，太平、宁国等府州县又全部归属清朝管辖。①

顺治帝福临于十六年八月初一获悉江宁大胜，万分高兴，降旨批示说："据奏满汉官兵奋勇，水陆并进，擒剿逆寇甚多，克奏大捷，深可嘉悦，着该部从优议叙具奏。"②

过了四天，八月初五，他命固山额真刘之源为镇海大将军，同梅勒章京张元勋、周继新领协领、能领各八员，防御八十员，佐领、骁骑校各四十员及八旗汉军骁骑四千名、炮骁骑四十名，前往京口镇江驻防，赐予敕书说：

"兹以京口重地，特命尔刘之源挂镇海大将军印，同梅勒章京张元勋、周继新等镇守驻防镇江京口，务在整饬兵马，申严纪律，如遇海寇侵犯，即督率兵将力剿严防，毋庸片帆入江，一贼登陆。江宁苏松常镇等处沿海沿江地方有警，该督抚请兵，尔等酌量援剿，凡事会同该督及江宁满汉提督高酌计议而行，不得轻躁疏虞。所用粮草，该督抚布政司按期支给，仍严束兵将，不许横行抢掠民物，及借打草放马为兵，扰害农业，务令兵民相安，不为地方所苦。凡民间一应事情，系有司职掌，及江上往来官民船艘，听江防等官盘诘放行，俱不许干预，务体朕靖寇安民之意……"③

① 杨英：《先王实录》，福建人民出版社1981年版，第216页。
② 《清世祖实录》卷127，福建人民出版社1981年版，第13页。
③ 《清世祖实录》卷127，福建人民出版社1981年版，第16、17页。

接着申严军纪，议处瓜州、镇江失守官将，江宁巡抚蒋国柱革职，发与本王下为奴，提督管效忠革提督职及世职，鞭一百，发包衣下辛者库为奴，二人俱籍没家产。操江巡抚朱衣助革职，交与该王为奴，其家属听该都统、副都统发落。苏松提督马逢知处死。协领费雅住巴图旬、扎尔布巴图鲁俱革世职，立绞，籍没。牛录章京当都、巴龙、布达什俱革职，立绞，籍没。牛录章京喀福纳、查都、拖辉、布颜、希佛讷俱革职，鞭一百，籍没为奴。①

以苏松总兵梁化凤立下大功，擢苏松提督，加太子太保、左都督，初授轻车都尉世职，后晋三等男，赐金甲、貂裘。②

顺治十七年五月，帝诏安南将军达素、福建总督李率泰率军分出漳州、同安，合攻厦门。双方鏖战多时，郑军之将领闽安侯周瑞、陈尧策等阵亡，郑成功见势不妙，"手自搴旗督阵"，率领将士拼死厮杀，时"风驱涛涌"，清军"不习海战，晕眩不能军"，遂大败。达素、李率泰乃匆匆撤退。③

郑成功虽然得胜，但亦知清兵势强，防御严密，不易进取，乃谋取台湾，于顺治十八年四月统军渡海猛攻台湾，大败荷兰兵，夺据台湾岛大部分地区，至十二月，荷兰守军投降后返回其国，全岛悉为郑有。郑成功积极经营台湾，以为后计，大陆只保留厦门、金门。张煌言部亦成孤军，势日促。清廷则命靖南王耿继茂移镇福建，行坚壁清野之策，下令迁沿海三十里内之居民入内地，严格海禁，"不许商舟渔舟一船下海"。康熙元年（1662年），郑成功卒，不久，张煌言亦为清军擒获。"海警"自是大减了。

九、亲蒙縻藏　反击罗刹

（一）世为天子　代代为王

顺治十三年（1656年）八月初一，清帝福临采取了一项有清一代罕

---

① 《清世祖实录》卷133，第17页；卷137，第16页；卷139，第6页。
② 《清史列传》卷5，《梁化凤传》。
③ 魏源：《圣武记》卷8；阮旻锡：《海上见闻录》。

有的行动。他派遣使臣赍敕，分别到科尔沁等部，慰问漠南蒙古各部亲王、郡王、贝勒、贝子、公、台吉，赏赐缎匹等物。

使臣赍敕前往慰谕的有：科尔沁国和硕土谢图亲王巴达礼、和硕卓礼克图亲王吴克善、扎萨克图郡王拜撒哈尔、多罗达尔汉巴图鲁郡王满朱习礼、多罗郡王张继伦、多罗冰图郡王额参、多罗郡王额尔德尼、镇国公阿济格色冷、额驸绰尔济；察哈尔国固伦额驸和硕亲王阿而鼐；乌朱穆秦部落和硕车臣亲王察汉巴拜、多罗贝勒色冷额尔德尼、喀尔喀部落和硕达尔汉亲王奔塔尔、多罗贝勒色冷额尔德尼、喀尔喀部落和硕达尔汉亲王奔塔尔、多罗卓礼克图郡王衮布、固山贝子奔巴世希、镇国公扎木苏；鄂尔多斯部落多罗郡王巴图、多罗贝勒单达、固山贝子额林臣、沙克察、色冷、镇国公扎不苏；嵩齐特部落多罗郡王噶尔玛塞望、阿敕充额尔德尼；敖汉部落多罗郡王墨尔根巴图鲁马济克；苏尼特部落多罗郡王腾机特、多罗杜棱郡王褚鲁睦、多罗贝勒噶尔玛、多罗贝勒额驸萨马扎；奈曼部落多罗达尔汉郡王阿汗；阿霸垓部落多罗卓礼克图郡王色尔哲尔、多罗郡王五沙克厦僧格、固山贝子绰博会达尔汉；翁中特部落多罗杜棱郡王博它和、固山贝子叟色；巴林部落固伦额驸多罗郡王塞布腾、固山贝子满朱习礼、温冲；阿禄科尔沁国多罗郡王朱尔扎哈；多罗贝勒顾穆；四子部落多罗达尔汉卓礼克图郡王巴拜；喀喇沁部落杜棱多罗贝勒古鲁什希卜、镇国公色冷；扎鲁特部落多罗贝勒扎穆布、桑哈尔、镇国公毛奇塔特；扎赖特部落固山贝子达尔汉和硕齐色冷；杜尔伯特部落固山贝子色冷；喀喇车里克部落镇国公察哈代；土默特部落镇国公顾穆、单巴达尔汉；郭尔罗斯部落辅国公昂阿、镇国公扎尔布；吴喇特部落辅国公褚冲赫、镇国公吴本、杜巴之子海塞。共二十二个国和部落五十六位亲王、郡王、贝勒、贝子、公、额驸、台吉。

顺治帝福临赐予他们的教谕，全文如下：

"尔等秉资忠直，当太祖、太宗开创之时，即诚心效顺，结为姻缘，请为屏藩。太祖、太宗嘉尔等勋劳，崇以爵号，赉赉有加，恩至渥焉，朝觐往来，时令陛见，教诲饮食，异数有加，凡有怀欲吐，俱得奏陈，情意和谐，如同父子。朕荷祖宗鸿麻，统一寰宇，恐于祖宗德意有违，成宪未合，恒用忧惕。但初年朕在幼冲，睿王摄政，任意变更，不遵太祖、太宗旧制，所行悖逆，以致众怒群怨，使尔等夙夜望朕亲政，常保恩惠，如得复见太祖、太宗。乃朕自亲政以来，六年于兹矣，未得一见，岂朕忘尔等哉？盖因地广事烦，万几少暇，且痘疫流行，尔等远来之日，朕复出巡幸，是以相见甚疏。然相见之疏，固自有因，而怀尔之诚，时切朕念，每思尔等勠力年久，战伐多功，虽在寤寐，未之有斁。兹念尔等久来不见，恐有诚意不得上通，故特遣官赍敕，赐尔等缎匹，以谕朕意。嗣后有欲奏闻之事，即行奏请，朕无不体恤而行。朕方欲致天下于太平，尔等心怀忠直，毋忘太祖、太宗历年恩宠，我国家世世为天子，尔等亦世世为王，享富贵于无穷，垂芳名于不朽，岂不休乎！"①

这道敕谕十分重要。它是入关以后清政府正式颁行的对待漠南蒙古的基本政策性文件。这道敕谕是依据太祖、太宗手定的满蒙联盟基本国策精神而写的，并把这一国策明确地用"我国家世世为天子，尔等亦世世为王"这两句话表述出来，宣谕各部。此后清朝各帝即以此作为满蒙关系的基本政策，漠南蒙古各部王公亦以此为本部行动的主要指针。这对于清朝政府和漠南各部王公，都是大有裨益的。

世为天子，代代为王，包含了丰富的内容，确定了双方之间的关系及其各自应承担的义务和享受的权利。它规定了双方之间是君臣隶属关系，漠南蒙古各部王公，虽是本部之主，但本部并非独立之邦，而是大清国的一部分，本王是大皇帝之藩属，当时官方名称叫"外藩蒙古"或"藩部"。这是双方关系的基本点，也是清帝对蒙古王公的主要要求，是蒙古王公必尽的首要责任。

世为天子，代代为王所反映出来的双方之间的君臣隶属基本关系，包含着清帝对蒙古王公的四项要求。第一，忠于朝廷，不叛不乱。蒙古各部是大清藩部，蒙古王公是大皇帝属臣，要效忠于帝，约束本部人员，不叛不乱，因而蒙古各部便成为清朝的屏藩，而不是清之敌国。与前明增建长城以图扼制蒙古的入边杀掠，成了鲜明的对比，这对捍卫大清国的安全，发挥了重大作用。几十年后世祖福临之爱子清圣祖玄烨便曾就此颇为得意地说："本朝不设边防，以蒙古部落为之屏藩耳。"②第二，披甲从征，南北转战。遇逢重大征战，清帝以及昔日之大金国汗，皆下敕征调蒙古各部王公率领本部人员随同厮杀。顺治元年四月，

①《清世祖实录》卷103，第3、4、5页。

②《清世祖实录》卷275，第21、22页。

摄政王多尔衮统军遂鹿中原时，科尔沁、扎赖特、杜尔伯特、郭尔罗斯、喀喇沁、土默特、敖汉、奈曼、巴林、扎鲁特、阿禄科尔沁、翁中特等部王公率兵数千从征，为清帝入主中原建树了重大功勋。顺治三年又随从清军征剿喀尔喀，再立大功。第三，进贡马驼，互市马匹。蒙古马名扬天下，征战必需，蒙古各部王公必须按期朝贺，贡献马驼，并在大征之时，奉旨售马，供应军需。这对保证清军战马来源和增强军力，都起了不可忽视的作用。第四，听从裁处，遵守帝谕。蒙古各部王公之间发生争执，须听大皇帝裁处，朝廷为各部制定的法令，如禁止互相偷盗厮杀，不许隐匿丁口，等等，各部王公皆须遵守，不得违抗。王公死亡，爵位之袭承须经清帝批准。当然，蒙古各部王公也并非只尽义务，无偿效劳，他们也享有广泛权利，从大皇帝那里得到不少好处。在政治上，各王公可以世代传袭，不怕势强横暴之他部王公来兵袭扰和侵占，以致家破人亡，部落被吞，因为这是违法行为，是抗谕之罪，大皇帝会出面裁处，直到遣兵讨伐，驱逐来侵者。他们也不必为属下谋叛而过分担忧，因为，图谋不轨者，必遭大皇帝谴责和惩处。清帝对维护各部王公之世袭权，世为本部之主，提供了强有力的保证。在经济上，蒙古王公岁有俸禄，数量不小。清帝赐蒙古各部亲王年俸银两千两、世子一千五百两、郡王一千二百两、贝勒八百两、贝子五百两、世子一千五百两、郡王一千二百两、贝勒八百两、贝子五百两、镇国公三百两、辅国公二百两。王公来朝之时，或有大庆节日，又另行赏赐大量银帛衣布。灾荒之时，还可得到大皇帝的赈济，互市马匹等物，又可得到大批必需物品和白银成千上万两。至于文化交流，汉民入蒙经商垦地，皆对蒙古各部的发展起了很大作用。

因此，世为天子，代代为王，的确有利于清帝与蒙古王公双方，有利于满蒙汉人民，可以起到蒙古各部王公为清"屏藩"，他们自己亦能"享富贵于无穷"。这是一项有利于双方的好政策。

顺治帝所说"世为天子，代代为王"之基本政策，并非只是一纸空文，而是确实在贯彻执行。驻牧于张家口外距京师九百六十里的苏尼特部，额驸多罗郡王腾机思，于顺治三年（1646年）六月率弟腾机特等叛逃，欲投奔喀尔喀车臣汗硕雷，遭清军追击，大败，后于顺治五年悔罪求降，摄政王多尔衮宥其罪。腾机思已死，腾机特来京朝贡，摄政王谕令赐宴，并令其袭封兄长腾机思的郡王爵位。驻牧河套距京师一千一百里的鄂尔多斯部之台吉大扎木苏及多尔济，于顺治元年五月劫杀清使图鲁锡，叛逃，同部之台吉额林臣等不叛，"举国来降"，摄政王封额林臣为多罗郡王，单达为贝勒，伊禀臣、色冷，沙克查为固山贝子，小扎木苏为镇国公，同时又遣使前往招抚大扎木苏、多尔济。顺治七年十一月大扎木苏率部归降，诏宥其罪。这次顺治帝遣使赉敕慰谕漠南各部蒙古王公时，苏尼特部之腾机特郡王及鄂尔多斯部之镇国公大扎木苏，皆与他部王公一样被慰谕。

相反，对于叛逃之后拒不归降者，顺治帝沿袭祖、父之方针，以武力为后盾，以抚为主，辅之以剿，于顺治八年九月命固山额真噶达浑率兵往征鄂尔多斯部台吉多尔济，九年初在贺兰山将多尔济斩杀，尽歼其兵，俘获甚众。[①]

自太祖以来，蒙古科尔沁部王贝勒即备受清帝尊重和倚赖，原因很简单，他们很早来归，率部从征，与帝联姻婚娶，是清之皇亲国戚。该部首领之一莽古思，其女系太宗之孝端文皇后，孙女乃太宗之孝庄文皇后，系世祖福临之亲生母亲，曾孙女又是世祖之孝惠章皇后。莽古思及其侄奥巴之子侄满朱习礼亲王、巴达礼亲王、巴雅斯护朗亲王、弼尔塔哈尔亲王、奇塔特郡王，皆分娶太宗之皇女及从兄之女。因此，科尔沁部的土谢图亲王巴达礼、达尔汉亲王满朱习礼、卓礼克图亲王吴克善（孝庄文皇后之兄）年俸皆为两千五百两，比其他各部亲王多四分之一，扎萨克图郡王布达齐年俸一千五百两，也比其他部郡王多四分之一。[②]

但是，顺治帝福临亦仿父皇之法，对科尔沁部贝勒有奖有罚，赏罚分明，决不姑息。顺治十六年（1659年）初，他为笃念国亲，继顺治十二年召见亲王、公主后，再次降旨，往召外藩蒙古王等所尚五公主及额驸、并科尔沁国卓礼克图亲王吴克善、达尔汉巴图鲁郡王满朱习礼来京。吴克善以公主有病有误来朝回奏，满朱习礼"以公主病泄，自身冒风，两孙病殂，诸子复感寒疾"，奏请免朝。理藩院上疏劾奏二王之过说：蒙皇上谊笃亲亲，特令公主额驸来朝，今亲王吴克善，郡王满朱习礼奉诏不即至，反推托事故陈奏，殊属不合，仍应催令来京，严加议处。帝即降旨："卓礼克图王、巴图鲁王不闻命即至，借端推诿，甚属不合，尔生路门会同议政王大臣议奏。"[③]

①《清世祖实录》卷44，第16、17、51页；卷60，第11页；卷64，第2页。

②《清世祖实录》卷131，第6页；《清文献通考》卷42，《国用四》。

③《清世祖实录》卷125，第17页。

议政王贝勒大臣正议之时，达尔汉巴图鲁郡王满朱习礼"星夜引罪来朝"。帝于四月初二下谕说："公主、王当此无事之际，以善言相慰，骂亲之故，特召之来，朕之恩待其厚。矧达尔汉巴图鲁郡王系皇太后亲兄，又曾行间效力，著有劳绩，故欲晋封为亲王，今乃以公主病泄孙死为辞，不遵诏旨，藐视朕恭，有干国纪，朝与不朝，任从己便，岂朕轸恤款待有未至乎！已付诸王大臣议处。今达尔汉巴图鲁郡王既自引罪，星夜来朝，着从宽免议，其晋封亲王，亦着停止。"①

可能是满朱习礼再次认罪，或托人疏通求情，帝也念其身为国舅，一向奉命唯谨，从征厮杀，军功卓著，故仅仅过了一个多月，即于五月初九谕告理藩院，将其晋封和硕亲王说：科尔沁多达尔汉巴图鲁郡王满朱习礼，自皇考太宗文皇帝时，统后征剿，懋建洪功，又征讨喀尔喀部落，著有显绩，且系圣母皇太后亲兄，故特加宠纶，封为和硕达尔汉巴图鲁亲王。尔衙门即遵谕行。②

同月十二日，议政王、贝勒、大臣会同上三旗大臣遵旨议拟科尔沁国卓礼克图亲王吴克善之罪，议毕奏称：应夺其亲王爵，降为贝勒，罚马千匹。对于这位圣母皇太后之亲兄，帝之亲大舅爷，福临降旨减轻其罚说：吴克善理应依议削去亲王，但念系太祖、太宗时所封之爵，朕心不忍降夺，仍留亲王爵，罚马千匹。③过了三十多天，六月十八日，他又下诏免去吴克善所罚之马千匹。④

顺治帝又于顺治十六年十二月二十四日，封下嫁蒙古王之五位固伦公主为长公主。这五位公主是察哈尔额驸阿布鼐亲王所娶之太宗皇二女永宁长公主，科尔沁部额尔德尼郡王之母太宗皇三女延庆长公主，科尔沁部额驸弼尔塔噶尔（吴克善亲王之子，后袭亲王爵）之妻太宗皇四女兴平长公主，巴林额驸塞布腾郡王之妻太宗皇五女和顺长公主，科尔沁部额驸巴雅思护朗（土谢图亲王巴达礼之子，后袭父之亲王爵）之妻太宗皇八女昌乐长公主。⑤

顺治帝福临继承和发展了皇祖、皇父们手定之满蒙联盟国策，正式

①《清世祖实录》卷125，第18页。
②《清世祖实录》卷126，第8页。
③《清世祖实录》卷126，第9页。
④《清世祖实录》卷126，第21页。
⑤《清世祖实录》卷130，第15页。

提出"世为天子，代代为王"，加强了与漠南蒙古各部王公尤其是科尔沁部、巴林部等部的紧密关系，对促进全国统一事业，保障北方、东北地区安宁，都起了很大作用。并为二十年以后爱子清圣祖玄烨顺利进行平定三藩之乱、三征噶尔丹等大的战争，创造了历史条件。《清史稿》对此评论说："科尔沁以列朝外戚，荷国恩独厚，列内扎萨克十四部首。有大征伐，必以兵从，如亲征噶尔丹，及剿策妄阿喇布坦、罗卡藏丹津、噶尔丹策凌，达瓦齐诸役，扎萨克等效力戎行，莫不懋著勤劳。"① 后来清圣祖玄烨把"世为天子，代代为王"这一基本政策，又扩大到漠北喀尔喀蒙古，对维护西北地区和平与促进这一地区的发展，起了很大的作用。

（二）漠北蒙古 "九白年贡"

漠北蒙古在明末清初，指的是喀尔喀之土谢图汗、车臣汗、扎萨克图汗三部，一般称为喀尔喀三部。三部之汗、王、公是元太祖十六孙格呼森札赉尔的后裔。格呼森札赉尔有部众万余，分授七子为七旗，分喀尔喀左、右翼，游牧于杭爱山和图牧河一带，地区宽广，"东西五千里，南北三千里，东界黑龙江，西界厄鲁特，北界鄂罗斯，南尽瀚海"。土谢图汗与车臣汗部属左翼，牧图拉河界，扎萨克图汗部为右翼，牧杭爱山。土谢图汗部又称喀尔喀后路，至京师两千八百余里，东界肯特山，西界翁吉河，南界瀚海，北界楚库河。车臣汗部称喀尔喀东路，至京师三千五百里，东界额尔德尼陀罗海，西界察罕齐老图，南界塔尔衮、柴达木，北界温都尔罕。扎萨克图汗部称喀尔喀西路，至京师四千余里，东界翁锦、西尔哈勒殊特，西界喀喇乌苏、额呼克诺尔，南界阿尔察喀喇托辉，北界推河。

清崇德元年（1636年），以平定漠南蒙古察哈尔部遣使宣捷于喀尔喀三部，第二年三部之汗派人来贡，且请断绝明市。太宗皇太极甚喜，赐予貂服、朝珠、弓刀、金币。崇德三年（1638年），喀尔喀三部之汗贡异兽、名马、甲胄、貂皮、雕翎、俄罗斯火枪、阿尔玛斯之斧、玄狐、白鼠裘，以示谢意。皇太极命三汗岁献白驼一头，白马八匹，称为"九白之贡"。此后双方互相遣使往返，直到顺治三年交战，和好始破裂。

顺治三年（1646年）初，车臣汗硕雷煽惑漠南蒙古苏尼特部腾机思

---

①《清史稿》卷518。

郡王偕弟腾机特率部叛逃，投奔漠北。清豫亲王多铎领军追剿，土谢图汗衮布遣子喇瑚里等以两万兵，车臣汗硕雷遣子本巴等以三万兵往援腾机思，于七月被清军打败，而回归本地。衮布之族人额尔克楚虎尔复掠漠南巴林部人畜。巴尔布冰图又来侵漠南土默特部，劫马二千匹。

顺治三年九月十六日，摄政王多尔衮遣土谢图汗所属之额尔德尼托君的贡马使臣回归，谕告使臣说："尔等速往，各语尔主，草青以前，可将腾机思、腾机特擒之以献，如此，则遣使来朝，否则，使来，定行羁留"。①

顺治四年四月初五，扎萨克图汗素巴第闻清帝下诏斥责硕雷、衮布二汗，欲代为和解。偕同族俄木布额尔德尼遣使赍书相劝，但扎萨克图汗素巴第之词甚傲。书中谈道："汉人八十万众，原系我攻城敌也，今闻尔已收服，念总属我红缨蒙古所得，甚为喜悦，故去年我曾遣使朝贺。苏尼特向从此处逃去，今又复来归，尔等追逐至此，与伊思丹津托音、达赖济农合战，我等欲前来分理曲直，未至之此，尔又班师。向来红缨人与我原无仇隙，止因额尔克楚虎尔私掠巴林，欲遣使，前来分理曲直，适冰图、阿穆古喇库两人至，伊等所言，我已悉知。如以我言为然，可遣使前来，计议妥便，如以为不然，亦唯尔知之而已。"②

俄木布喀尔德尼进贡方物，并致书相劝，言辞平和。书中谈道："丙戌年之事，闻诸王前来，我等右翼欢忙前往，商议事成，原欲将逃人公议执送，因我左翼两经战败，不能议和。今遣使通好，此地一切事宜，我固可尽力承任也。"③

喀尔喀左翼嘛哈撒马谤塞臣汗等亦于四月初五遣使来贡，进表请和。摄政王多尔衮以帝之名义降谕说：前苏尼特部落腾机思举国来归，朕即以女妻之，又封之为王，优礼恩养。及彼背德叛逃，因命和硕德豫亲王率轻骑追剿，此朕讨叛之师，与尔等何涉，尔等乃遣兵迎犯，故天降谴于尔也。朕于此时，典赐优容，即命班师，若果素念尔恶，岂不能乘尔自遭天谴之时，以见在之兵，即加征耶！今尔等如欲安居乐业，能擒腾机思等，则席卷其国来献，不能，即当用兵剿灭腾机思，收服其

①《清世祖实录》卷27，第19页。
②《清世祖实录》卷31，第14、15页。
③《清世祖实录》卷31，第15页。

国，则我师亦不烦再遣。倘又不能，可遣尔亲信大臣来贡，朕令偏师前往，任彼遁逃何所，亦无难剿灭之也。朕所以必令尔以亲信大臣为质者，盖以大兴师众，即扰尔国，量遣一族，又恐尔心叵测之故耳。尔果克遵朕旨，当及未雨雪之时，速遣使来，倘尚怀携式，则不必遣使。①

五月初五，摄政王降谕训诫喀尔喀扎萨克图汗说："尔来书云：汉人八十万众，原系我攻城敌也，今仍为红缨蒙古所得。我朝原系红缨满洲，所称蒙古为谁？尔来书不名，又尔我相称，意欲与我敌体乎？尔书云：苏尼特向从此地逃去，又复来归，尔等追逐至此，与伊思丹津拖音、达赖济农合战，我等欲前来分理曲直，尔师竟回。额尔克楚虎尔私掠巴林，亦欲前来分理曲直。夫巴林、苏尼特二罪，素知与尔无干，尔果能议，今即与尔定议，尔当自审果能否乎？如果能，当尽执若辈来献。若徒哆口骄言妄行何益！诚欲通好，尔当守礼法，悉改前愆，及此未雨雪之前，遣使前来，如不遵旨，可毋遣使。"②

同一天，又谕伊思丹津喇嘛说：前德豫亲王率偏师追征苏尼特腾机思，"尔出师逆敌，致天降谴。我朝与尔素无嫌隙，而额尔克楚虎尔掠我巴林，今尔如欲安生乐业，可将额尔克楚虎尔所掠巴林人畜等物，散失者照数赔补，见存者尽行送还，以驼百头马千匹前来谢罪。倘能遵旨，及未雨雪之前，即遣使全送，如不遵旨，可毋遣使。"③

顺治五年（1648年），苏尼特部腾机特率来归，诏宥其过，命其袭已故之兄腾机思郡王爵。五年八月初三，喀尔喀部土谢图汗、硕雷汗等"谢侵夺巴林部落罪"，贡马千匹、驼百头。④此后时遣使入贡。

顺治七年（1650年）三月十一日，以土谢图汗等欲讲和，摄政王以帝名义降谕，谕告扎萨克图汗，土谢图汗、伊思丹津喇嘛大小贝子，提出和好的条件说：若欲复申盟好，"可具书来奏，当报以敕谕。其额尔克楚虎尔所掠巴林牲畜，可即赔偿，以赎俄木布额尔德尼、巴乐布冰图兴兵之罪，及巴尔布冰图驰入土默特杀人罪，并赔补掠去人畜。自今以后，如欲罢兵修好，彼处为首汗、贝勒、贝子誓诸天地，朕仍与之通好，否则遣使无益也"。⑤

---

① 《清世祖实录》卷31，第14页。

② 《清世祖实录》卷32，第2、3页。

③ 《清世祖实录》卷32，第3页。

④ 《清世祖实录》卷40，第2页。

⑤ 《清世祖实录》卷48，第4、5页。

喀尔喀部汗、贝勒、贝子等收到敕谕后，于顺治七年十月二十五日遣使奏称："今遣四贝勒为首及诸大臣前往，坚盟和好。前命照例敕奏，此谕诚是，臣等特具疏奏请，优乞睿裁。"①

顺治七年十一月十三日，摄政王多尔衮率王贝勒大臣猎于边外。二十二日遣侍卫桑阿尔寨等，赍敕往谕喀尔喀部扎萨克图汗、土谢图汗、伊思丹津喇嘛、俄木布额尔德尼大小贝子，除讲述双方以往交战等情况外，又再次提出议和的条件：归还掠取巴林的牲畜；部落之长及贝勒、贝子誓告天地，永通和好；修好诸贝子依照定例，每年各按旗进贡一次，每旗下贝子合进驼一头、马八匹，遣大臣觐见，清照例赏赐。②几天以后，多尔衮于十二月初九去世，与喀尔喀部议和修好之事，只能由少年天子福临来完成了。

少年天子福临虽然极端痛恨"皇父摄政王"多尔衮，将其追罪削爵，籍没，焚尸扬灰；但是对于他的一些好的政策和高超的策略，仍然继承了下来，并加以创造性的发展，对喀尔喀部的议和修贡，即是他成功的一例。他的基本策略方针是以武力为后盾，议和为上，坚持原则，据理力争，决不妥协委曲求全，但又不苛求于人。

顺治帝福临亲政后，喀尔喀三部汗、贝勒、贝子多次遣使入朝进贡方物，他都予以赏赐款待。以顺治八年三月为例，十九日，喀尔喀部落吴把什台吉贡马匹等物，赐银鞍辔布等物。二十三日，宴扎萨克图汗、土谢图汗贡使于礼部。二十六日，顺治帝御太和殿，硕雷汗之子噶尔马撒望台吉、储护尔台吉朝见。二十九日，赏扎萨克图汗，土谢图汗贡使银茶筒、缎匹等物。③

土谢图汗等所遣贡使及其随从人员，人数相当多。顺治八年八月初七，宴土谢图汗贡使八百八十四人于礼部，二十七日，又宴土谢图汗贡使三百零九人于礼部。④贡使人数之多，原因不难理解，那就是喀尔喀三部汗、贝勒、贝子、台吉希望通过朝贡，进行互市贸易，卖出马牛羊驼，购进茶盐缎布等生活必需品。因此，他们迫切要求恢复昔日的正常和好关系，不断遣使来京议和。

---

① 《清世祖实录》卷50，第7、8页。

② 《清世祖实录》卷51，第7、8页。

③ 《清世祖实录》卷55，第16—18、20页。

④ 《清世祖实录》卷59，第5、27页。

顺治帝福临当然也希望双方和好，保持北方地区的安宁，但又决心使双方的关系建立在比太宗崇德年间和顺治三年以前更为牢固更为有利的基础上，建立起"大皇帝"与喀尔喀三部汗贝勒贝子之间的君臣关系，哪怕这种关系的程度，不如漠南内属蒙古那样强烈和牢靠，但总要比过去更加紧密一些。因此，他多次下谕，训诫对方欠礼之处，提出议和修贡条件。

顺治八年（1651年）九月十四日，他因土谢图汗等交纳的赎罪牲畜数少，而谕告土谢图汗、车臣汗、伊思丹津喇嘛及大小贝勒说：尔等岁贡牲畜七十二头，已经收纳。至巴林人畜，因不能赔偿，止以马百匹、驼十头赎罪，"是尔等无归附之意，故而如此"。如遵朕命，则为首四旗岁贡，自当收纳，其诸小贝子各自贡献，俱行停止。倘不归我巴林人口，不遣为首诸贝勒入觐，则尔等使臣可勿遣，岁贡可勿献。兹将尔等赎罪马百匹、驼十头发还。①

顺治九年（1652年）五月十四日，他因扎萨克图汗等未按谕敕所得条件议和，且犯掠边境，降谕训斥扎萨克图汗、俄木布额尔德尼及大小贝子说：前因尔等表请通好，毫无定议，曾两经降谕。"朕意本欲和好，故令尔等归还所掠人畜，贡献所罚驼马，并为首诸贝勒、贝子、头目来朝赎罪。乃尔既不来朝，又不归还人畜，贡献驼马以赎罪"，"且尔一面通市，一面犯边"。现朕开诚谕尔，"今若速还我人畜，献所罚驼马，遣为首贝勒、贝子、大臣来朝则已，不然致有后悔，自贻伊戚，我何与焉。可速定议，毋得迟疑，以坠尔基业"。②

顺治九年十一月十六日，他又因土谢图汗、车臣汗等倨傲不恭，颁谕训斥土谢图汗、车臣汗、伊思丹津喇嘛等人说："尔等为四九牲畜来奏，辄言从前赏例太薄，我等再不来贡。又言逃人，有在贝子大臣讲以前去者，有在后去者，逃人往来私行，何以称和等语。又朕曾遣使至尔处，迟至两月余，乃先令拜塔，而后见尔等。种种谬误，朕故不复遣使。朕为天下主，尔乃弹丸小国之长，以方物来贡，朕酌量赏赍，即云微薄，亦宜奏请增益，乃辄言赏例如前，则九畜不贡，尔等将欲构衅乎？且尔既不归我巴林人畜，为首贝子又不复至，尚何可言？若尽还巴林人畜，为首贝子前来，视同一国，誓言修好，始可候旨定夺。"否

① 《清世祖实录》卷60，第12页。
② 《清世祖实录》卷65，第5页。

则，败和好，将后悔矣。①

顺治帝的这几首敕谕，讲得很好，理直气壮，有恃无恐，俨然是大皇帝对边外小邦酋长的开导、训诫和警告。清与喀尔喀三部之争，曲在三部，他们根本不该遣兵五万攻打人数少于彼方的清军，清军是追征苏尼特部，未侵犯喀尔喀三部地区，未袭掠启衅，却突遭喀兵拦袭，若非清军勇猛所杀，则将全军覆没，战死之后，也是冤鬼，不知喀兵为何来攻，自己为何要被喀兵斩杀。兼之，喀兵又偷袭巴林、土默特，杀人掠畜，扰掠清之藩部，作为天下共主，作为漠南蒙古藩部之君的清朝大皇帝，当然，应该为属部做主，为属部讨还公道，惩治来犯之人。不将这些道理讲清楚，喀尔喀三部不承认所犯错误，不归还所掠人畜，双方就不能议和通贡。因此，双方多次使臣往返商议，喀部都是理屈词穷，而顺治三年清军大败喀兵的雄威，也增强了清政府在争论中的优势，使三部汗贝勒有所畏惧，不敢一意孤行。顺治帝正是基于对喀部形势的正确了解和相信自己的无敌军威和事业之正直，才据理相争，坚持原则，力求和好，但不妥协委曲求全。

喀尔喀三部汗贝勒在前后五六年的多次议和争执中，逐渐认识到不能威胁、欺骗清政府接受己方的无理要求，想打，又打不过，拖久了，又影响双方经济交流，马驼羊难以卖出，茶布银帛到不了手，所以，他们已决定按照大皇帝提出的条件，议定和好。不料风波又起，土谢图汗衮布之旗弟不塔尔台吉率本部人投奔清朝，顺治帝大喜，特封其为扎萨克亲王，命驻牧张家口外塔噜浑河。于是土谢图汗衮布、车臣汗硕雷等便于顺治十年六月十三日进表，诡称巴林人畜尽被不塔尔携去，应找不塔尔索取，并要求将不塔尔遣返喀部。②

顺治帝甚怒，于六月二十六日降谕，敕谕土谢图汗、车臣汗、伊思丹津喇嘛，予以严厉斥责说：尔等抗违前旨，不遣为首贝子来朝，又不进本年常贡牲畜，不尽偿巴林人口，"尔等负罪实多，反以归顺朝廷之贝子擅来奏取，昧理甚矣！今纵尽偿巴林人口，遣贝子来朝，其已投来贝子臣，朕亦不即遣还。唯将巴林人口尽数归我，且遣贝子来朝，应自此以后，再有逃来之人，俟彼时酌量施行。否则，岂但已投来之贝子，不即遣还，凡贝子大臣来归者，即尽收养，且宠以

---

①《清世祖实录》卷70，第7、8页。

②《清世祖实录》卷76，第5页；《清史稿》卷521。

富贵矣。"①

过了一月余，顺治十年七月二十八日，顺治帝又命安郡王岳乐为宣威大将军，统领官兵，戍守归化城，赐予敕谕说："今闻喀尔喀部落相约，举兵内向，亟宜预防，兹命尔为宣威大将军，屯驻归化城。""倘喀尔喀兵至，因利乘便，攻其不备，倘敌兵势众，速行驰奏，以便益兵。"②

同年九月十一日，理藩院奏称：土谢图汗属下索诺额尔德尼使进岁贡驼马，至张家口外，请旨定夺。谕命遣使往视，若巴林人口已经全还，为首贝子来朝，则令来使进口，否则驱逐其使。③随即查明，来使未送还巴林人口，为首贝子未来朝，即将喀尔喀左翼四旗使者逐回，拒其进贡。顺治十一年三月二十日，帝又敕谕喀部丹津贝勒，详述土谢图汗、车臣汗违旨不还人口等过失，故绝来贡使，今后如不再遵前旨，亦不许贡使入口。④

顺治十二年（1655年），土谢图汗衮布去世，其子察珲多尔济继汗位，执掌喀尔喀左翼。车臣汗硕雷卒，其子巴布继位。扎萨克图汗索巴第亦先已病故，其子诺尔布继位，称毕席勒尔图汗。喀尔喀三部汗、贝勒见清帝态度坚决，又命帅统兵防备，知道难以智胜勇取，故决心议和修贡，上表谢罪。扎萨克图部毕席勒尔图汗、俄木布额尔德尼及子胡土克图等于顺治十二年正月，遵从帝谕，"以从前抢掠巴林部落，上表引罪，并求和好，进献驼马"。⑤土谢图汗察珲多尔济、伊思丹津喇嘛、墨尔根那颜亦谨遵帝敕，遣子弟额尔德尼诺穆齐、伊世希布额尔德尼、额尔克戴青三位大台吉，车臣汗巴布遣子门章墨尔根楚虎尔，于顺治十二年四月初七，"以侵掠巴林，遵旨服罪来朝，并进岁贡马驼"。⑥

顺治帝见喀部已遵依己谕，遣为首贝子来朝谢罪，便不再坚持归还人畜，审时度势，立即决定与喀尔喀部议和修贡，但对三部又有所区别，先与土谢图汗部、车臣汗部定议和好。他于五月初五遣祁他特车尔

①《清世祖实录》卷76，第11、12页。

②《清世祖实录》卷77，第12页。

③《清世祖实录》卷78，第6页。

④《清世祖实录》卷82，第18、19、20页。

⑤《清世祖实录》卷88，第31页。

⑥《清世祖实录》卷91，第3页。

见等使臣，赍敕往谕土谢图汗、车臣汗、伊思丹津喇嘛、墨尔根那颜，允其和好，嘉其遵旨说：昔因尔等抗违谕旨，故数次不纳来使。"今尔等诚心引罪"，遣额尔德尼诺穆齐、门章墨尔根楚虎尔、伊世希布额尔德尼、额尔克戴青四台吉岁贡来朝，"朕不咎既往，将应还巴林缺少人畜悉从宽免。兹特遣大臣前来，尔可以修好之故，面坚盟誓，每岁照常额进贡，交通贸易，朕亦不吝赏赉，既盟之后，尔逃人至此，亦不收纳，仍行送还。若不修好坚盟，即进贡，朕亦不纳，逃人至此，仍命收纳，且加恩养，尔其识之"。①

同年八月，喀尔喀左翼土谢图汗、伊思丹津喇嘛、车臣汗、墨尔根那颜等，遵依帝敕，"以和好约誓"。十一月二十一日，土谢图汗、伊思丹津喇嘛、车臣汗、墨尔根那颜各遣使遵例进贡。清帝定例：喀尔喀三部左右翼分为八扎萨克，命土谢图汗、车臣汗、伊思丹津喇嘛、墨尔根那颜、毕席勒尔图汗、鲁卜藏诺颜、车臣济农、坤都伦陀音各领一扎萨克，"每岁进贡白驼各一、白马各八，谓之九白年贡"。清帝赏每扎萨克银茶筒各一个，重三十两，银盆各一个，缎各三十匹，青布各七十匹，以此回答。现遂按此例赏赉贡使，并赐宴。十二月二十六日，以俄齐赖土谢图汗、那门额真车臣汗、岱青台吉等"遣使请好"，顺治帝命安郡王岳乐同其使臣于宗人府"醑酒约誓"。②

对于喀部右翼扎萨克图汗，顺治帝则因其未遣为首贝勒"认罪来朝"，且妄言他事，遂于顺治十二年五月十九日敕谕毕席勒尔图汗、俄木布额尔德尼及大小诸贝勒，详述前后争执经过及先前逐回来使车臣卓礼克图的原因，重申定和条件，即："送还巴尔布冰图所掠人口，为首贝勒台吉认罪来朝"。这样，便可考虑另行裁度巴尔布冰图妄杀之罪，"和事可成，往来通和"，"赏赉不绝"。如仍违旨，则虽遣使，亦无甚裨益。③清与扎萨克图汗部蒙古汗贝勒之间正式定和的时间，就这样往后略为拖延了。

扎萨克图毕席勒尔图直诺尔布等汗贝勒经过多次商议，决定继续遣使入贡。顺治十四年诺尔布复偕同族车臣济农、昆都伦陀音奉表乞和认罪，帝遂下诏宥其前过，双方关系完全正常化了。

---

①《清世祖实录》卷91，第14页。

②《清世祖实录》卷95，第10页；卷96，第13页。

③《清世祖实录》卷91，第18-20页。

顺治十五年（1658年）七月二十三日，顺治帝遣官赍敕，谕嘉喀部车臣汗、土谢图汗、伊思丹津喇嘛、墨尔根那颜等，赐予衣帽器币等物。其敕说："朕观尔等审知天命，凡一诏下，靡不敬从，令四台吉诣阙谢罪，朕悉从宽宥，遣大臣前往，尔于使臣前不违诏旨，诚心誓好，遂每年贡献方物，遣使来朝。朕甚嘉悦，罔有异视，德意有加，锡尔殊恩，特遣大臣，赐之敕谕。自兹以往，其益加属顺，以效忠贞，上报隆施，膺兹宠眷，以慰朕柔远至意，果中诚罔懈，以获天眷，以承国恩，奕世永享太平之福矣。"[1]

顺治十六年（1659年）四月二十四日，扎萨克图部毕席勒尔图汗、罗布臧诺颜、车臣济农、皮都伦陀音等，"以盟誓修好，遣使进岁贡"。帝派梅勒章京多克新等赍敕奖谕，厚加恩赐。[2]

第二年，清政府对喀尔喀三部岁贡之例又做了一些修改，规定：土谢图汗、车臣汗、毕席勒尔图汗等，每年各贡白马八匹，白驼一头。其管旗汗、贝勒及台吉、为首大臣，喇嘛等，许其来京进贡，至于小台吉、喇嘛等，"记名贡马贸易，永行停止"，仍不许潜入边境。若欲置买茶帛等物，俱令在归化城交易。[3]

由于顺治帝调度有方，安排妥当，由于喀部汗贝勒诚意求和通好，双方的努力终于生效，敌对行动停止了，僵持、争吵局面结束了，代之而起的是使臣往返，贡市频繁，友好和睦，关系密切，对双方的安宁和经济文化交流，都起了很大作用。也为二十多年以后清圣祖玄烨三征噶尔丹，击败举部南逃的喀尔喀三部，使双方建立起比较正规的隶属关系，喀部汗贝勒与漠南蒙古各部王公一样皆系"天皇帝"之"藩部"和"藩臣"，奠定了一定的基础。

（三）五世达赖入朝　封授尊号

达赖，乃达赖喇嘛的简称。达赖二字，是蒙文译音，其意为"海"，喇嘛乃藏文译音，其意为"上师"。达赖和班禅系西藏佛教之黄教派（因此派僧人戴黄色僧帽而得名）始祖宗喀巴的两大弟子，世以呼毕勒罕转生（呼毕勒罕即汉语"化身"之意）。明中叶以后，成为藏

---

① 《清世祖实录》卷119，第6页。

② 《清世祖实录》卷125，第27、28页。

③ 《清世祖实录》卷143，第12页。

区的宗教领袖。

第一世达赖名叫根敦朱巴（1391—1474年），二世达赖系根敦嘉措（1475—1542年），三世达赖是索南嘉措（1543—1588年）。索南嘉措与蒙古土默特部的俺答汗关系极为密切，使蒙古各部摒弃了历来信仰的萨满教，改信佛教的黄教。索南嘉措赠予俺答汗尊号"咱克喇瓦尔第彻辰汗"，其意为转轮王聪睿汗王，俺答汗赠索南嘉措尊号为"圣识一切瓦齐尔达赖喇嘛"，其意为在佛教中达到最高成就的超凡入胜的海上师。三世达赖索南嘉措和明帝建立了朝贡关系。在此之前明永乐帝朱棣曾分封西藏八大番僧为大宝法王、大乘法王等八王，现此八王声势不及三世达赖。四世达赖是云丹嘉措，乃俺答汗之曾孙，生于1589年，死于1616年。

与清朝发生关系的是五世达赖阿旺罗桑嘉措（1617—1682年）。五世达赖因西藏政治首领藏巴汗丹迥旺波迫害黄教，秘密遣使求助于漠西厄鲁特蒙古和硕特部固始汗图鲁拜琥。固始汗于明崇祯十四年（清崇德五年，1641年）末率兵进藏，第二年擒杀藏巴汗，征服了西藏各部，在此之前，他又降服了甘青藏区和川康藏区，遂成为全部藏族地区的大汗。他派诸子驻牧青海，征康区赋税以养青海部众，以前藏、后藏赋税供养达赖，将后藏部分地区划归四世班禅罗桑确吉坚赞管辖。固始汗于拉萨建立政权机构，管辖全部西藏，任命该机构的高级官员，其中最重要的、具体主持政务的第巴，亦由他任命达赖的第巴索南饶丹充任。至此，达赖正式成为全部藏区的宗教领袖，固始汗为行政上领袖，乃统辖全藏的汗王。

固始汗和五世达赖、四世班禅商定，遣使前往朝见清太宗皇太极，于崇德七年（1642年）到达盛京，贡方物，献丹书，尊称皇太极为"曼殊师利大皇帝"，受到皇太极隆重接待。第二年皇太极派人回报于达赖，称其为"金刚大士达赖喇嘛"，双方开始通使和好。

顺治元年（1644年）固始汗奏请清帝延请达赖至京，"令其讽诵经咒，以资福佑"，清遣使往迎。顺治四年二月十五日，以达赖、班禅、巴哈呼图克图、鲁克巴呼图克图、伊尔扎尔萨布呼图克图、萨思夏喇嘛、额尔济东呼图克图、伊思达格隆呼图克图、诺门汗各上书请安，献方物，遂遣喇嘛席喇布格隆等赍书存问，各赐金玉器皿缎匹雕鞍甲胄等物，并敦请达赖前来。达赖复书，预定于顺治九年前来。[①]

---

① 《清世祖实录》卷30，第22页；《清史稿》卷525。

顺治八年（1651年）三月初八，帝又遣官赍敕、礼物往召达赖。顺治九年正月初一，达赖表奏来朝起行日期。班禅呼图克图、第巴、固始汗等亦以劝导达赖来朝，奉表奏闻，并贡方物。二月初五，帝遣理藩院侍郎沙济达喇同户礼兵工四部理事官往迎达赖，赐达赖袍、帽、鞍、马、珍珠、数珠等物。以第巴诺门汗劝导达赖来朝，并赐袍、帽、鞍、马、玲珑佩刀等物。①

顺治九年（1652年）三月，五世达赖由进藏迎请的清朝官员陪同从西藏出发，随行的蒙古、藏人多达三千名。固始汗、四世班禅、第巴索南饶丹等人送到藏北达木（今当雄）。达赖进入青海境内，顺治帝派遣官员沿途欢迎，并由国库发给口粮，不久又赐达赖乘坐金顶黄轿。帝本欲亲至边外代噶（即代海之滨，今称凉代海在呼和浩特市东南百里左右，今称岱海）亲迎达赖，遭大学士洪承畴、陈之遴谏阻，乃于十月十二日改遣和硕承泽亲王硕塞代迎。

顺治九年十二月十五日，达赖在北京南苑谒帝，帝命赐坐赐宴，达赖进贡马匹方物。帝立命户部拨发给达赖布施银九万两，并安排达赖住于特为其建造的黄寺。此后，顺治帝又一再设宴款待达赖。诸王亦依次设宴招待达赖。

固始汗奏请达赖回朝，达赖亦奏称水土不宜，有病，请告归。帝遂于顺治十年二月十八日以遣达赖归，御达和殿，赐达赖宴，并赐黄金五百五十两、白银一万一千两、大缎一千匹，以及鞍马、珠玉等其他珍贵物品多件。二十日达赖辞归，帝命和硕承泽亲王硕塞偕固山贝子顾尔玛洪、吴达海，率八旗官兵，送至代噶，又命皇叔和硕郑亲王齐尔哈朗、礼部尚书觉罗郎球饯于清河。②

顺治十年（1653年）四月二十二日，帝遣礼部尚书觉罗郎球、理藩院侍郎席达礼等，赍送册封达赖、固始汗的金册金印，前往代噶册封。

册封达赖的金册金印用满文、汉文及图白忒文（即藏文）。册文全文如下：

"朕闻兼善独善，开宗之义不同，世出世间，设教之途亦异，然而明心见性，淑世觉民，其归一也。兹尔罗布藏扎卜素达赖喇嘛，襟怀贞

---

① 《清世祖实录》卷55，第4页；卷62，第1、2页；卷3，第2页。

② 《清世祖实录》卷70，第26页；卷71，第20页；卷72，第10、12页。

朗，德量渊泓，定慧偕修，色空俱泯，以能宣扬释教，诲导愚蒙，因而化被西方，名驰东土。我皇考太宗文皇帝闻而欣尚，特遣使迎聘，尔早误无心，许以辰年来见。朕荷皇天眷命，抚有天下，果如期应聘而至，仪范可亲，语默有度，臻般若圆通之境，扩慈悲摄受之门，诚觉路梯航，禅林山斗，朕甚嘉焉。兹以金册印，封尔为西天大善自在佛、所领天下释教、普通瓦赤喇怛喇达赖喇嘛，应劫观身，兴隆佛比，随机说法，利济群生，不亦休哉！"①

金印之文为："西天大善自在佛所领天下释教普通瓦赤喇怛喇达赖喇嘛之印"。②

顺治帝赐予五世达赖的封号，是沿袭、参仿元明对西藏番僧的封号及俺答汗赠达赖的尊号，加以修改而成。元世祖尊西藏佛教中萨伽教派领袖萨班衮噶坚赞的侄子高僧八思巴为"帝师"及"大宝法王"，赐号"皇天之下一人之上宣文辅治大圣至德普觉真智佐国如意大宝法王西天佛子大元帝师"。八思巴曾领元朝中央政府之宣政院，管理全国佛教及藏族地区军政事务。明成祖封藏地高僧哈力麻为"万行具足十方最胜园觉妙智慧善普应佐国演教如来大宝法王西天大善自在佛领天下释教"。③

撇开那些园觉妙智等优美之词，元世祖忽必烈封给八思巴的尊号，实际上包括两个内容，一系为大元帝师，管理包括汉人佛教和尚在内的全国佛教事务，是全国佛教的领袖；一系大宝法王，有管辖西藏地区行政事务的权力。明成祖朱棣封赐哈力麻的尊号，也包括"太宝法王"和"领天下释教"这两方面的内容，哈力麻既是管辖藏地事务之法王，又是天下佛教之领袖。但与元朝有区别的是，明帝在西藏地区不只封了大宝法王这一个法王，还封了昆泽思巴等七位番僧为大乘法王、大慈法王、阐化王、赞善王、护教王、阐教王、辅教王，皆与大宝法王这样赐予印诰。这七位法王也是西藏地区他们各自的辖束，地区之王，这七位法王或系大国师，或系灌顶国师，也是本地区佛教领袖。而且大乘法王也和大宝法王一样，有"领天下释教"之权。实际上，不管是大宝法王，还是大乘法王，都没有管辖中原汉族广大地区佛教弟子的权力，他

①《清世祖实录》卷74，第18、19页。

②《清世祖实录》卷74，第19页。

③《明史》卷331。

们只不过是拥有管辖西藏番僧之权而已，且分别只能管辖自己所辖的部分藏区番僧之权，比元朝八思巴帝师及其继承人之权力大为削弱。

顺治帝所封五世达赖的尊号，包括两个部分。第一部分是"西天大善自在佛所领天下释教"，与元制相比，达赖之权有所缩小，因为他不能像八思巴那样拥有管理全国佛教的权力，此处的"所领天下释教"，其藏文的意思乃系"在一个广大的范围内"，而与"天下"有区别，即不能管辖广大汉族地区的佛教弟子，并非全国佛教之领袖。①但是，与明制相比，顺治帝授予他更大的宗教权力，使他的管理范围扩大了很多，他是整个藏族地区（西藏、甘青藏区、川康藏区）佛教的领袖，而不像明朝八大法王实际上只是本人所辖藏区的佛教领袖而且他还是漠南、漠北、漠西蒙古的宗教领袖。可是，另一方面，他与明代八大法王分系本人辖束地区之法王，是行政事务的领袖，又不一样。达赖没有管辖藏区行政事务之权，非藏王，而只是藏区的宗教领袖，政教是分离的，皇上将辖地政务之权授给了固始汗。

顺治帝赐予五世达赖封号的第二个部分是："普通瓦赤喇怛喇达赖喇嘛"，是袭用百余年前俺答汗赠予三世达赖的尊号，只不过将"识一切"，改为"普通"而已，即尊达赖为佛教中"达到最高成就的、超凡入圣的海上师"。

顺治帝册封固始汗的金册金印，是用的满蒙汉三种文字写的。册文全文为：

"帝王经纶大业，务实劝庶邦，使德教加于四海，庶邦君长能度势审时，归王诚向化，朝廷必加旌异，以示怀柔。尔厄鲁特部落固始汗，尊德乐善，秉义行仁，惠泽克敷，被于一境，殚乃精诚，倾心恭顺，朕甚嘉焉，兹以金册印封为遵行文义敏慧固始汗。尔尚益矢忠诚，广宣声教，作朕屏辅，辑乃封圻，如此，则带励山河，永膺嘉祉，钦哉。"②

金印的印文是："遵行文义敏慧固始汗印"。帝命将金册金印交与伴送达赖回藏的侍卫喇嘛、内大臣囊努克、修世岱等赍往西藏，赐予固始汗。③

---

① 王森：《西藏佛教发展史略》，中国社会科学出版社1987年版，第186页。
② 《清世祖实录》卷74，第19页。
③ 《清世祖实录》卷74，第19、20页。

顺治帝赐予固始汗的册文，最关键的是一句话："尔尚益矢忠诚，广宣声教，作朕屏辅，辑乃封圻。"这句话表明了，帝是将管辖藏区军政事务之权，授予了固始汗，正式承认固始汗是藏区之汗，是藏区军政事务的领袖。

五世达赖的入朝和固始汗的进贡，顺治帝对达赖的殊礼相待，皇上对达赖和固始汗的册封，这一切对大清国，对清朝中央政府与西藏地区的关系，对西藏佛教和达赖喇嘛，对固始汗，都产生了强大影响，都起了很大的积极作用。

第一，为西藏隶属清朝中央政府创造了良好条件。此时，西藏虽然归固始汗统辖。番僧藏民信仰达赖，但达赖和固始汗的朝贡和清帝的册封，表明了二者之间已经是君臣关系，西藏已成为清之藩属，这对康熙中叶以后至乾隆年间，西藏直隶清朝中央政府，准备了十分有利的条件。

第二，对巩固固始汗在藏区的统治起了强有力的促进作用。固始汗图鲁拜琥固然英勇善战，足智多谋，故能连败敌军，消灭地方强大土司，擒杀藏巴汗，统一了西藏及青海和甘肃四川西康的藏族地区。但毕竟是兵少地广，敌酋林立，还需经过长期艰苦斗争，才能巩固统治。中原王朝之帝，一向是"天下其主"，能得到清帝的承认和支持，对稳定藏区将产生重大影响，何况藏地八大法王及若干国师与西天佛子，皆系明帝封授，现明亡清兴，若能为清所助，则法王、国师、西天佛子失去"天下其主"支持，便难以滋生事端，因而固始汗尽力与清和好，多次进贡，清帝亦优礼相报，并册封图鲁拜琥为"遵行文义敏慧固始汗"，即藏汗，承认了固始汗对西藏的管辖权。这对固始汗巩固自己的政治地位和权力，起了很大的影响，为他及其后人尊为藏汗数十年，奠定了一定的基础。

第三，巩固和提高了达赖地位，扩大了黄教影响。清崇德六年（1641年）固始汗率军入藏，打败敌军，达赖虽然转危为安，但基础并不巩固，现经清帝册封，授予自己管辖西藏、甘青藏区和川康藏区佛教弟子的大权，从此成为唯一的最高宗教领袖，且将这种权限扩大于漠南漠北漠西蒙古地区，取得了明代八大法王难以想象的成就，可以说，此行获利极大。

第四，藏汉满和好，西南宁谧。朝贡定制，使节往返频繁，贸易兴旺，互通有无，各有裨益。顺治九年定下赏赍达赖喇嘛使臣之例：每头目二人，随从役卒二十八人，共赏二等玲珑鞍马一匹、银茶筒一个，金盆一个、缎三十匹、毛青梭布四百匹、豹皮五张，虎皮三张，海豹皮五张。[1]不要说此次达赖来朝，随从三千人可获得大量赐物和进行大批贸易，就只是达赖之第巴索南饶丹，便在顺治元年至十三年间，三次遣人一千，以阐化王名义进贡，这三千人又该得获多少赐物，进行多大贸易！[2]

这一切，为促进藏区与中原地区的联系和经济文化交流，为西南地区的安宁，都产生了重大的影响。因此，固始汗、五世达赖的朝贡和好及顺治帝采取的对待西藏、达赖、固始汗的正确政策，于国于民，于藏于满于汉，都是大有裨益的。

（四）罗刹入侵 逐出境外

顺治十二年（1655年）五月二十二日，少年天子福临颁降了有清一代第一道给予俄国沙皇政府的圣谕。他谕告俄罗斯国察斡汗说："尔国远处西北，从未一达中华。今尔减心向化，遣使进贡方物，朕甚嘉之，特颁恩赐，即俾尔使人赍回，昭朕柔远至意。尔其钦承，永效忠顺，以负恩宠。"[3]

谕中所说俄罗斯国察斡汗，又写为察罕汗，即当时的沙皇。俄使乃沙皇政府向清政府派出的第一个使团成员之一布哈拉人之谢特库儿·阿布林。该使团的负责人为费尔多·依萨考维奇·巴伊可夫。巴伊可夫的任务是呈递国书于清帝，建立外交联系，进行贸易，收集情报。巴伊可夫派阿布林作为使团的先遣使节来华，自己略晚一些起程。

由于阿布林仅是先遣人员，故未带国书，按外交惯例，清政府本来是不需予以接待和赏赐的。但清政府考虑到远国第一次来贡，诚意可嘉，故给予赏赐。帝之圣谕显示了少年天子奋发有为，眼光远大，欲图盛显国威殊恩于远国的愿望，希望俄罗斯汗"每岁入贡"，故才破例赏赐来使，赏赐俄罗斯汗，且颁与圣谕，嘉慰备至，希其"永效忠顺"，年年入贡。

---

①《清世祖实录》卷66，第19、20页。

②《清世祖实录》卷110，第7页。

③《清世祖实录》卷91，第20页。

阿布林返回时，与巴伊可夫走的不是一条路，因而未曾相遇。顺治十三年（1656年）二月，巴伊可夫带领使团到达北京，开始时受到清政府优厚的待遇，他们"可以自由地出入"清政府给他们安排的住处，"随意购买或出售东西"，但不久因其"行为不端，经常在北京逛妓院，惹是非，耍流氓"，而限制了他们的自由，"但乃允许他们常常上街"。

巴伊可夫拒绝了清政府要其先呈国书礼物再由皇上接见的要求，坚持要在清帝接见时才呈递国书礼物，并要清按最高的礼节来接待他这位俄国的"信使"（信使为最低一级的外交使节）。清政府否定了这种无理要求，以其"不谙朝礼，不宜令朝见"，而却其贡物，遣返其人。沙皇政府的另一使团，于顺治十七年四月来到北京。使节是"信使"伊凡·佩尔菲利耶夫和谢特库儿·阿布林，他们携带了沙皇的国书、礼物和其他商品。伊凡·佩尔菲利耶夫向清政府递交了国书和礼物，但由于国书措辞傲慢，清政府没有让使节见到皇上。《清世祖实录》对这次交涉，做了如下的记述：

> "先是鄂罗斯国察罕汗于顺治十二年遣使请安，贡方物，不具表文，因其始行贡礼，贵而遣之，并赐敕，命每岁入贡。后于十三年，又有使至，虽具表文，但行其国礼，立而授表，不跪拜，于是部议来使不谙朝礼，不宜令朝见，却其贡物，遣之还。后阅岁，察罕汗复遣使贵表来贡，途经三载，至是始至，表内不遵正朔，称一千一百六十五年，又自称大汗，语多不逊。下诸王大臣议，佥谓宜逐其使，却其贡物。奏入，得旨：察罕汗虽恃为酋长，表文矜夸不逊，然外邦从化，宜加涵容，以示怀柔。鄂罗斯远赴西陲，未沾教化，乃能遣使奉表而来，亦见慕义之忱。来使着该部与宴，贡物查收，察罕汗及其使，量加恩赏，但不必遣使报书。尔衙门可即以表文矜夸不逊，不令陛见之故，谕其使而遣之"。①

此次沙皇给清帝的国书，现已无从见悉，内容不详，但《清世祖实录》既称其表中"自称大汗，语多不逊"，想必口气极为傲慢，要求十

---

① 《清世祖实录》卷135，第2、3页。

分苛刻，欲从中国获取大量利益。但从几年前的一份文书，也许可以有所了解。

十年以前，俄国雅库次克督军弗兰茨别科夫发给侵华队长哈巴罗夫一道训令和一封给中国顺治皇帝的信件。训令中说："要博克多汗（指清帝）率领他的氏族、部落和全体的人，接受全俄沙皇阿列克塞·米哈伊洛维奇大公的统治，永远做奴隶。……博克多汗本人和他的同族应当向沙皇进贡金银宝石和刺绣织物。如果博克多汗率领他的氏族和全体的人服从全俄沙皇阿列克塞·米哈伊洛维奇大公的统治，沙皇将派军队来保护他们"。"如果博克多汗和他们的氏族、部落、全体的人不服从沙皇，不向沙皇交纳实物和交出人质，那么，叶罗菲（即哈巴罗夫）应当率领服役人员和渔猎人员去秘密地用战争镇压他们。……把他们统统杀死毁灭掉，打到最后，把他们的妻子儿女抓起来做俘虏。"[1]

七年以前（顺治十年），俄国雅库次克督军命契奇金等五人去京师，将他给顺治皇帝的信带去。这封信和三年前的训令基本相同。信中写道：

"我们的国君是强盛的、伟大的、令人敬畏的。他是许多皇帝和诸侯的统治者。……他以圣谕命令你沙姆沙汗率领你的全族和所有达斡尔酋长们接受国君的统治，终生为他的奴隶……如果你拒绝归顺沙皇的统治，不肯终生做奴隶，那么，国君就会因为你不顺从而命令用战争来惩治你，夺取你的城市，使其他的达斡尔酋长降。……为了不触怒大国君，你们要用你们国家出产的金、银、宝石、贵重的商品和柔软的皮货进贡。"[2]

由于契奇金等五人遭到报仇的达斡尔等族人民的袭击，被斩杀，此信未能送到北京。

佩尔菲利耶夫呈交的国书，固然不可能使用训令和信那样发出充满侵略野心的露骨威胁的字句，因为，如是那样写，则必会激怒清朝大皇帝，而将佩尔菲利耶夫等人正法。但此国书也不会谦逊有礼，当然会引

---

① 见齐赫文斯基主编的《十七世纪中俄关系》卷1，转引自北京师范大学清史研究小组撰写的《1689年的尼布楚条约》，人民出版社1977年出版，第53、54页。

② 华西里耶夫：《外贝加尔哥萨克史纲》卷1，第70页，转引自《1989年的中俄尼布楚条约》，第78页。

起自命天朝大皇帝及其军国大臣的不满，断然予以拒绝。而且，清政府从顺治八年以来，由于沙俄远征殖民军侵入中国黑龙江流域，烧杀掳掠，引起双方几次交战，故对俄国使节的"诚意"十分怀疑，高度警惕。早在几年前巴伊可夫来华时，清朝官员便对巴伊可夫说："你作为使节到这里来，可是哥萨克却在同我们作战。"尽管巴伊可夫诡辩说："这些人是匪徒，他们的行动没有得到沙皇的命令。"但这并不能打消清政府的怀疑。何况，就在佩尔菲利耶夫来华前，清军正在猛攻沙俄远征殖民军，这当然会加深清政府对俄使的提防。

顺治帝虽然未能通过两国议和议贡来平息东北地区的骚乱，而他调遣的将士却不负圣命，解决了外交不能解决的难题，将沙俄殖民军驱逐出去了。

从17世纪30年代起，俄国沙皇政府连续派遣殖民军，侵入中国黑龙江流域，大肆烧杀掳掠，抢占领地。

顺治七年（1650年），沙皇殖民军头目哈巴罗夫袭占了位于额木尔河流入黑龙江对岸的雅克萨地区，在雅克萨修建城堡，第二年又突袭黑龙江东岸系黑龙江与精奇里江汇流处的瑷珲旧城，大杀大抢，并从精奇里江口的松花江口，所过一百多个村屯，屠杀与劫掠土著居民。达斡尔、朱舍里、赫哲等族人员一面拼死反抗，或全族全屯逃走，一面到宁古塔（今黑龙江省宁安市）向驻守宁古塔的清朝官员报告，请求大皇帝保护他的臣民。

宁古塔章京海塞遣捕牲翼长希福等人，率领数百名士兵以及当地达斡尔、杜切尔等少数民族壮士，前往征剿，于顺治九年三月到达沙俄殖民军驻地乌扎拉村。这时，哈巴罗夫统领的二百多名殖民军还在睡觉，清军若是进行突袭，必能胜利，可是希福等人却在很远的地方便鸣枪放炮，使敌军惊醒过来，从而有时间准备防守。战斗开始时，清军猛攻，炸开了敌堡缺口，冲进营地，将军旗插上堡墙，占了上风，眼看就可大败敌军，不料希福等指挥官却下了一道极其错误的命令：不准打死敌军，全部要捉活的。垂危的俄军倚靠这道命令得以起死回生，转败为胜，拼命反击，终于使清军大败而退。顺治帝于顺治九年九月获悉此情，十分恼怒，降旨严惩有关人员，诛海塞，革去希福翼长之职，鞭一百，仍令留在宁古塔。①

顺治帝福临谅必已预感到东北边境将生事端，必须派遣得力人员肩

①《清世祖实录》卷68，第24页。

负防边重任，因而立即谕命沙尔虎达率兵驻防宁古塔。沙尔虎达乃三朝宿将，太祖、太宗时即多次征明攻朝，军功累累，任至前锋参领、议政大臣，授二等甲喇章京世职，入关以后又连立战功，晋至前锋统领、梅勒额真，世职一等男。他还率兵几次征抚瓦尔喀、虎尔哈、库尔喀，对统一黑龙江地区建树了功勋。顺治九年九月，帝命沙尔虎达防戍宁古塔。不久，帝因宁古塔原来只设总管统辖，官阶三品，隶于盛京昂邦章京，不足以担负防御沙俄殖民军入侵的重任，遂于十年五月五日设宁古塔昂邦章京一员、梅勒章京二员、满兵四百三十名，晋沙尔虎达为昂邦章京（固山额真）、宁古塔总管，使其成为统辖开原以北、外兴安岭以南，以及滨海和库页岛辽阔地域的边疆大吏，赋予防边安境的重任。顺治帝的这一任命和随后对沙尔虎达的支持，以及晋宁古塔章京和昂邦章京宁古塔总管，对驱逐沙俄殖民军起了重大作用。

哈巴罗夫率残部回到西伯利亚，沙皇政府改派斯捷潘诺夫统领三百七十名哥萨克殖民军窜到松花江上骚扰，于顺治十一年夏与清军相遇。

在此之前，清遣使臣韩巨源到朝鲜，要求"朝鲜选鸟枪射手一百人，由会宁府听昂邦章京率领，往征罗刹，以三月初十到宁古塔"。朝鲜国王孝宗遵令，遣北虞侯边岌领鸟枪手一百名前往。清兵三百名，赫哲族人三百名，朝鲜兵一百名，共七百名。清将昂邦章京宁古塔总管沙尔虎达听从了边岌的建议，于黑龙江与后通江合流处，择占江边地势最高处结阵，围以柳栅，列置岸上，令朝鲜兵放炮。俄兵船大火器多，登岸进攻，清军猛烈还击，俄军战败，登船退出松花江，逃往黑龙江上游。[①]

顺治帝看到罗刹入侵之情愈益严重，遂于顺治十一年十二月二十一日下谕，命固山额真明安达理统率官兵，往征罗刹于黑龙江。十二年二月二十七日，明安达理统领满蒙汉兵士及当地达斡尔等族壮士，向俄军呼玛城堡进攻。呼玛城堡建于呼玛河与黑龙江流域处的一个小岛上，颇为坚固，存粮亦多。清军包围了城堡，但俄军凭借城坚炮利，拼死防御，一时打不下来。僵持十二天以后，清军粮食将尽，明安达理只好于三月八日舍弃围城，领军撤退。[②]

顺治十四年（1657年）初，沙尔虎达领兵远道突袭，败俄军于黑龙江下游的尚坚乌黑（今佳木斯市附近山音村），二月被朝廷赐以蟒衣、

---

① 吴晗：《清世祖实录》第3835、3839、3844页。

② 《平定罗刹方略》卷1、2。

貂帽、鞍马、腰刀、缎匹等物。①

顺治帝下决心彻底打败敌军，驱走殖民者，因而做了大量准备工作。顺治十五年二月十九日，他遣使赏敕到朝鲜，命朝鲜国王运送粮食遣兵从征敕谕说："今罗刹犯我边境，扰豁生民，应行征剿，兹发满兵前往，需用善使鸟枪手二百名，王即照数简发，并将一切应用之物，全行备办，令的当官员统领，期于五月初间送至宁古塔。"②清使李一先于三月敕至朝鲜，告诉国王说："大国将发兵伐罗刹，馈饷甚难。本国亦当助兵，请自本国赍五月粮以送。"国王答应。③

镇守宁古塔昂邦章京沙尔虎达遵循帝旨，加紧征剿准备工作，建造了大船四十只，以加强水上作战能力。顺治十五年七月，斯捷潘诺夫带领俄国殖民军五百名，乘船沿黑龙江抢掠，又闯入了松花江。沙尔虎达率清军分乘战船四十七只，在松花江与牡丹江的汇合处（今黑龙江省依兰县城附近）严阵以待。双方激烈交战，俄军大败，二百七十余名被击毙或活捉，二百余人狼狈逃走，头目斯捷潘诺夫也尸横战场。沙尔虎达立即奏报："击败罗刹兵，获其人口甲仗等物。"帝命兵部查叙，以所俘获分赐有功将士。④

第二年顺治十六年正月，沙尔虎达病故，帝命其子巴海袭父世职一等男及官职说："宁古塔边地，沙尔虎达驻防久，得人心。巴海勤慎，堪代其父，授宁古塔总管。"⑤

巴海不负帝望，加紧练兵备战。顺治十七年夏获悉沙俄殖民军复寇，偕梅勒章京尼哈里等领兵前往征剿，行至黑龙江、松花江交汇处，侦知敌军在费牙喀部落西界，立即前进，致使尤部地方，分布兵船于两岸。俄兵乘船驶来，清军伏兵齐发，敌即回遁。清军追击，俄兵登岸败走，"斩首六十余级，淹死者甚多"。清军又俘获敌方妇女四十七名及火炮盔甲器械等物。巴海乘势"招抚费牙喀部落一十五村一百二十余户"。帝命有关部门查明以议晋赏。⑥

①《清世祖实录》卷107，第25页。
②《清世祖实录》卷115，第8页。
③吴晗：《朝鲜李朝实录中的中国史料》第3858页。
④《清世祖实录》卷119，第5页。
⑤《清史稿》卷243，《沙尔虎达传》。
⑥《清世祖实录》卷139，第16页；《清史稿》卷243，《巴海传》。

至此，俄国殖民军除大部战死外，全部被逐出黑龙江中下游流域。顺治帝驱走劲敌保卫东北地区的斗争，取得了全部胜利。

与此同时，清与朝鲜、日本、安南等周边国家，也保持了良好的正常关系。

十、厉行"逃人法" 设立十三衙门

（一）严惩"窝主" 十万农民丧生

顺治皇帝福临亲政以后，以英君名主自期，励精图治，决心做一番事业，在文治武功两方面取得不小成就。但也有不少欠妥之处，其中应属大弊者，当算是严行"逃人法"和设立十三衙门。尤其是前者，遭到汉官激烈反对，满臣则坚主厉行"逃人法"，双方激烈争论。汉官在此事上拼死以争，在有清一代尚属罕见。

所谓"逃人法"，指的是禁止旗下包衣逃亡及对窝藏逃人之窝主的惩罪律例。满洲汗、贝勒、台吉、大臣、官将及富裕之家，一向是役使包衣（亦称"庄丁"）耕种己田，收取租谷租银，摊派各种差役。包衣就是奴仆，家主可以将其打骂、买卖、赠送和遗传给子女，但不能无故处死。从清太祖努尔哈赤起，到顺治帝亲政这几十年里，汗（帝）、王、贝勒、贝子、公和八旗异姓公侯伯子男及大臣，皆占有数十数百乃至数千名包衣，按照"计丁授田"（一丁三十亩）原则，分占田地，建立庄园，役使包衣耕种。顺治时清帝及王公大臣又逼迫汉民投充为奴，有的投充人还带地投充。这就是清帝所说的"满洲籍家仆资生"。①

由于家主的任意拷打和严重剥削，包衣无法忍受，不断地大批逃亡。为了禁止包衣逃走，保证庄园劳动人手，维护封建庄园，清太祖努尔哈赤便以"若无阿哈（包衣），主何能生？"而严厉禁止包衣逃亡，违者基本上处以死刑，窝留包衣之人，"定为盗贼之罪"。②清太宗皇太极规定："逃人犯至四次者，处死"，收留逃人者从重治罪。③

顺治元年（1644年）五月，摄政王多尔衮率军入京定鼎中原后，一

---

① 《清圣祖实录》卷14，第2页。

② 《满文老档·太祖》卷17；李民寏：《建州闻见录》。

③ 康熙《大清会典》卷107。

再下谕禁止包衣逃走和重惩收留包衣的"窝主"。初系将窝主处死,不久改为鞭笞,但到了顺治三年五月初五,睿王又以帝之名义谕告兵部从重惩处容留逃亡包衣之人说:"隐匿满洲家人,向来定拟重罪,朕心不忍,减为鞭笞,岂料愚民不体轸恤之心,反多隐匿之弊,在在容留,不行举首,只此数月之间,逃人已几数万",着"更定新律,严为饬行"。随即议准:"隐匿满洲逃人,不行举首,或被旁人讦告,或查获,或地方官查出,即将隐匿之人及邻佑九家、甲长、乡约人等,提送刑部勘问的确,将逃人鞭一百,归还原主。隐匿犯人从重治罪,其家赀无多者,断给失主,家赀丰厚者,或半给,或全约,请旨定夺处分。首告之人,将本犯家赀三分之一赏给,不出百两之外。其邻佑九家、甲长、乡约,各鞭一百,流徙边远。"①

过了两年多,顺治六年(1649年)三月二十五日,摄政王感到处罚窝主太重,谕令略微减轻说:"向来申严隐匿逃人之法,原以满洲官兵身经百战,或有因父战殁而以所俘赏其子者,或有因兄战殁而以所俘赏其弟者,或有亲身舍死战获者,今俱逃尽,满洲官兵纷纷控奏,其言亦自有理,故先令有隐匿逃人者斩,其邻佑及十家长百家长不行举首、地方官不能觉察者,俱为连坐。今再四思维,逃人虽系满洲官兵功苦所获,而前令未免过重,自今以后,若隐匿逃人,被告发,或本主认得,隐匿逃人者,免死流徙,其左右两邻各责三十板,十家长责二十板,地方官俟计查时并议。"②

不管是将窝主处死,还是免死流徙,处罚都太重,太残酷,太不尽情理。所谓窝主,主要可分为四类,一系逃人(逃亡包衣之简称)之父母妻子兄弟叔侄等亲属,骨肉至亲,怎能不留。二是朋友、亲戚或先前熟识之人。三系客店、作坊、店铺、船只、住户,因不知情而留宿、雇佣、搭载逃人。四乃平白无故,被奸恶歹徒诈诬不遂诬陷遭害者。也有或不知其系逃人,或已明其身份,但仍与之婚聚者,情形多种多样。顺治五年八旗有包衣二十一万余丁,十一年为二十三万两千余丁,十四年有二十三万七千余丁。姑且按摄政王所说"数月之间,逃人已几数万"打个折扣,照一年一万逃人计算,则至少有一万名窝主要被斩杀或流徙,有一万家财产要被籍没,还有数以万计的邻佑、甲长、乡约连坐流

①《清世祖实录》卷26,第4页。
②《清世祖实录》卷43,第9、10页。

徙。每年有成千上万的逃人，要连累数以万计的窝主、邻佑，年复一年，牵连之人日益增多。到顺治十一年、十二年，所惩处之窝主邻佑、甲长不啻多达数十万人和数十万户，再加上起解至京的沿途差派，直隶及邻近之山东、山西、河南，其骚扰民间之严重，可想而知。因此汉官之中有见识和胆略者，一直对"逃人法"十分反感，一有机会，便想尽各种方式加以指责谏阻，欲图取消逃人法或减轻其祸害。尤其是到了顺治十年、十一年、十二年。"逃人法"祸害太甚，汉官出面谏阻者就更多。

顺治九年（1652年），吏科给事中魏裔介奏称："摄政王时，隐匿逃人，立法太严，天下嚣然，丧其乐生之心。所以言官陈说，始宽其禁，责成州县，法至等也。若舍此之外别有峻法，窃恐下拂民心，上干天和，非群常政治小小得失而已。"这是顺治帝亲政后第一个言及逃人法者。①

顺治十年（1653年）七月初九，吏科右给事中王祯奏称：迩者淫雨为灾，河水汛滥，沿河一带，城郭庐舍漂没殆尽。直隶被水诸处，万民流离，扶老携幼，就食山东，但逃人法严，不敢收留，流民啼号转徙。②此疏比较婉转地涉及了"逃人法"。

过了半年，顺治十年正月二十六日，兵部督捕右侍郎魏琯奏："籍没止以处叛逆，强盗已无籍没之条，乃初犯再犯之逃人，罪鞭一百，而窝主则行籍没，逃轻窝重，非法之平，今欲除籍没之法，须先定窝逃之罪，请下议政诸臣会议，务期均平，以便遵守。"③这是汉臣中第一位正式评议逃人法有失公平之人，而且这个批评者还不是一般的科道言官，而是兵部督捕右侍郎。兵部督捕衙门是刚于一个月前成立的新机构，设兵部督捕满汉侍郎各一员，增司官各六员，"专理缉逃捕寇诸事"。④

实际上它主要是专理缉捕逃亡包衣事务。这位汉侍郎魏琯，久任言官，曾疏劾漕运总督恭顺侯吴惟华和郧阳抚治赵兆麟，颇有敢言之风，顺治九年授顺天府丞，不久迁大理寺卿，顺治十年十二月调任兵部督捕右侍郎。在他奏上此疏后，吏科给事中王祯跟着也奏请减轻对窝主的惩处说："窝逃既议发盛京屯种，若复将田产入官，是仍行籍没，请照充军例，止发本身夫妇，其余家口田产俱免追论。至窝主既遣，又议令

①《清史稿》卷262，《魏裔介传》。

②《清世祖实录》卷77，第5页。

③《清世祖实录》卷80，第15页。

④《清世祖实录》卷79，第21页。

邻佑、保甲、县官出银四十两，给予逃人之主，恐此例一开，启贪得者之心，因而生事害人，深属未便。"①这两道奏疏皆依帝谕下所属议处。

魏琯见久未议复，于顺治十一年六月初六再次上疏奏请减轻已故窝主之家属处分说："窝逃之人，审实，例应羁候，提到家口，一同发遣，令暑疫盛行，络绎病亡，尸骸暴露。臣思窝主之罪，原不至死，况既经监毙，其妻子系寡妇孤儿，道路谁为看视，即到盛京，谁与赡养，恐死于饥饿者不知其几也。祈皇上格外施恩，凡窝主已故者，家口免其流徙，田宅免其报部，则泽及枯骨矣。"②

魏琯此奏，合法合情。姑且不谈窝主是否应该遭受比强盗还重的惩罚，即按此例处治，也是罪在户主，其家眷乃系株连而徙。窝主本非死罪，今既已监毙，就算是已经遭受了更重的惩治了，其家眷自然可以因亲人之惨死而稍减其刑，何况户主一死，孤儿寡妇谁为照料，到达徙地之后，又谁为赡养？岂非又将尸弃异乡！若予宽恩，岂不更增加号称爱民如子的皇上"恩养"小民之光辉！

但是出乎魏琯的意料，两个多月前还连下圣谕，宣称"四海苍生，皆朕赤子"，"直隶水潦为灾，人民困苦，饥饿流移，深轸朕怀"，③发银二十四万两，遣派大臣分往赈济的当今皇上福临，竟大发雷霆，降旨严厉斥责魏琯说："满洲家人，系先朝将士血战所得，故窝逃之禁甚严，近年屡次宽减，罪止流徙。且逃人多至数万，所获不及十一，督捕衙门屡经具奏，魏琯明知，何得又欲求减，显见偏私示恩，殊为可恨，着议政诸王、贝勒、大臣、九卿、詹事、科道各官，会同从重议处具奏。"④

过了六天，六月十二日，议政王济尔哈朗等会议魏琯之过奏称：督捕侍郎魏琯统司缉捕，一年之内逃人至于数万，所获未及数千，不思严加追获，"反行疏请将恩赦不免之窝逃大罪，照小罪执审例求减，以宽逃禁，欲使满洲家人尽数逃散，奸诡之谋显然。魏琯应论绞"。帝降旨批示："王等议良是。魏琯本当重处，姑从宽宥，着降

①《清世祖实录》卷81，第17页。
②《清世祖实录》卷84，第3页。
③《清世祖实录》卷81，第13页；卷82，第10页。
④《清世祖实录》卷84，第3页。

三级调用。"①

　　这一关虽然过去了，但不到两个月，魏琯又因德州生员吕煌窝逃一案，而受株连。顺治帝降旨："原任督捕侍郎魏琯条奏逃人减等，明为吕煌而发，及满官欲参德州知州佟昌年，又强行阻住。魏琯革职，流徙盛京。"②

　　满洲王公大臣本已因包衣逃亡影响庄田耕种租银减少而十分恼怒，又见汉官一再奏请减轻窝逃之禁，更是刻骨仇恨，必欲加重惩处窝主。顺治十一年八月十七日，诸王及满洲汉军部院大臣上疏奏称："从前隐匿逃人之律，将窝主正法，后特减等充军，后又将窝主并家口俱给本主为奴，今复免其为奴，仍充军。方窝主正法，家口为奴之时，虽有逃人，尚多缉获，自定充军之例，一年间逃人几及三万，缉获者不及十分之一。唯其立法从轻，故致窝逃愈众，仰请再行酌定。"帝令同汉九卿、詹事、科道会议具奏。③

　　此疏太不寻常。其一，《清世祖实录》所记诸王及满洲汉军部院大臣联合上疏专谈一事者，实属罕见。一年以前，大学士陈名夏等二十八位汉官对任珍案单列一议，遭帝惩处，帝还专门降谕训诫陈名夏等人说："凡事会议，理应划一，何以满汉异议。"既然堂堂上谕斥责满汉异议，则此次满洲诸王及部院大臣之联疏专议逃人法，亦属违旨，他们宁愿冒着违谕之罪而力言其事，可见其决心之大。其二，汉官纷言逃人法太严，惩处窝主太重，立法不公，要求改定减轻。满洲王公大臣也疏请更定法例，但不是从宽，而是加重，要恢复过去将窝主正法或为奴的特重之典。满汉之议，悬殊天渊。其三，满洲诸王及部院大臣之破例上疏，力请重办窝主，原因非常简单，一年之内，"逃人几及三万"，照此下去，八旗满洲蒙古的二十余万丁包衣，十年之内就要逃走殆尽，几百万亩庄田谁来耕种，数以十万两计的租银谁来交纳，烦繁苛差使谁来承担，这是关系到他们切身利害的重大问题，故而上疏力言必须恢复旧法。

　　此疏奏上后第十天，顺治十一年八月二十七日，议政王大臣议复诸王及满洲汉军部院大臣请定逃人新例之疏，奏请执行议定之法。帝降旨批示："王等议隐匿逃人之家，给予逃主为奴，朕思倘有奸恶之徒，图

①《清世祖实录》卷84，第8页。
②《清世祖实录》卷85，第17页。
③《清世祖实录》卷85，第19页。

财设局，以害无辜，如从前正法之小羽子等，亦不可测，宜详慎定议。其地方、两邻、解子流徙之例，因一罪犯，牵连众人，荡家倾产，运徙他方，朕心不忍。且所议大小官员等罪，亦属太过，着一并另议具奏。"①

顺治帝此旨，还是相当明智和妥善的，是从全国之主的立场出发，而不仅仅是作为几百名几千名满洲王公大臣之首领来处理问题。一则将窝主给予逃人之主为奴，必然为豪猾歹徒大开敲诈勒索之财，诬陷殷实之家窝匿逃人，逼索钱财，如不饱其欲，则首告到官，把窝主搞得家破人亡。这种事情太多太多了，连皇上也知道从前小羽子这伙"奸恶之徒，图财设局，以害无辜"。姑且不说这种专设骗局的歹徒，就连一些并非逃亡的旗下家人，在奉主之命出外办事时，也常冒称逃人，横行霸道，一些民人亦伪称逃人，行凶作恶。口北道安世鼎向宣大总督卢崇俊呈报：旗下胡大买铺户李长泰布三匹，议定价银一两八钱，李长泰见胡大给的银子是铝铁假银，求胡大调换，胡大不依，将假银及布"俱行夺去"，又殴打李长泰。民人王二买郭玉成布一匹半零七尺，给银一两，郭将银拿到银匠铺验看，"尽是铝铁"，找王二换银，遭王殴打。口北道安世鼎据报，传胡大、王二讯问。胡大答称：原系宣府人，因在顺治九年窝藏镶黄旗下苦儿苦牛录爱蟒家人，被提到北京，断与爱蟒家为奴，现逃至此处，买布打人。王二答称：顺治三年投充到京城正白旗倪牙大牛录下巴尔太家，今逃来宣府。安世鼎问明，二人俱无出京牌档可凭，而且在面审之时，二人"咆哮倔强"，遂将这两名逃人及铺户李长泰、郭玉成解京，送兵部督捕衙门审理。兵部督捕衙门审明，胡大系奉家主之命，领银前往宣府做买卖，王二系丰润县民，都不是逃人。随经刑部奏准，将民人王二按"民人假称逃人行诈者"例，责打四十板，同妻子、家产一并籍没入官。②再则为一人之罪，连带全家老小及两邻、地方等多人"荡家倾产，远徙他方"，大小官员亦遭重惩，确实太为残酷、太不合理合法了。

然而顺治帝福临这一明智立场未能坚持下去，在满洲王公大臣的包围、诱惑和影响下，仅过了三天，他就发生了重大变化，完全站在几百

①《清世祖实录》卷85，第22页。

②兵部督捕左侍郎吴达礼题：《为民人谎称逃人，请旨照例入官事》，见《清代档案史料丛编》第10辑，第123页。

几千名包衣主人的小集团一边，顽固坚持维护落后的逼民为奴耕种庄田的逃人法，要加重严办窝主及有关人员。顺治十一年九月初三，他来到内院，召见诸王及九卿、科道等汉官赐茶毕，言及汉军旗人南赣巡抚宜永贵疏称："满洲逃人甚多，捕获甚少，而汉官议隐匿逃人之罪，必欲轻减。"他就此事下谕严厉斥责汉官说：

"朕荷天眷，抚有鸿业，无分满汉，概加恩遇，于汉人尤所体恤，乃尔等每与满洲抵牾，不克和衷，是何意也？当明末，北人南人各为党羽，致倾国祚。朕倘有偏念，自当庇护满洲，今爱养尔等，过于满洲，是朕以一体相视，而尔等蓄有二心，朕以故旧相遇，而尔等猜如新识，朕以同德相期，而尔等多怀异念矣。朕从来不念旧恶，尔等自太祖太宗以来，本为敌国，朕荷天祐，抚有大业，海宇之内，皆我臣庶，自应捐除既往，悉予恩施。但尔等遭流贼之祸，如蹈水火，朕救援而安养之，尔等诚念及此，岂可不图报效。今尔等之意，欲使满洲家人，尽皆逃亡，使满洲失其所业，可乎！朕姑宥前罪，嗣后其各改心易虑，为国为君尽忠效力，以图报称。朕优念尔等，顾面谕及此，若更持二心，行私自便，尔时事发，决不尔贷！"①

这道洋洋三百余字的上谕，主要讲了一个问题，即汉官忘恩负义，在逃人问题上与满洲抵牾，"必欲轻减"窝主之罪，"欲使满洲家人尽皆逃亡"，"使满洲失其所业"，这是欺君害国之大罪，若不悔改，必将重惩。

在这样以杀身倾家相胁的天大压力下，汉官还有何词！诸汉臣只好奏称："皇上谕及此，臣等有何置辩，从此以后，唯改心易虑，各尽职守耳。"②过了两天，大学士王永吉因在任兵部尚书时审问吕煌窝藏逃人一案比较迟缓，又不题参知州，且欲坐逃人之主以吓诈罪，被革去大学士，降为总督仓场户部左侍郎。③

这样一来，满洲王公大臣无比欣慰，立即乘机得寸进尺，更加重惩窝主。几天以前，议政王郑亲王济尔哈朗等王大臣拟议将窝逃之人给予

①《清世祖实录》卷86，第1、2页。

②《清世祖实录》卷86，第2页。

③《清世祖实录》卷86，第4页。

逃人之主为奴，帝尚以立法太重，恐奸徒借端陷害无辜，命改议，随有汉军旗人南赣巡抚宜永贵疏称："迩来满洲家人，逃者甚多，获者甚少，乞仍照初定例。"此疏下王等并议。顺治十一年九月初六，郑亲王济尔哈朗等议毕奏上新的逃人法，请帝审批，帝立即允准。这部长达一千四百余字的"逃人法"，主要包括四个部分：第一部分是全法的关键，即严厉惩办窝主。法例规定："隐匿逃人者正法，家产入官，其两邻各责四十板，流徙，十家长责四十。如窝主自行出首者，免罪，旁人出首者，将窝主家产分为三分，一分给予出首之人。""见任文武官员，并有顶戴闲官，进士、举人、贡生、监生，及休致回籍闲住各官，隐匿逃人，将本官并妻子流徙，家产入官"，"生员隐匿逃人，与平民一例正法。"军船、商船载运逃人，"即将船家正法，船内财物和官"。"逃人在营伍中食粮，不行盘查，事觉，管队责四十，百总责三十五。""满汉雇觅逃人做工，或赁房与住，如有人作保者，其保人不分满汉，即坐以隐匿之罪，其雇觅赁房之人免罪，该管官，该地方、十家长、邻佑俱免罪。若无保人，留住过十日者，正法，家产入官，十日之内者，免究。""僧道隐匿者，照民例治罪。""凡窝主，无论男妇，七十以上十三岁以下者，免死，入官。"

第二个部分是惩处逃亡的包衣。法例规定：初逃、二逃者，鞭一百，归还本主；第三次逃者，正法。"凡逃人，无论男女，七十以上十三岁以下者，俱免责，逃三次者，亦免死"。

第三个部分是奖惩有关官将人员。出首者，领取窝主家产的三分之一。地方官如有逃人隐匿不报，事觉，将该管官员革职。拿获逃人，即刻解送督捕，"若有监羁沉滞，不行起解者，将该管官革职，仍罚银一百两，给予出首之人"。府州县官内，如有一官革职，则知府降一级，道员罚俸九个月，巡抚罚俸六个月，总督罚俸三个月。拿送逃人数多者，该管地方官记录，俟考核时酌量优升。武职参将、游击，各计所辖营伍，照知府例，副将照道员例，掌印都司、总兵官照巡抚例，提督总兵官照总督例议处。

第四个部分是规定报逃、捕逃等具体手续。包衣逃走后，家主即应报官，如逃走两次、三次，本主不报，平人鞭一百，有顶戴官员鞭一百，折赎。地方官拿获逃人，即行押解兵部督捕，不许迟延，不准中途受贿纵逃。督捕衙门收到逃人后，招主认领，无人认领，没收入官。逃人、窝主如攀引他人，应暂羁候，提到被攀之人，再行质审。①

这是清朝最严厉最残酷的一部"逃人法"。其惩处之重，株连之广，祸害之大，空前未有。太祖、太宗及摄政时的个别年代，窝主固要正法，但一般只涉及民人，涉及平民还不广。此次法例却规定任何人也不得隐匿逃人，违者，平民、生员、僧道、船家、店主一律正法，妻子为奴，家产入官，现任及休致、赋闲之官，哪怕是总督、巡抚、尚书、侍郎等文武大臣，隐匿逃人，皆要惩治，"把本官并妻子流徙，家产入官"。株连人员之多，冤案之繁，祸国殃民之严重，在清朝一代前后更定的近十次的逃人法里，还属首见。

尽管满洲王公大臣坚主斩杀窝主，皇上终于也赞同其议，批准了新的逃人法，立即施行。众汉官慑于兵部督捕右侍郎魏琯之被革职流徙及万岁严斥轻议窝主之圣谕，不敢公开反对新颁行的残酷的"逃人法"，可是心中并不赞同此法，只是不得不畏祸缄口而已，一有机会，胆识过人之官，自会出面对它激烈抨击。这个日子，并不太久。

仅仅过了两个月，顺治十一年十一月十六日，顺治帝以"地震累闻，水旱迭告，悯念民生，省躬自责"，特下诏谕，大赦天下说：即位十一年来，"笃求治理，而治效未臻，切为民谋，而民生未遂，疆圉多故，征调繁兴，水旱频仍，流离载道，中外之欺蒙成习，朝廷之膏泽弗宣，法敝民穷，乾和召沴，天心未格，地震屡闻，皆朕不德之所致也"。②

同年十二月他又连下四谕，敕命议政王、贝勒、大臣及在京七品以上满汉文武官员和地方总督、巡抚、提督、总兵官以下，知府、副将以上，直言时弊。他还着重谕告吏部、都察院及科道官员，希望他们直谏说："三年以来，水旱相仍，干戈未息，饥窘人民，转徙沟壑，满洲兵丁困苦无聊，灾变未弭，时艰莫救，其故安在？意者朕躬之有阙，用人之不当，行政之失宜，以致欤？抑诸王贝勒大臣或有励翼未尽而然欤？前曾有旨，命言官直陈时事，无论当否，概予优容，后乃分别是非，间有遣谪，致生疑畏之心，章奏敷陈，未免瞻顾，兵民疾苦，不得上闻。今广开言路，博询化理，凡事关朕躬者，何令不信？何政未修？诸王、贝勒、办事诸臣，旷职之愆，丛弊之处，及内外何害未除？何利未兴？各据见闻，极言无隐，须详明切实，庶便览观。一切启迪朕躬，匡弼国政者，所言果是，即予采用，如有未当，必不加罪，毋得浮泛塞责，负朕求言至意。"①

在皇上连降诸谕恳切求言的形势下，都察院左都御史屠赖等首先应命，于顺治十二年正月二十一日上疏，奏请退还民地减轻对窝主的惩罚说："爱民莫先除害。近闻八旗投充之人，自带本身田产外，又任意私添，或指邻近之地据为己业，或连他人之产隐避差徭，被占之民既难控诉，国课亦为亏减，上下交困，莫此为甚。宜敕户部，将投充之人照原投部档查核给地外，其多占地亩即退还原主，庶民累稍苏，而赋租亦增矣。又年来因逃人众多，立法不得不严，但逃人三次始绞，而窝主一次即斩，又将领佑流徙，似非法之平也。窃谓逃人如有窝主者，逃人处死，即将窝主家产人口断给逃人之主，两邻、甲长责惩，该管官员议惩。""庶逃人少而无辜之株连者亦少。"帝谕议政王、贝勒、大臣、九卿、詹事、科道等官会议具奏。②

过了两天，正月二十三日，兵科右给事中李栩呈上长疏，极言逃人法祸国殃民，有令人七可痛心者，其文摘录如下：

"逃人一事，立法过重，株连太多，使海内无贫富，无良贱，无官民，皆惴惴焉莫保其身家，可为痛心者一也。法立而犯者众，势必有以逃人为奇货，纵令奸诈，则富家立破，祸起奴婢，则名分荡然，使愚者误陷而难解，智者欲避而不能，可为痛心者二也。犯法不贷，牵引不原，即大逆不道，无以加此。且破一家，即耗朝廷一家之供赋，杀一人即伤朝廷一人之培养，古人十年生之，十年教之，今乃以逃人一事戕之乎？可为痛心者三也。人情不甚相远，使其安居得所，何苦相率而逃至于三万之多？如不以恩意维系其心，而但欲以法穷其所往，法愈峻，逃愈多，可为痛心者四也。即自捕获以后，起解质审，道途骚扰，冤陷实繁，藤蔓不已，生齿凋散，夫孰非皇上之赤子乎？可为痛心者五也。且饥民流离，地方官以挨查逃人之故，闭关不纳，嗟此穷黎，朝廷日蠲租煮赈，衣而食之，奈何以酷法苛令迫而毙之乎！可为痛心者六也。妇女踯躅于原野，老稚僵仆于沟渠，其强有力者，东西驱逐而无所投止，势必铤而走险，今寇孽未靖，方且多方招徕，何为本我赤子，乃驱之做贼

乎！可为痛心者七也。" ①

李栖此疏，将逃人法之不合理、残酷野蛮、祸国殃民的情理，讲得十分清楚，很有说服力，令人信服；但也非常大胆，过分直率，令人担心。须知，此逃人法乃清朝之创，乃清代前期朝廷的基本国策之一，乃先帝所定之祖制，此次更定之时，又系皇上亲自审核批准，且为此专门下谕，严斥汉官欲轻减窝主之罪是忘恩负义，别有用心，欲图败坏大清江山，危害满洲王公大臣的切身利益。李栖之痛斥逃人法，矛头岂不是指向至尊无上的万岁爷，岂不是犯下骂君辱帝破坏国政的大罪，要被斩杀和株连九族。正因为此疏会带来极大的灾祸，故李栖的亲友皆劝他加以修改。李栖却毅然拒绝说："吾每见言官缄口不言，或以细琐无关者塞责，朝廷亦何贵有此关茸赘员哉！心窃鄙之，何敢自蹈。且天子圣明，必不见罪，即罪我死，份耳，使栖忍于笔不能竟胸中所欲吐愤懑，约结闷默以没，负君负国，抱恨九泉矣。"②

帝命议政王、贝勒、大臣会议李栖之疏。其后，户部右侍郎赵开心以饥民流离可悯，请暂宽逃人之禁，以靖扰累，以救民命。顺治帝览疏，甚为恼怒，降旨令其回奏说："逃人甚多，缉获甚少，何策而令不累民，又能迅获逃人？着令回奏。"赵开心知事不妙，竭力思索恰当之辞，于顺治十二年三月初三遵旨上疏回奏说："严逃人者，一定之法，救流民者，权宜之计，闻近畿流民载道，地方有司惧逃人法严，不敢容留，势必听其转徙，若将逃人解督捕衙门，暂宽其隐匿之罪，以免株连，则有司乐于缉逃，即流民亦乐于举发，而逃人无不获矣。"措辞虽然婉转，但也明显露出对逃人法的不满情绪，从而遭到皇上斥责。帝降旨批示："逃人之多，因有窝逃之人，故立法不得不严，若隐匿者，自当治罪，何谓株连！赵开心连经革职，特与赦宥擢用，不思实心为国，辄沽誉市恩，殊失大臣之谊，着降五级调用。"③赵开心随即降补太仆寺寺丞。

经过一个多月的考虑，顺治帝可能看到汉官对逃人法的抨击和反对将更加激烈，他当然也更了解各自占有成百上千包衣的满洲亲王、郡

①《清世祖实录》卷88，第18、19页。

②张贞：《兵科给事中李公栖传》，《清代碑传全集》卷52。

③《清世祖实录》卷90，第3页。

王、贝勒、贝子、公及大臣们对汉臣谏疏之极端憎恨。在这个问题上，满汉之议截然相反，值此征剿大西军李定国和南明延平郡王郑成功之时，亟须保证满洲贵族大臣的切身经济利益，以维护满洲统治集团内部的团结，巩固大清王朝的统治。因此，他终于决定坚持逃人法，对汉臣实行高压政策，逼迫他们在这一问题上紧闭其嘴，不许再谏。

顺治十二年三月初七，他谕兵部，痛斥汉臣反对逃人法是存有偏心，说明立法从严的理由。他说："朕承皇天眷命，统一寰宇，满汉人民，皆朕赤子，岂忍使之偏有苦乐。近见诸臣条奏，于逃人一事，各执偏见，未悉朕心，但知汉人之累，不知满洲之苦。在昔太祖、太宗时，满洲将士征战勤劳，多所俘获，兼之土沃岁稔，日用充饶。兹数年来，迭遭饥馑，又用武遐方，征调四出，月饷和甚薄，困苦多端。向来血战所得人口，以供种地牧马诸役，乃逃亡日众，十不获一，究厥所由，奸民窝隐，是以立法不得不严。若谓法严则汉人苦，然法不严则窝者无忌，逃者愈多，驱使何人？养生何赖？满洲人独不苦乎？……尔等诸臣当偏晓愚民，咸知朕意，方是实心报主，毋得执迷不俊，自干罪戾。尔部即传谕各官，刊示中外。"①

此谕对定立严厉的逃人法之原因，讲得非常透彻，十分准确，也很直率。包衣是"供种地牧马诸役"，是满洲王公大臣驱使之人养生所赖，包衣逃走，则无人耕田种地，遍布河北、辽宁的成千上万王公大臣庄园就将荒弃废置，上百万两租银和数以十万石计的租谷，以及品种繁多数量巨大的鸡鱼鹿皮裘等贡物，就将停止交纳，满洲王公大臣不仅断送了这样巨量的必不可少的经济收入，而且出征也很困难，无人牧马做饭从征厮杀。清帝本身也是大包衣主，而且是最大的包衣主，他占有的包衣，最多的时候有四五万丁，连带家口，有数十万人，他拥有庄园上千所，占地数百万亩，包衣如若尽行逃走，清帝也将遭受特大损失。简而言之，若无包衣，则从关外强制移入关内的役丁种地的封建庄园就将瓦解，清帝及满洲王公大臣就将在政治、经济乃至军事上遭受极大的损失，维护、保证清帝与王公大臣的特殊利益，就是制定逃人法的主要根据。

正因为事关重大，所以过了一天，三月初八，顺治帝又向吏部颁发了一道禁止再言逃人法的严谕。他严厉宣称："朕爱养诸臣，视同一体，原欲其实心为国，共图治安，是以屡次训诫，常恐尔等胸怀偏私，

①《清世祖实录》卷90，第4、5页。

陷于罪戾，至训诫不改，则爱养之道亦穷，国宪具存，岂能曲贷。即如逃人一事，累经详议，立法不得不严，昨颁谕旨，备极明切，若仍执迷违抗，偏护汉人，欲令满洲育苦，谋国不忠，莫此为甚，朕虽欲宥之弗能矣。兹再行申饬，自此谕颁发之日为始，凡章奏中再有干涉逃人者，定置重罪，决不轻恕。尔部即传谕通知。”①

减轻对窝主之惩罚，被当作是“欲令满洲困苦”的“谋国不忠”之特大罪过，再有奏及逃人，“定置重罪”，此旨真是无理至极野蛮至极！一向温文尔雅、倾心汉化、欲图富民强国、以明君自期的少年天子福临，竟然变成了横不讲理、杀气腾腾的昏君暴君了。

紧接着，议政王郑亲王济尔哈朗等议拟李裀之罪说：“李裀之擅将逃人定例妄请轻减，应行治罪，虽律无正条，而其条议情由，甚属可恶，允宜处死，但系奉旨条陈之时，姑从宽典，应责四十，流徙宁古塔。”帝降旨批示：“李裀免责，折赎，流徙尚阳堡。”②

明明是帝下诏求言，且反复强调，即使言有不当，“必不加罪”。可是，臣子真的直言时弊，却又横遭迫害，尽管“律无正条”，即没有处治言官的律例，惩治李裀是不合法的，但也要将其处死或流徙，这是何等的野蛮专横！可怜李裀，以年近花甲之老翁，颠沛流离，备受凌辱，到达成所后，不到一年，即含恨去世。③人们无不为这位敢于为民请命、勇挠龙鳞、猛逆虎威的直谏之臣赞扬和叹息！

顺治帝之多次严谕，议政王济尔哈朗等满洲王公大臣议定严酷的逃人法及加重对异议汉官的惩处，虽然可以压下汉官反对逃人法的浪潮，却不能阻止包衣大规模地不断地逃亡，无法长期维持落后的“编丁隶庄”种地的经营方式，最终总会使“逃人法”无法存在而走向消亡。

就在窝主处死的逃人法更定之后第三年，顺治十三年六月十二日，顺治帝便因包衣不断逃走而训诫八旗包衣家主说：“十余年间，或恋亲戚，或被诱引，背逃甚众，隐匿滋多。”“尔等果能平日周其衣食，节其劳苦，无任情困辱，无非刑拷打”，包衣岂会不断逃走。尔等“今后务各仰体朕意，觉悟省改，使奴仆充盈，安享富贵”。④

---

①《清世祖实录》卷90，第8页。

②《清世祖实录》卷90，第23页。

③ 张贞：《兵科给事中李公裀传》，《清代碑传全集》卷52。

④《清世祖实录》卷102，第6页。

　　然而，严酷法令依然不能制止包衣逃走。煌煌天语，也不能打动包衣主的心肠，他们照样对包衣"任情困辱""非刑拷打"，包衣也继续不断地逃走，社会自然不得安宁。顺治帝尽管固执倔强，但他还是想励精图治，做一番事业，因而在多数场合下也能比较明智地看待错误，予以改正，或进行一定程度的改正。顺治十四年二月十三日，他谕令略微减轻对窝主的处罚更定逃人法说："向来所定隐匿逃人之法，将窝逃之人给发逃人本主为奴，不意遂有奸徒乘机诈害，弊端百出。后经改议，隐逃窝主拟绞秋决，每逃一人，辄置一窝逃者于重辟，年来秋决重犯，半属窝逃，人命至重，孰非朕之赤子，于心不忍，斟酌前后两议，盍夜思维，不如将窝逃之人，面上刺窝逃字样，并家产人口，发旗下穷兵为奴。着议政王、贝勒、大臣、九卿、詹事、科道等官会议妥确具奏。"①二十六日，议政王、贝勒、大臣、九卿、詹事、科道等官会议：窝逃犯人，免死，责四十板，面刺窝逃字，并家产人口入官，听户部酌量分给八旗穷丁。帝从其议。②

　　顺治十五年（1658年）五月初七，帝又降谕禁革奸民籍逃人诈害百姓说：逃人事宜，屡有谕旨，念满汉人民皆朕赤子，故会议量情申法，衷诸平允，"而年来逃人犯法者未止，小民因而牵连被害者多。近闻有奸徒假冒逃人，诈害百姓，或指名告假还家，结联奸恶，将殷实之家指为窝主；或原非逃人，冒称旗下，在外吓诈，群党指称，转骗不已；或有告到督捕，买主冒认，指诡名作真者；或有声言赴告，在地方官处禀拿吓骗良民者；或告假探亲，肆行指诈，及领本贸易，假伙攀官，种种诈伪甚多，深为可恶"。今后凡有逃人，本主即报明本固山额真、梅勒章京、牛录等官，将逃人之主及逃人姓名具印结报部，如逃后日久方报，既获逃人，乃称系伊家人者，此人不许给主，即着入官。直省地方，有旗下告假私出妄为，及冒称旗下，群奸横行者，着该督抚严行访拿，解部查明，并本主从重治罪。八旗牛录以下及买卖人等，俱着通行严饬，并转谕内外，咸使知悉。③

　　过了几天，五月十四日，九卿、詹事、科道会议更定逃人法例：满洲家人不许给票探亲，诈害良民。盛京出征所获人，出口逃走，及来到京而先逃者，如有本主认领，取有保结者，仍给本主，倘后有冒认假保

<hr/>

　　①《清世祖实录》卷107，第13页。
　　②《清世祖实录》卷107，第24页。
　　③《清世祖实录》卷117，第4、5页。

情弊发觉，即将认主及保人一并从重治罪。民人首告逃人，如系挟仇诬害者，即将原告仍照定例，责四十板，枷号一月，免流徙宁古塔。民人自首身系逃人，借端行诈者，免行徙发，责四十板，妻子家产人口入官。帝批准其议。①

顺治帝虽然做了一些调整，但在他亲政的十年里，是入关以后历朝之中推行"逃人法"最为严厉的时期，带来的恶果十分严重，的确是祸国殃民，他对此负有重大的不可推卸的责任。

（二）袭明弊制 设立十三衙门

顺治十年（1653年）六月二十九日，年方十六的少年天子福临，给内院下了一道长谕，命令设立十三衙门，以"满洲近臣与寺人（太监）兼用"。其谕全文如下：

"朕稽考官制，唐虞夏商，未用寺人，自周以来，始具其职，所司者不过阍围洒扫使令之役，未尝干预外事。秦汉以后，诸君不能防患，乃委以事权，加之爵禄，典兵干政，流祸无穷，岂其君尽暗哉？缘此辈小忠小信，足以固结主心，日近日亲，易致潜持朝政。且其伯叔弟侄宗族亲戚，实繁有徒，结纳缙绅，关通郡县，朋比夤缘，作奸受贿，窥探喜怒，以张威福。当宫廷遽密，深居燕闲，稍露端倪，辄为假托，或欲言而故默，或借公以行私，颠倒贤奸，混淆邪正。依附者巧致云霄，迕抗者谋沉渊阱，虽有英毅之主，不觉堕其术中，权既旁移，变多中发，历观覆辙，可为鉴戒。但宫禁役使，此辈势难尽革，朕酌古因时，量为设置。首为乾清宫执事官，次为司礼监、御用监、内官监、司设监、尚膳监、尚衣监、尚宝监、御马监、惜薪司、钟鼓司、直殿局、兵仗局。满洲近臣与寺人兼用，各衙门官品虽有高下，寺人不过四品。凡系内员，非奉差遣，不许擅出皇城，职司之外，不许干涉一事。不许招引外人，不许交结外官，不许使弟侄亲戚暗相交结，不许假弟侄等人名色，置买田房，因而把持官府，扰害人民。其在外官员，亦不许与内官互相交结。如有内外交结者，同官觉举，院部查奏，科道纠参，审实一并正法。防禁既严，庶革前弊，仍明谕中外，以见朕酌用寺人之意。内院即传谕该衙门遵行。着刊刻满汉字告示，自王以下，以及官吏军民人等，

①《清世祖实录》卷117，第12、13、14页。

咸宜知悉。"①

顺治帝此谕所设御用监等十三衙门，系仿明制而加以使用。明太祖朱元璋时基本上对宫内太监之制作了详细建置，共设十二监、四司、八局，人称二十四衙门。十二监是：司礼监、内官监、御用监、司设监、御马监、神宫监、尚膳监、尚宝监、印绶监、直殿监、尚衣监、都知监。四司是惜薪司、钟鼓司、宝钞司，混堂司。八局为兵仗局、银作局、浣衣局、巾帽局、针工局、内织染局、酒醋面局、司苑局。顺治帝将明朝宫内太监的二十四衙门，裁减为十三衙门。后又于顺治十一年十月二十三日设立尚方司，合为十四衙门。②但人们通常仍称十三衙门。

帝谕虽说十三衙门是满洲近臣与太监兼用，但实际上主要系太监。

十三衙门之设立，违背了满洲旧制。在此之前，皇上的衣食住行各种事务，皆系内务府承办，太监只听从差使，未设衙门。顺治十年六月设十三衙门，内务府所管之事就大为减少，顺治十一年内务府竟被裁掉，皇上诸事悉由十三衙门经管承办。

对于皇上这一改制，满洲王公大臣和汉官皆不赞同。就在谕立十三衙门之后一月余，顺治十年七月初四，都察院左都御史屠赖（满人）等官借帝所颁淫雨害民"朕当修省"之谕，上奏谏阻说："前代不似我朝有内大臣、侍卫各官，故设立寺人衙门，我朝左右有内大臣侍卫随从，内务有包衣大人章京管理。今奏上谕，设立司礼监等衙门，寺人与近臣兼用。夫宫禁使令，固不可无寺人，但不必专立衙门名色，祗宜酌量与近臣兼用，以供使令可也。"③疏中所说"包衣大人章京"，就是包衣昂邦章京，即内各府总管或总管大臣。

帝降旨拒绝此疏所请说：今总管内事乃勋旧大臣，忠诚为国，朕自无虑，万一有如冷僧机其人者，专权作弊，何以防察，因分设衙门，使各司其事，庶无专擅欺蒙之患。衙门虽设，悉属满洲近臣掌管，事权不在寺人，其所定职掌，一切政事毫无关系，与历代迥不相同。着仍遵谕旨行。④

①《清世祖实录》卷76，第16、17、18页。
②《清世祖实录》卷86，第18页。
③《清世祖实录》卷77，第3页。
④《清世祖实录》卷77，第4页。

顺治帝也知道衙门一设，太监之中，必有仗势横行、交结外官、扰乱国政之人，故于顺治十二年六月二十八日谕命工部立内十三衙门铁牌说：中官之设，虽自古不一，然任使失宜，遂贻祸乱。近如明朝王振、汪直、曹吉祥、刘瑾、魏忠贤等，专擅威权，干预朝政，开厂缉事，枉杀无辜，出镇典兵，流毒边境，甚至谋为不轨，陷害忠良，煽引党类，称功颂德，以致国事日非，覆败相寻，足为鉴戒。朕今裁定内官衙门及员数职掌，法制甚明，以后但有犯法干政，窃权纳贿，嘱托内外衙门，交结满汉官员，越分擅奏外事，上言官吏贤否者，即行凌迟处死，定不姑贷。特立铁牌，世世遵守。①

顺治帝在立十三衙门的上谕中，对秦汉以后历朝太监能够专权的原因，及其扰乱国政的祸害，讲得非常清楚，所列防弊之法，亦很详细具体，切实可行。不久又特立铁牌，违法者，立即凌迟处死，应当说是防患于未然，是相当完备了，不应再出现前朝之祸。但是，顺治帝忘记了致祸的根本原因在于帝君自己，哪怕是颇为英明之主，有时也难逃过阴险太监之包围和影响。往往是法由己定，亦由己坏，终于生乱。他立十三衙门，规定太监官阶不得超过四品，详讲奸狡太监之为害等，基本上都是从他所推崇的明太祖朱元璋那里学来的。朱元璋设立的十三监、四属、八局、各监之首，为太监，官阶正四品，左、右少监为从四品，各司、局的主事者是司正、大使，官阶才正五品。

明太祖朱元璋曾对侍臣说："朕观周礼，阉寺不及百人，后世至逾数千，因用阶乱。此曹止可供洒扫，给使令，非别有委任，毋令过多。"他又说："此曹善者千百中不一二，恶者数千百。若用为耳目，即耳目蔽，用为心腹，即心腹病。驭之之道，在使之畏法，不可使有功。畏法则检束，有功则骄恣。"他又谕铸铁牌，置于宫门中，其文是："内臣不得干预政事，犯者斩。"他还规定，宦官不许识字，又敕谕诸司毋得与内官监文移往来。有一侍帝最久的宦官，"微言及政事"，太祖立斥其非，终其生不召见。然而，他自己便违己之法，于洪武二十五年（1392年）命聂庆童往河州敕谕茶马，开了中官奉使行事之例。②其后诸帝尽忘祖训，以致太监为祸之烈，前所罕有。

顺治帝仿照明太祖这一套，也避免不了太监的作乱。顺治十五年

①《清世祖实录》卷92，第12页。

②《明史》卷74，《职官三》。

（1658年）二月二十六日，他就外官与内监贿赂交结之事，降谕吏部，斥责言官不予纠参说：设立内监衙门官员，原止令供办宫围事务，不许干预朝政，交通外廷，是以朕于新旧内监各员特立铁牌，屡行禁饬甚严，不意乃有行私纳贿之徒，朕密行采访，得其奸弊，已命内大臣严行审拟。事内有现任官私相馈遗者，亦有罢任官通同贿赂者，深可痛恨。此辈坏法通贿，科道各官为朕耳目，岂无见闻，乃竟不行指参，殊负朝廷设立言官，发奸摘弊至意，尔部即行传知。[①]

过了几天，三月初七，他又谕吏部：内监吴良辅等，交通内外官员人等，作弊纳贿，罪状显著，研审情真。有王之纲、王秉乾结交通贿，请托营私，吴良辅等已经供出，即行提拿。其余行贿钻营，有见获名帖书谏者，有馈送金银布帛等物者，若俱按迹穷究，犯罪株连者甚多，姑从宽一概免究。官员人等如此情弊，朕已洞悉，勿自谓奸弊隐秘，窃幸朕不及知，自今以后，务须痛改前非，各供厥职，凡交通请托行贿营求等弊，尽皆断绝，如仍蹈前辙，作奸犯法者，必从重治罪，决不宽贷。尔部速刻告示，内外通行严饬。[②]

四月二十六日，吏部等衙门会议：陈之遴（休致大学士）、陈维新、吴惟华（恭顺侯、前漕运总督）、胡名远、王回子等，贿官犯监吴良辅，鞫讯得实，各拟立决。帝降旨批示：陈之遴受朕擢用深恩，屡有罪愆，叠经贷宥，前犯罪应置重典，特从宽以原官徙往盛京，后不忍终弃，召还旗下，乃不思痛改前过，以图报效，又行贿赂，交结犯罪，大干法纪，深负朕恩，本当依拟正法，姑免死，着革职，并父母兄弟妻子流徙盛京，家产籍没。陈维新姑免死，并父母兄弟妻子流徙盛京，家产籍没。吴惟华、胡名远、王回子等，俱姑免死，各责四十板，并父母兄弟妻子流徙宁古塔，家产籍没。[③]

顺治帝虽对陈之遴等人予以较重惩罚，但其处理犯罪内监和防范未来之法，却相当欠妥。他没有想想，曾任多年尚书和大学士为他赏识的陈之遴，以及曾任漕运总督的恭顺侯吴惟华，为什么要重金行贿，巴结年纪轻轻的太监吴良辅？这不正说明吴良辅权势很大吗？吴良辅不过区区一名阉人，官阶最高不超过四品，凭什么拥有权势，还不是因为他乃帝之心腹，受帝宠信。难道说此事还不应该使帝警觉、反省和仔细盘查内监，彻底查出类似的有权有势之太监，予以处理，并制定防范之法！

---

①《清世祖实录》卷115，第10、11页。

②《清世祖实录》卷115，第13、14页。

③《清世祖实录》卷116，第14、15页。

他没有这样做，已经是姑息养奸，自欺欺人了，而更加谬误的是，他竟没有处罚吴良辅，仍待吴如初，宠吴如旧。直到顺治十八年正月初二，顺治帝已患天花，势将不起，还亲至悯忠寺。"视内珰吴良辅祝发"。可见对吴仍是何等的宠爱。设若世祖不是英年早逝，再执政二三十年，太监之祸想必也不会小。

十一、钟情董鄂妃　遗诏罪己

（一）书画皆妙　牛行纸上

顺治八年（1651年），虚岁十四岁、周岁十三岁的福临，亲政之时，是一个未曾上学、只知玩耍、不谙经史诗文、"阅诸臣章奏，茫然不解"的半文盲。然而，为了治国理政，欲为明君，他"苦读九年"，经常是通宵达旦，"曾经呕血"，终于博览群书，精通诸子百家，深知孔孟治国之道，儒释皆精，书画双妙，文学造诣也高。

福临既博古通今，熟谙经史子集，又对书画很有造诣，能评能讲，能书善画。他曾和木陈忞讨论书法，并临场挥毫书写。《北游集》载："上一日问师：先老和尚与雪大师书法孰优？师曰：先师学既到，天分不如。雪大师天资极高，学力稍欠。故雪师少结构，先师乏生动，互有短长也。先师常语曰：老僧半生务作，运个生硬手腕，东涂西抹，有甚好子，亏我胆大耳。上曰：此正先老和尚之所以善书也，挥毫时若不胆大，则心手不能相忘，到底欠于灵活。"木陈忞说："第忞辈未获师龙蛇势耳。""上曰：老和尚处有大笔与纸么？乃命侍臣研墨，即席濡毫，擘窠书一敬字。复起立连书数幅，持一示师曰：此幅何如？师曰：此幅最佳，乞赐道态。上连道不堪。师就上手撤得曰：恭谢天恩。"

木陈忞于顺治十七年五月离京南返前，帝特书"敬佛"二大字相赐。同年冬，帝又赐木陈忞御书唐岑参《春梦诗》一幅，其诗为"洞房昨夜春风起，遥忆美人湘江水。枕上片时春梦中，行尽江南数千里"。木陈忞之弟子旅庵，奉帝旨留京主持前门善果寺。此御书即存于寺中。[1]

清初文豪王士桢称赞福临之书法说：西山新法海寺，"殿有巨碑，刻，敬佛，二字，笔势飞动，世祖御书也。"[2]

---

① 王士桢：《池北偶谈》卷3，《善果寺御书》。
② 王士桢：《池北偶谈》卷1，《世祖御书》。

福临的书法，宗钟繇、王羲之，也兼采欧阳询书，高悬于皇宫内院乾清宫的"正大光明"匾，即是其亲笔所写。

福临喜爱和奖励善书之人。陈康祺之《郎潜纪闻》卷6，《世祖识针鈇书法》载称：顺治乙未（十二年）会试榜发，世祖皇帝正留意文学，命取原卷进御，览之称善者数试。比廷试卷进呈，世祖阅至第三人卷，顾谓读卷官傅以渐曰：卿知此卷为谁？傅公称不知。世祖曰："此会元秦鈇作也，朕于其书法知之。"拆卷果然。世祖大悦，召见南海子，赐袍服，比第一人。他还对人极力称赞内侍张斐然与供奉虞世璎书法甚佳，"一学颜欧，一学钟王，皆妙得其家风"。[①]

顺治帝对画画也很爱好，成就很大。谈迁在《北游录》的《纪邮下》载：顺治十二年十二月初七，"上传吴太史及庶吉士严子餐沆、行人张租恂各作画以进，太史方点染山水，明日共进。时朝廷好画，先是户部尚书戴明说、大理寺卿王先士、程正揆，各命以画进"。

帝好作画，并赏赐群臣。王士桢盛赞帝之画法高超。他在其《池北偶谈》第十二卷《世祖御笔》条中，写道："康熙丁未（六年）上元夜，于礼部尚书王公崇简青箱堂，恭睹世祖章皇帝御笔山水小幅，写林峦向背，水石明晦之状，真得宋、元人三昧。上以武功定天下，万几之余，游艺翰墨，时以奎藻颁赐部院大臣，而胸中丘壑又有刑、关、倪、黄辈所不到者，真天纵也。"

顺治帝绘画兼收荆浩、关仝、倪瓒、黄公望之长，尤擅山水，笔意生动。描绘林峦向背，水石明晦之状，颇得宋、元人之三昧。顺治帝的指画也十分娴熟，独具特色。顺治帝爱好书画的兴趣和较高的艺术造诣，对有清一代皇族成员书画艺术的兴盛具有深远影响。

福临在顺治十二年（1655年）画了两幅《墨笔山水图》，其中一幅，福临还御笔亲书，赐予清代首位壮元、大学士傅以渐。这一年，福临还画了墨笔《山水》，赐予大学士金之俊。也就是在这一年，福临又画了《墨竹图》。竹为中国古代绘画常见题材，宋代李景昉赞竹有"刚、柔、忠、义"四德："劲本坚节不受霜雪，刚也；绿叶凄凄翠阴浮浮，柔也；虚心而直无所隐蔽，忠也；不孤根以挺耸，必相依以擢秀，义也。"顺治帝所绘墨竹构图疏密有致，着笔清润流畅，竿、节、枝、

---

① 木陈忞：《北游集》。

叶，笔笔相应，一气呵成。劲秀挺拔，生机盎然的墨竹，寓含了年少的顺治帝"四德"之情，也展露了对一统江山的胸有成竹之志。

福临还画了一幅《钟馗像》。

在中华文化中，从宫廷到民间，渐兴年终岁除和端午等节日于门首悬挂钟馗像以逐鬼驱邪的风俗。顺治帝对此俗饶有兴致，日理万机之余，也挥笔泼墨。洗练的线条，勾勒出一个破帽、蓝袍、角带、朝靴，捉小鬼啖之的胡须参立、炯目圆睁的活灵活现钟馗形象，驱鬼之神勇猛刚烈的性格和凛然不可犯之咄咄逼人气势也跃然纸上。

少年天子福临还能以手指之螺纹，印画水中。王士禛于《池北偶谈》卷13，《御画中》条中记述说："戊申（康熙七年）新正五日，过宋牧仲慈仁寺僧会，恭睹世祖章皇帝画渡水中，乃赫蹄纸上用指上螺纹印成之，意态生动，笔墨烘染所不能到。又风竹一幅，上有'广运之宝'。"

福临这位少年天子，真是书画双妙、文史兼优的罕有奇才。

（二）董鄂妃既非董小宛 也不是襄亲王福晋

少年天子福临非常喜欢董鄂妃。人们对董鄂妃的来历，也有着各种传说，一种颇为流行的传说，认为董鄂氏乃明末秦淮名妓董小宛。《清朝野史大观》卷1，《董妃董小宛说》载称：吴梅村之《清凉山赞佛诗》，暗指董妃逝世，清世祖过分伤感，遂遁五台山出家为僧。此董妃即冒辟疆之姬董小宛，被清兵所掠，辗转入宫，蒙帝特宠，用满洲姓董鄂氏。

冒辟疆，即冒襄，字辟疆，别号巢民，江苏如皋人，宦官子弟，十岁能诗，才高誉广，与方以智、陈贞慧、侯方域并称四公子……他于明崇祯十二年（清崇德四年（1639年））与小宛初识，十五年娶为妾，第二年同返故里。清军入关，下南京，冒府举家避难流离，冒辟疆又患重病，几丧黄泉。顺治四年冒辟疆又为仇家诬陷，险被擒捕，事解之后，又复长病。董小宛侍病解危，身心交瘁，于顺治八年（1651年）正月初二病故，享年二十八岁。

照此看来，董小宛并非董鄂妃。根据有三。其一，董小宛比顺治帝福临大十四岁多，当其芳名远扬，十六岁与冒襄初识之日，福临才是一位吃乳的岁余幼童，其死之时，二十八岁，福临只有十三岁。其二，若说其在乱中被清兵掠获，辗转入宫，那么，从顺治二年到八年，董小宛以一位二十一岁的少妇混到二十八岁，已成为半老之徐娘，又有何术能迷惑十三岁的少君？若按实录所记是顺治十三年（1656年）册立为妃，则董小宛已有三十三岁，又怎能诱狎十八九岁的青年皇帝对其专宠？其三，董小宛死于顺治八年正月初二冒襄家中，既有夫君的长篇忆妻悼妻佳作《影梅庵忆语》，详记相识、完婚、蒙难、侍夫及劳病而死之情，又有当时好些文人学士的悼念诗词，皆可证明小宛之死于冒府，那么，她又怎能于顺治十三年被册为皇贵妃。此说显难成立。[①]

另一种说法则并非民间传说，而是近代学者的论断，主张董鄂氏乃系满洲宿将鄂硕之女，先嫁于帝之十一弟襄亲王博穆博果尔，后被皇上热恋，致其夫因愤致死或自缢，皇上就册立董鄂为妃。此说亦缺乏实在的根据。这种见解主要是根据《汤若望传》的一段记述，推论而来。《汤若望传》载："顺治皇帝对于一位满籍军人之夫人，起了一种火热爱恋，当这一位军人因此申斥她的夫人时，他竟被对于他这申斥有所闻知的天子，亲手打了一个极怪异的耳刮子。这位军人于是乃因怨愤致死，或许竟是自杀而死。皇帝遂即将这位军人的未亡人收入宫中，封为贵妃。"有的学者认为，这位满籍军人之夫人既能接近皇帝，则非疏远小臣，而襄亲王去世不久，帝即册立董鄂妃。兼之，满洲旧有治栖之俗，兄死之后，或侄死之后，其未亡人分为原夫之弟、侄、叔纳娶，如太祖第五子莽古尔泰卒后，其妻分给侄子豪格、岳托；太祖第十子德格类死，其妻给予其弟阿济格；豪格死后，嫡福晋被叔叔多尔衮纳为福晋。可见，董鄂妃即系襄亲王之福晋。

揆诸史实，这一论断很难成立，主要理由有两条。第一，通读《汤若望传》，满洲"军人"与满洲"王公"之分，十分严格，各有明确的含义和范围，不能混为一谈。现将传中后些叙述引列于后："顺治御前头几次所开的各王公大臣的会议中"；帝于顺治八年出外行猎，"仅只亲王数位与皇太后留守京都"，"三位满洲妇女"至汤宅，声称"她们是汤若望所认识的一位亲王的眷属"；顺治八年举行皇上大婚礼时，"汤若望不得不在宫廷之中随同群王群臣做整日之庆祝"；新筑大殿举行落成典礼之日，"各王公大臣连汤若望"俱皆参加；皇帝寿诞，"汤若望和一切皇族贵戚文武官员以及王公贝勒都一律趋朝拜贺"；顺治十年"汤若望求了二百余名满洲贵族的性命，在这二百余名满人之中，有

---

① 孟森先生著有《董小宛考》，对比论述，十分精辟，载于《心史丛刊（外一册）》。

四位是宗室王公", 由于"一位过于贪求荣誉的亲王"(即敬谨亲王尼堪)远驰中伏阵亡, 全军"二百余名军官"按律当斩等。这里面, 亲王、宗室王公显然与大臣、贵戚有着严格的区别。如若还嫌不太明朗, 那么, 再举一条。当顺治帝怒冲冲地宣布要御驾亲征郑成功, 以斩杀威胁谏阻之人时, "各亲王和各贵显, 各部臣和许多朝中的官吏", 列队前往汤府, 请求汤若望进谏。在这里, 亲王、贵显、部臣, 朝中官吏, 区别十分清楚。原因不难了解, 汤若望在顺治年间一直和清朝的亲王、郡王、贝勒、贝子等宗室王公, 以及皇亲国戚、部院大臣和高级将领打交道, 他熟谙政局和官场, 他当然知道亲王地位之高、权势之大, 与一般满人甚至是部院大臣和高级将领之间, 有着严格的区别, 贵贱悬殊, 绝对不能等同起来混为一谈。因此, 很难将"满籍军人", 定为襄亲王博穆博果尔。

第二, 博穆博果尔是太宗皇太极之第十一皇子, 生于崇德六年(1641年)十二月二十日, 母系漠南蒙古阿巴噶部扎萨克卓礼克图郡王多尔济之女, 崇德元年(1636年)封麟趾宫贵妃, 在五宫后妃中名列第三位。皇帝福临于顺治十二年二月二十一日下诏封博穆博果尔为和硕襄亲王, 册文说: "爰仿古制, 用展亲亲之谊, 尔博穆博果尔乃太宗文皇帝之子, 朕之弟也, 赐以金册金印, 封为和硕襄亲王。"①所封之根据, 仅因其是先帝之子今帝之弟, 未言有任何军功。这与册封英、肃、豫等王及承泽亨王硕塞(帝之兄长)的册文叙列各王之军功, 完全不同。这也是事实, 英、豫等王百战沙场, 军功累累, 而博穆博果尔在顺治元年大军入关之时, 只是一个两岁多的乳臭幼童, 到十二年册封为王时, 才十四周岁多, 从未也不可能披甲统兵厮杀, 当然无军功可言。因此, 博穆博果尔只是一位王爷, 而非"满籍军人", 他根本不知征战为何物!

董鄂氏不是襄亲王的福晋, 但按《汤若望传》的记载, 她是一位"满籍军人"之夫人。这位满籍军人究竟是谁, 已是无从考察了, 但有一点可以肯定, 他必是三品以上的高级将领。因为按规定, 只有三品以上的命妇, 才能也必须按期入宫随侍皇太后和皇后。另外, 董鄂氏之父鄂硕, 亦非中下级武官, 而是开国将领之一。

鄂硕之父名叫鲁克素, 太祖时率丁四百来归, 其子锡罕授备御世职, 天聪初战亡于朝鲜。鄂硕袭父锡罕世职游击, 多次出征, 于天和年

①《清世祖实录》卷89, 第10页。

进世职二等甲喇章京，擢巴牙喇甲喇章京，即后之护军参领，官阶正三品。入关以后，又领兵随征，攻潼关，下苏州，打杭州，战湖广，进世职二等男（正二品），顺治八年擢任正一品的内大臣，进世职为一等子，第二年又因女晋封皇贵妃进三等伯，当年去世，赠三等侯。①

其兄罗硕亦历任甲喇额真、工部侍郎、大理寺卿。以鄂硕这样统辖精兵千余，护卫皇上的亲近高级将领，其所选之女婿，谅必也非等闲之辈，当系三品以上军官，所以董鄂氏才有为皇上发现之机会，才有可能参与宫中盛宴或入侍太后、皇后而接近皇上，最后为帝册为贤妃和皇贵妃。

（三）一见倾心 至死不渝

顺治十三年（1656年）十二月初六，京城举行了隆重的册立内大臣鄂硕之女董鄂氏为皇贵妃的典礼。册封之文说："朕唯乾行翼赞，必资内职之良，坤教弼成，式重淑媛之选，爰彰彝典，特沛隆恩。咨尔董鄂氏，敏慧夙成，谦恭有度，椒涂敷秀，弘昭四德之修，兰殿承芬，允佐二南之化。兹仰承懿命，立尔为皇贵妃，赐之册宝。其尚祗勤夙夜，衍庆家邦，雍和钟麟趾之祥，贞肃助鸡鸣之理，钦哉！"宝文为"皇贵妃宝"。②

此事之令人惊奇者有三。第一，晋封太快。五个多月前，六月初七，礼部以册立两妃九嫔典礼奏请。帝降旨批示："今先册立东西二宫皇妃。应行事宜，尔部即照例酌议具奏。"过了九天，六月十六日，礼部奏上册立皇妃仪注：册立两妃，宜用金册，先一日祭告太庙，至期遣使赍册前往两妃所居宫册立。帝命于八月以后择吉举行。又过了十天，六月二十六日，顺治帝福临谕礼部：奉圣母皇太后谕：定南武壮王女孔氏，忠勋嫡裔，淑顺端庄，堪翊壶范，宜立为东宫皇妃。尔部即照例备办仪物，候旨行册封礼。又过了将近两个月，八月二十五日，帝又谕礼部：本月二十二日奉圣母皇太后谕：内大臣鄂硕之女董鄂氏，性资敏慧，轨度端和，克佐壶仪，立为贤妃。尔部查照典礼，择吉具奏。③

从这些奏疏和圣谕来看，最初本是要册立东西二宫两位皇妃，东宫皇妃是原平南王孔有德之女孔四贞，但因四贞不愿，奏称早已由父许与

①《清史稿》卷241，《鄂硕传》。

②《清世祖实录》卷105，第2、23页。

③《清世祖实录》卷103，第16页。

孙延龄，只好作罢。董鄂氏于八月二十五日始册为"贤妃"，并非顶替孔四贞之东宫皇妃位置，只是当时世祖福临的几位妃子之一，可是，册立之后仅只一月，九月二十八日，即被谕升为皇贵妃。九月二十九日帝谕礼鄂硕之女董鄂氏为皇贵妃，赞理得人，群情悦豫，逢兹庆典，恩赦特颁。恩赦之条目有十除十恶等真正死罪及贪官衙蠹应斩者不赦外，其余死罪俱减一等，军罪以下，一律赦免；朝审候决重犯，减等发落；各省府监候秋决各犯，减等处理；文官除贪赃、失城、欠粮等罪不赦外，其余见在议革、议降、议罚及戴罪住俸各官，俱予宽宥；啸聚山海者，真心来归，赦免其罪；各处盗贼，改过自首，准赦前罪等。[①]

有清一代，大赦恩诏何止数百道，但皆无此诏之奇特。它令人惊异之处在于，这是包括入关前那段时间在内的清朝三百年里，唯一的一次因册立皇贵妃而颁恩诏大赦天下，在此之前的太祖、太宗，在此之后的康、雍、乾、嘉、道、咸、同、光、宣九朝，皆未发生过类似事件，确可算是罕有之隆恩。

第二，虽无皇后之名，却系六宫之主。少年天子福临除顺治十一年册立蒙古科尔沁贝勒绰尔济之女（孝庄皇太后之侄孙女）博尔济吉特氏为皇后外，尚有静妃（废皇后）、佟妃（康熙帝之生母）、贞妃、淑妃（皇后之妹）、恪妃（汉吏部左侍郎石申之女）、恭妃、端妃及庶妃数名，只有董鄂氏一人是皇贵妃。不久康熙朝定制：皇后居中宫，皇贵妃一位、皇妃二位、妃四位、嫔六位，贵人、常在、答应无定数，分居东西十二宫。即除后以外，后宫之中，皇贵妃为最高封号之人，她经常在无后之时（未册皇后或皇后去世未立新后之前）或后生病之时，主持六宫事务。此时，世祖福临虽有了第二位皇后，但帝以其虽"秉性淳朴"，但"乏长才"，而董鄂妃"才德兼备，足毗内政"，且甚蒙皇太后喜爱，故宫中庶务，皆妃经理且下谕：朕前奉圣母皇太后谕：内大臣鄂硕之女董鄂氏立为贤妃。本月二十八日又奉圣母皇太后谕：式稽古制，中宫之次，有皇贵妃首襄内治，因慎加简择，敏慧端良，未有出董鄂氏之上者，应立为皇贵妃。尔部即查照典礼，于十二月初六吉期行册封礼。[②]董鄂氏入宫不久即封贤妃，继晋皇贵妃，升迁之速，史上罕有。

---

① 《清世祖实录》卷105，第6、7页。

② 《清世祖实录》卷103，第20页。

　　第三，典礼极隆，特颁大赦恩诏。十二月初六举行晋封册立董鄂氏为皇贵妃时，典礼十分隆重。当日早晨，奉册宝于彩亭，礼部侍郎邬赫、启心郎吴马护等送至皇上居住的南苑，将节、册、宝奉置于帝所御之殿左黄案上。帝御殿，阅过册、宝，正使大学士刘正宗、副使礼部侍郎邬赫、薛所蕴跪于殿阶下，大学士巴哈纳捧节，学士麻勒吉捧册，学士折库纳捧宝，分授予正使、副使。正使、副使捧节、册、宝前往皇贵妃之宫，经内监、宫女转授予与皇贵妃。第二日，十二月初七，颁诏天下。黎明之时，设诏书黄案于太和殿内左侧，宗室觉罗固山额真、尚书、精奇尼哈番（子爵）等官以下，异姓公侯伯及满汉文武有顶戴官员以上，俱着朝服，齐集午门外，外郎、耆老等俱集天安门金水桥前。大学士觉罗巴哈纳捧取诏书，交与礼部尚书恩格德，群臣随恩格德行至金水桥前，宣诏官向群臣宣诏，然后置诏书于龙亭，张盖奏乐，自大清门出，入礼部大门，礼部各官行三跪九叩礼。后将诏书刊示天下。

　　诏书宣告说："帝王临御天下，庆赏刑威，虽当并用，然吉祥茂集之时，尤宜推恩肆赦，敬迓无疆。朕遵圣母皇太后谕旨，思佐宫闱之化，爰慎贤淑之求，于本月初六册封内大臣鄂硕之女董鄂氏为皇贵妃。"

　　少年天子福临懂事之后，也沾染上了《汤若望传》中所说满洲贵族子弟的一些恶习。《汤若望传》中载述：福临"和一切满洲人一个样，而肉感肉欲的性癖尤其特别发达"。他结婚之前，"曾做了一件无道之事"，遭到玛法直谏。结婚之后，"人们仍听得到他的在道德方面的过失"。"因为满人都过于沉溺劫掠、烧杀和淫乐的生活的原因"，很难使他们信奉基督教。

　　《汤若望传》中所记以上情形，相信与实际不会有很大的出入，但是，应当做两个较大的修正和补充与解释。这些行为，不应该看作是整个满洲人都是这样做的，在五万左右满洲男丁及其二三十万六十岁以上之男人和十八或二十岁以下的少年青年与妇女，不可能都有劫掠、烧杀、淫乐的条件和行为，大多数满洲兵士与余丁（兵士之父兄子侄）贫穷困苦，没有淫乐的物质条件。只有满洲王公贵族大臣及其少爷，才有条件而且大多数也确实是寻欢作乐，"肉感肉欲的性癖尤其特别发达"。像摄政王多尔衮，妻妾成群，还要在八旗广选美女，逼求蒙古、朝鲜公主、格格、福晋，酒色过度，三十九岁即因此丧命。豫亲王多铎尽管开国有功，智勇双全，却迷恋女色，很早就和妓女鬼混，甚至要公开霸占大学士范文程的夫人。后来在顺治二年下江南时，又广觅美女，逼娶寡妇刘三秀，最后，三十五岁时即逝早去世。宗室王公中败坏人伦和通弟妇兄妾侄媳之事，层出不穷。但不能把这一部分少数特权阶层的行为和品质作风，看作整个满洲人的作风。

更重要的是，他们之所以如此好色放纵，并非呱呱坠地之日即有此根，乃是由于其幼年、少年、青年、中年甚至老年时期所处的地位而决定的。宗室王公子弟，一生下来便是亲王、郡王、贝勒、贝子、公之阿哥，尤其是嫡福晋之子，将来必然袭封父亲崇爵，贵为王公，仆婢成群，包衣众多，庄园遍布关内外，岁领俸银数千两上万两，只用"锦衣玉食"四字，难以形容其富贵荣华。不少子弟在七八岁、九岁十岁甚至一二岁时便因父王去世而袭封王爵。这些在侯门深似海的环境中长成的王爷、贝勒爷、贝子爷、公爷，在邪恶小人的唆使、影响之下，怎能不走上荒淫无耻的道路？

顺治帝福临之处境比这还糟糕。摄政时他只能骑射行猎嬉耍度日，亲政后他虽然励精图治，欲为明君，也做了不少大事，文治武功皆有成就，但万岁之尊，使其容易偏听谀言。尤其可恶的是，太监中之奸狡歹徒，拼命腐蚀皇上，影响皇上，"他们诱引性欲本来就很强烈的皇上，过一种放纵淫逸生活"。[①]

兼之，众多的妃嫔、贵人、常在、答应和宫女，大都在竭力设法诱引皇上宠幸于己。所以，顺治帝福临确实变成了一个好色之徒，这就是顺治十三年八月董鄂氏册妃以前的少年天子。尽管玛法拼命谏阻劝诫，都无济于事，福临仍然我行我素，放荡淫纵。好色必然昏庸，荒淫无耻又必导致愚蠢、残暴、祸国殃民，甚至亡国败邦。唐明皇隋炀帝皆系前车之鉴。看来，逆势是无法扭转了，福临最后将沦落为好色昏君而遗臭万年了。

然而奇迹出现了，福临遇到董鄂氏及册其为妃、为皇贵妃之后，竟然专宠爱妃，尽改荡淫。福临为什么这样宠爱董鄂妃，并能因此将历年恶习尽行涤除？董鄂妃究系何种人也？尽管史料缺略，但根据帝于爱妃死后亲撰董鄂氏《行状》，以及有关资料，还是可以归纳出几点推论。

首先，董鄂氏必然是天香国色绝代佳人。少年天子英俊聪睿，天下其主，富有四海，自然是心比天高，眼高于顶，因此，尽管后宫之内不

---

① 魏特：《汤若望传》第322页。

乏美女，可是没有一个能拴住皇上之心。但是，自董鄂妃入宫以后，五年之内朝夕共处，专宠于一身，若非绝世佳人，怎能使六宫粉黛无颜色？

其次，情投意合，红粉知己。貌美固然能获君宠，然仅靠容貌，亦难长专帝爱，一则韶华易逝，红颜易衰；再则疾病若生，更易珠黄人老；三则只是金玉其外，胸无点墨，亦难长蒙英俊君主垂青。废后容貌不为不美，连厌恶其人之顺治帝，亦言"前废后容止，足称佳丽，亦极巧慧"，然而性情乖张，嫉心特强，"见貌少妍者即憎恶，欲置之死"，爱好与帝亦异，终被帝废。董鄂妃入宫不久，身体渐弱，后长病三年，"容瘁身癯"，容颜自当减色，然而帝仍对其宠爱不衰。推究其故，显系因为帝妃之间，情投意合，心心相印，故能长相厮守。这主要表现在四个方面。第一，帝妃皆有治国安邦之志。福临固以明君自期，董鄂妃亦竭力襄助夫君励精图治。帝曾下谕免视朝，妃谏劝说：群臣能因视朝而获睹天颜，"愿陛下毋以倦勤罢"，帝从其言，而频频视朝。每当日讲之后，妃必请帝讲述所讲之义，帝"与言章句大义，后（董鄂妃死后追册为皇后）辄喜"。间有遗忘，妃必谏劝说："妾闻圣贤之道，备于载籍，联合会下服膺默识之，始有裨政治，否则讲习奚益焉？"帝阅章奏，常至深夜，妃皆在侧随侍。有些奏疏是循例待批者，帝略为翻阅，即置于棹，实即已同意其奏。妃即进谏说："此讵非机务，陛下遽置之耶？"帝答复说："毋庸，故事耳。"妃复谏说："此虽奏行成法，顾安知无时变需更张，或且有他故宜洞瞩者，陛下奈何忽之。祖宗贻业良重，即身虽劳，恐来可已也。"帝乃细阅。时时事事，董鄂妃皆以襄助夫君治国安邦为务，勉君勤理国政。

第二，治国之道相同，皆以孔孟仁政之学为准。有一日，福临阅览刑部奏述应予处死犯人之疏时，握笔犹豫，不忍勾决。妃见状问询说：此疏所述何事，致陛下心轸。帝答称：此乃秋决疏，疏中十余人待朕批准后，即予正法。妃闻之泣下恳请说："诸辟皆愚无知，且非陛下一一亲谳者，妾度陛下心，即亲谳，犹以不得情是惧，矧但所属审虑，岂尽无冤耶？陛下宜敬慎求可矜宥者全活之，以称好生之仁耳。"从此以后，福临"于刑曹爱书"，必详细阅览。妃犹勉帝再读说："民命至重，死不可复生，陛下幸留意参稽之"，"与其失入，毋宁失出"。福临忆及此情盛赞妃之宽厚说："以宽大谏朕如朕心，故重辟获全大狱未减者甚重，或有更令复讞者，亦多出后规劝之力。"妃每劝帝与诸大臣共食，遇逢大臣有过致帝不乐时，劝谏帝宽厚，详查是非，"以服其心，不则诸大臣弗服，即何以服天下之心乎"？福临追忆妃之诸事说："嗟夫，朕日御万机，藉后内助，故得安意综理，今复何恃耶？宁有协朕意如后者耶？"天下之大，亿人之多，红粉知己，仅妃一人，这就是帝妃恩爱如山似海的一个主要因素。

第三，孝养母后，善待夫君。福临盛赞爱妃对母后之孝顺恭养说："事皇太后，奉养甚至，伺颜色如子女，左右趋走，无异女侍，皇太后良安之，自非后在侧，不乐也。"有一次太后染病，董鄂妃"朝夕奉侍，废寝食"，故太后亦视妃如女，"出入必偕"，"爱其贤，若怀环宝"。妃之待帝，更是尊崇挚爱，体贴入微，侍养备至。"晨夕候兴居，视饮食，服御曲体罔不悉"。遇逢庆典，帝饮酒数杯，妃既数诫侍者"若善事上，寝室无过燠"，又于中夜亲至寝所侍帝。帝返宫稍晚，妃必"迎问寒暑"，促进饮食。帝好狩猎，妃必谏阻说："陛下藉祖宗鸿业，讲武事，安不忘战，甚善。然马足安足恃，以万邦仰庇之身，轻于驰骋，妾深为陛下危之。"帝善其言，深赞妃之"深识远虑，所关者切"，故当他骑马之时偶然失脚，辄惊于色。

第四，天资敏慧，聪睿过人，经史佛学书法，皆有造诣。帝追忆妃情写道："（后）所诵《四书》及《易》，已卒业。习书未久，天资敏慧，遂精书法。后素不信佛，朕时以内典禅宗谕之，且为解《心经》奥义，由是崇敬三宝，栖心禅学。"这样一位才貌双全的绝代佳人和贤妃良媳，自然能与皇上议论治政之道，参禅悟佛，挥毫疾书，志同道合，恩爱愈笃。这样一来，福临昔日之荡习便尽行涤除，从此他就全心全意热爱董鄂妃，爱笃情痴，至死不渝。

顺治十七年（1660年）八月十九日，对于少年天子福临来说，是他最伤心、最不幸，也是促使他加速死亡的可诅咒的凶险日子。在这一天里，他唯一的心上人、唯一的红颜知己——皇贵妃董鄂氏与世长辞了。噩讯传来，福临犹如突遭晴天霹雳，悲不欲生。时人记道："皇帝陛为哀痛所攻，竟致寻死觅活，不顾一切。人们不得不昼夜看守着他，使他不得自杀。"[1]

董鄂妃此时确不该死，她才二十二岁，完全可以更加长寿，为什么会艳年早逝？看来可能是由于三个原因。一是先已有病，延续三年，致

---

[1] 魏特：《汤若望传》第323页。

"容瘁身癯"。二是爱子早殇。顺治十四年十月初七，董鄂妃生下一子，尽管此子排行第四，上有皇二子福全、皇三子玄烨，下有皇五子常宁、皇七子隆禧，皇长子、皇六子、皇八子早殇，但是由于玄烨之母佟氏系妃（而且很可能也是庶妃），福全、常宁、隆禧之母俱系庶妃，唯有董鄂妃之子是皇贵妃所生，母之封号最贵，又系皇上唯一专宠之爱妃，因而备受父皇宠爱，人们认为此子"是皇帝要规定他为将来的皇太子的"。[①]然而，不知是什么原因，这位皇子未能长大成人，却于顺治十五年（1658年）正月二十四日，即刚只有三个半月，便去世了，连名字都未来得及取。福临十分悲痛，谕令追封荣亲王，命礼部于黄花山建立寝园安葬，并因侍卫桑阿尔寨、吴巴旦明知荣亲王之丧，却"违制宴乐"，予以严惩。[②]董鄂妃别无儿女，仅此一子，却百日而殇，焉能不悲！

第三个原因，也是最重要的原因，是宫中乃是非之地，后妃之间，各种矛盾错综复杂，本已难处，而现在所有矛盾皆已集中在董鄂妃身上，她已成为众矢之的，如何周旋，化凶为吉，使她心力交瘁，力难支撑。董鄂氏之入宫超擢皇贵妃，独专帝宠，无后之名，有后之实，招来各方面的敌视和不满。孝庄皇太后对此特宠，很难满意。从当时清政府所处的形势和太后娘家的特殊利益看，她都希望儿媳是漠南蒙古科尔沁部博尔济吉特氏家族的格格，以便充分依靠、利用娘家父兄弟侄所辖的蒙古健儿，为清王朝的长治久安治内御外，为清帝的江山社稷大显身手，拱卫宸极。因此，第一位皇后是她的亲侄女，其父系太后之亲兄弟卓礼克图亲王吴克善。顺治十年第一位皇后废为静妃之后，太后又于她娘家选了三位妃子，一位是太后亲侄孙女，父系镇国公绰尔济（后晋贝勒），五月封妃，六月册为第二位皇后；另一位是其亲妹，册封为淑妃；第三位是太后亲侄女，其父系太后亲弟达尔汉巴图鲁郡王满珠习礼（后晋亲王），此女进宫不久去世，追封悼妃。太后计议固很周到：一后二妃围绕皇上，当然能巩固娘家特殊地位和依靠弟侄之蒙古兵来保卫大清王朝，不料，万密之中有一疏，她这位性格倔强又特重感情的爱子——顺治皇帝福临，却偏偏看不上皇后和淑妃，偏偏只宠爱董鄂氏，甚至很可能有再废皇后之心。

顺治十五年正月初三，帝竟谕告礼部，严厉指责皇后不孝，令停进

---

① 魏特：《汤若望传》第323页。

② 《清世祖实录》卷112，第6页；卷114，第13页；卷115，第21页；卷120，第21页。

笺奏说，"朕唯皇后表正宫闱，孝敬为先，凡委曲尽礼，佐朕承欢圣母，此内职之常也"。乃当母后染病之时，皇后虽承太后笃爱，恩眷殊常，"而此番起居问安礼节！殊觉阙然"。"向年废后之举，因与朕不协，故不得已而行之，至今尚歉于怀，引为惭德，但孝道所关重大，子妇之礼，昭垂内则，非可偶违。兹将皇后位号及册宝照旧外，其应进中宫笺奏等项，暂行停止"。着议政王、贝勒、大臣、九卿、詹事、科道会同议奏。初七日三大臣九卿等议上，应遵谕停进中宫笺表。[①]若联系顺治十年八月帝谕废后之理由是其"无能"，那么此次指责皇后对母后不孝，其罪就远逾"无能"了，完全可能由停笺表而进一步发展到废其后位了。过了两个多月，三月二十五日，帝又谕礼部命复中宫笺表说：前以皇后问安礼节稍疏，曾谕停其笺表，因"母后圣体违和，未及奏闻"，"今始奏知，朕面奏皇太后慈谕，谓朕前日之旨，笃于事亲，道理宜然，但念皇后方在冲龄，未娴礼节，且素切眷爱。慈谕宽仁，敬当遵奉，嗣后中宫笺奏等项，着照旧封进"。[②]

此谕所述太后谕称念在"皇后方在冲龄，未娴礼节"之理由，显然太不充分。不错，皇后年龄并不太大，但已是十七岁之人了，何况她已当了五年的皇后，焉能说"方在冲龄，未娴礼节"，此言明系借口而已。真实之情当是太后不满此举，谕劝皇儿停止惩处，照旧进表。且母后之谕，恐亦含有不能再行废后之事的意思。帝因专宠董鄂妃，而对皇后如此冷淡甚至有再废之心，太后能对异姓臣仆区区二品护军统领之女不怀怨意吗？皇后及其他妃嫔能不生嫉而侧目于董鄂氏吗？

绝顶聪明之董鄂妃当然了解此中奥妙，知道自己处境之危险，而竭力弥补婆媳之间的嫌隙和平息皇后妃嫔的不满。她对皇太后竭力逢迎和侍奉，对皇后小心谨慎敬侍，对其他妃嫔亦力示宽厚谦让关照。顺治帝自撰之董鄂妃《行状》载称：其"事今后克尽谦敬，以母称之"，后病之日，董妃"五昼夜目不交睫"侍奉。永寿宫恪妃石氏有病时，董鄂妃"亦躬视扶持，三昼夜忘寝兴"。悼妃去世时，董鄂妃"悲哀甚切，逾于伦等。其爱念他妃嫔，举此类也"。她又抚育承泽郡王之女二人及安王之女一人于宫中，"朝夕鞠抚，慈爱不啻所生"。尤其是当帝谕停进皇后笺表后，董鄂妃向帝"顿首固请曰：……陛下若遽废皇后，妾必不

①《清世祖实录》卷114，第56页。

②《清世祖实录》卷115，第20页。

敢生。陛下幸垂查皇后心，俾妾仍视息世间，即万无废皇后也"。妃之以死力谏，当是促使福临谕令照旧进呈中宫笺表的主要原因之一。

董鄂妃之这些言行，甚为高尚，实系罕见之贤妃，这固然是因为其生性"孝敬，知大体，其于上下，能谦抑惠爱"，"宽仁下逮"，但也与其"颖慧过人"、明智冷静不无关系。面对宫中的严峻形势，董鄂妃谅必知道她的前途主要依赖于两个条件，一是夫君之宠，二是能有皇子。帝之专宠，她有信心，但龙体虚弱，难有高寿，福临自称只能活到三十岁，万一真的过早驾崩，帝宠即成泡影。若有皇子，形势即异，以其皇贵妃之身份和帝之特宠，皇子必能立为太子，那么夫君早逝之后，爱子继位登基，自己便贵为皇太后，就不怕母后、现皇后及其他妃嫔排挤暗害了。可是皇子刚生，百日即殇，且随后，帝、妃皆体弱多病，未能再育，如若有朝一日顺治帝病故，另立皇子，董鄂氏这位曾经宠冠后宫实系六宫之主的皇贵妃，便要屈居今皇后和继位为君之皇子的亲母之下，那时太后及诸妃嫔之多年宿愤，恐怕都会一下子全部泄于董鄂妃身上，怎能招架！因此她必须尽力应付各个方面，从而过度劳累忧虑，致"病阅三岁""容瘁身羸"，二十二岁就离开了人间。总的来说，董鄂妃之过早去世，原因虽可能有上述三条，但最根本的是第三条，即宫中之激烈的矛盾斗争。

这些深情，可能福临并不知晓，或知之甚浅，但铁的事实摆在面前，他的生命，他的红颜知己，他最心爱之人，与他从此永别了，他怎不悲痛欲绝！

在母后再三劝诫宽慰下，等他悲痛稍定后，他立即连续下谕，厚葬爱妃。顺治十七年（1660年）八月十九日董鄂妃卒，帝立传谕亲王以下，满汉四品官员以上，公主、王妃以下命妇等，俱于景运门内外齐集哭泣，辍朝五日。[1]

第三日，八月二十一日，他谕告礼部追封董鄂妃为皇后说："皇贵妃董鄂氏于八月十九日梦逝。奉圣母皇太后谕旨：皇贵妃佐理内政有年，淑德彰闻，宫闱式化，倏尔梦逝，予心深为痛悼，宜追封为皇后，以示褒崇。朕仰承慈谕，特用追封，加之谥号，谥曰孝献庄和至德宣仁温惠端敬皇后。"[2]

又过了两天，八月二十三日，按照礼部奏准的仪注，举行了追封典礼和祭悼，撰写玉册玉宝，并造香册香宝。皇太后、皇上、皇后各遣内

①②《清世祖实录》卷139，第17页。

官设祭一坛，各亲王共祭一坛，各郡王共祭一坛，贝勒以下辅国公以上共祭一坛，各公主、内大臣与侍卫各共祭一坛，在内官员共祭一坛，所集文武官员共祭一坛，诸王以下、四品官员以上，及公主、王妃、命妇随梓官前往暂奉之地景山寿椿殿。内阁撰写祭文、祝文。

又过了三天，八月二十六日，以追封告祭奉先殿。追封册文说：

"朕唯治隆内则，史称淑德之祥，化始深宫，诗诵徽音之嗣，历稽往牒，咸有嘉谟，若夫睿质凤昭，允协符于坤极，荣名未备，宜追赐予瑶编，媛展哀惊，以彰惠问。尔皇贵妃董鄂氏，肃雍德茂，淑慎性成，克令克柔，安贞叶吉，唯勤唯俭，静正垂仪，孝养孔虔，愉婉顺慈闱之志，恪共弥劭，赞襄端椒寝之风，方期永式于璇房，讵意俄升夫仙驭。凡兹九寓，同深月掩之惊，矧余一人，益重鉴之之痛。嗟掖庭之失助，伤令范之运遄，泛汝风迥，感凄清于素节，怅虚殿迥，怅窗邈于云程，不襄琬琰之章，曷著珩璜之度。是以慈怀殷眷，懿命重申，朕仰承德音，特隆殊典，追封为皇后，赐之玉册玉宝，戴加显号，用表遗薇，谥曰孝献庄和至德宣仁温惠端敬皇后。"[1]

福临又亲为董鄂妃撰《行状》，盛赞妃之事迹品德，痛切哀悼，长达数千言。他又令大学士金之俊为妃写传，并命当年停止秋决，"从后志也"。帝又谕令内阁学士胡兆龙、王熙排纂端敬皇后所著语录。举殡时，"命八旗官员二三品者轮次舁柩"，票本用蓝墨，自八月至十二月底，始易朱。

帝为端敬后大办丧事，"太监与宫中女官一共三十名，悉行赐死，免得皇妃在其他世界中缺乏服侍者"。由高僧茆溪森主持，在景山建水陆道场。十月初八，帝第五次亲临寿椿殿，为后断七。茆溪森念称："景山启建大道场，忏坛、金刚坛、梵纲坛、华严坛、水陆坛，一百八员僧，日里铙钹喧天，黄昏烧钱施食，厨房库房，香灯净洁，大小官员，上下人等，打鼓吹笛，手忙脚乱，念兹在兹，至恭至极，专申供养董皇后。"[2]

帝又命茆溪森主持董鄂后火化仪式。临寿椿殿为后收灵骨。茆溪森

① 《清世祖实录》卷139，第20、21页。
② 《敕赐圆照茆溪森禅师语录》，转引自《陈垣史学论著选》。

上堂，隆安和尚（木陈忞之弟子）白椎。僧问：上来也，请师接。茚溪森说：莫莽鲁。僧问：皇后光明在甚处。茚溪森说：无纵迹处不藏身。僧喝，茚溪森便打。僧说：天子面前，何得干戈相待？茚溪森笑说：将谓你知痛痒。他又竖如意说："左金鸟，右玉兔，皇后光明深且固，铁眼铜睛不敢窥，百万人天常守护。"[①]

尽管此时国库如洗，岁缺巨饷，顺治帝仍然大办丧事，"耗费极巨量国帑，两座装饰得辉煌宫殿，专供自远地僻壤所招来的僧徒做馆舍。按照满洲习俗，皇妃的尸体连同棺椁，并那两座宫殿，连同其中珍贵陈设，俱都被焚烧。"[②]

专宠六宫的绝代佳人董鄂贤妃，就这样抛下夫君，离开人世，魂归西天，留下的是少年天子无穷无尽的追忆、哀思和孤独。四个多月以后，他也就去觅芳迹，与妃长相厮守于九天了。

（四）顺治出家

顺治帝福临亲政之初，励精图治，欲以文教定天下，常与儒臣探讨治国之道，对佛教并不崇信，甚至还对其有所讥讽。顺治十年（1653年），正月三十日，他与大学士陈名夏商讨天下治乱之因和国祚长久之法时，曾对喇嘛僧道加以贬斥说："喇嘛竖旗，动言逐鬼，朕想，彼安能逐鬼，不过欲惑人心耳。"陈名夏立即赞同，奏称："皇上此言，真洞悉千载之谜，尝谓有道之世，其鬼不灵，光天化日，岂有逐鬼之事。"帝又说：孝子顺孙追念祖父母、父母，"欲展已诚，延请僧道，尽心焉耳，岂真能作福耶"？陈名夏又奏，有学识之人，必不肯延僧道，为此者，多小民耳。[③]

但是，可能与太监影响有关，从顺治十四年（1657年）起，他先后宣召了一批高僧至京，参禅论佛，对佛教崇信到无以复加的地步。

第一位为帝召见的是憨璞性聪。憨璞性聪乃福建延平人，十八岁为僧，师为白痴行之，师祖系费隐通容。顺治十三年五月，憨璞性聪住京师城南海会寺。十四年初顺治帝福临驾幸南海子，途经海会寺，召见憨璞性聪，十月初四又召入禁中，于万善殿如对。帝问："从古治天下，

①《敕赐圆照茚溪森禅师语录》，转引自《陈垣史学论著选》。
②魏特：《汤若望传》第323页。
③《清世祖实录》卷91，第28页。

皆以祖祖相传，日对万机，不得闲暇，如令好学佛法，从谁而学。"憨璞答称："皇上即是金轮王转世，凤植大善根、大智慧，天然种性，故信佛法，不化而自善，不学而自明，所以天下至尊也。"憨璞如此巧言相谀，焉能不获帝之欢心，故而"奏对称旨"。憨璞又竭力巴结太监，他之《憨璞性聪语录》载，有赠太监之诗十首，其题目为：示内监澄寰何居士；寿司礼监弗二曹居士；赠太监总理振宇陈公；示太监明山李居士；示太监君弼谢居士；赠太监瑞云马居士；示太监珍宇程居士，示太监海藏李居士；示太监竹书王居士，示太监义山许居士。这些诗都对太监歌颂备至。比如，其《赠太监总理振宇陈公》中有："文华星斗醮湖光，海宇扶风理总纲。信道归心辅法社，施仁清政响殿堂。"其《示太监海藏李居士》中有："佐佛如同常辅国，信心护念道心坚"。他还另写一诗《赠弗二曹居士》，其诗为："玉柱擎天宰老臣，朝纲德政施仁民。珠璞满腹饱儒业，心意朗明通教乘。昔日灵峰亲嘱咐，今时法社赖维屏，毗耶不二默然旨，犹胜文殊多口生。"①

既巧言谀辞，逢迎皇上，又广交内侍，暗施影响，因而憨璞性聪自然蒙帝宠信，被帝敕封为"明觉禅师"，多次召对，并遵帝询，列荐南方高僧。自此而后，玉林琇、木陈忞、玄水杲等先后至京。

玉林琇，原籍江南蓉城人，幼年虔诚奉佛，悟道甚早，二十三岁即就任湖州报恩寺主持，声名远扬，与憨璞之师祖费隐通容是同辈。经憨璞性聪推荐，顺治帝于顺治十五年九月遣使宣诏，请他入京说法。玉林琇故作清高，卧病不起，且以母未葬为辞，辞谢不应，直至顺治十六年正月才姗姗启程，二月十五日入京见帝。玉林琇施展其奇特之才和高深禅理，巧妙奏对，甚蒙皇上推崇。福临屡至玉林琇馆舍请教佛道，以禅门师长相待，并请其为己起法名说："要用丑些字样。"玉林琇书拟十余字进览，"世祖自择痴字"，上则用龙池派中行字辈之行，即法名为"行痴"。从此帝致玉林琇之御礼，"悉称弟子某某，即玺帝亦有痴道人之称"，对玉林琇之弟子，"俱以法兄师兄为称"。帝初赐玉林琇以"大觉禅师"称号，后晋"大觉普济禅师"，后加封为"大觉普济能仁国师"。玉林琇于顺治十五年四月十六日出京，顺治十七年十月十五日应召再次至京，第二年二月十五日南还。

比玉林琇伴帝更久，影响更大的是其同辈名僧木陈忞。木陈忞乃广

① 憨璞性聪：《憨璞性聪语录》，转引自《陈垣史学论著选》。

东茶阳人，出身于书香门第，幼年修行，明崇祯十五年（1642年）住持宁波天童寺。顺治十六年九月应召入京，第二年五月南还。木陈忞在京八月，极受皇上尊崇，下榻于万善殿，被封赐"弘觉禅师"尊号。帝曾多次来殿相晤和请教，尊称其为"老和尚"，以师相待，自视为弟子。除了参禅问佛以外，两人还道古论今，臧否人物，评议八股时文、诗词书法，以及小说《西厢》《红拂》等，话题广泛，见解相同。福临对木陈忞之书法非常赞赏，誉其楷书是"字画圆劲，笔笔中锋，不落书家时套"。木陈忞南归前夕，帝依恋不舍，要他留下两名弟子，早晚说话，遂商定留旅庵本月和山晓本晢二人，住居京师善果寺。

玉林琇的大弟子茚溪森伴帝最久，足足一年半的时间在京说法，茚溪森乃广东博罗人，宦官子弟，父黎绍爵曾任明朝刑部侍郎。茚溪森与帝相处最长，且奏对默契，甚得帝宠，顺治帝曾多次欲封他为禅师，茚溪森因师父玉林琇已获此号，师徒不便同受封号，竭力奏辞，帝乃亲笔大书"敕赐圆照禅寺"匾额，命杭州织造恭悬于昔日茚溪森住持之浙江仁和县龙溪庵，从此更名为"圆照僧寺"。

在玉林琇、木陈忞等僧的强烈影响下，顺治末年福临笃信佛教，几乎成了僧徒之傀儡，疏远了玛法汤若望，且欲颁行反对基督教的文件。《北游集》载，有一次帝与木陈忞会晤时，帝对木陈忞说："昨在宫看先和尚（木陈忞之师密云圆悟）语录，见总直说中有《辩天三说》，道理固极透顶透底，更无余地可臻矣，即文字亦排山倒海，遮障不得，使人读之，胸次豁然。朕向亦有意与他辩析一番，今见先和尚此书，虽圣人复起，不易斯言，故已命阁臣冯铨及词臣制序，将谋剞劂，使天下愚民不为左道所惑。"木陈忞盛赞少君说："皇上此举，功流万世，顾先师大义微言，何幸折中我皇圣人哉。"帝又说：汤若望曾进天主教书，"朕亦备知其详，意天下古今荒唐悠谬之说，无逾此书，何缘惑世，真不可解"。只是由于福临很快病逝，这一反对基督教的文件才未颁行全国。

顺治帝在其最后三四年里如此信佛崇佛，自然会影响到他治理国政的时间和精力，带来了消极的影响，确系弊习。但幸好他尚未像前朝媚佛之帝，大兴土木，广修寺观，滥施国帑，劳民伤财，尚可算是不幸中之幸了。

董鄂妃死后，顺治帝万念皆灰，"寻死觅活，不顾一切"。后虽经多方劝阻，未能殉妃，但他却坚决要摆脱红尘，出家为僧。

其实，此念并非始于今日，从顺治十四年始识憨璞性聪和尚起，顺治十五年召玉林琇，顺治十六年召木陈忞、茚溪森，四五年间，他常与高僧参禅学佛，早已倾心佛法。大致在顺治十六年底或十七年春，他曾与木陈忞畅谈出家之念。《北游集》载："上一日语师：朕再与人同睡不得，凡临睡时，一切诸人俱命他出去，方睡得着，若闻有一些气息，则通夕为之不寐矣。师曰：皇上夙世为僧，盖习气不忘耳。上曰：朕想前身的确是僧，今每常到寺，见僧家明窗净几，辄低回不能去。又言：财宝妻孥，人生最念恋摆拨不下的。朕于财宝固然不在意中，即妻孥觉亦风云聚散，没甚关情。若非皇太后一人墨念，便可随老和尚家去。师曰：剃发染衣，万声闻缘觉羊鹿等机，大乘菩萨要且不然，或示作天王人王神王及诸宰辅，保持国土，护卫生民，不厌拖泥带水，行诸大悲大愿之行。如只图清净无为，自私自利，任他尘劫修行，也到不得诸佛地步。即今皇上不现身帝王，则此悉召请耆年，光扬法化，谁行此事。故出家修行，愿我皇帝万勿萌此念头。上以为然。"

此时福临只有二十二三岁，正当青年血气方刚之时，他又怀有治国安邦以明君自期的雄心壮志，当时已平定云贵五省，打败郑成功，全国基本统一，富强盛世即将到来，又有红颜知己董鄂妃，事业、爱情皆有，正是称心如意之时，何故萌此出家之念？看来原因可能有二。首先是，他虽正值年轻有为之时，可身体却很坏，坏到了令人难以想象的地步。《北游集》载：上一日语师："老和尚许朕三十岁来为祝寿，庶或可待。报恩和尚来祝四十，朕决候他不得矣。师曰：皇上当万有千岁，何出此言？上弹颊曰：老和尚相朕面孔略好看，揣怀曰：此骨已瘦如柴，似此病躯，如何挨得长久。师曰：皇上劳心太甚，幸撄置诸缘，以早睡安神为妙。上曰：朕若早睡，则终宵反侧，愈觉不安，必谯楼四鼓，倦极而眠，始得安枕耳。" 二十二三岁之青年，竟骨瘦如柴，长夜难眠，可见其体之弱，其病之不轻。

福临之体弱多病，既与少年放荡有关，又与操劳国事相连。他亲政十年，适值多事之秋，民穷国困，大库如洗，岁缺巨万兵饷，各地"盗贼"盛行，两王战死，江宁被围，军情紧急，出现了多少个令他惊恐万状坐卧不安的日日夜夜，当然大伤身体。兼之，自顺治十五年正月皇四子百日而殇以后，董鄂妃痛子心切，又要应付各种复杂尖锐的人际关系，心力交瘁，染病在身，时有仙逝之可能，帝妃心心相印，生死与共，怎不令帝担忧受怕。几种因素集合于一身，致帝病日重、体日弱，故有出家之念。

在这样的形势下，顺治十七年八月十九日董鄂妃去世，福临悲痛欲绝，欲死不能，遂决定出家为僧。此讯一出，举朝震动，太后再三规劝，帝坚不从，召茚溪森为他举行剃发修行铭仪式。《敕赐圆照茚溪森禅师语录》卷3，《罗人琮为僧所纂塔铭》载。有茚溪森临终偈一首："兹翁老，六十四年，倔强遭瘟，七颠八倒。开口便骂人，无事寻烦恼，今朝收拾去了，妙妙。人人道你大清国里度天子，金銮殿上说禅道，呵呵！总是一场好笑。"

正当太后束手群臣无策之时，玉林琇奉诏，于顺治十七年十月十五日至京，闻听弟子茚溪森为帝净发，"即命众聚薪烧森"。帝闻听此事，立即谕告玉林琇，"许蓄发"，茚溪森始负之死。当天玉林琇到皇城内西苑万善殿，"世祖就见丈室，相视而笑"，盖一为老和尚，一为已剃头发之年轻光头皇帝。福临仍想出家，问玉林琇："朕思上古，唯释伽如来舍王宫而成正觉，达摩亦舍国位而为禅祖，朕欲效之何如？"玉林琇劝谏说："若以去世法论，皇上宜永居正位，上以安圣母之心，下以乐万民之业。若以出世法论，皇上宜永做国王帝主，外以护持诸佛正法之轮，内住一切大权菩萨智所住处。"福临"欣然听决"，断了出家之念。[①]

福临虽然出家未遂，但因体本虚弱有病，又值爱妃仙逝，伤悼过甚，致身体更坏，不久染上天花，于顺治十八年（1661年）正月初七子刻崩于养心殿，享年二十四岁（若按实足周岁算，只有二十二岁零十一个月）。随即举办丧仪，火化梓宫。上先帝尊谥为"体天隆运英睿钦文大德弘功至仁纯孝章皇帝"，庙号世祖。又以一等阿达哈哈番巴度之女进宫以后，感先帝恩德，以身相殉，辅政大臣以幼帝（康熙帝）玄烨名义追封其为贞妃说："皇考大行皇帝御守时，妃董鄂氏赋性温良，恪其内职，当皇考上宾之时，感恩遇之素深，克尽哀痛，遂尔梦逝，芳烈难泯，典礼宜崇，特进名封，以昭淑德，追封为贞妃。"[②]

此贞妃董鄂氏，据张宸之《杂记》载述说："或曰即端敬皇后之妹

①《玉林年谱》，转引自《陈垣史学论著选》。

②《清圣祖实录》卷1，第20页。

也。"张宸乃当时目睹丧仪之中书舍人,所述当有根据,但《清史稿》卷214,《后妃传》对此仅简单记称:"贞妃,董鄂氏,一等阿达哈哈番巴度女,殉世祖,圣祖追封为皇考贞妃。"此处未言其系端敬皇后董鄂氏之妹。而本传叙述其他后妃时,凡系姐妹或侄女,皆予载明,像:"淑惠妃,博尔济吉特氏,孝惠皇后妹也";"孝懿仁皇后,佟佳氏,一等公佟国维女,孝康章皇后侄女也";"世祖废后,博尔济吉特氏,科尔沁卓礼克图亲王吴克善女,孝庄文皇后侄女也"。据此,则贞妃与端敬皇后又非姐妹。

查看《八旗满洲氏族通谱》,才知张宸所记,是有些根据,但很不确切。此书第8卷,第2~3页载,巴都系鲁克素之孙,巴都之父席尔泰是鲁克素之次子,历任佐领、十六大臣之列,进世职为游击,被太祖赐人丁千户,征沈阳时阵亡,其妻违禁屠马祭夫,被罚交官职户口赎罪。席尔泰之长子拉都,由闲散从征,阵亡,追赠云骑尉,以其亲弟巴都承袭。巴都从征入关,攻陕西,打湖广,剿江西,阵亡于福建,原已晋授世职二等轻车都尉,现追加一等轻车都尉兼一等云骑尉,由其子吴良阿承袭。此巴都即《清史稿》所记之巴度,一等阿达哈哈番即一等轻车都尉。鲁克素之长子为席汉,席汉之次子是鄂硕,即端敬皇后董鄂氏之父。因此鄂硕与巴度(巴都)是同祖父(鲁克素)之堂兄弟,端敬皇后与贞妃是同一曾祖(鲁克素)之远房姐妹,或者可以说是族妹,关系并不密切,故《清史稿》不将贞妃写为端敬皇后之妹。

很久以来,盛传福临因爱妃去世悲痛过度,舍弃帝位,离京,前往五台山出家为僧。孟森、陈垣二位前辈曾撰专文论述其非,证明世祖确系死于天花,安葬孝陵。下面引录几段关键性史料,叙述帝之病故、办丧及火化之事。

世祖是顺治十八年四月,由茚溪森禅师主持火化的。《敕赐圆照茚溪森禅师语录》对此记述十分清楚。卷6,《佛事门》载:"辛丑(十八年)二月三日,钦差内总督满洲大人通议歌銮仪正堂董定邦奉世祖遗诏到圆照(杭州圆照寺),召师进京举火,即日设世祖升遐位。师云:寿椿殿上话别时,言犹在耳,行大机,显大用,随宜说法,雷轰电掣,这是皇上生平性处,行圣万贤不能窥于万一。遂顾左右云:大众见么,容颜甚奇妙,光明遍十方,即今在你诸人顶门,开无上甚深微妙正法眼藏,汝等勿得错过,将来个个盖天盖地,续佛慧命,受用无尽。"四月十六日,茚溪森奉旨到了北京,表贺康熙皇帝。过了几天,"诣世祖金棺前秉炬"火化。本书卷2，《早参门》又载："康熙皇帝召师为世祖举火，起程早参。师拽拄杖曰：大众，山前门得底句，禅堂里商量去，进到方丈，不必再举，何也，慈翁不肯辜负汝，若有人知落处，许他随我去。"火化时，茆溪森在景山寿皇殿秉炬，曰："释伽涅槃，人天齐悟，先帝火化，更进一步。顾左右曰：大众会么，寿皇殿前，官马大路。遂进炬。" ①

顺治十八年正月中书舍人张宸，著有《杂记》，详细叙述了世祖病故、举哀、出殡的经过，实系罕有的珍贵史料，现摘录于下：

"辛丑正月，世祖皇帝宾天。予守制禁中，凡二十七日。先是，正月初二日，上幸悯忠寺，观内珰吴良辅祝发。初四日，九卿大臣问安，始知上不豫。初五，又问安。见宫殿各门所悬门神对联尽去。一中贵向各大臣耳语，甚仓皇。初七晚，释刑狱，诸囚狱一空，仅马逢知、张缙彦二人不释。传谕民间毋炒豆，毋燃灯，毋泼水，始知上疾为出痘。……（初七上卒）。（初九日）早，上（指康熙帝玄烨）升殿毕，宣哀诏于天安门外金水桥下。……殿上张素帷，即殡宫所在。两庑俱白布帘，壶闹肃穆，非外廷可比。宫门外大厂二，东释西道，竖幡竿，昼夜礼经忏。……十四日焚大行所御冠俱器用珍玩于宫门外。时百官哭临未散，遥闻宫中哭声，沸天而出仰见皇太后黑素袍，御乾清门台基上，南面，扶石栏立，哭极哀。诸宫娥数辈，俱白帕首白衣从哭。百官亦跪哭。所焚诸宝器，火焰俱五色，有声如爆豆。人言每焚一珠，即有一声，盖不知数万声矣。谓之小会纸。自初八至十六日，哭临毕。……又几日，移殡宫于景山寿皇殿。先一日，陈卤簿队、象辇。……百官排班自东华门至景山，鱼贯跪道左。予是时始见卤簿之全。开道二红棍，有黑漆描金如竹筒上广而下锐者几十余对。又二红棍，如前筒而剖其半又十余对。自后则有若枪者，若戟者，若戈若矛者，蛇其首者，若锥者，如瓜者，如手执锥者，皆镀金竹竿；有若节者，幢者，幡者，旌者，旗者，麾者，锦绮辉耀，每色各数十对。每易一杖，即间二红棍。诸仗俱直立持，不横仆。惟扇伞最多，扇有圆者、方者、兜者、如鸟翅者，每式具五色，色各一。伞亦具五顶，每色五顶，俱刺绣五檐，唯黄罗曲柄者止二顶。队中有敬马，辔而不鞍，八十余四，有鞍马数十四。刻金鞍

①《茆溪森语录》，转引自《陈垣史学论著选》。

缮镫，黄秋鬃，鞍首龙衔一珠，如拇指大，鞍尾珠三，如食指大，背各负数枕，备焚化，枕顶亦刻金为龙衔珠，如鞍首，共百余。驼数十匹，繁缨垂貂，极华丽，皆负绫绮锦绣，及账房什器，亦备焚。腰弓插矢者数十人，俱乘马。捧御弓箭者数十人。牵猎犬御马者数十人。御箭皆鸦翎粘金。御撒袋俱黄绮，针缝处密密贯明珠，计一袋珠，可当民间数妇女首饰，真大观也。近灵舆，各执赤金壶、金瓶、金唾壶、金盘、金碗、金盥盆、金交床椅机等物，皆大行所曾御者，亦备焚。灵舆黄幔软金檐，紫貂大坐褥，其后即梓宫，用朱红锦祆盖。诸王大臣乘马执绋……梓宫后为贞妃棺，上用紫花缎祆，盖贞妃者从先帝死，故赐号曰贞妃，或曰即端敬皇后之妹也。其后，皇太后黑缎素服，素幔步辇送殡。举哀后，素车五，青幔车六七，不知中官谁人。各官随至景山，梓宫启东墙入。命妇在寿皇殿内，百官在殿门外。擗踊莫楮。焚前所载诸物，谓之大丢纸。礼毕而散。……（哭灵时期）东华门晨启，诸命妇入哭，俱细布白袍，白帕首，后垂二白带，长竟身，手执一细竹杖，抵暮方散。车如流水，马如游龙，此俱从龙贵人一二品大臣妻也，可谓盛矣。……凡诸珍玩，焚化不尽者，俱市之民间，以备山陵之费。即盆卉鞍鞯诸物，亦有货者。于是知皇太后之俭德，固逾他代"。①

（五）少年天子痴情君　风流老帝唐明皇

　　少年天子福临对董鄂妃的痴情，可以说是历朝帝君中罕有的楷模。唐朝大诗人白居易的千古绝唱《长恨歌》，对唐明皇与杨贵妃相亲相爱之爱情悲剧，给予了深切的同情和高度赞扬。诗中之"回眸一笑百媚生，六宫粉黛无颜色""后宫佳丽三千人，三千宠爱在一身""宛转蛾眉马前死""君王掩面救不得""孤灯挑尽未成眠，迟迟钟鼓初长夜""七月七日长生殿，夜半无人私语时。在天愿作比翼鸟，在地愿为连理枝。天长地久有时尽，此恨绵绵无绝期"等句，皆系流传万代之佳句，唐明皇与杨贵妃也因此而成为秦汉以来两千年里最有名的爱情帝妃。

　　但是，设若将顺治帝与唐明皇做一比较，可以肯定，唐明皇将大为逊色，甘居于福临之下。姑且不谈唐明皇李隆基逼娶皇十八子寿王李瑁之妃杨玉环这一父纳儿媳的败坏人伦之丑行，至少有三个方面，唐玄宗

---

① 张宸：《杂记》，转引自孟森：《世祖出家事考实》。

李隆基远远不如晚于他九百多年以后的清世祖福临。第一，唐明皇与杨贵妃之间，双方并非忠贞不贰，而是各有情人，常做私通之事。唐玄宗身为天下其主，后宫佳丽三千人，他当然可以随时召幸，何况为了广生皇子，有利社稷，也应与其他妃嫔欢聚，此举无可非议。但是，他不应该既与杨贵妃在长生殿七七之夕对天发誓，"在天愿作比翼鸟，在地愿为连理枝"，同时又勾引利诱，和杨玉环贵妃之大姐韩国夫人、三姐虢国夫人、八姐秦国夫人多次苟合。而杨玉环也暗中私通安禄山，芙蓉帐里度春宵。这能说二人之间是互相痴情忠贞不贰吗？顺治帝福临与董鄂妃可没有这些风流艳事！

第二，唐明皇宠幸杨贵妃后，"春宵苦短日高起，从此君王不早朝"，花天酒地，荒废政务，并且，"姐妹弟兄皆裂土"，大封杨氏父兄子侄，追赠杨玉环之父为太尉、齐国公，母封凉国夫人，杨玉环之二位堂兄，一任鸿庐卿，一任御史，"遂令天下父母心，不重生男重生女"。更为荒谬的是，唐玄宗竟擢用宠信玉环之远房堂兄杨国忠，任其为右丞相，封魏国公，纵其专权纳贿，败坏国政，致安禄山得以起兵，天下大乱，宗庙蒙尘，国都失陷。唐明皇不得不离京外逃，远遁四川，唐朝几乎寿终正寝。而顺治帝虽极其宠爱董鄂妃，但仅对其父官阶二品的护军统领鄂硕擢任内大臣（一品），自一等子晋三等伯，卒后赠三等侯，其子费杨古袭封三等伯，后因在康熙中年大败噶尔丹汗，建树特大功勋，才晋为一等公。董鄂妃之亲叔叔罗硕，在妃入宫前已任至工部侍郎，妃得宠时，未晋官职，只是在妃死之后追册为端敬皇后时，才授予一等男世职。董鄂妃之家族没有因妃为帝宠而擢任要职，更谈不上恃妃之宠而弄权坏政、祸国殃民了。

第三，唐明皇与杨玉环发誓要生死与共，可是，当安史之乱，李隆基逃到马嵬坡时，从行将士义愤填膺，杀死杨国忠，光武大将军陈玄礼并面见皇上，代表将士，要求诛杀杨贵妃，李隆基遂令内监高力士将玉环缢死。以往人们皆认为，李隆基别无他法，玉环只有一死，然而，若细加分析，上述说法并不一定无懈可击，李隆基还是可以找出另外的解决方案，杨贵妃并非必须要死。原因之一是，杨玉环与杨国忠不是亲兄妹，不是叔伯兄妹，也不是堂兄堂妹，而只是同一曾祖之远房兄妹，关系并不密切，她不必非要为杨国忠报仇，而和文武百官三军将士敌对到底。只要杨玉环当面向陈玄礼说明与杨国忠之疏远族兄妹关系，表明必不为此怀恨在心，李隆基从旁担保，将士不一定非要逼死杨玉环。原因之二，也是决定性的原因是，李隆基完全可以当众宣布退位，让太子李亨登基，掌握军政大权，以此来换取杨贵妃的生命。将士之所以要杀死杨玉环，不过是怕她将来唆使皇上为杨家报仇，而残害此次兵谏之将帅士弁。如果李隆基成了一个无权之养老的太上皇，新君又恨杨贵妃，感谢将士拥戴之功，杨玉环也就成了普通一妃，无力害人，将士便会放心了，也会接受李隆基的要求，免玉环一死，以便新君指挥大军，平定安史之乱。然而李隆基身居帝位四十五年，享尽了皇帝之乐，热恋皇位，而计不出此，谕令贵妃自尽，这能说是对爱妃忠贞不贰、生死与共吗？与此成鲜明对比的是，清世祖福临经过亲政十年的努力奋斗，全国统一，君威无比，群臣拥戴，文治武功兼有，正是大展宏图之时，却因红颜知己董鄂妃仙逝，而"寻死觅活"，当自杀难成之时，又剃掉头发，坚欲出家，后虽被阻止，但忧思不减，终因哀悼，加速了死亡，二十三岁便离开了人间。这样纯真无私至死不渝的"痴情"，唐明皇怎堪与比！

（六）变更祖制　指定四位大臣辅政

顺治十八年（1661年）正月初七，少年天子福临去世，留下遗诏，其中最后一段最为重要："太祖、太宗创垂基业，所关至重，元良储嗣，不可久虚。朕子玄烨，佟氏妃所生，年八岁，岐嶷颖慧，克承宗祧，兹立为皇太子，即遵典制，持服二十七日，释服，即皇帝位。特命内大臣索尼、苏克萨哈、遏必隆、鳌拜为辅臣，伊等皆勋旧重臣，朕以腹心寄托，其勉矢忠荩，保翊幼主，佐理政务。"[①]

这一段遗言，是整个遗诏中最为重要的根本基调。它之所以重要，首先是它在四位皇子中指定了太子，指定了入关以后第二位清朝皇帝。福临共有八位皇子，皇次子福全系庶妃董鄂氏所生。皇三子玄烨，母系佟佳氏，乃汉军旗人图山额真佟图赖之女，封为妃（很可能也是庶妃）。皇五子常宁，母系庶妃陈氏。皇七子隆禧，系庶妃纽氏所生。福临死时，皇二子福全十岁（皆按虚岁算），皇三子玄烨八岁，皇五子常宁六岁，皇七子隆禧两岁。若论长幼，当立皇二子福全，若论嫡庶，诸皇子之母皆系庶妃，哪一位皇子都没有特别的优势，都是一般高。但这四位庶妃中，也略有区别，论妃之父亲而言，皇三子玄烨之母佟佳氏比

①《清世祖实录》卷144，第5页。

其他三妃更高一筹，因为那三位妃之父亲，在《清史稿·后妃传》中均未载写姓名和官职，而佟佳氏之父佟图赖却是"辽左旧人"，早年随父佟养正归顺太祖，佟养正任至三等游击，守镇江阵亡，其世职三等轻车都尉由佟图赖承袭。佟图赖多年从征，开国有功，任至定南将军，汉军正蓝旗都统，晋世爵为三等子，顺治十五年卒，加少保兼太子太保。但是，佟佳氏有一弱点，即她家是汉军旗人，而皇二子福全之母董鄂氏、皇七子隆禧之母纽氏，显然都是满洲旗人，顺治年间，汉军旗人之地位远远低于满洲旗人。顺治帝曾于顺治九年、十二年的两次会试，将满汉生员分别考试，满洲旗人和蒙古旗人属于满榜，汉军旗人和汉人属于汉榜。当时汉军旗人除范文程、宁完我大学士因有帝特旨加恩，才当上了议政大臣，其他汉军旗人的大学士、尚书、都统，都没有资格担任议政大臣。可见汉军旗人之低于满洲旗人。这样一来，佟佳氏的优势又不复存在了。

因此，一般认为，若立皇子为帝，四位皇子之中，当以庶妃董鄂氏之皇二子福全希望最大，最有可能继承皇位。但是结果出人意料之外，佟佳氏之子年方八岁的皇三子玄烨却被指定为皇太子了。

原来福临曾想立一位堂兄弟继位，这可能是他考虑到四位皇子皆小，难当重任，尤其是下五旗王公势力还很强大，让一个七八岁、五六岁或更小的幼子登基，稳定不了政局。但是此议被皇太后反对，亲王们也不赞成这一意见，皆愿意从皇子中立一为帝。皇太后很赏识皇三子玄烨，福临拿不定主意，遣人询问汤若望。"汤若望完全立于皇太后的一方面，而认被皇太后所选择的一位太子为最合适的继位者"。"这样皇帝最后受到汤若望的劲促，舍去一位年龄较长的皇子，而封一位庶出的，还不到七周岁的皇子为帝位之承继者。当时为促成这一个决断所提出的理由，是因为这位年龄较幼的太子，在髫龄时已经出过天花，不会再受到这种病症的伤害，而那位年龄较长的皇子，尚未曾出过天花"。[1]

遗诏最后一段之特别重要，还在于它变更了祖制。这主要体现在两个方面。一是因为在此之前，新君之立，皆系由八旗王公大臣，尤其是八旗亲王、郡王、贝勒商议而定的。清太祖努尔哈赤于天命七年（明天启二年，1622年）亲定八和硕贝勒共治国政制，规定新汗由八和硕贝勒

① 魏特：《汤若望传》第325页。

商议后"任置"。清太宗皇太极暴卒后,亦由八旗王公大臣议定推立新君。新汗新君并非只能由先汗先帝之皇子中选立,其他非皇子的王贝勒也有资格被推立为嗣君。本书第一章中的白黄旗主争位,即已讲明了此事。但是这次的继位人,并不经过八旗王公大臣议立,而是由顺治帝福临指定,他可以征求王公大臣和汤若望的意见,但最后决定权仍仅仅归于这位快死去的皇帝,这与祖制是截然相反的。

二是以往皆系八旗宗室王贝勒辅佐新君治政,或代摄政务。二十五年前太宗皇太极被诸贝勒"任置"为汗时,尽管他已年过而立之岁,多次统兵出征,文武双全,可是即位之初,仍系与大贝勒代善、二贝勒阿敏、三贝勒莽古尔泰并坐同尊,共治国政。十七年前皇太极去世后,睿王争夺帝位未遂后,诸王议立由郑睿二王辅政,军国大事皆由两位摄政王处理,六龄幼君纯系傀儡,太后亦无实权。现在,福临变更了祖制,既指定皇子继位,又不让诸王辅政,而谕命四位大臣"保翊幼主",辅治国政,彻底废除了自太祖以来八旗王贝勒议处、辅治国政的祖制。

福临之所以要变更祖制,其原因虽未明说,但综合当时政局,也不难了解,主要是此举有其必要性,也有其可能实现的条件。

八年傀儡幼帝朝不保夕的苦难生涯,兄王冤死,嫂被皇叔多尔衮霸占的仇恨和羞辱,严重伤害了生性倔强的少年天子的自尊心,使他对摄政王恨之入骨,对亲王辅政、摄政制度深恶痛绝,坚决不让此景重现,故果断革除祖制,改由谕定之亲信大臣辅理国政。这是辅政大臣制出现的主观原因。但这一制度之能实现,又取决于两个基本条件。

第一个基本条件,也是最重要的决定性条件,就是君权强大。经过亲政以来十年的苦心经营,少年天子已经拥有主宰全国军政的大权,真正达到了至尊无上的地步。他亲领正黄、镶黄、正白三旗,在八旗中占据了绝对优势,其他亲王郡王或只辖一旗,或仅只辖有几个佐领,无法与帝抗衡。他连续籍没或降爵惩处了六位亲王,皇父摄政睿亲王多尔衮卒后籍没焚尸削爵。勒令英亲王阿济格自尽,籍没削爵。豫亲王多铎连坐,卒后其子多尼由亲王降为郡王。因与睿王之案有牵连,巽亲王满达海、端重亲王博洛、敬谨亲王尼堪卒后追罪。巽王、端重王之子俱降两级,降为贝勒,巽王所袭之爵系其父代善之爵,令康郡王杰书袭其父亲王爵,敬谨亲王尼堪以为国阵亡,其爵仍令传袭。他革除了王管部院之制，禁止部院再以书启奏叔王郑亲王济尔哈朗，一律奏呈于帝。他多次拒绝诸王贝勒和满洲大臣之议，悉按己意处理国政。如顺治十年废皇后，顺治十七年坚持继续派遣巡按。他亲自擢用了一批忠于皇上的臣将，加强了两黄旗和正白旗的实力，上三旗人才济济，猛将如云，分任军政要职。垦田顷亩的增加，社会生产逐渐恢复，田赋收入陆续增多，云贵五省的平定，除福建的厦门一带及川东小块地区外，全国的绝大部分州县尽隶清政府版图，这自然是皇上治国有道，因而提高了天子威望。君威无比，帝权强大，是福临能够变更祖制，亲立皇子为太子，取消诸王辅政，指定亲信大臣保翊幼主辅理国政的最基本的条件。

第二个基本条件，王权之削弱，也为辅政大臣制和立皇子之举的顺利实现，提供了有利条件。想当年，礼、睿、郑、豫四位亲王和郡王各为一旗之主，英亲王、余郡王及其子端重亲王各辖若干牛录，先后担任大将军，统军出征，议处国政，下五旗王贝勒是何等的威风。然而，曾几何时，睿、英二王籍没，豫亲王多铎之子多尼袭封亲王后，既降为郡王，又由其两代辖有的镶白旗调至正蓝旗，实际上已被剥夺了旗主之权和身份，正蓝旗和镶白旗已成为无旗主之旗。只有礼亲王代善之子康亲王杰书、郑亲王济尔哈朗之孙简亲王德塞、克勤郡王岳旗之孙衍禧郡王罗可铎仍分系祖、父所遗之正红、镶蓝、镶红旗旗主。这就从根本上注定了下五旗王贝勒难与皇上敌对。

兼之，顺治帝逝世前夕，宗室诸王大都幼小，没有能力治政统军。以"铁帽子王"而言，简亲王德塞只有九岁。庄亲王博古锋十一岁。信郡王多尼虽有二十六岁，然而在顺治帝去世后第四天即已病故，其子鄂扎袭爵，只有六岁。衍禧郡王罗可铎、康亲王杰书和显亲王富绶稍大一点，分系二十一岁、十九岁、十八岁。顺承郡王勒尔锦的年岁也小，其他军功诸王之子孙，敬谨亲王尼堪之子尼思哈于顺治十七年死时，才十岁。端重亲王博洛之子齐克新，顺治十八年死时只有十二岁。唯有安亲王岳乐已进入中年，三十七岁。

从世祖福临之弟兄和皇子的情况看，肃亲王豪格、承泽亲王硕塞、洛洛、格博会诸皇兄已死。其余叶布舒、高塞、常舒、韬塞等皇兄皇弟，都是先皇之庶妃所生，当时尚无封爵，没有资格肩负治国重任。福临之现存四位皇子，皆是幼童，当然不可能结党谋位。

正是由于以上情形，此时宗室诸王权势处于自太祖以来最为衰弱之阶段。王权之弱，为世祖变更祖制创造了十分有利的条件。

皇权强大，王权削弱，固是顺治帝变更祖制的最好机会，但仅此也不行，还须物色到合适的大臣。这几位大臣，既必须是皇上的忠臣，又必须有才干，有威望，已经担任要职，为帝宠信。经过亲政前后十来年的考察、栽培和使用，世祖福临找到了这样的人选，即内大臣索尼、苏克萨哈、遏必隆和鳌拜。

索尼，满洲正黄旗人，大学士希福之亲侄，于太祖时自哈达来归，精通满、蒙古、汉文，任职文馆，赐"巴克什"号，授一等侍卫，历事太祖、太宗、世祖三朝，久任吏部启心部，具体处理部务，军功政绩卓著，世职晋至二等子。索尼智勇双全，在两黄旗大臣中威信甚高，很受摄政王多尔衮赏识，曾几次拉拢，索尼忠贞不贰，誓死效忠先帝太宗和少年天子福临，严词拒绝。睿王恼羞成怒，革索尼职，罚银，遣往盛京守昭陵（太宗之陵）。顺治帝亲政后，即召索尼还朝复爵，先后擢任内大臣、议政大臣、总管内务府事，晋世爵至一等伯，赐赦免死二次。

苏克萨哈，满洲正白旗人，父苏纳纳娶太祖第六女，历任护军统领、兵部承政、固山额真，授三等轻车都尉世职，后因故削世职。苏克萨哈乃苏纳额驸之长子，初授委署佐领，松锦战役立功，授三等轻车都尉世职，顺治七年复其父世职，以苏克萨哈并袭为三等男。顺治八年正月福临亲政后，苏克萨哈与睿王府护卫詹岱等首举故主殡殓服色违制及诸叛状，追罪睿王，帝遂擢苏克萨哈为护军统领、议政大臣，晋一等男兼一云骑尉。顺治十二年苏克萨哈率兵大败大西军南康王刘文秀所遣之卢明臣部，晋二等子，任领侍卫内大臣，加太子太保。

遏必隆，满洲镶黄旗人，系开国元勋弘毅公额亦都第十六子，母为和硕公主。遏必隆初袭父一等子，任侍卫，管佐领，后因故削爵，不久以松锦战役立功，授骑都尉世职，入关后叙功晋二等轻车都尉世职。顺治五年以曾谋立肃亲王豪格，革世职及佐领，籍没家产一半。顺治八年福临亲政后，复其职，并袭兄图尔格之二等公为一等公，擢领侍卫内大臣，议政大臣，加少傅兼太子太傅。

鳌拜，满洲镶黄旗人，开国元勋直义公费英东之亲侄，太宗及顺治时，勇猛冲杀，军功累累，入关前夕已任至护军统领，晋世职三等子。入关后晋一等子，因忠于福临，被摄政王抑其功，不仅未再晋爵，反降为一等男，几次论死罚赎。福临亲政后，初晋鳌拜三等侯，再晋二等公，加少傅兼太子太傅，擢任领侍卫内大臣，教习武进士，赐赦免死二次。

这四位大臣，既是开国功臣，历任要职，封授爵位，有的还系皇亲国戚。其中三人拥立世祖有功，且因效忠少君而遭摄政王压抑惩罚，另一人首告睿王"谋逆"立下功劳，因此顺治帝对他们格外宏信，擢任高官要职，晋授爵职，倚为亲信，故选中他们为辅政大臣，让其保翊幼主，辅理国政。

顺治十八年正月初七，少年天子福临病故，当天原任学士麻勒吉、侍卫贾卜嘉遵帝遗命，捧遗诏奏知皇太后。太后命宣示诸王公大臣及侍卫。索尼、苏克萨哈、遏必隆、鳌拜四人跪告于诸王贝勒推辞辅政说："今主上遗诏，命我四人辅佐冲主，从来国家政务，唯宗室协理，索尼等皆异姓臣子，何能综理，今宜与诸王贝勒等共任之。"诸王贝勒说："大行皇帝深知汝四大臣之心，故委以国家重务，诏旨甚明，谁敢干预，大臣其勿让。"索尼等奏知皇太后，乃誓告于皇天上帝与大行皇帝灵位前，然后受命视事。①

四位辅政大臣之誓词为："兹者先皇帝不以索尼、苏克萨哈、遏必隆、鳌拜等为庸劣，遗诏寄记，保翊冲主。索尼等誓协忠诚，共生死，辅佐政务，不私亲戚，不计怨仇，不听旁人及兄弟子侄教唆之言，不求无义之富贵，不私往来诸王贝勒等府，受其馈遗，不结党羽，不受贿赂。唯以忠心，仰报先皇帝大恩。若复各为身谋，有违斯誓，上天殛罚，夺算凶诛。"②

至此，世祖福临遗诏指定皇子继承帝位，谕令四位大臣保翊幼主辅治国政，这一变革祖制的重大决策得以实现了。从此以后，新君皆由先皇于皇子中择立。这对稳定新旧天子交接之时的政局，提高君威，压抑王权，加强君主集权制度，产生了强大的影响。

（七）严于律己　遗诏自责

顺治十八年正月初七，少年天子福临病逝，降颁遗诏。在清朝十二帝（包括太祖、太宗）中，这道遗诏可算是最为特别的遗诏，甚至可以

①《清世祖实录》卷1，第4、5页。

②《清世祖实录》卷1，第5、6页。

说是唯一奇特之遗诏，往前延及秦汉唐宋元明诸朝，它也算是罕有之遗诏。

奇特之一是，此遗诏并非沿袭俗例，专为本帝歌功颂德，套用陈词滥调写成的赞本圣德的本纪和行状。而是一份发自内心深处、严格引咎自责的罪己诏。此在历朝两千余年上百名帝君的遗诏中，实为罕见，实非寻常。

此诏奇特之二是，起草遗诏之人，是汉官而非满臣，且非汉大学士，而是帝亲自培养倚任的礼部侍郎兼任翰林院掌院学士的王熙，官阶只是正三品，低于大学士和六部尚书，也低于内大臣、八旗都统、副都统、前锋统领、护军统领，还低于绿营提督、总兵官。如若按官品排列名次，王熙当排在几百名文武大臣之后。这在清朝"首崇满洲"不让汉臣参与军国机密要务的基本国策限制的条件下，是破例的也是唯一的例外。清人韩菼为王熙所撰的《行状》载述此事说："辛丑，世祖不豫，自元旦至五日，屡入请安，榻前面奉天语，密有奏对。初六漏三下，召入养心殿，谕曰：朕势将不起，尔可详听朕言，速撰诏书。公匍匐饮泣，笔不能下。世祖谕抑悲痛，即于榻前起草。公拭泪吞声，先成第一条以进，恐圣躬过劳，奏移乾清门下西围屏内撰拟，凡三次进览，皆即报可，日入始脱稿，而世祖竟于是夕上宾，公哀恸几绝，戚慕终生。"[1]

王熙为什么会受到世祖如此特宠，前面曾对王熙的情形有所涉及，现再以韩菼所撰王熙《行状》，略予简要叙述。《行状》载称："公尘而颖异，五六岁间即能诵孝经学庸两论。"顺治三年十九岁中举，二十岁成进士，选授同史院庶吉士，习满书，御试满书，拔前列，后历任国子监司业、左春坊中允、司经局洗马、经筵进官、弘文院学士、翰林院学士兼礼部侍郎衔，久直南苑。当顺治十四年升任弘文院学士时，其父王崇简方任国史院学士，世祖特谕王熙说："父子同官，古今所少，以尔诚恪，特加此恩。"顺治十七年王熙以学士三年考满，加礼部尚书衔，其父已任礼部尚书，"父子同部尚书，海内荣之，以为国家异数，王氏盛事，晚近数百年所未有也"。"公长直内院，驾出必从，从必蒙劳问，又每日进讲嘉谟嘉谶，入告者必多，一时称为内相"。王熙是世祖特别赏识擢用之文人和亲信大臣，"一时称为内相"，其才其德为帝深知，故委以此重任。

此诏奇特之三在于，它已被修改，经皇太后与辅政大臣看过后，颁示群臣时，其诏的一部分内容已与世祖亲阅亲定之遗诏有了很大的差别，做了很大的改动。韩菼所撰王熙之《行状》，言及写完遗诏后，有这样一段话："而至于洮颒凭几之辰，大渐弗悟与之会，平定诏章，独属之朝夕，左右之儒臣度必有决大策定大议者，而公出一不语子弟，世遂莫得传，其识见度量，有古大臣之所难。"大学士张玉书为王熙所写之墓志铭，也就此写道："至于面奉凭几之言，有事关国家大计，与诸大臣再三密谋而后决者，公终生不以语人，即子弟莫得而传也。" ①

王熙之自撰《年谱》叙述遗诏情形说："初三，召入养心殿，上坐御榻，命至榻前讲论移时。是日，奉天语面谕者关系重大，并前此屡有面奏，及奉谕询问密封奏折，俱不敢载。"初六夜三鼓，奉召入养心殿，"就御榻前书就诏书首段。随奏明恐过劳圣体，容臣奉过面谕，详细拟就进呈。遂出至乾清门下西园屏内撰拟，凡三次进览，三蒙钦定，日入时始完"。②

这些史料表明，世祖福临口授，王熙遵谕撰拟经帝钦定的遗诏，当帝病逝后进呈皇太后时，太后与辅政大臣商议，对其中若干内容做了修改，然后才颁示群臣。究竟在哪几个问题上做了修改，或添写了哪些问题，虽难一一进行查明，但综观遗诏全书，结合世祖生前言行，还是可以理出一点头绪。现先将《清世祖实录》卷144所载颁示天下之遗诏摘录如下：

"诏曰：朕以凉德，承嗣丕基，十八年于兹矣。自亲政以来，纪纲法度，用人行政，不能仰法太祖、太宗谟烈，因循悠悠，苟且目前，且渐习汉俗，于淳朴旧制，日有更张，以致国治未臻，民生未遂，是朕之罪一也。朕自弱龄，即遇皇考太宗皇帝上宾，教训抚养，唯圣母皇太后慈育是依，隆恩罔极，高厚莫酬，惟朝夕趋承，冀尽孝养，今不幸子道不终，诚恫未遂，是朕之罪一也。皇考宾天时，朕止六岁，不能服衰经，行三年丧，终天抱恨，唯侍奉皇太后顺志承颜，且冀万年之后，庶尽子职，少舒前憾，今永违膝下，反上勤圣母哀痛，是朕之罪一也。室诸王贝勒等，皆系太祖、太宗子孙，为国藩翰，理宜优遇，以示展亲。

---

① 张玉书：《大学士谥文靖王公墓志铭》，《清代碑传全集》卷12。
② 王熙：《王文靖集》，转引自孟森：《世祖出家事考实》。

朕于诸王贝勒等，晋接既疏，恩惠复鲜，以致情谊暌隔，友爱之道未周，是朕之罪一也。满洲诸臣，或历世竭忠，或累年效力，宜加倚托，尽厥猷为，朕不能信任，有才莫展。且明季失国，多由偏用文臣，朕不以为戒，而委任汉官，即部院印信，间亦令汉官掌管，以致满臣无心任事，精力懈弛，是朕之罪一也。朕凤性好高，不能虚己延纳，于用人之际，务求其德与己相伴，未能随材器便，以致每叹乏人，若舍短录长，则人有微技，亦获见用，岂遂至于举世无材，是朕之罪一也。设官分职，唯德是用，进退黜陟，不可忽视。朕于廷臣中，有明知其不肖，不即罢斥，仍复优容姑息，如刘正宗者，偏私躁忌，朕已洞悉于心，乃容其久任政地，诚可为见贤而不能举，见不肖而不能退，是朕之罪一也。国用浩繁，兵饷不足，而金花钱粮，尽给宫中之费，未尝节省发施，及度支告匮，每令会议，诸王大臣未能别有奇策，祇议裁减俸禄，以赡军饷，厚己薄人，益上损下，是朕之罪一也。经营殿宇，造作器具，务极精工，求为前代后人之所不及，无益之地，靡费甚多，乃不自省察，罔体民恨，是朕之罪一也。端敬皇后于皇太后恪尽孝道，辅佐朕躬，内治聿修，朕仰承慈纶，追念贤淑，丧祭典礼过从优厚，不能以礼止情，诸事逾滥不经，是朕之罪一也。祖宗创业，未尝任用中官，且明朝亡国，亦因委用宦侍，朕明知其弊，不以为戒，设立内十三衙门，委用任使，与明无异，以致营私舞弊，更逾往时，是朕之罪一也。朕性耽闲静，常图安逸，燕处深宫，御朝绝少，以致与廷臣接见稀疏，上下情谊否塞，是朕之罪一也。人之行事，孰能无过，在朕日御万机，岂能一无违错，唯肯听言纳谏，则有过必知，朕每恃聪明，不能听言纳谏。古云：良贾深藏若虚，君子盛德，容貌若愚。朕于斯言，大相违背，以致臣工缄默，不肯进言，是朕之罪一也。朕既知有过，每日克责生悔，乃徒尚虚文，未能省改，以致过端日积，愆戾愈多，是朕之罪一也。"

遗诏所列世祖引躬自责之罪有十四条，不为不多。联系少年天子亲政十年以来对自己的要求来看，此遗诏的总基调，即严于责己的精神，与他的一贯作风，还是大体符合的。他虽然只亲理十年国政，文治武功兼有，但他却多次下诏引咎自责。比如，顺治十一年十一月十六日，他"以地震屡闻，水旱叠告，悯念民生，省躬自责"，特命嗣后章奏文移，"无德称圣"，并降诏大赦天下说："朕恭膺天命，缵承祖宗鸿绪，统驭天下，十有一年，兢兢业业，笃求治理，而治效未臻，切为民谋，而民生未遂，疆圉多故，征调繁兴，水旱频仍，流离载道。中外之欺蒙成习，朝廷之膏泽弗宣，法敝民穷，干和召戾，天心未格，地震屡闻，皆朕不德之所致也。朕以藐躬，托于王公臣庶之上，政教不修，经纶无术，一夫不获，咎在朕躬，而内外章奏文移，动辄称圣，是重朕之不德也，何以自安。自今以后，朕痛自修省，悉意安民……凡章奏文移，俱不得称圣。"①

顺治十三年三月二十七日，他又以"冬雷春雪，陨石雨土"，下诏列举己过，欲昭告皇天上帝和祖宗，谕告礼部说："近者冬雷春雪，陨石雨土，所在见告，变匪虚生，皆朕不德所致。朕思，天为天下而立君，为君者代天敷治，必使民物咸若，治臻上理，然后可以仰答眷命。今水旱连年，民生困苦，是朕有负于上天作君之心，一过也。……朕之天下，实本于太祖太宗积功累仁所创垂，今疆畔未靖，征调频兴，是朕有负于祖宗付记之心，一过也。当睿王摄政之时，诛降滥赏，屏斥忠良，任用奸贪，国家钱粮恣意耗费，以致百姓嗟怨，人人望朕何日亲政，急为拯救。今经六载，虽极力更新，乃扰康义未奏，灾祲时闻，是朕有负于百姓望治之心，一过也。"②

顺治十七年正月，云贵五省已定，郑成功统军围攻江宁，大败返厦，全国基本统一，正是朝廷多年以来难有之喜庆平稳之时，顺治帝福临却引咎自责，颁诏大赦。他于正月二十五日"省功引咎，颁诏大赦天下"。诏书说："朕荷皇天眷佑，缵承祖宗鸿绪，夙夜兢兢，力图治安，十有七年于兹。乃民生尚未尽遂，贪吏尚未尽改，滇黔虽入版图，而伏莽未靖，征调犹繁，疾苦时告，拯恤未周。反复思维，皆朕不德，负上天之简畀，愧祖宗之寄记，虚太后教育之恩，孤四海万民之望，每念及此，罔敢自安。兹于顺治十七年正月二十、二十一、二十三日，祭告天地、太庙、社稷、抒忱引咎，自今以后，元旦、冬至、寿节，天下庆祝表章，皇太后前照常恭进；朕前表章暂行停止，特颁恩赦，加惠元元。"赦款共有十八条，包括死罪减等、军罪以下赦免等，其中直接涉及兵民的有蠲免顺治十六年以前民欠钱粮、抚恤八旗军和绿营兵等。③

通过这些责己之诏，可以看出，顺治十八年遗诏罪己的内容，大部

---

① 《清世祖实录》卷87，第4、5页。

② 《清世祖实录》卷99，第14页。

③ 《清世祖实录》卷131，第13-16页。

分与世祖福临临终前夕所钦定之遗诏，是相吻合的。但这十四条责己之罪中，有四条可能系太后受辅政大臣之影响，共同商议后添写的。按诏书所列的次序而论，其第一条"渐习汉俗"，更张旧制，恐非世祖原意。世祖之所以能在亲政十年里取得很大成就，重要的原因之一，就是不墨守旧规，需改之时即予更改，他不会将此引为罪状之一。第五罪是不信任满洲诸臣，而委任汉官，致满臣无心任事，这更不是世祖之过。世祖之倾心汉化，擢用汉官，倚任汉大学士，委命洪承畴经略五省，依靠三藩平定南方，卓有成效，他怎会视此为大罪？这两条大罪，显系太后与辅政大臣商议后新加的，而且很可能是辅政大臣之意，得到太后批准，否则，第四罪讲宗室王公时，虽点明王、贝勒是太祖太宗子孙，"为国藩翰"，却只引咎于晋接稀疏，以致情谊隔绝，友爱不周，为什么不归罪于未加重其权势，使其真正成为国之藩翰？如此前言不顾后语，含混矛盾词句，并非撰拟遗诏的大名家王熙疏忽谬误，而是因为世祖、太后和辅政大臣都不想扩大王权，都想压抑王威，以便让辅政大臣保翊幼主治国理政。第十罪系说端敬皇后之丧祭典礼过于优厚，这更不可能出于世祖之口。世祖与董鄂妃情投意合，心心相印，生死与共，爱妃仙逝，福临悲痛欲绝，多次寻死未遂，又要出家，亦未办到。为悼爱妃，可置生死于不顾，视皇位如敝屣，难道丧仪办隆重一点，就会自视有罪？这显然是太后之意，硬给福临定上的。第十一罪是设立十三衙门，此亦不会系帝亲书。因帝之宠信太临吴良辅，就是鼓动设立十三衙门的主要人员，吴虽因交结外官收受贿赂而曾一度被帝斥责，但其宠仍旧，并未遭受任何惩罚。直到帝临终前几天，正月初二，福临还抱病临幸悯忠寺，"观吴良辅祝发"，可见帝对吴之偏爱，有了这样的心情，他怎能将十三衙门之设立视为己之大罪？

孝庄太后与辅政大臣对遗诏之更改或新增，有功有过。其功在于，斥责十三衙门内监营私作弊，将其废革，除掉了可能祸国殃民的大患，使邪恶太监不能在清朝扰乱国政，凌辱官民。其过则是，重满轻汉弊习恶性膨胀，阻碍了世祖之倾心汉化充分利用贤能汉官治国理政的过程，排斥汉官与议军国大政，影响了汉官尤其是颇有才干欲图为国效力为帝尽忠之汉臣的积极性，加深了满汉上层人士的隔阂，严重地影响到辅政大臣对重大问题的正确处理。

辅政大臣执政时期，没有像世祖福临那样赏识、擢用、咨询、倚任汉大学士，如陈名夏、洪承畴、金之俊、冯铨、傅以渐、王永吉等人，而是自行商议和处理，且更强调"首崇满洲"，很少谈"满汉一体"，从而犯了不少错误，尤其在辅政初期，更是如此。

在顺治十八年这一年里，辅政大臣裁撤了十三衙门，处死内监吴良辅，这算是做了一件大好事。然而，他们又撤销各省巡按，严惩直省尤其是江南逋赋绅衿，罢内阁，复内三院，增派练饷。这都大违世祖原意。世祖福临摈斥满洲王公大臣谬议，坚持派遣巡按，以察吏安民。世祖虽诛陈名夏贬斥陈之遴，但严禁借此打击伤害南方士子缙绅。世祖仿照明制，改内三院为内阁，以便更好地治国理政。特别是加派一事，他更是深恶痛疾，严斥言利之徒，尽管财政极端困难，也不增赋一丝一毫，且一亲政就取消了摄政王为修边外避暑凉城而增派的二百五十万两赋银。现在，辅政大臣却借口"世祖皇帝山陵大工及滇黔用兵钱粮不足"，而于全国仿照明末"练饷"之例，于顺治十八年八月下谕，从顺治十八年起，每亩加派赋银一分，共增赋五百七十余万两，相当于增收原额五分之一的赋银，且限三个月内交完。此例一开，加派频仍，明亡之情，必将再现，大清王朝就要寿终正寝了。汉左都御史魏裔介深知此弊太大冒死进谏，辅政大臣才令康熙元年不再加派。[①]

绅衿仗势逋赋，固当制裁，但地方官吏借此上下其手，敲诈勒索，趁机迫害，大大扩大了惩办范围。江苏一省惩处绅衿一万三千余人，其中因欠赋银几钱几分，或并未施欠遭受暗害的著名人士，数不胜数。像世祖亲自取中誉为"佳状元"的徐元文，探花叶方蔼、茭进士宋德宜，皆以此案被吏诬陷而罢官，名士才子韩菼、翁叙元为此革生员被逮，后来康熙皇帝玄烨亲政以后，徐元文、宋德宜任至大学士，韩菼考中康熙十二年状元和会元，任至礼部尚书，翁叙元为康熙十五年探花，任至工部尚书、刑部尚书。叶方蔼任翰林院掌院学士和侍郎。如若辅政大臣继续排斥甚至歧视南方文人名士，治政能臣贤臣从何而来！

因此，总观世祖遗诏，可能系辅政大臣提出经太后批准修改增写者，大致有上述四罪，此改此增，有功有过，有利有弊。若要估计一下功过利弊之比重，那么可以说是弊大于利，过大于功，设若辅政大臣坚持执行专任满臣，排斥汉官，悉复太祖、太宗旧制，或者康熙帝亲政后也继续奉行这一方针，则清王朝不可能富强壮大，"康乾盛世"无法出

①《清世祖实录》卷4，第9页；卷5，第18、19页。

现。幸运的是，辅政大臣在执政过程中，并未完全这样做，康熙帝亲政后更继承和发展了父皇的正确方针，既"首崇满洲"，又强调"满汉一体"，大量擢用汉官中的贤臣能臣和廉吏，世祖遗志才得以实现，清王朝也就不断强盛和巩固，并延续了二百多年。

结　语

　　顺治元年（1644年）五月初二，摄政王多尔衮端坐武英殿，接受满汉官员朝拜，标志着清君开始入主中原。多尔衮定立清制，基本上是沿袭明制，增添满洲新章，特别是延续了明太祖朱元璋制定的轻徭薄赋和严惩贪官污吏政策，有力地促进了统一全国战争的胜利，仅仅14个月，就连败大顺农民军与南明弘光官兵，逼死李自成，活捉福王，夺据了河北、山西、河南、陕西、甘肃、山东、安徽、江苏以及浙江、江西大部分州县，大半个中国归清所有。然而多尔衮被胜利冲昏了头脑，于顺治二年六月下达严谕，强迫汉民剃发易服，严行围地，投充、逃人法五大弊政，残酷地迫害汉民，激起抗清怒火燃遍大江南北、黄河上下。多尔衮又骄奢淫逸，挥霍浪费，还违背自己多次宣布禁革加派诏谕，按照明末"剿饷"规定，在直隶、山西等九省加派田赋银250万两，以修筑边外避暑凉城。

　　顺治七年（1650年）十二月初九，多尔衮病死于边外喀喇城。顺治八年正月十二日，还差18天才十三周岁的少年天子福临举行了亲政大典。总观福临的亲政十年情形，可以概括为三个方面。第一，千难万险，勇往直前。他冲龄登基，少年亲政，却值国家多事之秋，守成又兼创业，困难重重。归纳起来，约有五大难题摆在他的面前：大西军"两蹶名王，天下震动"，"国姓爷"围攻江宁，"东南大震"，反清烽火延绵多年；国库如洗，岁缺巨万兵饷，财政异常困难，计臣束手无策，征调繁兴，水旱连年，兵民穷苦至极；五万满丁，对付亿万汉人，多寡悬殊，胜负难卜，长治久安谈何容易；诸王势大，满臣守旧，力排贤能汉官；君威不振，难行新政，治国缺才少计。这对于历朝的众多中庸之君、苟安之帝来说，无异于是一叶扁舟漂浮于波涛汹涌、无边无际的大海之中，时有覆没丧生的危险，他们早就吓得魂飞魄散，不敢上船远航了。然而，本书之传主少年天子福临，虽在个别时刻有些惊慌失措（江宁被围初期），但总的说来，他继承了太祖、太宗力御强敌、遇敌不惊、以寡败众、勇往直前的大无畏精神，集中了、体现了正在兴起发展的本民族满族勇于进取、善于学习的族风，以明君自期，胸怀壮志，决心要做出一番事业，"力图治安"，排除万难，勇攀高峰，其志可嘉，精神堪佩。

第二，励精图治，安邦有道。亲政十年，福临虽然批阅了数以万计的奏疏，下达谕旨上千道，处理了大量军政要务，但观其要，他主要抓住了五件大事。一是力排障碍，倾心汉化，欲做明君，实行儒家仁政治国学说，力求轻徭薄赋、吏治清明。二是擢用饱学之士和贤能汉臣分任要职，参与机要，提高汉官职权和地位，使他们献计献策，辅理国政。三是任用将帅德人，竭力筹措兵饷，咬紧牙关负起财政困难重担，把统一全国的战争进行到底。四是免除睿王筑城加派，痛斥言利之徒，坚不增赋，并力求革弊省费，减负免税，以略减黎民之苦。五是察吏安民，惩贪除霸，选罪婪臣，赃银十两革职籍没，诛杀元凶巨恶黄膘李三。这些方针、政策、措施及其具体贯彻执行，取得了很好的效果。

第三，成绩卓著，文治武功兼有。少年天子亲政虽仅十年，但在群臣的佐理和将士奋勇征战与兵民辛勤劳动下，做了很多事，取得了很大成就。除福建、厦门、金门一带及川东一小块地区外，全国绝大多数府厅州县已经隶于清政府管辖之下，驱逐了侵入黑龙江地区的沙俄殖民军，保障了东北地区的安全，增强了蒙藏地区与中央的联系，明清之际二十多年战火纷飞、动荡不安的局面已经基本结束，初步形成了统一、稳定的局面。相应而来的是，垦田顷亩增加了1倍，户口陆续增多，社会经济有所恢复，国赋收入逐渐增加，培养了大量军政人才。这就是"康乾盛世"的出现，在政治、军事、经济、文化等方面，奠定了相当坚实的基础。否则，四分五裂，南北对峙，干戈频仍，征调繁兴，横尸遍野，国无宁日，民何以安，田何以垦，赋焉能增，"盛世"怎能形成！

当然，世祖福临也犯了不少错误，他不该厉行祸国殃民的"逃人法"，设立┼三衙门，对少数大臣的任免升降赏罚也不尽妥当，科场案之株连亦太过分等。然而总的来看，他能在十分艰难的条件下，做出了一番事业，取得了很大成就，对国家的统一和中华民族的前进做出了重大贡献，还是难能可贵的，不失为一位颇有作为的守成兼创业之明君。

加之福临对董鄂妃的痴情忠贞，我们可以对福临做出七个字的总结论，即"英俊天子痴情君"。